Meinert A. Meyer · Manfred Prenzel · Stephanie Hellekamps (Hrsg.)

Perspektiven der Didaktik

Zeitschrift für Erziehungswissenschaft
Sonderheft 9 | 2008

Meinert A. Meyer
Manfred Prenzel
Stephanie Hellekamps (Hrsg.)

# Perspektiven der Didaktik

Zeitschrift für
Erziehungswissenschaft

Sonderheft 9 | 2008

**VS VERLAG** FÜR SOZIALWISSENSCHAFTEN

# Zeitschrift für Erziehungswissenschaft

*herausgegeben von:*
Jürgen Baumert (Schriftleitung), Hans-Peter Blossfeld, Yvonne Ehrenspeck, Ingrid Gogolin (Schriftleitung), Stephanie Hellekamps, Frieda Heyting (1998–2003), Heinz-Hermann Krüger (Schriftleitung), Dieter Lenzen (Schriftleitung, Geschäftsführung), Meinert A. Meyer, Manfred Prenzel, Thomas Rauschenbach, Hans-Günther Roßbach, Uwe Sander, Annette Scheunpflug, Christoph Wulf

*Herausgeber des Sonderheftes Perspektiven der Didaktik:*
Meinert A. Meyer, Manfred Prenzel und Stephanie Hellekamps

*Redaktion:*
Friedrich Rost (und Rezensionen), Thorsten Junge

*Anschrift der Redaktion:*
Zeitschrift für Erziehungswissenschaft
c/o Freie Universität Berlin, Arbeitsbereich Philosophie der Erziehung,
Arnimallee 10, D-14195 Berlin
Tel.: (++49)030 838-55888; Fax: -55889
E-Mail: zfe@zedat.fu-berlin.de   URL: http://zfe-online.de   Volltexte: http://zfe-digital.de

*Beirat:*
Neville Alexander (Kapstadt), Jean-Marie Barbier (Paris), Jacky Beillerot † (Paris), Wilfried Bos (Dortmund), Elliot W. Eisner (Stanford/USA), Frieda Heyting (Amsterdam), Axel Honneth (Frankfurt a. M.), Marianne Horstkemper (Potsdam), Ludwig Huber (Bielefeld), Yasuo Imai (Tokyo), Jochen Kade (Frankfurt a. M.), Anastassios Kodakos (Rhodos), Gunther Kress (London), Sverker Lindblad (Uppsala), Christian Lüders (München), Niklas Luhmann † (Bielefeld), Joan-Carles Mèlich (Barcelona), Hans Merkens (Berlin), Klaus Mollenhauer † (Göttingen), Christiane Schiersmann (Heidelberg), Wolfgang Seitter (Marburg), Rudolf Tippelt (München), Gisela Trommsdorff (Konstanz), Philip Wexler (Jerusalem), John White (London), Christopher Winch (Northampton)

VS Verlag für Sozialwissenschaften | GWV Fachverlage GmbH | Abraham-Lincoln-Str. 46 | 65189 Wiesbaden

*Geschäftsführer:* Dr. Ralf Birkelbach (Vors.)  
Albrecht F. Schirmacher

*Gesamtleitung Anzeigen:* Thomas Werner  
*Gesamtleitung Produktion:* Ingo Eichel  
*Gesamtleitung Vertrieb:* Gabriel Göttlinger

**Leserservice:** Martin Gneupel, Telefon (0611) 7878-151, Telefax (0611) 7878-423
E-Mail: Martin.Gneupel@gwv-fachverlage.de
**Abonnentenbetreuung:** Ursula Müller, Telefon (05241) 801965, Telefax (05241) 809620
E-Mail: Ursula.Mueller@gwv-fachverlage.de
**Marketing:** Ronald Schmidt-Serrière M.A., Telefon (0611) 7878-280, Telefax (0611) 7878-440
E-Mail: Ronald.Schmidt-Serriere@vs-verlag.de
**Anzeigenleitung:** Yvonne Guderjahn, Telefon (0611) 7878-369, Telefax (0611) 7878-430
E-Mail: Yvonne.Guderjahn@gwv-fachverlage.de
**Anzeigendisposition:** Monika Dannenberger, Telefon (0611) 7878-148, Telefax (0611) 7878-443
E-Mail: Monika.Dannenberger@gwv-fachverlage.de
**Produktion/Layout:** Frieder Kumm, Telefon (0611) 7878-175, Telefax (0611) 7878-468
E-Mail: Frieder.Kumm@gwv-fachverlage.de

*Bezugsmöglichkeiten 2008:* Jährlich erscheinen 4 Hefte. Jahresabonnement / privat (print+online) € 89,–; Jahresabonnement / privat (nur online) € 64,–; Jahresabonnement / Bibliotheken/Institutionen € 139,–; Jahresabonnement / Studenten/Emeritus (print+online) – bei Vorlage einer Studienbescheinigung € 35,–. Alle Print-Preise zuzüglich Versandkosten. Alle Preise und Versandkosten unterliegen der Preisbindung. Die Bezugspreise beinhalten die gültige Mehrwertsteuer. Kündigungen des Abonnements müssen spätestens 6 Wochen vor Ablauf des Bezugszeitraumes schriftlich mit Nennung der Kundennummer erfolgen.
Jährlich können Sonderhefte (Beihefte) erscheinen, die nach Umfang berechnet und den Abonnenten des laufenden Jahrgangs mit einem Nachlass von 25% des jeweiligen Ladenpreises geliefert werden. Bei Nichtgefallen können die Sonderhefte innerhalb einer Frist von drei Wochen zurückgegeben werden.
Zuschriften, die den Vertrieb oder Anzeigen betreffen, bitte nur an den Verlag.

Gedruckt auf säurefreiem und chlorfrei gebleichtem Papier.
Printed in the Netherlands

ISBN 978-3-531-15494-7

10. Jahrgang, Sonderheft 9/2008

# Inhaltsverzeichnis

Meinert A. Meyer, Manfred Prenzel und Stephanie Hellekamps

# Editorial: Perspektiven der Didaktik

Die Allgemeine Didaktik befindet sich gegenwärtig, wie in diesem Band mehrfach dargelegt wird, trotz einer altehrwürdigen, bis zu Johann Amos COMENIUS (1692–1670) zurückreichenden Tradition in der Krise. Es sieht so aus, als ob die Allgemeine Didaktik sich während der letzten Jahrzehnte darauf ausgeruht hat, dass sie in fast allen Lehramtsstudiengängen zum Pflichtprogramm gehört hat. Parallel dazu sind Vertreter interessanter Reformbemühungen aus der Allgemeinen Didaktik ausgewandert. Man denke etwa an die Interkulturelle Pädagogik oder an die erziehungswissenschaftliche Biographieforschung. Eine weitere Problemkonstellation ergibt sich dadurch, dass die Fachdidaktiken selbstständig geworden sind, so dass ihre Vertreter zunehmend weniger auf die Allgemeine Didaktik und ihre Erkenntnisse, Konstruktionen und Programme Bezug nehmen. Außerdem, und das ist ohne Frage der wichtigste Punkt, wird die Entwicklung der Lehr-Lernforschung während der letzten Dekaden von manchen Vertreterinnen und Vertretern der Allgemeinen Didaktik als konkurrierend empfunden. Das Thema unseres Sonderheftes, „Perspektiven der Didaktik", ist insofern durchaus vieldeutig zu verstehen. Es geht darum, was die Entwicklungsperspektiven für die Allgemeine Didaktik heute sein können. Es geht zugleich aber auch um die Klärung der Frage, ob die Allgemeine Didaktik heute neben den Fachdidaktiken und der Lehr-Lernforschung noch eine Zukunftsperspektive hat! Denkbar ist, dass die fachspezifische und die fächerübergreifende Lehr-Lernforschung die Allgemeine Didaktik unter Forschungskriterien überholen. Die deutsche Situation wäre dann so ähnlich wie die Situation, die heute in den USA und vielen anderen englischsprachigen Ländern anzutreffen ist. Das große Plus der Lehr-Lernforschung, ihre empirische Orientierung, ist zugleich ein Defizit der etablierten Allgemeinen Didaktik in Deutschland.

Die Offenheit der derzeitigen Lage spiegelt sich in den Beiträgen zu diesem Band. Für uns als Herausgeber ist deshalb eine stringente Anordnung der Einzelbeiträge schwierig gewesen. Sie können in vielfacher Art und Weise aufeinander bezogen werden. Denkbar wäre eine Ordnung nach Beiträgen, die eine herkömmliche Allgemeine Didaktik verteidigen oder in Frage stellen. Ebenso sinnvoll wäre aber auch eine Ordnung nach Textsorten, die in diesem Sonderheft zusammenkommen. Ihre Unterschiedlichkeit spiegelt die Breite der Konzeptionen wider: Es gibt manifestartige Programmdarstellungen, es gibt Konstruktionsentwürfe, Texte, die empirische Erkenntnisse darstellen oder Forschungsstände referieren; es gibt Darstellungen aus der Innenperspektive und den Blick aus Außenperspektiven, auch aus dem Ausland.

Die Allgemeine Didaktik war nicht auf den PISA-Schock vorbereitet. Anders ausgedrückt: Sie hat Probleme des Unterrichts in Deutschland erst nach TIMSS und PISA wahrgenommen, weil nur wenige Vertreterinnen und Vertreter der Allgemeinen Didaktik die Wirkungen des alltäglichen Unterrichts und innovativer didaktischer Konzeptionen mit empirischen Verfahren untersucht haben. Aus der Sicht der Allgemeinen Didaktik wiederum erscheint es häufig als fraglich, ob eine empirische Orientierung mit ihrem Anspruch als Handlungswissenschaft für die Lehrerbildung überhaupt vereinbar ist. Aus dieser Perspektive steht die analytische Orientierung, die die Lehr-Lernforschung kennzeichnet, in einem Widerspruch zu den Aufgaben einer Handlungswissenschaft, die Verantwortung für das Ganze der didaktischen Problemstellung und für die Lehrerbildung (in der Ersten und in der Zweiten Phase) hat. Dabei ist, wie wir meinen, ungeklärt, wie viel an reformpädagogischem, unreflektiertem Credo in der Allgemeinen Didaktik einerseits und in der Lehr-Lernforschung andererseits wirksam ist (vgl. die Beiträge von Matthias TRAUTMANN und Beate WISCHER und von Kurt REUSSER).

Wir haben in dieser unklaren Situation die neunzehn Beiträge wie folgt gebündelt: Wir beginnen mit Theorien, Theoriefamilien und didaktischen Modellen – Positionsbestimmungen aus der Innenperspektive und aus der Außenperspektive (Teil I). Es folgt der Versuch, Entwicklungen in der Allgemeinen Didaktik, Rettungsaktionen, Ausbaustufen oder Auswanderungen darzustellen (Teil II). Letztlich beschäftigen wir uns dann mit dem Spannungsverhältnis, das dadurch entsteht, dass die Allgemeine Didaktik, die Lehr-Lernforschung und die Fachdidaktiken heute als „fremde Schwestern" angesehen werden können (Teil III). Sie beschäftigen sich mit Ähnlichem, vielleicht sogar mit dem Gleichen, aber wie sie es tun, ist höchst unterschiedlich. Wenn diese „Schwestern" nach langer Trennung wieder zusammenkommen, könnte dies zu Streit statt zu einer ertragreichen Reunion führen.

Ewald TERHART hat die jetzt von uns schon verwendete metaphorische Aussage in die Diskussion eingebracht, dass die Allgemeine Didaktik und die Lehr-Lernforschung wie fremde Schwestern seien. Stimmig dazu spricht er jetzt in seinem Beitrag von „Theoriefamilien". Wir bauen diese analogisierende Begrifflichkeit aus, indem wir zeigen, dass es für die Sache gut ist, wenn die Schwestern, die Allgemeine Didaktik, die Pädagogische Psychologie und die Fachdidaktiken in ihren höchst unterschiedlichen Ausprägungen, wieder ins konstruktive Gespräch kommen, zum Nutzen für Schule, Unterricht und Lehrerbildung. Dies wird allerdings keine leichte Arbeit werden, zu tief sind derzeit die Gräben.

Die Zeiten, in denen Didaktik und Lehr-Lernforschung zusammengehörten, sind lange vorbei. Man muss schon zu Johann Friedrich HERBART (1776–1841) zurückgehen, um einen Wissenschaftler zu identifizieren, auf den sich heute beide Disziplinen beziehen könnten. Aber dass sich Veröffentlichungen in der Pädagogischen Psychologie in traditionell hermeneutischer Art auf HERBARTS psychologisches Lehrmodell beziehen, ist derzeit schlechterdings unvorstellbar. Die Zunft würde solche Veröffentlichungen als Ausrutscher klassifizieren. In der Allgemeinen Didaktik aber kann man sich auch heute mit einer Arbeit zu HERBART habilitieren. Andererseits, inwieweit würden sich Allgemeine Didaktiker heute auf John DEWEY beziehen, auf dessen Ideenschatz Kognitionsforscher, aber auch Lehr-Lernforscher gerne noch zurückgreifen?

Was der Ertrag einer Annäherung der verschiedenen Disziplinen langfristig sein wird, ist aus unserer Sicht auch wegen der Konkurrenz hermeneutisch-historischer und quantitativ-empirischer Methodiken ungewiss. Das Spannende an unserem Sonderheft besteht deshalb in den internen Bezügen der verschiedenen Beiträge, den Entsprechungen und Widersprüchen. Wenn etwa Kurt REUSSER fordert, dass die Allgemeine Didaktik kognitionspsychologisch werden soll und Sigrid BLÖMEKE und Christiane MÜLLER auf empirischer Basis darlegen, dass das traditionelle fragend-entwickelnde Unterrichtsgespräch von vergleichsweise geringer Effizienz ist, dann ist das für die Allgemeine Didaktik von fast schon dramatischer Relevanz. Denn BLÖMEKE und MÜLLER zeigen, dass sich die Allgemeine Didaktik als Handlungswissenschaft empirisch unterfüttern lässt, und dies ist für die Schulpraxis bedeutsam, weil sehr viele Lehrerinnen und Lehrer das fragend-entwickelnde Unterrichtsgespräch als lernwirksam betrachten. Es passt zu ihrem internalisierten und dadurch handlungswirksamen Bild von gutem Unterricht. Bedeutsam ist deshalb auch, so meinen wir, dass ein Allgemeiner Didaktiker wie Hilbert MEYER schon immer gegen den fragend-entwickelnden Unterricht polemisiert hat. Er erhält nun für sein Praxiswissen eine Begründung aus der empirischen Bildungsforschung.

Die Forderung, die Allgemeine Didaktik als Handlungswissenschaft empirisch abzusichern, das sei ausdrücklich gesagt, degradiert nicht die Forschungserträge, die das Praxiswissen und den Alltagsverstand der Lehrerinnen und Lehrer und der Allgemeinen Didaktik *bekräftigen*. Wir brauchen beides, die Kritik *und* die Bestätigung. Als Beispiele für die Nützlichkeit einer Bewertung des Praxiswissens können die Beiträge von Edith BRAUN und Bettina HANNOVER und von Tina SEIDEL, Katharina SCHWINDT, Rolf RIMMELE und Manfred PRENZEL genannt werden. BRAUN und HANNOVER belegen für den Bereich der Lehrerbildung, dass die Lehr-Orientierung von Hochschuldozierenden einen positiven Einfluss auf den subjektiven Kompetenzgewinn von Studierenden (ihre Selbsteinschätzung) hat. Zu anderen Ergebnissen gelangen Tina SEIDEL, Katharina SCHWINDT, Rolf RIMMELE und Manfred PRENZEL, die Zusammenhänge zwischen konstruktivistischen Überzeugungen von Lehrkräften und ihrer Art des Unterrichtens in einer Videostudie geprüft haben. In dieser Studie konnten weder Zusammenhänge mit dem praktizierten Unterricht noch mit den Lernergebnissen gefunden werden.

Was bedeuten solche Befunde, die verbreiteten Überzeugungen, aber auch anderen Forschungsergebnissen zu widersprechen scheinen, für eine Allgemeine Didaktik, die sich als Handlungswissenschaft versteht? Letztlich unterstreichen diese Studien die Stärke der empirischen Herangehensweise, die Vorsicht gegenüber vorschnellen Praxisempfehlungen nahelegt. Eine Allgemeine Didaktik, die sich als Handlungswissenschaft versteht, übernimmt große Verantwortung. In Anbetracht widersprüchlicher, vorläufiger und unvollständiger Evidenzen muss sie sich immer kritisch fragen, ob die Schecks, die sie ausstellt, auch gedeckt sind. Vermutlich ist die Bankrottdrohung aufgrund ungedeckter Schecks die größte Gefahr, die für die Allgemeine Didaktik von der empirischen Lehr-Lernforschung (und generell von der empirischen Bildungsforschung) ausgeht.

Auf andere Art und Weise zeigt sich eine Chance für produktiven Erkenntnisgewinn, wenn auch *ex negativo*, wenn man feststellen kann, dass in der Allgemeinen Didaktik „Bildung" (bzw. Allgemeinbildung) ein Schlüsselbegriff ist (genannt seien die Beiträge von Uwe HERICKS, Meinert A. MEYER, aber auch von Dennis SHIRLEY und Karl-Heinz ARNOLD/Barbara KOCH-PRIEWE), dass eben diese Frage in der empirischen Lehr-Lernforschung aber nur selten thematisiert wird. Es ist auch aus dieser Perspektive an der Zeit, dass die getrennten Schwestern wieder zusammenkommen. Was sie jeweils unter „Bildung" verstehen, könnte ein Thema auf ihren Treffen sein.

Unser Themenheft erlaubt eine weitere interessante Erkenntnis. Ewald TERHART legt einleitend eine didaktische Landkarte vor, in der er die etablierten didaktischen Modelle und ihre potentiellen Nachfolger (oder: Wunsch-Nachfolger) positioniert. Aufschlussreich ist, so meinen wir, wieder der Vergleich der Positionen. Für eine der vier von TERHART genannten Theoriefamilien, die bildungstheoretische, gibt es in diesem Sonderheft eine Reihe von Beiträgen, das Bekenntnis von Hilbert MEYER in seinem Interview mit Meinert MEYER, dass er sich weiter der bildungstheoretischen Didaktik verpflichtet fühle, das vehemente Votum der KLAFKI-Schüler Karl-Heinz ARNOLD und Barbara KOCH-PRIEWE, dass die bildungstheoretisch begründete, kritisch-konstruktive Didaktik immer noch die beste sei. Dagegen dann die Position des Tandems HERICKS/Meinert MEYER: Während HERICKS die Mitverantwortung der Lehrer für die Bildungsprozesse ihrer Schüler ausweist und dabei zugleich zeigt, dass sich diese im Rahmen der Professionalisierungsforschung empirisch belegen lässt, legt Meinert MEYER ein empirisch fundiertes Unterrichtsplanungsraster aus der Perspektive der Bildungsgangforschung vor, in Kritik an KLAFKIS Modell und als Antwort auf die Kritik TERHARTS, dass die Bildungsgangforschung und -didaktik zwar erhellende Mikroanalysen zum schulischen Fachunterricht produziert habe, als Didaktik, die eine Handlungswissenschaft ist, aber immer noch im Leerlauf arbeite.

Zugleich ist die genannte didaktische Landkarte in systematisch-vergleichender Hinsicht aufschlussreich. Wir stellen fest, dass Ansätze, die in unserem Heft vertreten werden, in dieser Systematik nicht vorkommen und dass andererseits Positionen, die in TERHARTS Systematik wichtig sind, unberücksichtigt geblieben sind. Man könnte das natürlich als ein Defizit der Planung brandmarken. Wir meinen aber, dass die gegenwärtige Lage der Allgemeinen Didaktik dadurch angemessen dargestellt wird: Die Wirklichkeit der didaktischen Arbeit ist komplexer und offensichtlich widersprüchlicher als der Modellbau. Die Systematik *und* der Nachweis, dass die Systematik das bunte Feld des Wirklichen nicht vollständig abbilden kann, werden nachvollziehbar. Dazu zwei Beispiele: Lydia MURMANN argumentiert, dass man als Voraussetzung für didaktisch-reflektiertes Handeln zunächst einmal die Phänomene beschreiben muss. Sie macht das mit Beispielen aus dem Sachkundeunterricht der Grundschule. Warum schwimmen riesige Containerschiffe, obwohl sich auf ihnen die Container himmelhoch auftürmen? Was ist eigentlich ein Schatten? Georg BREIDENSTEIN zeigt uns mit seinem praxeologischen Blick, dass man vor der Formulierung von Ratschlägen für die Unterrichtsplanung zunächst einmal mit ausgewiesener Methodik zur Kenntnis nehmen sollte, was im Unterricht *tatsächlich* passiert. Im Gruppenunterricht zum Beispiel passiert meistens etwas ganz anderes als der Lehrer/die Lehrerin plant und wahrnimmt.

Die Allgemeine Didaktik ist nicht nur in Bedrängnis, weil ihr Empiriedefizit im Vergleich mit der Lehr-Lernforschung unübersehbar wird. Sie ist auch in Bedrängnis, weil die sich weiter entwickelnden Fachdidaktiken immer weniger Notiz von ihr nehmen. Dass eine KLAFKI-Rezeption in der Fremdsprachendidaktik praktisch nicht mehr stattfindet, mag dies belegen. Aber auch in der Geschichtsdidaktik, die aus allgemeindidaktischer Sicht einen klaren Bezug auf die Schlüsselprobleme Wolfgang KLAFKIS hat, wird dieser Ansatz kaum rezipiert. Der Beitrag von Andreas KÖRBER und Bodo von BORRIES kann dies *ex negativo* verdeutlichen.

Nun müsste man darüber, dass die Fachdidaktiken sich längst verselbständigt haben, nicht traurig sein, wenn es nicht gewisse Problemstellungen gäbe, bei denen die einzelnen Fachdidaktiken an Grenzen gelangen können. Das eine Problem ist noch einmal die Perspektive der Bildung bzw. Allgemeinbildung, auf die wir eben schon mit Bezug auf die Lehr-Lernforschung hingewiesen haben. Die Vertreter der verschiedenen Fachdidaktiken können schlecht das Ganze der didaktischen Fragestellung – Lehren und Lernen, Entwicklung, Erziehung und Bildung, Gesamtcurriculum und Bildungsgang – bearbeiten. Jede Einzelfachdidaktik müsste sonst zu einer Metafachdidaktik werden. Das andere, direkt hiermit verknüpfte Problem ist der Bezug der Fachdidaktiken auf das schulische Gesamt-Curriculum. Die einzelnen Fächer können schlecht für das Ganze der Lernanforderungen einstehen, mit denen – über Lehrpläne und andere Instrumente gesteuert – die Schülerinnen und Schüler konfrontiert werden. Bleibt damit der Allgemeinen Didaktik eine Koordinierungsfunktion, um Konfusion und Konkurrenz der Fächer zu Lasten der Lehrer und der Schüler zu vermeiden? Auch diese Frage bedarf der Klärung.

Dass sich die Vertreter der Allgemeinen Didaktik in der letzten Zeit nun aber – anders als im englischsprachigen Raum – nicht mehr um das Gesamt-Curriculum gekümmert haben, ist aus unserer Sicht ein Versäumnis mit Folgen: Die Einführung von Bildungsstandards und die Kompetenzorientierung nach PISA (vgl. den Beitrag von Olaf KÖLLER) ist eine bildungspolitisch hochkarätige Ordnungsmaßnahme, zu der von Seiten der Allgemeinen Didaktik nur wenig beigesteuert worden ist. Vielmehr haben die Fachdidaktiken die Führungsrolle übernommen. Zwei fachdidaktische Beiträge zur Thematik der Bildungsstandards können wir in diesem Heft präsentieren, einen die Debatte positiv aufnehmenden Beitrag aus der Geschichtsdidaktik, von Andreas KÖRBER und Bodo von BORRIES, in dem ein Kompetenzstufenmodell des historischen Denkens und Lernens entwickelt wird, und einen eher skeptischen Beitrag von Kaspar H. SPINNER, in dem die Position vertreten wird, dass sich ein Kompetenzstufenmodell schlecht auf die didaktische Bearbeitung von Literatur beziehen lasse. Literatur entziehe sich einer fächerübergreifenden oder auch nur fachbezogenen Stufung. Aufschlussreich ist deshalb, dass Hilbert MEYER aufgrund seiner Praxiserfahrungen zu der Erkenntnis kommt, dass die Auseinandersetzung der Schulpraktiker mit den Bildungsstandards und den Kompetenzstufenmodellen als *die* große Herausforderung der nächsten Zeit zu betrachten sei.

Es sollte deutlich geworden sein, wie komplex und kompliziert die Situation der Allgemeinen Didaktik heute ist. Aber vielleicht gilt ja auch für sie, dass Totgesagte länger leben?

# Teil I:
## Theorien, Theoriefamilien und didaktische Modelle – Positionsbestimmungen

Ewald Terhart, Münster

# Allgemeine Didaktik: Traditionen, Neuanfänge, Herausforderungen

**Zusammenfassung:**

Die Allgemeine Didaktik steht vor großen Herausforderungen. Inwieweit ist sie dazu in der Lage, diesen zu begegnen, sie also z. B. teilweise in sich absorbierend aufzunehmen bzw. umgekehrt diese Herausforderungen für ihre eigene produktive Weiterentwicklung zu nutzen? Bei der Erörterung dieser Frage ist die Entwicklungsgeschichte der allgemein-didaktischen Theorien und Denkansätze im deutschsprachigen Raum mit zu berücksichtigen. In diesem einleitenden Beitrag geht es zunächst um eine kurze Rekapitulation der Theorietraditionen (Abschnitt 1). Vor diesem Hintergrund wird eine Kennzeichnung und Einschätzung von theoretischen bzw. konzeptionellen Neuanfangen versucht (Abschnitt 2). Den Abschluss bildet die Beschäftigung mit den Begründungsansätzen für die „Neuen Lernkulturen" und das „informelle Lernen" – Ansätze, die insbesondere für die traditionelle Schulzentriertheit der Allgemeinen Didaktik einige wichtige Herausforderungen markieren (Abschnitt 3).

*Schlüsselwörter:* Allgemeine Didaktik, Lehr-Lern-Forschung, Neurodidaktik, informelles Lernen

**Summary:**

In Germany, general didactics (Allgemeine Didaktik) is facing some severe challenges, and it is not clear, how these challenges can be met. In this context the development and dynamics of theories and models of general didactics have to be considered. In the introducing article of this special issue the important theoretical traditions of general didactics in Germany are briefly sketched (part 1). Then new approaches and conceptual innovations in the field are described and evaluated (part 2). Finally, the theoretical and conceptual foundations of "new learning cultures" and "informal learning" are discussed (part 3).

*Keywords:* general didactics, research on teaching, neurodidactics, informal learning

Wenn die Allgemeine Didaktik für sich reklamiert, derjenige Teil der Erziehungswissenschaft zu sein, der sich mit den theoretischen und praktischen Problemen des Lehrens und Lernens auf allen Stufen und in allen Inhaltsbereichen des Bildungssystems beschäftigt, so ist damit ein sehr umfassender Anspruch definiert. Dieser Anspruch, der in einem früheren Entwicklungsstand der Disziplin als „Pädagogik", also vor ihrer weitgehenden Selbstumwandlung in eine „Erziehungswissenschaft", mit einem Recht hat formuliert werden können, wird angesichts zweier Entwicklungen problematisch: *Zum einen* befördert die zunehmend stärkere Spezialisierung der Erziehungswissenschaft die Tendenz, innerhalb der jeweiligen Spezialbereiche (von der Bildung in früher Kindheit bis zur Seniorenbildung) und mit Blick auf die jeweilige Klientel eigenständige didaktische Konzepte sowohl auf theoretischer Ebene wie auf der Ebene des jeweiligen didaktischen Praxisfeldes selbst zu erarbeiten. Diese breite Spanne aller möglichen Lehr-Lern-Felder kennt womöglich kein Allgemeines mehr. *Zum anderen* zeichnet sich ab, dass die Erziehungswissenschaft innerhalb des Sammelbeckens „Bildungswissenschaften", in dem eine ganze Reihe von weiteren, auch bzw.

zum Teil mit Bildung befassten Disziplinen auftreten, eine Konkurrenz der Deutungshoheit erlebt, die dann auch den pädagogischen bzw. erziehungswissenschaftlichen Monopolanspruch auf die Definition von „Allgemeiner Didaktik" herausfordert. Lern- und Lehrkonzeptionen aus anderen Disziplinen (Lern- und Unterrichtspsychologie, Neurowissenschaften etc.) machen den etablierten, traditionell eher schulbezogenen Didaktiken Konkurrenz.

Der Anspruch des Allgemeinen der Allgemeinen Didaktik wird mithin problematisch; viele der neuen Bildungswissenschaften beziehen sich nicht mehr auf ein Allgemeines oder halten die Frage danach für wenig ergiebig bzw. schlicht überflüssig. Nicht nur die Einheit des pädagogischen Denkens, auch die Einheit des allgemein-didaktischen Denkens wird damit zu einer vielleicht noch zu beschwörenden, inhaltlich aber kaum noch einzulösenden Vorstellung.

Eine *dritte*, inhaltliche Akzentverschiebung kommt hinzu: Der allgemeine Anspruch der Allgemeinen Didaktik wurde letztendlich auch durch die Annahme eines recht engen Nexus zwischen Lehren und Lernen aufrechterhalten, der zumindest für den formell-institutionell geregelten Bereich des *schulischen* Lehrens und Lernens behauptet wurde – nicht zuletzt deshalb, weil hierin, also in der Idee der erfolgreichen Organisierbarkeit von Lernen durch systematischen Unterricht, ein zentraler Existenzgrund für Schule liegt. Systematisches Lehren wurde als Voraussetzung für zielgerichtetes, langfristig folgenreiches Lernen angesehen; die Allgemeine Didaktik ‚verwaltete' und stützte diesen grundsätzlich unbezweifelten Lehr-Lern-Nexus in Theorie wie Praxis. Die empirische Erforschung von Lehr-Lern-Prozessen zeichnet nun allerdings ein immer differenzierteres Bild der Verknüpfung von Lehren und Lernen, des Zusammenhangs zwischen den Bedingungen, Prozessen und Resultaten des Lehrens und Lernens; tendenziell wird dieser Nexus sogar bewusst aufgelöst.

Somit steht die Allgemeine Didaktik, wenngleich in Lehramtsprüfungsordnungen, Ausbildungscurricula etc. institutionell noch abgesichert, inhaltlich unter Druck. Was hat sie geleistet? Was kann sie heute leisten? Wo liegen ihre Grenzen? Wo hat sie versagt? Was tritt an ihre Stelle? Oder gibt es diese ‚Stelle' gar nicht mehr? Welche Konkurrenzangebote liegen vor? Werden manche Traditionen in neuem Gewande fortgeführt? Gibt es Re-Aktualisierungen tradierter Metaphern und Wissensbestände? Welche Sachverhalte werden durch neue Theorieangebote neu oder anders beleuchtet – und welche dagegen weiterhin und gerade nicht? Im Folgenden möchte ich eine Übersicht über vergangene und aktuelle Entwicklungen der Allgemeinen Didaktik geben und zugleich einige wichtige Herausforderungen benennen. Ich schließe dabei an meine beiden Aufsätze zum Verhältnis von Allgemeiner Didaktik und empirischer Lehr-Lern-Forschung (2002a) sowie zu Tradition und Fortschritt in der Allgemeinen Didaktik (2005) an (vgl. auch TERHART 2009) und sortiere meine Überlegungen anhand der drei Stichworte *Traditionen, Neuanfänge* und *Herausforderungen*.

Gegenwärtig lassen sich unterschiedliche Theoriefamilien – man könnte auch Ansätze sagen – innerhalb der Allgemeinen Didaktik identifizieren. Die Verwendung des Begriffs „Theoriefamilien" (vgl. zu diesem Begriff auch MORINE-DERSHEIMER 2001, die sich jedoch weniger auf inhaltliche Gemeinsamkeiten als vielmehr auf die personalen Beziehungen in verschiedenen Gruppen amerikanischer Unterrichtsforscher bezieht) soll andeuten, dass sowohl die traditionellen wie die neueren allgemein-didaktischen Ansätze eigentlich nicht in einer abgeschlossenen, definierten Form vorliegen, sondern jeweils auf bestimmten, gemeinsam geteilten elementaren Grundannahmen beruhen, die dann ausdifferenziert werden und unterschiedlich ausgelegt werden können. Insofern wird mit dieser Metapher auch aufgefangen, dass Theorien komplexe Dynamiken in der Zeit bzw. in der Geschichte aufweisen. Und dabei gibt es, wie in allen Familien, einen breiten konventionellen Bereich, einige Zonen der Abwandlung, nicht weitergeführte Zweige, Erben und Erbschleicher – und immer einige Abweichler.

# 1    Traditionen

## 1.1    Bildungstheoretische Didaktik

Bildungstheoretische Ansätze verstehen Unterricht als Prozess der bildenden Begegnung zwischen ausgewählten geeigneten Bildungsgütern und der nachwachsenden Generation. Materiale Bildungstheorien, bei denen Gebildetheit durch das Verfügen über Wissensinhalte definiert wird, und formale Bildungstheorien, die demgegenüber auf die Entwicklung der Anlagen, Kräfte und Potentiale der Schüler abzielen, sind je für sich problematische Vereinseitigungen; im Konzept der kategorialen Bildung werden formale und materiale Seite zusammen gedacht. Für den Lehrer steht die Auswahl, Anordnung und Explikation der Inhalte des Unterrichts – in Abstimmung zu den mitgebrachten Voraussetzungen der Schüler – im Mittelpunkt, wobei dem Nachvollzug von vorgängigen Lehrplanentscheidungen eine große Bedeutung zukommt. Methodenfragen, also: Fragen der konkreten Sequenzierung, der medialen Unterstützung des Lernens im Unterricht wie auch Fragen der Überprüfung des Lernerfolgs etc. sind demgegenüber nachgeordnet. Es geht um die Anbahnung *von Bildung durch Begegnung der jungen Menschen mit Kultur.* Noch immer machen Wolfgang KLAFKIS Fragen der Didaktischen Analyse als Kern der Unterrichtsvorbereitung eines (angehenden) Lehrers sehr gut deutlich, worum es der bildungstheoretischen Didaktik geht und welches Verständnis von Unterricht sie hat (KLAFKI 1963/1975, S. 135 ff.):

1. Welchen größeren bzw. welchen allgemeinen Sinn- oder Sachzusammenhang vertritt und erschließt dieser Inhalt? Welches Urphänomen oder Grundprinzip, welches Gesetz, Kriterium, Problem, welche Methode, Technik oder Haltung lässt sich in der Auseinandersetzung mit ihm ‚exemplarisch‘ erfassen?
2. Welche Bedeutung hat der betreffende Inhalt bzw. die an diesem Thema zu gewinnende Erfahrung, Erkenntnis, Fähigkeit oder Fertigkeit bereits im geistigen Leben der Kinder meiner Klasse, welche Bedeutung sollte er – vom pädagogischen Gesichtspunkt aus gesehen – darin haben?
3. Worin liegt die Bedeutung des Themas für die Zukunft der Kinder?
4. Welches ist die Struktur des (durch die Fragen 1–3 in die spezifisch pädagogische Sicht gerückten) Inhalts?
5. Welches sind die besonderen Fälle, Phänomene, Situationen, Versuche, Personen, Ereignisse, Formelemente, in oder an denen die Struktur des jeweiligen Inhaltes den Kindern dieser Bildungsstufe, dieser Klasse interessant, fragwürdig, zugänglich, begreiflich, ‚anschaulich werden‘ kann?

Damit ist bildendes Unterrichten eine moralisch-praktische Kunst des Lehrers, die der Einbettung in einen bestimmten Wissen(schaft)stypus bedarf.

Aus einem sozial-, kultur- und erziehungsphilosophischen Blickwinkel betrachtet ist die bildungstheoretische Didaktik sicherlich die anspruchsvollste und aussagekräftigste. In ihrer aktuellen Variante strebt bildungstheoretische Didaktik als übergeordnete Ziele des Unterrichts die Ermöglichung von Selbstbestimmungs-, Mitbestimmungs- und Solidaritätsfähigkeit an; als leitende Prinzipien für die Themenauswahl und Strukturierung werden weniger die Fächer- bzw. Fachstruktur, sondern grundlegende epochaltypische Schlüsselprobleme des gesellschaftlichen Zusammenlebens betrachtet (vgl. KLAFKI 1957, 1963/1975, 1996; für eine aktuelle Kommentierung der Entwicklung der Position KLAFKIS vgl. MEYER/MEYER 2007; für Stellungnahmen zum Potenzial der bildungstheoretischen Didaktik vgl. KOCH-PRIEWE u. a. 2007).

Der bildungstheoretische Ansatz hat sich insgesamt als sehr lernfähig und flexibel erwiesen; durch kontinuierliches Weiterschreiben des theoretischen Konzepts der Allgemeinbildung sowie der operativen Konzeption für die Unterrichtsplanung (vgl. Abb. 1) sind ständige Aktualisierungen vorgenommen worden. So wurden etwa Elemente der Lernpsychologie, der Interaktionsforschung, der Curriculumforschung und, in Gestalt der „Schlüsselprobleme", Motive aus den mittlerweile alt

*Abbildung 1:* Vorläufiges Perspektivenschema zur Unterrichtsplanung (KLAFKI 1996, S. 272)

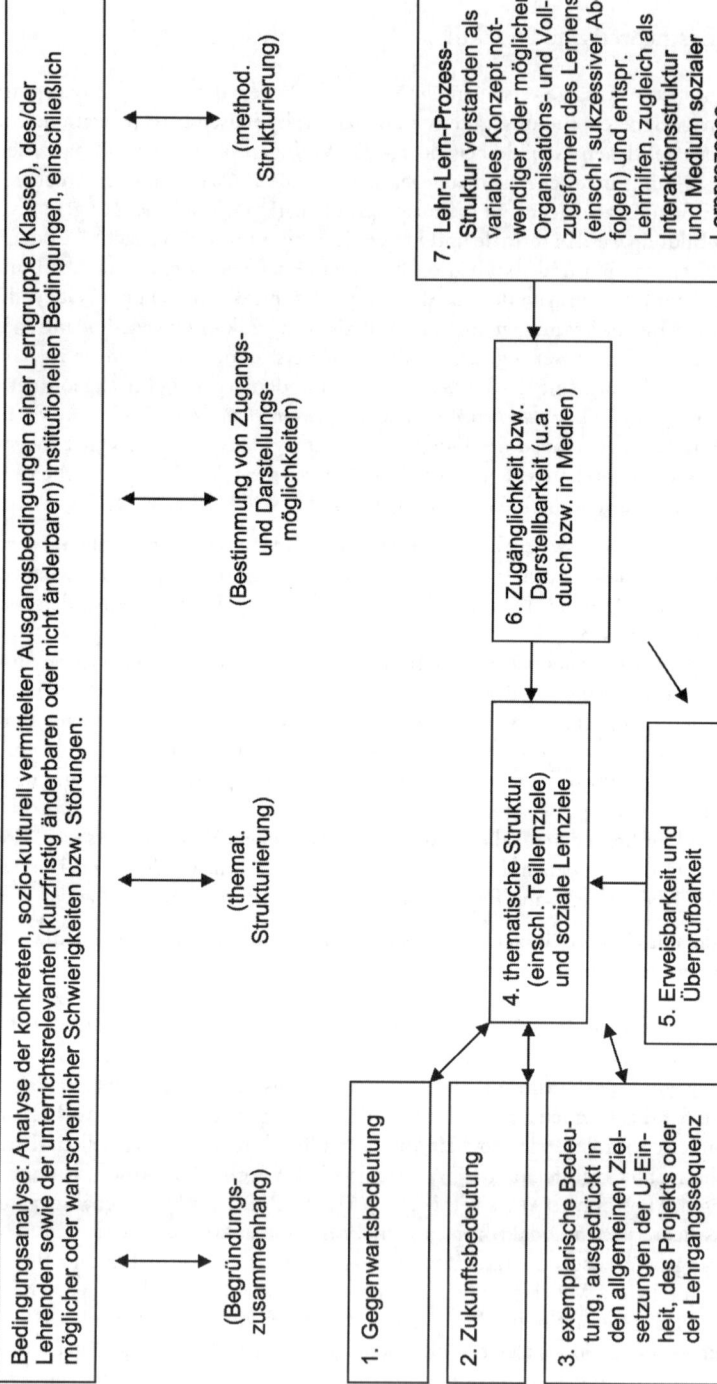

gewordenen Neuen sozialen Bewegungen der 1980er Jahre integriert. Die Stärke dieses Ansatzes liegt nach wie vor in seiner *grundlegenden Option für Bildung als zentrierende und orientierende Kategorie*. Dadurch wird nicht nur eine Sinnstiftung für Unterricht generell möglich; vielmehr wird über den Bildungsbegriff der Unterricht sowohl mit der Entwicklung des Einzelnen wie mit der Weiterentwicklung von Kultur und Gesellschaft verbunden. Sofern man den Kultur- und Sinnbezug von Schule, Unterricht und Lehrerhandeln in den Mittelpunkt stellt, wird m. E. jede anspruchsvolle Allgemeine Didaktik unausweichlich ‚bildungstheoretisch‘ sein müssen. Auf der schul- und unterrichtsbezogenen Ebene sehe ich eine Fortführung und Erweiterung des Grundmotivs dieser Theoriefamilie in der Bildungsgangdidaktik (s. u.).

## 1.2  Lehrtheoretische Didaktik

Vertreter der lehrtheoretischen Didaktik nehmen die Perspektive des planenden und analysierenden Lehrers ein und versuchen, ihm wissenschaftlich gesicherte Informationen zur Gestaltung des Unterrichts an die Hand zu geben. In frühen Schriften dieses Ansatzes aus den 1960er Jahren („Berliner Schule") war z. T. sogar statt vom „Lehrer" von einer „lehrenden Intelligenz" die Rede; angesichts von E-Learning, Expertensystemen etc. klingt dies wieder ganz aktuell. Die Grundaussage ist folgende: Eingepasst in die vorgefundene Ausgangslage der Lernenden bzw. der Lerngruppe und in Befolgung übergeordneter Lehrplanvorgaben (Bedingungsfelder) hat ein Lehrer Entscheidungen hinsichtlich der vier Faktoren Ziele, Inhalte, Methoden und Medien zu treffen (Entscheidungsfelder). Diese vier Faktoren stehen nicht in einem Ableitungs- sondern in einem Interdependenzverhältnis zueinander, beeinflussen sich also gegenseitig. Der so konstruierte und durchgeführte Unterricht erzeugt Wirkungen, die wiederum als Voraussetzungen in die weitere Planung eingehen. Unterricht ist dann nicht länger bildende Begegnung wie bei der bildungstheoretischen Didaktik, sondern zweckrationale und erfolgskontrollierte Organisation von Lehr-Lern-Prozessen (HEIMANN/OTTO/SCHULZ 1965; HEIMANN 1976; SCHULZ 1981; vgl. Abb. 2).

*Abbildung 2:* Strukturmodell des Unterrichts von HEIMANN/OTTO/SCHULZ (aus: PETERßEN 2001, S. 54)

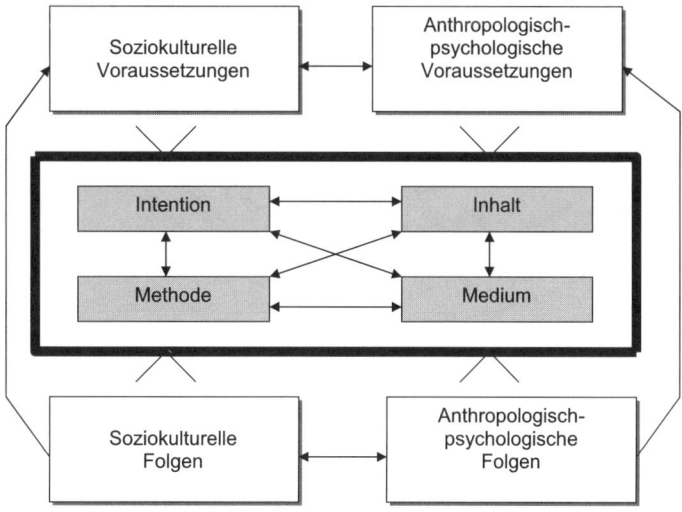

Damit liegt eine pragmatische, dem Anspruch nach auf empirischer Forschung basierende Didaktik für Lehrer vor, die sich zumindest in ihren Anfängen der Reflexion aller übergeordneten gesellschaftlichen Bedingungen und normativer Probleme enthalten hat, eine Beschränkung, die ihr von Seiten der bildungstheoretischen Didaktik, aber auch aller kritisch-kommunikativen Didaktik-Varianten postwendend den Positivismus-Vorwurf einbrachte. Im Rahmen der Weiterentwicklung der lehrtheoretischen Didaktik sind die institutionelle und gesellschaftliche Einbettung von Unterricht sowie die Interaktion im Unterricht allerdings zunehmend stärker berücksichtigt worden. Die lehrtheoretische Didaktik hat aufgrund ihres zweckrational-pragmatischen Unterrichtsverständnisses sicherlich die größte Nähe zu Fragestellungen der empirischen Lehr-Lern-Forschung.

Der lehrtheoretische Ansatz hat einen mehrfachen Wechsel seiner wissenschaftstheoretischen Orientierung hinter sich: von einem einfachen Empirismus der Gründungsphase der „Berliner Schule" zu einer ideologiekritischen Wissenschaftsauffassung zu Beginn der 1970er Jahre bis hin zu sehr subjektnahen, z. T. schon quasi-therapeutischen Formen im „Hamburger Modell" (SCHULZ 1981; vgl. Abb. 3) – eine wahrlich bewegte Geschichte. Der Ansatz wird weiterhin in der Lehrbuchliteratur und natürlich in den Studienseminaren der Zweiten Phase der Lehrerbildung (Referendariat) behandelt. Die Identifikation einer größeren Wissenschaftlergruppe, die diesen Ansatz

*Abbildung 3:* Das Handlungsmodell des Unterrichts von Schulz (aus: PETERßEN 2001, S. 64)

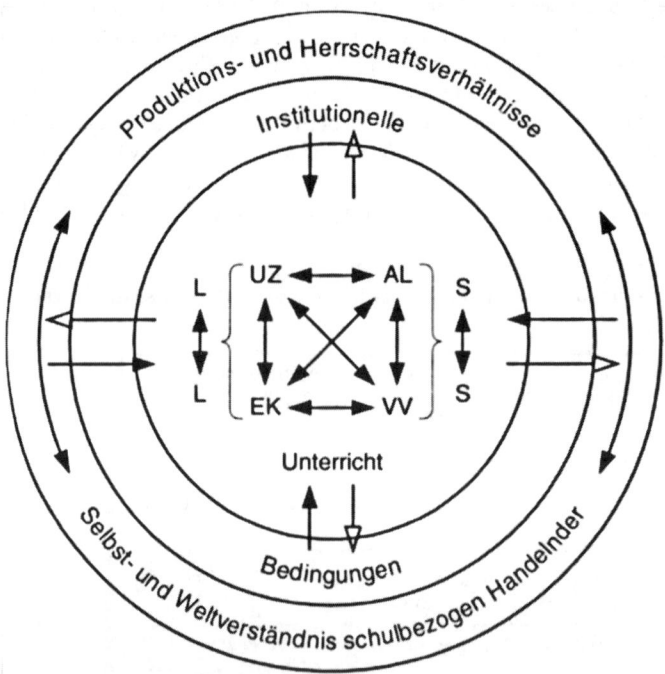

L = Lehrer und S = Schüler: als Partner unterrichtsbezogener Planung

UZ       = Unterrichtsziele: Intentionen und Themen
AL       = Ausgangslage der Lernenden und Lehrenden
VV       = Vermittlungsvariablen wie Methoden, Medien, schulorganisatorische Hilfen
EK       = Erfolgskontrolle: Selbstkontrolle der Schüler und Lehrer

gegenwärtig bewusst vertritt und weiterentwickelt, ist jedoch m. E. nicht möglich (vgl. aber STRA-KA/MACKE 2002). Von dieser personellen Kontinuität unabhängig, also rein sachlich gesehen, hat heute die empirische Lehr-Lern-Forschung bzw. Unterrichtswissenschaft das Erbe der „Berliner Schule" angetreten. Deren pädagogisch-psychologische Modellannahmen über die Bedingungen schulischen Lernens und seiner Förderung durch Lehren bzw. Unterrichten können als Ausdifferenzierungen und als Modernisierung des ursprünglichen Ansatzes verstanden werden – allerdings auf einem sehr viel höheren theoretischen und forschungsmethodischen Niveau.

## 1.3   Kommunikative Didaktik

Diese allgemeindidaktische Position versteht sich als klare Gegenbewegung zu sowohl bildungs- wie lehrtheoretischen Ansätzen (vgl. SCHÄFER/SCHALLER 1971; POPP 1976; WINKEL 1980; vgl. Abb. 4). Sie konzentriert sich weniger auf die Inhaltsdimension – welche Inhalte haben welchen Bildungsgehalt? – und auch nicht auf die planende und analysierende Perspektive

*Abbildung 4:* Das Modell der kommunikativen Didaktik (aus: WINKEL 1980, S. 202)

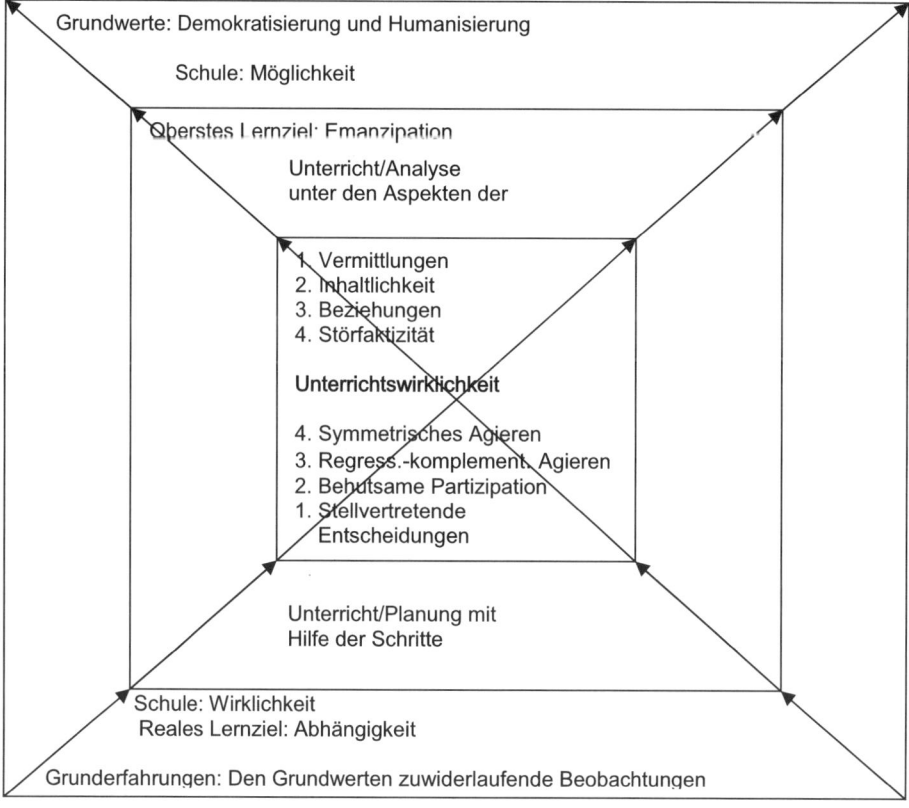

Gesellschaft: Sollens-Werte

Grundwerte: Demokratisierung und Humanisierung

Schule: Möglichkeit

Oberstes Lernziel: Emanzipation

Unterricht/Analyse
unter den Aspekten der

1. Vermittlungen
2. Inhaltlichkeit
3. Beziehungen
4. Störfaktizität

**Unterrichtswirklichkeit**

4. Symmetrisches Agieren
3. Regress.-komplement. Agieren
2. Behutsame Partizipation
1. Stellvertretende
   Entscheidungen

Unterricht/Planung mit
Hilfe der Schritte

Schule: Wirklichkeit
Reales Lernziel: Abhängigkeit

Grunderfahrungen: Den Grundwerten zuwiderlaufende Beobachtungen

Gesellschaft: Ist-Werte

des Lehrers – wie muss ich meine Stunde aufbauen? Im Mittelpunkt stehen vielmehr der Prozess und die Auswirkungen der sozialen Interaktion im Klassenzimmer. Unterricht wird als soziale Situation verstanden, in die die Beteiligten ihre je persönlichen Vorerfahrungen, Sichtweisen und Definitionen einbringen. In diesem Kontext kommt es zur Rezeption und didaktischen Umarbeitung philosophischer und informationstheoretischer Kommunikationskonzepte, aber auch zur Rezeption von Befunden aus der sozialpsychologischen Forschung zum Lehrer-Schüler-Verhalten. Insofern wird von solchen kommunikativen Didaktiken her eine Bezugnahme auf empirisch-psychologische Unterrichtsforschung vollzogen – allerdings nicht so sehr mit Blick auf Inhalte und deren Vermittlung („Instruktion"), sondern mit Blick auf Interaktionsstrukturen und deren Folgen („Interaktion"). Insofern haben diese Studien viele Erkenntnisse über die Sozialisation im und durch Unterricht, über informelles Lernen in Schule und Unterricht zusammengetragen. Hinzu kommt aber auch hier eine normative Selbstverpflichtung: Kommunikative Didaktik orientiert sich am Ziel der Etablierung möglichst herrschaftsfreier, symmetrischer Kommunikation im Klassenzimmer. Insofern war und ist kommunikative Didaktik – wissenschaftstheoretisch gesehen – der schulpädagogische Ausdruck kritischer Erziehungswissenschaft.

Die kommunikationstheoretischen Konzepte, die in den 1970er Jahren mit einigem Aplomb sowohl den bildungs- wie lehrtheoretischen Ansatz unter Nutzung moderner Interaktions- und Kommunikationstheorien herausgefordert haben, sind mittlerweile weitgehend in das Feld der schülerorientierten, erfahrungsnahen, handlungsbezogenen und generell ‚offenen‘ Unterrichtsgestaltung übergegangen. Sozialphilosophische und sozialpsychologische Hintergrundtheorien (z. B. G. H. MEAD, P. WATZLAWICK) – wie noch in den Ursprungszeiten dieser Theoriefamilie – werden hierfür kaum noch in Anspruch genommen. Insofern ist die „kommunikative Didaktik" auf theoretischer Ebene eigentlich nicht weiterentwickelt worden; auf der Ebene der Praxis hingegen ist der kommunikative Ansatz gleichsam in einen bunten Strauß von Methodismen und methodischen Gestaltungsformen hinein explodiert. Die zentrale, bildungstheoretische Frage der Didaktik, *warum Schüler was lernen sollen*, wird durch eine Hypertrophie des Methodischen still gestellt: Methodik statt Didaktik (vgl. TERHART/UHLE 1991).

## 2   Neuanfänge

### 2.1   Konstruktivistische Didaktik

Der konstruktivistische Ansatz bildet eine neuere, aber doch schon recht etablierte Theoriegruppe in der allgemeinen Didaktik. Konstruktivistische Didaktiken nehmen einen Teil der interaktionsorientierten Unterrichts- sowie auch einen Teil der so genannten erfahrungs- und handlungsorientierten Methodenkonzeptionen in sich auf. Eine wissenschaftstheoretische Zuordnung ist schwierig, da diese Theoriengruppe in sich sehr heterogen und an ihren Grenzen nicht sehr randscharf ist; vielfach behilft man sich, indem man die verschiedenen Spielarten konstruktivistischen Denkens einem nach-klassischen, postmodernen Wissenschaftsverständnis zuordnet. Grundlegend für konstruktivistisches Denken in der Didaktik ist die Vorstellung, dass alles Wissen konstruiert ist, dass sich Wissen nur an Wissen – und nicht an Realität – abgleichen lässt, dass insofern kein Wissen ‚an sich‘ privilegiert ist, dass Lernen ein Akt der (Ko-)Konstruktion in Gemeinschaften ist, dass Lehrer das Lernen nicht erzeugen, sondern nur anregen können, und dass ein Beurteilen von Lernergebnissen auf der Basis von Richtig/Falsch-Unterscheidungen inadäquat ist (vgl. REICH 1996, 2002; SIEBERT 2005; VOSS 2005).

*Abbildung 5:* Reflexionstafel der Konstruktivistischen Didaktik (aus: REICH 2002, S. 144)

| | | **Erkenntniskritische Perspektiven** | | |
|---|---|---|---|---|
| | | **Konstruktivität** | **Methodizität** | **Praktizität** |
| **Didaktisches Handeln** | **Kon-struieren** | Erfinden ↑ Kreativität Innovation Produktion Modifikation Ausprobieren u. a. | Begründen ↑ Variation Kombination Transfer (neue Geltung wird mit Teilen von bekannten Methoden Beschrieben) | Gestalten ↑ für Einzelne für Gruppen Viabilität unter der Maxime der Selbstbestimmung und des Selbstwerts |
| | **Rekon-struieren** | Entdecken ↑ Transfer Anwendung Übernahme Wiederholung Nachahmung Anpassung u. a. | Verallgemeinern ↑ Ordnung Muster Modelle (Geltungsansprüche anderer) | Erfahren ↑ für Einzelne für Gruppen Viabilität unter der Maxime der Selbsttätigkeit |
| | **Dekon-struieren** | Enttarnen ↑ Analyse von Unvollständigkeit Unvorhergesehenem Unbewusstem u. a. | Zweifeln ↑ Auslassung Vereinfachung Ergänzung Kritik | Kritisieren ↑ für Einzelne für Gruppen Viabilität unter der Maxime der Selbst- und Fremdverantwortung |

Für die konstruktivistische Didaktik nach REICH ist der Dreischritt von Konstruieren, Rekonstruieren und Dekonstruieren entscheidend (vgl. auch Abb. 5):

– *„Konstruktion"* bedeutet, dass Lernen grundsätzlich eine konstruierende Tätigkeit ist, die – auch im Unterricht – jeder einzelne Schüler zwar im sozialen Kontext, aber doch für sich vollzieht. Leitmotto: „Wir sind die *Erfinder* unserer Wirklichkeit".
– *„Rekonstruktion"* bedeutet, dass von den nachwachsenden Generationen – und im Unterricht – nicht alles neu erfunden wird; vielmehr werden vorhandene Kultur- und Erkenntnisleistungen nach-entdeckt. Leitmotto: „Wir sind die *Entdecker* unserer Wirklichkeit".
– *„Dekonstruktion"* bedeutet: Sowohl eigene Erfindungen wie die (Nach-) Entdeckungen von bereits Vorhandenem müssen kritisch auf Auslassungen, Einseitigkeiten etc. geprüft werden. Alternativen des Konstruierten müssen offenbleiben. Leitmotto: „Es könnte auch noch anders sein; wir sind die *Enttarner* unserer Wirklichkeit".

Konstruktivistische Didaktik artikuliert sich auf der Theorie-Ebene in einer relativ radikalen Weise; bei den Überlegungen und Vorschlägen zur Gestaltung von Unterricht wird jedoch durchweg eine gemäßigte Position vertreten (vgl. TERHART 1999). Die konstruktivistischen Empfehlungen zur Unterrichtsgestaltung orientieren sich dabei sehr stark an alten und neuen reformpädagogischen Modellen (Erfahrungslernen, entdeckendes Lernen, fächerübergreifendes Lernen, Förderung der Selbsttätigkeit, Lernen des Lernens etc.). Darüber hinaus hat diese Theoriefamilie an ihren Rändern eine vergleichsweise große Nähe zu bzw. Überlappung mit den neueren Überlegungen zu vernetzten Lernkulturen, zur Konzepten informellen Lernens und zum netzbasierten E-Learning. Bei frühen, radikalen Vertretern ist der Übergang zu entgrenzenden postmodernen Argumentationen wie schließlich auch zu „New-Age"-Praktiken fließend (vgl. Kösel 1997).

Unter Nutzung erkenntnistheoretischer, hirnphysiologischer und lernpsychologischer Annahmen und Erkenntnisse entkoppelt die konstruktivistische Didaktik die Verbindung zwischen Lehren und Lernen. Das bedeutet: Unterricht (Lehren) kann Lernen nur wahrscheinlicher machen, nicht aber erzeugen. Lernen selbst wird zur ko-konstruierenden Tätigkeit der Lernenden selbst, wobei jedes Lernergebnis am Ende als Erfolg zählen muss, denn über „wahr" und „falsch" ist – radikalkonstruktivistisch gesehen – nicht mehr zu befinden. Auf der *Ebene von Theorie* ist konstruktivistische Didaktik noch nicht sehr stark mit anderen allgemein-didaktischen Positionen verknüpft. Weil sich dieser neue Ansatz z. T. noch in der Phase der polemischen Abgrenzung befindet, konnten noch keine stabilen Querverbindungen entstehen. *In der Praxis* verbindet sich konstruktivistische Didaktik mit den Praxisformen reformpädagogischer und kommunikativer Modelle sowie – verstärkt – mit den komplexen virtuellen Lernwelten (E-Learning), die durch die neuen Informations- und Kommunikationstechnologien geschaffen werden. In dieser Form ist die konstruktivistische Provokation mithin pädagogisch normalisiert und didaktisch entschärft worden; konstruktivistisches Vokabular kann nun herangezogen werden, um allen möglichen sinnvollen und sinnlosen didaktischen Praxen zumindest begrifflich-semantisch einen brüllend modernen Anstrich zu geben.

## 2.2  Bildungsgangdidaktik

Dieser Ansatz geht auf den Schulversuch „Kollegstufe NW" zurück, der in den 1970er Jahren unter der Leitung von H. BLANKERTZ in Nordrhein-Westfalen durchgeführt wurde. In diesem Schulversuch wurden berufsbildende und allgemeinbildende Bildungswege der Sekundarstufe II, die üblicherweise auf die Berufsschule und die Oberstufe des Gymnasiums aufgeteilt sind, in *einer* Institution – der Kollegstufe – zusammengeführt. Auf diese Weise sollte die Kollegstufe an die Gesamtschule (als integrierte Schulform der Sekundarstufe I) anschließen. Bei der Überprüfung und Bewertung der Wirkungen dieses Schulversuchs wurde gefragt, ob Kollegschüler durch diese Schulform tatsächlich eine bessere Unterstützung ihrer individuellen Bildungsprozesse erfahren als Nicht-Kollegschüler. Grundannahme war, dass die von der Schule angebotenen Bildungswege und -inhalte nur dann von tatsächlicher und nachhaltiger Bildungswirkung für die einzelnen Schüler sind, wenn diese sie als subjektiv bedeutsam und für die eigene Entwicklung hilfreich wahrnehmen. Die Bezugsgröße, an der der je individuelle („subjektive") Bildungsgang bemessen wurde, war ein auf diese Altersgruppe bezogenes Konzept gelingender Bildung, welches die gewissermaßen „objektiven", gesellschaftlichen Anforderungen markierte. Insofern wurde ein *bildungstheoretisch begründetes Erfolgskriterium* definiert – mit der Folge, dass die Bildungsgangdidaktik bis heute starke normative Implikationen hat, die teils trotzig beschworen, teils verschämt beschwiegen werden.

Die Grundannahme der Bildungsgangdidaktik lautet: Schüler bzw. junge Erwachsenen haben objektiv vorgegebene Entwicklungsaufgaben (*developmental tasks*) zu lösen, die abzuschreitende

*Abbildung 6:* Die Aufgaben der Schule in Bildungsgangdidaktischer Hinsicht (aus: HERICKS/SPÖR-
LEIN 2001, S. 43)

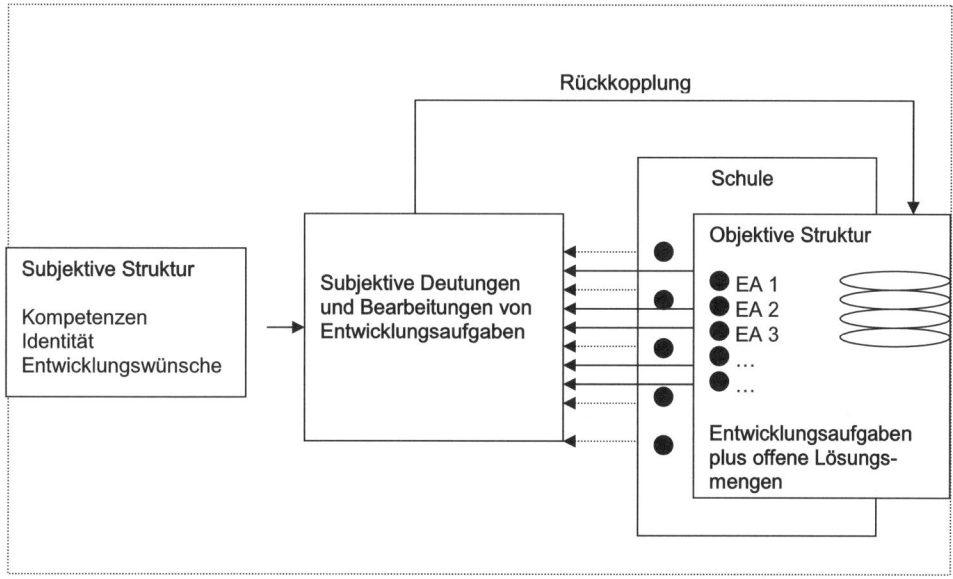

*Abbildung 7:* Niveaustufen der gemeinsamen Lösung von Entwicklungsaufgaben (nach: MEYER
2005b, S. 34)

| **Drittes Niveau** | Intergenerationelle Kommunikation bezüglich der Transformation der Welt- und Selbstsicht der nachwachsenden Generation. |
|---|---|
| **Zweites Niveau** | Vermittlung von Wissen und Können als Aushandlungsprozess in einer Praxisgemeinschaft von Lernenden und Lehrenden, auch unter Ausnutzung der didaktischen Kompetenz der Lernenden. |
| **Erstes Niveau** | Vermittlung als Auftrag, den Schülerinnen und Schülern etwas beizubringen, und Anpassung der Schülerinnen und Schüler an das, was die Lehrer ihnen abverlangen. |

Bildungsgänge darstellen. Die Schule, das Curriculum und der Unterricht müssen diesen Prozess unterstützen, wobei die Bildungsgänge von der Schule zwar mehr oder weniger standardisiert *angeboten* werden können, der konkrete Bildungsgang des einzelnen Schülers jedoch immer sehr individuell verläuft (Abb. 6). Aufgaben sind objektiv gestellt; zugleich muss man sich selbst Aufgaben stellen (GIRMES 2004), und zwar im doppelten Sinne: als Bearbeitung *vorgegebener* Aufgaben und als Entwicklung *selbst gestellter* Aufgaben. Die Bearbeitung von Aufgaben kann dabei auf qualitativ unterschiedlichen Niveaustufen liegen (Abb. 7).

Durch die Bildungs*gang*-Konzeption wird curriculares und didaktisches Denken gewissermaßen dynamisiert. Die Konzepte der Entwicklung, der Kompetenzentfaltung und des Identitätsaufbaus werden zentral. Kurzum: Das Verhältnis von Biographie und Bildung steht im Mittelpunkt – und zugleich die Frage, wie Schule und Unterricht hierbei eine Unterstützungsfunktion gewinnen können. Damit hat sich der Ansatz der Analyse von Bildungsgängen von seinem Entstehungskontext abgelöst; er ist mittlerweile für mehrere fachliche Lernfelder und Ausbildungswege erprobt und weiter entwickelt worden. Zugleich ist er stark ausgeweitet worden: Die besondere Metaphorik und Begrifflichkeit (man denke nur an „Ent-Wickeln": ein Herausbringen dessen, was eingewickelt war – und „sich-selbst-ent-wickeln" als paradoxe Handlung; „Gang": frei gehen oder im Gang stecken; Doppeldeutigkeit der Wendung „sich Aufgaben stellen"; Bildungsverlauf als vorwärts und rückwärts Gehen, als Stehen etc.) sowie das Denk- und Forschungsmodell des Bildungsgang-Konzepts sind in allgemeine bildungstheoretische Debatten sowie in die Sozialisations- und Schulforschung eingewandert, ebenso in das Feld der nachschulischen beruflichen Qualifizierung (z. B. auch für den Lehrerberuf; vgl. HERICKS 2006).

Der Bildungsgang-Ansatz argumentiert auf curricularer Ebene und beansprucht ebenso eine didaktische Komponente, die sich sowohl bezogen auf bestimmte Fachlichkeit als auch im Überfachlichen zeigt. Auch hier ist eine gewisse Analogie zum bildungstheoretischen Ansatz festzustellen. In welcher Weise aber wird Bildungsgangdidaktik konkret, wie wird sie Didaktik? Dies ist nicht leicht auszumachen, da an die Stelle konkreter operativer Aussagen erneut starke normative Bekenntnisse und Postulate zur Parteinahme für Schülersicht, für eine Zurücknahme des didaktischen Impetus, für richtiges Lehrerhandeln etc. anzutreffen sind. Auf der anderen Seite findet man bei der Suche nach Konkretisierung detaillierte, fallbezogene Beschreibungen, Interpretationen und Analysen von *ablaufender* Unterrichtskommunikation oder aber Interviewäußerungen von Schülern, die fachbezogen oder allgemein auf ihren Schulweg als Bildungsweg zurückschauen. Diese mikroskopischen Analysen von Fällen erweisen sich durchweg als sehr ergiebig, dokumentieren sie doch eindrucksvoll die recht eigenwillige Weise, in der Schüler je subjektiv die objektiven Schul- und Unterrichtsangebote in ihren eigenen Sinnhorizont hineinversetzen. Daran wird auch deutlich, dass die Schule die tatsächlichen, subjektiven Bildungswege ihrer Schüler gar nicht kennt – und vielleicht auch gar nicht kennen will, da sie als administrativer Apparat zunächst einmal am reibungslosen Ablauf des äußeren Schulmechanismus interessiert ist.

In der sich öffnenden Schere zwischen starker pädagogischer *Normativität* einerseits und einer minutiösen *Analyse* des Vorfindlichen bildet die *Konstruktion* von Unterricht als Handlungsaufgabe des Lehrers bisher eine Leerstelle der Bildungsgangdidaktik. Oder anders: Die Bildungsgang-Didaktik ist zwar bildungstheoretisch ausgerichtet und in sinnvoller Weise für Sozialisations-, Schul- und Lehrerforschung offen, muss aber selbst noch mehr operative Elemente entwickeln, die unerfahrenen Berufsanfängern, aber auch erfahrenen Lehrern die Planung und Durchführung von Unterricht im Sinne dieses Rahmenkonzepts ermöglichen.

## 2.3  Neurodidaktik

Die Bezeichnung „Neurodidaktik" steht für solche Begründungsansätze von Lehren und Unterricht, die sich auf Erkenntnisse der Gehirnforschung zum Lernen stützen. Insofern kann man Neurodidaktik auch als einen der Ansätze bezeichnen, die die konstruktivistische Didaktik fundieren; letztere stützt sich jedoch – neben der Gehirnforschung – auch auf philosophische und sozialwissenschaftliche Theorien. Naturwissenschaftlich-medizinische Erkenntnisse über die Arbeitsweise, über die Leistungen, Eigenarten und Grenzen des menschlichen Gehirns werden herangezogen, um ein gehirngerechtes Lehren zu fundieren, von dem wiederum behauptet wird, dass es das menschliche Lernpotential entfesselt und zu besseren Lernergebnissen führt. Der Logik nach handelt es sich also um Didaktik auf (gehirn)physiologischer Grundlage (*brain-based teaching*; zur Neurodidaktik vgl. ARNOLD 2002; STERN u. a. 2005; HERRMANN 2006; TERHART 2006).

Folgende Aussagen der Gehirnforschung zum Lernen sind für die Neurodidaktik leitend:

- Menschen lernen besser in einer angstfreien Atmosphäre ohne Stress und Druck. Die Bereitstellung einer für alle Sinne angenehmen und zugleich konzentrierten Situation ist die beste und erste Voraussetzung für menschliches Lernen.
- Lernen bedeutet Verarbeiten von Informationen, wobei das Gehirn in Informationen Muster erkennt, wenn diese an vorhandenes Wissens, an vorliegende Erfahrung in irgendeiner Weise angeschlossen werden können.
- Lernen ist dann erfolgreich, wenn sein Nutzen oder sein Wert subjektiv einsehbar ist, wenn es „Sinn" macht.
- Lernen, Verstehen und Behalten haben einen bestimmten zeitlichen Rhythmus – und brauchen Pausen.
- Es ist für das Lernen von Vorteil, wenn Informationen über mehrere Sinneskanäle auf das immer schon eigenaktive Gehirn treffen, das diese unterschiedlichen Arten von Informationen in sich verarbeitet und das neue Bedeutungen konstruiert.
- Bei der Neustrukturierung von internen Strukturen spielen Kognitionen, Emotionen und Motivationen eine gleich wichtige Rolle. Lernen ist insofern ein ganzheitlicher Prozess.
- Beim Lernen wird neues Wissen eingefügt, altes Wissen aktiviert und gegebenenfalls reorganisiert. Aber auch Prozesse der Wissensverarbeitung selbst werden verändert.
- Neu Gelerntes wird besser behalten, wenn es unmittelbar geübt und angewendet werden kann, aber auch, wenn es auf neue Informationen und Probleme angewendet werden kann.
- Das Lernen wird erleichtert, wenn wir unser eigenes Lernen beobachten und organisieren, wenn wir also ein Bewusstsein oder Gefühl für unser eigenes Lernen bekommen.

Hinsichtlich der didaktisch-methodischen Gestaltung von schulischen Lernprozessen ziehen die Neurodidaktiker die Konsequenz, dass man nicht mehr von der Umsetzbarkeit gereinigter Lehrpläne und Stoffkataloge ausgehen sollte, denn Schülerlernen verlaufe faktisch immer „chaotisch". Die Unterrichtsmaterialien sollten nicht vorgegeben sein, sondern aus dem Leben der Schüler und Lehrer selbst stammen und für die Lernenden eine emotionale Bedeutung haben, was auf Begründungen für die Effektivität und Nachhaltigkeit informellen Lernens verweist (s. u.). Verschiedene Zugangsweisen zum Gegenstand und verschiedene Darstellungsformen von Lerngegenständen sollten gewählt werden. Am besten lasse sich gehirngerechtes Unterrichten in der Form des handlungsorientierten, projektartigen und problemlösenden Unterrichts erreichen, wobei sich erschließende, verarbeitende und reflektierende Phasen ablösen sollten. Fragen stellen und Fehler machen sind in diesem Kontext als konstitutive Elemente von nachhaltigem Lernen zu verstehen. (Abb. 8 und 9 verdeutlichen in schematischer Weise den Unterschied zwischen altem didaktischem und neuem, neurodidaktischem Denken.)

*Abbildung 8:* Der Paradigmenwechsel vom alten zum neuen Lernen (aus: ARNOLD 2002, S. 130)

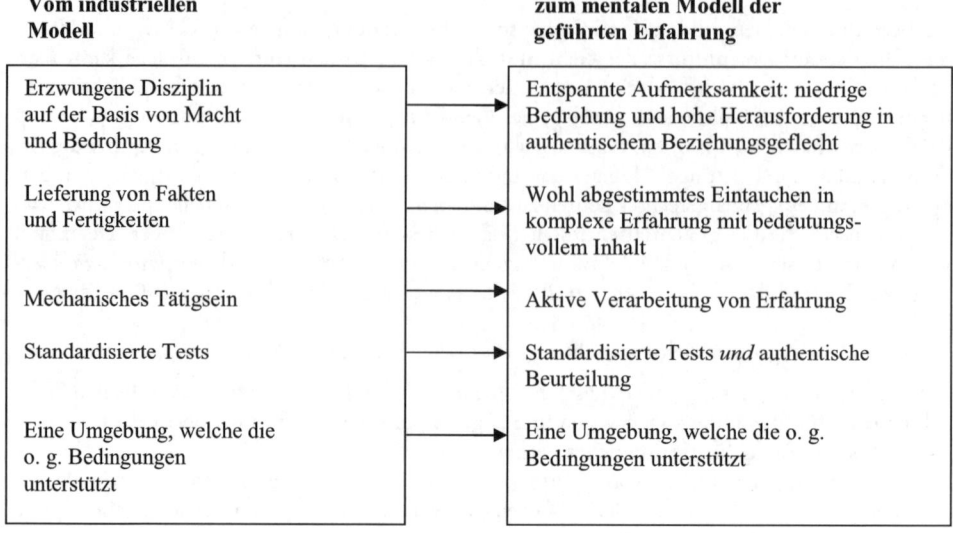

**Vom industriellen Modell**

**zum mentalen Modell der geführten Erfahrung**

| | |
|---|---|
| Erzwungene Disziplin auf der Basis von Macht und Bedrohung | Entspannte Aufmerksamkeit: niedrige Bedrohung und hohe Herausforderung in authentischem Beziehungsgeflecht |
| Lieferung von Fakten und Fertigkeiten | Wohl abgestimmtes Eintauchen in komplexe Erfahrung mit bedeutungsvollem Inhalt |
| Mechanisches Tätigsein | Aktive Verarbeitung von Erfahrung |
| Standardisierte Tests | Standardisierte Tests *und* authentische Beurteilung |
| Eine Umgebung, welche die o. g. Bedingungen unterstützt | Eine Umgebung, welche die o. g. Bedingungen unterstützt |

*Abbildung 9:* Vergleich zwischen traditionellem Unterricht und gehirn-fundiertem Lehren (aus: ARNOLD 2002, S. 198)

| Gebiet | Traditioneller Unterricht | Gehirn-fundiertes Lernen |
|---|---|---|
| **Informationsquelle** | Einfach (zweiwegig – vom Lehrer über Buch oder Arbeitsblatt oder Film zum Schüler) | Komplex (z. B. soziale Interaktionen, Entdeckungen innerhalb der Gruppe, individuelle Recherche und Reflexion, Rollenspiele, integriertes Fachwissen) |
| **Organisation der Klasse** | Linear (individuelles Arbeiten oder lehrergelenkt) | Komplex (z. B. Benutzung von Arbeitsstationen, individualsierte Projekte, thematische, integrative und kooperative Methoden) |
| **Führungsstil** | Hierarchisch (Lehrerkontrolle) | Komplex: Rollen und Verantwortlichkeiten liegen beim Schüler und werden vom Lehrer beobachtet. |
| **Ergebnisse** | Spezifisch und konvergent. Betonung auf Lernstoff, Vokabeln, Fertigkeiten | Komplex: Betonung auf Neuordnung von Informationen in einzigartiger Weise, mit sowohl vorhersagbaren Ergebnissen; divergent und konvergent; Vergrößerung des natürlichen Wissens, die sich in der Fähigkeit, erlernte Fertigkeiten in verschiedenen Kontexten anwenden zu können, zeigen. |

Für keinen Lehrer, für keinen Didaktiker und Unterrichtspsychologen sind dies wirkliche Neu-igkeiten. Das wird jedoch von den Neurodidaktikern auch gar nicht beansprucht (vgl. v.a. Schirp 2003)! Am Ende ihrer umfangreichen Dissertation und in schöner Offenheit schreibt Arnold (2002, S. 336): „So wird deutlich (...), dass ‚Brain-Based-Learning and Teaching' keine neue di-daktische Strömung, kein neues Konzept, keine neue Theorie, keine Strategie oder kein neues Programm ist, sondern die biologischen Grundlagen von Lernprozessen aufdeckt und Hinweise für eine entsprechend sinnvolle didaktische Umsetzung liefert." Beansprucht wird allerdings für die Forderung nach ganzheitlichem, methodisch vielfältigem und anspruchsvollem Lernen durch den Brückenschlag zur Gehirnforschung ein neues, überzeugendes und prestigeträchtiges Funda-ment geschaffen zu haben. Insofern schlägt auch die Neurodidaktik, wie alle psychologischen Didaktiken, die sich auf den Prozess bzw. hier: auf das Gehirn und seine Arbeitsweise als die phy-siologische Basis des Lernens beziehen, fast ausschließlich eine Brücke zu den Prozessen und Me-thoden des *Lernens* – und nur sehr bedingt: zu den Methoden des *Lehrens*. Zugleich wird die ma-teriale Seite, die *Sache des Unterrichts,* konstruktivistisch und neurophilosophisch de-konstruiert; sie verflüssigt sich, wird zur Ansichtssache. So gesehen kann man fragen, ob die Neurodidaktik überhaupt eine Didaktik ist.

## 3    Herausforderungen

Allgemeine Didaktik bezieht sich traditionell auf organisiertes, institutionalisiertes, formalisiertes Lehren und Lernen. Organisiertes Lehren und Lernen findet außerhalb des ‚gewöhnlichen' Le-benszusammenhangs statt; Lernzeit ist ausgelagerte, spezialisierte Lebenszeit, deren Nutzen sich, so das Versprechen, erst sehr viel später erweisen wird. Diese Form der Makro- und Mikroorgani-sation von Lehr- und Lern-Prozessen ist mit bestimmten Vorteilen verbunden, zugleich aber sind hieran auch bestimmte Nachteile geknüpft. Ausgehend von den Grenzen, Kosten und Nachteilen organisierten Lehrens und Lernens haben Anhänger *selbst organisierten Lernens* sich von den als negativ beurteilten Aspekten des Schul-Lernens kritisch abgesetzt und ihren Ansatz positiv durch den Hinweis auf Entschulung, Freiwilligkeit, radikalen Adressatenbezug etc. zu konstituieren ver-sucht.

Selbst organisiertes Lernen wendet sich kritisch gegen Formen und Folgen einer Verschulung und außengesteuerten Methodisierung des Lernens: Gegen die Organisiertheit und damit immer auch gegen eine an allgemeinen Kriterien orientierte administrative Regulation von Lehr- und Lernverhältnissen setzen die Verfechter des selbst organisierten Lernens das Prinzip der Befolgung spontaner Lernanlässe durch die Betroffenen selbst. Hierdurch soll der Situationsbezug gesichert werden. Gegen die Position eines bevorrechtigten Lehrers oder Experten setzt selbst organisiertes Lernen eine Art gemeinschaftliches Gruppenlernen, in dessen Verlauf jeder je nach Gelegenheit, Kompetenz und Bedarf Lehrender und Lernender sein kann. Damit soll der Entstehung von Ex-pertenkulturen mit verlängerter oder gar verstärkter Abhängigkeit der Laien entgegengewirkt wer-den. Übergreifende, standardisierte Lehrpläne können entfallen, ebenso ein Zertifikationswesen, denn selbst organisierte Lernprozesse sollen unmittelbar bedürfnis- oder gebrauchswertorientiert ablaufen. Damit wird das herkömmliche schulische Lernen ‚auf Vorrat' überwunden zugunsten einer direkten Verbindung des Lernens zu erfahrbaren, aktuellen Problemlagen. Den traditio-nellen Schul-Didaktiken entschwindet damit ihr Gegenstandsfeld – sie werden obsolet. Damit ist eine zentrale Herausforderung herkömmlicher wie neuerer Theoriefamilien der Allgemeinen Di-daktik formuliert. Dabei mag es tröstlich sein, dass auch diese Herausforderung sich zunehmend in Form einer Theoriefamilie darstellt: bekanntermaßen stiften gerade kritische Diskurse Ge-meinschaft – bis zu einem gewissen Grad.

## 3.1 Neue Lernkulturen

Was sich seit den 1980er Jahren aus der Praxis der Alternativpädagogik und der (damals) Neuen sozialen Bewegungen (Ökologie-, Friedens- und Frauenbewegung etc.) heraus als alternative Didaktik und selbst organisiertes Lernen an den Rändern des pädagogischen *mainstream* abzeichnete, ist in den 1990er Jahren zur Diskussion um *Neue Lernkulturen* und *informelles Lernen* ausgeweitet worden. Derart ausgeweitet hat diese Entwicklung allmählich ihren Weg in das pädagogisch-didaktische Establishment gefunden und ist dort mittlerweile prominent vertreten. Deutlicher Ausdruck der Umwandlung von einer zunächst kleinen, kritischen Alternative am Rande zu einer breiten, mittlerweile geradezu staatstragenden Massenbewegung ist z. B. das „Forum Bildung" (FORUM BILDUNG 2001).

Die Tatsache, das die Neuen Lernkulturen eine solche Breitenwirkung erfahren konnten, hat sicherlich auch damit zu tun, dass seit Mitte der 1990er Jahre (beginnend mit der internationalen Vergleichsstudie zum mathematisch-naturwissenschaftlichen Unterricht, genannt TIMSS, und dann fortgeführt durch die diversen PISA-Erhebungswellen) das Bildungswesen in seinen Effekten, Prozessen, Strukturen und Voraussetzungen in der Öffentlichkeit sehr stark kritisiert worden ist. Der daraus resultierende Handlungsdruck weist in zwei Richtungen:

*Zum einen* ist aus den in der Tat sehr bedenklichen Resultaten für Deutschland der Schluss gezogen worden, durch die Erarbeitung von allgemein-gültigen und konkreten Bildungsstandards für die verschiedenen Jahrgangsstufen, Fächer und Schulformen präzise zu definieren, was eigentlich vom Bildungssystem erreicht werden soll. Dabei wird die Einführung dieser Bildungsstandards von kontinuierlichen Lernstandserhebungen begleitet, die einer flächendeckenden Systembeobachtung, einem Qualitätsmonitoring ‚von oben‘ dienen sollen.

*Zum anderen* zeichnet sich eine Art Gesamtrevision des Denkens über Bildung und Lernen ab, werden ganz neue Prozesse und Praktiken des Lehrens und Lernens propagiert. Im Mittelpunkt steht dabei die Vorstellung, dass alle bislang getrennten Institutionen und Gruppen des Bildungswesens ‚vernetzt‘ zusammen arbeiten müssen. Vor allem aber brauchen die dergestalt ‚Vernetzten‘ ein völlig neues Verständnis von Lernen: In diesem Verständnis wird Lernen zu einer individuellen und kollektiven Ressource, zu einer Art personeninternem intellektuellem Wertstoff, einem Bodenschatz, den man nur noch zu heben und in seinem Potential zu entfesseln, kurzum: neu zu ‚managen‘ braucht, damit alles besser wird. Die in Abb. 10 präsentierte Gegenüberstellung alter und neuer Lernkulturen verdeutlicht das Gemeinte.

Zur Illustration sei ein längeres Zitat aus einer einschlägigen Veröffentlichung wiedergegeben (ARNOLD/SCHÜSSLER 1998, S. 17):

„(D)ie Lernkulturen in den Schulen, Betrieben und Erwachsenenbildungseinrichtungen unserer Gesellschaft (müssen) methodischer und pädagogischer werden. An die Stelle einer hierarchischen und patriarchalen Strukturierung müssen pädagogische Erfahrungs- und Sozialisations-Räume treten, die den Lernenden ungeachtet ihrer Position in der Organisation, des Geschlechts und der Herkunft freie Entwicklungsmöglichkeiten bieten. Sie müssen als anregende Lernwelten so gestaltet werden, dass eigenkompetente Wirklichkeitserschließung durch die Lernsubjekte möglich wird. Nur auf diesem Wege können dann auch solche Bürger- und Mitarbeiterqualifikationen entstehen, die den Einzelnen in die Lage versetzen, auch in gesellschaftlichen und betrieblichen Ernstsituationen selbstständig Problemlösungen zu entwickeln und umzusetzen, ohne auf vorgegebene Lösungen ‚von oben‘ zu warten.

Richtet man den Blick auf die überlieferten Lernkulturen in unserer Gesellschaft, so kann man allerdings nicht umhin, eine lähmende Gleichzeitigkeit des Ungleichzeitigen festzustellen: gibt es doch beides gleichzeitig: die toten Lernkulturen einer frontalunterrichtlich verkopften Lehre einerseits sowie avantgardistische Formen einer selbstorganisierten Lernpraxis andererseits …"

*Abbildung 10:* Der Wandel vom toten zum lebendigen Lernen (aus: ARNOLD/SCHÜßLER 1998, S. 73)

| Missverständnisse einer mechanistischen Lerntheorie | Ansätze eines lebendigen Lernens |
|---|---|
| Die bloße Präsentation von Information durch den Lehrenden führt automatisch zum Lernen. | Relevantes Lernen schließt stets die Veränderung der eigenen Person ein. Wirkliches Lernen ist oft exemplarisches Lernen. |
| Den Lernenden kann keine Verantwortung für ihren eigenen Lernprozess anvertraut werden. | Lernende besitzen – wie alle Menschen – ein natürliches Potential zum Lernen, das durch eine bessere Ausbildungsorganisation gefördert und entfaltet werden kann. |
| Lernende betrachtet man am besten als manipulierbare Objekte und nicht als Personen. | Lernen, das auf Eigeninitiative beruht, mit Beteiligung der ganzen Person – Gefühl wie Intellekt -, ist am eindringlichsten und hat den am längsten anhaltenden Lerneffekt zur Folge. |
| Prüfungen sind ein geeignetes Mittel, um herauszufinden, welche beruflichen Qualifikationen Lernende erworben haben. | Nachhaltiges und signifikantes Lernen findet statt, wenn der Lerninhalt vom Lernenden als für seine eigenen Zwecke relevant wahrgenommen wird. |

Es ist aufschlussreich, die Elemente dieses Zitats im Einzelnen zu betrachten. In ihm sind trotz der modernen Sprachlichkeit sehr viele altbekannte Elemente reformpädagogisch-romantischen Denkens enthalten:

— Geliefert wird eine recht einfache Aufteilung in die Welt der alten und der neuen Lernkulturen,
— eine einfache und klare moralische Beurteilung dieser zwei Kulturen: die alte ist schlecht, die neue ist und wird gut,
— eine damit deckungsgleiche klare Beurteilung der Funktionalität: die alte Lernkultur ist überholt und funktioniert nicht mehr, die neue ist gesellschaftlich und individuell funktionaler,
— der Funktionalismus neuer Lernkulturen wird sich ebenfalls zweifach positiv auswirken: sowohl für die Betriebe und die Berufswelt als auch für die Gesellschaft und die Demokratie,
— und schließlich hat auch der einzelne Mensch Vorteile: Die alten Lernkulturen hielten ihn in Abhängigkeit gefangen, die neuen ermöglichen eigenkompetente Wirklichkeitserschließung in Beruf und Gesellschaft.

Die abschließende Botschaft des obigen Zitats, die auf die Gleichzeitigkeit alter und neuer Lernkulturen hinweist, zeigt einerseits einen gewissen Realismus, aber andererseits vermittelt sie den festen Eindruck, dass neue Lernkulturen auch in rückständigem Umfeld machbar sind: Es geht weiter! Wenn man sehr kritisch sein wollte, könnte man zu dem Eindruck kommen, dass durch solche Argumentationen und Appelle Neues Lernen und Neue Lernkulturen schon beinahe mythologisiert werden: Wenn es nur richtig angelegt wird – ganzheitlich, kooperativ, gehirngerecht etc. –, dann können eigentlich alle alles voneinander lernen, und die Welt geht einer strahlenden Zukunft entgegen …

Alles in allem wird in den *Neuen Lernkulturen* (vgl. dazu auch grundlegend MEYER 2005a) die Verantwortung von Institutionen, Lehrplänen, Schul- und Unterrichtsexperten für das Stattfinden und Gelingen des Lernens eher reduziert; im Gegenzug wird die Eigeninitiative der Lernenden, ihre Selbstorganisation und Vernetzung betont. Weiter ist festzustellen, dass zum Zweck der Etablierung neuer Lernkulturen die bisher eher getrennt voneinander vorgehenden Bildungseinrichtungen formeller und informeller Art aufeinander zu zu gehen haben: Schule *und* außerschulische Jugendbildung und Jugendhilfe, staatliche *und* private Bildungsträger; streng berufsbezogene *und* eher allgemein bildende Einrichtungen, Familienberatung, Vorschulerziehung *und* Fraueninitiativen etc. Und drittens ist der Verzicht auf die Idee eines definierbaren, generell notwendigen Wissens, eines Kanons oder gar eines Lehrplans kennzeichnend für die neuen Lernkulturen. Es geht nicht um den Erwerb von Wissen oder die Auseinandersetzung mit Inhalten, sondern um den Erwerb von Kompetenzen des Lernens, der Informationsbeschaffung, des Problemlösens, des Handelns in und für konkrete(n) Gebrauchssituationen. Damit reagiert das didaktische Denken auf grundlegende Veränderungen in Gesellschaft und Kultur: Staatlich organisierte Versorgungs- und Betreuungsleistungen gelten als überholt, ineffektiv und abhängig haltend und werden demgemäß zurück genommen. Statt dessen wird auf Eigeninitiative, Selbstverantwortung und selbstständige, kontinuierlich zu leistende Kompetenzentwicklung gesetzt – auch im Lernen, auch bei der Bildung.

## 3.2 Informelles Lernen

Der Begriff des *informellen Lernens*, der seit einigen Jahren eine steile Karriere in der Diskussion um Schule, Bildung und Wissensgesellschaft erlebt hat, ist inhaltlich und definitorisch nur sehr schwer zu fassen. Er geht auf das englische *informal education* oder *informal learning* zurück. Gemeint ist dasjenige Lernen von Menschen, welches nicht in speziellen Bildungsinstitutionen durchgeführt wird, welches nicht planmäßig angeleitet und zertifiziert wird und auch nicht von Spezialisten (Lehrern) gestaltet wird. In den modernen Industriegesellschaften verbrauchen formale Lernprozesse (in Schulen, Universitäten, Weiterbildung etc.) immer mehr Lebenszeit von immer mehr Menschen. In den sich allererst entwickelnden Gesellschaften nimmt das informelle Lernen, das Lernen im Alltag, das ‚natürliche‘ Lernen zwischen den Generationen (das man auch *Sozialisation* nennen könnte), naturgemäß einen sehr viel breiteren Raum ein. Das heißt nicht, dass in modernen Industriegesellschaften nun gar kein informelles Lernen stattfindet. Auch hier existieren formelles und informelles Lernen nebeneinander und ergänzen sich wechselseitig – ja haben sich z. T. wechselseitig zur Voraussetzung. Besonders gut verdeutlichen lässt sich dies an der Tatsache, dass in der Schule als formeller Lernorganisation neben dem formellen Lernen eher unterschwellig ein informelles Lernen auf der Ebene des „heimlichen Lehrplans" immer mitläuft: Schüler müssen lernen, wie man sich in der Schule bewegt und überlebt, wie man mit seinen Kräften haushält, das Zensurensystem strategisch nutzt, wie man Mitschüler und Lehrer für sich gewinnt, wie man täuscht usw. (vgl. dazu die schöne Studie von BREIDENSTEIN 2006). Die Beachtung der Regeln des heimlichen Lehrplans kann in manchen Fällen genau so bedeutsam für eine erfolgreiche Schulkarriere sein wie die Erfüllung von Leistungsanforderungen; manchmal ist beides unauflöslich miteinander verwoben.

Die Bedeutung informellen Lernens ist in dem Maße gewachsen, wie das formalisierte, institutionalisierte, professionalisierte Lehren in den staatlichen Schul- und Bildungssystemen in die Kritik geraten ist (zum informellen Lernen vgl. DOHMEN 2001; KÜNZEL 2005; OTTO/RAUSCHEN-

BACH 2004). Staatliche Pflichtschulsysteme mit zentralen Curricula, Zertifizierungen von Leistungen, speziell ausgebildetem Personal etc. gelten den Verfechtern informellen Lernens als eine Erscheinung des Industriezeitalters und hätten die Anforderungen dieses Zeitalters auch durchaus bewältigen können. Für die zweite Stufe der Moderne, die Informations- und Wissensgesellschaft, seien sie jedoch zu schwerfällig, zu stark vereinheitlichend und zu wenig individualisierend. Schulen könnten gut eine einheitliche Grundqualifizierung von Menschenmassen für eine relativ stabile, sich nur langsam verändernde Gesellschaft und für gleich bleibende Berufsstrukturen leisten. In radikal beschleunigten Wissens- und Informationsgesellschaften würden sie ihre Funktionalität jedoch verlieren und zum Hemmschuh der Entwicklung werden. Das informelle, nicht institutionalisierte Lernen sei viel eher dazu in der Lage, die immer stärker aus allen herkömmlichen Bindungen befreiten, individualisierten Menschen in Einklang mit dem immer rascher sich vollziehenden Wandel der privaten, beruflichen und gesellschaftlichen Anforderungen zu halten.

Informelles Lernen findet in allen Lebensbereichen statt: in der Familie, in der Freizeit, bei der Ausübung von Hobbies und Sportarten innerhalb oder außerhalb von Vereinen, im Umgang mit neuen Medien und Technologien, im Umgang mit staatlichen oder nicht-staatlichen Einrichtungen, am Arbeitsplatz. Auf der einen Seite geht der Bereich informellen Lernens in Sozialisation über, sofern man Sozialisation als die kontinuierliche Auseinandersetzung mit äußerer natürlicher und sozialer Wirklichkeit versteht. Auf der anderen Seite kann informelles Lernen – vor allem in beruflichen Kontexten – schnell Elemente von Institutionalisierung und Zwang annehmen, wird also zur betriebsinternen Weiterbildung. Die Grenzen sind hier fließend.

Entscheidend ist die besondere Qualität des informellen Lernens:

– Es wird durch vorgefundene, aus dem Leben selbst erwachsende ‚echte‘ Problemsituationen ausgelöst und hat insofern einen unmittelbaren Gebrauchscharakter.
– Es kann individuell stattfinden, es basiert aber in aller Regel auf einem Austausch zwischen Menschen, bei denen Fähigkeiten übertragen oder auch ausgetauscht werden.
– Informelles Lernen kennt also keinen Lehrplan und keinen Lehrer, sondern findet situationsbezogen, unsystematisch und vielfach schlicht unbemerkt im Alltag statt.
– Der Erfolg informellen Lernens ist direkt spürbar, wobei Erfolg sehr subjektiv sein kann: Er ist dann eingetreten, wenn für denjenigen, der ein Problem zu lösen hat, eine hinreichende, zufrieden stellende Lösung gefunden oder eine hinreichende Kompetenz erreicht wird.
– Informelles Lernen entlastet schulisches Lehren und Lernen von dem selbsterzeugten Zwang, am Ende *alle* Dinge des Lebens behandeln zu müssen. Dies ist gar nicht möglich, denn dann müssten Schule und Welt identisch werden.
– Informelles Lernen hat insofern einen individuellen, frei machenden und frei haltenden Grundzug. Es vermittelt in selbst organisierter Weise Befähigungen (*empowerment*). Allerdings kann sich dieser Grundzug nur entfalten, wenn das Leben selbst auch hinreichend viele Gelegenheiten für ein solches Lernen bietet.

Innerhalb der Bildungslandschaft wird das informelle Lernen insbesondere von Vertretern der Erwachsenenbildung und Weiterbildung, der Sozialpädagogik und der außerschulischen Jugendbildung sowie der Vorschulerziehung in den Mittelpunkt gestellt. Immer geht es darum, das Lehr-Lern-Monopol der Schule und der verschulten Bildung zu kritisieren bzw. zu relativieren. Schule soll – nein: nicht abgeschafft, sondern mit anderen außerschulischen Sozialisations- und Bildungsfeldern in ein Netzwerk integriert werden, so dass Bildungslandschaften und neue Lernkulturen entstehen, in denen formelles und informelles Lernen sich wechselseitig stützen.

## Schlussbemerkungen

Informelles, aus Lebenswelten entstehendes Lernen ist in Umfang und Art sehr stark milieuabhängig. Dies ist die natürliche Folge des engen Bezugs auf lebensweltliche Anforderungs- und Problemsituationen. Gerade weil es so ‚natürlich' ist, ist es immer auch sehr eng gefasst und kann nicht an Kriterien der Allgemeinheit, ja nicht einmal an Fernliegendem orientiert sein. Dadurch wird Bildung als Faktor des Überschreitens der Grenzen von Milieu, sozialer Herkunft und Epoche tendenziell außer Kraft gesetzt. Formelles schulisches Lernen überschreitet bewusst diese Grenzen mit Blick auf Allgemeines und sichert auf diese Weise die Vermittlung der Voraussetzungen für eine Teilhabe Aller an allgemeiner gesellschaftlicher Kommunikation. Der Preis dafür ist aber in der Tat eine Verschulung und Verkünstlichung des Lernens.

Streng genommen kann es eine (herkömmliche) Didaktik des informellen Lernens eigentlich nicht geben, weil in diesem Feld Lehren im klassischen Sinne *per definitionem* nicht vorkommt – nicht vorkommen kann. Immerhin könnte man in beschreibenden Untersuchungen informellen Lernens feststellen, dass manche Personen ‚besser erklären können' als andere, manche Personen ‚schneller begreifen' als andere etc. Aber dies sind gewissermaßen natürliche Kompetenzen, die in ständigem Fluss sind. Insofern entsprechen dem informellen Lernen am ehesten ein konstruktivistisches Lernverständnis sowie die Orientierung an neuen Lernkulturen. Ob informelles Lernen nun aber tatsächlich seine innovative, freisetzende, ja geradezu befreiende Kraft entfalten kann oder ob es sich bei seiner Betonung womöglich doch um die Begleitmusik zum langsamen Rückzug des Staates aus der Verantwortung für Bildungssysteme handelt, sei an dieser Stelle dahin gestellt. Damit soll als Abschluss kein Schreckensszenario vorbereitet werden: Die Schule wird weiterhin und zunehmend unter der doppelten Anforderung stehen, Lehranstalt *und* Lernwerkstatt *zugleich* sein zu müssen (vgl. dazu ausführlicher Terhart 2002b).

## Literatur

ARNOLD, M. (2002): Aspekte moderner Neurodidaktik. Emotionen und Kognitionen im Lernprozess. – München.

ARNOLD, R./SCHÜSSLER, I. (1998): Wandel der Lernkulturen. Ideen und Bausteine für ein lebendiges Lernen. – Darmstadt.

BREIDENSTEIN, G. (2006): Teilnahme am Unterricht. Ethnographische Studien zum Schülerjob. – Wiesbaden.

DOHMEN, G. (2001): Das informelle Lernen. Die internationale Erschließung einer bisher vernachlässigten Grundform menschlichen Lernens für das lebenslange Lernen aller. – Bonn.

FORUM BILDUNG (2001): Neue Lern- und Lehrkultur. Vorläufige Empfehlungen des Forum Bildung. Materialien des Forum Bildung, Bd. 10. – Bonn.

GIRMES, R. (2004): (Sich) Aufgaben stellen. – Seelze.

HEIMANN, P./OTTO, G./SCHULZ, W. (1965): Unterricht – Analyse und Planung. – Hannover.

HEIMANN, P. (1976): Didaktik als Unterrichtswissenschaft. – Stuttgart 1976.

HERICKS, U./SPÖRLEIN, E. (2001): Entwicklungsaufgaben in Fachunterricht und Lehrerbildung – Eine Auseinandersetzung mit einem Zentralbegriff der Bildungsgangdidaktik. In: HERICKS, U./KEUFFER, J./KRÄFT, H.CHR./KUNZE, I. (Hrsg.): Bildungsgangdidaktik. – Opladen, S. 33-50.

HERICKS, U. (2006): Professionalität als Entwicklungsaufgabe. Rekonstruktionen zur Berufseingangsphase von Lehrerinnen und Lehrern. – Wiesbaden.

HERRMANN, U. (Hrsg.) (2006): Neurodidaktik. Grundlagen und Vorschläge für gehirngerechtes Lehren und Lernen. – Weinheim.

KLAFKI, W. (1957): Das pädagogische Problem des Elementaren und die Theorie der kategorialen Bildung. – Weinheim.

KLAFKI, W. (1963/1975): Studien zur Bildungstheorie und Didaktik (orig. 1963). – 10. Auflage – Weinheim.

KLAFKI, W. (1996): Neue Studien zur Bildungstheorie und Didaktik. Zeitgemäße Allgemeinbildung und kritisch-konstruktive Didaktik. – 5. Auflage – Weinheim.

KOCH-PRIEWE, B./STÜBIG, F./ARNOLD, K.-H. (Hrsg.) (2007): Das Potenzial der Allgemeinen Didaktik, Stellungnahmen aus der Perspektive der Bildungstheorie von Wolfgang Klafki. – Weinheim.

KÖSEL. L. (³1997): Die Modellierung von Lernwelten. Ein Handbuch zur Subjektiven Didaktik. – Elztal-Dallau.

KÜNZEL, K. (Hrsg.) (2005): Informelles Lernen. Internationales Jahrbuch der Erwachsenenbildung, Bd. 31/32. – Köln.

MEYER, M. (2005a): Stichwort: Alte oder neue Lernkultur? In: Zeitschrift für Erziehungswissenschaft 8, S. 5-27. (b)

MEYER, M. (2005b): Die Bildungsgangforschung als Rahmen für die Weiterentwicklung der allgemeinen Didaktik. In: SCHENK, B. (Hrsg.): Bausteine einer Bildungsgangtheorie. – Wiesbaden, S. 17-46. (a)

MEYER, M./MEYER, H. (2007): Wolfgang Klafki. Eine Didaktik für das 21. Jahrhundert? Weinheim.

MORINE-DERSHIMER, G. (2001): „Family Connections" as a Factor in the Development of Research on Teaching. In: RICHARDSON, V. (Ed.): Handbook of Research on Teaching. Fourth Edition. – New York, S. 47-68.

OTTO, H.-U./RAUSCHENBACH, TH. (Hrsg.) (2004): Die andere Seite der Bildung. Zum Verhältnis von formellen und informellen Bildungsprozessen. – Wiesbaden.

PETERSSEN, W. (2001): Lehrbuch Allgemeine Didaktik. 6. Auflage – München.

POPP, W. (Hrsg.) (1976): Kommunikative Didaktik. Weinheim.

REICH, K. (1996): Systemisch-konstruktivistische Didaktik. Eine allgemeine Zielbestimmung. In: VOSS, R. (Hrsg.): Die Schule neu erfinden. – Neuwied, S. 70-91.

REICH, K. (2002): Konstruktivistische Didaktik. Lehren und Lernen aus interaktionistischer Sicht. – Neuwied.

SCHÄFER, K.-H. /SCHALLER, K. (1971): Kritische Erziehungswissenschaft und kommunikative Didaktik. – Heidelberg.

SCHIRP, H. (2003): Neurowissenschaften und Lernen. Was können neurobiologische Forschungsergebnisse zur Unterrichtsgestaltung beitragen? In: Die deutsche Schule 95, S. 304-316.

SCHULZ, W. (1981): Unterrichtsplanung. – München.

SIEBERT, H. (2005): Pädagogischer Konstruktivismus. Lernzentrierte Pädagogik in Schule und Erwachsenenbildung. – 3. Auflage – Weinheim.

STERN u. a. 2005 = STERN, E./GRABNER, R./SCHUMACHER, R./NEUPER, CHR./SAALBACH, H. (2005): Lehr-Lern-Forschung und Neurowissenschaften: Erwartungen, Befunde und Forschungsperspektiven. (Bildungsreform Band 13); hrsg. vom Bundesministerium für Bildung und Forschung. – Bonn.

STRAKA, G.A./MACKE, G. (2002): Lern-Lehr-Theoretische Didaktik. – Münster.

TERHART, E. (1999): Konstruktivismus und Unterricht. Gibt es einen neuen Ansatz in der Allgemeinen Didaktik? In: Zeitschrift für Pädagogik 45, S. 629-647.

TERHART, E. (2002a): Fremde Schwestern. Zum Verhältnis von Allgemeiner Didaktik und empirischer Lehr-Lern-Forschung. In: Zeitschrift für Pädagogische Psychologie 16/2, S. 77-86. (a).

TERHART, E. (2002b): Schule heute: Lehranstalt *und* Lernwerkstatt. In: Geographie heute 23, 200, S. 38-41. (b)

TERHART, E. (2005): Über den Umgang mit Traditionen und Innovationen oder: Wie geht es weiter mit der Allgemeinen Didaktik? In: Zeitschrift für Pädagogik 51, S. 1-13.

TERHART, E. (2006): Gehirnforschung, Unterricht, Lernen – erziehungswissenschaftliche Rückfragen. In: J. BELLMANN, J./RUHLOFF, J. u. a. (Hrsg.): Perspektiven Allgemeiner Pädagogik. Dietrich Benner zum 65. Geburtstag. – Weinheim, S. 75-88.

TERHART, E. (2009): Didaktik. Eine Einführung. – Stuttgart.

TERHART, E./UHLE, R. (1991): Kommunikative Pädagogik: Versuch einer Bilanzierung. In: HOFFMANN, D./HEID, H. (Hrsg.): Bilanzierungen erziehungswissenschaftlicher Theorieentwicklung. – Weinheim, S. 51-87.

Voss, R. (Hrsg.) (2005): Unterricht als Konstruktivistischer Sicht. Die Welten in den Köpfen der Kinder. – 2. Auflage – Weinheim.
WINKEL, R. (1980): Die kritisch-kommunikative Didaktik. In: Westermanns pädagogische Beiträge 33, S. 200-204.

*Anschrift des Verfassers:*
Prof. Dr. Ewald Terhart, Professor für Erziehungswissenschaft mit dem Schwerpunkt Schulpädagogik und Allgemeine Didaktik im Institut für Erziehungswissenschaft der Westfälischen Wilhelms-Universität Münster. Bispinghof 5/6, 48143 Münster, E-Mail: ewald.terhart@uni-muenster.de

Dennis Shirley, Boston, USA

# The Coming of Post-Standardization in Education:
# What Role for the German *Didaktik* Tradition?

**Summary:**

Recent reforms intended to raise academic achievement in the United States have resulted in a narrowing of the curriculum, ethically dubious strategies of targeting some students and neglecting others, and teachers' loss of professional discretion and control. These perverse consequences of the standards and accountability movements are leading to a new age of "post-standardization" in which educators will re-assert their pedagogical autonomy and appropriate philosophical and normative legacies that can restore dignity and integrity to their profession. This task is complicated in the Anglo-American context because of the lack of a dynamic pedagogical canon. Given its signature themes of Allgemeinbildung, humanism, and the integrity of the disciplines (Fachdidaktik), the German Didaktik tradition provides a valuable resource for ensuring that international discussions and debates about education can proceed with full awareness of the complexities and richness of the pedagogical encounter.

*Keywords.* Didaktik, curriculum, post-standardization

**Zusammenfassung:**

Reformen der letzten Zeit, die darauf abzielten, die Leistungen der Schülerinnen und Schüler in den Vereinigten Staaten anzuheben, haben zu einer Begrenzung der Lehrpläne, zu ethisch fragwürdigen Strategien der Konzentration auf einige Schülergruppen unter Vernachlässigung anderer Schülergruppen und zum Verlust von professioneller Diskretion und Kontrolle auf Seiten der Lehrer geführt. Diese inakzeptablen Konsequenzen der Standardisierungsbewegung und der vergleichenden Evaluation führen zu einer neuen Epoche der „Post-Standardisierung", in der Lehrer ihre pädagogische Autonomie und ihre angemessene Erziehungsphilosophie und ihre normativen Überzeugungen wieder neu behaupten werden, um die Dignität und die Integrität ihrer Profession wieder herzustellen. Diese Aufgabe ist im anglo-amerikanischen Kontext ziemlich kompliziert, weil es hier nicht einen dynamischen pädagogischen Kanon gibt. Die deutsche Didaktik-Tradition kann in dieser Situation, wenn man an ihre kennzeichnenden Themen der Allgemeinbildung, des Humanismus und der Integrität der fachdidaktischen Disziplinen denkt, eine wertvolle Grundlage dafür liefern, dass internationale Debatten und Diskussionen über Erziehung in vollem Bewusstsein der Komplexitäten und des Reichtums der pädagogischen Interaktionen geführt werden.

*Schlüsselwörter:* Didaktik, Curriculum, Post-Standardisierung

In a recent address to a section of the Deutsche Gesellschaft für Erziehungswissenschaft (SHIRLEY 2008), I criticized mainstream American curricular traditions and the current *standardization* and *accountability movements* for manifesting an ensemble of tendencies that I described as *historical amnesia, educational reductionism*, and *spiritual displacement. Historical amnesia* was evident, I argued, in the claim that a relatively minor and pedantic figure, American educator Franklin BOB-

BIT, launched the curricular field in 1918, without any reference at all to the long-established *Didaktik* tradition that embedded curricula into a mutually supportive holistic framework that included teachers and learners (BOBBITT 1918; KLIEBARD 2004; RAVITCH 2001). *Educational reductionism* was manifested in the tendency of contemporary school reformers to slice away traditional offerings in the social studies, science, foreign languages and the arts to emphasize reading, writing, and mathematics without any consideration of *allseitige Bildung* or working definition of general education (Center for Education Policy 2007). Finally, *spiritual displacement* occurred when educators eclipsed values such as truth, beauty, and justice in the quest for instrumental educations that would be useful in producing wealth in the context of the new global capitalist economy (New Commission on the Skills of the American Workforce 2007).

In that address I was especially concerned that the current "standards stampede" (HARGREAVES 2003) and "innovative overload" (ABRAHAMSON 2004) in American education is distorting the process of teaching and learning. I contended that these distortions should be understood, challenged, and reversed. The data supporting the thesis of such distortion has been gathering for some time and is compelling. Surveys indicate that only 15% of American teachers believe that the federal No Child Left Behind Act of 2001 mandating the testing of all children in grades 3–8 and prior to graduation from high school is improving American education (Public Agenda 2006). 44% of school districts report that they have narrowed their curricula to increase time on tested subjects, reducing their offerings especially in the areas of music, art, and foreign languages (Center on Education Policy 2007). The American Academy of Pediatrics issued a press release in 2006 decrying the cutbacks on recess and physical education programs schools have made to increase more time on tested subjects – cuts that occurred precisely in the same years in which childhood obesity rates have been soaring (American Academy of Pediatrics, 2006).

Qualitative research provides an even more disturbing portrait of the impacts of standardization and accountability on the work of teachers and the learning of pupils in American schools. Sociologist Jennifer BOOHER-JENNINGS (2005) described a *de facto* system of "educational triage" in Texas. "Triage" refers to the practices in wartime when medics have to decide which of the wounded on a battlefield can possibly be saved and which have to be left to die. Applying the metaphor to education, BOOHER-JENNINGS described practices in which educators focus exclusively on those "bubble kids" who fall just below a district's cut scores for proficiency to bump up the school's "adequate yearly progress" rankings. Betty ACHINSTEIN and Rodney OGAWA (2006) documented how the new culture of accountability – at once both technical and moralistic in tone – can prompt an exodus of not only talented midcareer educators but also beginning teachers from the profession. Especially dangerous for any democracy is the manner in which hard-pressed educators now are curtailing the civic dimensions of their profession by limiting their work with parents and community-based organizations in the name of raising student achievement (SHIRLEY/EVANS 2007).

What is especially toxic in the current context in the United States is the erosion of a public language to even begin to understand education above and beyond standards and testing. American teachers and students have now become in many ways enculturated to a vision of education that begins and ends with factual material to be transmitted to pupils by teachers. The language of "evidence-based decision making", "value-added assessment", and "data-driven decision making" has become so pervasive that educators are at a loss when presented with data that are ambiguous or when they discover that the data conflict with their daily experiences of what students know and can do. Schools of education, subject to the dictates of policy makers to raise "adequate yearly progress" in their partnering public schools or else lose out on funding opportunities, have themselves played a role in undermining the understanding of teaching as an interpretive and moral act requiring continual mindful deliberation in communities of inquiry and practice with one's colleagues.

Under pressure to raise results on teacher tests now required by states, schools of education have responded by cutting coursework in the philosophy and history of education and substituting courses carefully aligned with the teacher tests (LUDLOW/SHIRLEY/ROSCA 2002). With the intellectual foundation for the profession thus diminished, teachers have lost a key institutional setting in which they can develop the capacity to serve as cultural mediators and interpreters of state-approved standards and curriculum frameworks. Furthermore, the popularity of new "alternative routes" into teaching is bringing tens of thousands of educators into the profession who are placed directly into schools with few opportunities to reflect critically upon curricula or assessment models that have been chosen by their districts or state policy makers (RACHKIND/OTT/IMMERWAHR/DOBLE/JOHNSON 2007).

Has the relentless press for academic achievement to the neglect of other forms of learning improved pupil outcomes? Not much. Recent results from the National Assessment for Educational Progress indicate sizable gains of the lowest tenth percentile of fourth-graders on math scores over the past ten years, but only modest progress otherwise (LEE/GRIGG/DION 2007). No statistically significant differences were evident on the reading scores of fourth and eighth graders for the same time period. Not surprisingly, teachers have indicated that more iterative formative forms of assessment that allow them to respond with instructional modifications immediately are far more important than summative assessments with results that are returned to teachers far too late to have any pedagogical utility (RENNIE CENTER FOR EDUCATION RESEARCH AND POLICY 2006).

Meanwhile, the international attention that Finland has received based on its high achievement on the PISA tests has led to the finding that Finnish pupils undergo no standardized tests, at least partially because Finns trust their children's teachers and do not appear to believe in the necessity of external measures of control and surveillance (AHO/PITKANEN/SAHLBERG 2006). Even when US policymakers dismiss the Finnish example as irrelevant to American conditions given the cultural homogeneity, small population, and long winters of that Scandinavian nation, Finland does raise the specter of an alternative and evidently highly successful path to a knowledge society. Significantly, that path – which features a strong welfare state and the refusal to introduce marketplace reforms such as charter schools, vouchers, and the tax funding of private schools into education – has in many ways been demonized by advocates of the accountability movement in the United States, so that the success of the Finnish model throws into question the entire thrust of the last quarter century of reforms in the US (HARGREAVES/SHIRLEY, forthcoming).

With disappointing results from a veritable tsunami of government mandates emphasizing standardization and accountability behind us, Americans are now beginning to explore other reform possibilities. My colleague Andy HARGREAVES and I (2007) have designated this new opening the beginning of what we call "post-standardization," which we believe will be characterized by impatience with the magical belief that testing alone would improve pupil learning and with readiness to entertain alternative forms of school improvement and pupil learning than the orthodoxies of the standards and accountability movements. Those orthodoxies – encapsulated in such phrases as "scientifically-based research" (SBR), data-driven decision making (DDDM), and "value-added measurements" (VAM) – have had extraordinary power to reshape educational debates around narrow metrics that appear scientific but occlude the cultural and interpretivist dimensions of teaching and learning (MARSH/PANE/HAMILTON 2006). Our argument in favor of post-standardization seeks to correct the distortions of accountability and standardization and to recover democratic and normative dimensions of education (DEWEY 1916; SHIRLEY 1997; SHIRLEY/EVANS 2007) that have been undermined by the drive for accountability. It builds upon prior work reconceptualizing the curriculum to include frequently marginalized domains and styles of inquiry (SCHWAB 1978; PINAR/REYNOLDS/SLATTERY/TAUBMAN 1998) and complements an upsurge of interest in teacher inquiry, professional learning communities, and teacher leadership in the US (LIEBERMAN/MILLER 2004; MACDONALD/SHIRLEY 2006, AYERS/QUINN/STOVALL/SCHEIERN 2007).

It is important to note, however, that from our perspective educators in the new era of post-standardization will not be able to move back to an era prior to the existence of standards, when many aspects of teachers' work were privatized, conservative, and captive to the exigencies of short-term thinking (LORTIE 1975; COHN/KOTKAMP 1993). The push to raise student achievement in schools has provided an important impetus for teachers to begin to collaborate and to break out of the cellular classroom, thus undermining conservatism and privatism, but unfortunately the changes that were made in their instruction became focused on raising test scores to the exclusion of other moral purposes (HARGREAVES/SHIRLEY, forthcoming). The challenge in a new era of post-standardization, then, will be to sustain the momentum that reformers have made enabling teachers to collaborate and to innovate, but to do so in such a way that befits the full human dignity of learners who aspire towards autonomy (*Mündigkeit*) and self-activity (*Selbsttätigkeit*) as free and sovereign beings.

It is precisely at this juncture that the German *Didaktik* tradition becomes relevant for American educators. Here we have a rigorous and genuinely intellectual tradition that puts the inquiry and thinking of pupils and teachers in their daily classroom interactions at the center of the profession itself. Unlike recent American reforms, which have endlessly changed the structures of education through experiments like charter schools, pilot schools, educational management organizations, and "diverse provider" models drawn from new public management, the German *Didaktik* tradition is first and foremost interested in the normative dimensions of the micro-level and intensely dialectical pedagogical encounter between teachers and pupils (KLAFKI 1963; KLINGBERG 1990; MEYER 2007). How should classroom teachers take a state's curriculum frameworks and modify them so that they best enhance their pupils' learning? How should teachers use their professional knowledge bases to expand upon one aspect of the curriculum, reduce and render intelligible to learners another area of great complexity, and link domains across academic content areas so that students come to understand the relationships that exist across disciplines? Finally, how should one do all of these things while retaining fidelity to a broad and expansive notion of human self-realization that is capacious and multifaceted rather than narrow and technocratic? This is why *Bildung* matters as a concept and must be preserved.

Reviewing the vast (and somewhat overwhelming) literature on the German *Didaktik* tradition, I am not persuaded that it offers to educators valuable teaching *methods* in an age of incipient post-standardization as much as a rich set of *normative frameworks* for conceptualizing the interstices of the pedagogical encounter itself. This achievement appears to have multiple facets that do not have an apparent analogue in contemporary educational theorizing in the Anglo-American literature, as has been recognized at various intervals (SIMON 1981, 1994; WESTBURY 2000). Roger SIMON, for example, in a famous essay entitled "Why No Pedagogy in England?", inquired after a fascinating historical riddle: why is it that the very term "pedagogy" scarcely is used in the mainstream Anglo-American context, even by teachers and educational leaders? Why is it that the most prestigious universities, including Cambridge and Oxford in the United Kingdom and Harvard in the United States today, scarcely attend to issues relevant to the preparation of teachers? SIMON concluded that the dominant utilitarianism of Anglo-American social theorizing left the art and science of teaching as an impoverished domain, in which the process of learning itself mattered much less than the practical consequences applied from learning.

SIMON revised and extended his earlier essay in a lecture delivered to the Eighth Annual Conference of the Educational Research Network of Northern Ireland entitled "Some Problems of Pedagogy, Revisited," later published in *The State and Educational Change: Essays in the History of Education and Pedagogy* (1994). Here he noted that British reforms establishing a national curriculum potentially had democratic and emancipatory components, but the absence of a theory and practice of pedagogy necessarily entailed an intellectually truncated implementation of the curriculum. More recently, Robin ALEXANDER, in "Still No Pedagogy? Principle, Pragmatism and Compliance in Primary Education" (2004) argued that recent British reforms, especially related to elementary education, continue to exacerbate the problem by introducing quasi-market reforms into education that elide rather than engage the core questions of didactics and pedagogy.

Parallel with these criticisms emerging from the UK, important efforts were underway, primarily expressed in three English-language anthologies (HOPMANN/RIQUARTS 1995; GUNDEM/HOPMANN 1998; WESTBURY/HOPMANN/RIQUARTS 2000) to engage English-language audiences with the continental tradition of *Didaktik*. Careful study of these anthologies validates the criticisms of SIMON and ALEXANDER, and highlights the comparatively impoverished and simplistic themes of much Anglo-American educational theorizing, that would, it appears, not be easily rectified. The major reason for this is that in the primarily Germanic literature on *Didaktik* there is a pedagogical canon that scholars have internalized, relate their arguments to, and extend in new directions. This canon extends back to seminal texts of ancient Greece – in particular, Plato's *Meno* and relevant discussions of teaching and learning in *The Republic* – then moves up to the founder of modern didactics, Johan Amos Comenius, and finally takes on its full formation in the German idealist tradition, animated by the practical achievements of Johann Heinrich PESTALOZZI and parallel seminal intellectual advances by Immanuel KANT, Johann Friedrich HERBART, and Wilhelm VON HUMBOLDT. Late nineteenth and early twentieth century developments – such as the emergence of the *Geisteswissenschaften* as influenced by Wilhelm DILTHEY and further advanced by Herman NOHL, Eduard SPRANGER, and Theodor LITT – continued this tradition, up to its most recent articulations and debates, masterfully rearticulated and updated (but hardly exhaustively completed) by Wolfgang KLAFKI (1958/1963, 1985/1991).

It is not an exaggeration to contend that no such canon exists for American educators. At least part of the explanation for this certainly lies in a powerful stream of utilitarian thinking that has dominated Anglo-American philosophies of education for centuries (PANGLE/PANGLE 1993) and that evolved with little contestation into positivism early in the twentieth century and has remained relatively unshaken to the present day. Another explanation, in the Anglo-American context, has to do with the alienation from Germanic intellectual influences that occurred as a consequence of the two world wars in the twentieth century. Finally, a third explanation has to do with the general assault upon canons and canonicity that has followed in the wake of the social movements of the 1960s, which has had the net effect of denying by omission the dependence of contemporary educational theorizing on anterior historical developments (PANGLE 1992).

It would, however, be disingenuous to argue that American educators do not have their own indigenous philosophies of education that can provide them with normative references for redirecting education in a new era of post-standardization. John DEWEY (1916), for example, created a powerful philosophy of education that attempted to overcome and resolve multiple educational dualisms – such as the antinomies between a child-centered or a vocational education, or the tensions between education as a cultural inheritance and education for shaping the future. In many ways, DEWEY's philosophy of education provides *the* definitive point of reference for all contemporary struggles to humanize and democratize education, and DEWEY's legacy certainly is informing, if not driving, some of the most important grass-roots civic movements for improving American schools today (OAKES/ROGERS 2006; SHIRLEY 1997, 2002; SHIRLEY/EVANS 2007).

DEWEY's pragmatism entailed the recognition that knowledge evolves over time, constantly requires revisions and modifications of inherited schemata, and benefits from additional perspectives and ongoing critique. In important ways, DEWEY foreshadowed postmodernist arguments about the deferred nature of truth, but he never embraced relativism, believing that iterative advances towards the truth were indeed possible and, in point of fact, historically demonstrable. By embracing empiricism and laying the foundation for later theorizing in the areas of deliberative democracy (OAKES/ROGERS 2006) and critical theory (HABERMAS 1962, 1968), DEWEY's inquiring and tolerant liberalism established the major intellectual and humanistic agenda for his own time as well as for the foreseeable future.

DEWEY's successes as a democratic theorist, however, surpass his insights into the interaction between teachers and pupils. Sadly, DEWEY himself in many ways personified the Anglo-American alienation from pedagogy, for he abandoned direct contact with schools and the education of children upon leaving the University of Chicago (and the Laboratory School he had founded there) in 1904 for a position as a professor of philosophy at Columbia University. Never again was DEWEY to have direct, regular contact with children, and all of his subsequent writings reflect a certain remoteness from daily interactions with classrooms and schools.

DEWEY's most-cited works, such as *The Child and the Curriculum, The School and Society*, and *Democracy and Education* still provide many valuable points of reference for future teachers, especially concerning the necessity of consulting children's needs and interests in developing curricula. Still, after twenty years of teaching DEWEY's texts I believe that the reason why he is found so dry and irrelevant to students today has much to do with a central problem in his thinking itself. This has to do with his continual and anti-dialectical efforts to identify what he described as "dualisms" in education – between the child and the curriculum, the school and society, or learning about the past and preparing for the future, for example – and to state as an untested hypothesis that by finding middle ground one can (and should) resolve the dualisms. While this proclivity to overcome antagonisms through inquiry and reflection is indeed a necessary part of deliberative democracy, it tends to evade difficult and complicated issues that all teachers must face. How much attention should a teacher give to a struggling reader, even when the rest of the class is ready to move on? What responsibility does an educator have to allow a child to express his or her opinion on a subject, even if that opinion contradicts the educator's sense of social justice and aspirations for an inclusive classroom? DEWEY believed that teachers need to educate pupils both for the extrinsic purposes and intrinsic rewards of learning – but not all learning is intrinsically enjoyable, and not all learning that is intrinsically enjoyable will reap extrinsic benefits. In fact, in a rather ironic turn of events, contemporary positive psychology indicates that we derive our greatest sense of genuine fulfillment and happiness, rather than a fleeting sense of gratification, precisely when we have conquered exigencies that were disagreeable and involved a daunting challenge (LAYARD 2005; HAIDT 2006).

To move deeper into this indeterminate terrain, educators need a more complex set of normative frameworks befitting their actual situation in schools that often are underfunded, poorly administered, and wracked by misunderstandings and resentments among colleagues. They need to understand that the *via media* described by DEWEY indeed represents a lovely utopia and an admirable *telos*, but may not be of much assistance in informing their prosaic, undertheorized, and downright messy realities of daily life in schools. Rather than identifying dualisms *per se* as an educational problem to be resolved, for example, it may prove to be more fruitful to consider the nexus of teaching and learning to be an eminently *dialectical* encounter, with an immense array of contradictory and socially determined impulses and tendencies at work (KLINGBERG 1987, 1990). In the classroom setting of most real schools, teachers objectify pupils and pupils objectify teachers, at least part of the time. Teachers objectify pupils because they are responsible for pupil learning outcomes, even in the most humanistic and child-centered school; and pupils objectify teachers as they intuit that it is the teacher's responsibility to prepare them for social roles that they will have to assume at a future point in time. Yet even these iterative processes are accompanied by multiple tensions as teachers simultaneously express their subjective identities while teaching and seek arenas in which the self-activity (*Selbsttätigkeit*) of the learners may come into play so that the knowledge actually is internalized rather than superficially absorbed and soon forgotten. These multi-layered, emotionally-laden relationships all exist in a complex and contradictory "*Gesamtdidaktik*" (KLINGBERG 1987, p. 47) that unfolds over time and is part of a permanent, indeed eternally dialectical movement of cultural transmission and cultural creation.

Lothar KLINGBERG's writings on "dialectical didactics" have not yet been translated into English, but my first presentations on elements of this theory to American students and teachers, along with other, more mainstream dimensions of the German *Didaktik* tradition, have generated a tremendous resonance, most likely because they describe the lived realities of teachers themselves. Teachers know that they are in the middle of multiple overdetermined and often conflicting change forces that call for experimentation and selective risk-taking. They know that they must teach for new standards, or at least mediate them in pedagogically sensible ways for their pupils, yet they also know that they cannot reach pupils if they turn themselves into mere functionaries of policy makers or upper-level administrators. They know that on the whole, the classrooms in which they teach are not balanced and centered, with a resolution of dualisms available to them, but rather exist in a state of dynamic disequilibrium, animated by the lively personalities of the children and teens with whom they interact on a daily basis. Finally, they also know that should such a resolution of dualisms come to pass, it is their responsibility, as educators, not to rest at such a juncture, but rather to play the role of Socratic gadflies or as "Unruhestifter" (KLINGBERG 1987, p. 6) with the purpose of rousing minds to life and extending learning in new and hitherto unforeseen directions.

All of these complexities lead one away from a Deweyan *Aufhebung* of dualisms and into a different and much older pedagogical tradition, in which the unexpected and even dangerous nature of dialectics come into play. In PLATO's *Republic*, SOCRATES remarked that students of dialectics are "infected with lawlessness" (HAMILTON/CAIRNS 1963, p. 769). And how else could it be? Dialectical thinking inherently requires what psychologists describe as "discrepant analysis" – that one think beyond the given parameters of taken-for-granted forms of assessment by considering factors excluded from the ruling paradigms. Here we must examine pupils and teachers as a contradictory unity exchanging multiple overlapping levels of inquiry and learning across cognitive, emotional, and physical domains. Here we must look not only at the cellular interaction of the pupil and the teacher, but also at the meso-level of the school district and state and the macro-level of the larger ecological context and political economy. Here we must understand that the *Herrschaft* and *Knechtschaft* that HEGEL (1807/1980) described in the *Phänomenologie des Geistes* have educational analogues because the pupil needs the teacher and the teacher needs the student, and both of them through their combined activity mutually create the historically situated pedagogical encounter.

This contradictory unity – perhaps best conveyed by Wolfgang KLAFKI's notion of the *Gesamtzusammenhang* from which we must, if we are to arrive at Kantian *Mündigkeit*, discern the *Schlüsselprobleme* of our epoch – allows us to come back to our original query about the relationship between the emerging age of post-standardization and *Didaktik*. From the *Didaktik* tradition we can extricate the following questions that must animate post-standardization if it is not to fall prey to the slogan systems, bureaucratic distortions, and moral panics that have become all too endemic with standardization:

1  We need a notion of *Allgemeinbildung* that will transcend the economic exigencies of a given historical conjuncture to preserve a broad and dynamic education befitting the dignity of the human mind. The Anglo-American notion of "general education" has become diluted and ultimately eclipsed due to the power of marketplace reforms to define education. PISA tests threaten to do the same in Europe by exhorting nations to raise achievement for economic growth while reducing questions of moral reasoning, historical judgment, or cross-cultural communication from their assessments. Post-standardization, by contrast, must restore the arts, foreign languages, and humanistic inquiry to their proper places in a many-sided and diverse educational system.

2   This notion of *Allgemeinbildung* will require flexibility and nuance to sustain cultural diversity and yet accommodate it in a growing period of transnational exchanges and multicultural identities. It cannot become a form of latter-day imperialism or an unwitting servant of the needs of global capital but must rather be inherently dialectical between and across cultures, facilitating understanding and encouraging inquiry and debate.

3   The age of standardization assumed that schools alone could drive up student achievement. Post-standardization must push far harder in the direction of a learning society by reconceptualizing learning within and across societies to bring hitherto excluded or informal sectors of society into the public sphere (HABERMAS 1962, 1968). Without such an expansive vision of the public, we risk reinforcing class divisions, thereby undermining the foundations not only of democracy but also of education as a process of inter-group exchange and cross-cultural reconciliation (DEWEY 1916).

4   Post-standardization requires a far more complex vision of assessment than the public is being provided with in the current context. TIMSS is more aligned with school curricula as an assessment than PISA, which attempts to ground subject-matter inquiry not in the academic disciplines themselves, but in real-life situations. Both choices can be defended, for behind them stand some of the finest and most creative debates among *Fachdidaktiker* of all nations (HOPMANN/BRINEK/RETZL 2007). Some mathematicians believe that mathematics should emphasize abstraction, proofs, and symbolism so that pupils are capable of higher-order thinking; others view mathematics fundamentally as a set of procedures for solving problems of everyday life. Some science educators wish to start with the senses and children's own inquiries into nature; others argue that science is counter-intuitive and that observations grounded in everyday life will reinforce and not allay students' misconceptions. It will not do for the designers and administrators of TIMSS and PISA to elide their philosophical choices and to wrap their procedures in the shroud of secrecy. They must explain why they have made the choices that they have and engage with their critics in open and respectful dialogue.

American educators are going to turn to *Didaktik* in the new era of post-standardization not because it is exotic and not because it offers intellectual *gravitas*, but rather because we are needful of a living pedagogical canon that will animate and extend our thinking in new directions. A majority of American parents (65%) believe that their children are achieving at higher levels than they did in schools, and parents accept that standards and assessment are necessary (Public Agenda 2006). But the two major professional associations of teachers in the United States – the American Federation of Teachers and the National Education Association – oppose reauthorization of the No Child Left Behind Act and have begun a tenacious political battle to bring other issues – instructional quality, curriculum differentiation, and assistance with special populations such as students with limited English or special needs – back into the public discussion. In post-standardization, Americans will need to seek out new sources, with other established national traditions, to enhance students' autonomy and capacity for responsible self-direction, co-determination, and solidarity as ultimate aims of education (KANT 1804/1964; KLAFKI 1994). For teachers *Didaktik* is enormously valorizing, for it places teachers' agency, at first as expressed through lesson planning, but then through the pupils' learning experience itself, at the center of a profoundly meaningful and deeply human encounter. Because *Didaktik* acknowledges the subjective sides of education – the emotions, the role of the senses in teaching and learning, aesthetics, and the impulse towards *Selbsttätigkeit* – it is hard to imagine that it ever could become prey to the more technocratic definitions that have grown in popularity in an age of high-stakes testing and accountability.

For American educators – or educators anywhere – *Didaktik* thus becomes a domain which assigns teachers a crucial role as intellectual arbiters and eminently pedagogical decision makers. As such, it is fundamentally at odds with any orientation of education that would reduce teachers to the role of passive implementers of policy makers' mandates. Resistance, and professional pride and self-assertiveness, it would seem, are constitutive components of *Didaktik* – and hence all the more essential to preserve the art and craft of teaching in an age of educational reductionism and scientism.

## Literature

ABRAHAMSON, E. (2004): Change without Pain. – Cambridge, MA.

ACHINSTEIN, B./OGAWA, R. (2006): (In)Fidelity: What the Resistance of New Teachers Reveals about Professional Principles and Prescriptive Educational Policies. In: Harvard Educational Review, Vol. 76 (1), pp. 30-63.

AHO, E./PITKANEN, K./SAHLBERG, P. (2006): Policy development and reform principles of basic and secondary education in Finland since 1968. – Washington, D.C.

ALEXANDER, R. (2004): Still no pedagogy? Principle, pragmatism and compliance in primary education. Cambridge Journal of Education, Vol. 34 (1), pp. 7-33.

American Academy of Pediatrics (2006): Active healthy living: Prevention of childhood Obesity through increased physical activity. Pediatrics 117, pp. 1834-1842.

AYERS, W./QUINN, T./STOVALL, D. O./SCHEIERN, L. (2008): Teachers' Experience of Curriculum: Policy, Pedagogy, and Situation. In: CONNELLY, F. M./HE, M. F./PHILLION, J. (Eds.): The Sage Handbook of Curriculum and Instruction. Thousand Oaks, CA: Sage.

BOBBITT, F. (1918): The Curriculum. – Boston.

BOOHER-JENNINGS, J. (2005): Below the bubble: Educational triage and the Texas accountability system. In: American Educational Research Journal, Vol. 42 (2), pp. 231-268

Center on Education Policy (2007): Choices, changes, and challenges: Curriculum and instruction in the NCLB era. – Washington, D.C.

COHN, M./KOTTKAMP, R.: Teachers: The Missing Voice in Education. – Albany, NY.

DEWEY, J. (1927/1954): The Public and its Problems. – Athens, OH.

DEWEY, J. (1916): Democracy and Education. – New York, NY.

HARGREAVES, A. (2003): Teaching in the Knowledge Society: Education in the Age of Insecurity. – New York.

GUNDEM, B./HOPMANN, S. (Eds.) (1998): Didaktik and/or Curriculum. An International Dialogue. – Frankfurt a. M.: Lang.

HABERMAS, J. (1962): Strukturwandel der Öffentlichkeit. – Neuwied.

HABERMAS, J. (1968): Erkenntnis und Interesse. – Frankfurt.

HAIDT, J. (2006): The Happiness Hypthesis: Finding Modern Truth in Ancient Wisdom. – New York.

HAMILTON, Edith, and CAIRNS, Huntington (Hrsg.) (1960): Plato: The Collected Dialogues. – Princeton, NJ.

HARGREAVES, A./SHIRLEY, D. (2007): The Coming Age of Post-Standardization (URL: ttp://www.edweek. org/search. html?qs=coming+of+post-standardization).

HARGREAVES, A./SHIRLEY, D. (forthcoming): The Fourth Way: Post-Standardization and the Future of Educational Change. – Washington, D.C.

HEGEL, G. W. F. (1807/1980): Phänomologie des Geistes. – Bamberg.

HOPMANN, S.T., BRINEK, G. & RETZL, R. (Hrsg.): PISA According to PISA. LIT-Verlag Wien & Berlin, 2007.

HOPMANN, S. (2007): Restrained Teaching: The Common Core of Didaktik. In: European Educational Research Journal Vol, 6 (2), pp. 109-124.

HOPMANN, S./RIQUARTS, K. (1995): Didaktik and/or Curriculum. (Hrsg.) – Kiel.

KANT, I.. (1804/1964): Über Pädagogik.

KLAFKI, W. (1994): Neue Studien zur Bildungstheorie und Didaktik. Zeitgemäße Allgemeinbildung und kritisch-konstruktive Didaktik. – 4., durchges. Aufl. – Weinheim.

KLAFKI, W. (1958/2000): Didaktik Analysis as the Core of Preparation of Instruction. In: WESTBURY, I./ HOPMANN, S./RIQUARTS, K. (Eds.): Teaching as a Reflective Practice. The German Didaktik Tradition. – Mahwah, NJ, pp. 139-159

KLIEBARD, H. (2004): The Struggle for the American Curriculum, 1893-1958. – New York.

KLINGBERG, L. (1987): Überlegungen zur Dialektik von Lehrer- und Schülertätigkeit im Unterricht der sozialistischen Schule. – Potsdam.

KLINGBERG, L. (1990): Lehrende und Lernende im Unterricht: Zu didaktischen Aspekten ihrer Positionen im Unterrichtsprozeß. – Berlin.

LAYARD, R. (2005): Happiness: Lessons from a New Science. – New York.

LEE, J./GRIGG, W. S./DION, G. S. (2007): The Nation's Report Card: Mathematics 2007 (NCES 2007-494). National Center for Education Statistics, Institute of Education Sciences, U.S. Department of Education, Washington, D.C.

LIEBERMAN, A./MILLER, L. (2004): Teacher leadership. San Francisco, CA: Jossey Bass.

LORTIE, D. (1975): Schoolteacher: A Sociological Study. – Chicago, IL.

LUDLOW, L./SHIRLEY, D./ROSCA, C. (2002): The Case That Won't Go Away: Besieged Institutions and the Massachusetts Teacher Tests. Educational Policy and Analysis Archives, 10(50), http://epaa.asu.edu/epaa/v10n50/.

MACDONALD, E./SHIRLEY, D. (2006): Growing Teacher Leadership in the Urban Context: The Power of Partnerships. In: HOWEY, K./POST, L./ZIMPHER, N. (Eds.): Recruiting, Preparing and Retaining Teachers for Urban Schools. – Washington, D.C.

MARSH, J./PANE, J./HAMILTON, L. (2006): Making Sense of Data-Driven Decision Making in Education: Evidence from Recent RAND Research. – Santa Monica, CA.

MEYER, M. A. (2007): Didactics, Sense Making, and Educational Experience. In: European Educational Research Journal, Vol. 6 (2), pp. 161-173.

New Commission on the Skills of the American Workforce (2007): Tough Choices or Tough Times? San Francisco: Jossey-Bass.

OAKES, Jeannie; ROGERS, John (2006): Learning Power: Organizing for Education and Justice. – New York, NY.

PANGLE, T. L. (1992): The Enobling of Democracy: The Challenge of the Postmodern Age. Baltimore: Johns Hopkins.

PANGLE, L./PANGLE T. L. (1993): The Learning of Liberty: The Educational Ideas of the American Founders. – Kansas.

PINAR, W. F./REYNOLDS, W. M./SLATTERY, P./TAUBMAN, P. M. (1998): Understanding Curriculum: A Postscript for the Next Generation. In: GUNDEM, B./HOPMANN, S. (Eds.) (1998): Didaktik and/or Curriculum. An International Dialogue. – Frankfurt a. M., pp. 265-306.

PUBLIC AGENDA (2006): Reality Check 2006, issue number 3: Is support for standards and testing fading? – New York.

RACHKIND, J./OTT, A./IMMERWAHR, J./DOBLE, J./JOHNSON, J. (2007): Lessons Learned: New Teachers talk about their jobs, challenges, and long-range plans. – New York.

RAVITCH, D. (1991): Left Back: A Century of Battles over School Reform. – New York, NY.

RENNIE CENTER FOR EDUCATION RESEARCH AND POLICY (2006): Data-Driven Teaching: Tools and Trends. Cambridge, MA: author.

SCHWAB, J. (1978): Science, curriculum, and liberal education. WESTBURY, I./WILKOF, N. J. Eds. – Chicago.

SHIRLEY, D. (1997): Community Organizing for Urban School Reform. – Austin, TX.

SHIRLEY, D. (2002): Valley Interfaith and School Reform: Organizing for Power in South Texas. – Austin, TX.

SHIRLEY, D. (2008): American Perspectives on German Educational Theory and Research: A Closer Look at Both the American Educational Context and the German Didaktik Tradition. In: ARNOLD, K. H./ BLÖMEKE, S./MESSNER, R./SCHLÖMERKEMPER, J. (Hrsg.): Allgemeine Didaktik und Lehr-Lernforschung: Kontroversen und Entwicklungsperspektiven einer Wissenschaft von Unterricht. – Paderborn.

SHIRLEY, D./EVANS, M. (2007): Community Organizing and No Child Left Behind. In: Transforming the City: Community Organizing and the Challenge of Political Change. ORR, M. (Eds.): – Kansas, pp. 109-133.

SIMON, B. (1981): Why No Pedagogy in England? In: Brian SIMON and William TAYLOR (Eds.): Education in the Eighties: The Central Issues. – London, pp. 124-145.

SIMON, B. (1994): The State and Educational Change: Essays in the History of Education and Pedagogy. – London. WESTBROOK, R. (1991): John Dewey and American Democracy. – Ithaca, NY.

WESTBURY, I./HOPMANN, S./RIQUARTS, K. (Eds.) (2000): Teaching as a Reflective Practice. The German Didaktik Tradition. – Mahwah, NJ.

*Anschrift des Verfassers:*

Dennis Shirley, geb. 1955, Prof. Dr., Studium an der Harvard Graduate School of Education; 1988 bis 1998 Professor für Erziehungswissenschaft an der Rice University, Houston, Texas; seit 1998 Professor für Erziehungswissenschaft am Boston College, Boston, MA., 221 Campion Hall, Lynch School of Education, Boston College, 140 Commonwealth Avenue, Chestnut Hill, Massachusetts 02467, USA, E-Mail: Shirleyd@bc.edu

Olaf Köller, Berlin

# Bildungsstandards in Deutschland: Implikationen für die Qualitätssicherung und Unterrichtsqualität

**Zusammenfassung:**

Im vorliegenden Beitrag wird die aktuelle Diskussion um Bildungsstandards aufgenommen und mit Blick auf die damit verbundenen pädagogischen Chancen und Gefahren diskutiert. Nach einer knappen Einleitung folgt ein kurzer Rückblick, in dem deutlich werden soll, dass Bildungsstandards nicht Ursache sondern Folge von Versäumnissen im deutschen Bildungssystem sind, die beispielsweise in TIMSS und PISA aufgedeckt wurden. Anschließend werden die Bildungsstandards kurz charakterisiert und bildungstheoretisch verortet. In diesem Zusammenhang wird ihre Fachspezifität hervorgehoben, aus der sich für eine zukünftige Unterrichtsforschung ergibt, dass anstelle allgemeindidaktischer fachliche und fachdidaktische Lehr-/Lernmodelle präzisiert und näher erforscht werden sollten. Aus der Fachdidaktik heraus haben sich infolge der Verabschiedung der Bildungsstandards in Deutschland interessante Unterrichtsvisionen entwickelt, die exemplarisch angeschnitten werden sollen (BLUM u. a., 2006, WALTHER u. a., 2007, TESCH u. a., 2008). Schließlich wird auf die Rolle der Standards in einem System der Qualitätssicherung eingegangen und potenzielle Nebenwirkungen werden skizziert.

*Schlüsselwörter:* Bildungsstandards, fachliche und fachdidaktische Lehr-/Lernmodelle, Unterrichtsforschung

**Summary:**

This paper focuses on the current debate on educational standards in Germany taking into account their chances as well as risks for schools and teachers. After a short introduction it is argued retrospectively that such standards are not the reason for but the consequence of dramatic deficits of the German school system that were detected in prior large scale assessments like TIMSS or PISA. Standards are then characterized as domain-specific following to some extend the tradition of literacy. However, they are clearly embedded in the German tradition of the so-called Allgemeinbildung. According to research on learning and instruction it is argued that future research should mainly focus on teachers' didactical and content knowledge instead of pedagogical knowledge. Recent didactical work (cf. BLUM et al. 2006, WALTHER et al., 2007, for mathematics; and TESCH et al., 2008, for foreign language learning) has presented convincing subject-specific ideas on how to improve standards-based classroom instruction. Furthermore the role of educational standards in a strategy of system-monitoring and school evaluation is elaborated. Here, ideas about chances and risks for individual schools are presented.

*Keywords:* educational standards, domain specific models of teaching and learning, classroom instruction research

# 1   Einleitung

Als Folge der Publikationen zu den Ergebnissen der PISA-Studie 2000 (vgl. u. a. BAUMERT u. a.
2001, 2002) haben sich in Deutschland erhebliche Veränderungen in der Steuerung des allgemein
bildenden Schulsystems ergeben, die gern als Paradigmenwechsel von der Input- zur Outputsteuerung beschrieben werden (vgl. KLIEME u. a., 2003). Erreichte fachliche Kompetenzniveaus auf
Seiten der Schülerinnen und Schüler sollen Rückschlüsse auf den Erfolg des Bildungssystems zu-
lassen. Ausdruck findet diese Outputsteuerung unter anderem in der langfristigen Beteiligung an
internationalen Large-scale Assessments wie PISA (z. B. PRENZEL u.a. 2007) oder PIRLS/IGLU
(vgl. z. B. BOS u. a., 2007), aber auch in der Verabschiedung von Bildungsstandards, in denen für
ausgewählte Fächer definiert ist, über welche Kompetenzen Schülerinnen und Schüler zu festen
Zeitpunkten ihrer schulischen Karriere verfügen sollten.

Mit ihren Beschlüssen von 2003 und 2004 hat die Ständige Konferenz der Kultusminister
(KMK) für alle 16 Länder der Bundesrepublik Deutschland solche verbindlichen Bildungs-
standards für die Grundschule und das Ende der Sekundarstufe I verabschiedet. Mit den KMK-
Beschlüssen vom Oktober 2007 ist der Auftrag dahin gehend erweitert worden, auch Standards
für den Abschluss der gymnasialen Oberstufe zu erarbeiten, und zwar erneut für die Fächer
Deutsch, erste Fremdsprache (Französisch/Englisch), Mathematik und die drei Naturwissen-
schaften (Biologie, Chemie, Physik). Damit werden in absehbarer Zeit in den so genannten
„Kernfächern" abschlussbezogene Standards für das gesamte allgemein bildende Schulsystem in
Deutschland vorliegen.

An die Verabschiedung der Bildungsstandards hat die KMK in ihren Beschlüssen vom Juni
2006 (KMK 2006) ein breites System der Qualitätssicherung gekoppelt, das neben stichprobenbasierten internationalen und nationalen Vergleichen auch regelmäßige flächendeckende Vergleichsarbeiten vorsieht. Dieses System dient dazu rückzumelden, ob Schülerinnen und Schüler
die in den Standards formulierten Leistungserwartungen einlösen können.

Der vorliegende Beitrag beleuchtet das System der Standard-basierten Qualitätssicherung im
deutschen Schulsystem und diskutiert die Implikationen für Schule und Unterricht. Darüber hinaus wird im Einklang mit den Ausführungen von KLIEME u. a. (2003) präzisiert, welches Potenzial die in Deutschland verabschiedeten Bildungsstandards für die Unterrichtsentwicklung haben
können und dass sie ihre Wirkung dann entfalten werden, wenn sie Grundlage sowohl von quali-
tätssichernden als auch qualitätsentwickelnden Maßnahmen sind.

Begonnen werden soll mit der Vorgeschichte, welche überhaupt erst zur Etablierung der Bildungsstandards und einer Outputsteuerung geführt hat. Damit soll deutlich werden, dass die
Standards nicht Ursache sondern Folge von festgestellten Mängeln im allgemein bildenden Schulsystem Deutschlands sind.

# 2   Rückblick: Enttäuschendes Abschneiden in den internationalen
Schulleistungsstudien

In Deutschland fehlten bis zum Beginn der 1990er Jahre verlässliche Daten zu Erträgen schulischer Bildungsprozesse, wie dies etwa in den USA durch Programme wie NAEP (*National Assessment of Educational Progress*) üblich war und ist. In dieser Situation waren Untersuchungen wie die
internationale Lesestudie (*International Reading Literacy Study*, Elley, 1994) oder die dritte internationale Mathematik- und Naturwissenschaftsstudie (TIMSS; vgl. BAUMERT/LEHMANN u. a.
1997; BAUMERT u. a. 2000a, 2000b), die auf einer breiten empirischen Basis die Beschreibung und
Analyse der Erträge fachlichen Lernens in den Mittelpunkt rückten, Vorhaben, mit denen weder

die Öffentlichkeit noch große Teile der Erziehungswissenschaft vertraut waren. Umso beeindruckender waren die Reaktionen, welche insbesondere die Befunde von TIMSS auslösten. Die Bereitstellung von Basisinformationen über Ertragslagen deutscher Schulen in Mathematik und den Naturwissenschaften stürzte das Bildungssystem in tiefe Nachdenklichkeit. Befundlagen, wonach rund 50 Prozent der Jugendlichen am Ende der Pflichtschulzeit Kernziele mathematischer Grundbildung verfehlten (BAUMERT u. a., 2000b), ließen Zweifel am System und an einem gelingenden Unterricht aufkommen. Für die Hypothese suboptimaler Unterrichtsprozesse sprachen die Befunde der TIMSS-Video-Studie für die Sekundarstufe I (vgl. BAUMERT, LEHMANN u. a., 1997) sowie die Schülerbefragungen in der gymnasialen Oberstufe (BAUMERT u. a., 2000a).

In Folge von TIMSS kam es mit den Konstanzer Beschlüssen der KMK von 1997 zur empirischen Wende in der Erziehungswissenschaft, die pädagogische Psychologie und die Psychometrie gewannen im Kontext Bildungsforschung an Bedeutung und weitere große Schulleistungsstudien auf regionaler, nationaler und internationaler Ebene wurden initiiert. Im Vordergrund stand jetzt die Frage, welche konkreten Leistungsniveaus Schülerinnen und Schüler erreichen (Outcome-Orientierung). Den ersten Höhepunkt dieser neuen Entwicklung stellte PISA 2000 (BAUMERT u. a. 2001, 2002) dar. Das wiederum unbefriedigende Abschneiden deutscher Jugendlicher, jetzt auch im Bereich der Lesekompetenz in der Verkehrssprache, löste neue Evaluationsmaßnahmen aus. In den Ländern wurden Programme für flächendeckende Vergleichsarbeiten in verschiedenen Jahrgangsstufen und Fächern aufgelegt und auf Seiten der KMK wurde die Arbeit an den Bildungsstandards für die Grundschule und die Sekundarstufe I begonnen, parallel wurde die Revision der Einheitlichen Prüfungsanforderungen für das Abitur vorangetrieben. Diese auf den Weg gebrachten Arbeiten konnten natürlich nicht das mediokre Abschneiden deutscher 15jähriger in PISA 2003 (PRENZEL u. a. 2004, 2005) verhindern.

Mit den Veröffentlichungen zur Studie Deutsch-Englisch-Schülerleistungen-International (DESI; vgl. DESI-KONSORTIUM 2006, 2008; BECK/KLIEME 2007) wurde das Bild dahingehend abgerundet, dass unbefriedigende Lernergebnisse auf Seiten der Schulerinnen und Schüler auch in der ersten Fremdsprache beobachtbar sind, Defizite somit über die Kernfächer generalisiert werden können. Auch DESI ließ erkennen, dass eine zentrale Ursache für die unbefriedigenden Ergebnisse im Unterrichtsgeschehen selbst zu suchen ist. Mit der Einführung der Bildungsstandards in den Jahren 2003 und 2004 war ohne Frage die Hoffnung verbunden, solchen Schwächen im Unterricht begegnen zu können.

## 3    Bildungsstandards als Kernziele schulischer Bildung

In ihrer Expertise zur Entwicklung von Bildungsstandards in Deutschland haben KLIEME u. a. (2003) ausgeführt, wodurch sich Standards auszeichnen sollen: „Sie arbeiten in klarer und konzentrierter Form heraus, worauf es in einem Schulsystem ankommt." (S. 47). Dementsprechend benennen sie fachspezifisch die wesentlichen Ziele pädagogischer Arbeit, ausgedrückt als erwünschte Lernergebnisse bzw. Kompetenzen der Schülerinnen und Schüler zu bestimmten Zeitpunkten ihrer Bildungsbiographien. Konkret bedeutet dies, dass Standards als so genannte „Can do Statements" formuliert sind. Beispielsweise heißt es in den Standards für den Mittleren Abschluss im Fach Mathematik im Kompetenzbereich Modellieren: „den Bereich oder die Situation, die modelliert werden soll, in mathematische Begriffe, Strukturen und Relationen übersetzen" (KMK 2004a, S. 12). Im Bereich der ersten Fremdsprache für den Mittleren Schulabschluss heißt es für den Kompetenzbereich Lesen u. a.: „Die Schülerinnen und Schüler können Korrespondenz lesen, die sich auf das eigene Interessengebiet bezieht und die wesentliche Aussage erfassen (B2); klar formulierte Anweisungen, unkomplizierte Anleitungen, Hinweise und Vorschriften verstehen (B1/ B2)…" (KMK 2004b, S. 14).

Kompetenzen sind hier als gezeigtes Verhalten definiert. Folgt man einem stärker psychologisch geprägten Kompetenzkonzept (z. B. WEINERT 2001), so wird man nicht das Verhalten selbst, sondern die bei den Schülerinnen und Schülern verfügbaren oder von ihnen erlernbaren kognitiven Fähigkeiten und Fertigkeiten, die notwendig sind, um bestimmte Probleme bzw. Aufgaben lösen zu können, als Kompetenzen verstehen. In diesem Fall gewinnen Kompetenzen den Charakter psychologischer Konstrukte, welche mit Hilfe von Messinstrumenten operationalisiert werden können.

Mit der Fokussierung auf Schülerkompetenzen findet eine klare Abgrenzung von Lehrplänen statt, die in erster Linie Unterrichtsinhalte präzisieren (Input-Orientierung). Hierin liegt die Innovationskraft der Bildungsstandards, indem sie auf Seiten der Lehrkräfte das Bewusstsein schärfen sollen, das professionelle Agieren im Unterricht nicht an Inhalten, sondern am Kompetenzaufbau zu orientieren.

## 3.1   Bildungstheoretische Verortung der Standards

Man unterliegt einem Missverständnis, wenn man in der vereinfachenden Diskussion um Bildungsstandards diese als inkompatibel mit traditionellen Zielen und Ansprüchen der Bildungstheorie darstellt. Niemand kann ernsthaft bezweifeln, dass die kompetente Nutzung von Kulturtechniken wie dem Lesen, dem Schreiben und dem Mathematisieren ein Kernziel, wenn auch natürlich nicht das einzige, schulischer Bildung sein muss. Mit dem Erwerb solcher Basisqualifikationen wird auf Seiten der Schülerinnen und Schüler ein wichtiger Schritt in der Vorbereitung auf die Rolle als mündiger Staatsbürger, also zur Teilhabe am gesellschaftlichen und beruflichen Leben geschaffen. Mit diesem Fokus auf Basisqualifikationen wird in Teilen der funktionalistischen angelsächsischen Tradition der Grundbildung (Literacy; vgl. NCTM 2000; AAAS 1993; NRC 1995) gefolgt, wie sie auch im Rahmen von PISA angewendet wird (s. hierzu beispielsweise BAUMERT u. a. 2001; PRENZEL u. a. 2004). Danach gehören vor allem die Beherrschung der Muttersprache in Wort und Schrift sowie ein hinreichend sicherer Umgang mit mathematischen Symbolen und Modellen zum Kernbestand kultureller Literalität. Schwerwiegende Defizite in beiden Domänen gefährden die Teilnahme an zentralen gesellschaftlichen Entwicklungen und stellen Risikofaktoren im Hinblick auf eine gelingende Berufs- und Lebensperspektive dar. Das Gleiche gilt im Übrigen auch für die modernen Fremdsprachen, hier vor allem Englisch, auch wenn dies bislang im OECD-Rahmen ausgespart wird. Wer Englisch nicht beherrscht, schließt sich aus dem Wettbewerb der Leistungsgesellschaft aus (vgl. TENORTH 2001).

Der Rückgriff auf ein funktionalistisches Bildungskonzept greift aber beim Verständnis der Bildungsstandards aus zweierlei Gründen zu kurz:

– Erstens sind sie in Deutschland sehr stark in der Tradition des jeweiligen Faches verankert. So betonen BLUM u. a. (2006) für die Bildungsstandards im Fach Mathematik, dass das dort verwendete dreidimensionale Kompetenzmodel mit Leitideen, allgemeinen mathematischen Kompetenzen und Anforderungsbereichen nicht allein einem funktionalistischen Bildungskonzept, sondern sehr stark den Ausführungen Heinrich WINTERS (1995) über den mathematischen Bildungsbegriff folgt. Der hier verwendete Bildungsbegriff ist dementsprechend fachspezifisch zu verstehen und sein Verhältnis zur vertieften Allgemeinbildung zu klären. Dies scheint mir eine genuine Aufgabe in der Auseinandersetzung zwischen Vertretern der Fachdidaktik und der Bildungstheorie zu sein. Ohne den Rückbezug auf die jeweiligen Fächer und deren Traditionen werden letztere in der kritischen Auseinandersetzung mit den fachspezifischen Standards immer Gefahr laufen, eine verkürzte Analyse vorzunehmen.

– Das Gleiche gilt für die modernen Fremdsprachen – hier vor allem Englisch – bei denen sich
bereits vor der Arbeit an den Bildungsstandards das fachspezifische Bildungskonzept deutlich
modernisiert hatte. Dies ist in den von TENORTH (2001) gesammelten Aufsätzen zum Kerncurriculum Oberstufe deutlich geworden. Kernpunkt aller Aufsätze zum Englischunterricht ist die
Einsicht, dass Englisch als Lingua franca eine herausgehobene Rolle unter den Neu- und Alt-
sprachen zukommen muss, da mit der Beherrschung keiner anderen Sprache vergleichbare Le-
benschancen verbunden seien wie mit dem Englischen. Als Reaktion auf die verstärkten gesellschaftlichen und beruflichen Anforderungen an das Fach Englisch folgen die Lernziele des
Unterrichts – dies gilt im übrigen für alle neusprachlichen Fächer – zum Teil funktionalistischen bzw. utilitaristischen Gesichtspunkten; wie MEYER (2001) es ausdrückt: „Die Förderung
der Fähigkeit zur Kommunikation in der fremden Sprache ist das erklärte und weitgehend akzeptierte fachlegitimierende Ziel des neusprachlichen Unterrichts. Wir lernen die fremden
Sprachen, weil die Verantwortlichen davon überzeugt sind, dass wir sie für eine die Sprachgren-
zen überschreitende Kommunikation brauchen und weil dies von einem gesellschaftlichen
Konsens getragen wird. Die curriculare Legitimation ist also funktional bzw. utilitaristisch (an
der Nützlichkeit orientiert)" (S. 231).

– Neben dieser fachspezifischen Verortung des mit den Standards verbundenen Bildungsbegriffs
ist zweitens im Rahmen der Klieme-Expertise (KLIEME u. a., 2003) das Zusammenspiel von
Bildungsstandards und vertiefter Allgemeinbildung erörtert worden. Danach stellen die Basiskompetenzen, wie sie in den Standards festgehalten sind, notwendige Bedingungen für den
Erwerb vertiefter Allgemeinbildung dar. Basale Sprach-, mathematische und Selbstregulations-
kompetenzen sind dabei notwendige Voraussetzungen für (1) die kognitiv-instrumentelle Modellierung der Welt, wie sie in der Mathematik und den Naturwissenschaften vorgenommen
werden, (2) die ästhetisch-expressive Begegnung und Gestaltung in den Bereichen Sprache/Li-
teratur, Musik/Malerei/bildende Kunst und physische Expression, (3) die normativ-evaluative
Auseinandersetzung mit Wirtschaft und Gesellschaft, wie sie in den Disziplinen der Geschichte, Ökonomie, Politik sowie der Rechtswissenschaften stattfindet, und (4) die Auseinandersetzung mit Problemen konstitutiver Rationalität, die typischerweise Gegenstand der Religionen
und der Philosophie ist. In keinem dieser Modi der Welterfahrung kann eine vertiefte Auseinandersetzung ohne hinreichende Basiskompetenzen erfolgen. In diesem Sinne formulieren
KLIEME u. a. (2003, S. 65): „Kompetenzen beschreiben aber nichts anderes, als solche Fähigkeiten der Subjekte, die auch der Bildungsbegriff gemeint und unterstellt hatte: Erworbene, also
nicht von Natur aus gegebene Fähigkeiten, die an und in bestimmten Dimensionen der gesellschaftlichen Wirklichkeit erfahren wurden und zu ihrer Gestaltung geeignet sind, Fähigkeiten
zudem, die der lebenslangen Kultivierung, Steigerung und Verfeinerung zugänglich sind, so
dass sie sich intern graduieren lassen, z. B. von der grundlegenden zur erweiterten Allgemeinbildung."

Bildungsstandards stehen somit keineswegs im Widerspruch zur klassischen Bildungstheorie.
Kompetenzerwartungen, wie sie in den Standards formuliert sind, lassen sich vielmehr in einem
modernen Kerncurriculum allgemeiner Kompetenzen systematisch verorten.

## 4    Bildungsstandards und Unterricht

„Den Bildungsstandards ist es zu verdanken, dass die Aufgaben des Mathematikunterrichts heute
in allen Bundesländern breiter gesehen und Anstrengungen zu einer nachhaltigen Sicherung der
Qualität des Unterrichts unternommen werden. Es ist eine übergreifende Diskussion über Unterricht und Unterrichtskultur entstanden, wie wir sie vorher nicht kannten" (WITTMANN 2008, S.

13). Dieses Zitat des Mathematikdidaktikers Erich Ch. WITTMANN ist insofern bemerkenswert, als er 2003 und 2004 nach der Verabschiedung der länderübergreifenden Bildungsstandards in Deutschland zu den schärfsten Kritikern zählte, getragen von der Sorge, dass mit den Standards Einschränkungen, ja Trivialisierungen des Fachunterrichts verbunden sein könnten. Das Zitat ist weiterhin bemerkenswert, da die Bildungsstandards der KMK, die ohne Frage Leistungsstandards sind, in der Vergangenheit mit ihren Implikationen für den Unterricht unterschätzt werden, indem sie verkürzt als bloße Vorlagen für Assessmentmaßnahmen diskutiert wurden (BECKER u. a., 2005). Dies galt vor allem für die bildungstheoretische und allgemeindidaktische Diskussion, welche die unterrichtspraktischen Chancen der Standards übersehen bzw. ignoriert hat.

Als Folge der Bildungsstandards sind in den vergangenen Jahren interessante Vorschläge für einen kompetenzorientierten Mathematik- und Fremdsprachenunterricht entstanden (vgl. für die Mathematik BLUM u. a., 2006 sowie WALTHER u. a., 2007; für den Fremdsprachenunterricht TESCH u. a., 2008). BLUM (2006) schreibt hierzu für die Mathematik: „Nur ein Unterricht, der den eigenaktiven Erwerb von Kompetenzen in lernförderlicher Arbeitsatmosphäre in den Mittelpunkt aller Lehr-/Lernanstrengungen stellt, wird Lernenden überhaupt die Chance bieten, die in den Standards formulierten Kompetenzerwartungen auch tatsächlich zu erfüllen. … Etwas konkreter bedeutet „standardorientiertes Unterrichten": Jede einzelne Unterrichtsstunde und jede Unterrichtseinheit muss sich daran messen lassen, inwieweit sie zur Weiterentwicklung inhaltsbezogener und allgemeiner Schüler-Kompetenzen beiträgt. … Die wichtigste Frage ist nicht „Was haben wir durchgenommen?", sondern „Welche Vorstellungen, Fähigkeiten und Einstellungen sind entwickelt worden?" (S. 15 ff) Und WITTMANN (2008) ergänzt hierzu, dass in einem standardorientierten Fachunterricht mehr Eigeninitiativen der Kinder und soziale Lernaktivitäten gefördert werden, als dies im traditionellen Unterricht der Fall ist. Man kommt hier zu dem Schluss, dass ein gelingender Fachunterricht fachliche Kompetenzen fördert und als gewünschte Nebenwirkungen auch Bildungsziele wie soziales Lernen nach sich zieht. Um diese Chancen eines kompetenzorientierten Unterrichts allerdings nutzen zu können, sind verschiedene Schritte der Lehrerprofessionalität notwendig. Hierzu zählen:

– Information der Lehrkräfte über die Philosophie und die Inhalte der Standards. Hier liegen mittlerweile vielfältige Materialien vor (z. B. ARTELT/RIECKE-BAULECKE 2004; BLUM u. a. 2006; WALTHER u. a., 2007), die ergänzt werden müssen durch entsprechende Fortbildungsveranstaltungen, was im Übrigen in einigen Ländern (s. z. B. Hessen) auch der Fall ist.
– Flächendeckende Angebote der dezentralen Lehrerfortbildung, wie sie im Rahmen von SINUS bzw. SINUS-Transfer umgesetzt wurden (vgl. OSTERMEIER/CARSTENSEN/PRENZEL/GEISER 2004). In SINUS/SINUS-Transfer wurden kooperative Arbeitsformen entwickelt und besonderer Wert wurde auf eine kognitiv aktivierende, kompetenzorientierte Unterrichtsgestaltung gelegt. Am SINUS-Transfer-Projekt beteiligten sich immerhin 13 Länder, so dass für die meisten Schulleitungen auch Ansprechpartner im jeweiligen Land vorlagen.
– Forcierung der Auseinandersetzung in den Fachgruppen/Fachkonferenzen mit den Bildungsstandards. Die Standards werden nur dort in den Unterricht einfließen, wo permanent die Beschäftigung mit der Kompetenzorientierung vom Kollegium eingefordert wird.
– Aufforderung an die Lehrkräfte, Eltern kompetent über die Standards und die damit verbundenen Implikationen für Qualitätssicherung und -entwicklung zu informieren.

Gelingt die breite Umsetzung dieser Maßnahmen, so steigen die Chancen, dass die mit den Bildungsstandards gekoppelten Visionen für einen erfolgreichen Unterricht in den Schulen Realität werden. Bildungsstandards werden aber weitgehend wirkungslos bleiben, wenn der Glaube, allein ihre Überprüfung steigere die Qualität von Unterricht, fortwährt. Mahnend sei hier auf die kürzlich von OELKERS und REUSSER (2008) vorgestellte Expertise hingewiesen. Die Autoren formulieren: „Eine Implementation von Bildungsstandards, die nicht bis zum Unterricht durchdringt und die nicht die Lehrpersonen und letztendlich die Schülerinnen und Schüler als eigenständig Lernende erreicht, wird nichts bewirken." (S. 324).[1]

## 5    Fachspezifität, Bildungsstandards und Unterrichtsforschung

Mit seinem Buch „Was ist guter Unterricht" hat Hilbert MEYER (2004) die allgemeindidaktische und psychologische Unterrichtsforschung nach dem zweiten Weltkrieg zusammengefasst und die empirische Befundlage hierzu sortiert (s. auch GRUEHN 2000; HELMKE 2003, KÖLLER 2008a). Liest man MEYERS Buch kritisch, so gewinnt man den Eindruck, dass nach KOUNINS (1976) epochalen Arbeiten insgesamt nur wenige Fortschritte erreicht wurden. Nach wie vor dominieren Modellvorstellungen und Forschungsansätze, die unterrichtliches Handeln von Lehrkräften auf das *Classroom Management* beschränken und auf Seiten der Unterrichtsvariablen fächerübergreifende Merkmale wie Methodenvariation, Individualisierung und Motivierung in den Mittelpunkt rücken. Diesen Eindruck bestätigt auch noch einmal die Synthese der internationalen Arbeiten, die SCHEERENS (2008) im Auftrag des deutschen und niederländischen Bildungsministeriums vorgenommen hat. Es steht natürlich außer Zweifel, dass dieses Forschungsparadigma in den letzten 50 Jahre wichtige Erkenntnisse über erfolgreiche Unterrichtsprozesse geliefert hat. Gleichzeitig muss man aber konzedieren, dass Besonderheiten des jeweiligen Faches dabei unterbelichtet blieben. Dies ist umso bedauerlicher, als neuere Arbeiten die Bedeutung von fachlichen und fachdidaktischen Perspektiven hervorheben (vgl. beispielsweise KLIEME/RAKOCZY 2008, KRAUSS u. a., im Druck). KLIEME und RAKOCZY (2008, S. 223) plädieren daher explizit für eine Unterrichtsforschung im Verbund von empirischer Bildungsforschung und Fachdidaktiken: „Jenseits der Modellierung und Messung von Kompetenzen besteht daher eine weitere Herausforderung für das Zusammenwirken von Fachdidaktik und empirischer Bildungsforschung in der Erforschung von Prozessmerkmalen eines erfolgreichen Unterrichts."

Auf der Basis der rezenten Literatur muss festgestellt werden, dass diese Forderung am ehesten in der Mathematik eingelöst wird, beispielhaft sind die Untersuchungen im Rahmen von PISA 2003 (vgl. PRENZEL u. a. 2004, 2005, 2006). Bemerkenswert ist auch das COACTIV-Projekt (KRAUSS u. a., im Druck), das ebenfalls auf PISA 2003 aufsetzt, und in dem die besondere Bedeutung von fachspezifischen und fachdidaktischen Unterrichts- und Lehrermerkmalen hervorgehoben werden. Krauss u. a. zeigen in diesem Projekt, welche herausragende Rolle fachliche Kompetenzen der Lehrkräfte für deren fachdidaktische Expertise spielen und welche Effekte das gelingende Zusammenspiel beider Teilkompetenzen auf gelingende Unterrichtsprozesse hat. An die Stelle allgemeindidaktischer und unterrichtspsychologischer Forschungsfragen treten hier fachliche und fachdidaktische, deren Innovationskraft erheblich höher einzuschätzen ist. Erste Ansätze für solch ein Forschungsparadigma im Bereich der Verkehrs- und Fremdsprache finden sich auch in der neuesten Publikation zum DESI-Projekt (DESI-KONSORTIUM 2008).

## 6    Bildungsstandards in einem System der Qualitätssicherung: Herausforderungen und Risiken

Die KMK hat im Jahr 2006 mit ihren „Plöner Beschlüssen" eine Gesamtstrategie zur Qualitätssicherung im allgemein bildenden Schulsystem vorgelegt, die das zukünftige nationale Bildungsmonitoring an die Bildungsstandards koppelt. Auf der Basis von landesweit repräsentativen Stichproben soll in den Ländern festgestellt werden, welche Anteile der Schülerpopulation die Standards erreichen bzw. überschreiten. Das gesamte Programm ist eng mit den internationalen Schulleistungsstudien verzahnt, worüber die Tabelle 1 Auskunft gibt.

*Tabelle 1.* Internationale Vergleiche und Ländervergleiche in den nächsten Jahren als Folge der Plöner Beschlüsse der KMK (aus KÖLLER 2008b)

| Jahr | Stufe | Internationale Studie | Fächer im Ländervergleich |
|------|-------|----------------------|---------------------------|
| 2009 | Sekundarstufe I | PISA | Deutsch, Englisch, Französisch |
| 2011 | Primarstufe | IGLU/TIMSS | Deutsch, Mathematik |
| 2012 | Sekundarstufe I | PISA | Mathematik, Biologie, Chemie, Physik |
| 2015 | Sekundarstufe I | PISA | Deutsch, Englisch, Französisch |
| 2016 | Primarstufe | IGLU | Deutsch, Mathematik |
| 2018 | Sekundarstufe I | PISA | Mathematik, Biologie, Chemie, Physik |

PISA: Programme for International Student Assessment; IGLU: Internationale Grundschul-Lese-Untersuchung; TIMSS: Trends in Mathematics and Science Study

Die Beschlüsse sehen im Grundschulbereich vor, dass die Überprüfung der Bildungsstandards im Fünf-Jahres-Rhythmus in der 3. Jahrgangsstufe geschehen soll, und zwar zeitlich gekoppelt an die Internationale Grundschul-Studie (IGLU/PIRLS; vgl. Bos u. a., 2003). Neben diesem nationalen Monitoring wird sich Deutschland weiterhin an den internationalen Studien (PIRLS, sowie *Trends in Mathematics and Science Study*, TIMSS) beteiligen. Letztmalig in IGLU 2006 wird der Ländervergleich auf der Basis internationaler Instrumente durchgeführt, der Bericht zu den Länderunterschieden wird im Jahre 2008 vorliegen. Erstmalig in 2011 mit der nächsten PIRLS- und TIMSS-Erhebung wird es dann auf der Basis der Bildungsstandards zu einem Ländervergleich in den Fächern Deutsch und Mathematik kommen. Dies wiederholt sich dann passend zum IGLU-Rhythmus alle fünf Jahre.

Im Bereich der Sekundarstufe I sehen die Plöner Beschlüsse vor, dass letztmalig 2006 der nationale Vergleich zwischen den Ländern auf der Basis der PISA-Instrumente erfolgt ist. Auch hier wird in 2008 der Bericht über Länderunterschiede erscheinen. Ab PISA 2009 wird dann der nationale Vergleich zwischen den Ländern auf Grundlage der Bildungsstandards durchgeführt, in 2009 für die Sprachen Deutsch, Englisch und Französisch, 2012 folgt der Vergleich in Mathematik und den Naturwissenschaften, 2015 folgen wieder die Sprachen, 2018 Mathematik und die Naturwissenschaften. Die Ländervergleiche in der Sekundarstufe I passen sich damit einem sechsjährigen Rhythmus an, getrennt für die Sprachen und Mathematik und die Naturwissenschaften. Berücksichtigt werden 8. Jahrgangsstufen (Bildungsgänge, die zum Hauptschulabschluss führen) und 9. Jahrgangsstufen (Bildungsgänge, die zum Mittleren Schulabschluss führen).

Über die Ländervergleiche hinaus hat sich in allen Ländern Deutschlands ein System etabliert, in dem zu festen Zeitpunkten im Jahr ausgewählte Jahrgänge in ausgewählten Fächern in einer Gesamterhebung getestet werden. Dies gilt für den Grundschulbereich ebenso wie für die Sekundarstufe I. Das hier prominenteste Projekt sind die Vergleichsarbeiten in Grundschulen (VERA; vgl. hierzu ISAAC/HALT/HOSENFELD/HELMKE/GROSS OPHOFF 2006), die mittlerweile für alle 16 Länder durch die Universität Koblenz-Landau koordiniert werden. Die Akzeptanz solcher Vergleichsarbeiten steigt, wenn Einzelschulen die in diesem Zusammenhang entwickelten Instrumente für die eigene Lernstandsfeststellung nutzen und daraus Implikationen für Förderbedarf ableiten können. Die so verwendeten Diagnoseinstrumente können Lehrkräfte in der Unterrichtsplanung unterstützen, wenn auf ihrer Basis die Lernausgangslagen mit spezifischen Stärken und Schwächen aufgedeckt werden. Mittlerweile besteht breiter Konsens, dass das systematische Sammeln solcher Daten die Schul- und Unterrichtsentwicklung erheblich unterstützen kann. „Data-richness" hat sich in vielen Studien in Großbritannien, den USA und Kanada als eine wichtige Komponente für effektive und entwicklungsfähige Schulen herausgestellt. Hierunter ist zu verstehen, dass erhobene Daten in Ideen gewandelt werden, die als Basis für Schulentwicklung dienen (vgl. HENCHEY 2001, REYNOLDS 1998). Schulen mit Datenreichtum sammeln und zentralisieren eine Vielzahl von Daten, dazu gehören Klausurenergebnisse, standardisierte Testergebnisse, verschiedene Fragebögen sowie qualitative Daten. Lehrkräfte erhalten auf dieser Basis systematische Rückmeldung, wo die eigene Klasse bezogen auf den länderübergreifenden Referenzrahmen steht.

## 6.1 Gefahren

Bei allen potenziellen Chancen, die mit der Einführung und Implementation von Bildungsstandards verbunden sind, soll noch auf ein erhebliches Risiko aufmerksam gemacht werden, das bereits in der KLIEME-Expertise (2003) zur Einführung von Bildungsstandards aufgegriffen wurde und dort zu dem expliziten Hinweis führte, dass auf der Basis der Bildungsstandards kein breites System des *High Stakes Testing* etabliert werden sollte. Ein solches System könnte zum Phänomen der so genannten *Inflating Gain Scores* (vgl. u. a. GREEN/WINTERS/FORSTER 2003; KORETZ 2002) führen, das bei Vergleichsarbeiten/Lernstandserhebungen in den USA auftritt. Bei diesem Phänomen steigen die Leistungen in den flächendeckenden Vergleichsarbeiten innerhalb der jeweiligen Bundesstaaten von Jahr zu Jahr an, ohne dass sich auch entsprechende Zuwächse im stichprobenbasierten *National Assessment of Educational Progress* zeigen.

Mit der Unterzeichnung der *No-Child-Left-Behind-Kampagne* im Jahre 2001 ist in den USA eine gesetzliche Grundlage geschaffen worden, die es erlaubt, Schulen auf Grund der Leistungen ihrer Schülerinnen und Schüler in flächendeckenden Vergleichsarbeiten zu sanktionieren. In diesem System des *High Stakes Testings* ist es demnach für Schulen existenziell, erfolgreich in den jeweiligen Testungen abzuschneiden. In den USA hat dies (a) zu einer Welle des *Teaching to the Test* und zu Betrugsversuchen geführt (vgl. GREEN u. a., 2003) und (b) zu einer systematischen Erforschung der Effekte, die solche Maßnahmen haben, bei denen Schulen die Ergebnisse weniger für die eigene professionelle Entwicklung nutzen können, sondern vielmehr Sanktionen erwarten müssen.

Sehr prominent sind hier die Arbeiten von KORETZ (unter anderem 2002), in denen die Leistungen in *High Stakes Tests* mit denen im stichprobenbasierten *National Assessment* (*Low Stakes Test*), das keine Rückwirkungen auf die Einzelschule hat, auf Bundesstaatenebene verglichen werden. Sofern die erfassten Testleistungen realistische Abbilder der erreichten Kompetenzniveaus auf Seiten der Schülerinnen und Schüler sind, sollten sich (a) vergleichbare Trends und (b) hohe Korrelationen auf Schulebene zwischen den Leistungen in *Low* und *High Stakes Tests* ergeben. Dagegen sollten sich deutliche Abweichungen ergeben, divergierende Trends und geringe Korrelationen, wenn es verschiedentlich in Schulen zu Praktiken kommt, mit denen versucht wird, die Werte der Schülerinnen und Schüler in *High Stakes Tests* zu maximieren. Koretz und Baron (1998) haben zur Illustration dieser Effekte Trendanalysen für Kentucky aus dem *Kentucky Instructional Results Information System* (KIRIS) *Testing Program* (*High Stakes Tests*) mit solchen aus dem *National Assessment of Educational Progress* (NAEP; *Low Stakes Tests*) verglichen. Berücksichtigt wurden die Kompetenzentwicklungen von Viert- und Achtklässlern in Mathematik zwischen 1992 und 1996. In KIRIS ergaben sich im untersuchten Zeitraum Leistungszuwächse, die in der 4. Jahrgangsstufe einer Effektstärke von $d = .61$ entsprachen, in der 8. Jahrgangsstufe einer Effektstärke von $d = .52$. In NAEP lagen die entsprechenden Effektstärken bei $d = .17$ und $d = .13$.

GREEN u. a. (2003) haben in verschiedenen US-Bundesstaaten auf Schulebene die Korrelationen zwischen den Leistungstrends in *Low* und *High Stakes Tests* analysiert. Im optimalen Szenario, in dem es auf Seiten der Schulen differenzielle Fördereffekte gäbe, sollten diese Korrelationen nahe 1 liegen, d.h. erfolgreiche Schulen sollten sowohl in *Low* wie in *High Stakes Tests* günstige Trends aufweisen. Die Analysen von GREEN u. a. ergaben je nach Bundesstaat und Distrikt sehr unterschiedliche Ergebnisse. Während in Florida die Trends in *Low* und *High Stakes Tests* sehr hoch korrelierten ($r = .71$), lag die Korrelation in Virginia nur bei $r = .17$, im Chicago School Distrikt ergab sich gar eine Nullkorrelation, d. h. die Leistungstrends in *Low* und *High Stakes Tests* waren vollständig entkoppelt.

KORRETZ (2002) nennt verschiedene Ursachen, welche solche unerwarteten Befunde, die jegliche Validität von Assessment-Programmen in Frage stellen, erklären können:

–  *Umwidmung von Unterrichtszeit und –material (Teaching to the Test)*: Um Schülerinnen und Schüler auf die *High Stakes Testung* optimal vorzubereiten, werden im Unterricht primär Übungssituationen hergestellt, in denen das Aufgabenmaterial eine hohe Ähnlichkeit zu den im Test verwendeten Aufgaben aufweist. Darüber hinaus kann es auch zu einer systematischen Erhöhung der Unterrichtsstunden genau in den Fächern kommen, für die in absehbarer Zeit eine *High Stakes Testung* ansteht. Stecher und Barron (1999) untersuchten im Bundesstaat Kentucky Unterrichtszeiten in verschiedenen Fächern und Jahrgangsstufen. Dabei zeigte sich, dass viele Schulen in der vierten Jahrgangsstufe, in der die Naturwissenschaften im *High Stakes Testing* überprüft wurden, die Wochenstundenzahlen in den Naturwissenschaften deutlich erhöhten (5.2 Wochenstunden verglichen zu 3.5 Wochenstunden in der 5. Jahrgangsstufe). In Mathematik, wo das *High Stakes Testing* in der 5. Jahrgangsstufe durchgeführt wurde, stieg die Zahl der Wochenstunden von 4.9 (Klasse 4) auf 6.4 (Klasse 5). Bei diesem Vorgehen ist zu erwarten, dass die Schülerinnen und Schüler in der Tat in den Tests höhere Kompetenzniveaus zeigen, diese aber nicht nachhaltig sind, da Zeit und Material nach der *High Stakes Testung* wieder zurückgefahren werden.

–  *Betrug (Cheating)*: In den USA besteht mittlerweile hinreichend Evidenz (vgl. KORETZ 2002), wonach Lehrerinnen und Lehrer in *High Stakes Testings* Einfluss auf die Testbearbeitung nehmen, in dem sie (a) Lösungen vorsagen, (b) Lösungen korrigieren, (c) Aufgaben, die später im Test auftauchen, üben lassen und (d) Aufgaben umformulieren, um die Lösungen zu erleichtern.

–  *Coaching*: Hierunter versteht man eine Anpassung des Unterrichts an die kognitiven Anforderungen der Aufgaben in Assessment-Programmen. Dies ist etwas Anderes als bloßes *Teaching to the Test* – will es doch Kompetenzen fördern – und kann daher durchaus wünschenswert sein. Bezogen beispielsweise auf die Bildungsstandards in der ersten Fremdsprache ist es zweifelsfrei zu begrüßen, wenn mehr Unterrichtszeit für kommunikative Fertigkeiten in den Bereichen des Hörens und Sprechens reserviert wird. Gleichzeitig wächst dadurch die Gefahr, dass Bereiche, die später nicht Gegenstand der Testung sind, vernachlässigt werden.

Ohne Frage stellen solche Effekte Systeme der testbezogenen Qualitätssicherung in Frage und wann immer man plant, Maßnahmen des *High Stakes Testing* zu etablieren, wird man mit entsprechenden Nebenwirkungen rechnen müssen. In Deutschland beginnen einige Länder wie Nordrhein-Westfalen und Bayern damit, die Schulen, die in den flächendeckenden Vergleichsarbeiten am besten abgeschnitten haben, zu prämieren bzw. zu veröffentlichen. Andere Länder (Brandenburg) lassen die Ergebnisse aus Vergleichsarbeiten mit einem erheblichen Gewicht in die Halbjahreszeugnisnote einfließen. Solche Maßnahmen erhöhen vermutlich die Chance für das Auftreten von *Inflating Gain Scores* und es stellt sich die Frage, ob man mit der Etablierung eines Qualitätssicherungssystems zur Förderung von Kompetenzen auf Seiten der Schülerinnen und Schüler beitragen möchte oder vor Ort in den Schulen eine Kultur der Testwertmaximierung aufbauen möchte.

## 7   Schluss

Mit dem vorliegenden Beitrag wurde der Versuch unternommen, die Rolle von Bildungsstandards im allgemein bildenden Schulsystem Deutschlands zu beleuchten. Ihre bildungstheoretische Verortung sollte deutlich machen, dass sie keineswegs quer zur bildungstheoretischen

Diskussion liegen, sondern sich vielmehr in eine breitere Rahmenkonzeption von Allgemeinbildung eingliedern lassen. Mit Bezug auf die Unterrichtsforschung sowie die Qualitätssicherung und -entwicklung wurden die Chancen und Gefahren präsentiert. Für die Unterrichtsforschung sollte deutlich geworden sein, dass mit den Standards die Forderung nach Kooperationsvorhaben zwischen empirischer Bildungsforschung und Fachdidaktik verbunden ist. Wie sich allgemeindidaktische und traditionelle unterrichtspsychologische Ansätze hier verorten können, bleibt abzuwarten.

Bezogen auf einen kompetenzorientierten Unterricht werden konkrete Maßnahmen zu seiner Umsetzung skizziert, es wird aber abzuwarten sein, ob und mit welcher Geschwindigkeit die kompetenzorientierte Unterrichtsphilosophie in den Klassen ankommt.

Im Hinblick auf Fragen der Qualitätssicherung wurde abschließend auf die Gefahren von *High Stakes Tests* hingewiesen. Wiewohl diese Gefahren in Deutschland nicht übersehen werden dürfen, gibt es bislang keinen Hinweis darauf, dass das System in vergleichbare Sackgassen geraten könnte, wie dies aktuell in den USA in Folge der *No-Child-Left-Behind-Kampagne* der Fall ist. Hier werden aber erst zukünftige Arbeiten zeigen können, welche erwünschten und unerwünschten Konsequenzen die Einführung der Bildungsstandards und die mit ihnen verbundenen Maßnahmen der Qualitätssicherung und -entwicklung hatten.

## Anmerkung

1  Auf potenzielle Nebenwirkungen des Standard-basierten Testens auf Unterricht wird weiter unten eigegangen.

## Literatur

ARTELT, C./RIECKE-BAULECKE, T. (2004): Bildungsstandards: Fakten, Hintergründe, Praxistipps. – München: Oldenbourg.

AMERICAN ASSOCIATION FOR THE ADVANCEMENT OF SCIENCE (AAAS) (Ed.) (1993): Benchmarks for science literacy. Project 2061. – New York.

BAUMERT, J./ARTELT, C./KLIEME, E./NEUBRAND, M./PRENZEL, M./SCHIEFELE, U./SCHNEIDER, W./TILLMANN, J./WEISS, M. (Hrsg.). (2002). PISA 2000. Die Länder der Bundesrepublik Deutschland im Vergleich. – Opladen: Leske + Budrich.

BAUMERT, J./BOS, W./LEHMANN, R. (Hrsg.) (2000a): Dritte Internationale Mathematik- und Naturwissenschaftsstudie: Mathematische und naturwissenschaftliche Bildung am Ende der Schullaufbahn. Bd. 2: Mathematische und physikalische Kompetenzen am Ende der gymnasialen Oberstufe. – Opladen: Leske + Budrich.

BAUMERT, J./BOS, W./LEHMANN, R. (Hrsg.) (2000b): Dritte Internationale Mathematik- und Naturwissenschaftsstudie: Mathematische und naturwissenschaftliche Bildung am Ende der Schullaufbahn. Bd. 1: Mathematisch-naturwissenschaftliche Grundbildung am Ende der Pflichtschulzeit. – Opladen: Leske + Budrich.

BAUMERT, J./KLIEME, E./NEUBRAND, M./PRENZEL, M./SCHIEFELE, U./SCHNEIDER, W./STANAT, P./TILLMANN, J./WEISS, M. (Hrsg.). (2001). PISA 2000. Basiskompetenzen von Schülerinnen und Schülern im internationalen Vergleich. – Opladen: Leske + Budrich.

BAUMERT, J./LEHMANN, R./LEHRKE, M./SCHMITZ, B./CLAUSEN, M./HOSENFELD, I./KÖLLER, O./NEUBRAND, J. (1997): TIMSS – Mathematisch-naturwissenschaftlicher Unterricht im internationalen Vergleich. – Opladen: Leske + Budrich.

BECK, B./KLIEME, E. (Hrsg.) (2007): Sprachliche Kompetenzen – Konzepte und Messung – DESI-Studie. – Weinheim: Beltz.

BECKER, G./BREMERICH-VOS, A./DEMMER, M./MAAG-MERKI, K./PRIEBE, B./SCHWIPPERT, K./STÄUDEL, L./TILLMANN, K.-J. (Hrsg.) (2005): Standards: Unterrichten zwischen Kompetenzen, zentralen Prüfungen und Vergleichsarbeiten. Friedrich Jahresheft XXIII. – Velber: Friedrich Verlag.

BLUM, W./DRÜKE-NOE, K./HARTUNG, R./KÖLLER, O. (Hrsg.) (2006): Bildungsstandards Mathematik konkret. Sekundarstufe I: Aufgabenbeispiele, Unterrichtsideen und Fortbildungsmöglichkeiten. – Berlin: Cornelsen/Scriptor.

BOS, W./HORNBERG, S./ARNOLD, K.-H./FAUST, G./FRIED/L./LANKES, E.-M./SCHWIPPERT/K./VALTIN, R. (2007). IGLU 2006. Lesekompetenzen von Grundschulkindern in Deutschland im internationalen Vergleich. – Münster: Waxmann.

DESI-KONSORTIUM (2006): Unterricht und Kompetenzerwerb in Deutsch und Englisch. Zentrale Befunde der Studie Deutsch Englisch Schülerleistungen International. Frankfurt: Deutsches Institut für Internationale Pädagogische Forschung (dipf).

DESI-KONSORTIUM (2008): Unterricht und Kompetenzerwerb in Deutsch und Englisch: Ergebnisse der DESI-Studie. – Weinheim: Beltz.

ELLEY, W. B. (1994): The IEA study of reading literacy: Achievement and instruction in thirty-two school system: – Oxford: Elsevier.

GREEN, J. P./WINTERS, M. A./FORSTER, G. (2003): Testing high stakes tests: Can we believe the results of accountability tests? Civic Report. – New York: Center for Civic Innovation.

GRUEHN, S. (2000): Unterricht und schulisches Lernen: Schüler als Quellen der Unterrichtsbeschreibung. – Münster: Waxmann.

HELMKE, A. (2003): Unterrichtsqualität. Erfassen, bewerten, verbessern. – Seelze: Kallmeyer.

HENCHEY, N. (2001): Schools that make a difference: Final report. Twelve Canadian secondary schools in low-income settings. Kelowna, BC: Society for the Advancement of Excellence in Education.

ISAAC, K./HALT, A. C./HOSENFELD, I./HELMKE, A./GROß OPHOFF, J. (2006): VERA: Qualitätsentwicklung und Lehrerprofessionalisierung durch Vergleichsarbeiten. In: Die Deutsche Schule, 98, 107-110.

KLIEME, E./AVENARIUS, H./BLUM, W./DÖBRICH, P./GRUBER, H./ PRENZEL, M./REISS, K./RIQUARTS, K./ROST, J./TENORTH, H.-E./VOLLMER, H. J. (2003): Zur Entwicklung nationaler Bildungsstandards: Eine Expertise. – Berlin: Bundesministerium für Bildung und Forschung.

KLIEME E./RAKOCZY, K. (2008): Empirische Unterrichtsforschung und Fachdidaktik. In: Zeitschrift für Pädagogik, 54, 222-237.

KMK (2004a): Bildungsstandards im Fach Mathematik für den Mittleren Schulabschluss. – München: Luchterhand.

KMK (2004b): Bildungsstandards für die erste Fremdsprache (Englisch/Französisch) für den Mittleren Schulabschluss. – München 2004b.

KMK (2006). Gesamtstrategie der Kultusministerkonferenz zum Bildungsmonitoring. – München: Luchterhand.

KÖLLER, O. (2008a): Lehr-Lern-Forschung. In: SCHNEIDER, W./HASSELHORN, M. (Hrsg.): Handbuch Pädagogische Psychologie. – Göttingen: Hogrefe, 210-222.

KÖLLER, O. (2008b): Qualitätssicherung in der schulischen Bildung. In: WEIßENO, G. (Hrsg.): Politikkompetenz: Was Unterricht zu leisten hat. – Wiesbaden: VS Verlag für Sozialwissenschaften, 22-32.

KORETZ, D. (2002): Limitations in the use of achievement tests as measures of educators' productivity. In: Journal of Human Resources 37, 752-777.

KOUNIN, J. (1976): Techniken der Klassenführung. – Bern: Huber.

KRAUSS, S./BRUNNER, M./KUNTER, M./BAUMERT, J./BLUM, W./NEUBRAND, M./JORDAN, A. (im Druck): Pedagogical content knowledge and content knowledge of secondary mathematics teachers. Journal of Educational Psychology.

MEYER, H. (2004): Was ist guter Unterricht? – Berlin: Cornelsen Scriptor.

MEYER, M. A. (2001): Englischunterricht aus allgemeindidaktischer Sicht. In: TENORTH, H.-E. (Hrsg.): Kerncurriculum Oberstufe. Mathematik – Deutsch – Englisch. Expertisen im Auftrag der Ständigen Konferenz der Kultusminister. – Weinheim: Beltz, 230–251.

NATIONAL RESEARCH COUNCIL (NRC) (Ed.) (1995): National science education standards. – Washington, DC.

NATIONAL COUNCIL OF TEACHERS OF MATHEMATICS (NCTM) (2000): Professional standards for school mathematics. – Reston, VA.

OELKERS, J./REUSSER, K. (2008): Qualität entwickeln – Standards sichern – mit Differenz umgehen. Eine Expertise. – Berlin: Bundesministerium für Bildung und Forschung (BMBF).

OSTERMEIER, C./CARSTENSEN, C. H./PRENZEL, M./GEISER, H. (2004): Kooperative unterrichtsbezogene Qualitätsentwicklung in Netzwerken: Ausgangsbedingungen für die Implementation im BLK-Modellversuchsprogramm SINUS. In: Unterrichtswissenschaft, 32, 215-237.

PRENZEL, M.,/ARTELT, C./BAUMERT, J./BLUM, W./HAMMANN, M./KLIEME, E./PEKRUN, R. (Hrsg.), PISA 2006. Die Ergebnisse der dritten internationalen Vergleichsstudie. – Münster: Waxmann

PRENZEL, M./BAUMERT, J./BLUM, W./LEHMANN, R./LEUTNER, D./NEUBRAND, M./PEKRUN, R./ROLFF, H.-G./ROST, J./SCHIEFELE, U. (Hrsg.). (2004). PISA 2003. Der Bildungsstand der Jugendlichen in Deutschland – Ergebnisse des zweiten internationalen Vergleichs. – Münster: Waxmann.

PRENZEL, M./BAUMERT, J./BLUM, W./LEHMANN, R./LEUTNER, D./NEUBRAND, M./PEKRUN, R./ROLFF, H.-G./ROST, J./SCHIEFELE, U. (Hrsg.). (2005). PISA 2003 Der zweite Vergleich der Länder in Deutschland – Was wissen und können Jugendliche? – Münster: Waxmann.

PRENZEL, M./BAUMERT, J./BLUM, W./LEHMANN, R./LEUTNER, D./NEUBRAND, M./PEKRUN, R./ROLFF, H.-G./ROST, J./SCHIEFELE, U. (Hrsg.). (2006). PISA 2003. Untersuchungen zur Kompetenzentwicklung im Verlauf eines Schuljahres. – Münster: Waxmann.

REYNOLDS, D. (1998): The study and remediaton of ineffective schools: Some further reflections. In: STOLL, L./MYERS, K. (Hrsg.), No quick fixes: Perspectives on schools in difficulties. – London: Falmer Press, 163-174.

SCHEERENS, J. (2008): Review and meta-analyses of school and teaching effectiveness. – Berlin: Bundesministerium für Bildung und Forschung (BMBF).

SCHRÖDER, K. (2001): Thesen zur überfälligen Reform des Englischunterrichts der gymnasialen Oberstufe und zu einem fachspezifischen Kerncurriculum. In: TENORTH, H.-E. (Hrsg.): Kerncurriculum Oberstufe. Mathematik – Deutsch – Englisch. Expertisen im Auftrag der Ständigen Konferenz der Kultusminister. Weinheim: Beltz, 162–194.

STECHER, B. M./BARRON, S. I. (1999): Quadrennial Milepost Accountability Testing in Kentucky. CSE Technical Report No. 505. – Los Angeles: Center for the Study of Evaluation, University of California.

TENORTH, H.-E. (2001): Englisch: Ein Kerncurriculum, seine Notwendigkeit und seine Gestalt – Zusammenfassung. In: TENORTH, H.-E. (Hrsg.): Kerncurriculum Oberstufe. Mathematik – Deutsch – Englisch. Expertisen im Auftrag der Ständigen Konferenz der Kultusminister. – Weinheim: Beltz, 156-161.

TESCH, B./LEUPOLD, E./KÖLLER, O. (Hrsg.) (2008): Bildungsstandards Französisch konkret. Sekundarstufe I: Aufgabenbeispiele, Unterrichtsideen und Fortbildungsmöglichkeiten. – Berlin: Cornelsen/Scriptor.

WALTHER, G./VAN DEN HEUVEL-PANHUIZEN, M./GRANZER, D./KÖLLER, O. (Hrsg.) (2007). Bildungsstandards für die Grundschule: Mathematik konkret. – Berlin: Cornelsen/Scriptor.

WEINERT, F. E. (2001): Vergleichende Leistungsmessung in Schulen – Eine umstrittene Selbstverständlichkeit. In: Weinert, F. E. (Hrsg.): Leistungsmessungen in Schulen. – Weinheim: Beltz, 17-31.

WINTER, H. (1995): Mathematikunterricht und Allgemeinbildung. In: Mitteilungen der Gesellschaft für Didaktik der Mathematik, 61, 37-46

WITTMANN, E. CH. (2008): Auf die Dosis kommt es an. Die Bedeutung der Bildungsstandards für die Mathematik. Dietlinde Granzer und Sebastian Waack im Gespräch mit Erich Ch. Wittmann. In: Grundschule, 4-2008, 12-14.

*Anschrift des Verfassers:*
Prof. Dr. Olaf Köller, Humboldt-Universität zu Berlin, Institut zur Qualitätsentwicklung im Bildungswesen, Unter den Linden 6, 10099 Berlin. Telefon: 030-20935335, E-Mail: iqboffice@iqb.hu-berlin.de

Uwe Hericks, Heidelberg

# Bildungsgangforschung und die Professionalisierung des Lehrerberufs – Perspektiven für die Allgemeine Didaktik

**Zusammenfassung:**
Der Beitrag thematisiert das Verhältnis von Allgemeiner Didaktik als Wissenschaft vom Lehren und Lernen und der Professionalisierung des Lehrerberufs. Die Kernthese lautet, dass ein inhaltlich anspruchsvolles Verständnis von Bildung als Zielkategorie von Schule und Unterricht zugleich den Ausgangspunkt einer pädagogischen Professionalisierungstheorie darstellt. Für ein solches Programm stellt die Bildungsgangforschung bzw. Bildungsgangdidaktik ein theoretisches und methodisches Instrumentarium bereit, das mittlerweile in unterschiedlichen empirischen Projekten erprobt werden konnte. Es besteht in einer Orientierung an den subjektiven Bildungsgängen der Lernenden, an fachspezifischen Kompetenzmodellen, die individuelle Lernfortschritte abzubilden vermögen, am Aspekt der Reflexivität sowie an fallorientierten Arbeitsformen auf der Basis rekonstruierter Unterrichtskommunikation.

*Schlüsselwörter:* Professionalisierung von Lehrerinnen und Lehrern, Bildungsgangforschung, Bildung, Allgemeine Didaktik

**Summary:**
This essay deals with the relationship between General Didactics as the science of teaching and learning, and professionalizing education. Its core argument maintains that a thematically demanding concept of education as a goal of the school and of instruction generally can simultaneously serve as the starting point for a theory of professional development in education. Research on educational experience and learner development or didactics based on these provides a theoretical and methodological structure that has been tried and tested within a variety of empirical projects. This structure is constituted by an orientation towards the subjective educational experience of the learners, subject-specific competence models able to portray individual learning progress, and a focus on reflective thought as well as case-specific work structures on the basis of reconstructed lesson communication.

*Keywords:* professional development of teachers, research on learner development and educational development, general education, general didactics

## Einleitung

Die *Bildungsgangdidaktik* bzw. *Bildungsgangforschung* hat ihren Ursprung in der wissenschaftlichen Begleitung der nordrhein-westfälischen Kollegschule um den Münsteraner Erziehungswissenschaftler Herwig BLANKERTZ in den siebziger und achtziger Jahren des vergangenen Jahrhunderts (vgl. BLANKERTZ 1986). Ihr Kerngedanke war, dass man die Schülerinnen und Schüler als Subjekte und als Gestalter ihrer eigenen Bildungsgänge anerkennen muss, wenn man die Wirkungen institutionalisierter Bildungsgänge rekonstruieren und Unterricht angemessen beschreiben, evaluieren und gestalten will. Die Zielkategorie der Bildungsgangdidaktik ist *Bildung*, aufgefasst als Prozess der Transformation oder bewussten Aufrechterhaltung der Welt- und Selbstverhältnisse von Individuen. Meine im Folgenden zu entfaltende These lautet, dass Lehrerinnen und

Lehrer, die ihre Schülerinnen und Schüler tatsächlich als Gestalter ihrer eigenen Bildungsgänge wahrnehmen und sie so anerkennen, zugleich an ihrer eigenen *Professionalisierung* arbeiten.

Ich entfalte diese These in fünf Schritten. Im *ersten Abschnitt* werde ich zunächst mein Verständnis von *Allgemeiner Didaktik* darlegen, deren kritischen Anspruch ich in der Bildungsgangforschung aufgenommen sehe. Diese selbst sowie der Begriff der *Bildung* stehen im Zentrum des *zweiten Abschnitts*. Im *dritten Abschnitt* werde ich einige grundsätzliche Überlegungen zum Verhältnis von Professionalisierung und Bildung anstellen. Dabei plädiere ich für ein Konzept pädagogischer Professionalität, das in der Bildung der Schülerinnen und Schüler seinen Bezugspunkt hat. Was *Bildungsgangforschung* als zugehöriges Forschungsprogramm zu leisten imstande ist und auf welchen methodologischen Vorannahmen sie beruht, ist das Thema des *vierten Abschnitts*. Der Beitrag schließt mit einem Ausblick auf einige sich abzeichnende Entwicklungen der Bildungsgangdidaktik bzw. Bildungsgangforschung (*fünfter Abschnitt*).

Ein Hinweis zur Terminologie sei vorangestellt: Mit dem Begriff *Bildungsgangforschung* ist ein empirisches Forschungsprogramm umrissen, das fachlich und schulartspezifisch ausdifferenziert auf die Rekonstruktion subjektiver Lern- und Bildungsgänge von Heranwachsenden, aber auch auf die Rekonstruktion individueller und kollektiver Professionalisierungsprozesse von Lehrenden ausgerichtet ist. Darüber hinaus fokussiert Bildungsgangforschung auf die Frage, wie sich subjektive Lern- und Bildungsgänge sowie Professionalisierungsprozesse im konkreten Unterricht strukturell niederschlagen. Daraus Folgerungen für die Beschreibung, Planung und Gestaltung von Unterricht zu ziehen, ist Aufgabe und Ziel der *Bildungsgangdidaktik*. Die Begriffe werden allerdings – auch von Vertretern der *Bildungsgangforschung/Bildungsgangdidaktik* – oft wenig trennscharf und gelegentlich sogar synonym gebraucht; ihre Grenzen sind also fließend. Ich selbst werde *Bildungsgangforschung/Bildungsgangdidaktik* bewusst immer dann als Doppelbegriff verwenden, wenn der Kontext eine Differenzierung nicht zulässt. Des Weiteren werden die Umschlagpunkte markiert, an denen Bildungsgangdidaktik zur Bildungsgangforschung wird – und umgekehrt.

# 1    Allgemeine Didaktik

*Allgemeine Didaktik* wird nachfolgend als die *Wissenschaft vom Lehren und Lernen* verstanden. Ihr Gegenstand sind die *Ziele, Inhalte* und *Methoden* des Unterrichts, seine *Voraussetzungen* sowie seine *institutionellen Rahmungen*. Sie zielt auf die reflektierte und professionelle Gestaltung von *Unterricht* unter dem Anspruch von *Bildung* als einer regulativen Idee.

Die Definition ist m. E. einerseits umfassend genug, um auch neueren unterrichtsbezogenen, bildungstheoretischen und bildungspolitischen Diskursen Rechnung zu tragen, etwa dem um *Standards und Kompetenzen* (KLIEME et al. 2007; OELKERS/REUSSER 2007), um die *Qualität des Unterrichts* (HELMKE 2003) sowie um das *Verhältnis von Profession und Organisation* (HELSPER et al. 2008). Andererseits findet eine Abgrenzung gegenüber einem weitergehenden Verständnis der Didaktik als „Theorie und Praxis des Lernens und Lehrens" statt (H. MEYER 2001, S. 12), das die Differenz von Theorie und Praxis konzeptionell verwischt. Diese Differenz stellt selbst einen Gegenstand didaktischer Theoriebildung dar, was die Erforschung der didaktischen Theorien der Akteure einschließt. Didaktik umgekehrt lediglich als „Lehre vom Lehren" bestimmen zu wollen (vgl. SCHEUNPFLUG 2001, S. 12; KADE 2003), erschiene demgegenüber zu eng. Das Lernen aus dem Gegenstandsbereich der Didaktik auszuschließen, trüge der Intentionalität des Lehrens zu wenig Rechnung und bedeutete den Verlust gerade jener Bereiche, in denen es in den letzten Jahrzehnten – vor allem in den Fachdidaktiken – zu deutlichen Erkenntnisgewinnen gekommen ist: in der didaktisch inspirierten Erforschung des Lernens und der Lerner (vgl. HERICKS/KUNZE 2004, S. 721).

Ewald TERHART sieht die Aufgabe der Allgemeinen Didaktik in der „*Theoretisierung und operative(n) Gestaltung von Lehren und Lernen im Kontext von Ausbildung für den pädagogischen Beruf des Lehrers*" (TERHART 2002, S. 80). Sie stellt ein Reflexions- und Professionalisierungsangebot für (angehende) Lehrkräfte dar, das dazu anregt, *Unterricht* als den Kernbereich des Lehrerhandelns vor dem Hintergrund eigener (antizipierter) Praxis in seinen Strukturmerkmalen, seiner institutionellen Bedingtheit, seinen Funktionen und Wirkungen zu fokussieren und gedanklich zu bearbeiten, ohne den eigenen, durch Erfahrung, Ausbildung und Sozialisation gestützten und deshalb eingefahrenen „Choreographien" vorschnell zu erliegen (vgl. LANGE 2003, S. 36).

Als Wissenschaft vom Lehren und Lernen ist die Allgemeine Didaktik im Schnittbereich verschiedener Forschungstraditionen verortet, die sich auf Schule und Unterricht als ihren Gegenstand beziehen:

– *Professionalisierungsforschung,*
– *Bildungstheorie und Bildungsforschung,*
– *Schulentwicklungsforschung* und
– *empirische Unterrichtsforschung.*

Allgemeine Didaktik nimmt die Fragestellungen und Ergebnisse dieser Forschungstraditionen auf und bezieht sie auf ihr ureigenes Thema – auf die Frage, „wie man Wissen und Können in Bildung transformieren kann" und „wie die (zukünftigen und die tätigen) Lehrer sich professionalisieren können" (M. Meyer 1999, 126). Aus dieser Perspektive generiert sie neue Fragen, Problemdefinitionen und Erkenntnisse, die sie an die genannten Forschungsrichtungen zurückgibt. Aus Sicht ihrer Vertreter kommt der Allgemeinen Didaktik damit im Kontext von Lehrerbildung zugleich eine *moderierende* und *strukturierende* Funktion im Feld der verschiedenen schulbezogenen Teildisziplinen zu. Die Orientierung an Bildung fungiert dabei als kritisches Element.

## 2    Bildung und Bildungsgangdidaktik

Dass Unterricht unter dem Aspekt von *Bildung* zum Thema wissenschaftlicher Theoriebildung zu machen sei, ist heute keinesfalls (mehr) selbstverständlich. In der psychologisch ausgerichteten empirischen Unterrichtsforschung und dem daraus sich speisenden Diskurs über Unterrichtsqualität spielt Bildung als Zielkriterium kaum eine Rolle (vgl. aber KÖLLER in diesem Band, S. 49 ff.). Das ist unproblematisch, solange es nur um Explikation eines Forschungsprogramms geht, um die Frage also, was mit welchen Methoden empirisch erforscht werden kann und soll und was nicht. Problematisch wird es, wenn das Forschungsprogramm auf den Gegenstand selbst zurückwirkt, wenn also das, was messbar ist, darüber bestimmt, was Ziel des Unterrichts sein kann und soll, mit anderen Worten, wenn die *Ziele* des Unterrichts zur Funktion seiner *Wirkungen* werden.

So zeugt es meines Erachtens von einem problematischen „Zurechtstutzen" des Gegenstandes Unterricht für die Belange der empirischen Unterrichtsforschung, wenn im maßgebenden „Handbuch Unterricht" (ARNOLD/SANDFUCHS/WIECHMANN 2006) „Bildung" als eigenständiges Stichwort gar nicht mehr auftaucht.[1] Auch wenn der Gehalt des Bildungsbegriffs, nicht zuletzt um der Anschlussfähigkeit an die internationale Forschung willen, zumindest zum Teil in anderer Begrifflichkeit wieder aufgenommen wird, ist doch zu konstatieren, dass die empirische Unterrichtsforschung damit, ob gewollt oder ungewollt, einer bildungspolitischen Tendenz Vorschub leistet, die Unterricht nur mehr als die bloße Verwaltung von Anwesenheit[2] oder als Vorbereitung auf Leistungsvergleichsarbeiten (*teaching to the test*) zu verstehen gewillt ist (vgl. BONNET/BREIDBACH 2007, S. 251). Die Bildungsgangforschung/Bildungsgangdidaktik hält demgegenüber daran fest, dass Bildung als Zielkategorie nicht suspendierbar ist. Sie folgt damit der Traditionslinie der bildungstheoretischen bzw. geisteswissenschaftlichen Pädagogik und wird auch in der Außensicht als legitimer „Erbschaftsanwärter" (Anwärter, noch nicht Nachfolger) dieser Tradition wahrgenommen (vgl. TERHART 2005, S. 11, und TERHART in diesem Band).

HELMKE sieht in einer solchen Ausrichtung der Erziehungswissenschaft ein Problem für die Unterrichtsforschung – wegen jener Ausrichtung habe diese einen schweren Stand in Deutschland (vgl. HELMKE 2006, S. 64) –, doch liegt dieser Diagnose meines Erachtens ein Kategorienfehler zugrunde, der „geisteswissenschaftlich" mit „empirieunfähig" gleichsetzt. Meine Gegenthese lautet: Wann immer man Wissenschaft in den Kontext der Ausbildung von Lehrerinnen und Lehrern stellt, seien es Theorien, seien es Resultate empirischer Forschung, kommt man an der Frage der *Angemessenheit* antizipierter oder tatsächlicher Praxis nicht vorbei. Über die Frage der Angemessenheit von Praxis aber kann ohne Explikation der Normen und Ziele des Handelns im Praxisfeld nicht rational befunden werden. Wer Normen explizit macht, macht sie verhandelbar und der Rationalität von Rede und Gegenrede zugänglich. Wer die Frage nach den Normen des Handelns ausblendet, nimmt in Kauf, dass das, was als messbar gilt, implizit zur Qualitätsnorm von Unterricht wird, anstatt umgekehrt das empirisch Messbare in den Dienst gehaltvoller Ziele zu stellen und etwa darüber nachzudenken, wie die „fachlichen und überfachlichen Effekte" des Unterrichts sich zur individuellen Bildung verhalten. Eine solche Explikation der Normen und Ziele pädagogischen Handelns unter der Leitidee von Bildung zu leisten, ist der Anspruch des bildungstheoretischen bzw. geisteswissenschaftlichen Ansatzes in der Erziehungswissenschaft.

Damit stellt sich die Frage, wie man Bildung heute bestimmen kann und was sie eigentlich ist. Eine aus Sicht der Bildungsgangforschung/Bildungsgangdidaktik für tragfähig erachtete begriffliche Basis wurde von Helmut PEUKERT gelegt, der den Gehalt der neuhumanistischen Bildungsidee vermutlich am konsequentesten auf die heutige Situation bezogen hat. Argumentativer Ausgangspunkt ist die Erfahrung von *Kontingenz*. Mit Bezug hierauf definiert PEUKERT das Problem und das Ziel von Bildung wie folgt: „Es geht darum, als ein Selbst zu existieren, das angesichts radikaler Kontingenz- und Widerspruchserfahrungen nicht in sich zerfällt, sondern fähig ist, die Belastungen durch globale Probleme, die in den Alltag hineinreichen, nicht zu verdrängen, sondern auszuhalten und sogar produktiv und gemeinsam mit anderen nach Lösungen zu suchen" (PEUKERT 1998, S. 22).

PEUKERT bezieht sich in seiner Begriffs- und Aufgabenbestimmung auf LYOTARD. Dieser gebraucht den Begriff der *radikalen Pluralität*, womit er zum Ausdruck bringen will, dass das potenziell konflikthafte Verhältnis der pluralen Elemente der Gesellschaft zueinander nicht mehr in einer übergreifenden Einheit aufgehoben werden kann (LYOTARD 1989, vgl. KOLLER 1999). Kontingenzerfahrungen stellen die bestehenden Grundüberzeugungen, d.h. die Welt- und Selbstverhältnisse von Menschen zur Disposition. Vor diesem Hintergrund bezeichnen *Bildungsprozesse* „Prozesse der Transformation grundlegender Figuren des Welt- und Selbstverhältnisses" von Menschen (KOLLER 2005, S. 57). Die bildungsgangdidaktisch bedeutsame Frage ist deshalb, wie sich eine Person zu diesen Infrage-Stellungen verhält, ob sie ihnen ausweicht, unter ihnen zerfällt oder sich ihnen in einer ergebnisoffenen Auseinandersetzung stellt und standhält. Dies stellt aus meiner Sicht jedoch nur *eine* Option von Bildung dar; die *andere* wäre die bewusste Aufrechterhaltung, man könnte auch sagen: Verteidigung des eigenen Welt- und Selbstverhältnisses im Angesicht radikaler Kontingenz- und Widerspruchserfahrungen. Ich verstehe Bildung daher zusammengefasst als einen Prozess der Transformation oder bewussten Aufrechterhaltung des Welt- und Selbstverhältnisses eines Individuums (vgl. BONNET/BREIDBACH 2007, S. 253).

Vor diesem Hintergrund ist *Bildungsgangdidaktik* darauf gerichtet, Unterricht unter dem Aspekt darin sich ereignender Lern- und Bildungsprozesse der Schülerinnen und Schüler zu rekonstruieren und zu beschreiben. Sie geht dabei von der These aus, dass Schülerinnen und Schüler im Unterricht immer auch eigene Ziele verfolgen und eigene Bedeutungszuschreibungen und Sinngebungen zur Sache vornehmen – manchmal gegen das offizielle Lehrprogramm der Schule und der Lehrpersonen, manchmal im Zusammenspiel mit diesen und angeregt durch den Unterricht (vgl. HERICKS 1998a).

In einem *ersten Zugriff* fokussiert Bildungsgangdidaktik zur Erforschung von Lern- und Bildungsprozessen auf verschriftlichte unterrichtliche Situationen, die als besonders „dichte" Form der Auseinandersetzung von Schülerinnen und Schülern mit den Unterrichtsgegenständen bzw. dem Kommunikationsangebot der Lehrer rekonstruiert werden können (vgl. HERICKS 1998b). Bildungsgangdidaktik wird dabei zur *Bildungsgangforschung* mit Affinität zur *empirischen Unterrichtsforschung*, jedoch an einer rekonstruktiven Forschungslogik orientiert. Exemplarisch kann hier die *Dokumentarische Methode* genannt werden (vgl. BOHNSACK 2003; 2007), die die „Dichte" von Interaktionen, die besonderen Höhepunkte des Engagements und Betroffenseins, methodisch kontrolliert zum Thema von Text-, Bild- und Videoanalysen macht. Auf diese Weise erzeugt Bildungsgangforschung eine empirisch gehaltvolle *Mikroperspektive auf Unterricht*, auf unterrichtliche Kommunikation, auf darin sich ereignende subjektive Auseinandersetzungen mit den fachlichen Angeboten; dies macht es möglich, solche Situationen und Prozesse im Sinne realer *Exempel* in ihren Bedingungsfaktoren und Strukturmerkmalen genauer zu studieren und im Kontext der Aus- und Weiterbildung von Lehrern daraus zu lernen.

In einem *zweiten Zugriff* stellt Bildungsgangdidaktik die gelingenden oder misslingenden *Exempel* unterrichtlicher Kommunikation in den größeren Kontext lernbiographischer Entwicklung und fragt, „wie der Bildungsgang der Schüler unter den Rahmenbedingungen der Institution Schule von ihnen selbst gestaltet werden kann" (M. Meyer 1999, S. 127). Dabei lassen sich analytisch zwei Blickrichtungen unterscheiden, die in der Forschungspraxis häufig ineinander verschränkt erscheinen: der Blick auf die Inhalte und der Blick auf die Lernenden.

Mit Blick auf die *Inhalte* rekonstruiert Bildungsgangdidaktik die „Produkte" unterrichtlicher Auseinandersetzungen in Form nachweisbarer fachlicher *Kompetenzen*. Dazu greift sie auf *Kompetenzmodelle* zurück, die in der Lage sind, erreichte Verständnisfortschritte von einem alltagssprachlichen Verständnis der in Rede stehenden Sachverhalte ausgehend stufenweise abzubilden (vgl. bereits GRUSCHKA 1985; SCHENK 1986). Einige dieser Modelle beinhalten darüber hinaus eine *reflexive Dimension* (vgl. z. B. HERICKS 1993; SPÖRLEIN 2003; BONNET 2004a; BONNET 2004b; SCHENK 2004), die Auskunft darüber gibt, inwieweit die betreffenden Sachverhalte bzw. die durch diese vermittelte Weltansicht das Welt- und Selbstverhältnis der Schülerinnen und Schüler berühren. Durch solche Modelle wird es möglich, reale Bildungsprozesse von Lernenden fallspezifisch zu rekonstruieren. Bildungsgangdidaktik wird dabei zur *Bildungsgangforschung* mit Affinität zur *empirischen Lehr-Lernforschung*.

Mit Blick auf die *Lernenden* fokussiert Bildungsgangdidaktik auf das Verhältnis von Lernen, Bildung und Biographie, auf die Frage etwa, in welchem Verhältnis die durch schulische Lernangebote induzierten (oder verhinderten) Bildungsprozesse zu den *subjektiven Bildungsgängen* der Heranwachsenden als konsistente oder fragmentierte biographische Gesamtformungen stehen (vgl. etwa für den Bereich der Physik LECHTE 2008). Bildungsgangdidaktik wird zur *Bildungsgangforschung* mit Affinität zur *erziehungswissenschaftlichen Biographieforschung* und ihrer Methodologie (vgl. KRÜGER/MAROTZKI 1999; MAROTZKI 1999). Hierfür greift sie auf das Konzept der *Entwicklungsaufgaben* zurück. Unter Entwicklungsaufgaben werden gesellschaftliche Anforderungen an Menschen in je spezifischen Lebenssituationen verstanden; sie stellen Anforderungen der Gesellschaft an ihre Mitglieder dar und sind insofern „objektiv". Sie sind zugleich „subjektiv", insofern sie individuell als Aufgaben eigener Entwicklung angenommen und ausgedeutet werden müssen. Dabei wird die Wahrnehmung, Deutung und Bearbeitung von Entwicklungsaufgaben als notwendige Voraussetzung für fachliche Kompetenzentwicklung und für Bildungsprozesse angesehen (vgl. HERICKS 2004, S. 117ff.).[3]

In einer interessanten Argumentationsfigur arbeiten Andreas BONNET und Stephan BREIDBACH den Zusammenhang zwischen *Bildung, Entwicklungsaufgaben* und *Reflexivität* heraus. Zwar sei nicht jede Bearbeitung einer Entwicklungsaufgabe schon ein Bildungsprozess, jedoch enthielten viele Aufgaben eine reflexive Dimension. So könne man sich vorstellen, dass jemand eine Geschlechterrolle entwickelt (vgl. DREHER/DREHER 1985), ohne sich dies bewusst zu machen. Bewusstmachung aber bedeute zugleich Distanzierung, oder postmodern gesprochen: Dezentrierung, „also den Gewinn der Möglichkeit, sich zu der entwickelten Geschlechterrolle noch einmal verhalten zu können". Wir erhalten damit einen Hinweis auf die Grundgestalt eines Unterrichts, der Bildungsprozesse ermöglichen könne: „Neben einem Bezug zu den Entwicklungsaufgaben Heranwachsender sollte er auch Anlässe und Räume zur Reflexion enthalten" (BONNET/BREIDBACH 2007, S. 253 f.).

Zusammengefasst lassen sich also drei Zugriffe der Bildungsgangdidaktik auf die unterrichtliche Wirklichkeit unterscheiden: Sie vermittelt *erstens* eine *mikroperspektivische Sicht auf Unterricht*, wobei sie auf „dichte" Passagen der Auseinandersetzung von Lehrern und Schülern mit sachlichen Anforderungen fokussiert, und es insofern ermöglicht, die Strukturmerkmale gelingender oder misslingender Unterrichtskommunikation an ausgesuchten *Exempeln* zu studieren.[4] Bildungsgangdidaktik rekonstruiert *zweitens* die *Wirkungen von Unterricht in Bezug auf Bildung*; sie tut dies mit Blick auf die Inhalte (Stichwort: fachliche Kompetenzmodelle) und zugleich mit Blick auf die individuelle biografische Entwicklung der Schülerinnen und Schüler (Stichwort: Entwicklungsaufgaben). In einem *dritten Zugriff* fragt Bildungsgangdidaktik, wie ein Unterricht beschaffen sein sollte, der Bildungsprozesse ermöglichen kann. Dabei gelangt sie zum Konzept der *Reflexion*.

Nach dieser Positionierung kann ich mich nun der einleitend als Hauptthese formulierten Frage zuwenden, warum eine in dieser Weise umrissene Bildungsgangdidaktik als eine Didaktik für professionelle Lehrerinnen und Lehrer angesehen werden kann. Um dies zu klären, werde ich nachfolgend einige grundsätzliche Überlegungen zum *Verhältnis von Professionalisierung und Bildung* anstellen.


# 3    Bildung und Professionalisierung

Die Frage, worin der Kern des beruflichen Handelns von Lehrerinnen und Lehrern besteht, was also pädagogische Professionalität ist und wie professionelle Kompetenzen zu beschreiben sind, ist erst jüngst wieder kontrovers diskutiert worden (vgl. BAUMERT/KUNTER 2006; TENORTH 2006; HELSPER 2007). Im Zentrum der Kontroverse stand dabei einmal mehr der strukturtheoretische Ansatz von Ulrich OEVERMANN mit der Annahme einer *prophylaktisch-therapeutischen Funktion* des Lehrerhandelns, die mit dessen primären Funktionen – der Wissens- und Normenvermittlung – unhintergehbar verbunden sei, weil die durch diese Funktionen notwendig werdenden Lehrer-Schüler-Beziehungen „immer auch folgenreich sind *für die Entwicklung des Schülers als ganze Person*" (OEVERMANN 1996, S. 147). Der Grund dafür sei in der noch nicht voll entwickelten Rollenübernahmefähigkeit von Kindern und Jugendlichen zu suchen und bedürfe der reflektierten Bearbeitung in einem *pädagogischen Arbeitsbündnis*; hieraus resultiere die *Professionalisierungsbedürftigkeit* des Lehrerberufs, d.h. die Notwendigkeit einer wissenschaftlichen Wissensbasis sowie der Ausbildung und Kultivierung elaborierter Formen von Praxisreflexion.

Andere Vertreter der strukturalistischen Professionalisierungstheorie verorten die Professionalisierungsbedürftigkeit in anderen Aspekten des Lehrerberufs. So fokussiert etwa Frank-Olaf RADTKE auf dessen Bewertungsfunktion. Er spricht pointiert von einer „Lizenz zur Selektion", mit der im bundesdeutschen gegliederten Schulsystem gerade die *Grundschul*lehrerinnen ausgestattet seien, in deren Zuständigkeit fast alle wichtigen Entscheidungen über die Bildungskarrieren von Schülern (von der Einschulung über Sonderschulaufnahmeverfahren bis hin zu den Bildungsempfehlungen zum Ende der vierten Klasse) fielen (vgl. RADTKE 1999, S. 11 ff.).

Christine WIEZOREK rekonstruiert die möglicherweise gravierend negativen (lern)biographischen Folgen schulischer Bewertungspraxis, Folgen, die durch reflektiertes Lehrerhandeln abgefedert, durch Formen der Missachtung aber auch drastisch verschärft werden können. Zu solchen *Anerkennungsverletzungen* gehören die Abwertung der Person eines Schülers in Folge seiner schlechten schulischen Leistungsfähigkeit oder umgekehrt die Abwertung seiner schulischen Leistungsfähigkeit in Folge einer negativen Wahrnehmung als ganze Person (vgl. WIEZOREK 2005, S. 347).

Arno COMBE und Sylvia BUCHEN heben demgegenüber die „schwierige schritthaltende Spontaneität des Verstehens" hervor, die Lehrerinnen und Lehrern abverlangt werde. Dabei stehe jedoch nicht die „Deutung" der Interaktionsbeziehung selbst (wie bei OEVERMANN), sondern die des „sich prozeßhaft entwickelnden Verhältnisses aller Beteiligten zu einem kulturellen Sachverhalt" im Vordergrund (COMBE/BUCHEN 1996, S. 270). Es geht um die Einsicht in das entwicklungstreibende oder -hemmende Potenzial, das den im Unterricht vermittelten kulturellen Sach- und Fachinhalten selbst immanent ist. Die trianguläre Struktur, d. h. Bezogenheit auf ein Drittes, die Sache, stellt insofern ein konstitutives Element der Lehrer-Schüler-Beziehung dar. Man kann von einer *Fremdheitszumutung* der Sache sprechen, die für die Lernenden als ganze Personen objektiv folgenreich sein kann. Von daher erscheint es nur konsequent, auch die Professionalisierungsbedürftigkeit des Lehrerhandelns an dessen primäre Funktion, d. h. an die Wissens- und Normenvermittlung, selbst anzubinden.

Dass das berufliche Handeln von Lehrern, selbst wenn es sich auf Unterricht als seinen „Kernauftrag" (GIESECKE 2001, S. 124) konzentriert, für die Schülerinnen und Schüler nicht nur in ihrer Rolle als Lernender, sondern als ganzer Personen objektiv folgenreich ist, kann geradezu als die Quintessenz des strukturtheoretischen Professionsansatzes bezeichnet werden. Der Lehrerberuf ist *professionalisierungsbedürftig*, weil Lehrpersonen im Zuge ihrer Vermittlungtätigkeit, in der Durchführung von Unterricht und zur Sicherung seiner sozialen Gestalt, permanent in den Bereich der persönlichen Integrität der ihnen anvertrauten Schülerinnen und Schüler eingreifen, und dabei, zum Wohle ihrer Klienten, wissen sollten, was sie tun. Gerade dann, wenn in einem gewissen professionstheoretischen Purismus die über institutionelle Vorentscheidungen (Ziele, Fächerstruktur, Stundentafel, Lehrplan, Unterrichtsorganisation) und universalistische Gütemaßstäbe begründete „spezifische und sachliche Rollenbeziehung zwischen Lehrkraft und Schülerin und Schüler" hervorgehoben wird (BAUMERT/KUNTER 2006, S. 472), besteht die Gefahr, dass die ganzheitlichen Folgen des Lehrerhandelns aus der theoretischen Analyse herausfallen. Ethische Forderungen an Lehrkräfte – die Akzeptanz von Heterogenität, Fürsorge und individuelle Förderung – besitzen dann nur noch den Charakter moralischer Appelle, die sich nicht mehr systematisch begründen lassen; das kritische Potenzial der Profession im Verhältnis zur Institution geht verloren. Darauf hat HELSPER (2007, S. 573 f.) in seiner Replik auf BAUMERT/KUNTER meines Erachtens zu Recht hingewiesen.

Auf der anderen Seite aber hat jener unvermeidliche „Folgenreichtum" des beruflichen Handelns von Lehrern im Begriff der Bildung einen *positiven Bezugspunkt*. Denn wenn Bildung, wie oben dargelegt, als Prozess der Transformation oder bewussten Aufrechterhaltung des Welt- und Selbstverhältnisses eines Individuums verstanden werden kann, so ist diese *per definionem* für das Individuum als ganze Person objektiv folgenreich und hat stets den Charakter einer *Erfahrungskrise*. Für die Lehrseite heißt das: Wenn daran festgehalten wird, dass die Aufgabe von Lehrerinnen und Lehrern in der *Anregung, Wahrnehmung und Begleitung von Bildungsprozessen* besteht,[5] so liegt bereits darin die Professionalisierungsbedürftigkeit des Lehrerhandelns begründet. Dabei ist im Sinne der Bildungsgangforschung mitgedacht, dass Bildung immer eine originäre Leistung des sich bildenden Subjekts selbst bleibt, m.a.W. dass Bildungsprozesse ihren Ursprung im Subjekt selbst haben. Sie können angeregt, wahrgenommen, begleitet und im Rahmen von institutionalisiertem Unterricht vielleicht auch „gesteuert", nicht jedoch von außen verursacht oder oktroyiert werden.

Umgekehrt lässt sich beanspruchen, dass die Zuerkennung eines „lizenzierten" Eingriffsrechts in die personale Integrität anderer Personen, wie sie für alle Professionen, nicht nur für den Lehrerberuf, kennzeichnend ist, eines solchen positiven Bezugspunktes bedarf. Sie wäre anders ethisch kaum zu rechtfertigen. Dies konkretisiert die Grundthese der strukturtheoretischen Professionalisierungstheorie, wonach klientenbezogenes professionelles Handeln seinen Bezugspunkt grundsätzlich in der *Autonomie* der Klienten hat, genauer in der Wahrung, Sicherung oder Wiederherstellung von Autonomie. Im neuhumanistischen Bildungsverständnis ist dieser Aspekt der lebenspraktischen Autonomie bzw. Emanzipation des Subjekts in einer für pädagogisches Handeln „einheimischen" Begrifflichkeit bis heute bewahrt. Was meines Erachtens noch aussteht ist, Bildung konsequent als positiven Bezugspunkt einer Theorie pädagogischer Professionalität auszulegen und die professionelle Aufgabe der Lehrenden ebenso wie die Professionalisierungsbedürftigkeit des Berufs von hier aus zu begründen. Unter diesem Blickwinkel erweisen sich *Bildung* der Lernenden und *Professionalisierung* der Lehrenden wechselseitig als Möglichkeitsbedingung des anderen.

Für das hier ansatzweise skizzierte *Programm einer pädagogischen Professionalisierungstheorie* stellt die Bildungsgangforschung/Bildungsgangdidaktik das begriffliche und methodische Instrumentarium für Forschung und Lehrerbildung auf drei ineinander verschränkten Erkenntnisebenen bereit:

– auf der *normativen Ebene*, d. h. in der Ausrichtung von Lernen und Entwicklung an einem inhaltlich gehaltvollen Bildungsbegriff,
– auf der *empirischen Ebene*, d. h. in der Ausrichtung an Methoden der rekonstruktiven Sozialforschung, an Entwicklungsaufgaben und an Modellen fachlicher Kompetenzentwicklung, die eine reflexive Dimension ausweisen,
– auf der *operativen Ebene*, d. h. in der Fokussierung auf die Frage nach der Grundgestalt eines Unterrichts, der Bildungsprozesse ermöglichen könne.[6]

Umgekehrt hat Bildungsgangdidaktik als Allgemeine Didaktik die pädagogische Professionalisierung der (angehenden) Lehrerinnen und Lehrer zum Ziel. Bildungsgangdidaktik und pädagogische Professionalisierungstheorie stellen daher ebenfalls Möglichkeitsbedingungen des jeweils anderen dar. Ich wende mich deshalb jetzt der Frage zu, welche Art von Erkenntnissen im Bereich der Bildungsgangforschung erwartet werden kann.


# 4   Gegenstände und Erkenntnisse der Bildungsgangforschung

Die Strukturen und Motivierungen fachbezogener Kompetenz- und Identitätsentwicklungsprozesse für verschiedene Inhaltsbereiche und Schulstufen stellen seit ihrer ersten Thematisierung in der wissenschaftlichen Begleitung der nordrhein-westfälischen Kollegschule (vgl. BLANKERTZ 1986) einen wichtigen Forschungsgegenstand der Bildungsgangforschung dar. Ein Schwerpunkt ihrer empirischen Untersuchungen liegt dabei auf der Frage, wie sich fachbezogene Kompetenzen aus alltagstheoretischen Konzepten und impliziten Vorstellungen der Lernenden heraus entwickeln. Neuere bzw. im Entstehen begriffene Arbeiten betreffen den Bereich der Physik (LECHTE 2008; GEDASCHKO, in Vorbereitung), der Chemie (SPÖRLEIN 2003), der Biologie (BORN 2007), und der Geschichte (v. BORRIES/MEYER-HAMME 2005; MEYER-HAMME, in Vorbereitung). Zwei Studien behandeln Lernprozesse und Lerngelegenheiten im Kontext des bilingualen Chemieunterrichts (BONNET 2004a) bzw. Sportunterrichts (ROTTMANN 2006). Die Wirksamkeit von *Feedbackinstrumenten* (Portfolio, Lerntagebücher und Kompetenzraster), eine Reflexion des eigenen Lernens bzw. selbstreguliertes Lernen anzuregen, untersuchen KOLB (2007) für den Englischunterricht der Grundschule und MERZIGER (2007) für die Fächer Mathematik und Deutsch in der gymnasialen Oberstufe. Formen und Dimensionen von *Schülerpartizipation* in einem zum Teil rigiden, fragend-entwickelnd geführten Fachunterricht der gymnasialen Oberstufe rekonstruieren MEYER/KUNZE/TRAUTMANN (2007) für das Fach Englisch und ZIEGLER (2008) für das Fach Physik (vgl. auch MEYER/SCHMIDT 2000).[7] PETRIK (2007) zeigt am Beispiel zweier von ihm inszenierter und evaluierter *Lehrstücke* ("Dorfgründung", "Mini-Staat"), wie Jugendliche politische Handlungs- und Urteilsmaßstäbe herausbilden und aushandeln. Die Studie ist also auf der konstruktiv-entwickelnden Seite der Bildungsgangforschung angesiedelt; sie weist deutliche Bezüge zum Konzept des **exemplarisch-genetischen Unterrichts** (WAGENSCHEIN 1999/1968) und zur *Lehrkunstdidaktik* (vgl. z. B. BERG/SCHULZE 1995) auf. Eine stärker theoretisch ausgelegte Studie mit deutlichen Bezügen zur normativen Ebene der Bildungsgangforschung reflektiert fachliches Lernen in den Kategorien von Sinn und Erfahrung (COMBE/GEBHARD 2007).

Neuere, das berufliche Handeln und die Professionalisierung von Lehrerinnen und Lehrern betreffende Studien unter dem Paradigma der Bildungsgangforschung sind HELLMER (2007) zum Lernen in Schule und Betrieb und HERICKS (2006) zur Professionalisierung als Entwicklungsaufgabe. In der letztgenannten Studie werden Professionalisierungsprozesse von Lehrkräften in der Berufseingangsphase mittels des Konzepts der *beruflichen* Entwicklungsaufgabe rekonstruiert. Berufliche Entwicklungsaufgaben beschreiben die von jeder Lehrkraft im Verlauf ihres Berufslebens stets aufs Neue zu lösende Aufgabe einer subjektiv tragfähigen Vermittlung zwischen den eigenen Berufsvorstellungen und Idealbildern und den quasi-objektiven (auch: institutionellen) Anforderungen des Lehrerhandelns. Im Rahmen der Studie erwies sich ein Kanon aus vier beruflichen Entwicklungsaufgaben als tragfähig, um die individuellen Professionalisierungsprozesse der beteiligten Berufseinsteiger fallbezogen zu rekonstruieren. Diese betreffen (1) die berufsbezogenen Kompetenzen der Referendare und berufstätigen Lehrkräfte, ihre Ressourcen und deren Grenzen, (2) ihre Rolle als Vermittler von Fachinhalten und kulturellen Sachverhalten, (3) die pädagogische Fremdwahrnehmung der Schülerinnen und Schüler sowie (4) die Beachtung und Gestaltung institutioneller Rahmenbedingungen, Möglichkeiten und Grenzen.

## 5    Praktische Solidarität und Reflexion – Bildungsgangmethodik und *best-practice*-Exempel

Welche Anforderungen sind aber nun an eine aus der Bildungsgangforschung abzuleitende Bildungsgangdidaktik zu stellen, um diese im beschriebenen Sinne als Didaktik für professionelle (oder besser: sich professionalisierende) Lehrerinnen und Lehrer fortzuentwickeln? Antworten liegen auf zwei Ebenen:

Helmut PEUKERT hat im Zusammenhang seiner Bildungstheorie von der *elementaren Solidarität* gesprochen, die die Erwachsenengeneration der nachwachsenden Generation entgegenbringen sollte, um auf ihrer Basis "Spielräume für die Selbsterprobung in alternativen Weisen des Umgangs mit Realität" freizugeben oder paradigmatisch vorzuführen (PEUKERT 1998, 25).[8] An anderer Stelle (HERICKS 2007) habe ich dargelegt, wie diese von Peukert gemeinte elementare Solidarität in der Schule in eine *praktische Solidarität* der Lehrenden mit den Lernenden überführt werden kann. Die Antwort liegt in der Anerkennung der Schülerinnen und Schüler als fachlicher *Laien*, die gerade aus dieser Position und Perspektive heraus wesentliche Beiträge in die fachbezogene Unterrichtskommunikation einbringen, die die "Interaktionsbedeutung der Sache" (COMBE/BUCHEN 1996, S. 277) mit konstituieren und die in diesem Sinne am Fach partizipieren. Konkret kann dies heißen, die Schülerinnen und Schüler *im Vollzug des Unterrichts* als solche anzuerkennen, die sich der Mühen der Auseinandersetzung mit einer für sie zunächst unbekannten Sache und den damit verbundenen *Fremdheitszumutungen* stellen, dabei eigene, teils originale und überraschende *An-*

*schlüsse* kreieren, Fragen formulieren und zu subjektiv tragfähigen Bedeutungszuschreibungen und Sinngebungen der Sache gelangen – oder eben genau dies *nicht* tun, die sachlichen Fremdheitszumutungen also zurückweisen, keine Anschlüsse herstellen, keine Bedeutungszuschreibungen vornehmen.

Voraussetzung dafür ist ein Unterricht, der *Zeit* für eigenständige und gemeinsame Auseinandersetzungen mit der Sache und *Raum* für Fragen und Eigenbeiträge der Schülerinnen und Schüler gewährt. Die angemessene Vermittlung des Faches und die Etablierung entwicklungsorientierter Anerkennungsverhältnisse stellen dabei zwei Seiten einer Medaille dar. Indem nämlich die Schülerinnen und Schüler im Fachunterricht als diejenigen anerkannt werden, die über eine in der Regel im Vergleich zur Lehrperson wenig entwickelte fachliche Kompetenz und über eine von der Fachperspektive abweichende Laien- oder Alltagsperspektive verfügen, wird zugleich die Eigentümlichkeit dieser Fachperspektive kommunikativ zur Geltung gebracht und so der Reflexion zugänglich gemacht. Indem umgekehrt das in der Experten-Laien-Differenz enthaltene Kommunikations- und Kooperationsproblem zum Thema der fachbezogenen Kommunikation gemacht wird, werden die Schülerinnen und Schüler zugleich als entwicklungsfähige Laien anerkannt, die wesentliche Beiträge zu dieser Kommunikation beisteuern können (vgl. HERICKS 2007, S. 223).

Liegt die hiermit gegebene Antwort auf der Ebene der *Unterrichtskommunikation*, so liegt eine andere auf der Ebene der *Ziele*. Wer Bildungsprozesse anregen und begleiten will, kann dies nicht tun, ohne zur *Reflexion* anzuleiten, das impliziert der Begriff der Bildung. Und er kann es nicht tun, ohne zugleich auch auf das eigene Tun zu reflektieren, das impliziert der Begriff der Professionalisierung. Reflexion stellt gleichsam das übergreifende Strukturmerkmal von Bildung und pädagogischer Professionalisierung dar. Sie reicht von der Etablierung einer unterrichtlichen Rückmeldekultur zwischen Lehrern und Schülern (BASTIAN/COMBE/LANGER 2005) über den Einsatz von Feedbackinstrumenten zur Anregung reflektierten und selbstgesteuerten Lernens (KOLB 2007; MERZIGER 2007) und zur Evaluation des eigenen Lehrens bis hin zu elaborierten Formen kollegialer Beratung und Supervision.

Die Bildungsgangdidaktik operiert dem Anspruch nach perspektivisch auf beiden Ebenen, der kommunikativen und der reflexiven, auch wenn hierfür noch einiges zu leisten bleibt. Zum einen, hierauf weisen BONNET und BREIDBACH (2007) hin, ist der Schritt von der *Bildungsgangforschung* zur *Bildungsgangmethodik* noch zu vollziehen (vgl. aber M. MEYER in diesem Band). Die Orientierung an PEUKERTS Idee der elementaren Solidarität stellt hierfür den Maßstab dar, der allerdings aus sich heraus die Deduktion einer Methodik der Bildungsgangdidaktik noch nicht sichern kann. BONNET und BREIDBACH formulieren anspruchsvoll: „In diesem Geist ist Unterricht insgesamt reflexiv, schließt die Möglichkeit der Transformation auch der Institution ein und ermöglicht so durch Feedback auf allen Ebenen, Unterricht in hohem Maße relevant für alle Beteiligten zu machen" (BONNET/BREIDBACH 2007, S. 265).

Konzepte und Forschungen zu *Kooperativen Lernformen* stellen aus meiner Sicht einen ersten Ansatz hierfür dar (vgl. BRÜNING/SAUM 2006; RABENSTEIN/REH 2007) einen zweiten liefern die empirischen Befunde zur Schülerpartizipation (MEYER/KUNZE/TRAUTMANN 2007; ZIEGLER 2008) und zur unterrichtlichen Feedbackkultur (BASTIAN/COMBE/LANGER 2005), die es methodisch zu wenden gilt.

Zum anderen könnte Bildungsdidaktik der professionellen Reflexion über Unterricht mit den schon angesprochenen Real-Exempeln „dichter" Unterrichtskommunikation einen geeigneten Gegenstand geben. Hier wäre etwa an die Rekonstruktion von Partizipations- und Anerkennungsverhältnissen zu denken, die für die Anregung transformatorischer Bildungsprozesse mutmaßlich förderlich sind, in diesem Sinne also *best-practice*-Exempel darstellen. Dies entspräche konzeptionell dem Ansatz der *Lehrkunstdidaktik* (BERG/SCHULZE 1995; PETRIK 2007), wonach das gelungene Exempel im Zentrum didaktischer Reflexion stehen sollte. Dabei werden das Interesse und die Faszination der Schüler allerdings immer schon fraglos vorausgesetzt, weshalb *Lehr*kunst für unsere Zwecke zu kurz greift. Weil Lernen und Bildung immer ein selbsttätiger Prozess ist, wäre eher von *Lern*kunst, oder besser noch, da es zentral nicht um autodidaktische Lern- und Bildungsprozesse geht, von einer *Lehr-Lernkunst-Didaktik* zu sprechen. Als gelungene Exempel einer solchen Didaktik könnte man sich fachlich weittragende Lehrer-Schüler- und Schüler-Schüler-Interaktionen vorstellen, die nichts mehr mit dem Skript des klassischen fragend-entwickelnden Unterrichtsgesprächs zu tun haben und die Sinnkonstruktionen der Schülerinnen und Schüler konsequent einbeziehen. Die Exempel lägen verschriftlicht oder filmerisch aufbereitet vor, im letzteren Fall mit deutlichen Bezügen zur Ethnographie (vgl. Breidenstein 2006). Interviews mit beteiligten Schülern und Lehrern, Schülerarbeiten, Ausschnitte aus Lerntagebüchern und Portfolio könnten hinzukommen.[9] Die *best-practice*-Exempel wären aus meiner Sicht vor allem als Gegenstand von *Fallarbeit* in Settings kollegialer Beratung und didaktischer Supervision sowie im Rahmen der Lehrerausbildung an Universitäten, Hochschulen und Studienseminaren zu verstehen.

Über das professionalisierende Potenzial einer Arbeit mit Fällen ist oft geschrieben worden (z. B. Combe 2001; Combe/Kolbe 2004; Kolbe/Combe 2004), doch gibt es dazu meines Wissens bislang wenig empirische Forschung. Forschungen über das innere Funktionieren und die Wirkungen von Fallarbeit in allen Phasen der Lehrerbildung stellen insofern ein wichtiges Desiderat der Bildungsgangforschung dar, damit Bildungsgangdidaktik sich in Richtung einer hier skizzierten Lehr-Lernkunst-Didaktik weiter entwickeln kann. Bildungsgangforschung würde damit zu guter Letzt selbst reflexiv, nämlich reflexiv auf die eigene Lehre bezogen.

## Anmerkungen

1 „Bildung" taucht in dem 726 Seiten starken Handbuch an genau zwei Stellen auf, ohne dabei zum Gegenstand einer systematischen Begriffsklärung zu werden: einmal im Rahmen einer kurzen historischen Reminiszenz, ein anderes Mal im Zusammenhang der pädagogisch-didaktischen Funktionen des Lehrplans.

2 Als ein Beispiel dafür sei das Programm „Unterrichtsgarantie Plus" der hessischen Landesregierung genannt.

3 Das ursprünglich auf Havighurst (1972/1948) zurückgehende Konzept der Entwicklungsaufgaben ist nicht unumstritten und hat in der Entwicklung der Bildungsgangdidaktik/Bildungsgangforschung zu mancherlei „Variationen und Konfrontationen" (Trautmann 2004, S. 115) Anlass gegeben, die insgesamt durchaus zu einer Ausschärfung des Begriffs beigetragen haben (vgl. Trautmann 2004a; Lechte/Trautmann 2004; Hericks 2004; Hahn 2004). In systematischer Hinsicht dient es dazu, das empirische Teilprogramm der Bildungsgangforschung – Rekonstruktionen individueller Lern- und Bildungsbiographien – nicht in der Fülle idiographischer Einzelfälle sich erschöpfen zu lassen, sondern für operative Fragestellungen der Didaktik zu öffnen. Eine wichtige, in der zweiten Förderperiode des Graduiertenkollegs „Bildungsgangforschung" an der Universität Hamburg bearbeitete und m.E. noch offene Frage betrifft den Zusammenhang zwischen dem Konzept der Entwicklungsaufgaben und dem hier zugrunde gelegten Bildungsverständnis: Ist die Vorstellung „objektiver" gesellschaftlicher Anforderungen an Heranwachsende mit der gesellschaftlichen Diagnose einer zunehmenden Pluralisierung kompatibel bzw. was heißt es, dass die Heranwachsenden heute mit der Herausforderungen konfrontiert sind, Entwicklungsaufgaben unter den Bedingungen radikaler Pluralität bewältigen zu müssen? (vgl. Koller 2005, S. 59)

4 In diesem Zugriff weist die Bildungsgangforschung eine deutliche inhaltliche Nähe zur Pädagogischen Unterrichtsforschung der Gruppe um Andreas Gruschka an der Universität Frankfurt auf (vgl. Gruschka 2005). Diese rekonstruiert Unterricht als „widersprüchliche Einheit

von Erziehung, Didaktik und Bildung", wobei sie in methodologischer Hinsicht auf die Objektive Hermeneutik (vgl. OEVERMANN 2000) rekurriert.

5   In Anknüpfung an PFLUGMACHER ließe sich vor diesem Hintergrund pointiert zwischen Lernberatung und Bildungsberatung differenzieren. Während Lernberatung auf die Behebung von Lernschwierigkeiten, also auf die Schließung von Krisen abzielt, müsste Bildungsberatung die hintergründigen Schwierigkeiten und Verwicklungen der in Rede stehenden Sache überhaupt erst herausarbeiten und bewusst machen, also Krisen provozieren und (zunächst) offen halten (vgl. PFLUGMACHER, in Vorbereitung).

6   Die drei Erkenntnisebenen wurden bereits in der schon erwähnten Außenansicht der Bildungsgangdidaktik (TERHART 2005, S. 11) unterschieden und werden hier in anderer inhaltlicher Füllung wieder aufgenommen.

7   Die Studien förderten u. a. Strukturen zutage, die COMBE (2005) unter dem Stichwort der Individualitätsvergessenheit der deutschen Schule diskutiert: Schulischer Unterricht zeige sich häufig an der Fiktion der homogenen Schulklasse orientiert, Lehrenden falle es aufgrund ihrer fachlichen Orientierung schwer, sich in die Lernsituationen einzelner Schülerinnen und Schüler hineinzudenken; sie verfügten kaum über Vorstellungen darüber, wie fachliches Lernen sich konkret abspielt und welche Lernschwierigkeiten dabei auftreten können.

8   Meinert MEYER hat darauf hingewiesen, dass aus dieser Formulierung ein erkenntnistheoretisches, eine ethisches und ein didaktisches Problem entsteht: „Was bedeutet es, ‚Spielräume freizugeben'? Und was ist die paradigmatische Vorführung von Alternativen'?" (M. MEYER 1999, S. 129). PEUKERT konzentriert sich auf die Ethik, während hier die Didaktik im Vordergrund steht.

9   Eine Ausarbeitung dieser Idee geschah zusammen mit Ingrid KUNZE im Rahmen des Kolloquiums „Baustellen der Bildungsgangforschung" anlässlich der Abschiedsvorlesung von Meinert MEYER am 09. Februar 2007 an der Universität Hamburg.

## Literatur

ARNOLD, K.-H./SANDFUCHS, U./WIECHMANN, J. (Hrsg.) (2006): Handbuch Unterricht. – Bad Heilbrunn.

BASTIAN, J./COMBE, A./LANGER, R. (2005): Feedback-Methoden. Erprobte Konzepte, evaluierte Erfahrungen. – Weinheim.

BAUMERT, J./KUNTER, M. (2006): Stichwort: Professionelle Kompetenz von Lehrkräften. In: Zeitschrift für Erziehungswissenschaft, 9. Jg., H. 4, S. 469-520.

BERG, H. C./SCHULZE, T. (1995): Lehrkunst. Lehrbuch der Didaktik. – Neuwied.

BLANKERTZ, H. (Hrsg.) (1986): Lernen und Kompetenzentwicklung in der Sekundarstufe II. Abschlussbericht der Wissenschaftlichen Begleitung Kollegstufe NW (Teil 1 und 2). – Soest.

BOHNSACK, R. (2003): Dokumentarische Methode und sozialwissenschaftliche Hermeneutik. In: Zeitschrift für Erziehungswissenschaft, 6. Jg., H. 4, S. 550-570.

BOHNSACK, R. (2007): Rekonstruktive Sozialforschung. Einführung in qualitative Methoden. – 6. Aufl. – Opladen.

BONNET, A. (2004a): Chemie im bilingualen Unterricht. Kompetenzerwerb durch Interaktion. – Opladen.

BONNET, A. (2004b): Bildung durch Chemie – Über Dimensionen von Chemie-Kompetenz. In: chimica didactica, 30. Jg., H. 3, S. 169-200.

BONNET, A./BREIDBACH, S. (2007): Reflexion inszenierbar machen – Die Bedeutung der Bildungsgangforschung für die Fremdsprachendidaktik. In: DECKE-CORNILL, H./HU, A./MEYER, M.A. (Hrsg.): Sprachen lernen und lehren. Die Perspektive der Bildungsgangforschung. – Opladen, S. 251-270.

BORN, B. (2007): Lernen mit Alltagsphantasien. Zur expliziten Reflexion impliziter Vorstellungen im Biologieunterricht. – Wiesbaden.

v. BORRIES, B./MEYER-HAMME, J. (2005): Was heißt „Entwicklung von Reflektiertem Geschichtsbewusstsein" in fachdidaktischer Theorie und in unterrichtlicher Praxis? In: SCHENK, B. (Hrsg.): Bausteine einer Bildungsgangtheorie. – Wiesbaden, S. 196-222.

BREIDENSTEIN, G. (2006): Teilnahme am Unterricht : ethnographische Studien zum Schülerjob. – Wiesbaden.

BRÜNING, L./SAUM, T. (2006): Erfolgreich unterrichten durch kooperatives Lernen. Strategien zur Schüleraktivierung – Essen.

COMBE, A. (2001): Fallgeschichten in der universitären Lehrerbildung und die Rolle der Einbildungskraft. In: HERICKS, U./KEUFFER, J./KRÄFT, H. C./KUNZE, I. (Hrsg.): Bildungsgangdidaktik. Perspektiven für Fachunterricht und Lehrerbildung. – Opladen, S. 19-32.

COMBE, A. (2005): Schulentwicklung als Herausforderung für die Lehrerprofessionalität. Zur „Individualitätsvergessenheit" der deutschen Schule. In: BOENICKE, R. /Hund, A./Rihm/T./Strittmatter-Haubold, V. (Hrsg.): Innovativ Schule entwickeln. Kompetenzen, Praxis und Visionen. – Heidelberg.

COMBE, A./BUCHEN, S. (1996): Belastung von Lehrerinnen und Lehrern. Fallstudien zur Bedeutung alltäglicher Handlungsabläufe an unterschiedlichen Schulformen. – Weinheim.

COMBE, A./GEBHARD, U. (2007): Sinn und Erfahrung. Zum Verständnis fachlicher Lernprozesse in der Schule. – Opladen.

COMBE, A./KOLBE, F.-U. (2004): Lehrerprofessionalität: Wissen, Können, Handeln. In: HELSPER, W./BÖHME, J. (Hrsg.): Handbuch der Schulforschung. – Wiesbaden, S. 833-851.

DREHER, E./DREHER, M. (1985): Wahrnehmung und Bewältigung von Entwicklungsaufgaben im Jugendalter. In: Oerter, R. (Hrsg.): Lebensbewältigung im Jugendalter. – Weinheim, S. 30-60.

GEDASCHKO, A. (in Vorbereitung): Sinnkonstruktion und offenes Experimentieren im Physikunterricht. – Dissertation an Fakultät für Erziehungswissenschaft, Bewegungswissenschaft und Sport der Universität Hamburg – Hamburg.

GIESECKE, H. (2001): Was Lehrer leisten. Portrait eines schwierigen Berufes. – Weinheim.

GRUSCHKA, A. (1985): Wie Schüler Erzieher werden. Studie zur Kompetenzentwicklung und fachlichen Identitätsbildung in einem doppeltqualifizierenden Bildungsgang des Kollegschulversuchs NW. – Wetzlar.

GRUSCHKA, A. (2005): Auf dem Weg zu einer Theorie des Unterrichtens. Die widersprüchliche Einheit von Erziehung, Didaktik und Bildung in der allgemeinbildenden Schule. Vorstudie – Johann Wolfgang Goethe-Universität, Frankfurt/M.

HAHN, S. (2004): Zum Gegenstand der Bildungsgangforschung – empirische Fragestellungen für eine Theorie „subjektiver Entwicklungsaufgaben". In: TRAUTMANN, M. (Hrsg.), S. 167-186.

HAVIGHURST, R. J. (1972; zuerst 1948): Developmental Tasks and Education. – New York, London: Longman Inc.

HELLMER, J. (2007): Schule und Betrieb: Lernen in der Kooperation. Lernen in der Kooperation. – Wiesbaden.

HELMKE, A. (2003): Unterrichtsqualität – erfassen, bewerten, verbessern. – Seelze.

HELMKE, A. (2006): Unterrichtsforschung. In: ARNOLD, K.-H./SANDFUCHS, U./WIECHMANN, J. (Hrsg.), S. 56-65.

HELSPER, W. (2007): Eine Antwort auf Jürgen Baumerts und Mareike Kunters Kritik am strukturtheoretischen Professionsansatz. In: Zeitschrift für Erziehungswissenschaft, 10. Jg., H. 4, S. 567-579.

HELSPER et al. (2008) = HELSPER, W./BUSSE, S./HUMMRICH, M./KRAMER, R.-T. (Hrsg.) (2008): Pädagogische Professionalität in Organisationen. Neue Verhältnisbestimmungen am Beispiel der Schule. – Wiesbaden.

HERICKS, U. (1993): Über das Verstehen von Physik. Physikalische Theoriebildung bei Schülern der Sekundarstufe II. – Münster.

HERICKS, U. (1998a): Der Ansatz der Bildungsgangforschung und seine didaktischen Konsequenzen – Darlegungen zum Stand der Forschung. In: MEYER, M. A./REINARTZ, A. (Hrsg.): Bildungsgangdidaktik. Denkanstöße für pädagogische Forschung und schulische Praxis. – Opladen, S. 173-188.

HERICKS, U. (1998b): Schule verändern, ohne revolutionär zu sein?! Bildungsgangforschung zwischen didaktischer Wissenschaft und Schulpraxis. In: MEYER, M. A./REINARTZ, A. (Hrsg.): Bildungsgangdidaktik. Denkanstöße für pädagogische Forschung und schulische Praxis. – Opladen, S. 290-302.

HERICKS, U. (2004): Entwicklungsaufgaben, Habitus und Professionalisierung von Lehrerinnen und Lehrern. In: TRAUTMANN, M. (Hrsg.): Entwicklungsaufgaben im Bildungsgang. – Wiesbaden, S. 117-135.

HERICKS, U. (2006): Professionalisierung als Entwicklungsaufgabe. Rekonstruktionen zur Berufseingangsphase von Lehrerinnen und Lehrern. – Wiesbaden.

HERICKS, U. (2007): Anerkennung im Fachunterricht. In: Lüders, J. (Hrsg.): Fachkulturforschung in der Schule. – Opladen, S. 209-228.

HERICKS, U./KUNZE, I. (2004): Forschung zu Didaktik und Curriculum. In: HELSPER, W./BÖHME, J. (Hrsg.): Handbuch der Schulforschung. – Wiesbaden, S. 721-752.

KADE, J. (2003): Zugemutete Angebote, angebotene Zumutungen. – Politische Aufklärung unter den Bedingungen von Ungewissheit. In: HELSPER, W./HÖRSTER, R./KADE, J.: Ungewissheit. Pädagogische Felder im Modernisierungsprozess. – Weilerswist, S. 364-389.

KLIEME, E. et al. (2007) = KLIEME, E./AVENARIUS, H.,/BLUM, W./DÖBRICH, P./GRUBER, H./PRENZEL, M./REISS, K./RIQUARTS, K./ROST, J./TENORTH, H.-E./VOLLMER, H. J. (2007): Zur Entwicklung nationaler Bildungsstandards. Eine Expertise. – Bonn. URL:http://www.bmbf.de/pub/zur_entwicklung_nationaler_bildungsstandards.pdf – Download vom 16.02.08.

KOLB, A. (2007): Portfolioarbeit: Wie Grundschulkinder ihr Sprachenlernen reflektieren. – Tübingen.

KOLBE, F. U./COMBE, A. (2004): Lehrerbildung. In: HELSPER, W./BÖHME, J. (Hrsg.): Handbuch der Schulforschung. – Wiesbaden, S. 853-877.

KOLLER, H.-C. (1999): Bildung und Widerstreit. Zur Struktur biographischer Bildungsprozesse in der (Post-) Moderne. – München.

KOLLER, H.-C. (2005): Bildung und Biographie. Zur Bedeutung der bildungstheoretisch fundierten Biographieforschung für die Bildungsgangforschung. In: SCHENK, B. (Hrsg.): Bausteine einer Bildungsgangtheorie. – Wiesbaden, S. 47-66.

KRÜGER, H.-H./MAROTZKI, W. (Hrsg.) (1999): Handbuch erziehungswissenschaftliche Biographieforschung. – Opladen.

LANGE, H. (2003): Wie heterogen sind deutsche Schulen und was folgt daraus? Befunde und Konsequenzen aus PISA und IGLU. In: PÄDAGOGIK, 55. Jg., H. 9, S. 32-37.

LECHTE, M.-A. (2008): Sinnbezüge, Interesse und Physik. Eine empirische Untersuchung zum Erleben von Physik aus Sicht von Schülerinnen und Schülern. – Opladen.

LECHTE, M.-A./TRAUTMANN (2004): Entwicklungsaufgaben in der Bildungsgangtheorie. In: TRAUTMANN, M. (Hrsg.): Entwicklungsaufgaben im Bildungsgang. – Wiesbaden, S. 64-88.

LYOTARD, J.-F. (1989): Der Widerstreit. – 2. Aufl. – München.

MAROTZKI, W. (1999): Erziehungswissenschaftliche Biographieforschung. Methodologie – Tradition – Programmatik. In: Zeitschrift für Erziehungswissenschaft, 2. Jg., H. 3, S. 325-341.

MERZIGER, P. (2007): Entwicklung selbstregulierten Lernens im Fachunterricht. Lerntagebücher und Kompetenzraster in der gymnasialen Oberstufe. – Opladen.

MEYER, H. (2001): Türklinkendidaktik. Aufsätze zur Didaktik, Methodik und Schulentwicklung. – Berlin.

MEYER, M. A. (1999): Bildungsgangdidaktik. Auf der Suche nach dem Kern der Allgemeinen Didaktik. In: HOLTAPPELS, H. G./HORSTKEMPER, M. (Hrsg.): Neue Wege in der Didaktik? Analysen und Konzepte zur Entwicklung des Lehrens und Lernens. Die Deutsche Schule, 5. Beiheft, S. 123-140.

MEYER, M. A./SCHMIDT, R. (Hrsg.) (2000): Schülermitbeteiligung im Fachunterricht. Englisch, Geschichte, Physik und Chemie im Blickfeld von Lehrern, Schülern und Unterrichtsforschern. – Opladen.

MEYER, M. A./KUNZE, I./TRAUTMANN, M. (Hrsg.) (2007): Schülerpartizipation im Englischunterricht. Eine empirische Untersuchung in der gymnasialen Oberstufe – Opladen.

MEYER-HAMME, J. (in Vorbereitung): Historische Identitäten und Geschichtsunterricht. Fallstudien zum Wechselspiel von kultureller Prägung, institutioneller Unterweisung und individueller Verarbeitung. – Dissertation an Fakultät für Erziehungswissenschaft, Bewegungswissenschaft und Sport der Universität Hamburg – Hamburg.

OELKERS, J./REUSSER, K. (2007): Expertise: „Qualität entwickeln – Standards sichern – mit Differenz umgehen." – Berlin.

OEVERMANN, U. (1996): Theoretische Skizze einer revidierten Theorie professionalisierten Handelns. In: COMBE, A./HELSPER, W. (Hrsg): Pädagogische Professionalität. Untersuchungen zum Typus pädagogischen Handelns. – Frankfurt/M., S. 70-182.

OEVERMANN, U. (2000): Die Methode der Fallrekonstruktion in der Grundlagenforschung sowie der klinischen und pädagogischen Praxis. In: KRAIMER, K. (Hrsg.): Die Fallrekonstruktion. Sinnverstehen in der sozialwissenschaftlichen Forschung. – Frankfurt/M., S. 58-156.

PETRIK, A. (2007): Von den Schwierigkeiten, ein politischer Mensch zu werden. Konzept und Praxis einer genetischen Politikdidaktik. – Opladen.

PEUKERT, H. (1998): Zur Neubestimmung des Bildungsbegriffs. In: MEYER, M. A./REINARTZ, A. (Hrsg.): Entwicklungsaufgaben im Bildungsgang. – Wiesbaden, S. 17-29.

PFLUGMACHER, T. (in Vorbereitung): „Ich würd' vielleicht hier noch irgendwie so'n bisschen." Zur Bildungsberatung im Unterricht anlässlich einer Kunststunde. – In: Pädagogische Korrespondenz, H. 39, 2008.

RABENSTEIN, K./REH, S. (Hrsg.) (2007): Kooperatives und selbständiges Arbeiten von Schülern. Zur Qualitätsentwicklung von Unterricht. – Wiesbaden.

RADTKE, F.-O. (1999): „Autonomisierung, Entstaatlichung, Modularisierung – Neue Argumente in der Lehrerbildungsdiskussion?"; In: derselbe (Hrsg.): „Lehrerbildung an der Universität". Zur Wissensbasis pädagogischer Professionalität. – Frankfurt/M., S. 9-22.

ROTTMANN, B. (2006): Sport auf Englisch. Lerngelegenheiten im bilingualen Sportunterricht. – Wiesbaden.

SCHENK, B. (1986): Physikstudie. In: BLANKERTZ, H. (Hrsg.), passim.

SCHENK, B. (2004): Bildung im Medium der Naturwissenschaften. In: Trautmann, M. (Hrsg.): Entwicklungsaufgaben im Bildungsgang. – Wiesbaden, S. 223-240.

SCHEUNPFLUG, A. (2001): Evolutionäre Didaktik. Unterricht aus system- und evolutionstheoretischer Perspektive. – Weinheim.

SPÖRLEIN, E. (2003): Das mit dem Chemischen finde ich nicht so wichtig … – Chemielernen in der Sekundarstufe I aus der Perspektive der Bildungsgangdidaktik. – Opladen.

TENORTH, H.-E. (2006): Professionalität im Lehrerberuf. Ratlosigkeit der Theorie, gelingende Praxis. In: Zeitschrift für Erziehungswissenschaft, 9. Jg., H. 4, S. 580-598.

TERHART, E. (2002): Fremde Schwestern. Zum Verhältnis von Allgemeiner Didaktik und empirischer Lehr-Lern-Forschung. In: Zeitschrift für Pädagogische Psychologie, 16. Jg., S. 77-86.

TERHART, E. (2005): Über Traditionen und Innovationen. Wie geht es weiter mit der Allgemeinen Didaktik? In: Zeitschrift für Pädagogik. 51. Jg., H. 1, S. 1-13.

TRAUTMANN, M. (Hrsg.) (2004): Entwicklungsaufgaben im Bildungsgang. – Wiesbaden.

TRAUTMANN, M. (2004a): Entwicklungsaufgaben bei Havighurst. In: derselbe (Hrsg.): Entwicklungsaufgaben im Bildungsgang. – Wiesbaden, S. 19-40

WAGENSCHEIN, M. (1999; zuerst 1968): Verstehen lehren. – Weinheim.

WIEZOREK, C. (2005): Schule, Biografie und Anerkennung. Eine fallbezogene Diskussion der Schule als Sozialisationsinstanz. – Wiesbaden.

ZIEGLER, C. (2008): Partizipation der Schüler im naturwissenschaftlichen Fachunterricht. – Opladen. (in Vorbereitung.)

*Anschrift des Verfassers:*
Prof. Dr. Uwe Hericks, Pädagogische Hochschule Heidelberg, Fakultät I, Institut für Erziehungswissenschaft, Abteilung Schulpädagogik, Keplerstraße 87, 69120 Heidelberg, E-Mail: hericks@ph-heidelberg.de

Hilbert Meyer, Oldenburg, im Gespräch mit Meinert A. Meyer:

# Disput über aktuelle Probleme und Aufgaben der Didaktik

**Zusammenfassung:**
Es wird diskutiert, welche neuen Aufgaben der Allgemeinen Didaktik im Verbund mit der empirischen Lehr-Lernforschung durch die Einführung von Bildungsstandards gestellt werden. Die Allgemeine Didaktik kann helfen, Unterrichtsstandards auszuformulieren und ein fächerübergreifendes Konzept kompetenzorientierten Unterrichts zu entwerfen. Sie sollte dies aber in Tuchfühlung mit den Praktikern tun, um die Implementation zu erleichtern.

*Schlüsselwörter:* Kompetenzorientierung, Bildungsstandards, Unterrichtsstandards, Unterrichtsentwicklung.

**Summary:**
This is a discussion as to which of the new objectives of general didactics are being set by the introduction of education standards in association with empirical research on teaching and learning. general didactics can help to articulate education standards and to design an interdisciplinary concept for competency-orientated instruction. It should, however, undertake to do so in cooperation with practitioners in order to ease the implementation process.

*Keywords:* competence orientation, educational standards, instructional standards, instructional development

**M.M.:** Lieber Hilbert, in der Neuauflage deines „Leitfaden Unterrichtsvorbereitung" schreibst du: „Wir befinden uns in einer Phase der Schulreform, in der das, was einmal mit Schülerorientierung gemeint war, administrativ verkürzt als „Kompetenzorientierung des Unterrichts" von oben durchgesetzt werden soll." (MEYER, H. 2007, S. 239) Du kritisierst dies und forderst eine Repolitisierung der Didaktik. Was meinst du damit? Ist das mehr als eine Worthülse?

**H.M.:** In unseren Schulen ist noch nie soviel gemessen worden wie heute. Das ist legitim, damit die Politiker solide Grundlagen für ihre Entscheidungen erhalten. Es reicht aber nicht, die Messinstrumente zu schärfen. Vom vielen Wiegen ist noch kein Schwein fett geworden, sondern davon, zur richtigen Zeit die richtige Menge Futter bekommen zu haben! Davon kann aber keine Rede sein. Die Art und Weise, in der wir in Deutschland mit Schülern aus Risikogruppen und Schülern mit Migrationshintergrund umgehen, ist ein Skandal. Die Kosten, die diese Modernisierungsverlierer im Bildungssystem in immer wieder neuen Schleifen und Zusatzmaßnahmen verursachen, sind horrend. Wenn nun genaue Aufgaben- und Lernstandsanalysen im Schulalltag ergeben, dass eine „Passung" der vorgegebenen Aufgabenstellungen zu den nachgewiesenen Lernvoraussetzungen breiter Schülergruppierungen beim besten Willen nicht hinzubekommen ist, ist es die Pflicht der Lehrerinnen und Lehrer, dies den politisch Verantwortlichen mit aller Deutlichkeit und notfalls auch mit Protestmaßnahmen anzuzeigen – aber möglichst nicht aus einem Gefühl der Ohnmacht, sondern aus professioneller Verantwortung und Stärke.

**M.M.:** Bist du nun für oder gegen Kompetenzorientierung und die Einführung von Bildungsstandards?

**H.M.:** Ich bin nicht pauschal für „Kompetenzorientierung", sondern nur dann, wenn sie in ein Gesamtkonzept der Qualitätssicherung des Unterrichts eingebettet wird. Der Versuch, die Unterrichtsqualität durch die Verabschiedung von Bildungsstandards erhöhen zu wollen, ist sehr überstürzt gestartet worden. Die KMK begründete ihre Entscheidung mit der auf den ersten Blick attraktiven Idee, dass die Freiräume der Schulen bei der Unterrichtsgestaltung wachsen werden:

– Nur das wird „von oben" festgelegt, was am Ende eines Bildungsabschnitts erreicht sein soll. Dem dienen ausformulierte Bildungsstandards, Vergleichsarbeiten, Zentralabitur u. a. m.
– Die Schulen haben dann freie Hand, zu entscheiden, auf welchem Wege sie zu den gewünschten Ergebnissen kommen. Dem dienen hauseigene Curricula und schulinterne Evaluationen.

Fragt sich bloß, ob diese den Schulen neu gewährte Freiheit zu einem Stochern im Nebel oder zu einem halbwegs zielorientierten Vorgehen führen wird. Die Unterrichtsforschung hat zwar in den letzten zehn, fünfzehn Jahren erhebliche Fortschritte gemacht, aber wir sind weit davon entfernt, präzise Wirkungsmechanismen beschreiben zu können. Deshalb ist die Idee, die Unterrichtsqualität durch Bildungsstandards zu sichern, etwas kurzatmig. Das zeigt schon ein Blick auf das Angebots-Nutzungsmodell zur Erklärung des Lernerfolgs von Helmut FEND und Andreas HELMKE (HELMKE 2003, S. 42): Es gibt keine direkte Steuerung der Lernergebnisse durch die Bildungsstandards. Viele Didaktiker und Schulpädagogen, z. B. Hans BRÜGELMANN, sind zu Recht skeptisch. Sie berufen sich auf internationale Erfahrungen, aus denen hervorgeht, dass die strenge Orientierung des Unterrichts an Bildungsstandards zu einer kurzfristigen Verbesserung der Lernleistungen der Schüler führt, dann aber durch Schematisierungen, durch Opportunismen und anderes mehr wieder zu einer Verschlechterung der Ergebnisse führt (BRÜGELMANN 2005, S. 275). Deshalb behaupte ich in einer Flucht nach vorn: Bildungsstandards für sich sind ein stumpfes Instrument zur Qualitätssicherung. Eine integrierte Strategie der Entwicklung von Bildungs- und Unterrichtsstandards macht mehr Sinn!

**M.M.:** Was verstehst du unter Unterrichtsstandards?

**H.M.:** Der Begriff ist, falls ich nichts überlesen haben sollte, bisher in Deutschland nicht gebräuchlich. Ich benutze ihn im Sinne der von der US-Amerikanerin Diane RAVITCH (in: OELKERS 2003, S. 137 ff.) formulierten „Opportunity-to-learn-Standards" (grenze ihn also gegen die Input- und Performance-Standards ab). Unterrichtsstandards beschreiben für mich Qualitätsstufen realen Unterrichts im definierten Qualitätsbereich, die auf der Grundlage (vergleichender) empirischer Forschungen gewonnen und auf der Grundlage einer Unterrichts- oder Bildungstheorie gewichtet worden sind (MEYER/KLAPPER 2006). Sie können Lehrern, Schulleitungen und Inspektoren helfen, die Qualität des Unterrichts verlässlich und nachprüfbar zu bestimmen. Allerdings sind solche Standards in Deutschland nur erst ansatzweise und noch nirgendwo in empirisch abgesicherter Form erarbeitet worden.[1]

Unterrichtsstandards sollten den gleichen drei Ansprüchen genügen wie die Bildungsstandards:

(1) Sie müssen an ein *theoretisches Modell* der Unterrichtsqualität angedockt werden.
(2) Sie sollten *in sich gestuft* dargestellt werden.
(3) Und sie sollten *standardisiert* sein, d.h. in geeichte, regional, national oder international gültige Messskalen übertragen worden sein.

**M.M.:** Du polemisierst gegen die Bildungsstandards und versuchst nun, die Bildungsstandards durch die Einführung von Unterrichtsstandards zu toppen? Das finde ich merkwürdig und riskant.

**H.M.:** Ja, das ist sicherlich riskant. Aber das, was jetzt passiert, ist noch riskanter. Die Lehrerinnen und Lehrer werden in Deutschland gezwungen, kompetenzorientiert zu denken, ohne dass es ein griffiges Konzept kompetenzorientierten Unterrichts gibt, geschweige denn die dafür erforderliche Aus- und Fortbildung. Eine pragmatische „Lösung" dieses Dilemmas kündigt sich in manchen Schulklassen an: Die Lehrer machen „teaching to the test". Wir wissen aber ja aus der didaktischen Theorie, aus der empirischen Unterrichtsforschung im In- und Ausland und aus der Professionalisierungsforschung, dass es keinen Königsweg zur hohen Unterrichtsqualität gibt. Gerade hochqualifizierter Unterricht in *best-practice*-Klassen hat ein je individuelles Profil (vgl. WEINERT/HELMKE 1997, S. 250). Und genau deshalb ist der Lehr-Lernprozess nicht standardisierbar. Standardisierung der Bewertungsmaßstäbe des Unterrichts ist deshalb etwas völlig anderes als die Standardisierung des Unterrichts selbst. Ich behaupte: Standardisierung des Unterrichts ist schädlich. Sie behindert die Herausbildung eines hohen Niveaus. Standardisierung der *Maßstäbe* für Unterrichtsqualität macht Sinn. Sie erleichtert den Vergleich und die Ursachenforschung.

**M.M.:** Du plädierst für die Standardisierung der Maßstäbe guten Unterrichts – und polemisierst sofort wieder gegen die Standardisierung des Unterrichts selbst!

**H.M.:** Ja – anders geht es nicht, und zwar deshalb, weil die im Unterricht zu lösenden Aufgaben nicht nur marginal, sondern in zentralen Punkten in sich widersprüchlich sind. Das ist doch auch das Fazit der Professionalisierungsforschung. Elmar TENORTH hat jüngst spöttisch angemerkt, sie habe sich beim Ausmalen dieser Antagonismen derart verstiegen, dass sie nur noch „Letaltheorien" produziere und nicht mehr erklären könne, warum der alltägliche Unterricht überhaupt noch zustande kommt. Richtig! Aber was folgt daraus? Wir müssen die Gestaltungsaufgaben von Schule stärker in den Blick nehmen und auch theoretisieren – so, wie dies Helmut FEND in seinem jüngsten Buch (FEND 2008) vorgeschlagen hat. Meine These: Gerade weil das Unterrichtsgeschäft so komplex ist, brauchen wir Standardsetzungen für die Maßstäbe und viele Spielräume für die Umsetzung zugleich. Deshalb ist es sehr wichtig, die Rahmenbedingungen für die Ausformulierung von Unterrichtsstandards festzulegen, damit klar ist, wer wann was mit den durch Unterrichtsstandards mess- und vergleichbar gemachten Daten anfangen darf.

**M.M.:** Was sollen die Unterrichtsstandards im Schulalltag bewirken?

**H.M.:** Ausformulierte Unterrichtsstandards können Lehrern, Schülern, Eltern, Schulleitungen und Inspektoren helfen, die Qualität des Unterrichts verlässlich und nachprüfbar zu bestimmen.

Diese Qualitätsbestimmung kann dazu genutzt werden,
– die Kommunikation über Unterricht zu versachlichen,
– Schüler-Feedback zur Unterrichtsqualität zu organisieren,
– die Beurteilungsgrundlage für Hospitationsringe zu liefern,
– als Grundlage für Schulprogramme und Zielvereinbarungen zu dienen,
aber auch:
– die Lehrer und Schüler zu kontrollieren,
– Mitarbeitergespräche der Schulleitung zu strukturieren,
– usw.

Ich denke, dass die zur Zeit noch von sehr großen Fraktionen der Lehrerschaft emotional abgelehnten nationalen *Bildungs*standards eher akzeptiert werden, wenn die in vielen Fachkonferenzen und Fortbildungsinitiativen seit langem, aber zumeist unter anderem Namen ablaufende Arbeit an lokalen Unterrichtsstandards hinzutritt. So werden die Betroffenen zu Beteiligten gemacht. Und die Unterrichtsforscher könnten, wenn sie im Schulalltag auftauchen und Lehrer beim Ausformulieren ihrer lokalen Standards beobachten, vermutlich eine ganze Menge davon lernen.

**M.M.:** Wie stellst du dir die Entwicklung der Unterrichtsstandards vor?

**H.M.:** Die immer riskant bleibende Einführung von Unterrichtsstandards macht nur dann Sinn, wenn letztere nicht wieder von oben dekretiert werden, sondern in einer breiten Bottom-up-Bewegung von den Lehrern und Lehrerverbänden erarbeitet werden. Das ist schwierig, aber nicht unmöglich. Der Schweizer Lehrerverband hat mit seinem LCH-Leitbild „Lehrerin/Lehrer-Sein" (1993) vorgeführt, wie man so etwas machen kann.

Überall werden im Schulalltag ja schon auf der Grundlage persönlicher Theorien der Lehrerinnen und Lehrer solche pragmatischen Standardisierungen vorgenommen, um die Unterrichtsqualität zu sichern, um den Schülern und Eltern die Noten zu „verklickern" usw. Sie sind also erfahrungsbasiert. Ihnen fehlt jedoch eine empirische Absicherung und eine theoretische Fundierung. Deshalb habe ich versucht, in dem Buch „Was ist guter Unterricht" (2004) einen didaktischen Orientierungsrahmen in pragmatischer Absicht zu formulieren. Ich will Lehrerinnen und Lehrern helfen, ihre immer schon vorhandenen persönlichen Theorien guten Unterrichts im Lichte theoretischer Befunde weiterzuentwickeln. Um guten Unterricht wissenschaftlich seriös in zehn, zwölf oder von mir aus auch zwanzig Unterrichtsstandards aufzulösen, ist aber noch erhebliche Forschungsarbeit nötig.

**M.M.:** Wie soll eine an Unterrichtsstandards orientierte Unterrichtsentwicklung gestaltet werden?

**H.M.:** Es gibt im deutschsprachigen Raum einen überraschend klaren Konsens der empirisch orientierten Unterrichtsforscher darüber, was unter „gutem Unterricht" zu verstehen ist. Es gibt aber so gut wie keine Einigkeit in der Frage, was „erfolgreiche Unterrichtsentwicklung" sei. Guter Unterricht kann deshalb nur in einem kräftezehrenden, aber vielleicht auch befriedigenden Prozess der gemeinsamen Arbeit von Schülern, Eltern und Kolleginnen und Kollegen immer wieder neu erarbeitet werden. Der kanadische Schulentwicklungsforscher Michael FULLAN (1999, S. 44) hat einmal geschrieben: „Schulentwicklung ist ein chaotisches System" – und er hat dies nicht als Polemik, sondern als analytische Feststellung gemeint. Die Tatsache, dass wir so wenig über erfolgreiche Unterrichtsentwicklung wissen, ist also eine Folge der hohen Komplexität der Prozesse, ihrer Zielstellungen und Gelingensbedingungen (MEYER/FEINDT/FICHTEN 2007a). Das ist kein Schaden, weil eine strenge Reglementierung vermutlich kontraproduktiv wäre.

**M.M.:** Du bist mit deinem Buch „Was ist guter Unterricht?" (2004) sehr breit rezipiert worden. Offensichtlich orientieren viele Praktiker ihre Bemühungen um Unterrichtsqualität an solchen Katalogen. Wie bringst du es eigentlich zusammen, dass du vor dreißig Jahren vehement die „Handlungsorientierung des Unterrichts" gefordert hast, nun aber dieses Kennzeichen guten Unterrichts nicht einmal mehr erwähnst?

**H.M.:** Die im genannten Buch entwickelten zehn Merkmale guten Unterrichts sind ganz bewusst so formuliert worden, dass damit sowohl ein eher herkömmlicher, stark lehrerzentrierter Unterricht analysiert und kritisiert werden kann als auch ein offener, die Selbstregulation der Schüler fördernder Unterricht. Die Über- oder Unterlegenheit bestimmter Unterrichtskonzepte lässt sich zur Zeit ja empirisch nicht nachweisen. Deshalb halte ich es für sinnvoller, den Streit um das „richtige Konzept" ein Stück weit zurücktreten zu lassen und stattdessen zu fragen, wie beide Ansätze verbessert werden können. Mein Katalog folgt da der gleichen Maxime, die auch Andreas HELMKE in seinem Zehnerkatalog beherzigt hat (HELMKE 2006; vgl. GRUEHN 2000, S. 58): *Mischwald ist besser als Monokultur!* Diese Feststellung bedeutet nicht, dass ich den Idealen eines schüler- und handlungsorientierten Unterrichts abgeschworen hätte. Im Gegenteil. Wir wissen ja aus vielen Einzelstudien, zu welch großartigen Lernergebnissen ein solcher Unterricht führen kann. Die Feststellung besagt nur, dass im Blick auf die statistisch ermittelten Durchschnittserfolge schulischen Lernens in Deutschland zur Zeit keine klare Überlegenheit des von mir vertretenen Konzepts des Handlungsorientierten Unterrichts nachzuweisen ist. So wie der Frontalunterricht nicht von Natur aus schlecht und der Gruppenunterricht nicht von Natur aus gut ist, führt auch ein eher konservativer lehrerzentrierter Unterricht nicht automatisch zu schlechteren und ein geöffneter Unterricht nicht automatisch zu besseren Ergebnissen. Es kommt immer darauf an, was man in der Praxis daraus macht.

**M.M.:** Ich hake trotzdem noch einmal nach: Du zitierst in deinem Buch zum guten Unterricht Arbeiten, die darlegen, dass die Direkte Instruktion offensichtlich in vielen Bereichen und für viele Zielsetzungen eine sehr wirksame Unterrichtsform darstellt. Dies bedeutet für mich, dass du damals mit deiner Handlungsorientierung zwar eine breite Resonanz gefunden hast, dass das aber mehr ein reformpädagogisches Programm als eine wissenschaftlich abgestützte Fundierung gewesen ist, sozusagen Wunschdenken, das die Bedürfnisse von Lehrern und vielleicht auch von Schülern befriedigt hat, ohne den Lernerfolg zu steigern. Deshalb noch einmal meine Frage: Wie passen dein „Leitfaden zur Unterrichtsvorbereitung" von 1980 und dein neues Buch „Was ist guter Unterricht?" (2004) zusammen?

**H.M.:** Ich widerspreche der Aussage, die Direkte Instruktion sei „in vielen Bereichen" offenen Lehr-Lernformen überlegen. Sie ist es nur im Blick auf eher schlichte kognitive Lernziele. Deshalb bleibe ich bei meiner bildungstheoretisch zwingenden und auch empirisch gut belegten These: Mischwald ist besser als Monokultur.

**M.M.:** Ich habe gerade mit Dietlinde Hedwig HECKT an einem Artikel zum individuellen Lernen und kooperativen Arbeiten gesessen. Dietlinde HECKT sagt, ich verkürze jetzt, dass die Belege für den Erfolg des kooperativen Lernens fehlen und dass dies einerseits am Forschungsstand liege, andererseits aber daran, dass die Methoden des kooperativen Lernens noch nicht gut genug im Unterrichtsalltag realisiert werden.

**H.M.:** Frau HECKT hat Recht. Und deshalb plädiere ich, solange wir keine genaueren Befunde haben, dafür, einen Drittelmix zwischen der Direkten Instruktion, dem Kooperativen Lernen und der stark individualisierenden Freiarbeit herzustellen. Ich nenne das auch das Drei-Säulen-Modell und fordere Schulen auf, in einem sicherlich mehr als zehn Jahre dauernden komplexen Unterrichtsentwicklungsprozess Drittelparität zwischen den drei Säulen anzustreben. Das ist spekulativ, aber nicht unbegründet. Wir haben noch nie einen flächendeckenden Versuch gemacht, was langfristig effektiver ist: die Direkte Instruktion oder der Offene Unterricht. Nach Hans BRÜGELMANN (2000) machen ja nur 7% oder 8% der Grundschullehrer durchgängig Offenen Unterricht. Das kann man in die Sekundarstufe I hochrechnen, da werden es vielleicht noch 3% oder 4% sein. Also wird man in Deutschland – abgesehen von wenigen Reformschulen – eigentlich nirgendwo Schüler finden, die in ihrer Schulzeit über einen längeren Zeitraum Offenen Unterricht erlebt haben.

**M.M.:** Lass uns zum Problem der Kompetenzorientierung zurückkehren. Was verstehst du überhaupt darunter?

**H.M.:** „Kompetenzorientierung des Unterrichts" ist ein lange noch nicht fertiges Konzept mit unscharfen Konturen. Ich kann Direkte Instruktion kompetenzorientiert anlegen, ich kann Offenen Unterricht kompetenzorientiert gestalten. Für mich war es sehr erhellend, als ich kürzlich den Stundenentwurf einer Referendarin in die Hand bekam, der jetzt auch in meinem überarbeiteten Leitfaden zur Unterrichtsvorbereitung abgedruckt ist (MEYER, H. 2007, S. 110-123). Sie hatte in einer zweiten Klasse im Mathematikunterricht mit einem selbst entwickelten Kompetenzstufenmodell für Stochastik gearbeitet. Bei der Durchführung der Stunde musste sie auf halber Strecke eine deutliche Planungskorrektur vornehmen. Sie hatte erkannt, dass sie das Tempo, mit dem die Schüler auf die nächste Kompetenzstufe steigen können, überschätzt hatte. Weil sie ihr Kompetenzstufenmodell im Hinterkopf hatte, konnte sie das entstandene Problem schnell und sicher diagnostizieren und so eine hohe Flexibilität entwickeln.

**M.M.:** Vermutlich sehe ich das genau so. Für Praktiker ist es selbstverständlich, dass sie in Kompetenzstufen denken. Für Theoretiker wird es aber, je ferner die Schule für sie ist, umso problematischer, wobei hinter dieser Problematik ein gewichtiges theoretisches und zugleich auch praktisches Problem steckt. Kompetenzstufenmodelle sind keine Abbildung der Wirklichkeit, sondern normative Strukturierungen. Man benötigt deshalb für den Entwurf eines solchen Modells eine bildungstheoretische Idee für die Abfolge dieser Stufen, z. B. den Grundsatz wachsender Selbstregulation des Lernens. Diese Normativität der Kompetenzstufung muss allen Beteiligten bewusst sein – sonst gibt es den schon von Wilhelm DILTHEY glossierten „naturalistischen Fehlschluss".

Es gibt ein zweites, von Praktikern oft übersehenes Problem: Die Analyse des gestuften Aufbaus einer Kompetenz und die didaktisch phantasievolle Planung und Gestaltung kompetenzorientierter Lehr-Lernprozesse sind zwei analytisch zu trennende, dann aber bei der Planung und Durchführung des Unterrichts unterrichtspraktisch wieder zusammenzubringende Leistungen. Der Prozess des Kompetenzerwerbs ist in der Regel vielfältig und bunt, er ist durch Krisen, Stagnation, aber auch durch Aufbrüche und Entwicklungsschübe bestimmt.[2] Er muss mit reflexiver Distanz begleitet und dennoch klar strukturiert werden.

Ein weiteres Problem ist darin zu sehen, dass ein Schüler nicht ständig die höchste von ihm erreichbare Kompetenzstufe in seinen Aufgabenlösungen realisieren kann und muss. Oft ist die Aufgabe gar nicht so gestaltet, dass sie dieses höchste Niveau zu erreichen erlaubt. Damit ergibt sich aber für die Kompetenzdiagnose das Erfordernis einer evaluativen Balance zwischen Performanz und tatsächlich verfügbarer Kompetenzstufe.

Zum Vierten muss die Spezifik der verschiedenen Fächer und Domänen berücksichtigt werden, etwa in der unterschiedlichen Bewertung von literarischer Rezeption oder eigener literarischer Produktion. Es kann einen Riesenkuddelmuddel geben, wenn man hypostasiert, dass die Schüler Schritt für Schritt von der einen zur nächsten Kompetenzstufe geführt werden oder von sich aus so voranschreiten.[3]

In unserer DFG-Studie über Schülerpartizipation im Englischunterricht, in Geschichte und in Physik/Chemie haben wir lange darüber diskutiert, wie man die Schülerpartizipation nach Niveaustufen bestimmen kann und haben uns – von einem Nullniveau abgesehen – auf ein *erstes Niveau* als das der Anpassung verständigt, Anpassung der Schüler an das, was die Lehrer wollen.[4] Die Lehrer führen dann die Klasse und die Schüler folgen ihnen. Das *zweite Niveau* ist das der Kooperation. Die Lehrer und die Schüler verständigen sich über die gemeinsame Gestaltung des Unterrichtsprozesses. Und das *dritte Niveau*, das eigentlich erstrebenswerte, das wir aber empirisch überhaupt nicht gefunden haben, war das Niveau, auf dem die Schülerinnen und Schüler die Chance erhalten, ihr eigenes Welt- und Selbstbild im Lehr-Lernprozess zu entwickeln und sich so tatsächlich zu bilden. Überraschend für uns war nun, dass die Schüler das erste Niveau, auf dem es um die Anpassung an die Erwartungen der Lehrer ankommt, als das angemessene betrachteten, während sie das zweite Niveau, in dem sie selbst aktiv werden mussten, kritisierten.

**H.M.:** Eure Studien über Niveaustufen der Partizipation decken sich mit dem, was ich gemeinsam mit Lehrerinnen und Lehrern als „pragmatische Strategie der Kompetenzstufung" entwickelt habe. Wir haben versucht, die in den Alltagserfahrungen der Praktiker schon immer vorhandenen Stufenmodelle explizit zu machen (MEYER, H. 2004, S. 168-172), und sind überraschend häufig zu vier oder fünf ganz ähnlich modellierten Stufen gekommen, die nach dem übergeordneten Kriterium der Selbstregulation geschichtet sind:

– Stufe 1 bezeichnen wir als naiv-ganzheitliches *Nachvollziehen*,
– Stufe 2 als *Handeln nach Vorschrift*,
– Stufe 3 als *Handeln nach Einsicht*,
– Stufe 4 ist die *selbstständige Moderation*,
– Stufe 5 die *didaktische Reflexion* des gemeinsamen Lehr-Lernprozesses.

Die Kernidee der Kompetenzorientierung ist nicht neu und auch nicht sonderlich originell. Sie besagt doch nur, dass die Schülerinnen und Schüler dort abgeholt werden sollen, wo sie stehen. Neu hinzu kommt aber die Idee, den Lernstand der Schüler in empirisch abgesicherten Kompetenzstufen zu erfassen. Und völlig neu ist die Ankündigung einer flächendeckenden, alle 16 Bundesländer einschließenden kompetenzorientierten Leistungsüberprüfung mit Hilfe von regelmäßig in verschiedenen Altersstufen durchgeführten Vergleichsarbeiten.

„Kompetenzorientierung" allein reicht aber nicht aus, um „guten Unterricht" zu modellieren. Das sieht man dort, wo „best practice" kompetenzorientiert beschrieben wird. Es fließen fast immer reformpädagogisch inspirierte, oft fälschlich als konstruktivistische Neuerfindungen etikettierte Ideen der Erfahrungsbasierung des Lernens, der Inneren Differenzierung, der Handlungsorientierung, der Selbstreflexion der Lernprozesse usw. ein. Das ist z. B. an dem schönen Buch „Bildungsstandards Mathematik: konkret" von Werner BLUM u. a. (2006) zu studieren.

Durch Kompetenzorientierung kann – wenn's gut geht – der Unterricht schülerorientierter gestaltet werden, weil die Lehrerin sicherer im Diagnostizieren und flexibler in der Prozesssteuerung wird. Dilettantisch oder ängstlich angewandt kann Kompetenzorientierung aber auch dazu beitragen, dass die noch vorhandenen, für professionelle Arbeit unverzichtbaren Freiräume zur Gestaltung eines phantasievollen Unterrichts weiter aufgezehrt werden.

Mein Fazit: Kompetenzorientierung an sich ist weder gut noch schlecht. Es kommt immer darauf an, was man daraus beim Unterrichten macht. Lothar KLINGBERG (1989) hat das mit seiner Dialektik von Führung und Selbsttätigkeit im Unterrichtsprozess präzise formuliert. Es geht immer um das dialektische Verhältnis der Führung der Klasse durch den Lehrer und der Selbsttätigkeit der lernenden Schüler.

**M.M.:** Lothar KLINGBERG spielt aber in der aktuellen Didaktikdiskussion so gut wie keine Rolle mehr. Das mag man bedauern, aber das ist so. Auf dem Vormarsch sind die psychologisch orientierten empirischen Unterrichtsforscher, die um die Dialektische Didaktik einen weiten Bogen machen.

**H.M.:** Ja. Es gibt eine über weite Strecken unproduktive Konkurrenz zwischen der Didaktik und der pädagogischen Psychologie. Sie sind, wie Ewald TERHART formuliert hat, „fremde Schwestern"; und die traditionelle Didaktik, die sich mit einer didaktisch gerahmten empirischen Unterrichtsforschung schwer tut, droht ins Hintertreffen zu geraten.

**M.M.:** Du hast offensichtlich keine Angst, auch dort, wo seriöse empirische Befunde fehlen, beherzte Ratschläge zu geben. Ist das noch Wissenschaft? Meinst du das, wenn du jetzt von „traditioneller Didaktik" sprichst?

**H.M.:** Wenn man bei der Bearbeitung normativer Fragen nur in den zwei Kategorien „wissenschaftlicher Text – unwissenschaftlicher Text" denkt, ist man schnell mit seinem Latein am Ende. Ich folge der traditionellen Dreiteilung der wissenschaftlichen Didaktik in die didaktische Theorie, die didaktische Empirie und die didaktische Praxeologie. Alle drei Teildisziplinen sind darauf angewiesen, normative Vorentscheidungen zu treffen. Das haben wir ja gerade am Thema „Konstruktion von Kompetenzstufenmodellen" diskutiert. Der Schwerpunkt meiner Veröffentlichungen liegt in der Praxeologie, aber ich beziehe mich dabei fortwährend auf die anderen Teildisziplinen. Anders formuliert: Es gibt *Gestaltungsaufgaben* für die Didaktik und auch diese Gestaltungsaufgaben sind theoriefähig, aber nicht in der Weise, dass ich sie in dem oben schon benannten naturalistischen Fehlschluss aus empirischen Studien ableite, sondern indem ich aus der Tradition der Pädagogik heraus darstelle, wie sie gelöst und begründet werden können.

**M.M.:** Heißt dies, dass du dich dazu bekennst, weiterhin ein Vertreter der geisteswissenschaftlichen Pädagogik zu sein?

**H.M.:** Ja.

**M.M.:** Wissen wir jetzt, wie du das Theorie-Praxis-Verhältnis definierst? Ich beharre auf dieser Frage, weil ich vermute, dass dann, wenn die psychologische Lehr-Lernforschung die Allgemeine Didaktik verdrängen sollte, auf die Lehr-Lernforschung, ebenso auf die Motivationsforschung, die Interessenforschung, die Entwicklungspsychologie etc. all jene Normativitätsprobleme zukämen, die jetzt die Allgemeine Didaktik hat – zusammen mit den Fachdidaktiken. Mich interessiert deshalb zugleich, wie du den Zusammenschluss mit den Fachdidaktiken, der offensichtlich von einigen psychologischen Lehr-Lern-Forschern angestrebt wird, bewertest.

**H.M.:** Das sind zwei Fragen auf einmal. Das erziehungswissenschaftliche Theorie-Praxis-Problem hat eine jahrhundertealte Theoriegeschichte, die hier nicht wiederholt werden sollte. Das Verhältnis der Fachdidaktiken zu den einzelnen allgemeindidaktischen Modellen ebenfalls. Ich folge dabei dem Kernsatz aus Herwig BLANKERTZ' „Theorien und Modelle der Didaktik" von 1969: Erst der Aspektzusammenhang der verschiedenen Modelle definiert, was heute unter Didaktik zu verstehen ist. Spannender ist aber m.E. die Frage, wie stark die Pädagogische Psychologie geworden ist und ob es ihr gelingen wird, die Allgemeine Didaktik in den Theoriediskursen und in der Lehrerausbildung zu verdrängen. Man kann zumindest feststellen, dass die Allgemeine Didaktik an den Universitäten in den letzten zwei Jahrzehnten an Bedeutung verloren hat und eher zu einer Anfängerdidaktik geworden ist. Ob diese Tendenz durch die Umstellung auf das BA/MA-System verstärkt oder abgeschwächt wird, ist unklar. An der These, dass die Fachdidaktiken die Allgemeine Didaktik nicht mehr benötigen, ist also etwas dran.

**M.M.:** Kontra! Ich könnte nicht damit leben, dass die Allgemeine Didaktik abgeschafft oder auf das Grundstudium reduziert wird. Und dies hat wesentlich mit der von mir vertretenen Bildungsgangforschung zu tun. Meine These lautet, dass die Fachdidaktiken aus eigener Kraft heraus noch nicht den ganzen Bildungsgang der Schülerinnen und Schüler in den Blick bekommen können und deshalb der Ergänzung durch die Allgemeine Didaktik bedürfen. Ich argumentiere also in dieser Hinsicht so wie Wolfgang KLAFKI:

–  Im historischen Rückblick wird deutlich, dass sich Unterrichtsfächer immer wieder neu entwickelt haben, dass Fächer abgestorben sind, dass Fächer zusammengefasst oder ausdifferenziert worden sind. Wenn man die Fachdidaktiken sich selbst überlässt, müsste es zwangsläufig zu einer Petrifizierung kommen, die die einzelnen Unterrichtsfächer einer gegebenen historischen Situation festschreibt.

– Wenn man sich überlegt, dass Schüler, die das Curriculum der Schulen durchlaufen, bis zum Abitur hin einen Prozess der zunehmenden Spezialisierung durchlaufen, dann wird klar, dass die einzelnen Fachdidaktiken diese Spezialisierung, die jeweils zu Lasten bestimmter Unterrichtsfächer erfolgt, nicht von sich aus gestalten können.

– Erforderlich ist eine fächerübergreifende Idee des individuellen Lernens und kooperativen Arbeitens, die wir als „Bildungsgangdidaktik" seit einigen Jahren zu entwickeln versuchen. Diese die unterschiedlichen Fachansprüche integrierende und auf das lernende Subjekt bezogene Idee kann nur aus der Allgemeinen Didaktik bzw. aus der Bildungstheorie kommen.

**H.M.:** Einverstanden. Deine Argumentation für die Allgemeine Didaktik ist einleuchtend. Aber ob die von dir definierten Aufgaben von der Allgemeinen Didaktik oder von der Pädagogischen Psychologie oder einem Disziplinen-Verbund bearbeitet werden, ist für mich sekundär. Schau dir doch die Motivationstheorie von DECI und RYAN an! Das ist nichts anderes als eine empirisch gewendete Bildungstheorie.


## Anmerkungen

1 Interessante, leider noch nicht durch Effektivitätsstudien legitimierte Kataloge mit Performance-Standards haben der Grundschulverband (2003) und das Bündnis reformpädagogisch engagierter Schulen (2005) vorgelegt.
2 Vgl. Mathias TRAUTMANN, Hrsg. (2005): Entwicklungsaufgaben im Bildungsgang; Barbara SCHENK, Hrsg. (2006): Bausteine einer Bildungsgangtheorie.
3 Vgl. den Beitrag von Kaspar SPINNER in diesem Band.
4 Vgl. MEYER/KUNZE/TRAUTMANN 2007 und Meinert MEYER in diesem Band.
5 Vgl. Bettina HANNOVER und Edith BRAUN in diesem Band.


## Literatur:

BLANKERTZ, H. (1969): Theorien und Modelle der Didaktik. – München.
BLUM, W./DRÜKE-NOE, C./HARTUNG, R./KÖLLER, O. (Hrsg.) (2006): Bildungsstandards Mathematik: konkret. Sekundarstufe I. – Berlin.
BRÜGELMANN, H. (2000): Wie verbreitet ist offener Unterricht? In: JAUMANN-GRAUMANN, O./KÖHNLEIN, W. (Hrsg.): Lehrerprofessionalität – Lehrerprofessionalisierung. Jahrbuch Grundschulforschung – Bd. 3. – Bad Heilbrunn, S. 133-143.
BRÜGELMANN, H. (2005): Schule verstehen und gestalten. – Lengwil/CH.
BÜNDNIS REFORMPÄDAGOGISCH ORIENTIERTER SCHULEN, Hrsg. (Annemarie von der GROEBEN u.a.) (2003): Standards reformorientierter Schulen.
FEND, H. (2008): Schule gestalten. Systemsteuerung, Schulentwicklung und Unterrichtsqualität – Wiesbaden.
FULLAN, M. (1999): Die Schule als lernendes Unternehmen. – Stuttgart.
GRUNDSCHULVERBAND (2003): Bildungsansprüche von Grundschulkindern – Standards zeitgemäßer Grundschularbeit. In: Grundschulverband aktuell, H. 81, Januar 2003, S. 1-24.
HEINRICH, M./MEYER, H. (2007): Direkte Instruktion oder Offener Unterricht? Überlegungen zu einem integrativen Konzept anstatt unproduktiver Polarisierungen. In: HEINRICH, M./PREXL-KRAUSZ, U. (Hrsg.): Eigene Lernwege – Quo vadis? Eine Spurensuche nach „neuen Lernformen" in Schulpraxis und LehrerInnenbildung. – Wien, S. 13-34.
HELMKE, A. (2003). Unterrichtsqualität – erfassen, bewerten, verbessern. – Seelze.

HELMKE, A. (2006): Was wissen wir über guten Unterricht? In: Pädagogik, H. 2, S. 42-45.

KLINGBERG, L. (1989): Einführung in die Allgemeine Didaktik. – 7. bearbeit. Aufl. – Berlin.

LCH (1993): Berufsleitbild „Lehrer/Lehrerin sein", Hrsg. vom Schweizerischen Lehrerverband – Sursee/ Schweiz.

MEYER, H. (2004): Was ist guter Unterricht? – Berlin.

MEYER, H. (2007): Leitfaden Unterrichtsvorbereitung. – Überarb. Neuauflage – Berlin.

MEYER, H./FEINDT, A./FICHTEN, W. (2007a): Skizze einer Theorie der Unterrichtsentwicklung. In: BECKER, G. u.a. (Hrsg.): Guter Unterricht. Friedrich-Jahresheft XXV. – Seelze, S. 111-115.

MEYER, H./FEINDT, A./FICHTEN, W. (2007b): Was wissen wir über erfolgreiche Unterrichtsentwicklung? In: BECKER, G. u.a. (Hrsg.): Guter Unterricht. Friedrich-Jahresheft XXV. – Seelze, S. 66-70.

MEYER, H./KLAPPER, A. (2006): Unterrichtsstandards für kompetenzorientiertes Lernen und Lehren. In: HINZ, R./SCHUMACHER, B. (Hrsg.): Auf den Anfang kommt es an: Kompetenzen entwickeln – Kompetenzen stärken. – Wiesbaden, S. 89-108.

MEYER, M. A.,/KUNZE, I./TRAUTMANN, M. (2007): Schülerpartizipation im Englischunterricht. Eine empirische Untersuchung zur gymnasialen Oberstufe. – Opladen.

OELKERS, J. (2003): Wie man Schule entwickelt. – Weinheim.

WEINERT, F. E./HELMKE, A. (Hrsg.) (1997): Entwicklung im Grundschulalter. – Weinheim.

*Anschriften der Verfasser:*

Prof. Dr. Hilbert Meyer, Carl-von-Ossietzky-Universität Oldenburg, Schulpädagogik mit den Schwerpunkten Allgemeine Didaktik, Unterrichtsmethodik und Schulentwicklung. Ammerländer Heerstraße, E-Mail: hilbert.meyer@uni-oldenburg.de; Prof. Dr. Meinert A. Meyer, pensionierter Professor für Schulpädagogik mit dem Schwerpunkt Allgemeine Didaktik an der Fakultät für Erziehungswissenschaft, Psychologie und Bewegungswissenschaft der Universität Hamburg. Von-Melle-Park 8, 20146 Hamburg, E-Mail: meyer.meinert@erzwiss.uni-hamburg.de

Karl-Heinz Arnold, Hildesheim, und Barbara Koch-Priewe, Dortmund

# Allgemein und fachlich bildender Unterricht: Die integrative Perspektive der kritisch-konstruktiven Didaktik

**Zusammenfassung:**

Das im deutschsprachigen Bereich vermutlich erfolgreichste Modell zur Vorbereitung von Unterricht ist die 1958 von Wolfgang KLAFKI publizierte „Didaktische Analyse" und deren Weiterentwicklung zum „Perspektivenschema der Unterrichtsplanung". Die weite Verbreitung dieses Modells vor allem in der zweiten Phase der Lehrerbildung ist insofern erstaunlich, als dessen Basis eine anspruchsvolle bildungstheoretische Konzeption ist, die keinesfalls zur schematischen Rezeptur für die Unterrichtsvorbereitung taugt. Das von Wolfgang KLAFKI entwickelte, gesellschaftswissenschaftlich begründete Konzept der Allgemeinbildung und die damit verknüpfte Ausarbeitung einer kritisch-konstruktiven Didaktik ist in besonderer Weise geeignet, die erzieherischen und die fachlich qualifizierenden Aufgaben von Unterricht zu integrieren und mit pädagogischer Handlungsfähigkeit in einem gesellschaftskritischen Verständnis von Schule zu verbinden. Zugleich können die unterrichtsmethodischen Konzepte der Lehr-Lernforschung in die Begrifflichkeiten der kritisch-konstruktiven Didaktik übersetzt bzw. integriert werden.

*Schlüsselwörter:* Didaktik, Allgemeinbildung, Unterrichtsplanung

**Summary:**

The "didactic analysis" and the "perspective scheme of lesson planning" as its revised version, both authored by Wolfgang KLAFKI, is considered to be the most successful model of preparing lessons in the German speaking – and some Northern European – countries. The model has received broadest attention and use especially in the "second", post-university phase of teacher education in Germany. This is surprising because "didactic analysis" is founded in the theoretically demanding background of the human science theory of education and does not at all serve as a simple tool for everyday lesson preparation. Yet the concept of general education ("Bildung") spelled out in the theoretical work of KLAFKI and in his conceptualisation of "Critical-constructive Didactics" provides for a fruitful integration of both general education and subject matter teaching which are bound to teacher autonomy in a school system seen from the standpoint of a critical theory of society. Although developed without any reference to the "Bildung-centered Didactic" the empirical research on teaching and learning strategies can be translated and integrated into the language of Critical-constructive Didactics.

*Keywords:* didactics, general education, lesson planning

## 1 Allgemeinbildung und Erziehung als übergreifende Ziele von Unterricht

Die gesellschaftliche Funktion von Schule kennzeichnet Helmut FEND (1981) im Sinne der strukturfunktionalistischen Soziologie mit drei Begriffen: (1) Qualifikation, (2) Selektion bzw. Allokation und (3) Integration. In seiner überarbeiteten Theorie der Schule verwendet er die Bezeichnungen „Sozialisation" und „Politische Bildung" bzw. „Schaffung politischer Identifikationen" und „Resubjektivierung von Kultur" (FEND 2006). In Deutschland wird dieser gesellschaftliche Auftrag von Schule in den Präambeln und ersten Kapiteln der Schulgesetze der Länder sehr deutlich auch als Zielvorgabe für den Unterricht formuliert. Die als bildungspolitische Steuerungsinstrumente genutzten Lehrpläne und sogenannten Bildungsstandards enthalten durchweg Formulierungen, die über die fachspezifischen Vorgaben hinausgehen und auf allgemeinbildende bzw. erzieherische Aufgaben verweisen. Welche wissenschaftliche Disziplin kann für das notwendige Begründen dieser normativen Setzungen und für Ausgestaltung dieser Vorgaben im unterrichtlichen Handeln sowie in der Gestaltung von Schule Zuständigkeit beanspruchen?

Sicherlich sind es nicht die Fachdidaktiken. Einen beträchtlichen Beitrag leisten die Fachdidaktiken, wenn grundlegende Konzepte fachbezogener Bildung ausformuliert werden (z. B. mathematische Grundbildung, scientific literacy). Gleichwohl ist der Gegenstandsbereich der Fachdidaktiken notwendig partikular und obendrein an die kritische, weil historisch entstandene und international nur mit Einschränkungen ähnliche Schulfächergliederung gebunden (vgl. HERICKS/ KUNZE 2004, S. 739). In Deutschland, einem der wenigen Länder, in denen sowohl die Fachdidaktiken als auch die Allgemeine Didaktik als eigenständige wissenschaftliche Disziplinen bestehen, ist vor eineinhalb Jahrzehnten eine interessante Diskussion über deren Zusammenhang geführt worden (vgl. KECK/KÖHNLEIN/SANDFUCHS 1990; MEYER, M./PLÖGER 1994), die einer Aktualisierung bedarf (vgl. KAISER/KOCH-PRIEWE/STÜBIG 2007, S. 20).

Bislang ist die Frage wenig erforscht, ob die unterrichtsbezogene Theoriebildung und die wissenschaftlich begründbare Unterrichtspraxis in Ländern wie z.B. Frankreich bestimmte Defizite aufweisen, weil dort keine Allgemeine Didaktik, sondern „lediglich" die „didactiques disciplinaires" (vgl. REUTER 2007; CAILLOT 2007) verfügbar sind. In der anglo-amerikanischen Tradition fehlen sogar beide Konzepte, so dass insbesondere von Stefan HOPMANN und Kurt RIQUARTS (vgl. WESTBURY/HOPMANN/RIQUARTS 2000) ein aussichtsreicher, wenngleich nicht nachhaltiger Versuch unternommen wurde, die „German Tradition" der Allgemeinen Didaktik in diesem Sprach- und Wissenschaftsraum bekannt zu machen. Aus US-amerikanischer Sicht wird jedenfalls, wenn die „German Tradition" zur Kenntnis genommen wird, wozu nur wenige Publikationen Gelegenheit bieten (vgl. OSER/BAERSWYL 2001), auch mit großer Anerkennung für das reflektive Potenzial dieser bildungstheoretischen und gesellschaftskritischen Theoriebildung geschaut (vgl. den Beitrag von Dennis SHIRLEY in diesem Band). Besondere Beachtung verdient in diesem Zusammenhang, dass es – auch aufgrund der Initiative und der Kooperationen von Meinert MEYER – auf europäischer Ebene gelungen ist, ein „Network Didactics – Learning and Teaching" im Rahmen der European Educational Research Association (EERA) zu installieren. Eine entsprechende Special Interest Group (SIG) auf der Ebene der European Association for Research on Learning and Instruction (EARLI) besteht nicht; selbst die Fachdidaktiken finden im Rahmen dieser internationalen Vereinigung von Lehr-Lernforschern keine konzeptuelle Präsenz.

Die Allgemeine Didaktik als „Theorie des Unterrichts und der unterrichtlichen Prozesse" (vgl. KLAFKI 1974/1989, S. 117ff; KRON 2000, S. 39ff) beansprucht in den bildungstheoretischen Ausformungen, die Fragen der Begründung von Bildungsabsichten, die Auswahl von Bildungsinhalten und die Zuordnung von Lehr- und Lernmethoden sowie Medien ebenso zu behandeln wie Fragen der Erziehung zu Wertorientierungen, moralischem Urteilsvermögen sowie zur Entwicklung sozialer Fähigkeiten. Die Leistung von Wolfgang KLAFKI, dem wohl namhaftesten Vertreter der Allgemeinen Didaktik, besteht darin, die bildungstheoretische Argumentation der Didaktik in zwei entscheidende Richtungen erweitert zu haben. Zum einen wird die von Erich WENIGER ausformulierte, dominante Bindung an Lehrplanfragen in eine gesellschaftskritische Orientierung der schulischen Bildungsfragen überführt und als „Kritisch-konstruktive Didaktik" ausgearbeitet (vgl. KLAFKI 1985/1994b), die damit zugleich das von Herman NOHL und Theodor LITT geprägte Postulat der „relativen Autonomie" der Pädagogik für den Bereich der Didaktik erschließt. Zum zweiten wird die sowohl auf die Ziel- und Inhalts- als auch auf die Methodenfragen ausgerichtete analytische Funktion der bildungstheoretischen Didaktik (vgl. die Dissertation von Wolfgang KLAFKI 1959/1964) in dem theoretisch anspruchsvollen Konzept der „kategorialen Bildung" zusammengeführt und zudem für den Unterrichtspraktiker nutzbar gemacht – in einem Frageleitfaden für die Unterrichtsvorbereitung.

Die Ausformulierung eines Allgemeinbildungskonzepts stellt eine Leistung dar, die von anderen auf die *Planung* von Unterricht bezogenen didaktischen Modellen so nicht erreicht oder auch nicht intendiert wird. Wolfgang SCHULZ (vgl. 1980/1989) hat das sogenannte Berliner Modell späterhin um einzelne Begrifflichkeiten (Kompetenz, Autonomie, Solidarität) erweitert, die einen gesellschaftstheoretischen Bezug der Unterrichtsplanung herstellen. Die lehrplantheoretische Ebene (Perspektivplanung) bleibt dabei aber weitgehend unausgearbeitet; für die sogenannte mittelfristige Unterrichtsplanung (Umrissplanung) wird dieser Bezug jedoch hergestellt. Wie viele Überarbeitungsaspekte im sogenannten Hamburger Modell wirkt auch dieser in beträchtlichem Maße so, als ob hochwertige Begrifflichkeiten sowohl aus den Kritiken seines Modells (vgl. BREYVOGEL 1972) als auch aus den didaktischen Publikationen des konkurrierenden Ansatzes, d. h. Wolfgang KLAFKIS, übernommen werden (vgl. MEYER/MEYER 2007, S. 153), ohne jedoch eine konsistente Einbettung zu erhalten.

Andere allgemeindidaktische Modelle haben sich gar nicht oder nur randständig mit dem Konzept der Allgemeinbildung befasst. Das gilt sowohl für die auch von Wolfgang SCHULZ, kaum jedoch von Wolfgang KLAFKI unternommenen Versuche, die sozial-emotionale Dimension von Unterricht zu einem *zentralen* Aspekt der Allgemeinen Didaktik zu machen. So interessierte sich späterhin Wolfgang SCHULZ (1986) für die von Ruth COHN ausgearbeitete themenzentrierte Interaktion (TZI) und sah in dieser Methode eine gelungene Verbindung der von ihm dann unterschiedenen „Gefühlserfahrung" und „Sozialerfahrung" mit dem thematischen Lernen, der „Sacherfahrung". In der kommunikativen Didaktik von Karl-Hermann SCHÄFER und Klaus SCHALLER (1973) sowie von Rainer WINKEL (1988) stehen die Interaktionsprozesse von Lehrern und Schülern im Mittelpunkt, die durchaus den von Wolfgang Klafki ausformulierten Zielen der Emanzipation verpflichtet sind. Die in den 1990er Jahren aufkommende und insbesondere von Kersten REICH (2002) vertretene konstruktivistische Didaktik vollzieht eine im Hinblick auf die lehrplantheoretische Fundierung der Allgemeinen Didaktik geradezu rückschrittige Wendung und konzentriert sich primär auf die – von Seiten der bildungstheoretischen Didaktik eher vernachlässigte – Erklärung individueller Lernprozesse unter den Bedingungen von Unterricht. Dieses Theoriedefizit der bildungstheoretischen Didaktik wird in besonderer Weise in der von Meinert MEYER begründeten Bildungsgangdidaktik bearbeitet (vgl. MEYER/REINARTZ 1998), die sich zugleich kritisch von Wolfgangs KLAFKIS Konzept absetzt, weil von Kindern und Jugendlichen die Bearbeitung von Schlüsselproblemen nicht notwendig als Bildungsaufgabe gesehen werden kann (vgl. MEYER/MEYER 2007, S. 167 u. 141). Neu in dem Konzept des Bildungsgangs ist die Ausarbeitung einer entwicklungspsychologischen Dimension von Bildung, die sowohl Wolfgang KLAFKIS wie auch Wolfgang SCHULZ' Modell fehlt. Die Umsetzung in ein „konsistentes Planungs- und Handlungskonzept für Unterricht" (HERICKS/KUNZE 2004, S. 730; vgl. MEYER/MEYER 2007, S. 168) liegt bislang nicht vor (vgl. aber den Beitrag von Meinert A. MEYER in diesem Band).

## 2    Vorbereitung von allgemein und fachlich bildendem Unterricht als autonomes Lehrerhandeln

Die „Didaktische Analyse als Kern der Unterrichtsvorbereitung" (KLAFKI 1958) ist – so wie andere Modelle der Unterrichtsvorbereitung auch – häufig als ein schematisch anwendbarer Leitfaden für die Vorbereitung von ausbildungsbezogenen Unterrichtsstunden verkannt oder auch missbraucht worden. Die Voraussetzung dafür war und ist allerdings die enorme Beachtung, die dieser Planungsvorschlag in der Bundesrepublik Deutschland vor allem in der Zweiten Phase der Lehrerbildung, aber auch in der universitären Phase schon in den 1960er Jahren gefunden hat und die bis heute andauert. Wolfgang KLAFKI hat sich mehrfach gegen die „rezeptartige" Nutzung der didaktischen Analyse ausgesprochen und gleichwohl damit wenig erreicht (vgl. HENDRICKS 1972; MEYER/MEYER 2007, S. 69). Sein Argument hatte auch – was jedoch bis heute kaum rezipiert wird – einen *immanenten* Aspekt: Unterrichtsvorbereitung ist Teil eines intendierten Bildungsgeschehens, das in personaler Verantwortung durch die Lehrperson und somit letztlich auch in ihrer Autonomie liegen muss. Hier zeigt sich der besondere Anspruch der „deutschen Tradition" in der Lehrerbildung, dass Lehrer mit Hilfe der Allgemeinen Didaktik in die Lage versetzt werden, die im Lehrplan „geronnenen" theoretischen Erkenntnisse im Hinblick auf die jeweilige Lerngruppe „verlebendigen" zu können.

In den 1960er Jahren wurde an der Pädagogischen Hochschule Berlin in der Arbeitsgruppe von Paul HEIMANN ein gleichfalls analytisch angelegtes und planerisch nutzbares Modell für die Unterrichtsvorbereitung entwickelt (vgl. SCHULZ 1965). Die Modelle von Wolfgang KLAFKI und von Wolfgang SCHULZ standen daher seit Mitte der 1960er Jahre in heftiger Konkurrenz zueinander. Vor allem in den Ausbildungsseminaren für Lehrer wurden z. T. dogmatische Richtungsentscheidungen vorgegeben (vgl. ARNOLD 1997), die Wolfgang KLAFKI (1970, S. 392) „mit größtem Bedauern" als „eine Art neuen Herbartianismus" bezeichnet hat. Auf der Publikationsebene ist von beiden Wissenschaftlern für Klärung und Annäherung gesorgt worden (vgl. KLAFKI 1970; SCHULZ 1972). Noch in den Anfängen und in dieser Diskussion bereits angedeutet standen die Überarbeitungen beider Modelle durch ihre Autoren.

In zeitlichem, aber auch in inhaltlichem Kontext der Protestbewegung der Jahre nach 1968 hat sich Wolfgang KLAFKI dann mit der Frage einer kritischen Gesellschaftstheorie und -analyse beschäftigt und sowohl das Konzept einer kritisch-konstruktiven Erziehungswissenschaft als auch, nachfolgend, das Konzept einer kritisch-konstruktiven Didaktik ausgearbeitet (vgl. KLAFKI 1985/1994b). Den Begriff der „Unterrichtsvorbereitung" hat Wolfgang KLAFKI weitgehend durch den Begriff der „Unterrichtsplanung" ersetzt und zugleich auf die notwendige „Offenheit" des „Entwurfs" und auf das Erfordernis eines „flexiblen Unterrichtshandelns" (KLAFKI 1980/1994a, S. 269) verwiesen.

Im deutschsprachigen Raum sind nur wenige, theoretisch eigenständig begründete und unterrichtspraktisch nutzbare allgemeindidaktische Modelle der Unterrichtsplanung entwickelt worden. Die bekanntesten Modelle, d.h. jenes von Wolfgang KLAFKI und jenes von Wolfgang SCHULZ, sind deshalb bis heute weder von konkurrierenden Modellen in Frage gestellt noch von umfassenderen Modellen integriert worden. Das sehr weit verbreitete Lehrbuch der Allgemeinen Didaktik von Werner JANK und Hilbert MEYER (1991/2003) enthält nur relativ kurz gefasste „Ratschläge zur Unterrichtsplanung". Die Lehrbücher von Friedrich KRON (2000) und Wilhelm PETERSSEN (2001a) referieren lediglich die bekannten Modelle. Der eigenständige, von Lothar KLINGBERG (1972/1989) in der DDR entwickelte und in der BRD insbesondere von Hilbert MEYER diskutierte Ansatz umfasst kein Modell der Unterrichtsplanung. Einen Überblick über neue didaktische Ansätze sollte der Band zur Theorietagung 1999 der Kommission Schulpädagogik/Didaktik der DGfE bieten (vgl. HOLTAPPELS/HORSTKEMPER 1999); neue *Modelle zur Unterrichtsplanung* sind darin aber nicht zu finden.

Lehrbücher, die nach der Jahrtausendwende verfasst worden sind, referieren zwar noch die „klassischen Modelle" der Unterrichtsplanung (im Fall des Buches von Gerhard TULODZIECKI u. a. bemerkenswerterweise *nach* der Darstellung des eigenen Ansatzes zur Unterrichtsvorbereitung), sie enthalten jedoch kaum originäre Entwürfe. Dies gilt auch für das viele disparate Konzepte ansprechende, diese jedoch nur teilweise theoriegeleitet integrierende, allerdings auch recht kurz gefasste Lehrbuch von Hanna KIPER und Wolfgang MISCHKE (2004).

Im internationalen Vergleich stellen anspruchsvoll reflektierende Modelle der auf Allgemeinbildung ausgerichteten Unterrichtsvorbereitung vermutlich eine Seltenheit dar. In englischen sowie US-amerikanischen Lehrbüchern finden sich dazu meist keine bzw. höchst pragmatische Ausführungen (vgl. z. B. BUTT 2006, BORICH 2007, GOOD/BROPHY 2008).

## 3 Theoretisierung der methodischen Entscheidungen in der Unterrichtsvorbereitung

Ein zentrales Problem der aktuellen, an die sogenannte bzw. vermeintlich erneute – weil Heinrich ROTHS Anthropologie (1971) und Konzeption der Unterrichtsvorbereitung (1969) ignorierende – empirische Wendung anschließenden didaktischen Konzepte besteht darin, dass die insbesondere von Wolfgang KLAFKI ausformulierte und theoretisch begründete Verknüpfung von methodischen Entscheidungen mit allen anderen Aspekten der Unterrichtvorbereitung ignoriert und die Möglichkeit der Konzentration auf die Methodenentscheidungen unterstellt wird.

Zu einem der vermutlich schwierigsten Beiträge zur Begründung der Allgemeinen Didaktik gehört neben dem Konzept der kategorialen Bildung (KLAFKI 1963) sowie der Unterscheidung von Bildungsgehalt, Bildungsinhalt und Thema (KLAFKI 1958) der Aufsatz von Wolfgang KLAFKI mit dem Titel „Zum Verhältnis von Didaktik und Methodik" (1976). In diesem Beitrag präzisiert Wolfgang KLAFKI die – von Wolfgang SCHULZ als „Interdependenz" bezeichnete – spezifische Wechselbeziehung zwischen inhalts- und themenbezogenen Entscheidungen, die Wolfgang KLAFKI wie folgt kennzeichnet: (a) „immanent methodischer Charakter der didaktischen Thematik" (S. 88) sowie (b) „themenbestimmende, themenkonstitutive oder gegenstandskonstituierende Funktion der Methode" (KLAFKI 1976, S. 84). In Anlehnung an das genetische Lernen von Martin WAGENSCHEIN hatte Wolfgang KLAFKI bereits früh formuliert, dass mit Methoden vor allem „Erkenntnismethoden" gemeint sind: „Der Inhalt birgt in sich den Weg, auf dem er zum Inhalt wurde – er hebt diesen Weg in sich auf; der Weg aber, d.h. die Fragerichtung und die methodischen Schritte legen notwendigerweise immer schon eine bestimmte Perspektive fest, die die Weise, in der der Inhalt am Ende des Weges aufleuchten wird, im voraus bestimmen" (KLAFKI 1959/1964, S. 41). Auch Lothar KLINGBERG (1972/1989) übernimmt diese Auffassung und lässt sie in sein umfassendes Konzept der „Ziel-Inhalt-Methode-Relation" einfließen.

Die Wechselbeziehung gründet in der von Wolfgang KLAFKI ausformulierten Synthese von materialer und formaler Bildung im Konzept der kategorialen Bildung. Anhand konkreter Unterrichtsbeispiele wird vor unbeabsichtigten Rückwirkungen von Methodenentscheidungen gewarnt; die ungenügend bedachte Wahl von Methoden kann angestrebte Wirkungen auf der Ziel- und Inhaltsebene konterkarieren. Wolfgang KLAFKI unterscheidet später eine enge von einer weitergehenden Definition der Didaktik und transformiert das Postulat vom „Primat der Didaktik" (Erich WENIGER) in den „Satz vom Primat der Didaktik i.e.S. oder genauer [...] vom Primat pädagogischer und didaktischer Zielentscheidungen im Verhältnis zur Unterrichtsmethodik" (KLAFKI 1976, S. 81). Die „Didaktik i.w.S." wird von Wolfgang KLAFKI (1976, S. 77) als „Gesamtkomplex der Entscheidungen, Entscheidungsbegründungen und Entscheidungsprozesse für alle Aspekte des Unterrichts" bezeichnet und markiert den umfassenden Anspruch der „Didaktik als Theorie des Unterrichts", die auch die Methodenentwicklung bzw. die Methodenentscheidungen als Teilgebiet wissenschaftlicher Forschung bzw. wissenschaftsbasierten Entscheidungshandelns einbezieht.

In den fünf Grundfragen der Didaktischen Analyse sind allerdings methodische Aspekte kaum enthalten. Im „Perspektivenschema zur Unterrichtsplanung" (KLAFKI 1980/1994a) werden die Methodenentscheidungen explizit dem neu konzipierten Bereich der „Lehr-Lern-Prozessstruktur" zugeordnet. Hier berücksichtigt Wolfgang KLAFKI (1976, S. 98f) zusätzlich, dass die Methoden nicht nur vom Inhalt bzw. Ziel abhängig sind (ohne dadurch vollständig determiniert zu sein), sondern u. a. auch von den Gesetzmäßigkeiten des Aneignungsprozesses auf Seiten der Schüler sowie der Lehrer-Schüler-Interaktion. Damit öffnet sich der Begriff der Methode in Richtung auf eine umfassendere Perspektive, die bei anderen Autoren als Unterrichtsmethode gefasst wird.

Bis heute fehlt eine theoriebasierte Klassifikation von Unterrichtsmethoden. Die Kommission Schulpädagogik/Didaktik widmete der „Theorie und Erforschung der Unterrichtsmethoden" eine Arbeitsgruppe auf dem DGfE-Kongress 1990 (vgl. ADL-AMINI/SCHULZE/TERHART 1993). Das beklagte Desiderat (vgl. TERHART 1983; ADL-AMINI 1993; TERHART 1997, S. 29ff) wird auch an der schwierigen und dennoch theoretisch notwendigen Unterscheidung von Methodenkonzeptionen, Unterrichtsmethoden (i.e.S.), Sozialformen und Handlungsmustern deutlich (vgl. Hilbert MEYER 1994). Unklar ist bis heute, ob es hinreichend fachspezifische Unterrichtsmethoden gibt, die insofern nicht in den Theorierahmen der Allgemeinen Didaktik fallen könnten. Und schließlich ist die prekäre Situation bislang nicht theorieorientiert gelöst worden, dass Handbücher zu Unterrichtsmethoden z. T. abstruse, modische Erfindungen (z. B. Brain-Gym, Ideensalat) auflisten (vgl. PETERSSEN 2001b; zur Kritik vgl. TERHART 1997, S. 181ff) oder aber spezifische Lernorte (z. B. Werkstattarbeit) bereits zu Konstitutionsbedingungen von Unterrichtsmethoden machen (vgl. WIECHMANN 2000). In der US-amerikanischen Lehr-Lernforschung sind ähnliche Phänomene feststellbar, wobei hier der Vorwurf einer didaktischen Theorieabstinenz nicht greifen kann, denn eine umfassende Theorie des Unterrichts wird dort nicht beansprucht. So wird die mittelalterliche Handwerkerlehre als Unterrichtsmethode „entdeckt" (*cognitive apprenticeship*) oder aber die Trivialität, dass Lernen (ebenso wie Verhalten) nicht ohne Situationsbezug definierbar ist, zur „Erfindung" des „situated learning" herangezogen (zur Kritik vgl. KLAUER 1999). Ein weiteres Problem stellt sich mit der empirischen Beantwortung der Frage, wie *differenzielle* Methodenentscheidungen, die an Schülervoraussetzungen orientiert sind, getroffen werden können. Die Ergebnisse der ATI-Forschung (vgl. TERHART 1979; HOPPERDIETZEL/ARNOLD im Druck) sind bislang wenig ertragreich, so dass *unterrichtsmethodische* Binnendifferenzierung kaum auf empirisch abgesicherter Basis betrieben werden kann.

## 4     Integrierbarkeit der empirischen Lehr-Lernforschung

Die Divergenz bzw. mangelnde Verknüpfung von Allgemeiner Didaktik und empirischer Lehr-Lernforschung wird seit einigen Jahren in die kritische Diskussion gestellt – auch und insbesondere von Vertretern der Allgemeinen Didaktik (vgl. TERHART 2002, 2005; BOHL 2004; ARNOLD/KOCH-PRIEWE/LIN-KLINZING 2007; BLÖMEKE/HERZIG/TULODZIECKI 2007; BLÖMEKE im Druck), wobei zugleich die Einschätzung besteht, dass die Konzepte der Allgemeinen Didaktik nicht ersetzt, sondern empirisch ausgearbeitet bzw. mit Konzeption der Lehr-Lernforschung ergänzt werden können. Die Kommission Schulforschung/Didaktik der DGfE hat auf ihrer Theorietagung 2007 („Allgemeine Didaktik trifft Lehr-Lernforschung") die Defizitstrukturen in beiden wissenschaftlichen Disziplinen ebenso herausgearbeitet wie die Komplementarität und Anschlussfähigkeit (vgl. ARNOLD/BLÖMEKE/MESSNER/SCHLÖMERKEMPER im Druck).

Die bildungstheoretische Didaktik hat nie beansprucht, eine empirisch-statistische Argumentation zu führen. Gleichwohl finden sich gerade in der schulpädagogischen Theoriebildung starke Bezüge auf die *pädagogische Praxis*. Die bereits von Theodor LITT (1921/1962) – dem zweiten der beiden wichtigsten akademischen Lehrer von Wolfgang KLAFKI – formulierte doppelte Aufgabe der Pädagogischen Wissenschaft besteht in der – nicht schematisch trennbaren – „Seinserfassung" und der „Sollensbestimmung". Hermann NOHL (1933) sprach von der „Erziehungswirklichkeit als Ausgangspunkt der Theorie" der Bildung, und sein Schüler Erich WENIGER ordnete dem Verhältnis von „Theorie und Praxis in der Erziehung" (1929/1990) die vielzitierte Unterscheidung von „drei Grade(n) (Stufen) pädagogischer Theoriebildung" zu. Die „Theorie des Theoretikers" (Theorie dritten Grades) dient insbesondere auch zur „Klärung und Überprüfung der in der Praxis steckenden ‚Theorien' ersten und zweiten Grades", die vorfindliche Praktiken und deren Systematisierung in Erfahrungssätzen von Praktikern bzw. deren Dokumentation in pädagogischen Institutionen repräsentieren (vgl. KLAFKI 1978, S. 96ff).

Die systematische Erfassung und Integration von „pädagogischen Praktiken" ist weder von Seiten der geisteswissenschaftlichen Pädagogik noch von Seiten der aus ihr entstandenen bildungstheoretischen Didaktik ausgearbeitet worden. Eine Ausnahme bildet vermutlich die von Erich WENIGER (1930/1960) ausformulierte Systematisierung der Lehrplanentwicklung. In den 1970er Jahren hat sich in Abgrenzung von der quantifizierenden Unterrichtsforschung (vgl. SCHULZ/ TESCHNER/VOIGT 1970) in Deutschland eine *interpretative Unterrichtsforschung* (vgl. TERHART 1978) entwickelt, die als qualitative Unterrichtsforschung unterschiedliche Methoden nutzt und mittlerweile einen eigenständigen empirischen Forschungsbereich bildet (vgl. BÖHME 2004), was bemerkenswerterweise auch für den anglo-amerikanischen Bereich gilt: Die vierte Ausgabe des „Handbook of Research on Teaching" (RICHARDSON 2001) enthält überwiegend qualitative Forschungskonzepte.

Die didaktische Theoriebildung von Wolfgang KLAFKI bezieht sich zum einen ausdrücklich auf das von Erich WENIGER entwickelte Konzept einer praxisbezogenen Theoriebildung. Zum anderen konzipiert Wolfgang KLAFKI in der *kritisch-konstruktiven Erziehungswissenschaft* explizit eine Integration der empirischen Forschung in einem umfassenderen Prozess pädagogischer Theoriebildung, in dem *auf der Basis* hermeneutischer und ideologiekritischer Analysen (KLAFKI 1971) auch Fragestellungen für die empirische Forschung entwickelt werden und – im Unterschied zu gängigen Konzepten einer immanenten Empirie – diese Fragestellungen mit den betroffenen Personen des pädagogischen Feldes ausgearbeitet, die Erhebungen durchgeführt und die Ergebnisse auch zur Weiterentwicklung im pädagogischen Handlungsfeld nutzbar gemacht werden. Damit wird schulpädagogische Forschung den grundlegenden Zielen schulischer Bildung, d.h. der Selbst- und Mitbestimmung sowie der Solidaritätsfähigkeit, ebenso verpflichtet wie das Handeln der Praktiker in der Schule und kann als *partizipatorische Handlungsforschung* bezeichnet werden (vgl. KLAFKI 1973). Aus heutiger Sicht erscheinen die Kontroversen um die angemessene Art der Handlungsforschung, jedenfalls was die Kritik an Wolfgang KLAFKIS Konzepten anbetrifft, allerdings eher puristisch (vgl. KRÜGER 1997).

An der didaktischen Forschung hat sich Wolfgang KLAFKI intensiv im Rahmen des „Marburger Grundschulprojekts" (KLAFKI/SCHEFFER/KOCH-PRIEWE/STÖCKER 1982) beteiligt, dessen Bedeutung in kritischen Kommentaren zur Empirieferne der Allgemeinen Didaktik (vgl. TERHART 2002, BLÖMEKE/HERZIG/TULODZIECKI 2007; BLÖMEKE im Druck) zu wenig oder gar nicht beachtet wird (vgl. KOCH-PRIEWE 2007). In diesem Projekt wurden erstmals im deutschsprachigen Bereich reformpädagogische Konzepte wie Projekt- und Wochenplanarbeit im Kontext einer partizipatorischen Curriculumforschung untersucht. Eine Entkoppelung der Methodenfrage von den ziel- und inhaltsbezogenen Entscheidungen fand *nicht* statt; die unterrichtsmethodischen Fragen wurden im Kontext exemplarischer Unterrichtseinheiten entwickelt, erprobt und dokumentiert. Empirische Projekte führte übrigens auch Wolfgang SCHULZ durch (z. B. CIEL, vgl. KOCH-PRIEWE 2007).

Nach wie vor liegen kaum empirische Studien zur Nutzung von didaktischen Modellen in der Unterrichtsplanung vor (vgl. HERICKS/KUNZE 2004, S. 744). So hat Fritz-Ulrich KOLBE (2001), ähnlich wie Barbara KOCH-PRIEWE (1986), den Ansatz der Lehrerwissensforschung von Lee SHULMAN (1987) und dessen Weiterentwicklung in Deutschland durch Rainer BROMME und Falk

SEEGER (1979) aufgenommen. Unterrichtsplanung wird als Handlungsplanung und somit durchaus in Übereinstimmung mit den Modellen von Wolfgang KLAFKI und Wolfgang SCHULZ als Entscheidung für Planungsalternativen aufgefasst. Zugleich zeigt sich, dass die grundlegende Offenheit der Unterrichtsplanung gegenüber unerwarteten, weil nicht vorhersehbaren Ereignissen bzw. Konstellationen in der Durchführung der Unterrichtsstunde weder einfach mit didaktischen Konzepten zu verknüpfen noch einfach empirisch zu erfassen ist. Frauke STÜBIG und Heinz STÜBIG (2007) können nachweisen, dass die kritisch-konstruktive Didaktik von Wolfgang KLAFKI einen sehr passenden Rahmen für das Konzept des „Offenen Unterrichts" bildet.

Für die in der Unterrichtsplanung zur Wahl stehenden Lehr- und Lernmethoden lassen sich die Konzepte der empirischen Lehr-Lernforschung in beträchtlichem Maße nutzen, denn die Erforschung der *Wirksamkeit von Unterrichtsmethoden* stellt einen geradezu klassischen Schwerpunkt der Lehr-Lernforschung dar (vgl. BLÖMEKE und MÜLLER in diesem Band). Die Anschlussfähigkeit der Konzepte an allgemeindidaktische Modelle wird von Seiten empirischer Lehr-Lernforscher vermutlich erheblich unterschätzt (vgl. HELMKE 2003, S. 29). Es lässt sich sogar zeigen, dass gerade die empirische Unterrichtseffektivitätsforschung in erheblichem Maße auf Konzepte der Allgemeinen Didaktik zurückgreift, ohne dabei allerdings ein angemessenes Theorieniveau anzustreben (vgl. ARNOLD im Druck). Barbara KOCH-PRIEWE (2007) hat am Beispiel des häufig zitierten Rahmenbeitrags von Gabi REINMANN-ROTHMEIER und Heinz MANDL (2006) zur „Gestaltung von Lernumgebungen" mehrfache Kongruenzen zu dem Planungsmodell von Wolfgang KLAFKI herausgearbeitet. So kann das Prinzip des „Situated Learning" als Korrespondenz zu den Leitfragen der „Gegenwartsbedeutung" und der „Zugänglichkeit" aufgefasst werden. Die „Gestaltung problemorientierter Lernumgebungen" kann als eine – wenngleich spezifisch eingeschränkte – Arbeit an „Schlüsselproblemen" gesehen werden; zugleich liegen hier erhebliche Entsprechungen zu dem von Wolfgang KLAFKI in seinem Grundschulprojekt vorrangig untersuchten „Projektunterricht" vor. Offensichtlich werden in der Lehr-Lernforschung – durchaus in normativer Weise – Unterrichtsprinzipien bzw. „Leitlinien" (REINMANN-ROTHMEIER/MANDL 2006, S. 640f) formuliert, für die bislang keineswegs eine generelle, d.h. von den Fächern und den Themen und den Fähigkeiten der Lernenden unabhängige Lernwirksamkeit nachgewiesen worden ist. Die empirische Lehr-Lernforschung „entdeckt" – aus der Sicht der Allgemeinen Didaktik – das Spektrum der Felder unterrichtlicher Planungsentscheidungen neu. So ist in der „Thematischen Strukturierung" (KLAFKI 1980/1994a) die Frage nach den „Perspektiven", unter denen das Thema zu behandeln ist, zu untersuchen („Unter multiplen Perspektiven lernen", REINMANN-ROTHMEIER/MANDL). In der „Lehr-Lern-Prozessstruktur" (KLAFKI) ist das „Medium sozialer Prozesse" zu berücksichtigen („In einem sozialen Kontext lernen", REINMANN-ROTHMEIER/MANDL). Dass „Mit instruktionaler Unterstützung lernen" und „In multiplen Kontexten lernen" (REINMANN-ROTHMEIER/MANDL) als Leitlinien formuliert werden, erscheint aus der Sicht der Allgemeinen Didaktik eher erstaunlich, da Planung für schulischen Unterricht immer auf die Lernunterstützung der Lehrperson gerichtet ist und die Leitfrage von Wolfgang KLAFKI nach der „Zukunftsbedeutung" zumindest einen zweiten, eher jedoch vielfältige alternative Kontexte in Betracht zieht. Karl-Heinz ARNOLD (2007) zeigt darüber hinaus auf, dass zentrale Begriffe der modernen Lehr-Lernforschung (Transfer, Metakognition, Kompetenz) durchaus mit Wolfgang KLAFKIS Konzept der kategorialen Bildung verknüpfbar bzw. in dieses integrierbar sind.

Die Bedeutung von integrativen, d.h. sowohl die Bereichsdidaktiken als auch die empirische Lehr-Lernforschung einbeziehenden Modellen eines allgemein und fachlich bildenden Unterrichts wird durch zwei aktuelle Entwicklungstendenzen erheblich gesteigert. Die Schulentwicklung bringt auch eine explizit curriculare Aufgabe auf die Ebene der Schulen und damit nicht nur eine Intensivierung der Kooperation in Fachkonferenzen und auf der Ebene von Klassenstufen, in Fächergruppen und auf der Ebene der gesamten Schule. Fächerverbindende Unterrichtsplanung wird damit zu einer allgemeindidaktischen Aufgabe der Kollegien.

Unklar ist, ob durch die so genannte Kompetenzorientierung eine neue Kategorie in die Unterrichtsplanung eingebracht wird (vgl. ARNOLD 2007). Kompetenzen für die künftige Lebensbewältigung lassen sich wohl nicht in weitgehend disjunkte bereichsdidaktische Komponenten aufgliedern, sondern enthalten notwendig eine allgemeinbildende Dimension und erfordern auch deshalb eine entsprechende Unterrichtsplanung.

## 3    Schlussbemerkung

Die Bedeutung der Allgemeinen Didaktik als einer *umfassenden*, die gesellschaftliche Funktion von Schule einbeziehenden, sowie einer auf *bildsame* und *adaptive* Prozesse ausgerichteten, die gegenwärtigen und künftigen Lebensaufgaben der Mitglieder einer Lerngruppe sowie die Lernvoraussetzungen und -prozessmerkmale berücksichtigenden, und schließlich einer *das erzieherische Verhältnis* voraussetzenden, die (Teil-)Autonomie der Lehrperson begründenden Theorie wird in Deutschland zunehmen. Dazu tragen all die Engführungen und Offenlassungen bei, die im Rahmen der angesagten Outcome-Steuerung des Bildungswesens aufkommen, weil die hier federführend mitwirkenden Disziplinen eher zu partikularen Verbesserungen denn zu integrativen Leistungen beitragen.

Die sicherlich wünschenswerte Aufwertung der Fachdidaktiken als theoretisch und empirisch anspruchsvoller Disziplinen ruft unvermeidlich die von ihnen nicht beantwortbare Frage nach dem hervor, was fachliches und was fächerübergreifendes Wissen und Können ist. Die Planungsmodelle für Fachunterricht werden den Fortschritt der fachdidaktischen Forschung integrieren und damit zugleich die Frage aufwerfen, ob die Modellierung von unterrichtlichem Lehren für jedes Fach tatsächlich spezifisch sein kann und ob wenig fachgebundene Lernwirkungen und vor allem Erziehungswirkungen nicht doch in einer umfassenden Theoretisierung zu beschreiben sind. Die angesagte Kompetenzorientierung des fachlichen Lernens wird jene positiven Folgen zeigen, die der lernzielorientierte Unterricht bereits vor vierzig Jahren aufweisen konnte (Feinplanung des Lernens, Evidenz für Lernergebnisse) – und die gleichen Defizite sichtbar machen: Es fehlt ein gemeinsamer Rahmen, in dem über Ziele, Inhalte, Methoden und Medien *mittelfristig* entschieden wird. Von den Möglichkeiten, erzieherische Wirkungen von Unterricht in Kompetenzmodellen zu beschreiben, sind wir noch weit entfernt – und schon allein diese Ungleichzeitigkeit der wissenschaftlichen Entwicklung wird einer zumindest unerwünschten Dominanz der Fachgebundenheit schulischen Lernens Vorschub leisten, wenn nicht gar die Sozialisationsaufgaben des Schulsystems in gefährlichem Maße beeinträchtigen.

Die zentralen Konzepte einer bildungstheoretisch begründeten Allgemeinen Didaktik – kategoriale Bildung, Allgemeinbildung als Bearbeitung von Schlüsselproblemen, Unterrichtsvorbereitung als kritisch-konstruktives Lehrerhandeln – stehen nach wie vor für diese Problemlösung bereit. Sie werden weniger leicht ignorierbar und besser anwendbar sein, wenn die vielen Verknüpfungen mit und die wenigen, jedoch essenziellen Abgrenzungen von der Lehr-Lernforschung ausgearbeitet sind. Vermutlich verfügt jedoch nur die allgemeine Didaktik über jenes Potenzial, das erforderlich ist, um die Lehrperson zum (teil-)autonomen Experten für eine durchgängig wissenschaftsbasierte Unterrichtsvorbereitung *und* für eine offene, an den Unterrichtshandlungen der Lernenden orientierte Gestaltung des Unterrichtsprozesses zu machen. So lange, wie die derzeit zentralen Zukunftsfragen unserer Weltgemeinschaft nicht hinreichend gelöst sind, muss Unterricht auf die Vorwegnahme einer besseren Zukunft gerichtet sein und damit ein Gegenentwurf von dem sein, was es als lernzielbasierte, *teacher-proof curricula* schon gab, was partiell gescheitert ist und was unter anderen Etiketten im Rahmen der Standardorientierung wiederkehren kann. Das erwartbare Nichterreichen von – nur hauptfachbezogenen – Bildungsstandards lässt sich zum

Teil durch Intensivierung und Testorientierung fachbezogenen Unterrichts und durch Ausschluss ineffektiver Unterrichtspraktiken nachbessern. Die passende Ratgeberliteratur kommt schon auf den Markt, und es ist vielleicht nur eine Frage der Zeit, wann die Bildungspolitik den Kernlehrplänen wieder das hinzufügen wird, was sie „teacher proof" macht. In Zeiten solcher „Ungewissheit" kann die von Wolfgang KLAFKI begründete Konzeption der Allgemeinen Didaktik durchaus als vorbildlich für alle Unterrichtsplanungskonzepte verstanden werden, die auf die kritische Dimension von Bildung nicht verzichten wollen.

## Literatur

ADL-AMINI, B. (1993): Systematik der Unterrichtsmethode. In: ADL-AMINI, B./SCHULZE, T./TERHART, E. (Hrsg.): Unterrichtsmethode in Theorie und Forschung. – Weinheim, S. 82-110.

ADL-AMINI, B./SCHULZE, T./TERHART, E. (Hrsg.): Unterrichtsmethode in Theorie und Forschung. – Weinheim.

ARNOLD, K.-H. (1997): Mit SCHULZ oder KLAFKI im Lehrerseminar? Streif- und Irrlichter einer Didaktik der Didaktik. In: Grundschule 29 (9), S. 68-69.

ARNOLD, K.-H. (2007): Generalisierungsstrukturen der kategorialen Bildung aus der Perspektive der Lehr-Lernforschung. In: KOCH-PRIEWE, B./STÜBIG, F./ARNOLD, K.-H. (Hrsg.): Das Potenzial der Allgemeinen Didaktik. – Weinheim, S. 28-42.

ARNOLD, K.-H. (im Druck): Lehr-Lernforschung ohne Allgemeine Didaktik? In: ARNOLD, K.-H./BLÖMEKE, S./MESSNER, R./SCHLÖMERKEMPER, J. (Hrsg.): Allgemeine Didaktik und Lehr-Lernforschung: Kontroversen und Entwicklungsperspektiven einer Wissenschaft vom Unterricht. – Bad Heilbrunn.

ARNOLD, K.-H./KOCH-PRIEWE, B./LIN-KLINZING, S. (2007): Allgemeine Didaktik, Fachdidaktik und Unterrichtsqualität. In: ARNOLD, Karl-Heinz (Hrsg.): Unterrichtsqualität und Fachdidaktik. – Bad Heilbrunn, S. 19-50.

ARNOLD u.a. im Druck = ARNOLD, K.-H./BLÖMEKE, S./MESSNER, R./SCHLÖMERKEMPER, J. (Hrsg.) (im Druck): Allgemeine Didaktik und Lehr-Lernforschung: Kontroversen und Entwicklungsperspektiven einer Wissenschaft vom Unterricht. – Bad Heilbrunn.

BLÖMEKE, S. (im Druck): Allgemeine Didaktik ohne empirische Lernforschung? Perspektiven einer reflexiven Bildungsforschung. In: ARNOLD, K.-H./BLÖMEKE, S./MESSNER, R./SCHLÖMERKEMPER, J. (Hrsg.): Allgemeine Didaktik und Lehr-Lernforschung: Kontroversen und Entwicklungsperspektiven einer Wissenschaft vom Unterricht. – Bad Heilbrunn.

BLÖMEKE, S./HERZIG, B./TULODZIECKI, G. (2007): Zum Stellenwert empirischer Forschung für die Allgemeine Didaktik. In: Unterrichtswissenschaft 21 (3), S. 355-381.

BÖHME, J. (2004): Qualitative Schulforschung auf Konsolidierungskurs. In: HELSPER, W./BÖHME, J. (Hrsg.): Handbuch der Schulforschung. – Wiesbaden, S. 127-158.

BOHL, T. (2004): Empirische Unterrichtsforschung und Allgemeine Didaktik. Ein prekäres Spannungsverhältnis und Konsequenzen im Kontext der PISA-Studie. In: Die Deutsche Schule 96 (4), S. 414-425.

BORICH, G. D. (2007): Effective teaching methods: research-based practice. – 6th ed. – Upper Saddle River, NJ.

BREYVOGEL, W. (1972): Die Didaktik der „Berliner Schule" – kritisiert. In: betrifft: erziehung 5 (6), S. 19-32.

BROMME, R./SEEGER, F. (1979): Unterrichtsplanung als Handlungsplanung. Eine psychologische Einführung in die Unterrichtsvorbereitung. – Königstein.

BUTT, G. (2006): Lesson planning. – 2nd ed. – London.

CAILLOT, M. (2007): The building of a new academic field. The case of French didactiques. In: European Educational Research Journal 6 (2), S. 125-130.

FEND, H. (1981): Theorie der Schule. – 2. durchges. Aufl. – München.

FEND, H. (2006): Neue Theorie der Schule: Einführung in das Verstehen von Bildungssystemen. – Wiesbaden.

GOOD, T. L./BROPHY, J. E. (2008): Looking in classrooms. – 10th ed. – Boston.

HELMKE, A. (2003): Unterrichtsqualität: Erfassen, Bewerten, Verbessern. – Seelze.

HENDRICKS, W. (1972): Interview mit Wolfgang KLAFKI über Probleme und Aspekte der „Didaktischen Analyse". In: Die Deutsche Schule 64, S. 138-148.

HERICKS, U./KUNZE, I. (2004): Forschung zu Didaktik und Curriculum. In: HELSPER, W./BÖHME, J. (Hrsg.): Handbuch der Schulforschung. – Wiesbaden, S. 721-752.

HOPPERDIETZEL, H./ARNOLD, K.-H. (im Druck): Förderung von Kompetenz: Die Perspektive der Lehr-Lern-Forschung. In: ARNOLD, K.-H./GRAUMANN, O./RAKHKOCHKINE, A. (Hrsg.): Handbuch Förderung. – Weinheim.

HOLTAPPELS, H. G./HORSTKEMPER, M. (Hrsg.) (1999): Neue Wege in der Didaktik? (Die Deutsche Schule, 5. Beiheft). – Weinheim.

JANK, W./MEYER, H. (2003): Didaktische Modelle. – 6., überarb. Aufl. (1. Aufl. 1991) – Berlin.

KAISER, A./KOCH-PRIEWE, B./STÜBIG, F. (2007): Die kritisch-konstruktive Didaktik und aktuelle Kontroversen um die Allgemeine Didaktik. In: KOCH-PRIEWE, B./STÜBIG, F./ARNOLD, K.-H. (Hrsg.): Das Potenzial der Allgemeinen Didaktik. – Weinheim, S. 7-27.

KECK, R./KÖHNLEIN, W./SANDFUCHS, U. (Hrsg.) (1990): Fachdidaktik zwischen allgemeiner Didaktik und Fachwissenschaft. Bestandsaufnahme und Analyse. – Bad Heilbrunn.

KIPER, H./MISCHKE, W. (2004): Einführung in die Allgemeine Didaktik. – Weinheim.

KLAFKI, W. (1958): Didaktische Analyse als Kern der Unterrichtsvorbereitung. In: Die Deutsche Schule 50 (10), S. 450-471.

KLAFKI, W. (1959/1964): Das pädagogische Problem des Elementaren und die Theorie der kategorialen Bildung. – 4., durchges. u. erg. Aufl. – Weinheim.

KLAFKI, W. (1963): Kategoriale Bildung. Zur bildungstheoretischen Deutung der modernen Didaktik. In: DERS. (Hrsg.): Studien zur Bildungstheorie und Didaktik. – Weinheim, S. 25-45.

KLAFKI, W. (1970): Zur Diskussion über Probleme der Didaktik (Orig. in Rundgespräch 1967, H. 3-4, S. 131-140). In: KOCHAN, D. (Hrsg.): Allgemeine Didaktik, Fachdidaktik, Fachwissenschaft. – Darmstadt, S. 385-399.

KLAFKI, W. (1971): Erziehungswissenschaft als kritisch-konstruktive Theorie: Hermeneutik – Empirie – Ideologiekritik. In: Zeitschrift für Pädagogik 17 (3), S. 351-385.

KLAFKI, W. (1973): Handlungsforschung im Schulfeld. In: Zeitschrift für Pädagogik 19, S. 487-516.

KLAFKI, W. (1974/1989): Curriculum-Didaktik. In: WULF, C. (Hrsg.): Wörterbuch der Erziehung. – 7. Aufl. – München, S. 117-128.

KLAFKI, W. (1976): Zum Verhältnis von Didaktik und Methodik. In: Zeitschrift für Pädagogik 22, S. 77-94.

KLAFKI, W. (1978): Wissenschaftstheoretische Grundlagen und Prinzipien der Geisteswissenschaftlichen Pädagogik. Geisteswissenschaftliche Pädagogik: Kurseinheit 2. Hagen: Fernuniversität – Gesamthochschule.

KLAFKI, W. (1980/1994a): Zur Unterrichtsplanung im Sinne kritisch-konstruktiver Didaktik. In: ders. (Hrsg.): Neue Studien zur Bildungstheorie und Didaktik. Zeitgemäße Allgemeinbildung und kritisch-konstruktive Didaktik. – 4., durchges. Aufl. – Weinheim, S. 251-284.

KLAFKI, W. (1985/1994b): Grundlinien kritisch-konstruktiver Didaktik. In: ders. (Hrsg.): Neue Studien zur Bildungstheorie und Didaktik. Zeitgemäße Allgemeinbildung und kritisch-konstruktive Didaktik. – 4., durchges. Aufl. – Weinheim, S. 83-140.

KLAFKI, W./SCHEFFER, U./KOCH-PRIEWE, B./STÖCKER, H. (1982): Schulnahe Curriculumentwicklung und Handlungsforschung. Forschungsbericht des Marburger Grundschulprojekts. – Weinheim.

KLAUER, K. J. (1999): Situated Learning: Paradigmenwechsel oder alter Wein in neuen Schläuchen? In: Zeitschrift für Pädagogische Psychologie 13 (3), S. 117-121.

KLINGBERG, L. (1972/1989): Einführung in die Allgemeine Didaktik – 1. Aufl. 1972 – Berlin.

KOCH-PRIEWE, B. (1986): Subjektive didaktische Theorien von Lehrern. Tätigkeitstheorie, bildungstheoretische Didaktik und alltägliches Handeln. – Frankfurt a. M.

KOCH-PRIEWE, B. (2007): Didaktik: Vermittlungswissenschaft oder (doch) bildungstheoretisches Konzept. In: Pädagogische Rundschau 61 (5), S. 545-558.

KOLBE, F.-U. (2001): Konvergenzen in der Lehrerwissensforschung – ein Beitrag zu den Grundlagen allgemeiner Didaktik. In: FINKBEINER, C./SCHNAITMANN, G. W. (Hrsg.): Lehren und Lernen im Kontext empirischer Forschung und Fachdidaktik. – Donauwörth, S. 184-206.

KRON, F. (2000): Grundwissen Didaktik. – 3., akt. Aufl. – München.

KRÜGER, H.-H. (1997): Von der pädagogischen Handlungsforschung zur kritischen Bildungsforschung. In: BRAUN, K./KRÜGER, H. (Hrsg.): Pädagogische Zukunftsentwürfe. Festschrift zum siebzigsten Geburtstag von Wolfgang Klafki. – Opladen, S. 71-83.

LITT, T. (1921/1962): Das Wesen des pädagogischen Denkens. In: ders. (Hrsg.): Führen oder Wachsenlassen. Eine Erörterung des pädagogischen Grundproblems. – 10. Aufl. – Stuttgart, S. 83-109.

MEYER, H. (1994): Unterrichtsmethoden. Bd. I: Theorieband. – 6. Aufl. – Berlin.

MEYER, M. A./REINARTZ, A. (Hrsg.) (1998): Bildungsgangdidaktik. – Opladen.

MEYER, M. A./MEYER, H. (2007): Wolfgang Klafki. Eine Didaktik für das 21. Jahrhundert? – Weinheim.

MEYER, M. A./PLÖGER, Wilfried (Hrsg.) (1994): Allgemeine Didaktik, Fachdidaktik und Fachunterricht. – Weinheim.

NOHL, H. (1933): Die Theorie der Bildung. In: NOHL, H. (Hrsg.): Die Theorie und die Entwicklung des Bildungswesens. Handbuch der Pädagogik, Bd. 1. – Langensalza, S. 3-15.

OSER, F../BAERSWYL, F. (2001): Choreographies of teaching: Bridging instruction to learning. In: RICHARDSON, V. (Eds.): Handbook of research on teaching. – 4th ed. – Washington, D.C., pp. 1031-1065.

PETERßEN, W. H. (2001a): Lehrbuch Allgemeine Didaktik. – 6. völlig veränd., aktual. u. stark erw. Aufl. – München.

PETERßEN, W. H. (2001b): Kleines Methoden-Lexikon. – 2., aktual. Aufl. – München.

REICH, K. (2002): Konstruktivistische Didaktik. – 2., durchges. Aufl. – Neuwied.

REINMANN-ROTHMEIER, G./MANDL, H. (2006): Unterrichten und Lernumgebungen gestalten. In: KRAPP, A./WEIDENMANN, B. (Hrsg.): Pädagogische Psychologie. – 5., vollst. überarb. Aufl. – Weinheim, S. 613-658.

REUTER, Y. (Hrsg.) (2007): Dictionnaire des concepts fondamentaux des didactiques. – Bruxelles.

RICHARDSON, V. (Ed.) (2001): Handbook of research on teaching. – 4th ed. – Washington, D.C.

ROTH, H. (1969): Die Kunst der rechten Vorbereitung. In: ders. (Hrsg.): Pädagogische Psychologie des Lehrens und Lernens. – 11. Aufl. – Hannover, S. 119-128.

ROTH, H. (1971): Entwicklung und Erziehung. Pädagogische Anthropologie, Bd. 2. Grundlagen einer Entwicklungspädagogik. – Hannover.

SCHÄFER, K.-H./SCHALLER, K. (1973): Kritische Erziehungswissenschaft und kommunikative Didaktik. – Heidelberg.

SCHULZ, W. (1965): Unterricht – Analyse und Planung. In: HEIMANN, P./OTTO, G./SCHULZ, W. (Hrsg.): Unterricht – Analyse und Planung. – Hannover, S. 13-47.

SCHULZ, W. (1972): Die Didaktik der „Berliner Schule" – revidiert. In: betrifft: erziehung 5 (6), 19-32.

SCHULZ, W. (1980/1989): Die lehrtheoretische Didaktik. In: GUDJONS, H./TESKE, R./WINKEL, R. (Hrsg.): Didaktische Theorien. – Hamburg, S. 29-45.

SCHULZ, W./TESCHNER, W. P./VOIGT, J. (1970): Verhalten im Unterricht: Seine Erfassung durch Beobachtungsverfahren (Orig.: MEDLEY, D.M./MITZEL, H.E. (1963/1965). Measuring classroom behavior by systematic observation. In: GAGE, N.L. (Ed.), Handbook of research on teaching. – Chicago.). In: INGENKAMP, K./PAREY, E. (Hrsg.): Handbuch der Unterrichtsforschung. – Weinheim, S. 632-851.

SHULMAN, L. S. (1987): Knowledge and teaching: Foundations of the new reform. In: Harvard Educational Review 57 (1), S. 1-22.

STÜBIG, F./STÜBIG, H. (2007): Mit Klafki offenen Unterricht planen? In: KOCH-PRIEWE, B./STÜBIG, F./ARNOLD, K.-H. (Hrsg.): Das Potenzial der Allgemeinen Didaktik. – Weinheim, S. 108-120.

TERHART, E. (1978): Interpretative Unterrichtsforschung. Kritische Rekonstruktion und Analyse konkurrierender Forschungsprogramme der Unterrichtswissenschaft. – Stuttgart.

TERHART, E. (1979): Zur Wechselwirkung von Schülermerkmalen und Unterrichtsbedingungen. Probleme des Aptitude-Treatment-Interaction-Programms. In: Die Deutsche Schule 71, S. 285-296.

TERHART, E. (1983): Unterrichtsmethode als Problem. – Weinheim.

TERHART, E. (1997): Lehr-Lern-Methoden. Eine Einführung in Probleme der methodischen Organisation von Lehren und Lernen. – 2., überarb. Aufl. – Weinheim.

TERHART, E. (2002): Fremde Schwestern. Zum Verhältnis von Allgemeiner Didaktik und empirischer Lehr-Lern-Forschung. In: Zeitschrift für Pädagogische Psychologie 16 (2), S. 77-86.

TERHART, E. (2005): Über Traditionen und Innovationen oder: Wie geht es weiter mit der Allgemeinen
    Didaktik? In: Zeitschrift für Pädagogik 51 (1), S. 1-13.
TULODZIECKI, G./HERZIG, B./BLÖMEKE, S. (2004): Gestaltung von Unterricht. Eine Einführung in die
    Didaktik. – Bad Heilbrunn.
WENIGER, E. (1929/1990): Theorie und Praxis in der Erziehung. In: ders.: Ausgewählte Schriften zur geis-
    teswissenschaftlichen Pädagogik (ausgew. u. mit einer editorischen Notiz versehen v. B. SCHONIG). –
    2. Aufl. – Weinheim, S. 29-44.
WENIGER, E. (1930/1960): Theorie der Bildungsinhalte und des Lehrplans. – 3. Aufl. – Weinheim.
WESTBURY, I./HOPMANN, S./RIQUARTS, K. (Hrsg.) (2000): Teaching as a reflective practice. The German
    Didaktik tradition. – Mahwah, NJ.
WINKEL, R. (1988): Der gestörte Unterricht. Diagnostische und therapeutische Möglichkeiten. – 4. Aufl.
    – Bochum.
WIECHMANN, J. (Hrsg.) (2000): Zwölf Unterrichtsmethoden. – 2. Aufl. – Weinheim.

*Anschriften des Verfassers und der Verfasserin:*
Prof. Dr. Karl-Heinz Arnold, Professor für Schulpädagogik in der Abteilung Angewandte Erziehungswissenschaft des Instituts für Erziehungswissenschaft der Universität Hildesheim. Marien-
burger Höhe 22, 31141 Hildesheim, E-Mail: arnold@uni-hildesheim.de; Prof. Dr. Barbara Koch-
Priewe, Professorin für Allgemeine Didaktik und Schulpädagogik am Institut für Allgemeine
Didaktik und Schulpädagogik (IADS) an der Fakultät für Erziehungswissenschaft und Soziologie
der Technischen Universität Dortmund. Emil-Figge-Str. 50, 44221 Dortmund, E-Mail: bkoch-
priewe@fb12.uni-dortmund.de

Kirsti Klette

Oslo and Stanford (Visiting Fulbright Professor)

# Didactics meet Classroom Studies

**Summary:**
Didactics offers a rationale and a conceptual structure for interpreting, understanding, classifying and framing educational purposes and practices. In relation to schools, it focuses on the what (content), the who (teachers and students) and the how (methods of teaching and learning). However, the author argues that didactics has not fulfilled its potential as an integrative and ordering theory and that it has not made adequate use of empirical classroom research (from cognitive psychology/learning theory on the one hand and subject-matter didactics on the other). Besides, didactics has not come up to a change of research from teaching and teachers to learning and student research. The author underlines her evaluation with reference to the Anglo-American and the Nordic tradition. She finds positive development in the field, e.g. a change to process models in teacher research, a shift from content analysis in the German Didaktik tradition (Wolfgang KLAFKI's 'Bildung') to domain-specific research. She deplores that we still know very little about how students' learning is influenced by differences in teaching activities. The author welcomes a methodological development in classroom research towards rich observation with a variety of research instruments and suggests that didactics as a core discipline should live up to its potential in the future.

*Keywords:* didactics and classroom studies; teaching, learning and subject matter didactics

**Zusammenfassung:**
Die (Allgemeine) Didaktik bietet einen Rahmen und eine konzeptuelle Struktur für die Interpretation, die Deutung, die Klassifizierung und die Rahmung erzieherischer Absichten und Praktiken. Mit Bezug auf die Schule konzentriert sich die Didaktik auf das Was (die Unterrichtsinhalte), das Wer (Lehrer und Schüler) und das Wie (Methoden des Lehrens und Lernens). Die Autorin stellt jedoch heraus, dass die Didaktik in der Vergangenheit nicht dem entsprochen hat, was ihr als einer integrativen und ordnenden Theorie mit Bezug auf die empirische Unterrichtsforschung (in der kognitiven Psychologie/Lerntheorie einerseits und den Fachdidaktiken andererseits) möglich wäre. Außerdem hat sie nicht auf einen Wechsel der Forschung vom Lehren und den Lehrern zum Lernen und zur Schülerforschung reagiert. Die Autorin belegt ihre Kritik mit Bezug auf die englisch-amerikanische und die nordische Tradition. Sie findet hier positive Entwicklungen, zum Beispiel den Wechsel zu Prozessmodellen in der Lehrerforschung und einen Wechsel von Stoffanalysen, wie sie in der deutschen Didaktiktradition mit Wolfgang KLAFKIS Bildungskonzeption üblich waren, zu fachbezogener Forschung. Sie bedauert, dass wir immer noch viel zu wenig darüber wissen, wie das Lernen der Schüler durch unterschiedliche Lehraktivitäten beeinflusst wird. Sie begrüßt eine Entwicklung der Unterrichtsforschung hin zu „reicher Beobachtung" und zu einer Vielzahl von Untersuchungsmethoden und fordert, dass die Didaktik als Kerndisziplin dem, was in ihr an Potential steckt, zukünftig auch entspricht.

*Schlüsselwörter:* Didaktik und Unterrichtsforschung; Lehren, Lernen und die Fachdidaktiken

# 1    Introduction

Didactics understood as a *way of thinking and studying* teaching and learning (KLAFKI 1995; HOP-MANN/RIQUARTS 2000; WESTBURY 2000) has played an influential role in the educational sciences in the Northern European countries. With its roots and origins in the hermeneutic and interpretative sciences such as history and philosophy, didactics offers a rationale and a conceptual structure for interpreting, understanding, classifying, and framing educational purposes and practices. It carefully examines the interaction between actors (*who*), subject matter content (*what*) and teaching methods (*how*) – often referred to as the three angles in the didactic triangle. Wolfgang KLAFKI defines didactics (i.e. general didactics) as a „general theory of teaching and learning in instruction" (1995, p. 188).

Despite its long history, didactics as a relational framework between content, actors and methods has not fulfilled its potential as an integrative and ordering theory of teaching and learning. Studies of teachers and teaching have, for example, been poorly aligned with studies of students' learning processes and vice versa, and we still know little about how differences in teachers' activities are related to students learning (ANDERSON/BURNS 1989; OSER/BAERISWYL 2001; KLETTE 2004; ALEXANDER 2006). Despite a growing stock of studies that disclose how students learn (BROWN/PALINSCAR 1989; LEINHARDT 1992; BALL et al. 2001) these studies are seldom linked to how learning activities in classrooms reflect and support teachers' activities and instructional repertoires. Moreover, few studies of teachers and teaching have examined the extent to which differences in teacher effectiveness are related to differences in teachers' subject matter knowledge (SHULMAN 1986). Two decades after SHULMAN and his colleagues conceived of pedagogic content knowledge as a special amalgam of content and pedagogy essential to teachers' professional understanding, we still tend to discuss teaching and learning in general terms separate from the instructional content. MORTIMORE and SCOTT (2003), for example, notice how later studies on interaction and learning seldom take content coverage and subject matter issues into account; "… the analyses are carried out, and the findings reported, solely in terms of patterns of interaction, and the actual *content* (author's emphasis) of what is being taught and learned is not regarded as being a significant feature" (MORTIMORE/SCOTT 2003, p. 101). Today we recognise a call for analytical and methodological framework and design that enables us to integrate the three elements of the didactic triad, as well as explore the relationship between them.

According to KLAFKI's definition of didactics as a *general theory of teaching and learning in instruction* (author's emphasis) (1995, p. 188) one could assume that didactics holds a core position in current research ambitions of how to design academically challenging and inclusive teaching and learning environments. However, as I will argue in this article, didactics as a core discipline for educational knowledge within the areas of teaching, learning, and instruction currently plays a minor role and has not fulfilled its potential as an integrating and possible ordering theory within studies of teaching and learning as a scientific discipline and practice. This problem could be traced back to the split between didactics and cognitive psychology / learning theory and the split between curriculum theory and didactics (see GUNDEM 1995; HOPMANN/RIQUARTS 1995; WESTBURY 1995). The lack of empirically based studies of teaching and learning 'in situ' – that is, studies describing didactical questions as they are carried out at the classroom level – further weakens didactics' role as an integrative tool within studies of teaching and learning. Due to its normative and prescriptive roots and lack of tradition for empirical investigations at an operational level, didactics have failed to both serve as a comprehensive foundation and integrative force of studies of teaching and learning and to address challenges confronting education of today.

Furthermore, general didactics suffer from a lack of communication with research communities within subjects matter didactics. My argument in this paper is that today the latter field represents the innovative force within didactical research. The growing number of studies on subject matter education is in need of a theoretical and methodological framework that would cross the boundaries between general and subject matter didactics.

## Bridging the Old World of didactics with classroom studies?

The aim of this paper is to reconceptualise the relationship between the *who*, the *how*, and the *what* in studies of instruction and learning, in particular with a specific reference to classroom studies and classroom research. Through a review of how earlier and current research within studies of teaching and learning have measured, designed, and summarized their results and focus of investigation, I want to identify integrating potentials which could serve as a platform for didactics as a comprehensive theory of school teaching and learning. The analyses will refer to the literature from Nordic (i.e. Norwegian and Swedish) and Anglo-American research on classroom practices – predominantly at the primary and lower secondary levels (i.e. comprehensive schooling in the Nordic countries).

Several scholars have discussed the relation between curriculum theory and didactics (ENGLUND 1995, 1997; GUNDEM 1992, 1995; HOPMANN/RIQUARTS 1995, 2000; WESTBURY 1995, 2000; MENCK 2000). Ian WESTBURY claims that American curriculum theory and the German tradition of Didaktik represent „two distinct traditions of thinking about teaching and educating" (1995, p. 233). Following WESTBURY, the German tradition of Didaktik represents a framework and *rationale* for teachers' thinking regarding educational formation in general ("Bildung" tradition) and instructional practices in special. Curriculum theory, on the other hand, refers to the *system* level and provides a framework for curriculum programs containing statements of aims, prescribed content, and methods of teaching. Didaktik has its origins in hermeneutics and the philosophical and historical disciplines, while curriculum theory draws on expertise from cognitive psychology and learning theories.

For the case of Nordic countries, a mixture of a German oriented Didaktik (Bildung) tradition parallel with empirically oriented classroom studies have been essential to define research traditions capturing studies of teaching and learning in schools. The Nordic countries draw on both these traditions. In his description of didactics in Sweden, Tomas ENGLUND (1995) makes a distinction between a narrow and a broad definition of didactics. In his vocabulary a narrow definition of didactics paraphrases American curriculum theory, which has strong links to cognitive psychology, learning theory and accordingly prescriptive curriculum theory (see for example KROKSMARK/MARTON 1987). A broad definition, on the other hand, refers to didactics as a rationale for educational formation (Bildung) and, as it is the case in Sweden, is strongly inspired by a new sociology of education and questions of social control, legitimacy, and social reproduction (see e.g., BERNSTEIN/LUNDGREN 1983). ENGLUND argues that both traditions impregnate studies of teaching and learning in Sweden, but with a strong emphasis on contextual and societal framing (i.e., wide understanding) of the studies. The works of DAHLÖFF (1971), LUNDGREN (1981), and LINDBLAD and SAHLSTRÖM (1999) can serve as three timely illustrations of this wide approach in Sweden.

The Didaktik tradition in Norway, understood *as a way of thinking and studying* teaching and learning (KLAFKI 1995; HOPMANN/RIQUARTS 2000; WESTBURY 2000), held for a long period a core position in the field with an emphasis on hermeneutics and interpretative stances. It leaned heavily on textual sources (i.e., curriculum plans, policy documents, text books) as their primacy sources for data and analyses (GUNDEM 1992; KARSETH et al. 1997). Their analytical framework was often derived from a normative and dichotomised conceptual language (i.e. teacher centred versus student centred, academic knowledge versus vernacular knowledge etc.), while studies of concrete practices in classrooms and other pedagogical settings were seldom in the forefront.

During the 1970s, empirically oriented classroom studies became a more frequent approach for studying teaching and learning processes (KLETTE 1998) and today studies of pedagogical practices in schools and classrooms, together with curriculum analyses (i.e. "Lehrplan analysieren"), constitute teaching and learning as a field of research in Norway and the Nordic countries. In my overview I draw on both traditions, though with a major focus on recent classroom studies and classroom research. In the analyses the following arguments will be highlighted:

– The relation between content matter issues (the *what*), instructional activities (the *how*), and teachers and students involved (the *who*) in studies of teachers and teaching has changed over time. While the Didaktik/ Bildung tradition historically had aspects of the *what* (backed up with arguments concerning *why* questions) in the foreground, empirically oriented classroom descriptions have been more occupied with issues of teaching styles and teaching methods (the *how*) and characteristics and traits of persons involved, i.e. teachers and students (the *who*). During the last decade(s) – especially thanks to an increase in subject matter focused investigations – we recognise a renewed interest in the *what* aspect regarding teaching and learning in schools.
– Studies of the teachers and teaching hold a strong position within studies of teaching and learning in classrooms and as a consequence the other two angles in the triad are underdeveloped and may be more important, while the relational dynamics between the elements continue to be vague and obscure. Despite severe research efforts, we continue to search for qualities of the individual teacher.
– The role of content is underestimated in studies of teaching and learning. Such neglect is surprising given the needs to be specific about issues of knowledge when we address the curriculum of "knowledge societies": *What should we teach* is subsequently pushed into the background.
– A request for more integrated frameworks that enable us to link instructional activities and procedures (the *how*) with thematic patterns (the *what*) and mode of interaction patterns (the *who*). Recent technological and methodological developments in videos and audios represent some promising opportunities in this respect.

## 2    What do we know about teaching and learning in classrooms? Empirical studies of the who, the how, and the what

In this section of the paper I will briefly comment on empirical studies of the *who, how* and *what* in classrooms and discuss some conclusions from this review. My sample of research spans a period of 70 years (1929–1999) and has a bias towards Anglo-American and Norwegian (i.e. Nordic) empirical studies. I will not go deeply into the "findings" of each study, but instead focus on how they are framed conceptually and methodologically – and what conclusions could be derived from this research. The idea is to trace the ways these studies have tried to overcome the "missing link paradigm" during different periods and at the same time accumulated knowledge within the field of didactics or theory of instruction. In the face of the massive investment in empirical studies we still lack valid and robust knowledge about how to design good learning environments.

### Studies of the who – teachers, students in classrooms

For the whole period examined here, teachers constitute the central subject(s) of investigations. Studies of teaching and learning in classrooms have either identified characteristics of good teaching or the good teacher. In the first period (1929–1945) good teaching was attributed to the moral traits of the individual teacher. After 1950 behavioural variables, such as observable teacher styles, played a more prominent role, whereas studies during the 1970s and early 1980s addressed the ways in which teachers interacted with their classroom context. During the late 1980s and early 1990s research on teaching and learning turned inwards and brought to the surface teachers' cognition and their personal and practical knowledge, along with studies of interaction and discursive practices in classrooms.

In this period the learner is in the background and only brought to the foreground in studies after the late 1980s. One example that testifies to such a bias is the shift from a behavioural to a functional model of teaching, where the functions of the teacher did not include the actions of students (ANDERSON/BURNS 1989). It then took another 20 years or so before empirical classroom research recognised learners as key players in this arena.

In the 1930s and early 1940s the preoccupation with teachers' personal and moral traits (see for example CHARTERS/WRAPPELS 1929; WALLER 1932; KRISTVIK 1946; KLEVEN /STRØMNES 1998) resulted, for example, in the production of "master lists" (CHARTERS/WRAPPLES 1929; ANDERSON/ BURNS 1989, p. 243) that described teachers' traits and the activities that teachers engaged in or that teachers were expected to perform in the classrooms. The idea was to do away with the discrepancies between 'what is' and 'what ought to be' through the use of objective methods and the construction of a master list that also would serve as the basis for teacher training curricula.

During the 1950s, the psychological and moral makeup of teachers was still the centre of attention, but research had a stronger orientation towards measurable external behaviour. For example, RYAN et al. (1960) in their "Teacher Characteristics" study wanted to compile information about significant teacher characteristics that could be used in evaluating and predicting teacher behaviour (ANDERSON/BURNS 1989, p. 247). They saw teacher behaviour as a function of situational factors *and* characteristics of the individual teacher.

In 1968, Philip JACKSON's book "Life in classrooms" was published. It stands out as classical study of teaching and learning for two reasons: For the first time we got a detailed view into the life of classrooms from the point of view of both teachers and pupils and additionally it represented an early version of a mixed-method approach, combining reports, interview data, and ethnographic observation of classrooms. JACKSON derived three categories that describe the organization of students in classrooms: crowds, praise, and power. In retrospect, this study marks the end of work on teachers' personality, as MUNBY/RUSSELL/MARTIN (2001) and other scholars claim.

The next period (1979–1986) characterizes a shift from research on individual behavioural categories to functional categories (e.g., direct and indirect instruction) regarding studies of the teacher. GALTON's study "Inside Primary Classrooms" (GALTON/SIMON/CROLL 1980) could stand out as a prototype example of studies from this period (see also GOODLAD 1984; BLICHFELDT 1973; BROCH UTNE 1981). He wanted primarily to describe some of the richness and variety of what goes on in a modern primary classroom. The GALTON study relied on structured observations combined with qualitative field notes.

In the decades to follow cognitive (LEINHART/GREENO 1986) and interactional studies (PALIN-SCAR/BROWN 1984; EDWARDS/MERCER 1987; WELLS 1999) together with studies of teachers' tacit (ELBAZ 1983; CARLGREN 1987; ERAULT 1994), personal (CLANDININ 1986) and professional (CLARK/PETERSON 1986; SHULMAN 1988) knowledge were conducted. SHULMAN's study "Knowledge Growth in Teaching" (1988) has become a classical study in how to describe teachers' practical professional knowledge. The study was designed in response to the "missing paradigm" problem in education. According to SHULMAN, few studies of teacher effectiveness had examined the relationship between subject matter knowledge and teacher effectiveness and he advocated a more focused approach on "how teachers learn to transform their own understanding of subject matter into representations and forms of presentations that make sense to students" (SHULMAN 1988,

p. 1). Unfortunately this doctrine has received few followers who study the link between classroom activities and specific subject matter knowledge. One exception comes from newer research on subject specific teaching (Fachdidaktik) in a classroom context (studies of the *what* – see next section). In the 1980s, the learners' perspective was taken care of by the growing literature on studies of interaction (EDWARDS/MERCER 1987) and contextual learning (PALINSCAR/BROWN 1984; BROWN/PALINSCAR 1989). However, a comprehensive understanding of subject matter teaching was not included in this socio-constructivist program.

Three conclusions can be drawn from this quick overview of research regarding the *who* of teaching. First, teachers (i.e. teaching) have been and still are fronting studies of teaching and learning in classrooms. However, the preoccupation with generic qualities (behavioural, functional, or biographical) has been replaced by a growing interest in process models, which, by and by, included the learners' perspectives. Second, studies assessing teachers' styles do not find any correlation between such profiles and classroom performance or student achievement. The same goes for teachers' attitudes, interests, values, motivation, personality characteristics (GETZEL/JACKSON 1963), or general teacher knowledge (SHULMAN 1986). Third, however, research in specific content areas, like math education, indicates a strong link between teachers' pedagogical content knowledge and students' achievement (MONK 1994; HILL et al., 2005).

## Studies of the How

Studies of *the how* have mainly concentrated on consequences of different teaching styles and/or instructional frameworks (FLANDERS 1960) and how different educational formats (BENNETT 1976; DAHLØFF 1971; CUBAN 1984) and verbal transcripts (BELLACK et al. 1966; CAZDEN 1988) affect students' learning. Taken together and compared with studies of the teachers, few studies have teaching methods and/or instructional format as a point of departure for their research.

FLANDERS' Interaction Analysis (FIAS; FLANDERS 1960) was designed to investigate the effects of teacher directedness towards different groups of students (e.g., gifted, slow, and average group of students). It did not, however, identify any strong correlation between teacher style and student achievement (FLANDERS/SIMON 1969). FIAS was adopted in a system for classroom observations (ANDERSON/BURNS 1989).

During the 1960s, BELLACK and his colleagues (1966) examined the verbal interaction taking place in classrooms and its impact on students' achievement. Their underlying assumption was that teachers control classroom behaviour through communication and they sought to identify the various types of verbal actions teachers and students take "….and the rule they implicitly follow in making these moves" (BELLACK 1966, p. v.). They developed an elaborate coding scheme for identifying verbal moves and rules in the classrooms that inspired empirical research in the Nordic countries in the years that followed (see LUNDGREN 1979; HAUG 1994). It was also one of the first studies using audio recordings as a tool for gathering classroom data.

Inspired by the FLANDERS study, Urban DAHLØFF (1971) observed the relationship between grouping, curriculum, teaching processes, and student achievement in Swedish classrooms. He found that grouping practices affected the distribution of student abilities and the pace of teaching which again affected students' outcomes. DAHLØFF's frame factor model pointed to the environmental contingencies of teaching and his research was very influential in Sweden and Norway (LUNDGREN 1979; BERNSTEIN/LUNDGREN 1983).

In his study "How teachers taught" Larry CUBAN (1984) wanted to understand the high degree of stability in teaching behaviours, despite the many attempts at promoting 'student centred' instruction. He contrasted the later approach with a "teacher centred" approach and defined five categories as indicators of changes in such orientations: class arrangements, group instruction, classroom talk, class activities, and student movement. In his study CUBAN used a multi-method design.

During the 1980s there was an upsurge in studies investigating verbal interaction and discursive practices in classrooms. MORINE-DERSHIMER (1985) looked into the relationship between talk and students' misconceptions. EDWARDS and MERCER's study "Common knowledge" (1987) distinguished between teacher initiated and student initiated questions and responses, while Cortny CAZDEN's study "Classroom Discourse" (1988) used language patterns to map participation structures in classrooms. During the late 1980s and the following decade, numerous constructivist/social constructivist and socio-cultural studies intended to disclose how verbal interaction and discursive practices facilitate and support students' learning (see for example WELLS 1999; WERTSCH 1998).

The following conclusions can be drawn from the studies of the *how* in classrooms: The prevalence and enduring character of lecturing, plenary discussion, and seatwork in classrooms has been well documented (BELLACK et al. 1966; FLANDERS 1960; GOODLAD 1984; CUBAN 1993). *How*-research also finds weak evidence for the claim that changes in format, like giving priority to plenary discussions, make a difference with regard to student output. Other studies suggest that this variable may be influenced by teacher's deliberate and systematic use of grouping arrangements, together with sufficient scaffolding structures, like classroom talk (MEICHENBAUM/BIEMULLER 1998; KLETTE 2003; ALEXANDER 2006). Instruction time, pacing (i.e. classroom management) and high academic expectations, and – as we shall see – content coverage are further associated with high levels of students' achievement. In terms of methodologies, the studies of the *how*-side of teaching have been innovative and draw on a rich toolkit including observations and interviews, questionnaires and tests, and learning logs and narratives.

## Studies of the What

In the Didaktik-tradition, the *what*-issues have been given precedence (GUNDEM 1992, 1995; KLAFKI 1995) and either addressed the 'Bildungspotential' (KLAFKI 1995) and democratic values embedded in content areas (ENGLUND 1997), or the sequencing of subject matter in teaching programs. In the Nordic countries, the Didaktik-tradition has a methodological preference for curricular plans, text books, and other documents, compared with classroom observations of teaching practices. My review below will focus on the implemented and experienced curriculum (GOODLAD 1984) and less on the policy based, intended curriculum.

As previously pointed out, studies of the *what* play a minor role in classroom research during the period from the 1960s to the 1990s. WATSON (1963) traces this historical development in the field of science education by referring to the 69 American publications in the 1963-edition of the Handbook on Teachers and Teaching that addressed science teaching and content elements. Thirty-five years later – in 1998 – there was enough research in this field to justify a 600-page American handbook on science teaching and an equally voluminous International Handbook on Science Education.

These figures may be taken as a token of a growing interest in the content aspects of teaching and learning research. In the early studies, these issues were either ignored or treated as a background variable – as pointed out by WHITE (2001, p. 466) in his review of studies in science education up to 1975. In the following sections I will go into more detail into this historical development.

For a long period of time (1929–1960), the content of teaching was not included in classroom research. In the Didaktik-tradition it was discussed in terms of 'Bildungspotential', issues of inclusion and exclusion, and the role of different subjects in integrating societal groups and cohorts into the educational enlightenment project. Demarcations were drawn between humanities and sciences (HØIGAARD/RUGE 1973), vocational knowledge, and theoretical knowledge (GOODSON 1987).

In the first part of the post world war period (1945–1969), subject matter issues and knowledge domains remained unnoticed in the educational research agenda. They could, however, appear as background variables in some of the classification systems developed at the time (see e.g., BELLACK et al. 1966).

During the first part of the 1970s, issues of content and knowledge domains were taken up in the discourse on social control and reproduction (YOUNG 1971; BOURDIEU/PASSERON 1977/1990) – as mechanisms and devices for solidifying capitalist hegemony (BOWLES/GINTIS 1976) or as means of enforcing the power of the 'ideological state apparatus' (ALTHUSSER 1972). There were no references to the qualities of knowledge content, per se, as a factor that could influence teaching practices. However, spinning off from the heavy research in the sociology of education we find a growing interest in micro-level studies of language games in classrooms as sign systems or codes that reflect hegemony and hierarchical positions (see e.g., BERNSTEIN 1975, Project Skolesprog in Denmark 1979). In the same vein, schooling and school disciplines were conceived as reservoirs for knowledge hegemony (HØGMO/SOLSTAD et al. 1981), class control (FREIRE 1972; WILLIS 1977) and gender interests (SPENDER/SARAH 1980; BJERRUM NIELSEN 1981). Also, the relationship between school knowledge and everyday consciousness was explored (NEGT 1971; ZIEHE 1980; HØGMO/SOLSTAD et al. 1981), underpinning the prescription of cross-disciplinarity and project work (Project Skolesprog 1979). Although this new sociology of education should be credited for reframing our understanding of schooling in society, its contribution to the empirical validation of teaching methods, like interdisciplinary work, was somewhat dubious. The evidence for everyday practice as a privileged venue to productive learning is meagre. For example, WILLIS (1977) concluded that "…working class kids get working class jobs", but did not suggest any way out. In short, the 1970s' celebration of inductive, interdisciplinary, and inquiry based educational programs leaned on rather simplified models of learning (KLETTE 1998; BORGNAKKE 1996). A lot of the studies referred to here were devoted to the maxims of action research, where researchers and practitioners collaborate in the research process (FREIRE 1972; NEGT 1971; HØGMO/SOLSTAD et al. 1981).

The year 1986 indicates a shift regarding studies of the *what* in classroom research. After the mid 1980s, a large number of studies on subject matter issues and/or pedagogical content knowledge entered the scene (see SHULMAN 1986; BALL et al. 2001). Content aspects were at the core of research on theories of subject matter education ('Fachdidaktische Theorie') within fields like science, maths, reading and writing. But also researchers in general education (SHULMAN 1986; COHEN 1990) started to discuss learning and teaching within a subject specific framework. And this time knowledge domains were not only tokens of social forces or a variable influencing teaching strategies. They were gradually recognised as a research area to be investigated on its own premises.

The SHULMAN study, "Knowledge growth in teaching" (1988), is central in this reorientation and came as response to the "missing paradigm" problem in studies of teaching and learning. SHULMAN and his co-workers introduced the concept *'pedagogical content knowledge'* that called attention to a special kind of teachers' knowledge that linked content and pedagogy (that is, the missing paradigm). Their approach was highly recognised within research on subject matter education. For example BEGLE (1979) and MONK (1994) found that courses in mathematics methods had more effect on student performance than conventional teaching because the former included pedagogical content knowledge. In studies from science classrooms, WHITE (2001, p. 468) came up with similar conclusions.

Theories of subject matter education was a driving force in renewing the *what to teach* aspects in classrooms. Although NUTHALL and CHURCH indicated already in 1973 that subject matter made a difference to the effectiveness of instructional models, it took more than a decade before this insight was taken up in classroom studies – especially in science, math, and reading/writing education. In the next sections I will therefore go more deeply into the literature on science and writing education.

## Science education

In the late 1980s, studies of science education enjoyed a period of rapid growth and what WHITE describes as "a revolution" (2001, p. 457): A displacement of research questions and topics, a methodological shift and a recruitment of new sub-disciplines to the field. WHITE listed concepts like learning strategies, (cognitive) misconceptions, and socio-cultural approaches as examples of such a diversity. He found that the number of articles on (cognitive) misconceptions increased from 14 articles in 1971, to 226 in 1986, and 285 in 1991 (WHITE 2001, p. 459). While no constructivist studies of science classrooms existed in 1971, in 1981 three studies had been conducted and in 1991, 223 had been conducted (ibid.). WHITE concludes that students' learning is at centre of this research.

## Writing studies

Like studies of science classrooms, the research on writing instruction only became a recognised area during the 1980s and early 1990s (see DYSON/FREEDMAN 1991; NYSTRAND,/GREENE/ WIEMELT 1993). NYSTRAND et al. (1993) describe a movement in this field that is similar to the one above concerning science education. HAIRSTON (1982) sees *process writing* as a "paradigmatic shift" in the native writing education (L1), whereas SPERLING/FREEDMAN (2001, p. 382, 383) extend such a program to studies of second language (L2).

During the 1980s, the writing process was understood in terms of a planning model (plan, translate, and evaluate) and expertise in text composition (FLOWER/HAYES 1981). It took only a few years for process writing to become *the* dominant approach to research on writing instruction. This shift also draws on old paradigms of writing research (SPERLING/FREEDMAN 2001, p. 373). Most studies conducted in a classroom context included the following stages: plan, write, and then revise. Results indicated that brainstorming activities and whole class conversations were easily encouraged, but the transfer of these activities into problem solving and active writing was harder to achieve (SPERLING/FREEDMAN 2001, p 373). APPELBEE (1984) and GUTIERREZ (1992), among others, maintain that the generic term 'process writing pedagogy' concealed large variations between classrooms. HILLOCK's meta-analyses (1986) of the effectiveness of different versions of writing instruction and writing improvement supported the primacy of the environmental model of process writing. In Norway, EVENSEN and WAGLE (2004) used text production at the classroom level to examine writing qualities and writing profiles among 16 youngsters of today.

I sum up my conclusions regarding instructional content of classroom teaching: The old didactics tradition had knowledge areas and (subject matter) content at the centre of their research. However, this literature did not address the classroom level and detailed pedagogical practices. Thus, a split was created between general didactics and studies of concrete (and subject specific) didactics in classroom contexts. The first tradition tends to discuss the *what* aspect of education in terms of general aims and devices – often held in dichotomised and normative language, where practice is deduced from the world of intensions and guidelines. The latter position has studied classroom life without paying attention to the interaction between instructional activities and subject matter.

The rising star of subject specific analyses has been most obvious in research on mathematics, science, and writing instruction, but also prompted by technological advances in video-recording of classroom activities.

# 3    Conclusive discussion

Taken together studies of *the who, how, and what to teach* point to the following trends:

- A shift from considering teaching from a functional rather than behavioural point of view during the late 1960s/ early 1970s: A preoccupation with generic qualities (behavioural, functional, or biographical) has been replaced by a growing interest in process models, which gradually also included the learners' perspectives. Teachers and teaching styles as the primary focus of investigations has contributed to a limited understanding of what goes on in schools and classrooms.
- A move from psychology and behaviourism in studies of education: This is a move from behaviourism to cognition as the dominant model for understanding learning. Knowledge of information processing and constructivist theories of learning spread through the 1970s and 1980s. These theories provided a more useful basis for instructional design than behaviourism since they could embrace the rich variety of learning taking place in schools. However, knowledge processing theories neither included the social context, nor the content side involved. Moreover, knowledge processing theories and theories of learning are not instructional theories and we still know very little about how students' learning is influenced by differences in teaching activities.
- The New Sociology of Education reframed studies of knowledge acquisition and its epistemic basis in subject content, but was stuck in a restricted perspective when knowledge issues were conceived as, primarily, mechanisms of power relations and devices for capitalist hegemony. Later, subject and content specific investigations of teaching and learning in classrooms have contributed to producing more nuanced and complex portraits of content matters in classroom learning. Research in specific content areas, like math and science education, for example, indicates a strong link between teachers' pedagogical content knowledge and students' achievement.

Methodologically we recognise the following trends:

- A shift from evaluative and predetermined methods developed and controlled by the researchers to interviews and observations (plus quantitative data) aiming at discharging individual differences among the stakeholders in the classroom.
- The value of lengthy, contextually rich observations of the interpersonal dynamics occurring in classrooms has been asserted throughout the last two decades. Throughout the 1980s, a growing interest in individual understanding of contexts was recognised. Researchers started to appreciate the active role learners play in forming the learning situation. They therefore turned to interviews, narratives, mental protocols, and different types of collaborative research to discover/ discharge participants' beliefs, feelings, purposes, and outcomes.
- The shift from experimental or descriptive design to in-depth descriptions of natural classroom events has extensively increased over the period analysed: Today, qualitative studies hold central positions in studies of teaching, learning, and subject matter issues in classrooms.
- From pen, pencils, note books, and questionnaires as the primary technologies for gathering data to audios, videos, and other technologically supported data gathering techniques: Today video/audio documentation (plus quantitative and other qualitative data), supported with exis-

ting software tools for analyses, are some of the driving forces for methodologically and conceptually designed studies of teaching and learning.
– Didactic framework and research design able to bridge the teaching-learning gap struggle with institutional and disciplinary boundaries and fragmentation, policy initiatives and power relations among the different stakeholders: Recent developments within the research field of subject specific didactics *and* classroom studies, combined with emergencies in technologies able to document teaching/learning processes at micro and meso levels, provides for opportunities to study how different thematic patterns are linked to instructional activities and interaction formats in classrooms. Funding structures in research, together with policy initiatives, such as the creation of networks across research communities, disciplines, and national contexts, support this research ambition even further.

Didactics as a core discipline and integrating force in this venture has, however, not fulfilled its potential and today general didactics face serious challenges as a mediating and comprehensive theory of instructional design.

## Endnote

1 This rather rough examination does not take into account specific differences between the Nordic countries. There are some significant differences which place Denmark at one position of the axe (were the German Didaktik/ Bildung tradition held – and still holds? – a strong position) and Finland on the other (where cognition – empirically measured at an individual level – holds a strong position in the field of studies of teaching and learning) and with Sweden and Norway in a more mixed position drawing on both textual curriculum studies and empirical classroom investigations as a framework for analysing teachers and teaching.

## References

ALEXANDER, R. (2006): Towards Dialogic Teaching- – 3rd ed. – Cambridge, UK.

ALTHUSSER, L. (1972/1984): Essays on Ideology. – London.

ANDERSON, L. W./BURNS, R. B. (1989): Research in classrooms. The study of teachers, teaching and instruction. – Oxford.

APPELBEE, A. N. (1984): Writing and reasoning. Review of Educational Research 10(3), pp. 577-596.

BALL, D. B./LUBIENSKY, S. T./MEWBORN, D. S. (2001): Research on Teaching Mathematics: The Unsolved Problem of Teachers' Mathematical Knowledge. In: RICHARDSON V. (Ed.): Handbook on Research on Teaching – 4th ed. – Washington D.C., pp. 433-456.

BEGLE, E. G. (1979): Critical variables in mathematics education: Findings from a survey of the empirical Literature. – Washington D.C.

BELLACK et al. 1966 = BELLACK, A./KLIEBARD, H./HYMAN, R./SMITH, F. (1966): Research in classrooms. The study of teachers, teaching and instruction. – Oxford.

BENNETT, S. N. (1976): Teaching style and pupil progress. – Cambridge, MA.

BERNSTEIN, B. (1975): Class, Codes and Control. Towards a theory of Educational Transmission. Vol. 3 – London.

BERNSTEIN, B./LUNDGREN, U. P. (1983): Power, Control and Education (Norwegian title: Makt, kontroll och pedagogic). – Lund.

BJERRRUM NIELSEN H. (1981): Sweet girls, neat girls, quiet girls. (Danish title: Små piger, søde piger, stille piger). In: Sosiologi I dag no 3-4, 1981, (pp. 25-55). – Oslo.

BLICHFELDT, J. F. (1973): From the Backseat of the Classroom (Norwegian title) (Norwegian title: Bakerst i klassen). – Oslo.

BORGNAKKE, K. (1996): Pædagogisk feltforskning og procesanalytisk terminology. (Educational Field research and the methodology of process analyses). – Copenhagen.

BOURDIEU, P./PASSERON, J. C. (1977/1990): Reproduction in Education, Society and Culture. – 1st ed. 1977/2nd ed. 1990. – London.

BOWLES, S./GINTIS, H. (1976): Schooling in capitalist America: educational reform and their contradictions of American life. – London.

BROCH UTNE, B. (1981): Secondary Schools during Innovations Processe. (Norwegian title: Ungdomsssskoler i utvikling). – Oslo.

BROWN, A.L.,/PALINSCAR, A.S. (1989): Guided cooperative learning and individual knowledge acquisition. In: RESNICK, L. B. (Ed.): Knowing, learning, and instruction. – Hillsdale, NJ.

CARLGREN, I. (1987): School based innovations) (Swedish title: Lokalt Utvecklingsarbete). Göthenborg: Göteborg Studies in Educational Sciences, 56. – Göteborg.

CAZDEN, C. (1988): Classroom discourse. The language of teaching and learning. – Portsmouth..

CHARTERS, W. W./WRAPPLES, D. (1929): The commonwealth teacher-training study. – Chicago.

CLANDININ, D. J. (1986): Classroom practice: Teacher images in action. – London.

CLARK, C. M./PETERSON, P. L. (1986). Teachers' thought process. In: WITTROCK, M. C. (Ed.): Handbook on Research on Teaching. – 3rd ed. – New York, pp. 255-296.

COHEN, D. K. (1990): A Revolution in One Classroom: The Case of Mrs. Oublier. Educational Evaluation and Policy Analysis. – Vol. 12, 3, pp. 311-329.

CUBAN, L. (1993/1984): How Teachers Taught. Constancy and Change in American Classrooms 1880-1990. – 2nd ed. – New York.

DAHLÖFF, U. (1971): Ability grouping, content validity, and curriculum process analysis. – New York.

DYSON, A.H./FREEDMAN, S. W. (1991): Writing. In FLOOD, J. /JENSEN, J. / LAPP, D./SQUIRE, J. (Eds.): Handbook on the research on teaching the English Language arts. – New York, pp. 754-774.

EDWARDS, A. D./MERCER, N. (1987): Common knowledge. The development of understanding in the classroom. – London.

ELBAZ F. (1983): Teacher thinking: A study of practical knowledge. – London.

ENGLUND, T. (1995): Narrow and Broad Didactics in Sweden. Towards a Dynamic Analyses in the Content of Schooling. In: Journal of Curriculum Studies, 29 (33), pp. 267-285.

ENGLUND T. (1997): Education discourse and creating a democratic public. In: FARNEN, R./ZUNKER, H. (Eds.): The politics, sociology and economics of education. – London.

ERAULT M. (1994): Developing professional knowledge and competence. – London.

EVENSEN L.S./WAGLE W. (2004): Writing comprehension of today? (Norwegian title: Hvordan star det til i norsk skriftlig). In: KLETTE, K (Ed.): School Subjects and Instructional Repertoires during periods of change? (Norwegian title: Fag og arbeidsmåter i endring?") – Oslo.

FLANDERS N. (1960): Teacher influence, pupil attitudes, and achievement. – Minnesota.

FLANDERS, N./SIMON A (1969). Teacher effectiveness. In: Encyclopedia of Educational Research. – 4th ed. – New York.

FLOWER L. S./HAYES J. R. (1981): A cognitive process theory of writing. In: College Composition and Communication 32 (4), pp. 365-387.

FREIRE, P. (1972): Pedagogy of the Oppressed. – Harmondsworth, UK.

GALTON, M./SIMON B./CROLL P. (1980): Inside the Primary Classroom. – London.

GETZEL J.W./JACKSON P.W. (1963): The teacher's personality and characteristics. In: GAGE, N.C. (Ed.): Handbook of Research on Teaching. – Chicago.

GOODLAD, J. (1984): A place called school. – New York.

GOODSON I.F. (1987): Schools Subjects and Curriculum Change. – London.

GUNDEM, B. B. (1992): Notes on the development of the Nordic didactics. In: Journal of curriculum Studies, 24(1), pp. 61-70.

GUNDEM, B. B: (1995): Didaktik/Curriculum and Their Common Roots. In: HOPMANN, S./RIQUARTS, K. (Eds.): Didaktik and/ or Curriculum. – Kiel.

GUTIERREZ, K. D. (1992): A comparison of instructional contexts in writing process classrooms with Latino Children. In: Education and Urban Society 24(2), pp. 244-262.

HAIRSTON M. (1982): The winds of change: Thomas Kuhn and the revolution in teaching of writing. College Composition and Communication, 39(4), pp. 76-88.

HAUG, P. (1994): Kindergarden in schools? Evaluation of preschool activities in different institutional settings. (Norwegian title: Barnehage på skule. Evaluering på kjernetilbud og skulefritidsordninger for 6-åringer). – Trondheim.

HILL H./ROWAN B./BAL, D. L. (2005): Effects of teachers' mathematical knowledge for teaching on student achievement. American Educational Journal, 42(2), pp. 371-406.

HILLOCK, G. (1986): Research on written composition: New directions for teaching. – Urbana, IL.

HOPMANN S./RIQUARTS K. (Eds.) (1995): Didaktik and/ or Curriculum. – Kiel.

HOPMANN S./RIQUARTS, K. (2000): Starting a dialogue: a beginning conversation between the Didaktik and curriculum traditions. In: WESTBURY, I./HOPMANN S./RIQUARTS, K. (Eds.): Teaching as a Reflective Practice: The German Didaktik Tradition. – Mahwah, NJ, pp. 3-11.

HØGMO, A./SOLSTAD K.J./TILLER T. (1981): The school and its surrounding society: Knowledge challenges of today? (Norwegian title: Skolen og den lokale utfordringen). – Tromsø.

HOIGAARD, E./RUGE, H. (1963): History of the Norwegian school system (Norwegian titel: Den norske skolens historie). – Oslo.

JACKSON, P. W. (1968): Life in Classrooms. – New York.

KARSETH, B.,/GUNDMUNDSDOTTIR, S./HOPMAN S. (Eds.) (1997): Didaktik: Conventions and Renewals (Norwegian titel: Didaktik: tradisjon og fornyelse). – Oslo.

KLAFKI, W. (1995): Didactic analyses as the core of preparation form instruction. In: Journal of Curriculum Studies 27, (1). pp.13-30.

KLETTE, K. (1998): Research in Norwegian classrooms: An overview (Norwegian titel: Klasseromsforskning på norsk). – Oslo.

KLETTE, K. (2003): Classroom Practice: Interactions and activities in Norwegian classrooms after Reform 97 (Norwegian titel: Lærernes klasseromarbeid: Interaksjon og arbeidsmåter norske klasserom etter Reform 97). In: KLETTE, K. (Ed.): Classroom teaching practice after Reform 97 (Norwegian titel: Klasserommets praksisformer etter Reform 97). – Oslo.

KLETTE K. (2004): School Subjects and Instructional Repertoires in Change? (Norwegian titel: "Fag og arbeidsmåter i endring?). – Oslo.

KLEVEN T. A./STRØMNES Å. (1998): Systematic Observations in the Classrooms: the case of Norway. In: KLETTE, K. (Ed.): Research in Norwegian classrooms: An overview (Norwegian titel: Klasseromsforskning på norsk!). – Oslo.

KRISTVIK E. (1925/1946/1953): The teaching profession. Introduction to Education (Norwegian title: Læraryrket. Innføring i pedagogikk). – Oslo.

KROKSMARK T., MARTON F. (1987). The Theory of Teaching. (Norwegian title: Läran om undervisning. Forskning om Utbildning).- Vol. 4, 3, pp. 14-26.

LEINHARDT, G./GREENO, J .G. (1986). The cognitive skills of teaching. In: Journal of Educational Psychology, 78, pp. 247-271.

LEINHARDT, G. (1992): What research on learning tells us about teaching. In: Educational Leadership, 49(7), pp. 20-25.

LINDBLAD S./SAHLSTRÖM F. (1999): Old patterns and new framing. On framefactors and classroominteraction. (Swedish title: Gamla mönster og nye grenser. Om ramfaktorer och klassrumsinteraksjon). In: Pedagogisk forskning i Sverige, Vol. 4, 1, pp.73-92.

LUNDGREN, U. P. (1979): Att organisera omvärlden. En introduktion till läroplansteori. (To organise the world. An introduction to curriculum theory). – Stockholm.

LUNDGREN, U. P. (1981): Model analysis of Pedagogical Processes. – Lund.

MEICHENBAUM D., BIEMILLER A. (1998): Nurturing Independent Learners. Helping Student Take Charge of Their Learning. – Ontario.

MENCK, P. (2000): Looking Into Classrooms: papers on didactics. – Connecticut.

MONK, D. H. (1994): Subject area preparation of secondary mathematics and science teachers and students' achievement. Economics of Education Review, 13 (2), pp. 125- 145.

MORINE DERSHEIMER, G. (1985): Talking, listening, and learning in elementary classrooms. – New York.

MORTIMORE E. F./SCOTT, P. H. (2003): Meaning making in Secondary Science Classrooms. – Buckingham.

MUNBY, H./RUSSELL, T./MARTIN, A. K. (2001): Teachers' Knowledge and How it Develops. In RICHARDSON V. (Ed.): Handbook on Research on Teaching. – 4th ed. – Washington D.C., pp. 877-904.

NEGT, O. (1971): Soziologische Phantasie und Exemplarisches Lernen. – Frankfurt am Main.

NUTHALL, G./CHURCH, J. (1973): Experimental studies of teaching behaviour. In: CHANAN, G. (Ed.): Towards a science of teaching. – Windsor, pp. 9-25.

NYSTRAND, M./GREENE, S./WIEMELT, J. (1993): Where did composition studies come from? An intellectual story. In: Written Communication, 10 (3), pp. 267-333.

OSER F. K./BAERISWYL, F. J. (2001): Choreographies of Teaching: Bridging Instruction to Learning. In: RICHARDSON V. (Ed.): Handbook on Research on Teaching. – 4th ed. – Washington D.C., pp. 1031-1065.

PALINSCAR, A .S./BROWN, A .L. (1984): Reciprocal teaching of comprehension-fostering and comprehension: Monitoring activities. In: Cognition and Instruction, 2, pp. 117-175.

PROJEGT SKOLESPROG (1979): School Days I and II (Danish title: Skoledage I og II). – København.

REIGELUTH, C.M. (ed.) (1983): Instructional design theories and models: An overview of their current status. – Hillsdale, NJ.

ROMBERG, T./CARPENTER, T. (1986): Research on teaching and learning mathematics. Two disciplines of scientific inquiry. In: WITTROCK, M. C. (Ed.): Handbook on Research on Teaching. – 3rd ed. – New York, pp. 850-873.

RYAN, D.G. et al. (1960): Prediction of teacher effectiveness. In HARRIS, C. W. (Ed.): Encyklopedia of educational research. – 3rd ed. – New York, pp. 1486- 1491.

SHULMAN, L. (1986): Paradigms and research programs in the study of teaching: A contemporary perspective . In: WITTROCK, M. C. (Ed.): Handbook on Research on Teaching. – 3rd ed. – New York, pp. 3-36.

SHULMAN, L. (1988): Knowledge growth in teaching: A final report to Spencer Foundation. – Stanford, CA

SPENDER, D./SARAH, E. (1980): Learning to lose – sexism and education. – London.

SPERLING, M./FREEDMAN, S. W. (2001): Research on Writing. In: RICHARDSON V. (Ed.): Handbook on Research on Teaching. – 4th ed. – Washington D.C., pp. 370-389.

WALLER, W. (1932): The Sociology of Teaching. – New York.

WATSON, F .G. (1963): Research on teaching science. In GAGE, N. I. (Ed.): Handbook of research on teaching. – Chicago, pp. 1031-1059.

WELLS, G. (1999): Dialogic inquiry: towards a sociocultural practice and theory of education. – Cambridge.

WERTSCH, J. (1989): Mind as Action. – New York.

WESTBURY, I. (1995): Didaktik and Curriculum Theory: Are They Two Sides of the Same Coin? In: HOPMANN, S./RIQUARTS, K. (Eds.): Didaktik and/ or Curriculum. – Kiel.

WESTBURY, I. (2000): Teaching as a reflective practice: What might Didaktik teach curriculum? In: WESTBURY, I./HOPMANN, S./RIQUARTS, K. (Eds.): Teaching as a Reflective Practice: The German Didaktik Tradition. – Mahwah, NJ, pp. 15-40.

WHITE, R. (2001): The Revolution in Research on Science Teaching. In RICHARDSON, V. (Ed.): Handbook on Research on Teaching. – 4th ed. – Washington D.C., pp. 457-471.

WILLIS, P. (1977): Learning to labour: How working class kids get working class jobs. – Farnborough.

WILSON, S. .M./SHULMAN, L. S./RICHERT, A. (1987): "150 different ways of knowing". Representations of knowledge in teaching. In: CALDERHEAD, J. (Ed.): Exploring teacher thinking. – Sussex, UK, pp. 104-124.

YOUNG, M. F. D. (1971): Knowledge and control: new direction for the sociology of education. – London.

ZIEHE, T. (1980): Innovative schooling in Glocksee (Danish title: Skoleforsøget Glocsee). In: Kontext, no. 40, pp. 48-64.

*Position and Address of the Author:*

Prof. Dr. Kirsti Klette, University of Oslo, Faculty of Education. E-Mail address: kirsti.klette@ped.uio.no

TEIL II:
ENTWICKLUNGEN IN DER ALLGEMEINEN DIDAKTIK –
RETTUNGSAKTIONEN ODER AUSWANDERUNGEN?

Meinert A. Meyer, Hamburg

# Unterrichtsplanung aus der Perspektive der Bildungsgangforschung

**Zusammenfassung:**
Nach einer Einführung zur aktuellen Bedeutung der Bildungsgangforschung und nach der Kennzeichnung der Bildungsgangdidaktik als Handlungswissenschaft wird zunächst ein Beispiel für Unterrichtsanalyse aus der Perspektive der Bildungsgangforschung gegeben. Das Beispiel, Englischunterricht in der gymnasialen Oberstufe, eignet sich, um „authentisches Lernen" zu beschreiben. Mit Bezug auf das Beispiel und über es hinausgehend werden zwölf Gütekriterien für die Unterrichtsplanung beschrieben und zum Teil empirisch abgesichert. Dem Spannungsverhältnis, das sich dann ergibt, wenn die Allgemeinbildungsansprüche und die Fachkulturanforderungen der Schule und die Bearbeitung von Entwicklungsaufgaben durch die Schüler nicht übereinstimmen, kommt dabei besondere Bedeutung zu. In einem reflexiven Nachfolgeschritt wird ein Modell der Stufung der Gestaltung von Unterricht dargestellt und problematisiert.

*Schlüsselwörter:* Bildungsgang, Entwicklungsaufgaben, Lernerfahrungen, Sinnkonstruktion, Schülerpartizipation, Allgemeinbildung

**Summary:**
Following an introduction concerning the current significance of educational experience and learner development and the conception of didactics – based on this – as a science of positive action, the essay provides an example of teaching analysis from the perspective of research on learners' experience. The example lends itself to a description of "authentic learning". With reference to this example as well as reaching beyond it, twelve criteria for lesson planning are described, some of which are supported by empirical data. In doing so, particular attention is given to the tension arising from a lack of consistency between general demands on education, expectations from the relevant discipline within the school, and the pupils' work on tasks geared towards development. Subsequently, the paper reflectively portrays a model of various stages of classroom interaction, and discusses the problems inherent in the model.

*Keywords:* learner development, developmental tasks, educational experience, sense making, student participation, general education

## 1    Einleitung: Bildungsstandards und Bildungsgangforschung

Ich beginne mit einem Zitat: „Wenn es gelingt, Bildungsstandards so zu gestalten, dass sich in ihnen eine Vision von Bildungsprozessen abzeichnet, eine moderne „Philosophie" der Schulfächer, eine Entwicklungsperspektive für die Fähigkeiten von Schülern, dann können die Standards zu einem Motor der pädagogischen Entwicklung unserer Schulen werden." (KLIEME u.a. 2003, S. 10)

Auch mir liegt daran, eine Vision von Bildungsprozessen zu entwerfen, die uns gesamtgesellschaftlich und die Schülerinnen und Schüler individuell voranbringt. Auch mir liegt an einer Philosophie der Schulfächer, an verbesserter Fachkultur. Dass ich diese Fachkultur an der alten Konzeption der Allgemeinen Bildung und an ihrer Modernisierung festmache, sei jetzt schon gesagt. Allgemeine Bildung ist die allgemeine Befähigung zu Urteil und Kritik, allen Zufälligkeiten und Ungewissheiten zum Trotz. Auch mir liegt an der Entwicklung der Fähigkeiten der Schülerinnen und Schüler. Ich fasse dies mit dem Konzept der Entwicklungsaufgaben. Ich hoffe, dass unser Ansatz, die Gestaltung von Schule und Unterricht aus der Perspektive der Bildungsgangforschung, als Motor für die Unterrichts- und Schulentwicklung dienen kann. Ich betrachte insofern die nachfolgenden Darlegungen als notwendige Ergänzungen zur empirischen Bildungsforschung, zur Festlegung von Bildungsstandards und zum Ausweis von Kompetenzstufen. Mich interessiert deshalb zugleich die Klärung der Frage, ob und wie man die Bildungsgangforschung als Bildungsgangdidaktik „operationalisieren" kann (zur Notwendigkeit der Operationalisierung vgl. TERHART 2001, S. 80). Dass uns dies in der Bildungsgangforschung und -didaktik bis jetzt nicht geglückt sei, attestieren uns Ewald TERHART (2005 und in diesem Band), Karl-Heinz ARNOLD und Barbara KOCH-PRIEWE (in diesem Band). Umso mehr reizt es mich, jetzt eine Operationalisierung vorzustellen. Dabei baue ich auf dem auf, was Uwe HERICKS (z. B. HERICKS/SPÖRLEIN 2001, HERICKS 2006, HERICKS in diesem Band) zur Bildungsgangforschung publiziert hat, neben meinen eigenen (z. B. MEYER 1999, MEYER 2005b, 2007a) und anderen Beiträgen (vgl. TRAUTMANN 2004 und SCHENK 2005). Ich versuche also, zwei Ansprüchen zugleich gerecht zu werden, der Verpflichtung auf empirische Forschung und dem Anspruch, für die Praxis taugliche Planungsempfehlungen zu geben. Ich weiß, dass das schwierig ist.

Operationalisierung heißt Handhabbarmachung. Für mich bedeutet dies, Vorschläge für die Unterrichtsplanung vorzulegen. Vorteilhaft dabei ist, dass Bildungsgangforschung aus empirischer Arbeit und darauf bezogener Konzeptbildung besteht (vgl. REUSSER in diesem Band).

## 2     Englischunterricht in einem Leistungskurs der Klasse 11

Ich versuche jetzt an einem einzigen kleinen Beispiel, die etablierte Unterrichtsforschung und die publizierten Unterrichtsplanungsmodelle bildungsgangdidaktisch zu relativieren.[1]

Dass Schüler und Lehrer aneinander vorbeireden, ist keine neue Erkenntnis der Unterrichtsforschung. Es war für uns, Meinert MEYER, Ingrid KUNZE und Matthias TRAUTMANN und andere, in der DFG-Studie zur Schülerpartizipation (2007) aber erhellend, dass wir immer wieder feststellen konnten, wie glatt Unterricht weiterläuft, obwohl Schüler und Lehrer aneinander vorbeireden. Missverständnisse, die in diesem Rahmen auftreten, können gut mit Bezug auf den biographischen Hintergrund der Akteure, der Lehrer und der Schülerinnen und Schüler, erklärt werden. Unterricht kommt nicht zum Erliegen, nur weil Lehrer und Schüler einander nicht verstehen. Vielmehr konstruieren die Akteure jeweils ihre eigenen Welten und finden ihren eigenen Sinn in dem, was abläuft.

Mein Beispiel ist eine Unterrichtsstunde in einem Leistungskurs Englisch der elften Klasse, in der der Lehrer, weil er das eigentlich geplante Programm nicht durchführen konnte, die Aufgabe stellt, in englischer Sprache *ideale Lehrer* zu beschreiben. Während die Schülerinnen und Schüler stark daran interessiert waren, die Qualitäten eines solchen Ideallehrers zu beschreiben, ist der Lehrer, Herr QUANDT, vor allem an Vokabelarbeit interessiert, was allerdings nur eine erste Ebene der Wahrnehmung und Bewertung der Szene liefern kann. Die einander widersprechenden Perspektiven auf das Thema, den idealen Lehrer, und den dazu durchgeführten Unterricht erläutere ich mit kurzen Auszügen aus den beiden Lehrerinterviews, die wir mit Herrn QUANDT geführt haben, und aus einer Schülergruppendiskussion. Herr QUANDT bringt eine geradezu preußische Verpflichtung auf harte Arbeit und Erfolg in die Argumentation ein, während die Schüler eher, wenn man das so sagen darf, eine nachkommunistische Erlebnis- und Spaßperspektive einfordern. Es kommt zu einem Zusammenprall nicht-identischer Bildungsvorstellungen.

Herr QUANDT erzählt uns im Interview, dass er zu seiner Zeit ein sehr fleißiger Schüler gewesen sei und dass es deshalb für ihn schwierig sei, das Verhalten seiner Schüler zu akzeptieren: „*Ich kann nicht verstehen, wenn Schüler nachmittags Zeit haben zum Einkaufen. Als ich nach Hause gekommen*

*bin, habe ich Zeit, hatte ich 'ne Stunde Zeit gehabt was zu essen, Zeit um zu lesen, abzuschalten. Dann war es aber auch schon Zeit, mich wirklich hinzusetzen und was für die Schule zu machen. Ich saß pro Tag drei Stunden mindestens. Manchmal war es bloß eine Stunde, dann war es aber an andern Tagen wieder mehr. Da befürchte ich, oder bin fast überzeugt, dass die Schüler das heut nicht mehr können.*[2]
Es verwundert nicht, dass Herr QUANDT mit dem fehlenden Fleiß seiner Schüler und mit dem Niveau ihrer fremdsprachlich-kommunikativen Kompetenz nicht zufrieden ist. Er stellt sein Bild von gutem Englischunterricht wie folgt dar: *„Idealvorstellung wäre, wenn die Schüler miteinander diskutieren, nur in Englisch, und mich einbeziehen wollen, aber nicht als Leiter, sondern nur als einen, dessen Meinung sie auch noch brauchen."* Herr QUANDT beschwert sich dann, dass die Schüler nicht seiner Vorstellung entsprechend mitmachen: *„Die, das ist eben das (..) der Schüler sagt: Der Lehrer macht das ja, ist ja auch seine Aufgabe uns zu unterrichten, und dann soll er mal."*[3]
Die Schülerinnen und Schüler auf der anderen Seite beschweren sich über die Leistungsstandards, die Herr QUANDT vertritt. Sie beschweren sich über seine hohen Erwartungen. Herr QUANDT sollte viel geduldiger mit ihnen sein, er sollte mehr Verständnis dafür aufbringen, dass sie so viele Fehler in der unterrichtlichen Kommunikation und in ihren Tests produzieren. Herr QUANDT bringe zwar ein persönliches Interesse für seine Schülerinnen und Schüler auf, aber im Unterricht wolle er den idealen Schüler sehen. Eine Schülerin sagt: *„Ehm ich finde, Herr QUANDT verlangt von uns, ehm, genau das, was es nicht gibt, so den idealen Schüler so. Wir sollen möglichst viel können, möglichst auf seinem Niveau auch sein, also jetzt gerade, eh, was vokabelmäßig und so angeht, eh, find ich, ehm, ich sag mal so: man* kann *nicht aus der sechsten Klasse hier die Vokabeln können."*
Die Schülerinnen und Schüler wehren sich also gegen die Rollenzuweisung von Herrn QUANDT. Sie meinen, dass er ihre Arbeit nicht so anerkennt, wie es angebracht wäre. Eine Klassendiskussion über den „idealen Lehrer" gibt ihnen deshalb eine ausgezeichnete Chance, ihre Position darzulegen.
Einer der Schüler, Oliver, gibt eine Liste von Qualitäten des idealen Lehrers: Er sollte geduldig und gutmütig sein. Er sollte Ruhe ausstrahlen. Er sollte seine eigenen Mängel und die Mängel seiner Schülerinnen und Schüler akzeptieren. Er sollte Verständnis für die Situation der Schüler zeigen. Oliver: *"I think a ideal teacher (= An! Be careful! Ein, an!=) an ideal teacher, ehm, needs to be patient with the students. (..) (= Mmhmh=) He (...) (Tafelanschrieb) he should be, eh, humorous, (.) that's, eh, so the, eh, (.....) so the lessons eh became a bit more, ehm, (..) relaxing, eh, relaxed (=Yeah: relaxed=) ehm, (...) he has to be aware of his own faults and he has to accept them and then he have, he has to accept the faults of his students, of course, (.) ehm, (.) he must be in control of the class but not with brutality or, eh, no? (lacht) But – (..) na ja (...),(..)"* Oliver sagt also eindeutig, dass der Lehrer sich seiner eigenen Mängel („faults") bewusst sein sollte, Herr QUANDT versteht aber irgendwie, dass es um Fehler („mistakes") bei der Sprachproduktion gehe, und interpretiert dies dann auch noch so, dass Oliver nicht akzeptiere, dass der Lehrer die Schülerleistungen im Unterricht bewerte. Es kommt Herrn QUANDT nicht in den Sinn, Oliver zu fragen, ob er ihn korrekt verstanden habe.
Was Oliver wirklich sagen wollte, kann man heute nicht mehr rekonstruieren. Es wird aber deutlich, dass er akzeptiert, dass der Lehrer die Sprache seiner Schüler bewerten muss, und dies ist für Herrn QUANDT sehr wichtig. Dabei verwandelt er die Bedeutung dessen, was Oliver sagt. Er spricht davon, dass der Lehrer die Fehler („mistakes") seiner Schüler *verstehen* müsse, nicht, dass er sie zu *akzeptieren* habe. Zugleich bedauert er, dass die Schüler im Englischunterricht so viele Fehler produzieren: *„One question: Ehm, you said something about – what was the thing? Before brutality? Yeah. Accept his own mistakes and students m-, understand students mistakes. (=Mmh=) And what about writi-, students write tests? (...) And, (..) st-, still you get marks for certain results. And the more mistakes you make, the, the worse your marks are. (.) So I have, me as a teacher, I have to criticise your mistakes and mark it. But you, you wouldn't like that? (...)"* Oliver kontert: *"Yes. I wouldn't, I wouldn't like it, well, but I would accept it (=good=) but if you would, eh, (...)"* Herr QUANDT steuert weiter: *"Well you said „you should understand students' mistakes", that's, therefore I asked (=eh=) Yeah? So I*

*don't understand, very often I don't understand students' mistakes in tests. Because we practice, all the others teacher, the other teachers practice a lot of, that's what I mean, (=mh=), (...),(..) yeah? Ehm, (..) you, you also said he should be aware of his own mistakes. Right. Is there a word, you can find? (....)"* Oliver protestiert nicht gegen die Veränderung der argumentativen Richtung durch Herrn QUANDT. Das Klassengespräch geht weiter. Der ideale Lehrer muss Sachwissen haben; dann darf er auch die Schüler kritisieren und korrigieren. Greta, eine Mitschülerin, spricht nun aber irreführenderweise von Fehlern des Lehrers statt von Fehlern der Schüler, was Herrn QUANDT noch einmal verwirrt. Er fragt nach: *"You mean his own mistakes. (.) To improve the mistakes. To avoid probably. Mmhmh. Therefore he must be strict? Mmhmh."* Balthasar bringt dann noch die Frage ein, ob ideale Lehrer überhaupt wünschenswert seien. Es gebe nur wirkliche, reale Menschen, keine idealen Menschen. Deshalb könne es auch keine idealen Lehrer geben.

Es sollte deutlich geworden sein, dass schon in einer kurzen Szene von zehn oder fünfzehn Minuten sehr viele Missverständnisse entstehen können, dass damit aber noch nicht alles gesagt ist. Eigentlich spannend ist nämlich die Analyse der Sequenz auf einer tieferliegenden Ebene. Ich bin der Auffassung, dass die Schülerinnen und Schüler hier auf indirekte Weise mit ihrem Lehrer kommunizieren. Sie sagen dem Lehrer durch die Blume, wie sie ihn sich eigentlich wünschen. Während er diese Botschaft in direkter Kommunikation nicht akzeptieren könnte, akzeptiert er sie durch die Verwandlung der Thematik in Vokabelarbeit.

Dies thematisieren die Schüler in der nachfolgenden Schülergruppendiskussion. Eine Schülerin: *„(...) irgendwo 'n, kam mir das so vor bisschen, dass er versucht hat, dass wir denn heraussagen: Ja, (lautes Lachen) Sie sind der, (im Chor) der ideale Lehrer" so nach dem Motto kam mir das auch vor, das hab ich auch zu Wilma damals gesagt."* Andere Schülerin: *„Er hat das auch irgendwie an 'ner Stelle durchblicken lassen (=genau=) wo, Nora hat gesagt: „Na, an unserer Schule gibt's ja einige, die s-, eh, Lehrer, die so, an 'n idealen Lehrer rankommen", und da hab ich schon gedacht, jetzt kommt garantiert: "Welche sind das?" (Lachen in der Gruppe). „Aber das hat er sich garantiert verkniffen"* Schülerin: *„Na, also."* Weitere Schülerin: *„Das kann er ja auch nich."* (Lachen in der Gruppe). Schülerin: *„Da ham auch dann, deshalb ham auch viele dann, hat man ja so gemerkt, so immer so zweideutige Antworten gegeben: „Naja, das gibt's nicht" und: „Kann ja nich sein". Da hat man versucht 'n bisschen so drumrumzureden und keiner is so richtig auf'n Punkt gekommen."*

Ich meine, dass die Schülerinnen und Schüler die von Herrn QUANDT geschaffene und von ihnen gestaltete Unterrichtssituation sehr gekonnt analysieren und bewerten. Meine Frage ist deshalb, ob wir auf der Basis der Bildungsgangforschung mit Widersprüchen wie den von ihm und seinen Schülern produzierten besser umgehen können, als dies im Rahmen traditioneller didaktischer Analysen möglich ist. Ich meine: Ja. Es lassen sich Gütekriterien identifizieren, die eine Bildungsgangdidaktik kennzeichnen müssten und die zugleich theoretisch akzeptabel und praktisch anwendbar sind. Dem zuvor möchte ich darlegen, was für ein Unterrichtsverständnis ich voraussetze.

Erkennbar lebt die jetzt dargestellte Szene davon, dass die Schüler bei sich selbst sind, dass sie – gegen die Intentionen ihres Lehrers – darüber nachdenken, was er besser machen könnte. Wir bezeichnen solche Szenen als *authentische Beispiele* der *Schülerpartizipation.* Das Schülergruppeninterview rechtfertigt diese Interpretation, wie ich meine. Dabei sollte klar sein, dass man als Lehrer die Authentizität einer Lehr-Lern-Situation nicht im Vorwege planen kann. Authentizität ereignet sich, oder auch nicht! Sie ist trotzdem Kooperationsleistung beider Seiten, des Lehrers und der Schüler. Jeder Unterrichtsprozess ist deshalb auch – das ist meine weiterführende These – durch Ungewissheiten bestimmt, er lässt sich nicht „technologisch" planen. Unser Beispiel eignet sich deshalb zugleich, mein an Lothar KLINGBERGS Allgemeiner Didaktik orientiertes Konzept der Unterrichtsanalyse anzudeuten.

KLINGBERG hat sehr stringent die Didaktik aus dem Unterrichtsprozess heraus konzipiert und systematisch über das Zusammenspiel der Lehrenden und der Lernenden nachgedacht. Der Unterrichtprozess gestaltet sich aus seiner Perspektive (und der der Bildungsgangforschung) als perspektivenreiches, immer aber auch wieder konflikthaftes Zusammenspiel der Lehrer und der Schülerinnen und Schüler. Dabei bringen beide Seiten, wie wir heute sagen, ihre Lernbiographie ein und arbeiten an ihren Entwicklungsaufgaben. Lothar KLINGBERG beschreibt die Rolle der Lehrer und die der Schüler und ihr Zusammenkommen wie folgt: „Im Unterricht agieren Lehrende und Lernende in einem spezifischen – pädagogisch intendierten und didaktisch instrumentierten – Bedingungs- und Faktorengefüge, in einer pädagogisch hochkomprimierten Konstellation. Der hier wirkende Grundwiderspruch besteht darin, dass einerseits pädagogisch intendierte, didaktisch instrumentierte (oft organisierte) Prozesse auf den (die) Lernenden einwirken, dass pädagogisch legitimierte Ziele, Inhalte, Methoden und Organisationsformen intentional auf Bildung und Erziehung (und damit auf Veränderung und Entwicklung) der Lernenden gerichtet sind, Lernende sich also in einer pädagogisch und didaktisch intendierten Objektposition befinden – und andererseits dieser Prozess nur vollzogen werden kann, wenn diese „pädagogischen Objekte" gleichzeitig in eine Subjektposition treten, eine Subjektposition einnehmen.

Die pädagogische Logik besteht offenbar in der permanenten Vermittlung dieser gleichzeitigen, wechselnden, sich überlagernden Subjekt- und Objektposition(en) der Lernenden und einer Verschränkung von Subjekt- und Objektpositionen der Lehrenden. (...) Lernende sind weder nur Subjekte pädagogisch intendierter Unterrichtsprozesse, noch Objekte, vielmehr sind sie gleichzeitig (ob direkt oder indirekt) Objekte und Subjekte eines Prozesses, dem sie einerseits „ausgesetzt" sind und den sie andererseits mitgestalten." (KLINGBERG 1987, S. 8/9)

Ich meine, dass unser Beispiel sehr gut zeigt, dass sich die Schüler und Schülerinnen und ihr Lehrer gleichzeitig und nicht widerspruchsfrei in einer Subjekt- und einer Objekt-Position befinden. Dabei hat die doppelte Positionsbestimmung – Lehrer *und* Schüler sind zugleich Subjekte *und* Objekte des Unterrichtsprozesses – weit reichende Konsequenzen. Klingberg schlussfolgert, dass der *didaktischen Kompetenz* der Schülerinnen und Schüler eine viel größere Beachtung geschenkt werden sollte, als dies in den etablierten didaktischen Modellen der Fall ist. Ich stimme zu. Auch dies zeigen die Gruppendiskussionen: Die Schülerinnen und Schüler sind zu gehaltvollen didaktischen Analysen fähig.[4]

## 3    Zwölf Gütekriterien der Bildungsgangforschung für den Unterricht

Ratschläge für die Unterrichtsgestaltung, wie sie traditionell formuliert worden sind, sind von Vertretern der empirischen Bildungsforschung zurecht kritisiert worden, weil die Überprüfung, ob sie begründet sind und ob und wie sie die Unterrichtsgestaltung optimieren, in der Regel nicht angestrebt worden ist und meist auch gar nicht möglich war. Wie man überprüfen kann, ob ein Bildungsinhalt tatsächlich für die Schülerinnen und Schüler in Bildungsgehalt verwandelt worden ist, ist auch heute, mit dem methodischen Instrumentarium, das es in den 60er Jahren des vergangenen Jahrhunderts noch gar nicht gab, einigermaßen ungeklärt. Ich verweise aber ausdrücklich auf BLÖMEKE und MÜLLER (in diesem Band), die unterschiedliche Handlungsmuster frontaler Belehrung mit offenen Unterrichtsformen quantitativ bezüglich ihrer Wirksamkeit verglichen haben. Mir liegt deshalb an dem Hinweis, dass sich die nun folgenden Gütekriterien aus einem Zusammenspiel ergeben, in dem ich den Forschungsstand zur Unterrichtsplanung und -gestaltung und die existierenden Unterrichtsplanungsempfehlungen mit dem vergleiche, was im Hamburger Graduiertenkolleg „Bildungsgangforschung" und um das Kolleg herum empirisch erarbeitet worden ist.

(1)    Wir sollten die Bearbeitung der *Entwicklungsaufgaben der Lernenden und der Lehrenden* aufeinander beziehen. Darauf gehe ich in Abschnitt 4.2 ein.

(2) Die Schüler und die Lehrer sollten gemeinsam eine Ausbalancierung der Bearbeitung der *Entwicklungsaufgaben* und der Verpflichtung auf *Allgemeine Bildung* versuchen.[5] Die Definition und die Überprüfung der Einhaltung von *Bildungsstandards* ist die aktuelle *Operationalisierung* der Verknüpfung von Entwicklungsaufgaben und Allgemeiner Bildung. Ich gehe in Abschnitt 4.3 näher auf die Problematik ein.

(3) Unterrichtende Lehrer sollten die These akzeptieren, dass die *Zukunft ungewiss* ist, und daraus didaktische Konsequenzen ziehen (vgl. MEYER 2003). Die Lehrer sollten deshalb gleichfalls akzeptieren, dass es notwendig ist, eine offene Unterrichtsplanung zu praktizieren, in der die Schülerinnen und Schüler den Lehrern „entgegenkommen" können, wie Lothar KLINGBERG schreibt.

(4) Die Akzeptanz der These, dass man in gewisser Weise als Lehrer nur *zeigen* kann, was gelernt werden soll, während die Lernenden ihren Lernprozess selbst steuern, führt zu einer *Als-ob-Didaktik*. Wir müssen so tun, als ob gesichert wäre, dass das, was wir lehren, für die Schüler tatsächlich sinnvoll und verständlich ist, und wir müssen dies reflexiv in den Unterrichtsprozess einbringen. Angemerkt sei, dass Herr QUANDT erkennbar nicht so denkt, wohl aber seine Schüler.

(5) Es ergibt sich deshalb eine Rechtfertigung für die *Lehrkunstdidaktik* (vgl. BERG/SCHULZE 1998, BERG/KLAFKI/SCHULZE 2001). Ein Projekt von Andreas PETRIK (2007), Stefan HAHN (2007) und anderen, ein Lehrstück zur „Dorfgründung" im Politikunterricht, zeigt, dass die Orientierung des Lehrens an den „objektiven" Anforderungen des Lehrplans und gleichzeitig am „subjektiven" Bildungsgang der Lernenden didaktisch ertragreich werden kann.

(6) *Kompetenzorientierung:* Lernersprachen (*Interlanguages*), Lernerliteratur, Lernermathematik, Lernerphysik, Niveaus historischen Bewusstseins, Niveaus interkultureller Kompetenz etc. sollten zum phänomenologisch-diagnostischen Ausgangspunkt der Unterrichtsplanung gemacht werden (vgl. KÖRBER/VON BORRIES in diesem Band, MEYER-HAMME 2008; KLIEME u. a. 2003, PRENZEL/GOGOLIN/KRÜGER 2007, Hilbert MEYER in diesem Band). Dabei treffen Fachkulturen und Lernerbiographien/Bildungsgänge aufeinander. Der Zusammenprall kann ertragreich werden, wenn es gelingt, die Zonen der nächsten Entwicklung auf der Basis der aktuellen Kompetenz (VYGOTSKIJ 1934/2003, S. 298 ff.) gemeinsam zu bearbeiten.

(7) Der Fokus auf Zonen der nächsten Entwicklung ist perspektivenreich, weil Schüler – wie eben schon behauptet – in der Regel über eine beachtliche *didaktische Kompetenz* verfügen (vgl. KLINGBERG 1987; MEYER/KUNZE/TRAUTMANN 2007; GEDASCHKO 2008). Sie zu nutzen, ist für die Bildungsgangforschung konstitutiv. Die *Partizipation* der Schüler an der Unterrichtsgestaltung basiert auf der aktuellen didaktischen Kompetenz und ihrer Entwicklung, nicht nur auf der aktuellen und sich entwickelnden Sachkompetenz.

(8) Die Art und Weise, wie sich Schüler in den Unterricht einbringen können und wie die Lehrer sie am Unterricht beteiligen, ist direkt auf die Zielsetzung einer *Selbstregulation des Lernens* (BOEKAERTS et al. 2000, MERZIGER 2007) und auf die *Selbstbestimmung* im Lernprozess bezogen (vgl. DECI/RYAN 2002, LECHTE 2008). Das Spannungsverhältnis von Lehreranleitung in den Entwicklungszonen und Selbstregulation/Selbstbestimmung macht die Gestaltung der Schülerpartizipation zur zentralen unterrichtsmethodischen Herausforderung für die Bildungsgangdidaktik.

(9) Unterricht muss ermöglichen, dass die Schüler „bei sich selbst sind", dass sie *Authentizität erleben* (HERICKS 1998 und MEYER/KUNZE/TRAUTMANN 2007). Dafür habe ich eben das Beispiel gegeben.[6] Die Schüler von Herrn QUANDT konstruieren ihr Unterrichtsthema gegen den erklärten Willen des Lehrers. Sie sind bei sich selbst. Für die Unterrichtsplanung heißt dies, dass Lehrer ein Gespür für sich entwickelnde Authentizität entwickeln sollten. Sie einfach einzuplanen, geht nicht.

(10) Mit dem Interesse an Authentizität verbunden ist die Forderung, die *Alltagsphantasien* zu berücksichtigen, die die Schüler in den Unterrichtsprozess einbringen. Ihre positive Wirkung für den Biologieunterricht lässt sich nachweisen (GEBAUER/GEBHARD 2005, BORN 2006, MONETHA in Vorbereitung). Es gibt keinen Grund, anzunehmen, dass dies in anderen Unterrichtsfächern anders ist.

(11) Es sollte einleuchten, dass dem *Feedback* der Schüler an die Lehrer in der Bildungsgangdidaktik besondere Bedeutung zukommt (vgl. BASTIAN/COMBE/LANGER 2003; FLUTTER/RUDDUCK 2004, THOMSON/GUNTER 2006, RUDDUCK/MCINTYRE 2007). Es muss zur Selbstverständlichkeit werden, dass die Schüler um Rat gefragt werden (*„consulting pupils"*), wenn es um Fragen der Unterrichtsgestaltung geht.

(12) Letztes und wichtigstes Gütekriterium ist das Augenmerk auf die Bedeutung der *Sinnkonstruktion* für die Unterrichtsgestaltung. Sinnkonstruktionen, die die Lehrer mit dem Unterricht verbinden, müssen nicht mit denen der Lernenden übereinstimmen. Die Schüler können jeweils unterschiedliche Sinnkonstruktionen in den verschiedenen Unterrichtsfächern realisieren. Sinnkonstruktion ersetzt aus der Perspektive der Bildungsgangforschung die Orientierung an den Zielsetzungen des Unterrichts, zumindest für die Schüler.[7]

Die Verknüpfung der Sinnkonstruktionen der Lehrer und der Schülerinnen und Schüler mit den anderen Gütekriterien der Unterrichtsgestaltung und ihr Bezug auf die Zielsetzungen des Unterrichts ist eine anspruchsvolle didaktische Aufgabe. Sinnkonstruktion ist die Operationalisierung der These, dass die gesellschaftlich vorgegebenen Entwicklungsaufgaben Motor des Lernens seien. Wer als Schüler etwas als sinnvoll empfindet oder das Gefühl hat, dass das, was der Lehrer von ihm verlangt, eigentlich sinnlos ist, argumentiert aus seiner biographischen Situation heraus, im Blick auf seine wie auch immer antizipierte Zukunft. Sinnkonstruktion ist also die Herstellung von Bedeutung der Lerngegenstände in Bezug zur eigenen Person. Sinnhaftigkeit ist Ausdruck von und gleichzeitige Arbeit an Kompetenzentwicklung und Identitätsbildung. Sinn schafft eine Brücke zum Lerngegenstand, verknüpft ihn mit Vorstellungen, Erfahrungen, Einstellungen und Werten und bezieht ihn zugleich auf die außerunterrichtliche und außerschulische Lebenswelt. Für die sachliche Strukturierung des Unterrichts aus der Perspektive der Sinnkonstruktionen der Lernenden und der Lehrenden hilft nur ein Gang in die *Fachkulturen,* aus denen heraus die Lehrenden den Unterricht zu ihrem Teil gestalten (vgl. LÜDERS 2007).

Sinnsuche ist ein grundlegendes menschliches Bedürfnis, das sich deshalb gerade auch im Unterricht artikuliert, wobei sich Sinnfragen in der Regel erst stellen, wenn etwas als wenig sinnvoll, als sinnlos oder sogar als absurd erlebt wird (vgl. M. MEYER 2005a; MONETHA, in Vorbereitung). Zugleich ist zu beachten, dass die Sinnkonstruktionen, die sich für die Lehrer und die Schüler eröffnen, von ihren sozialen und kulturellen Milieus abhängen. Pluralität und Heterogenität der Schülerschaft müssen deshalb akzeptiert werden.

Das nachfolgende zusammenfassende Schaubild (Abb. 1) sollte jetzt „lesbar" sein:

*Abbildung 1:* Sinnkonstruktion

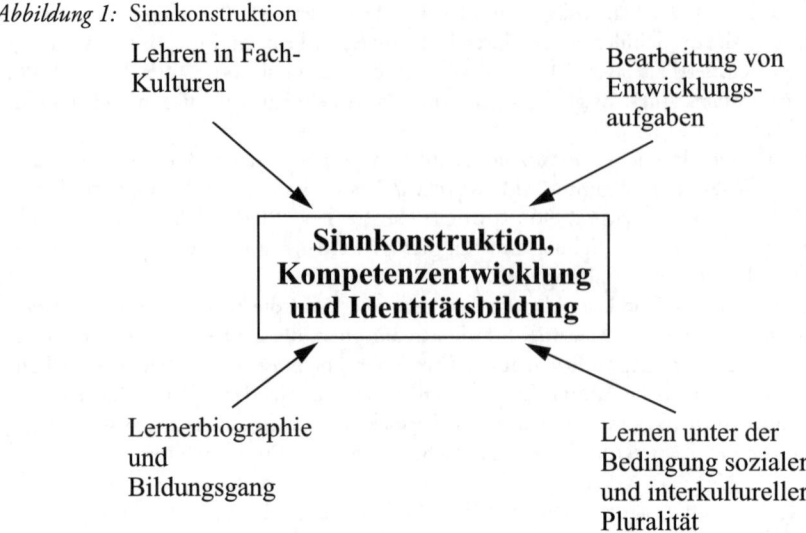

Lehren und Lernen identifizieren *die eine Achse,* die von Lehrern und Schülern bei der Unterrichtsgestaltung berücksichtigt werden muss. Die Lernerbiographie/der bisherige Bildungsgang und die Entwicklungsaufgaben bilden *die andere Achse.* Lernfördernde Sinnkonstruktion wird in der Schule möglich – das ist die Botschaft der Abbildung –, wenn die vier Bedingungen oder Dimensionen „positiv besetzt" sind. Sinnkonstruktion erlaubt in der Sprache John DEWEYS lernende Erfahrung und Bedeutungsaufbau, im Unterricht damit also auch Bedeutungsaushandlungen (*negotiation of meaning*). „Sinnkonstruktion", „Lernerfahrung" und „Entwicklungsaufgaben" werden damit zu Schlüsselbegriffen der Bildungsgangforschung und -didaktik.

# 4    Entwicklungsaufgaben

## 4.1    Entwicklungsaufgaben der Lernenden und der Lehrenden

Unter Entwicklungsaufgaben verstehen wir die Konzeption von Entwicklungszielen, die die Lernenden (die „Subjekte") in der Deutung gesellschaftlicher, „objektiver" Anforderungen auf Grund ihrer aktuellen Kompetenzen und ihrer Identität aufbauen. Bildungsstandards sind konkrete Ausgestaltungen des objektiven Teils des Bildungsgangs, es fehlt also der subjektive Teil.

Wir gehen davon aus, dass die subjektive Deutung des Lehrangebots im Rahmen der Lösung der Entwicklungsaufgaben eine Spannung erzeugt, die die Dynamik der *intergenerationellen Kommunikation* und *Interaktion* bestimmt. Die Heranwachsenden bringen ihre eigene Lebensgeschichte, ihre Persönlichkeit, ihre sich entwickelnden Stärken und Schwächen in die unterrichtliche Lernsituation ein. Das Entscheidende ist, dass in der Bearbeitung von Entwicklungsaufgaben Biographie und Gesellschaft „zusammenkommen". Nur darf man sich dabei „die Gesellschaft" nicht als eine starre Vorgabe für die Bearbeitung der Entwicklungsaufgaben denken. Es ist noch nicht ausgemacht, was die „wirklichen" Entwicklungsaufgaben der nachwachsenden Generation sind.

Manchmal wissen Kinder schon in der Grundschule, dass sie Lehrerin/Lehrer werden wollen. Andere, die dann über Umwege doch noch als Quereinsteiger in die Schule kommen, wissen in der Oberstufe, dass sie ganz gewiss nicht Lehrerin/Lehrer werden wollen. Alle entwickeln aber, bewusst oder unbewusst, didaktische Kompetenzen und bauen, wenn sie ein Lehramtsstudium absolvieren, explizit und reflektiert professionsbezogenes Wissen und Können auf. Wenn wir also postulieren, dass es berufliche Entwicklungsaufgaben gibt, dann müssen wir auch akzeptieren, dass es eine „Entwicklungstreppe" von der Schule in den Lehrerberuf gibt. Diese Treppe kann den Ausgangspunkt für die Professionalisierung darstellen, andererseits muss sie aber reflexiv überwunden werden, weil sie Ausdruck unkontrollierter Subjektivität sein kann (vgl. Uwe HERICKS in diesem Band). Unsere Hoffnung ist, dass für die Entwicklung der professionellen Reflexionsfähigkeit Empirie hilft, eigene und fremde.

Vor welchen Entwicklungsaufgaben die Heranwachsenden stehen, ist in der Bildungsgangforschung mehrfach dargestellt worden (vgl. HERICKS/SPÖRLEIN 2001 und TRAUTMANN 2004). Bezüglich des Zusammenspiels der Entwicklungsaufgaben der Lehrer und der Schüler gibt es bis jetzt aber noch keine empirische Forschung, vielmehr nur theoretische Positionen. Ich meine deshalb, dass sich hier ein ertragreiches Feld für weitere Theoriekonzeptionen und vor allem für die empirische Forschung ergibt (vgl. MEYER 2005b, S. 32). Dafür bündele ich zunächst die von HERICKS und SPÖRLEIN im Anschluss an Dreher und Dreher identifizierten Entwicklungsaufgaben der Heranwachsenden (HERICKS/SPÖRLEIN 2001, S. 36) zu vier Entwicklungsclustern, wobei ich zugleich über den Katalog aus didaktischer Perspektive hinausgehe: Die Heranwachsenden stehen in der heutigen Wissensgesellschaft vor der Herausforderung *das Lernen lernen* zu müssen. Auch wenn dieser Begriff schon auf Wilhelm VON HUMBOLDT und Friedrich SCHLEIERMACHER zurückgeht, gilt er doch für die heutige Zeit in besonderer Weise. Wer nicht lernt, selber zu lernen, ist in seinem Lebenslauf und vor allem für die Berufslaufbahn behindert. Die zweite markante Bündelung, die in den Studien zur Bildungsgangforschung immer wieder untersucht worden ist, ist die *Berufvorbereitung*. Schüler „wissen" sehr wohl, dass einiges oder sogar vieles von dem, was sie in der Schule lernen, für ihre zukünftige Berufsausbildung und Berufstätigkeit von essentieller Bedeutung ist, obwohl auch für sie die Zukunft ungewiss ist und sie deshalb für die Bearbeitung ihrer Entwicklungsaufgaben und für das schulbezogene Lernen auf eine Als-ob-Haltung angewiesen sind. Der dritte Bereich betrifft den *Aufbau eines Wertesystems*. Wir wissen, wie schwierig dies manchmal für die Heranwachsenden in unserer durch Pluralität bestimmten Welt ist. Das letzte Feld betrifft parallel dazu den *Aufbau eines* eigenen *Beziehungsnetzes* und damit die Ablösung vom Elternhaus, auch wenn wir aus der Jugendforschung wissen, dass heute diese Ablösung teilweise sehr spät erfolgt und dass sie keineswegs immer als ein dramatischer Prozess verstanden wird.

Die Bündelung der Entwicklungsaufgaben in die vier Bereiche erlaubt die Gegenüberstellung mit den Entwicklungsaufgaben der sich professionalisierenden und im Professionalisierungsprozess weiter entwickelnden Lehrerinnen und Lehrer, die HERICKS als Entwicklungsaufgabe des Umgangs mit der eigenen professionellen Kompetenz, als Entwicklungsaufgabe der Vermittlung des professionellen Wissens und Könnens an die Schüler, als Entwicklungsaufgabe der Anerkennung der Schüler in ihrer Andersartigkeit und als Entwicklungsaufgabe des Agierens in der Institution Schule bestimmt hat (HERICKS 2006, vgl. Abb. 2).

Die Entwicklungsaufgaben der Lehrerinnen und Lehrer lassen sich so als berufsbezogene Variationen der Entwicklungsaufgaben der Jugendlichen deuten: (1) Die Referendare und Lehrer sind – zumindest aus der Perspektive der Jugendlichen – im Aufbau ihrer Fachkompetenz weit vorangeschritten, während die Heranwachsenden immer wieder dazu aufgefordert werden, Neues zu lernen.. Aber auch die Referendare und die Lehrer sind darauf angewiesen, ihre berufsbezogenen Kompetenzen weiter auszubauen. (2) Während die Referendare und Lehrer schon ihren Beruf ausüben und damit in der Regel ihre berufliche Rolle, das Unterrichten als Vermittlungsaufgabe, stabilisiert haben, steht die Findung der Berufsrolle für die Jugendlichen noch ungelöst im Raume.

*Abbildung 2:* Entwicklungsaufgaben von Schülern und Lehrern

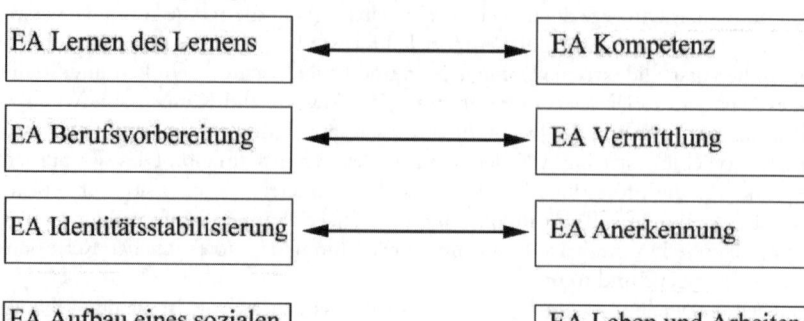

Sie wird in der Schule oft von den allgemeinbildenden Anforderungen überlagert, ist aber trotzdem, wenn wir Robert J. Havighurst folgen, von größter Bedeutung. (3) Identitätsbildung und Identitäts-stabilisierung werden heute als bedeutsame Herausforderungen für Heranwachsende angesehen. Ich habe dies in Abschnitt 3 mit Bezug auf die Sinnkonstruktionen der Lernenden und der Lehrenden erläutert. Identitätsbildung führt zum Aufbau eines Wertesystems. Sie findet eine berufliche Entsprechung im moralisch akzeptablen Umgang mit den erziehungsbedürftigen Schülern. Die Fähigkeit und dem zuvor die Bereitschaft, die Schüler in ihrer Andersartigkeit anzuerkennen, ist kennzeichnend für belastbare professionelle Identität.[8] (4) Für das Überleben in der Institution Schule ist der Aufbau eines Arbeitsverbundes, ob das nun helfende ältere Kolleginnen und Kollegen oder Mitreferendare sind, von großer Bedeutung. Uwe HERICKS (2006) stellt das dar. Ähnlich ist der Aufbau eines sozialen Netzes, wenn die Ablösung vom Elternhaus vollzogen wird, eine Ent-wicklungsnotwendigkeit. Man denke an die Studierenden, die „mutterseelenallein" in der fremden Universitätsstaat mit dem Studium beginnen.

Ich hoffe, jetzt ausreichend dargelegt zu haben, dass es sich lohnt, das Zusammenspiel in der Bearbeitung der Entwicklungsaufgaben zu erforschen. Was dabei an empirischer Erkenntnis her-auskommen wird, können wir jetzt noch nicht wissen.

## 4.2 Entwicklungsaufgaben und Allgemeine Bildung

Wir müssen uns klar machen, dass sich im Rahmen des Entwicklungsaufgabenansatzes ein Bezug, man könnte auch sagen, ein Konkurrenzverhältnis zur *Allgemeinen Bildung* eröffnet. Allgemeine Bildung verlangt „vielseitiges Interesse" (HERBART 1806/1965, S. 41–56; vgl. BENNER 1986, S. 105–127), was Schüler allerdings, je älter sie werden, umso weniger aufbringen und auch nicht mehr aufzubringen brauchen. Viele Lehrer und noch mehr Schülerinnen und Schüler betrachten Allgemeine Bildung nicht als Motor des Lernens, sondern eher als Hindernislauf bis zum Ab-schluss der Schule! Sie orientieren sich zunehmend an ihren Entwicklungsaufgaben, etwa der der Einfindung in die Berufswelt. Der Balanceakt zwischen der schulisch eingeforderten Allgemeinen Bildung und der Bearbeitung von Entwicklungsaufgaben ist also die eigentliche Provokation.

Es ist angesichts dieser Provokation der Heranwachsenden sinnvoll, einen *objektiven* Bildungs-gang von einem *subjektiven* Bildungsgang zu unterscheiden. Darauf habe ich eben schon hingewie-sen. Objektiv gestaltet wird der Bildungsgang der Heranwachsenden über die Institutionen und or-ganisatorischen Maßnahmen, die die Schüler von der ersten Klasse bis zum Schulabschluss begleiten, vor allem über den Unterricht. Die markanteste „objektive" Maßnahme der letzten Zeit ist in Deutschland, wie in Abschnitt 4.1 erwähnt, die Errichtung des Instituts für Qualitätsentwicklung im Bildungswesen mit der Zielsetzung, Bildungsstandards zu bestimmen und dann flächendeckend zu evaluieren, ob sie oder wie weit sie erreicht werden. Die Debatte über Bildungsstandards und ihre bildungspolitische „Umsetzung" ist insofern ein gutes Beispiel dafür, dass Entwicklungsaufgaben „objektiv" vorgegeben, aber „subjektiv" gedeutet und bearbeitet werden. Ich erinnere deshalb noch einmal an mein Ausgangszitat: KLIEME et al. sehen in den Bildungsstandards einen Motor der pädagogischen Schulentwicklung.

Aus bildungstheoretischer Sicht handelt es sich, wie Erich WENIGER herausgearbeitet hat, um die Einwirkung einer „Bildungsmacht" auf Schule und Unterricht und damit auf die Heranwachsenden. Schule fördert oder behindert also die Bearbeitung von Entwicklungsaufgaben, indem sie zu ihrem Teil deutlich macht, was die von den Lehrern vertretenen und was die von den Heranwachsenden selbst konstruierten Anforderungen sind. Bildungsgangdidaktik ist deshalb die Theorie und Praxis des Lehrens und Lernens unter Fokussierung auf die Frage, wie der Bildungsgang der Schüler unter den Rahmenbedingungen der Institution Schule von ihnen selbst gestaltet werden kann.[9]

Wie Allgemeine Bildung und die Bearbeitung von Entwicklungsaufgaben zusammenpassen und wann sie Reibungsprobleme erzeugen, bedarf deshalb nach meiner Überzeugung der weiteren Forschung. KLAFKI betont immer wieder, da ist er sehr rigide, dass Schlüsselprobleme weder der Subjektivität der Lernenden noch der Lehrenden und der Lehrplanautoren geopfert werden dürfen. Zu klären ist also, wie es möglich wird, dass die Lehrenden die Lernenden in ihrem Bildungsgang unterstützen, ohne sie zu bevormunden. Dabei erhält die Implementation von *Bildungsstandards* eine merkwürdig gegenläufige Bedeutung zum Pochen auf *Pluralität* der Weltsichten, auf *Heterogenität* der Lernenden und *Individualisierung* der Lernprozesse (BOLLER u. a. 2007). Zu klären ist, wie sich der Anspruch auf Leistungen gemäß Bildungsstandards mit dem Recht auf Entwicklung der Individualität verträgt. Offensichtlich müssen wir auch hier Entgegengesetztes dialektisch aufeinander beziehen. Zu klären ist, wie sich das Recht auf Individualisierung des Lernens und die Anerkennung einer Pluralität von Welt- und Selbstkonzepten mit den gesellschaftlich akzeptierten allgemeinen Bildungsanforderungen vermitteln lässt (vgl. Abb. 3).

*Abbildung 3:* Pluralität und Standardisierung

| Pluralität der Welt- und Selbstkonzepte, Individualisierung des Lernens und Schulautonomie | Standardisierung der Leistungsansprüche und Evaluation der tatsächlich erbrachten Leistungen |
| --- | --- |

Dazu seien abschließende Spekulationen erlaubt: Die realistische Wende der Erziehungswissenschaft in den 60er und 70er Jahren des vergangenen Jahrhunderts, für die Heinrich ROTH und andere standen, ist seinerzeit von der kritischen Wende überrollt worden, für die MOLLENHAUER, KLAFKI, BLANKERTZ und andere standen, inspiriert durch die kritische Gesellschaftstheorie der Frankfurter Schule. Ich frage mich deshalb, ob jetzt im Gefolge von TIMSS, PISA und den anderen großen Vergleichsstudien gleichfalls eine *kritische Wende* ansteht und welcher Art diese Wende sein wird, und ich hoffe, dass die Allgemeine Didaktik in diesem Entwicklungsprozess dadurch eine Zukunftsperspektive erhält, dass sie nicht nur empirisch wird, wie dies die Bildungsgangforschung, die erziehungswissenschaftliche Biographieforschung etc. nahe legen, sondern dass sie auch auf neue Art und Weise kritisch wird.

Ein *zweiter* Aspekt meiner Spekulation bezieht sich auf den prinzipiellen *Globalisierungsanspruch* der Allgemeinen Bildung. Wie eine Allgemeinbildung, die prinzipiell globalisierbar ist, aussehen könnte, wird derzeit in Deutschland nach meinem Wissensstand nicht diskutiert, weder von den Vertretern der empirischen Bildungsforschung und den Verfechtern der Einführung der Bildungsstandards noch von den Verfechtern einer interkulturellen Bildung. Dies wäre aber notwendig, wenn wir kritisch fragen, was Globalisierung für die Bildung der nächsten Generationen bedeutet. Das Allgemeine der Bildung und die Pluralität ethischer und erkenntnistheoretischer Perspektiven auf Bildung sind neu zusammen zu denken.

# 5    Ein Unterrichtsplanungsschema

Auch wenn die Bildungsgangdidaktik empirische Ergebnisse der Bildungsforschung und insbesondere Ergebnisse der Bildungsgangforschung berücksichtigen kann, verliert sie nicht ihren Status einer Handlungswissenschaft mit normativen Implikationen. Dies habe ich eingangs als Voraussetzung und als Zielsetzung meines Beitrags ausgewiesen. Ich skizziere deshalb jetzt ein Schema für die Unterrichtsplanung aus der Perspektive der Bildungsgangforschung, das sich formal an das Perspektivenschema von Wolfgang KLAFKI (1991, S. 272) und an das Raster für die Unterrichtsplanung von Hilbert MEYER (1980, S. 229) anlehnt, dabei aber die Schülerperspektive systematisch einbringt (vgl. Abb. 4, nächste Seite). Selbstverständlich muss dieses Schema noch durch ausführlichere Darstellungen und durch viele weitere Beispiele handhabbar gemacht werden.

*Abbildung 4:* Unterrichtsplanung aus der Perspektive der Bildungsgangforschung

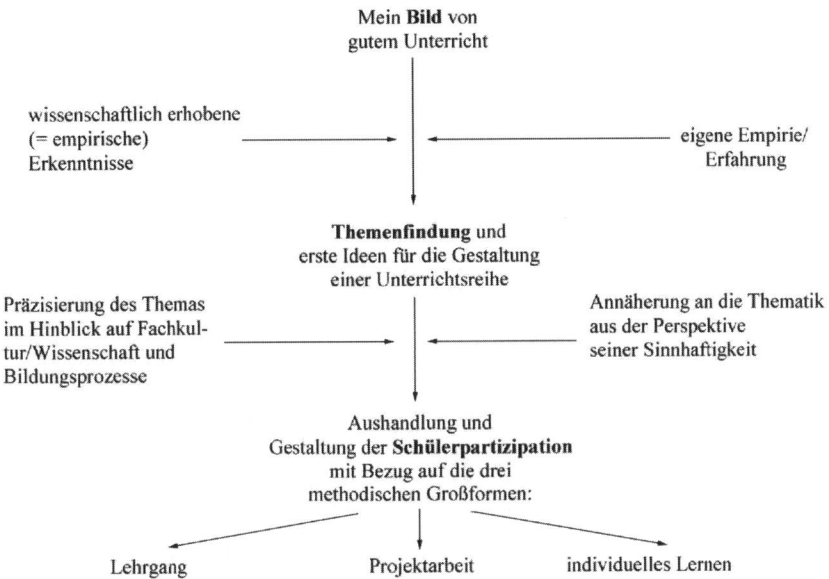

Gütekriterien: (1) Kopplung der Entwicklungsaufgaben der Lehrer und der Schüler, (2) Ausbalancierung der Bearbeitung der Entwicklungsaufgaben und der Verpflichtung auf Allgemeinbildung und Bildungsstandards, (3) Ungewissheit und (4) Als-ob-Didaktik, (5) Lehrkunststücke, (6) Kompetenzorientierung (Lernersprache, Lernermathematik, historisches Bewusstsein etc.), (7) didaktische Kompetenz der Schüler und Schülerpartizipation, (8) Selbstregulation/Selbstbestimmung, (9) Förderung authentischer Lernsituationen und (10) Berücksichtigung von Alltagsphantasien, (11) Feedback und Consulting, (12) Sinnkonstruktion als Basis für Kompetenzentwicklung und Identitätsbildung.

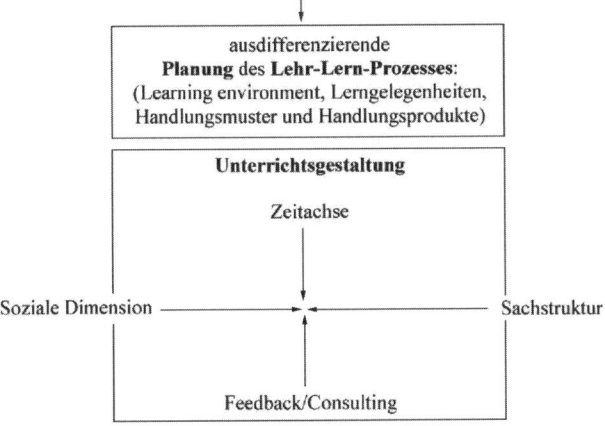

# 6   Didaktische Reflexionen

## 6.1   Drehung der Betrachtung

Ich habe eingangs erläutert, dass mir daran liegt, die Diskussion über Bildungsstandards und Kompetenzstufen aus der Perspektive der Bildungsgangforschung zu ergänzen. Dass dies sinnvoll ist, ergibt sich für mich auch aus einer systematischen Bewertung der traditionellen didaktischen Modelle und, wie eben erläutert, aus der bildungspolitischen Entwicklung. Dafür gehe ich jetzt abschließend auf Wolfgang KLAFKIS Doppelmodell ein, die bildungstheoretische Didaktik, die er zur kritisch-konstruktiven Didaktik ausgebaut hat (vgl. M. MEYER/H. MEYER 2007).

Es gibt, soweit ich feststellen kann, eine etablierte Einigkeit darüber, dass sich die Allgemeine Didaktik mit folgenden Aufgabenfeldern beschäftigt:

*Abbildung 5:*  Traditionelle Aufgabenbestimmung der Allgemeinen Didaktik

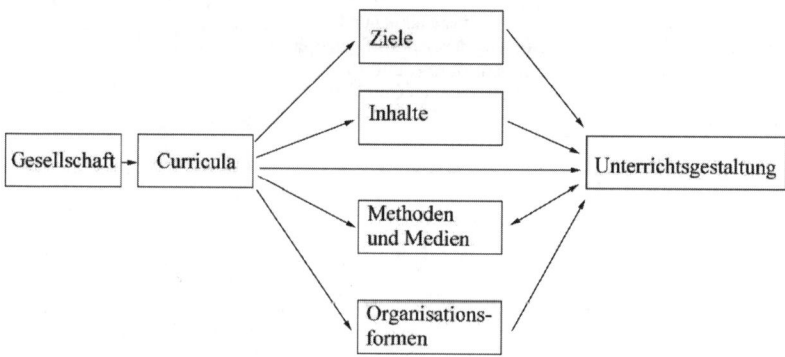

Ich kann mit Bezug auf dieses Tableau, das ich eigentlich inhaltlich füllen müsste, jetzt etwas konkreter problematisieren, was die Perspektive der Bildungsgangforschung auf Schule und Unterricht ist, und variiere dafür das Übersichtsbild:

*Abbildung 6:* Aufgabenbestimmung der Allgemeinen Didaktik aus der Perspektive der Bildungsgangdidaktik

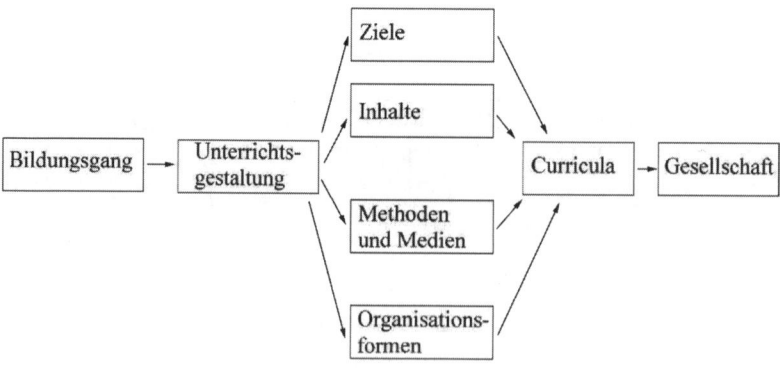

Was ändert sich, wenn man die Aufgaben der Allgemeinen Didaktik aus der Perspektive der Bildungsgangforschung neu zu bestimmen versucht? Formal betrachtet ist die Antwort einfach: Lehrer *und* Schüler müssen ihre didaktische Kompetenz in die Unterrichtsgestaltung einbringen können. Konkret und damit operationalisiert, wie Ewald TERHART es einfordert, eröffnet dies, wie ich meine, interessante Perspektiven, weil wir nach TIMSS und PISA *kompetenzorientiert* denken sollten. Und kompetenzorientiert denken heißt, in *Niveaustufen* zu denken. Dabei muss diese Stufung auf die unterrichtliche Interaktion, auf Vermittlung, methodisch betrachtet also auf die Gestaltung der Schülerpartizipation bezogen sein, sie darf nicht nur Handlungsanweisungen für Lehrer produzieren und sie kann die Stufenschemata für die Unterrichtsfächer nur analogisch berücksichtigen (vgl. KÖRBER/VON BORRIES in diesem Band für die Stufung historischen Denkens und Lernens).

Ich bin der Auffassung, dass man für die gemeinsame Gestaltung des Unterrichts drei Interaktions- und Kooperationsniveaus unterscheiden kann (vgl. auch H. MEYER im Disput mit M. MEYER in diesem Band). Auf einem ersten Niveau geht es um eine Beschreibung des Zustands, in dem sich Lehrer und Lerner befinden, es geht um die Phänomenologie der Lehr-Lern-Prozesse. Auf einem zweiten Niveau geht es um die Beschreibung von Unterricht in seiner Kommunikationsstruktur. Und das dritte Niveau ist das der intergenerationellen Aushandlung, der wechselseitigen Anerkennung der Lehrer durch die Schüler und der Schüler durch die Lehrer. Es ist das im eigentlichen Sinne pädagogische Niveau:

*Abbildung 7:* Niveaustufen der didaktischen Interaktion und Kooperation

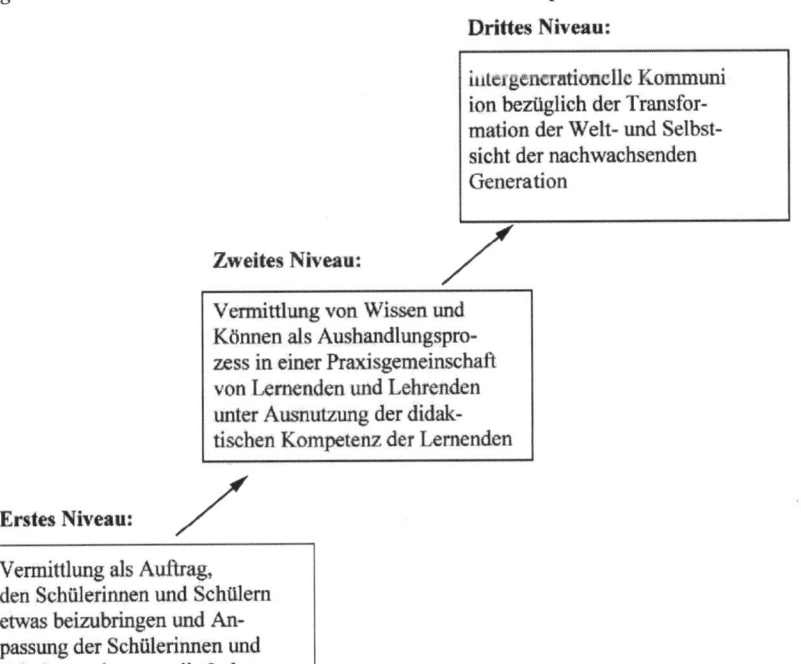

**Drittes Niveau:**

intergenerationelle Kommuni ion bezüglich der Transfor- mation der Welt- und Selbst- sicht der nachwachsenden Generation

**Zweites Niveau:**

Vermittlung von Wissen und Können als Aushandlungspro- zess in einer Praxisgemeinschaft von Lernenden und Lehrenden unter Ausnutzung der didak- tischen Kompetenz der Lernenden

**Erstes Niveau:**

Vermittlung als Auftrag, den Schülerinnen und Schülern etwas beizubringen und An- passung der Schülerinnen und Schüler an das, was die Lehrer ihnen abverlangen

Meine Behauptung, dass man das erste Niveau als phänomenologisches, das zweite als kommunikationstheoretisches und erst das dritte als im engeren Sinne pädagogisches zu verstehen hat, ist nicht unproblematisch. Der Autor, auf den ich mich dafür beziehe, Wolfgang Klafki, hat diese erkenntnistheoretische Positionsbestimmung immer nur implizit behandelt. Ich versuche deshalb jetzt, die Problematik zu entfallen. Dabei argumentiere ich konstruktivistisch, insofern die Wahrnehmung der Niveaustufen selbst Teil der Stufung ist. Es geht darum, wie wir, wie Lehrer *und* Schüler Unterricht wahrnehmen und wie sie ihn gestalten.

## 6.2  Die phänomenologische, die kommunikationstheoretische und die intergenerationelle Perspektive auf Bildung

In seiner Dissertation aus dem Jahre 1959, auf die Klafki sich auch in seiner kritisch-konstruktiven Didaktik stützt, schreibt er, dass die *kategoriale Erschließung der Welt*, durch die die formale und die materiale Seite des Bildungsprozesses der Heranwachsenden vermittelt werden soll, durch Verstehen, Erlebnis und Erfahrung bestimmt sei. Beschreibungen des Erlebens und Erfahrens hat Klafki aber meines Wissens nicht geliefert, dementsprechend natürlich auch nicht methodische Überlegungen zu der Frage, wie man das Erlebnis der Bildung fassen kann. Hätte er es getan, dann hätte er eine *Phänomenologie* des Bildungserlebnisses entwickeln müssen. Wir können deshalb jetzt fragen, ob es mit Husserl, Heidegger, Schütz, Lippitz, Meyer-Drawe, Marton und den anderen Phänomenologen einen Hinweis darauf gibt, wie man Bildungserlebnisse beschreiben kann. Ich vermute, dass es keine einfache, keine eindeutige Brücke von der Subjektivität der Subjekte zur objektiven Welt gibt und dass sich Klafkis Anspruch, eine Theorie der kategorialen Bildung geliefert zu haben, deshalb empirisch nicht belegen, aber natürlich auch nicht widerlegen lässt. Deshalb gilt bis zum Beweis des Gegenteils, was Richard Rorty gesagt hat. „The world does not speak. Only we do." (vgl. M. Meyer und H. Meyer 2007, S. 145). Wir konstruieren unsere Welt, auch dann, wenn wir Unterricht beobachten. Die phänomenologische Beschreibung des Unterrichts im Hinblick auf die intendierten Bildungsprozesse ist deshalb aus sich heraus instabil, ist nur ein erster Schritt.[10]

Für unser didaktisches Thema, die Gestaltung der Lehr-Lern-Prozesse, heißt dies: Wir beobachten, wenn wir phänomenologisch denken, die Anpassung der Schüler an das, was der Lehrer will, die Schüler erscheinen dabei aber, mit Lothar Klingberg, nur in ihrer Objekt-Position. Wenn wir die gleichberechtigte, gleichzeitige Subjekt- und Objekt-Position der Lehrenden und der Lernenden berücksichtigen, kommen wir zwangsläufig auf ein höheres, auf ein kommunikatives Niveau der Vermittlung. Es ist aus meiner Sich aufschlussreich, dass Klafki diesen Schritt selbst vollzogen hat. Im Rahmen seines Programms einer kritisch-konstruktiven Bildung im Medium epochaltypischer Schlüsselprobleme nimmt er nämlich eine höchst bedeutsame Veränderung vor, ohne dies groß zu explizieren. Er entwickelt eine *kommunikative Bildungstheorie*. Statt der kategorial erhellenden, phänomenologisch zu beschreibenden Einsicht, der Erfahrung und dem Erlebnis fordert er nun die Kommunikation der Lehrer mit den Lernenden und der Lernenden untereinander. Das *Gegenstück* zur kategorialen Bildung erhält auf dieser Basis folgende Gestalt: „Bildung im Sinne des Selbst- und Mitbestimmungs- sowie des Solidaritätsprinzips ist nicht zuletzt durch die Einsicht gekennzeichnet, dass es notwendig ist, einerseits ein Höchstmaß an Gemeinsamkeiten anzustreben, anderseits aber doch immer die Möglichkeit zu unterschiedlichen und kontroversen Auffassungen, Problemlösungsversuchen, Lebensentwürfen zu gewährleisten und zu verteidigen. Bildung ist in diesem Verständnis zentral durch die Fähigkeit charakterisiert, im Sinne jener Einsicht zu handeln, also Kontroversen rational austragen zu können, d.h. aber auch, sich selbst und anderen die argumentative Begründung eigener Positionen und Entscheidungen abzuverlangen." (Klafki 1985/1991, S. 62 f.)

Auch dieses Niveau, obwohl es einen didaktischen Fortschritt impliziert, ist aus meiner Sicht instabil, weil die Sinnkonstruktionen, die Lehrer und Schüler mit ihrem Unterricht verbinden können, so noch nicht angemessen in den Blick kommen. Die Sinnkonstruktionen verweisen auf ein drittes Niveau der wechselseitigen Anerkennung der Lehrer und der Schüler (vgl. noch einmal STRAUB 1999). Nach der *phänomenologischen* und nach der *kommunikativen* Wende bezüglich der Konzipierung der Bildungstheorie und der Allgemeinbildung müssen wir deshalb aus meiner Sicht fragen, was der Rahmen für eine *genuin pädagogische* Bildungstheorie zu sein hat. Ich meine, dass dieser Rahmen *durch das Generationenverhältnis* vorgegeben ist, wie es erstmals Friedrich SCHLEI-ERMACHER in seiner Vorlesung zur Pädagogik ausgewiesen hat. Der Schlüsselbegriff für eine solche pädagogische Bildungstheorie ist der der *intergenerationellen Kommunikation* und, ethisch formuliert, der *wechselseitigen Anerkennung* der Lehrer durch die Schüler und der Schüler durch die Lehrer, in ihrer Andersartigkeit. Jetzt erst sind wir beim pädagogischen Verhältnis und damit wirklich in der Pädagogik angekommen, nach Phänomenologie und Kommunikation. Ich stütze mich dafür auf die Bildungstheorie Helmut PEUKERTS. Dieser schreibt: „Gerade wo Erwachsene als Repräsentanten einer historisch ausgearbeiteten Sprache und Kultur auftreten, müssen sie ein nicht eliminierbares subjektives Moment an Handlungsfähigkeit, an Fähigkeit zu kreativer Rekonstruktion und Neukonstruktion beim Kind voraussetzen. Eine transzendentale Analyse jeweils vorauszusetzender möglicher Freiheit gewinnt hier ihren Sinn: Die Bildsamkeit des Heranwachsenden bedeutet nicht Plastizität unter den Händen der Erziehenden, sondern bezeichnet diese Möglichkeitsstruktur von Freiheit (...). Pädagogisches Handeln muss gerade unter Bedingungen der Asymmetrie eine freie Gegenseitigkeit voraussetzen, die nicht davon entlastet, sondern dazu verpflichtet, dem Heranwachsenden erst die Möglichkeitsräume für die Konstruktion einer eigenen Welt und eines eigenen Selbst innovativ zu erschließen" (PEUKERT 2000, S. 520).

PEUKERT liefert eine Antwort auf die Frage, wie heute Bildung gedacht werden kann. Die Antwort auf die Frage, wie eine *Didaktik der Transformation* aussehen soll, liefert er nicht. Ich meine aber, dass Bildungsgangforschung und -didaktik dafür hilfreich sein können. Der Schlüsselbegriff für eine solche didaktische Bildungstheorie ist der der *Transformation des Welt- und Selbstverhältnisses* in der intergenerationellen Kommunikation, und dies entspricht zugleich der Zielsetzung der Bildungsgangforschung: „Bildungsgangforschung ist zunächst Lehr-Lern-Forschung und damit in der Institution Schule Unterrichtsforschung. Sie betont dabei mit der Konzentration auf den Gang der Bildung die Perspektive der Lernenden. Bildung ist ein sozialisatorischer Prozess, in dem sich das Selbst entwickelt, mit Krisen, Regressionen, Brüchen, Entwicklungsschüben und Aufbrüchen. Die Förderung von Bildung bedarf daher einer Kultur, die nicht nur die Reproduktion der Gesellschaft sichert, sondern zugleich gesellschaftliche Transformation ermöglicht. Wir erforschen, wie sich Heranwachsende und junge Erwachsene in Lehr-Lern-Situationen verhalten, wie sie ihre Lernaufgaben deuten und was getan werden kann, um die Bildungsprozesse der Heranwachsenden und jungen Erwachsenen zu fördern. Uns interessiert, wie sie nicht nur Wissen und Können, sondern zugleich auch die Fähigkeit zur Selbstbestimmung und zu verantwortlichem Handeln in einer Welt entwickeln, die zunehmend komplexer und schwieriger wird" (Antragstext, BASTIAN und andere, 2001, S. 2, siehe Homepage des Fachbereichs Erziehungswissenschaft der Universität Hamburg).

Es sollte also deutlich geworden sein, dass man die Niveaustufung der didaktischen Interaktion und Kooperation dadurch operationalisieren kann, dass man fragt, was sich phänomenologisch beschreiben lässt, was für Kommunikationsprozesse in der Schule ablaufen und ob und wie in der Schule Bildungsprozesse möglich werden.

## Schlussbemerkung

Ich hoffe, gezeigt zu haben, dass man Unterrichtsplanung aus der Perspektive der Bildungsgang-forschung heraus betreiben kann. Zugleich sollte deutlich geworden sein, dass die Bildungsgang-didaktik auf der Basis empirischer Bildungsgangforschung kritisches Potential für die Weiterent-wicklung der Allgemeinen Didaktik entfalten kann. Dies macht sich an den Zielsetzungen fest: Was will die nachwachsende Generation, Heterogenität oder Gemeinsamkeit oder beides? Es macht sich an den Inhalten fest, am Spannungsverhältnis von Entwicklungsaufgaben und Allge-meiner Bildung, an der Methodik, und an der Gestaltung der Schülerpartizipation durch Lehrer und Schüler. Selbstbestimmung und Selbstregulation (Emanzipation und Autonomie) auf der ei-nen Seite, gesellschaftliche Rahmenbedingungen ("societal demands") und Entwicklungsaufgaben („developmental tasks") auf der anderen Seite geben also den theoretischen Rahmen für das, was Bildungsgangforschung leisten kann und soll. Ich kann deshalb auf mein Eingangszitat zurück-kommen. Ich hoffe, in meinem Beitrag eine Vision von Bildung und eine Konzeption der Gestal-tung von Bildungsprozessen entwickelt zu haben, die als Motor für die Entwicklung von Schule und Unterricht dienen kann. Und ich hoffe zugleich, für diese Konzeption auch auf der Basis empirischer Forschung argumentiert zu haben.

## Anmerkungen

1 In der von Meinert A. Meyer, Ingrid Kunze und Matthias Trautmann herausgegebenen Publikation zur Schülerpartizipation im Englischunterricht (2007) finden sich wesentlich aus-führlichere Darlegungen zur Thematik. Ich verweise auch auf die parallelen Studien zur Schü-lerpartizipation im Naturwissenschaftlichen Unterricht von Christine Ziegler (2008, im Druck) und im Geschichtsunterricht von Ralf Schmidt (2004).

2 Die genauen Belege – hier und nachfolgend – finden sich in M. Meyer/Kunze/Trautmann 2007.

3 Mir liegt an dem Hinweis, dass wir dieses Klischee – der Lehrer macht den Unterricht – insge-samt immer wieder gefunden haben, bei den Lehrenden und den Lernenden.

4 Wir konnten in unserer Auswertung der Schülerinterviews immer wieder feststellen, dass sie auf einem hohen didaktischen Kompetenzniveau argumentierten, das gelegentlich das der Lehrer übertraf.

5 Ich bevorzuge den Begriff der Allgemeinen Bildung gegenüber dem der Allgemeinbildung, weil mit „Allgemeinbildung" eher die Bewältigung der inhaltlichen Anforderungen des Curri-culums der allgemeinbildenden Schulen gemeint ist, nicht aber die Entwicklung der lernenden Subjekte, die Wolfgang Klafki mit den Konzepten der Selbstbestimmung, der Mitbestim-mung und der Solidarität zu fassen versucht.

6 Ich merke an, dass diese Form didaktischer Authentizität nichts mit dem zu tun hat, was an-derswo unter authentischen Lehrsituationen oder authentischen Texten (Texten, die didak-tisch nicht bearbeitet worden sind) verstanden wird.

7 Ich merke an, dass es zu Sinn, Sinnkonstruktion, Sinnfindung, Sinngebung etc. umfangreiche Literatur aus philosophischer Hermeneutik, Phänomenologie, Soziologie etc. gibt. Verwunder-lich ist eigentlich nur, dass das Konzept in der Unterrichtsplanung bis jetzt immer nur „mitge-laufen" ist (vgl. Combe/Gebhard 2007). Das Konzept bedarf umfangreicher didaktischer Konkretisierungen, worum wir uns im Graduiertenkolleg zur Bildungsgangforschung bemüh-en (Koller Hrsg., in Vorbereitung). Ich verweise zugleich auf Hericks 2006 und Meyer 2005b bezüglich des Spannungsverhältnisses von Entwicklungsaufgabe und Habitus. Da wir Entwicklungsaufgaben als bewusstseinsfähig, aber nicht bewusstseinspflichtig verstehen, kann

es immer wieder zu unbewussten, nicht gesteuerten Lernprozessen kommen, die etwa die Akzeptanz von Fachkulturen, aber auch ganz praktische Dimensionen des Wissens und Könnens betreffen. Im Anschluss an Bourdieu ist deshalb auch von Habitusentwicklung zu sprechen, die Kompetenz und Identität prägt, neben der Sinnkonstruktion.

8  Jürgen STRAUB (1999) weist darauf hin, dass Identität und Verstehen zusammenhängen und dass es vielschichtig-komplexe, situationsabhängige Identitätszuschreibungen gibt. Das türkische Mädchen „hat" in ihrer Familie eine andere Identität als in der deutschen Schulklasse.

9  Angemerkt sei, dass die Idee der Allgemeinen Bildung, zumindest in der Gestalt, die sie bei Wilhelm VON HUMBOLDT erhalten hat, durchaus als Entwicklungsaufgabe gedacht werden kann. HUMBOLDT wollte eine „allgemeine Menschenkenntnis" durch das Studium der römisch-griechischen Antike vermitteln, weil diese Menschenkenntnis handlungsfähig in der eigenen Lebenswelt macht (HUMBOLDT 1793/1961).

10  Ich merke an, dass ich mich hier auf John DEWEY beziehe. In *Experience and Education* (1938/1991, S. 12) hat er dargelegt, dass erfahrungsorientierter Unterricht so zu gestalten ist, dass die Lernenden von sich aus zu höheren Niveaus der *experience*, zu höheren Erfahrungsniveaus aufsteigen können. Was DEWEY als Gestaltungsaufgabe für die Lehrenden formuliert hat, gilt natürlich auch schon für die handlungssteuernde Wahrnehmung des Unterrichts, so dass wir fragen müssen, wie man komplexere und damit angemessenere Niveaus der Unterrichtswahrnehmung und -gestaltung anstreben kann.

## Literatur

BASTIAN, J./COMBE, A./LANGER, R. (2003): Feedback. – Weinheim.

BASTIAN, J. et al. 2001 = BASTIAN, J./von BORRIES, B./ Bos, W./COMBE, A./DECKE-CORNILL, H./ FAUL-STICH-WIELAND, H./GEBHARD, U./ GOGOLIN, I./ GRAMMES, T./ KAISER, G./ MARTENS, E./ MEYER, M. A./ MIELKE, R./ OETTINGEN, G./ SCHENK, B. (2001): Antrag auf Einrichtung und Förderung eines Graduiertenkollegs zur Bildungsgangforschung. Manuskript – Hamburg URL: http://www.erzwiss. uni-hamburg.de/Personal/Schenk/Grad-Koll/Ges-text-netz.htm (Download 05.04.2008. (Internet-Quelle).

BERG, H.-C. /SCHULZE, T. (Hrsg.) (1998): Lehrkunstwerkstatt II. Berner Lehrstücke im Didaktikdiskurs. – Neuwied.

BERG, H.-C./KLAFKI, W./SCHULZE, T. (Hrsg.) (2001): Lehrkunstwerkstatt IV. Unterrichtsvariationen. Menschenhaus – Gotteshaus. – Neuwied.

BENNER, D. (1986): Die Pädagogik Herbarts. Eine problemgeschichtliche Einführung in die Systematik neuzeitlicher Pädagogik. – Weinheim.

BOEKAERTS, M./PINTRICH, P. R./ZEIDNER, M. (eds.) (2000): Handbook of Self-Regulation. – San Diego, California.

BOLLER, S./ROSOWSKI, E./STROOT, T. (Hrsg.) (2007): Heterogenität in Schule und Unterricht. Handlungsansätze zum pädagogischen Umfang mit Vielfalt. – Weinheim.

BORN, B. (2006): Lernen mit Alltagsphantasien. Zur expliziten Reflexion impliziter Vorstellungen im Biologieunterricht. – Opladen.

COMBE, A./GEBHARD, U. (2007): Sinn und Erfahrung. Zum Verständnis fachlicher Lernprozesse in der Schule. – Opladen.

DEWEY, J. (1976): The Child and the Curriculum. In: BOYDSTON, J. A. (ed.): The Middle Works, 1899 – 1924. Volume 2 – Carbondale, pp . 271-291.

DEWEY, J. (1991): Experience and Education. In: BOYDSTON, J. A. (ed.): The Later Works, 1925 – 1953. Volume 13 – Carbondale.

FLUTTER, J./RUDDUCK, J. (2004): Consulting Pupils. What's in it for schools? – London.

GEBAUER, M./GEBHARD, U. (Hrsg.) (2005): Naturerfahrung. Wege zu einer Hermeneutik der Natur. – Zug.

GEDASCHKO, A. (in Vorbereitung): Sinnkonstruktionen beim Selbständigen Experimentieren im Physikunterricht. Dissertation – Hamburg.

HAHN, S. (2007): Identitätsdiskurse und Demokratie-Lernen im Unterricht. – Opladen.

HAVIGHURST, R. J. (1972): Developmental Tasks and Education. – 3rd edition – New York.

HELMKE, A. (2003): Unterrichtsqualität erfassen, bewerten, verbessern. – Seelze.

HERBART, J. F. (1965): Allgemeine Pädagogik, aus dem Zweck der Erziehung abgeleitet (1806). In: Pädagogische Schriften. Zweiter Band, hrsg. von W. Asmus. – Düsseldorf, S. 9-155.

HERICKS, U. (1998): Schule verändern, ohne revolutionär zu sein? Bildungsgangforschung zwischen didaktischer Wissenschaft und Schulpraxis. In: MEYER M. A./REINARTZ, A. (Hrsg.): Bildungsgangdidaktik. – Opladen, S. 290–302.

HERICKS, U. (2006): Professionalisierung als Entwicklungsaufgabe. Rekonstruktionen zur Berufseingangsphase von Lehrerinnen und Lehrern. –Wiesbaden.

HERICKS, U./SPÖRLEIN, E. (2001): Entwicklungsaufgaben in Fachunterricht und Lehrerbildung. Eine Auseinandersetzung mit einem Zentralbegriff der Lehrerbildung. In: HERICKS, U./KEUFFER, J./KRÄFT, H. C./KUNZE, I. (Hrsg.): Bildungsgangdidaktik. Perspektiven für Fachunterricht und Lehrerbildung. – Opladen, S. 33-50.

VON HUMBOLDT W. (1961): Über das Studium des Alterthums, und des griechischen insbesondere (Original: 1793). In: Werke in fünf Bänden, Band II. hrsg. von A. FLITNER, /K. GIEL, – Darmstadt, S. 1-24.

KLAFKI, W. (1959/1964): Das pädagogische Problem des Elementaren und die Theorie der kategorialen Bildung. – 4. Aufl. – Weinheim/Bergstr.

KLAFKI, W. (1985): „Konturen eines neuen Allgemeinbildungskonzepts" In: Neue Studien zur Bildungstheorie und Didaktik. Zeitgemäße Allgemeinbildung und kritisch-konstruktive Didaktik. – 2. überarbeitete Auflage 1991 mit dem Titel „Grundzüge eines neuen Allgemeinbildungskonzepts. Im Zentrum: Epochaltypische Schlüsselprobleme. – Weinheim, S. 43–81).

KLAFKI, W (1991): Zur Unterrichtsplanung im Sinne kritisch-konstruktiver Didaktik. In: Grundzüge eines neuen Allgemeinbildungskonzepts. Im Zentrum: Epochaltypische Schlüsselprobleme". – Weinheim, S. 250–284.

KLIEME, E. et al. 2003 = KLIEME, E./AVENARIUS, H.,/BLUM, W./DÖBRICH, P./GRUBER, H./PRENZEL, M./ REISS, K./RIQUARTS, K./ROST, J./TENORTH, H.-E./VOLLMER, H. J. (2003): Zur Entwicklung nationaler Bildungsstandards. Eine Expertise. – Bonn: BMBF.

KLINGBERG, L. (1987): Überlegungen zur Dialektik von Lehrer- und Schülertätigkeit im Unterricht der sozialistischen Schule. Potsdamer Forschungen, Reihe C, Heft 74. Pädagogische Hochschule „Karl Liebknecht". – Potsdam.

KOLLER, H.-C. (Hrsg.) (in Vorbereitung): Sinnkonstruktion (Arbeitstitel). – Opladen.

KORDES, H. (1989): Didaktik und Bildungsgang. – Münster.

LECHTE, M. A. (2008/im Druck): Sinnbezüge, Interesse und Physik. – Opladen.

LÜDERS, J. (2007): Fachkulturforschung in der Schule. – Opladen.

MERZIGER, P. (2007): Entwicklung selbstregulierten Lernens im Fachunterricht. – Opladen.

MEYER, H. (1980): Leitfaden zur Unterrichtsvorbereitung.- Königstein/Ts.

MEYER, H. (2004): Was ist guter Unterricht? – Berlin.

MEYER, M. A. (1999): „Bildungsgangdidaktik". Auf der Suche nach dem Kern der Allgemeinen Didaktik. In: HOLTAPPELS, H. G./HORSTKEMPER, M. (Hrsg.): Neue Wege in der Didaktik? Analysen und Konzepte zur Entwicklung des Lehrens und Lernens. 5. Beiheft von „Die Deutsche Schule", S. 123-140.

MEYER, M. A. (2003): Zeigen und Lernen – Didaktische Reflexionen im Anschluss an Ludwig Wittgenstein. In: HELSPER, W./ HÖRSTER, R./KADE, J.(2003): Ungewissheit. Pädagogische Felder im Modernisierungsprozess. – Weilerswist, S. 119-141.

MEYER, M. A. ( 2005a): Stichwort: Alte oder neue Lernkultur. In: Zeitschrift für Erziehungswissenschaft, Heft 1, S. 5-27.

MEYER, M. A. (2005b): Die Bildungsgangforschung als Rahmen für die Weiterentwicklung der Allgemeinen Didaktik. In: SCHENK, B. (Hrsg.): Bausteine einer Bildungsgangtheorie. – Wiesbaden, S. 17-46.

MEYER, M. A. (2007a): Entwicklung als Aufgabe. Zum Fremdsprachenlernen aus der Perspektive der Bildungsgangforschung. In: DECKE-CORNILL, H./HU, A./MEYER, M. A. (Hrsg.): Sprachen lernen und lehren. Die Perspektive der Bildungsgangforschung. – Opladen, S. 19-42

MEYER, M. A./MEYER, H. (2007b): Wolfgang KLAFKI. Eine Didaktik für das 21. Jahrhundert?. – Weinheim.

MEYER, M.A./KUNZE, I./TRAUTMANN, M. (Hrsg.) (2007): Schülerpartizipation im Englischunterricht. Eine empirische Untersuchung in der gymnasialen Oberstufe. – Opladen.

MEYER-HAMME, J. (in Vorbereitung): Historische Identitäten und Geschichtsunterricht. Fallstudien zum Wechselspiel von kultureller Prägung, institutioneller Unterweisung und individueller Verarbeitung. Dissertation – Hamburg.

MONETHA, S. (in Vorbereitung): Zum Einfluss von Alltagsphantasien auf Lernmotivation und Lernleistung. – Hamburg.

NEUSS, N. (2008): Biographisch bedeutsames Lernen. Empirische Studien über Lerngeschichten in der Lehrerbildung. Habilitationsschrift – Hamburg.

PETRIK, A. (2007): Von den Schwierigkeiten, ein politischer Mensch zu werden. Konzepte und Praxis einer genetischen Politikdidaktik. – Opladen.

PEUKERT, H. (2000): Reflexionen über die Zukunft von Bildung. In: Zeitschrift für Pädagogik, Jahrgang 46, H. 4, S. 507–524.

PRENZEL, M./GOGOLIN, I./KRÜGER, H.-H. (Hrsg.) (2007): Kompetenzdiagnostik. Sonderheft 8 der Zeitschrift für Erziehungswissenschaft.

RUDDUCK, J./McINTYRE, D. (2007): Improving Learning through Consulting Pupils. – London.

RYAN, M. R./DECI, E. L. (2002): Overview of Self-Determination Theory: An Organismic Dialectical Perspective. In: DECI, E. L./RYAN, R. M. (eds.): Handbook of Self-Determination Research. – Rochester, N.Y., pp. 3–27.

SCHENK, B. (Hrsg.) (2005): Bausteine einer Bildungsgangtheorie. – Wiesbaden.

SCHLEIERMACHER, F. D. E.(1957 und spätere Ausgaben): Die Vorlesungen über Erziehung aus dem Jahre 1826. Herausgegeben von E. WENIGER und T. SCHULZE KÜPPER. – Stuttgart.

SCHMIDT, R. (2004): Schülermitbeteiligung im Fach Geschichte. Dissertation Martin-Luther-Universität Halle-Wittenberg URL=http://sundoc.bibliothek.uni-halle.de/diss-online/04/04H179/index.htm

STRAUB, J. (1999): Verstehen, Kritik, Anerkennung. Das Eigene und das Fremde in der Erkenntnisbildung interpretativer Wissenschaften. – Göttingen.

TERHART, E. (Hrsg.) (2000): Perspektiven der Lehrerbildung in Deutschland. Abschlussbericht der von der Kultusministerkonferenz eingesetzten Kommission. Im Auftrag der Kommission herausgegeben. – Weinheim.

TERHART, E. (2001): Lehrerberuf und Lehrerbildung. Forschungsbefunde, Problemanalysen, Reformkonzepte. – Weinheim.

TERHART, E. (2005): Über Traditionen und Innovationen oder: Wie geht es weiter mit der Allgemeinen Didaktik? In: Zeitschrift für Pädagogik, Jahrgang 51, H. 1, S. 1–13.

THOMSON, P./GUNTER, H. (2006): From ‚consulting pupils' to ‘pupils as researchers': a situated case narrative. In: British Educational Research Journal, Vol. 32 (6), pp. 839–856.

TRAUTMANN, M. (Hrsg) (2004): Entwicklungsaufgaben im Bildungsgang. –Wiesbaden.

VYGOTSKIJ, L. (2003): Ausgewählte Schriften, Band II, hrsg. v. Joachim LOMPSCHER, International Cultural-historical Human Sciences,, Lehmanns Media-LOB.de – Berlin.

ZIEGLER, C. (im Druck): Schülerpartizipation im naturwissenschaftlichen Unterricht. – Opladen.

*Anschrift des Verfassers:*
Prof. Dr. Meinert A. Meyer, pensionierter Professor für Schulpädagogik mit dem Schwerpunkt Allgemeine Didaktik an der Fakultät für Erziehungswissenschaft, Psychologie und Bewegungswissenschaft der Universität Hamburg. Von-Melle-Park 8, 20146 Hamburg, E-Mail: meyer.meinert@erzwiss.uni-hamburg.de

Brian Hudson, Umeå, Sweden

# Didaktik Design for Technology Supported Learning

**Summary:**
This paper builds on earlier work which has explored differences between traditions in relation to teaching and learning. It outlines the development of an approach to the use of Information and Communications Technology (ICT) to support learning and teaching based on the notion of Didaktik analysis. The focus is on the design of teaching situations, pedagogical activities and learning environments which aims to address the what, why and how of ICT use. Discussion focuses on the nature of design, the conception of teaching as a design profession, subject didactics as design science and Didaktik design for technology supported learning as a generic field of didactics which is applicable across the range of specific subject didactics. The role of research is discussed at a range of levels from the macro to the micro involving consideration of its role at the course or curriculum level. These ideas form the basis of an Integrative Didaktik Design (IDD) framework, and an example of the application of this philosophy and approach to development of ICT for learning in the field of teacher education at a national level is presented.

*Keywords:* ICT; learning; Didaktik design; instructional design

**Zusammenfassung:**
Der Beitrag bezieht sich auf frühere Arbeiten, in denen der Autor die Differenzen zwischen den didaktischen Traditionen untersucht hat, die sich mit Bezug auf das Lehren und Lernen entwickelt haben. Der Beitrag skizziert die Entwicklung des Einsatzes der Informations- und Kommunikationstechnologien (ICT) bei der Unterstützung von Lern- und Lehrprozessen im Sinne der Didaktischen Analyse Wolfgang KLAFKIS. Er beschäftigt sich mit dem Design von Lehrsituationen, pädagogischen Aktivitäten und Lernumgebungen, und dies mit der Zielsetzung, das Was, das Warum und das Wie des ICT-Gebrauchs zu bearbeiten. Die Erörterung konzentriert sich dabei auf die Natur des Entwurfs, das Verständnis von Lehren als einer Design-Tätigkeit, auf die Fachdidaktiken als Design-Wissenschaften und auf ein Didaktisches Design für kommunikationstechnologisch unterstütztes Lernen als einen eigenständigen Bereich, der auf die verschiedenen speziellen Fachdidaktiken bezogen werden kann. Die Rolle der Forschung wird auf verschiedenen Ebenen diskutiert, von der Makro- bis zur Mikroebene, wobei ihre Rolle auf Kurs- bzw. auf Curriculum-Ebene erörtert wird. Die Überlegungen bilden das Fundament für ein Integratives Didaktik-Design (IDD). Sie ermöglichen zugleich ein Beispiel für die Anwendung dieses Ansatzes bei der Entwicklung der Informations- und Kommunikationstechnologien (ICT) für Lernprozesse im Bereich der Lehrerbildung auf nationaler Ebene.

*Schlüsselwörter:* Informations- und Kommunikationstechnologie, Lernen, Didaktisches Design, Design von Lehrsituationen

# 1    Introduction

The ideas outlined in this paper have developed from an exploration of differences between traditions in relation to teaching and learning, based upon a comparison of the Anglo-American curriculum tradition and the Continental European tradition of *Didaktik*, as discussed in HUDSON (2002). Although a form of Didaktik is at the centre of thinking about teaching and teacher education in much of Continental Europe, it is worth noting at the outset as several other writers have highlighted, that *Didaktik* is a tradition of thinking about and studying teaching and learning which is virtually unknown in the English-speaking world (KANSANEN 1995b, 1999; HOPMANN/ RIQUARTS 2000; WESTBURY 2000a; HOPMANN 2007). This exploration of differences has offered a new dimension and fresh insights to the notion of reflective practice.

Particular attention has been given to the tradition of Critical Constructive Didaktik as outlined in HUDSON (2003) which is based in particular on the work of KLAFKI (1995; 1998 and 2000); and to the notion of *Didaktik Analysis* (KLAFKI 2000, first ed. 1958) for both the development of professional practice and for purposes of educational research. Subsequently this approach has been applied to thinking about the use of Information and Communications Technology (ICT) to support learning and teaching (HUDSON 2007). The focus is on the design of teaching situations, pedagogical activities and learning environments which aims to address the *what, why* and *how* of ICT use in relation to the learner, technology and specific content selected from the wider societal and cultural context.

During this developmental process the question of design has emerged as a central issue for attention. Accordingly, the discussion focuses on the nature of design, the conception of teaching as a design profession, and subject didactics as design science; and it describes Didaktik design for technology supported learning as a generic field of didactics which is applicable across the range of specific subject didactics. The role of research in relation to the Didaktik design process is discussed at a range of levels from the macro to the micro level involving consideration of its role at the course or curriculum level, the conception of teacher as researcher and inquiry based approaches to student learning based on the idea of student as researcher. These ideas form the basis of an Integrative Didaktik Design (IDD) framework and an example of the application of this philosophy, an approach to development of ICT for learning in the field of Teacher Education at a national level is presented.

# 2    The main features of the tradition of Didaktik

In addressing the differences between traditions in relation to teaching and learning, an immediate issue that it has been necessary to address is the strongly culture-bound nature of the use of terms such as 'curriculum' and 'Didaktik'. Furthermore, it has been necessary to recognise that the comparison of meaning across linguistic boundaries is fraught with a variety of difficulties, as highlighted by KANSANEN (1995 a, b). In terms of the development of my own thinking the direction given by SEEL (1999) has been influential from the outset. He argues that Didaktik may be conceived as the human or social "science" whose subject is the planned (institutionalised and organised) support for learning to acquire *Bildung*. The very use of the word "science", however, is problematic as so often this is interpreted as "natural science" in English speaking contexts. However, the sense in which it is used in this example is related to a wider use of the term such as "Vetenskap" in Swedish or "Wissenschaft" in German. The concept of "Bildung" is an even more elusive concept to capture in English; it has variously been translated as 'formation', 'education' and 'erudition'. The latter derives from the Latin *eruditio* as used by COMENIUS and is the suggested translation by HOPMANN and KÜNZLI (1992). However, WESTBURY (2000 a, b) suggests that 'formation' is the best English equivalent to capture the German sense of the term. This is based on the connotations of the verb *bilden* (to form or to shape), which may be used as a reflexive verb as well, *sich bilden*. In its turn, categorical formation (*kategoriale Bildung*) can be characterised by a cluster of attributes described by terms such as 'educated', 'knowledgeable', 'learned', 'literary', 'philosophical', 'scholarly', and 'wise'. Categorical formation can be described as a dialectical process through which teaching "opens up a world for the student, thus opening the student for the world" (HOPMANN 2007, p. 115).[1]

In his discussion of the nature of Didaktik, SEEL (1999) emphasises that human beings are born into a culture and a cultural environment, including a social system. However, the acquisition of and the ability to deal with cultural objects may be conceived as a major part of the process of acquiring *Bildung*. Let me add that I have seen this emphasis on the social context and societal goals as a distinctive characteristic of the tradition of Didaktik and of Critical-Constructive Didaktik in particular.

Wolfgang KLAFKI (1995, 1998) highlights three main elements of contemporary *Bildung*: firstly, *self-determination* ('Selbstbestimmung'), by which is meant that every member of society is to be enabled to make independent, responsible decisions about her or his individual relationships and interpretations of an interpersonal, vocational, ethical or religious nature; secondly, *co-determination* ('Mitbestimmung'), which refers to both the rights and responsibilities of each member of society to contribute, together with others, to the cultural, economic, social and political development of the community; and thirdly, *solidarity* ('Solidarität'), which means that the individual rights to self-determination and opportunities for co-determination can only be represented and justified if it is associated with action to help others. This implies active support for those whose opportunities for self-determination and co-determination are limited or non-existent for reasons such as poor social conditions, lack of privilege, political restrictions, or oppression. Accordingly Didaktik provides ways of thinking that highlight some very important, and universal, educational questions that are not inevitably well-articulated in the Anglo-American curriculum tradition.

In considering these differences, WESTBURY (2000 a) argues that in the US curriculum tradition, the dominant idea has been *organisational*. He observes that in the USA there is a vision of a strong and overt formal control over teachers as employees of the school system, and this is reflected in the language used in relation to teacher education: for example teachers are 'trained' and 'certified' to teach the prescribed curriculum. Such an approach results in a view of the role of the teacher as an employee of the school system, who is concerned with implementing the system's curricula in a relatively mechanical fashion.

On the other hand, within the German tradition the state curriculum ('*Lehrplan*') has not been seen as something, which could or should explicitly direct a teacher's work. Although a *Lehrplan* does outline prescribed content for teaching, this is seen to be a selection from cultural traditions that can only become educative as it is interpreted and given life by teachers. Within this tradition there is an emphasis on teachers' professional autonomy and on their freedom to teach without control by a curriculum in the US sense. This is also emphasised by SEEL (1999) who highlights the tension between the notion of *relative pedagogical autonomy* for schools and teachers in German-speaking countries with the more narrowly focussed Anglo-American concept of *teaching theory*. SEEL also draws attention to SHULMAN's (1987) critique of a lesson-related instructional theory, which is seen as being too limited for a research basis for professional practice.

The inbuilt tendency towards *reductionism* in the Anglo-American curriculum tradition is highlighted by REID (1998) who argues that the social and cultural world is seen as an 'objective' structure and the task of curriculum is to present this structure to students, on the assumption that culture and society can be reduced to 'facts to be learned'. In contrast REID observes that within the tradition of Didaktik the social and cultural world is 'subjectified'. There are things to be learned, but students are to be encouraged to find their own path. As KÜNZLI (2000) indicates, the 'German teacher who follows KLAFKI's Didaktik does not begin by asking how a student learns or what a student should be able to do or know. Rather he or she looks first at a prospective object of learning in terms of *Bildung* to ask what it can and should signify to the students, and how students themselves can experience this significance.

The emphasis on significance and meaning making is reflected in KLAFKI's (1958/2000) five questions which were developed in order to counteract the objectivism of previous thinkers: the value of any content can only be ascertained with reference to individual learners and with a particular historical situation in mind, with its attendant past and anticipated future. Thus he asks:

1. What wider or general sense or reality do these contents exemplify and open up for the learner? What basic phenomenon or fundamental principle, what law, criterion, problem, method, technique or attitude can be grasped by dealing with this content as an 'example'?
2. What significance does the content in question or the experience, knowledge, ability or skill to be acquired through this topic already possess in the minds of the learners? What significance should it have from a pedagogical point of view?
3. What constitutes the topic's significance for the learner's future?
4. What is the structure of the content which has been placed into a specifically pedagogical perspective by questions 1, 2 and 3?
5. What are the special cases, phenomena, situations, experiments, persons, elements of aesthetic experience, and so forth, in terms of which the structure of the content in question can become interesting, stimulating, approachable, conceivable, or vivid for learners?

# 3   The main differences between the traditions

In HUDSON (2007) I describe the way in which the study of Didaktik over recent years has given fresh perspectives on a number of issues related to teaching and learning; in particular, I relate these to five themes: meaning and intentionality, attention to studying, recognising and holding complexity, tools for holding complexity, and the role of the teacher.[2] These aspects are discussed in the following sections; particular attention is given to the concept I describe as "holding complexity" which is discussed in relation to the aspect of "attention to studying". These aspects give rise to consideration of the main focus of this paper which is the question of design in relation to the didactical process.

## 3.1   Focusing on significance, meaning and intentionality

I have seen a key feature of Didaktik in the emphasis that is placed upon significance, meaning and intentionality (or purpose) from the outset of the process of preparation for teaching which arises from the conception of Didaktik as a human "science" with the central purpose of Bildung or – in more contemporary terms – of *Allgemeinbildung*. Thus, in his discussion of lesson preparation, KLAFKI (1995, 2000) observes that it is through *Didaktik Analysis* – of the kind that can be initiated by reflection on the five questions that he offered – that the interplay between experience and reflection and the relationship between theory and practice are made concrete in the form of decisions for planning teaching-studying-learning. But KLAFKI also emphasises the 'draft character' of preparation and the need for openness on the part of teachers to new situations, impulses, and the difficulties that arise in the moment: this openness of mind is seen as a key criterion of the teacher's pedagogical skill. He argues that lesson preparation is merely the thoughtful *design* of one or several opportunities for particular students to make fruitful encounters with particular contents of education and also draws particular attention to the misinterpretation that lesson planning is first and foremost, or even exclusively, concerned with the '*how*' of the situation, i.e. methods. The search for method is seen as the final, though necessary step, in good preparation. The first step is concerned with the subject matter to be conveyed or acquired in the lessons. 'What comprises "the matter"? What is the nature of this "lesson content"?' Thus in summarizing Didaktik Analysis KLAFKI (1995, 2000) describes it as 'the subsumption of all the mental effort directed at aspects of content', at the *what* of instruction and education ('Bildung') which is to be distinguished from the *how* – which he sees as a topic of a theory of learning methods ('Methodik').

Let me add that this perspective has a strong resonance with the position of Lee S. SHULMAN who emphasizes the way in which a professional is seen to be concerned not only with the *how*, but also with the *what* and *why*. In both KLAFKI's and SHULMAN's perspectives, the teacher is seen to be in command not only of procedure but also of content and rationale.[3] SHULMAN forcefully drew our attention to the fact that a professional is seen to be concerned not only with the '*how*', but also with the '*what and why*': "The teacher is not only 'master' (my quotes) of procedure but also of content and rationale, and capable of explaining why something has to be done. The teacher is capable of reflection leading to self knowledge, the metacognitive awareness that distinguishes 'draftsman' (my quotes) from architect, bookkeeper from auditor" (SHULMAN 1986, p. 13).

## 3.2 Recognising and holding complexity

Engagement with the tradition of Didaktik has also given me a fresh perspective on the complexity of learning itself. Differences between the ways in which language can operate across different cultures can either mask or highlight this complexity. For example in Russian there is only one word, *Obuchenie*, for teaching/learning, and there is no sharp conceptual distinction made between the terms, thus indicating a degree of complexity. This idea has a parallel in German with the word *Unterrichtsfach*, which KANSANEN (1995a) suggests is best translated as teaching-studying-learning. The same phenomenon can be seen with the Finnish word *Opetus*. Furthermore if we consider the Chinese characters that represent the word 'learning' we see a quite complex picture as represented in Figure 1:

*Figure 1:* The Chinese symbol for learning

The first character to the left hand side means 'to study', which is made up of two parts. The upper symbol means 'to accumulate knowledge' and this is positioned above a symbol of a child in a doorway. The second character to the right means 'to practice hard and constantly' and it shows a bird developing the ability to leave the nest. The upper symbol represents flying and the lower symbol represents youth. Taken together, the twin ideas of 'studying' and 'practicing hard and constantly' suggest that learning can be seen as mastery of the way of self-improvement and as SENGE et al. (1994) highlight from an oriental perspective that learning and practicing is an ongoing and lifelong process. By giving equal weight to the importance of each aspect in the teaching-studying-learning process, the tradition of Didaktik opens up the possibility of focusing on one aspect whilst holding the relationships to the others in creative tension and helps to avoid the descent into over simplistic reductionism, that can result from a sole pre-occupation with learning outcomes for example.

## 3.3   Attention to studying and tools for holding complexity

Through recognising the complexity of the process of 'learning', particular attention is given to the *studying* aspect of this process, i.e. those key functions that need to be fulfilled in order to achieve the goal/end point of the process, which might be interpreted as a state of learning.[4]

A key tool for the analysis of the complex relations between *teacher*, *student* and *content* in the teaching-studying-learning process is the *Didaktik triad*, as it is called. As KANSANEN and MERI (1999) emphasise, the Didaktik triad should be treated as a whole, although this is almost impossible to do in practice. They point out that the most common approach is to take the *pedagogical relation* between the teacher and the student(s) as a starting point. However the relationship between the teacher and the content also needs to be considered, and consequently the teacher's competence is brought into focus. He or she has to be in command of this complex situation.

KANSANEN and MERI also note that teaching in itself does not necessarily imply learning and, therefore, the preferred term for the activities of students is 'studying'. It is through studying that the instructional process can be observed, while the invisible part of this relation may be learning. A central aspect of the teacher's task is seen to be in guiding this relation.

## 3.4   The role of the teacher

In other words, within the Didaktik tradition the Didaktik relation is a relation to another relation: the teacher's activities are focused not on the students, and not on content, but on the students' relation to content. KANSANEN and MERI therefore see focusing on this *set* of relationships as the core of a teacher's professionalism. And in view of the complexity of this set of relations as it manifests itself in any situation, it is difficult to think that the Didaktik relation could be organised universally, or according to some technical rules. Consequently teachers' own professional judgement, practical theories and pedagogical thinking are seen to be of vital importance for success in learning.

As WESTBURY (2000 a) highlights, curriculum theory seeks to provide a structured framework for thinking about institutional issues. As a result of the influence of what is widely regarded as the core text of the field (TYLER 1949), a managerial framework for curriculum development and specification, and subsequently for the control and evaluation of the educational service delivery, has developed. Technologies for curriculum-making, for writing behavioural objectives, for 'instruction', test development and curriculum evaluation follow from this framework. This structure is seen to offer a rationale in that it is assumed that it is possible to specify a set of orderly steps setting out how an optimal curriculum can be developed for a national, regional or local school system. Teachers become the invisible agents of such a system, and are seen as animated and directed by the system, rather than as sources of animation for the system. Accordingly, as a further consequence of this perspective, teachers become viewed as a (if not the) major brake on the innovation, change and reform that might be considered by policy makers as necessary for the system.

In contrast, the tradition of Didaktik provides a framework which places the teaching and associated questions of design – and not the curriculum – at the heart of the teaching-studying-learning process. This follows from the emphasis that is placed upon Didaktik analysis and from the relative professional autonomy of the teacher within this tradition. Furthermore it provides a framework for teachers' thinking about the most basic how, what and why questions around their work, once again having a strong resonance with the position of SHULMAN (1986).

## 4    A historical perspective

In his writing about the construction of the concept of curriculum on the Wisconsin frontier, Herbert KLIEBARD refers to how John DEWEY was troubled in 1901 about the failure of many educational reforms. He writes about how, "with astonishing regularity, promising pedagogical innovations had made their appearance, enjoyed a brief day in the sun, and then quietly vanished" (Herbert KLIEBARD 1999, p. 9). DEWEY (1901) highlighted the way in which the grouping of children in classes, the process of grading, the machinery of devising courses of study and the selection and assignment of teachers to their work are all intimately bound to the very core of the educational process. In drawing attention to the way in which the organisation and management of schools may sustain or undermine pedagogical change, he also highlighted an incompatibility between the organisation and management of schools and many pedagogical reforms.

The impact of grading on curriculum and teaching is the subject of particular attention. KLIEBARD (1999) outlines the way in which calls for the grading of pupils in country schools in Wisconsin became common around the 1860s. It signalled a shift in terms of thinking about subjects as purveyors of desirable qualities of mind or character to becoming repositories of specific things that had to be learned in some kind of logical progression. In relation to this process of classification,[5] KLIEBARD (ibid.) cites David HAMILTON (1989) who describes the associated emergence of the concept of 'class' in a European context which was synonymous with grading or 'grade' or what was referred to by DEWEY as 'the grouping of children in classes'. A key contribution to the wider implementation of this system was led by a superintendant of schools, Henry Clay SPEER, who advocated the establishment of a centralised state bureaucracy and argued that teachers had neither the training nor the ingenuity to devise their own courses of study. Designing the school curriculum was not seen as either the province of the teacher or of the textbook but rather of a few professionally trained specialists. SPEER (1878, pp. 22-23) is quoted as asserting that teachers are "master workmen ... not architects ... There is no genius wanted. Good intelligent, discreet teachers are needed." KLIEBARD (1999, p. 18) notes how this was a signal of what was to become a defining feature of the American curriculum tradition in the twentieth century i.e. "the virtual isolation of the *design* of the formal curriculum from its execution in the classroom". Thus teachers were being asked on the one hand to engage in the more difficult task of ensemble teaching whilst on the other, they were being asked to implement a curriculum dictated not via a textbook but rather from another external authority. As KLIEBARD observes, this transfer of the responsibility for curriculum design carried with it significant implications in relation to the status of the largely female teaching force compared with the predominantly male administrators.

# 5   The design dimension of the teaching-studying-learning process

## 5.1   On the nature of design

A dictionary definition of design in the Collins Cobuild English Language Dictionary (SINCLAIR 1987) includes the statement: "When you design something (…) you plan and create a picture of it in your mind and you make a detailed drawing of it from which it can be built or made." It also refers to planning, preparing and deciding on all aspects of course of study and an assessment activity. A thesaurus search on the word highlights planning, invention, drawing, pattern and intention. Planning is associated with intention and meaning, whilst invention is related to creating, conceiving, originating and constructing. It is in the combination of these dimensions of planning and invention or creative design that the professional judgement of the teacher is brought into focus. This is in sharp contrast with the reductionism and instrumentalism described above. Categorical formation (*kategoriale Bildung*) is seen as an unfolding of unique individuality in relation to exemplary concepts, languages and tools rather than simply as instruments to be acquired, developed and subsequently tested. Indeed the term 'design' can be applied to mechanical procedures related to making tools and controlling systems. However in thinking about didactics, about learning and teaching, the concept of a mechanical system with the aim of producing a uniform and standardised product as efficiently as possible is not appropriate. Instead, we have to think in terms of living, rather complex human systems which are continually growing and changing along with their elements (SENGE et al., 2004).

## 5.2   Teaching as a design profession

Evidence of the importance of design in the professional development of teachers can be found in the outcomes of the study by HUBERMAN (2001) which focused on those approaches that can lead to sustained change in teaching practices. The organisation of networks of subject teachers have been central to this approach involving collaborative activities for the design of the curriculum: HUBERMAN suggests 'the kind of problem solving … (which) … *assumes* that the process of learning, experimentation and change will be moderately complex, novel, ambiguous, contradictory and conflicting' that has been focused on the whole 'instructional' process with particular attention to the 'instructional' design process (HUBERMAN 2001, p. 155). Furthermore the importance of design in education has been highlighted by CLARK and YINGER (1987) who propose the idea of teaching as "design profession".[6]

The design profession perspective on teaching stands in sharp contrast with that of the teacher as technician, as I have shown above. The conception of the teacher as technician leads to a view of teaching that is over-simplified, its associated complexities ignored and its demands diminished.

An application of the design approach can be found in the field of mathematics didactics from the work of WITTMANN (1995). This is based on a 'systemic-evolutionary' development-of-living-systems model that takes account of the complexity and self-organisation of these systems; it furthermore recognises the need to work in both an interdisciplinary and integrated way. WITTMANN argues that the didactics of mathematics cannot grow without close relationships to mathematics, psychology, pedagogy, general didactics and other areas. Scientific knowledge about the teaching of mathematics cannot be gained by simply combining results from these fields. It rather presupposes a specific didactic which integrates the different aspects into a unique coherent and comprehensive whole. Teacher education oriented towards practice is seen as a field of application based on the core which can only realise its full potential on the basis of this condition being met. Furthermore the "overriding importance of creative design for conceptual and practical innovations" (WITTMANN ibid, p. 363)1995) is emphasised.

## 5.3   General didactics as Didaktik Design for Technology Supported Learning

Consideration of the use of ICT for learning which is the main focus of this paper raises the need for thinking in terms of a generic field of didactics for technology supported learning which is applicable across the range of specific subject didactics i.e. Didaktik Design for Technology Supported Learning. Accordingly an *integrative* didactical framework has been developed to guide this direction of research in relation to ICT, media and learning in the Department of Interactive Media and Learning at Umeå University which builds on that outlined in HUDSON (2007).

The core of this generic didactical framework focuses on the pedagogical, technological and cultural aspects of development. However it also provides a model for visualising and thereby helping to address the relationships and inter-relationships between these aspects. In particular it focuses on the design of teaching-studying-learning processes as the central role of the teacher in the promotion of student-centred learning processes (figure 2). In this context teaching can be seen to be "a dynamic endeavour involving all the analogies, metaphors, and images that build bridges between the teacher's understanding and the student's learning" (BOYER 1990, pp. 23-24). Teaching at its best is seen to go beyond simply transmitting knowledge to 'transforming and extending it' (BOYER 1990).

*Figure 2:* Design of teaching-studying-learning processes

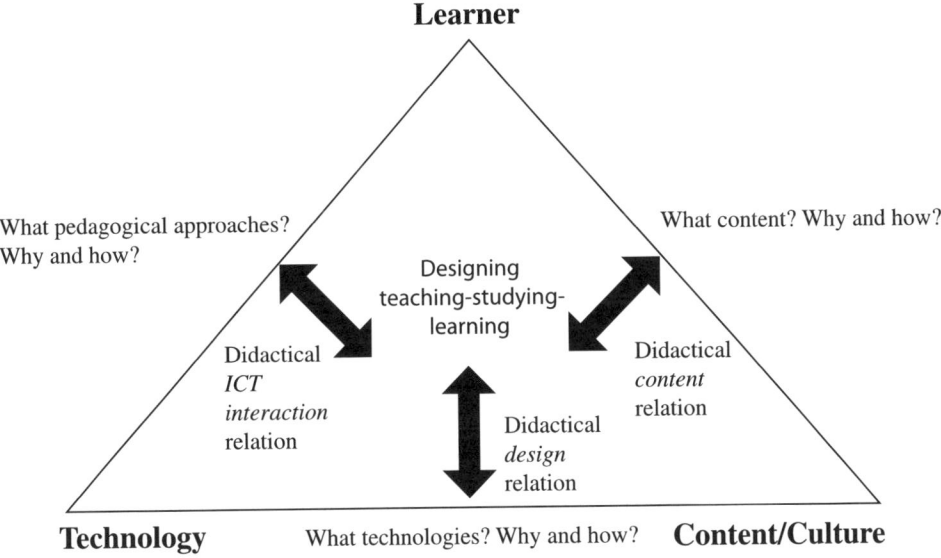

Accordingly in thinking about the relationship between teacher, content and student, this can be considered as a didactical content relation that gives rise to the traditional didactical questions of *what content*, *why* and *how* in a wider context of the use of technology. The introduction of new technologies into the picture highlights the didactical design relation when considering the relation between content and new technologies, giving rise to questions about *what technologies, why* and *how?* When considering the relation between the student and new technologies the focus shifts to the use of ICT i.e. a didactical interaction relation. The central role for the teacher at the core of the teaching-studying-learning processes is seen as the design of teaching situations, pedagogical activities (studying) and learning environments in overall terms.

## 5.4 Teaching Situations, Pedagogical Activities, and Learning Environments

With regard to the design of *teaching situations*, questions relate directly to the subjects being taught and to the potential role of technology. For example in mathematics, the opportunities afforded by the use of dynamic geometry software enable students to independently study the invariant relationships between points, lines and circles, forming their own conjectures and testing them out visually. Similarly with applications such as spreadsheets, Logo and graphic calculators, purposes will be many and varied, but they will include helping students in developing their own mathematical thinking and conjecturing, in observing patterns and generalising, in seeing connections and visualising and in exploring data. For example students might investigate how they can construct a square and how many squares there may be using only tools involving points, lines and circles using the dynamic geometry software Cabri Geometry. Follow up questions might focus on how one may know the square to be a square i.e. that it has all the properties of a square, and how to convince a peer that it is so.

In considering the didactical ICT use/interaction relation, such questions are likely to have a more generic nature concerning the design of learning environments. The impact of contemporary and emerging technologies, such as wireless technology, mobile devices and social software and what is referred to as Web 2.0 opens up many new questions in relation to the design of learning environments in particular. The impact of such technologies can be seen within the wider societal context and to a lesser extent in educational institutions at this moment in time.

We have become used to the World Wide Web (which we might refer to as Web 1.0); it can be characterised as an environment within which content in the form of websites et cetera can be created and maintained for others to read. The phenomenon described as Web 2.0, however, reflects the change that has taken place more recently. It allows users to create content in such a way that others can both read and write within the environment. An important feature of this kind of social software is that it provides a space in which they can interact and share ideas, experiences and understandings. Social software can be used to communicate in different settings such as one-to-many (*blog or podcast*) and many-to-many (*wiki*). Of course, this opens up greater opportunities for learning at any time and in any place with potential consequent impact on the expectations of students in particular concerning the teaching-studying-learning process. In terms of thinking about the web that we have become accustomed to, web sites and many institutionalised learning environments are generally nothing more than repositories of information. In contrast, Web 2.0 sites are designed to be both sources of content and also of functionality, for example through facilitating the sharing, exchange and discovery of knowledge, and the support of the development of networks and communities of people.

The Web 2.0 philosophy has resonance with social constructivist, student-centred theories of learning which emphasise the social construction of knowledge by active learners and which open up new opportunities for teaching, learning and assessment practices in formal educational settings. It is also resonant with the role of networking in relation to professional development of teachers as described earlier in this paper (cp. HUBERMAN 2001) and also in HUDSON (2005). An example of such a project, supported at the national level, and with the aim of opening up new opportunities for self directed learning and formative assessment is outlined in the next part of this paper (cp. HUDSON et al. 2008).

## 5.5  Didaktik Analysis and the Didaktik Design Process

In simple terms, teaching can be seen as a process of design, interaction, evaluation and re-design. In contrast from a Didaktik perspective much emphasis is placed on the *process* of Didaktik Analysis, as exemplified by Wolfgang KLAFKI's five questions described above, p. 142. However KLAFKI seems to downplay the process of design in the planning process by referring to it as "merely the thoughtful design" of potentially fruitful encounters for students. Furthermore I would argue that whilst the first three of KLAFKI's five questions are undoubtedly concerned with the process of Didaktik Analysis, questions four and five are in fact concerned with a process of creative design; I quote once more:

- What is the structure of the content which has been placed into a specifically pedagogical perspective by questions 1, 2 and 3?
- What are the special cases, phenomena, situations, experiments, persons, elements of aesthetic experience, and so forth, in terms of which the structure of the content in question can become interesting, stimulating, approachable, conceivable, or vivid for learners?

Accordingly we can consider the process of Didaktik Design as an adaptation of the traditional Instructional Design model in the form of a cyclical process of Analysis, Design, Development, Interaction and Evaluation leading through to a subsequent process of re-design, using and expanding Wolfgang KLAFKI's Didaktik Analysis. Accordingly some of the key questions at each phase may include:

Analysis phase:

- What wider or general sense or reality do these contents exemplify and open up for the learner? What basic phenomenon or fundamental principle, what law, criterion, problem, method, technique or attitude can be grasped by dealing with this content as an 'example'?
- What significance does the content in question or the experience, knowledge, ability or skill to be acquired through this topic already possess in the minds of the learners? What significance should it have from a pedagogical point of view?
- What constitutes the topic's significance for the learners' future?

Design phase:

- What is the structure of the content which has been placed into a specifically pedagogical perspective by questions 1, 2 and 3?
- What are the special cases, phenomena, situations, experiments, persons, elements of aesthetic experience, and so forth, in terms of which the structure of the content in question can become interesting, stimulating, approachable, conceivable, or vivid for learners?
- What teaching situation, pedagogical activities and learning environments are to be designed?

Development phase:

– What are the potential roles for ICT in terms of designing teaching situations, pedagogical activities and learning environments?
– What materials and resources are to be developed to support the creation of teaching situations, pedagogical activities and learning environments?
– What is the role of the teacher?

Interaction phase:

– How will the students interact with the technology, with the teacher and with each other?
– How will the students demonstrate their achievement of intended learning outcomes?

Evaluation phase:

– How will the students evaluate what they have learned in a formative way? How will this activity be recorded? How does this aspect relate to formal processes of summative assessment, examination and accreditation?
– How will the quality of the teaching situations, pedagogical activities and learning environments be judged and evaluated?
– How will the quality of the student learning experience be judged and evaluated?

In conclusion I would argue that by expanding Klafki's Didaktik Analysis to include an emphasis on processes of creative design, this model provides a way of giving attention to questions of significance, meaning and intentionality in relation to ICT supported learning from the outset of planning and preparation of teaching-studying-learning processes.


## 5.6  On the role of research

The role of research is seen as a process of critical inquiry that operates at a number of levels from the macro level of the wider system, such as the course or curriculum level, to the micro level of the teacher and also of the student.

Critical-Constructive Didaktik (KLAFKI 1998) offers a distinctive approach to educational research, which addresses the complexity of the processes of teaching and learning in the methodologies and methods adopted, whilst maintaining attention to considerations of meaning making within a wider societal context. The approach is concerned as it is with the promotion of the capacity for self-determination, co-determination, and solidarity. Accordingly research is intended to support pedagogical practice. In outlining his approach, KLAFKI proposes a synthesis of method groups/methodologies involving *historical-hermeneutical methods, empirical methods and methods of social analysis and ideology critique*. However he cautions that the synthesis of these is not a simple addition. The use of ICT raises important questions from the perspective of ideology critique about whose interests are being served and also about affordances and potential constraints.

A fundamental assumption is that each method group/methodology will involve the researcher being confronted by preconditions or limits that can only be overcome with the help of the other approaches. Thus when the knowledge that can be acquired through using a particular methodology has reached its limits, then this process as a whole can only be further advanced through a process of constructive method synthesis.

A further underpinning assumption of this approach as a whole is that hermeneutics, empirical analysis and social analysis in combination with ideology critique must be approached from the historical perspective. This is consistent with the view that all institutionalised processes of teaching and learning always denote meaningful and purposive actions and processes. Accordingly all the actions and processes of learners, which refer to the didactical actions of teachers are seen as meaningful actions whether or not they fulfil the teachers' intentions.

## 5.7 The Integrative Didaktik Design (IDD) Framework

The approach outlined in this chapter has led to the development of an integrative holistic model of design research that integrates the processes of research, evaluation and dissemination. The main goal of the Integrative Didaktik Design (IDD) framework is to support the construction of propositions for actions in relation to teaching and learning and to design and construct teaching situations, pedagogical activities and learning environments that enable both teachers and learners to put these propositions into practice. Specifically the framework aims to address the ways in which we might systematically create, test, evaluate and disseminate teaching and learning interventions that will have maximum impact on practice and that will contribute significantly to the development of theory and also to consider those specific research methodologies or combinations of methods that are most appropriate to particular phases of the Didaktik design research process as illustrated through the IDD framework. For example, the distinctions outlined by CHELIMSKY (1997) are seen as constructive. These are presented as (i) evaluation for *accountability* (ii) evaluation for *development* and (iii) evaluation for the *creation of new knowledge*.

This approach recognises the need to address all three aspects but that the most important aspects for research and development purposes are to be found in the second and third categories. An approach based on thinking in terms of development can be seen as evaluation for *collective learning* through action and reflection. Dialogue is seen as a necessary pre-requisite for such reflection and a key challenge for any development project is to achieve a culture of openness to such self-critical reflection. In thinking about evaluation for the creation of new knowledge, the social embeddedness of knowledge is recognised, a consequence of which is that knowledge is not a given but rather it is built up interactively and emerges through social relationships and in social practices. Such a perspective can be seen as highlighting a distinction between 'knowledge and know how' which has parallels in German of 'Wissen and Können' and which in French is incorporated into the complex concept of 'Savoir'. It also highlights the significance of the Swedish term 'förhållningssätt' which can be interpreted as relatedness to others and to knowledge itself, the advancement of which is one of the central goals of higher education in Sweden.

Key research questions guide ongoing development that focus on the impact of contemporary and emerging technologies on learning outcomes and teaching and assessment practices. These utilise the concepts of affordances and constraints (GREENO 1994) as outlined below:

– What affordances are created for learning through this particular use of technology and how do these change learning outcomes for students?
– What affordances are created for teaching through this particular use of technology and how do these change teaching practices?
– What affordances are created for assessment through this particular use of technology and how do these change assessment practices?
– What are the potential constraints that we need to be aware of in each case?

An example of the application of this philosophy and approach to development at a national level in the field of ICT and teacher education is outlined in the following section.

# 6    Didaktik design for process-based assessment through blended learning

The project has been designed together with students and aims to strengthen ICT use as well as pedagogical communication between the campus and schools involved in VFU (*verksamhetsför-lagd utbildning*/practice based education). The main objective of the project is to develop the use of process based assessment through which students, supported by teacher educators, negotiate individual learning goals within a wider framework of didactic course goals. The students are using a variety of ICT tools and media such as digital portfolios, blogs, video papers and video conferencing to support communication within a blended learning framework. In essence, blended learning can be seen as the well planned and thoughtful integration of face-to-face learning experiences with online learning experiences, the real test being the effective integration of the face to face and online learning experiences so that we are not simply adding on to the current dominant approach or method (GARRISON/KANUKA 2004). This process is intended to support students in documenting, reflecting upon and evaluating their own learning processes. Thereby this process-based model aims to support the development of students' skills of critical reflection on their learning, promote their responsibility for self development and to prepare them for „life long learning". The main target group for this development at Umeå University involves 60 students together with 30 Lokala Lärer Utbildare/school-based teacher educators in 11 VFU schools and 6 university teacher educators.[7]

The project team aims to develop a common framework towards both formative and summative evaluation of the project. The research questions that are guiding development are as follows:

–  How do process based methods of assessment in online contexts support processes of self assessment by students' in relation to the national goals in Examensordningen?
–  How do process based methods of assessment in online contexts strengthen the integration, communication and collaboration between teacher education and schools regarding VFU?
–  How do process based methods of assessment in online contexts change the roles and necessary competence of students, teachers and teacher education at the campus as well as in VFU-schools?

In particular we are interested in exploring ways in which we can amplify the voices of students in the process so as to redress what is perceived to be a current imbalance. Initial outcomes from associated research and evaluation activities are in the process of being disseminated by HUDSON et al. (2008) at the time of writing.

In this project we have focused increasing attention on the aspect of "reflective dialogues" (LIL-LEQVIST 2007) through a process of "emergent evaluation" that involves *collective learning* through action and reflection which has built up interactively and has emerged through social relationships and shared social practices within the project team. The developmental aim has been to offer students at different stages in their teacher education the opportunity for reflective conversations which have the aim of building a better understanding of the skills to be developed as outlined in the Examensordning. Mentors and local teacher educators are seen to have a crucial role in scaffolding these conversations in order to facilitate the development of a greater self awareness of the difficulties associated with assessment. A main outcome of this process involves a process of self evaluation through the writing and rewriting of the self-assessment.[8] It is expected that outcomes of this study will include the illumination of students understanding of 'reflection' and how this relates to their perceptions of achievement in relation to the goals in their courses of study and to the national goals in Examensordningen, regarding ICT as well as teaching skills. It will provide insights into the affordances and constraints of ICT involving the use of social software to support learning through internal and external reflective dialogue (GRANBERG 2008) and hopefully will give direction to ways of strengthening the integration, communication and collaboration between teacher education and schools regarding VFU.

# 7    Concluding comments

In focussing upon the process of Didaktik design this paper has aimed to highlight the essentially creative nature of the process which underlies the design of teaching situations, pedagogical activities and learning environments. In particular it is in the combination of these dimensions of planning and invention or creative design that the professional judgement of the teacher is brought into focus.

This is in sharp contrast with the reductionism and instrumentalism that follows from the isolation of the *design* of the formal curriculum from its execution in the classroom with its consequent impact on the view of the teacher as technician who is simply concerned with implementation of the pre-designed curriculum in a classroom setting. The conception of teaching as a design profession has particular implications for the nature of teacher education as an inter-disciplinary and applied design science. Such a broad perspective brings into focus the central role of the teacher in the creative design of teaching-studying-learning processes for student-centred learning. It also highlights the importance of the transformative dimension of teaching that involves all the analogies, metaphors and images which build bridges between the teacher's understanding and the student's learning.

The advent of Web 2.0 and in particular of social software applications offers a radically different perspective on the potential use of technology than that which has historically dominated the field of instructional design. The dramatically expanding use of Web 2.0 may be seen as being not so much about a change in technology, but rather, about a change in philosophy which calls into question many institutionalised managed learning environments which are generally nothing more than mere repositories of information.

The role of research in relation to the Didaktik design process is considered to be a process of critical inquiry with profound implications for teacher education. This is seen to operate at a number of levels involving the course or curriculum level, the conception of teacher as researcher and an inquiry based approach to student learning. The further development of these ideas into an Integrative Didaktik Design (IDD) framework and its application to development of ICT for learning in the field of Teacher Education at a national level is the focus of ongoing work as explained in chapter 6. It supports the central proposition of this paper and provides an interesting basis from which to further develop and compare connections between Didaktik design and creativity supported by digital technologies in teacher education in similar but different cultural contexts.

## Endnotes

1  The notion of Bildung has been the subject of particular attack in recent times from AUTIO (2007).
2  On considering the common core of Didaktik, HOPMANN (2007) outlines a similar concept of "restrained teaching" that is based on three sine qua nons of Didaktik as "an irreducible commitment to Bildung, a founding belief in the educative difference of matter and meaning, and a strong commitment that teaching and learning are necessarily autonomous activities." Fur-

thermore he argues that the concept of "restrained teaching" and these three aspects are distinguishing differences between the Didaktik and curriculum traditions.

3  However on further reflection it seems that the contrast that is made between Didaktik and Methodik is too polarised a distinction and the significance of design in the process of planning and preparation seems to be underplayed. It is the case that lesson preparation without prior Didaktik Analysis would be "merely the thoughtful design" of potentially fruitful encounters for students. This question is returned to later in this paper.

4  A parallel way of thinking would seem to underlie the work of LAVE (1996) with her emphasis on 'teaching as learning in practice'. The ideas of CARLGREN (2005) are also very relevant and in particular her argument for a shift from knowledge (as substance) to knowing (knowledge as a contextualised relation). She writes in terms of dispositions to act and qualities of knowing as embedded in the habits of social practices.

5  In particular he draws attention to the movement for grading which was led by Aaron PICKET (1863, p. 183) who called for 'not only a system of uniform gradation, but also of uniform instruction and studies for each grade'. This signalled the beginning of a move away from the dominant form of education at that time which was founded on the teacher listening to individual recitations based on assignments made from textbooks. The system of classification proposed by PICKET (ibid.) was based on sets of what would now be seen as curricular objectives for each of the grades combined with specified standards of achievement tied in to each level.

6  This is echoed in the concept of teacher education as a related inter-disciplinary and applied "design science" by the Nobel Prize Winner Herb SIMON (1970) who highlights both the importance of this way of thinking and also the resistance to accepting design sciences in the academic world. He highlights the way in which the historical and traditional task of the scientific disciplines was to teach about natural things whereas the task of engineering schools, for example, was to teach about artificial things and in particular how to design and build artefacts with particular desired properties. He argues that this conception of design is at the core of all professional training, giving the examples of architecture, medicine, business, law and education in addition to engineering. Moreover he argues that it is this aspect of design which is the principal distinguishing characteristic between the professions and the sciences. He also highlights the way in which the dominance of the natural science paradigm has influenced the curricula of the professional schools arguing that "in view of the key role of design in professional activity, it is ironic that in this century the natural sciences have almost driven the sciences of the artificial from the professional school curricula" (SIMON, ibid, pp 55-58). He also argues that the older kind of professional school did not know how to educate for professional design at an intellectual level appropriate to a university and for the consequent need for "a science of design, a body of intellectually tough, analytic, partly formalizable, partly empirical doctrine about the design process" (SIMON, ibid, pp. 55-58).

7  The P@RABLE Project: Process Based Assessment through Blended Learning is a collaborative development between the Department of Interactive Media and Learning at Umeå University together with Karlstad University and Linköping University. It is supported by funding (2007-08) from the Swedish Agency for Networks and Cooperation in Higher Education/ Myndigheten för nätverk och samarbete inom högre utbildning (NSHU). This project builds on an existing partnership related to ongoing development work in the field of ICT and learning at all three partner institutions. Research carried out at the macro/system level at Umeå University has been reported on by Carina GRANBERG (2007).

8  We are also interested to explore the potential of this approach for the purposes of our own formative and emergent evaluation as a project team. Avril LOVELESS et al. (2007) present outcomes of a study of "pedagogy for creativity" and in doing so respond to the paper by HUDSON (2007). Of particular interest, their conclusions include the following: "We propose that there

are connections between the processes of Didaktik and creativity, and that these were demonstrated in the student teachers' preparation for pedagogy for creativity with digital technologies. Didaktik analysis can be a creative activity in itself. As the tutors and the student teachers engaged in Didaktik analysis to design the experiences, both in the university course and in the classroom, they were creative in their imaginative responses, their purposeful working with the media and the evaluation of the final outcomes. The student teachers were creative in their personal activities and in their preparation and engagement with the children's activity. 'Pedagogy for creativity' demanded creativity in the Didaktik analysis and preparation." (LOVELESS et al. 2007, p. 12)

## References

AUTIO, T. (2007): Towards European Curriculum Studies: Reconsidering some basic tenets of Bildung and Didaktik. In: Journal of the American Association for the Advancement of Curriculum Studies, Vol. 3, February 2007.

BOYER, E. L. (1990): Scholarship Revisited. – Princeton University NJ: Carnegie Foundation for the Advancement of Teaching.

CARLGREN, I. (2005): The content of schooling – from knowledge and subject matter to knowledge formation and subject specific ways of knowing. Paper presented at ECER 2005 – European Conference on Educational Research, University College Dublin, 5-10 September 2005.

CHELIMSKY, E. (1997): Thoughts for a new evaluation society. In: Evaluation, Vol. 3, 1, pp. 97-118.

CLARK, Ch. M./YINGER, R. J. (1987): Teacher Planning. In: CALDERHEAD, J. (Ed.): Exploring Teachers' Thinking. – London.

DEWEY, J. (1901): The situation as regards the course of study. In: Journal of the Proceedings and Addresses of the Fortieth Annual Meeting of the National Education Association (1901), pp. 337-338.

GARRISON, R. D./KANUKA, H. (2004): Blended learning: Uncovering its transformative potential in higher education. In: The Internet and Higher Education, Vol. 7, pp. 95-105.

GRANBERG, C. (2007): Pedagogical attributes and ICT affordances – Implementing Digital Individual Development Planning in Teacher Education. Paper to ECER 2007 – European Conference of Educational Research, University of Ghent, September 2007.

GRANBERG, C. (2008): Social software for reflective dialogue – is there any trace of reflection and dialogue in the students' blogs? Paper to ECER 2008 – European Conference of Educational Research, University of Gothenburg, September 2008.

GREENO, J. G. (1994): Gibson's affordances. In: Psychological Review, Vol. 101, 2, pp. 336-342.

HAMILTON, D. (1989): Towards a Theory of Schooling. – London.

HOPMANN, S. (2007): Restrained Teaching: the common core of Didaktik. In: HUDSON, B./SCHNEUWLY, B. (Eds.): Special Issue of the European Educational Research Journal (EERJ) on Didactics – Learning and Teaching in Europe, No. 2, 2007 http://www.wwwords.co.uk/EERJ/content/pdfs/6/issue6_2.asp (Visited 03 February 2008).

HOPMANN, S./KÜNZLI, R. (1992): Didaktik – Renaissance. In: Bildung und Erziehung, 45. Jg., H. 2, S. 117-135.

HOPMANN, S./RIQUARTS, K. (2000): Starting a dialogue: a beginning conversation between the Didaktik and curriculum traditions. In: WESTBURY, I./HOPMANN, S./RIQUARTS, K. (Eds.): Teaching as a Reflective Practice: The German Didaktik Tradition. – Mahwah, NJ, pp. 3-11.

HUBERMAN, M. (2001): Networks that Alter Teaching: Conceptualizations, Exchanges and Experiments. In: SOLER, J./CRAFT, A./BURGESS, H. (Eds.): Teacher development: exploring our own practice. – London.

HUDSON, B. (2002): Holding complexity and searching for meaning – teaching as reflective practice. In: Journal of Curriculum Studies, Vol. 34, 1, pp. 43-57.

HUDSON, B. (2003): Approaching educational research from the tradition of critical-constructive Didaktik. In: Pedagogy, Culture and Society, Vol. 11, 2, pp. 173-187.

HUDSON, B. (2005): Networking as/for knowledge transformation and innovation: from research-based practice to the scholarship of teaching and learning. International Society for the Scholarship of Teaching and Learning (ISSOTL) 2005 Conference, Vancouver, British Columbia, 14-16 October 2005.

HUDSON, B. (2007): Comparing different traditions of teaching and learning: what can we learn about teaching and learning? In: HUDSON, B./SCHNEUWLY, B. (Eds.): Special Issue of the European Educational Research Journal (EERJ) on Didactics – Learning and Teaching in Europe, No. 2, 2007 http://www. wwwords.co.uk/EERJ/content/pdfs/6/issue6_2.asp (Visited 03 February 2008).

HUDSON, B./BODEN, A./ENOCHSSON, A./GRANBERG, C./JOHANSSON, M./LILLEQVIST, H./PERSSON, H. (2008): Evaluating Process Based Assessment through Blended Learning: amplifying the student voice(s)? NU2008 Conference: Lärande i en ny tid – samtal om undervisning i högre utbildning (Learning in a new time – deliberations about teaching in higher education), University of Kalmar, 7-9 May 2008. http://www.nu2008 (Visited 03 February 2008).

KANSANEN, P. (Ed.) (1995a): Discussion on Some Educational Issues VI Research Report No. 145. – Helsinki, Finland: Department of Teacher Education, University of Helsinki.

KANSANEN, P. (1995b): The Deutsche Didaktik. In: Journal of Curriculum Studies, Vol. 27, 4, pp. 347-352.

KANSANEN, P. (1999): The Deutsche Didaktik and the American research on teaching. In: HUDSON, B./ BUCHBERGER, F./KANSANEN, P./SEEL, H. (Eds.): Didaktik/Fachdidaktik as Science(-s) of the Teaching Profession? TNTEE Publications, 2 (1), pp. 21-36. http://tntee.umu.se/publications/publications.html (Visited 03 February 2008).

KANSANEN, P./MERI, M. (1999): The didactic relation in the teaching-studying-learning process. In: HUDSON, B./BUCHBERGER, F./KANSANEN, P./SEEL, H. (Eds.): Didaktik/Fachdidaktik as Science(-s) of the Teaching Profession? TNTEE Publications, 2 (1), pp. 107-116. http://tntee.umu.se/publications/publications.html (Visited 03 February 2008).

KLAFKI, W. (1958): Didaktische Analyse als Kern der Unterrichtsvorbereitung. In: HEINRICH, R./BLUMENTHAL, A. (Hrsg.) (1964): Auswahl. Grundlegende Aufsätze aus der Zeitschrift "Die Deutsche Schule" – Hannover, S. 5-34.

KLAFKI, W. (1995): Didactic analysis as the core of preparation for instruction (Didaktische Analyse als Kern der Unterrichtsvorbereitung). In: Journal of Curriculum Studies, Vol. 27, 1, pp. 13-30.

KLAFKI, W. (1998): Characteristics of critical-constructive Didaktik. In GUNDEM, B./HOPMANN, S. (Eds.): Didaktik and/or Curriculum: An International Dialogue. – New York, pp. 307-330.

KLAFKI, W. (2000): Didaktik analysis as the core of preparation of instruction. In WESTBURY, I./HOPMANN, S./RIQUARTS, K. (Eds.): Teaching as a Reflective Practice: The German Didaktik Tradition. – Mahwah, NJ, pp. 197-206.

KLIEBARD, H. (1999): Constructing the Concept of Curriculum on the Wisconsin Frontier: How School Restructuring Sustained a Pedagogical Revolution. In: MOON, B./MURPHY, P. (Eds.): Curriculum in Context. – London.

KÜNZLI, R. (2000): German Didaktik: models of re-presentation, of intercourse, and of experience. In WESTBURY, I./HOPMANN, S./RIQUARTS, K. (Eds.): Teaching as a Reflective Practice: The German Didaktik Tradition. – Mahwah, NJ, pp. 41-54.

LAVE, J. (1996): Teaching, as Learning, in Practice. In: Mind, Culture, and Activity, Vol. 3, 3, pp. 149-164.

LOVELESS, A./TURVEY, K./BURTON, J. (2007): Didaktik and Creativity, Paper to the European Conference on Educational Research – ECER 2007, University of Ghent.

LILLEQVIST, H. (2007): ICT in Teacher Education at LiU – campus Linköping 2006/2007, Advanced Study Thesis in Professional Education, Institutionen för undervisningsprocesser, kommunikation och lärande, Lärarhögskolan i Stockholm.

PICKET, A. (1863): Gradation and course of instruction for common schools. In: Wisconsin Journal of Education, Vol. 8, December, p. 183.

REID, W. A. (1998): Systems and structures or myths and fables? A cross-cultural perspective on curriculum content. In: GUNDEM, B. B./HOPMANN, S. (Eds.), Didaktik and/or Curriculum: An International Dialogue. – New York, pp. 11-27.

SEEL, H. (1999): 'Allgemeine Didaktik' ('General Didactics') and 'Fachdidaktik' ('Subject Didactics'). In: HUDSON, B./BUCHBERGER, F./KANSANEN, P./SEEL, H. (Eds.): Didaktik/Fachdidaktik as Science(-s) of the Teaching Profession? TNTEE Publications, Umea, Sweden, 2, 1, pp. 85-93. http://tntee.umu.se/publications/publications.html (Visited 03 February 2008).

SENGE, P. M./KLEINER, A./ROBERTS, C./ROSS, R. B./SMITH, B. J. (1994): The Fifth Discipline Fieldbook. – New York.

SENGE, P./OTTO SCHARMER, C./JAWORSKI, J./FLOWERS, B. S. (2004): Presence: Human Purpose and the Field of the Future. – Cambridge, MA.

SHULMAN, L. S. (1986): Those who understand: knowledge growth in teaching. In: Educational Researcher, Vol. 15, 2, pp. 4-14.

SHULMAN, L. S. (1987): Knowledge and teaching: foundations of the new reform. In: Harvard Educational Review, Vol. 5, 1, pp. 1-22.

SIMON, H. (1970): The Sciences of the Artificial. – Cambridge, Mass.

SINCLAIR, J. (1987): Collins Cobuild English Language Dictionary. – Glasgow.

SPEER, H. C. (1878): A course of study for common schools. Programme and Proceedings of the State Teachers' Association of Kansas and the Papers Read at the Session of the Association (Topeka, 1878), pp. 22-23.

TYLER, R. (1949): Basic Principles of Curriculum and Instruction. – Chicago.

WESTBURY, I. (2000a): Teaching as a reflective practice: what might Didaktik teach curriculum? In: WESTBURY, I./HOPMANN, S./RIQUARTS, K. (Eds.): Teaching as a Reflective Practice: The German Didaktik Tradition. – Mahwah, NJ, pp. 15-40.

WESTBURY, I. (2000b): Introduction. In: MENCK, P.: Looking into Classrooms: Papers on Didactics. – Norwood, NJ, pp. ix-xi.

WITTMANN, E. (1995): Mathematics Education as a "Design Science", In: Educational Studies in Mathematics, Vol. 29, pp. 355-374.

*Position and Address of the Author:*

Prof. Dr. Brian Hudson, Department of Interactive Media and Learning (IML), Umeå University, Sweden, E-Mail: brian.hudson@educ.umu.se

Matthias Trautmann, Bielefeld, und Beate Wischer, Bielefeld

# Das Konzept der Inneren Differenzierung – eine vergleichende Analyse der Diskussion der 1970er Jahre mit dem aktuellen Heterogenitätsdiskurs

**Zusammenfassung:**

Das Konzept der Inneren Differenzierung wird gegenwärtig als eine zentrale didaktisch-methodische Problemlösungsstrategie für den Umgang mit Heterogenität an deutschen Schulen betrachtet. Nach einer Analyse des Problems wenden wir uns zunächst der Diskussion der 1970er Jahre zu, in der Innere Differenzierung schon einmal als Innovationsstrategie mit großen Hoffnungen belegt wurde. Wir vergleichen die dort verwendeten Argumente mit dem aktuellen Heterogenitätsdiskurs. Der Vergleich ergibt große Übereinstimmungen und insofern ein hohe Traditionalität der Argumente, einschließlich einiger damit verbundener Probleme, die wir in einem kritischen Fazit abschließend reflektieren.

*Schlüsselwörter:* Innere Differenzierung, Heterogenitätsdiskurs, Vergleichende Analyse

**Summary:**

The concept of differentiation inside the classroom is currently regarded as a central didactic and methodological problem-solving strategy for dealing with heterogeneity in German schools. Following an analysis of the problem, we will initially turn to the discussion of the 1970s, during which this strategy was seen as an innovative design on which great hopes were placed. We will compare the arguments used back them with the current discourse on heterogeneity. The results of the comparison demonstrate considerable similarities and thus a large portion of tradition within the arguments, including some problems connected to this tradition. These will ultimately be reflected upon in a critical conclusion.

*Keywords:* differentiated instruction, student diversity, comparative study

## Einführung

Im Zuge der durch PISA und andere Leistungsvergleichsstudien angestoßenen Debatten um die Missstände im deutschen Schulsystem hat auch die Frage, wie Schule und Unterricht mit der Unterschiedlichkeit von Schülern angemessen umgehen soll, wieder deutlich an Stellenwert gewonnen: „In der Verbesserung des Umgangs mit Differenz" – so resümiert Jürgen BAUMERT (2002) die Ergebnisse von PISA 2000 – „liegt vermutlich die eigentliche Herausforderung der Modernisierung des Systems." Betrachtet man dazu die – meist unter dem Stichwort „Umgang mit Heterogenität" erschienenen Veröffentlichungen der letzten Jahre, so gewinnt man schnell einen recht plastischen Eindruck davon, wie schlecht es um den Umgang mit Differenz in deutschen Schulen bestellt sein muss (vgl. z. B. BOSSE u. a. 2003; BECKER u. a. Hrsg. 2004; BRÄU/SCHWERDT 2005): Statt einen produktiven Umgang mit Heterogenität zu entwickeln, setze das deutsche Schulsystem auf eine Homogenisierung von Lerngruppen. Durch die so betriebene Negativauslese werde aber nicht das davon betroffene Kind von einer Überforderung entlastet, sondern die Schule von Kindern, die einer besonderen Förderung bedürften. Maßnahmen wie das Sitzenbleiben oder Ab- und Sonderbeschulungen würden Versager- und Misserfolgskarrieren produzieren und zugleich in hohem Maße zur Reproduktion sozialer Ungleichheit beitragen. In engem Zusammenhang damit wird eine Sehnsucht der Lehrkräfte nach homogenen Lerngruppen beklagt: Vielfalt werde nicht als Bereicherung, sondern als Problem betrachtet, das es zu beseitigen gelte. Hintergrund dafür sei u. a. die dominierende Orientierung des Unterrichts auf den ‚fiktiven Durchschnittsschüler' und eine Bevorzugung des Lernens im Gleichschritt durch frontal organisierte Lehr- und Lernprozesse.

In Anbetracht solch umfassender Defizitbeschreibungen mag es zunächst beruhigend sein, dass die Probleme zwar zahlreich sind, zugleich aber auch kein Mangel an Lösungsangeboten besteht. In den aktuellen Veröffentlichungen werden nicht nur ausführliche Problembeschreibungen vorgenommen, sondern auch konzeptionelle Vorschläge offeriert, die eine deutliche Verbesserung der Situation, wenn nicht gar eine Lösung der beschriebenen Probleme versprechen. Neben Forderungen zur Abschaffung oder Verminderung von Selektionsmaßnahmen (vgl. z. B. TILLMANN 2004; RATZKI 2005) spielen hierbei didaktisch-methodische Überlegungen eine bedeutsame Rolle. Lehrkräfte sollen differenzierende Lernarrangements anbieten, bei denen durch den variablen Einsatz von Methoden, Sozialformen und Materialien die Lernwege der Einzelnen so gestaltet werden, dass eine optimale Passung zu deren individuellen Bedürfnissen erreicht wird. Als begriffliche Formeln für dieses Erfordernis fungieren Konzepte der „Individualisierung" und „Inneren Differenzierung" (vgl. z. B. BRÜGELMANN 2002; PRENGEL 2004).

Beruhigung schlägt allerdings in Erstaunen um, wenn man sich in Erinnerung ruft, dass ähnliche didaktisch-methodische Angebote schon in den 1970er Jahren unter dem Begriff der Binnendifferenzierung ausführlich diskutiert und gleichfalls von Schulpädagogen und Didaktikern als notwendiges Innovationserfordernis für die Unterrichtsgestaltung betrachtet worden sind, um der Verschiedenheit der Lernenden besser gerecht werden zu können (vgl. z. B. KLAFKI/STÖCKER 1976).[1] Dass die an das Konzept gebundenen Hoffnungen auch damals beträchtlich waren, lässt sich exemplarisch bei VIERLINGER (1974, S. 20) nachlesen, der hier von variablen Lehrstrategien spricht: „Sobald aber die Bereitschaft und Fähigkeit des Lehrers zur Konzeption variabler Lehrstrategien als die eigentliche Drehscheibe schulischer Innovationen ins Bewusstsein kommt, wird damit auch das vorzüglichste Instrument der optimalen Förderung jedes einzelnen gefunden sein, das sensibler auf die inter- und intrapsychischen Differenzen zu reagieren vermag als jedes äußerlich gestufte System".

Wie die aktuelle Debatte eindrucksvoll zeigen kann, haben sich diese Hoffnungen jedoch keineswegs erfüllt, arbeiten sich doch heute – mehr als dreißig Jahre später – viele Autorinnen und Autoren mit ihren Forderungen nach Innerer Differenzierung erneut an einer als defizitär beschriebenen Praxis ab.

Die damit offenbar also noch immer nicht überwundene Diskrepanz zwischen den schon damals formulierten Innovationserwartungen und der unterrichtlichen Realentwicklung wirft aus unserer Sicht einige Fragen auf: Unterscheidet sich die aktuelle Debatte doch mehr von der Debatte der 1970er Jahre, als es auf den ersten Blick den Anschein haben mag? Besteht beispielsweise heute ein begründeter Anlass zu der Hoffnung, dass sich die Bereitschaft, aber auch die Fähigkeit der Lehrkräfte zur Gestaltung variabler Lehrstrategien so erhöht haben, dass Innere Differenzierung sich nun endlich als „das vorzüglichste Instrument der optimalen Förderung" im Schulalltag etablieren kann? Oder haben wir es mit einer Wiederauflage reformerischer Erwartungen zu tun, für deren konkrete Realisierungschancen eine deutliche Skepsis angebracht ist, weil – so z. B. BOHL (2004, S. 418) – die Allgemeine Didaktik immer wieder „euphorische Hoffnungen" in bestimmte Reformthemen gesetzt und dabei immer alles als möglich und erreichbar betrachtet habe, „was im Rahmen bestimmter Konzepte und Theorien denkbar sei"?

Um diese Fragen zu beantworten, soll in unserem Beitrag jetzt analysiert werden, welche Begründungen für das Konzept damals und heute genannt, welche Erwartungen formuliert und welche Grenzen und Probleme gesehen werden. Wir beginnen mit der Diskussion aus den 1970er Jahren (Abschnitt 1), um im Anschluss daran die aktuelle Debatte vergleichend darzustellen (Abschnitt 2). Im Fazit nehmen wir unsere Ergebnisse zum Anlass, um einige aus unserer Sicht problematische Konsequenzen der aktuellen Diskussionslage zu reflektieren (Abschnitt 3).

# 1 Innere Differenzierung im Diskurs der 1970er Jahre

Innere Differenzierung als didaktisches Konzept wurde in den 1970er Jahren im Rahmen der Gesamtschul- und Bildungsreformdebatte zu einem wichtigen Thema. Die ersten diesbezüglichen Publikationen finden sich in der Literatur etwa ab Ende 1960, der Höhepunkt ist Mitte der 70er Jahre erreicht, während die Debatte Mitte der 1980er Jahre sichtbar ausläuft. In einem nach wie vor klassischen Aufsatz definieren KLAFKI und STÖCKER das Konzept in Abgrenzung zu externen Differenzierungsmaßnahmen wie folgt: „'Innere Differenzierung' meint (…) alle jene Differenzierungsformen, die *innerhalb* einer gemeinsam unterrichteten Klasse oder Lerngruppe vorgenommen werden, im Unterschied zu allen Formen sog. *äußerer* Differenzierung, in der Schülerpopulationen nach irgendwelchen Gliederungs- oder Auswahlkriterien – z. B. den Gesichtspunkten unterschiedlichen Leistungsniveaus oder unterschiedlicher Interessen – in Gruppen aufgeteilt werden, die räumlich getrennt und von verschiedenen Personen bzw. zu verschiedenen Zeiten unterrichtet werden" (KLAFKI/STÖCKER 1976, S. 497; vgl. auch KORGER/WEHLER 1988).

Die Schüler werden innerhalb einer bereits bestehenden Lerngruppe bzw. eines Klassenverbundes in kleinere 'Einheiten' aufgeteilt, die – von der Idee einer gezielteren Passung getragen – unterschiedliche Zugänge und Bearbeitungsmöglichkeiten für die Lernenden in der gleichen Unterrichtssituation ermöglichen sollen. Unterschieden werden dazu einerseits Einzel-, Partner- und Gruppenarbeit, andererseits eine Vielzahl von *Verfahren* (WINKELER 1979) oder *Aspekten* (KLAFKI/STÖCKER 1976), die jenseits der Sozialform angeben, wie diese thematisch-methodisch gestaltet werden kann. *Individualisierung* wird als Begriff oft synonym mit (Innerer) Differenzierung verwendet, bedeutet aber bei einigen Autoren, dass diese noch weiter getrieben wird, indem nicht mehr nur Gruppen, sondern einzelne Schüler jeweils individuell zugeschnittene Aufgaben bearbeiten.

Die unterrichtspraktischen Vorschläge in den 1970er Jahren orientieren sich einerseits an Formen der Gruppenarbeit und andererseits an Varianten des „programmierten Lernens" (vgl. im Folgenden TESCHNER 1971; GLOGAUER 1976). So wurden z. B. recht aufwändige Formen wie das schwedische VGL-Projekt (Variierende Gruppengröße in Verbindung mit *team teaching*) angeführt, bei dem die Schüler in wechselnden Gruppengrößen unterrichtet werden. Diskutiert wurde auch der auf Kompensation angelegte Ansatz des Zielerreichenden Lernens (*Mastery Learning*) von BLOOM (1968), mit dem im Prinzip alle Schüler ein festgelegtes Lernziel erreichen sollen. Große Hoffnungen wurden auf die Arbeit im Team-Kleingruppen-Modell (TKM) gelegt, ein Unterrichtskonzept, bei dem Lehrende in festen Jahrgangsteams und Lernende in stabilen Tischgruppen von etwa sechs Personen arbeiten (vgl. SCHLÖMERKEMPER 1981). Häufig wurden auch zahlreiche ins Detail gehende Vorschläge für die Unterrichtsgestaltung der einzelnen Lehrperson gemacht.

„Programmiertes Lernen", die zweite oft angeführte Variante der praktischen Umsetzung Innerer Differenzierung, bezeichnet eine Ende der 1950er Jahre in den USA in Mode gekommene Form des Unterrichts, bei der sich Schüler mithilfe von „Programmen" – kleinschrittig sequenzierten Abfolgen von Aufgaben in Form von Arbeitsheften oder Computerprogrammen – die Unterrichtsinhalte selbstständig erschließen und so ihre Lerngeschwindigkeit selbst bestimmen sollen.

In der Bundesrepublik wurde dieses Konzept mit zeitlicher Verzögerung als Lernzielorientierter oder Programmierter Unterricht bekannt. Auch hier standen schwedische und US-amerikanische Großprojekte in einzelnen Fächern Pate (vgl. TESCHNER 1971, GLOGAUER 1976). Deutlich erkennbar ist eine Orientierung an der lernpsychologischen Effektivitätsforschung der Zeit, denn immer wieder wird eine Kombination aus Diagnosetests, Zuordnung der Schüler zu passenden Lernmaterialien, die in Einzel- oder – seltener – in Gruppenarbeit bearbeitet werden sollen, sowie Abschlussdiagnose vorgeschlagen (vgl. HALLER 1971).

## 1.1  Argumente und Wirkungserwartungen für Innere Differenzierung

Die Notwendigkeit der Inneren Differenzierung wird so gut wie immer mit einem oder mehreren der drei folgenden Argumente begründet: Das *erste Argument* setzt negativ an den Nachteilen oder der Unmöglichkeit einer frühen und dauerhaften Homogenisierung der Schüler im Sinne einer äußeren Differenzierung an: „Begründungen" für die Forderung nach Innerer Differenzierung „ergeben sich gerade auch im Hinblick auf die Probleme einer äußeren und flexiblen Fachleistungsdifferenzierung" (SCHITTKO 1984, S. 88). Im Umkehrschluss wird dann gefolgert, dass Innere Differenzierung notwendig werde, weil äußere Differenzierung zu zahlreichen Problemen führe. Es wird mit Blick auf das gegliederte Schulsystem auch dahingehend argumentiert, dass selbst homogenisierte Lerngruppen immer noch außerordentlich heterogen seien und eine Orientierung der Lehrenden am ‚Durchschnitt' diese Unterschiedlichkeit verfehle: „Die Schüler unterscheiden sich in ihrem generellen durchschnittlichen Lernstand und Lernerfolg, jeder Schüler zeigt aber auch unterschiedliche Lernvoraussetzungen und Leistungen in den unterschiedlichen Fächern. Diese unterschiedlichen Lernvoraussetzungen müßten eigentlich im Unterricht jedes Faches berücksichtigt werden, wenn der einzelne Schüler optimal gefördert werden soll. Nur zu oft wird der Unterricht aber am sog. *„Durchschnittsschüler"* orientiert (...)." (SCHITTKO 1984, S. 13)

Die Verschiedenheit nimmt zu, wenn man unterschiedliche Lern- oder Fähigkeitsbereiche berücksichtigt, die innerhalb eines einzigen Individuums differieren. Eine unterschiedliche Vorgeschichte bewirke, „daß Schüler nicht nur untereinander (inter-individuell), sondern auch innerhalb ihres eigenen Erscheinungsbilds, ihres Begabungs- und Interessenprofils, verschieden sind (intra-individuell), daß die ‚Köpfe' in einer Jahrgangsklasse also weitaus verschiedener sind als HERBART noch annehmen konnte. Als didaktische Konsequenz ergibt sich daraus, daß auf einer solchen Basis kein einheitlicher Lernprozeß für eine ganze Klasse geplant werden kann" (BUCK 1976, 11). In diesem Zitat wird ein *zweites* und häufig gebrauchtes *Argument* für Innere Differenzierung sichtbar, das negativ gegen den Frontalunterricht ansetzt. Dieser erlaube keine Berücksichtigung individueller Lernvoraussetzungen und -bedürfnisse; die Norm der optimalen individuellen Förderung (vgl. KLAFKI/STÖCKER 1976, S. 498; WINKELER 1979, S. 19 f.) gebiete daher differenzierende Maßnahmen.

*Drittens* wird differenzierendem Unterricht oft ein positiver Effekt im Hinblick auf die soziale Integration und die Entwicklung der Sozialkompetenz zugeschrieben; auch Auswirkungen auf Selbstständigkeit und die Vermeidung von Schulangst werden gelegentlich genannt. Es könnten, so die Erwartung, „Fachziele und zugleich allgemeine Lernziele wie Selbständigkeit, soziale Sensibilität, Kooperationsfähigkeit, Mitbestimmungsfähigkeit angestrebt werden" (KLINK/UBBELOHDE 1968, S. 97).

Die Hoffnungen, die sich mit dem Konzept verbanden, waren groß und ließen „vermuten, dass im Rahmen der inneren Differenzierung die mit der äußeren Differenzierung verbundenen Nachteile (...) überwunden werden könnten und darüber hinaus sich vielseitige, bisher noch unausgeschöpfte Möglichkeiten, den individuellen Lernmöglichkeiten der Schüler gerecht zu werden, ergeben werden" (GEPPERT/PREUSS 1978, S. 13).

## 1.2   Grenzen und Probleme des Konzepts

Grundsätzlich ist festzustellen, dass in der Debatte der 1970er Jahre eine optimistische Erwartung im Hinblick auf die Umsetzbarkeit wie auch die erhofften Wirkungen dominiert. Im Duktus idealistisch, die Differenz von Absicht, Wirkung und Nebenwirkungen nur wenig im Blick habend, handelt es sich bei den diesbezüglichen Aufsätzen und Monographien weitgehend um programmatische Literatur. Allerdings finden sich – wenngleich eher verstreut – auch einige kritische Überlegungen, die mögliche Grenzen und Probleme differenzierender Maßnahmen im Unterricht benennen. Sie lassen sich in zwei Komplexe ordnen:

### Ressourcenprobleme:

Häufig wird konstatiert, dass die Anforderungen an Lehrende in der Organisation, Vorbereitung und Durchführung des Unterrichts enorm steigen. Ob Mangel an Zeit, differenzierenden Arbeitsmaterialien oder an lehrerseitiger Aufmerksamkeit in einer Klassenraumsituation: „Für die Differenzierung wie für alle neueren Unterrichtsformen und -verfahren gilt: vom Lehrer wird mehr verlangt. Die Unterrichtsorganisation wird diffiziler, die Vorbereitung bringt mehr Arbeit, die Durchführung verlangt einen höheren Kraftaufwand. Zeit- und Raumfragen werden schwieriger. Arbeitslärm, Arbeitsmittelbeschaffung und -bestellung, Kontrolle des Gelernten, die Übersicht mittels genauer Listenführung, all das will bewältigt sein." (BÖNSCH 1970, S. 18).

Beklagt werden die Unübersichtlichkeit der didaktischen Literatur sowie das Fehlen praktischer Beispiele, Lehrprogramme und Unterrichtsmaterialien. Letzteres betrachten KLAFKI/STÖCKER (1976, S. 503) als einen Hauptgrund dafür, „daß bisher zwar das Postulat Innerer Differenzierung häufig vertreten wird, wir in der Wirklichkeit des Unterrichts aber nur sehr bescheidene Anfänge in dieser Richtung vorfinden". Sie meinen, dass es selbst bei guter Kooperation unter den Kollegen kaum möglich sei, Curriculumentwicklung in großem Ausmaß zu betreiben. Aus der Praxis werden die zahlreichen informellen Tests zur Zuordnung der Schüler zu den Differenzierungsgruppen moniert, da sie den heftig kritisierten Leistungsgedanken nur umso mehr in den Vordergrund treten ließen (vgl. z. B. EDELHOFF 1975, S. 631).

Für die diagnostischen Anforderungen des differenzierenden Unterrichts erstellen viele Autoren (vgl. z. B. PREUSS 1976, S. 131 f.; GEPPERT/PREUSS 1978, S. 19-24) lange Listen von Gesichtspunkten, die beachtet werden müssten, und zwar nicht nur – wie in den Unterrichtsmodellen der tonangebenden didaktischen Schulen – auf Klassenebene, sondern für jeden einzelnen Schüler. Gefordert wird die „Erfassung der jeweiligen pädagogischen Situation, speziell der individuellen Disposition der Schülerinnen und Schüler. Dabei geht es nicht primär um eine Globalanalyse der jeweiligen Klassenstruktur, sondern um die Aufschließung der vielschichtigen Individuallage der Schüler, und zwar immer im Hinblick auf die jeweilige Thematik und Zielsetzung sowie das intendierte unterrichtliche Arrangement" (GEPPERT/PREUSS 1978, S. 19). Die Frage, wie genau dies geschehen soll und ob die Ressourcen dafür zur Verfügung stehen, wird kaum gestellt, und wenn, dann lassen sich drei Strategien erkennen, mit diesem Problem umzugehen: Es wird behauptet, dass ein guter Lehrer dies schnell erkennen könne, dass die Schüler selbst „im allgemeinen am besten über ihre Lernvoraussetzungen Bescheid wissen" (SCHITTKO 1984, S. 177) oder dass Fragebögen und Diagnosetests eingesetzt werden sollten, um sich die notwendigen Informationen zu verschaffen. Hingewiesen wird gelegentlich auch auf die Notwendigkeit, das Curriculum umzugestalten (z. B. HOPF 1974, S. 61 f.) oder darauf, dass Schüler Fähigkeiten zur Selbstorganisation erworben haben müssen, damit Innere Differenzierung gelingen könne, und Elternwiderstände zu überwinden seien (vgl. KLINK/UBBELOHDE 1968, S. 360 ff.).

## Interne Probleme:

Merkwürdig unklar bleibt die Frage, ob Innere Differenzierung vorrangig der Kompensation von Defiziten („Chancenausgleich") dienen soll oder ob im Sinne einer optimalen Förderung jedes Einzelnen auch eine Auseinanderentwicklung der Schüler in Kauf genommen oder gar angestrebt werden soll. Der Spagat zwischen einem höheren Zeitbedarf der ‚schwachen' Lerner und dem faktischen ‚Hinhalten' oder der ‚uneinholbaren' Weiterentwicklung leistungsstärkerer Schüler mache eine Rückkehr in den gemeinsamen Unterricht immer weniger möglich, wie BÖNSCH schon 1969 herausstellt: „Bei konsequenter Differenzierung im Unterricht wäre in einer Klasse nur noch der Ausgangspunkt allen gemeinsam. Wird beim Zwischenstand des Einzelnen die weiterführende Arbeit immer wieder begonnen, zieht sich das Feld der Schüler mehr und mehr auseinander. Die Konsequenz wäre eine permanente Differenzierung" (BÖNSCH 1969, S. 59).

Ein zweiter Punkt betrifft die ‚Passung' von Unterricht und Person: Differenzierung soll zwar an den Voraussetzungen des jeweiligen Lerners ansetzen, diesen aber nicht auf seinen gegenwärtigen Entwicklungstand fixieren; Defizite sollen überwunden werden. Differenzierung dürfe also nicht als Anpassung des Unterrichts an die Lerner missverstanden werden, da dadurch erneut eine Festlegung der Schüler auf bestimmte Lernniveaus vorgenommen werde. Differenzierung und Ent-Differenzierung werden so gleichermaßen zu Zielen des Unterrichts (vgl. KLAFKI/STÖCKER 1976, S. 505).

SCHLÖMERKEMPER (1981, S. 193) macht darauf aufmerksam, dass Innere Differenzierung in ihrem pädagogischen Anspruch, schulische Selektion zu vermindern – sein Beispiel ist das Zielerreichende Lernen, bei dem möglichst alle zum Erfolg geführt werden sollen – auf die gesellschaftliche Selektionsfunktion der Schule treffe, die nicht dadurch aufgehoben werden könne, dass sich die Schule weigere, diese Aufgabe zu erfüllen. Schüler, Eltern und Lehrer würden, so vermutet er, andere Unterscheidungen finden oder nutzen, um erneut Statusdifferenzen zu konstruieren. Wenn aber in Abkehr vom Kompensationsgedanken nur noch Voraussetzungen des Lernens und nicht mehr seine Ziele ausgeglichen werden sollen, dann setze sich das Leistungsprinzip nur umso deutlicher durch, weil sich den Lernenden als Erfahrung vermittele, dass „der, der dann immer noch an den Leistungskriterien scheitert, dies nun wirklich sich selbst zuzuschreiben hat" (SCHLÖMERKEMPER 1981, S. 194).

Derartige interne Problemaspekte werden zwar gelegentlich identifiziert, aber nicht empirisch belegt oder bearbeitet. In erster Linie werden limitierende äußere Faktoren (beschränkte Arbeitszeit, Materialmangel, Raumprobleme usw.) aufgeführt, die man durch Reformen der Rahmenbedingungen ausschalten will. Nicht selten finden sich weitreichende Zusatzbedingungen: Die Entbindung von Kanon und „Zensierungsmanie" sowie „gegliederte Arbeitsräume mit reichhaltigen Materialien" (VIERLINGER 1974, S. 21); Lehrerinnen und Lehrer müssten außerdem eine geänderte, wertschätzende Einstellung zu Heterogenität entwickeln. Außerdem benötigten sie neue Fertigkeiten der Schülerbeobachtung und Diagnose ihrer Lernvoraussetzungen und ihrer Lernschwierigkeiten (vgl. SCHITTKO 1984, S. 186 ff.).

Als Fazit lässt sich festhalten: Innere Differenzierung wird als vielversprechende Strategie für die optimale Förderung jedes Einzelnen betrachtet. Zwar wird mit Blick auf die noch ausstehende Implementierung der Differenzierung eingeräumt, dass es noch nicht viele praktische Erfahrungen gebe und empirische Bestätigungen noch ausstünden; gleichwohl äußern sich die meisten Autoren doch sehr zuversichtlich. Auffällig ist, dass die Nachteile einer dauerhaften oder zeitweiligen Homogenisierung der Schülerschaft vergleichsweise klar und extensiv herausgearbeitet werden, Fragen nach Realisierungsmöglichkeiten und tatsächlichen Wirkungen differenzierender Maßnahmen aber im Hintergrund bleiben.

## 2 Innere Differenzierung im aktuellen Heterogenitätsdiskurs

Anders als in den 1970er Jahren kann in der aktuellen Debatte – also 30 Jahre später – auf weiterreichende Erfahrungen und Erkenntnisse zurückgegriffen werden. Dazu gehört zunächst die Erkenntnis, dass viele der damals formulierten Vorschläge und Anregungen, betrachtet man die vorgetragenen Klagen, aber auch die empirischen Befunde zum unterrichtsmethodischen Alltag in Regelschulen (vgl. im Überblick WISCHER 2007), nicht den erhofften Weg in die Praxis gefunden haben: Neuere Studien zur didaktisch-methodischen Unterrichtsgestaltung an Regelschulen (vgl. z. B. WIECHMANN 2004, GÖTZ u. a. 2005) können zwar aufzeigen, dass in den letzten Jahren schüleraktive Methoden durchaus an Bedeutung gewinnen. Aber wenn damit auch eine Differenzierung im Sinne einer besseren Passung an die unterschiedlichen Lernvoraussetzungen verbunden ist, so geschieht dies primär über das Zur-Verfügung-Stellen von mehr Zeit und seltener durch die Bereitstellung differenzierter Lernangebote (vgl. BOS u. a. 2003, S. 257 f.).

Als eine zweite Erkenntnisquelle kann die Lehr-Lern-Forschung genutzt werden, die sich in den 1970er Jahren gleichfalls, meist unter dem Stichwort „adaptiver Unterricht", den Möglichkeiten und Wirkungen differenzierender Lehrstrategien zugewandt hat und so eine Reihe empirischer Ergebnisse im Hinblick auf die Möglichkeiten, aber auch die Grenzen solcher Lernarrangements bereitstellen kann. Auch wenn wir an dieser Stelle nicht ausführlicher auf diese Forschungen eingehen können, lässt sich doch als Ergebnis festhalten, dass hier anfangs gleichfalls große Erwartungen an das Konzept der Inneren Differenzierung bestanden, sich jedoch frühzeitig eine deutliche Ernüchterung hinsichtlich der vielen großen Hoffnungen eingestellt hat (vgl. im Überblick z.B. RAUIN 1987; GRUEHN 2000, S. 57-62; LÜDERS/RAUIN 2004).

Obgleich also die Erfahrungen mit der unterrichtspraktischen Umsetzung wie auch die Erkenntnisse der Lehr-Lern-Forschung insgesamt wenig Anlass zu Optimismus geben, scheinen die hohen Erwartungen an das Konzept der Inneren Differenzierung doch ungebrochen zu sein: Differenzierung und Individualisierung, so haben wir als Ausgangspunkt unserer Überlegungen formuliert, werden recht übereinstimmend als zentrales Lösungskonzept in die aktuelle Debatte eingebracht, um der bestehenden und ständig wachsenden Heterogenität der Schülerschaft besser gerecht werden zu können. In welcher Weise dabei im Einzelnen argumentiert wird, zeigen wir in den nächsten Abschnitten.

### 2.1 Argumente und Wirkungserwartungen für Innere Differenzierung

Bei den aktuell eingebrachten Begründungen trifft man ganz überwiegend auf die schon aus den 1970er Jahren bekannten Argumente; sie werden jedoch durch neue Aspekte angereichert und plausibilisiert. So wird fast immer auf die Probleme der Homogenisierung, also der äußeren Differenzierung, verwiesen, um im Anschluss daran eine Innere Differenzierung zu fordern (vgl. z. B. TILLMANN 2004; MÖLLER 2006). Stärker als in den 1970er Jahren wird dies aber durch die Ergebnisse empirischer Studien, insbesondere der internationalen Leistungsvergleichsstudien, untermauert. Das schlechte Abschneiden deutscher Schüler gilt als Beleg gegen die weit verbreitete Annahme, homogene Lerngruppen seien im Hinblick auf die Leistungsförderung günstiger (vgl. BRÄU/SCHWERDT 2005, S. 9); und es gilt zugleich als zwingendes Argument für notwendige Veränderungen: „Mit dieser Heterogenität soll die Schule, sollen die Lehrkräfte pädagogisch produktiv umgehen; das ist spätestens seit PISA die Forderung, die öffentlich auf breite Resonanz stößt. Den Wunsch nach der ‚homogenen Lerngruppe' gilt es deshalb genauso zu verabschieden wie den Unterricht für ‚Mittelköpfe'" (BECKER u. a. 2004, S. 1).

Besondere Durchschlagkraft gewinnen die PISA-Ergebnisse durch die dort (erneut) nachgewiesene hohe soziale Selektivität des deutschen Schulsystems (vgl. z. B. LANGE 2003): Indem die

Differenzierung des Unterrichts immer wieder als Erfolg versprechende Maßnahme ausgewiesen wird, um mehr Chancengleichheit zu gewährleisten, wird zugleich gesellschafts- und bildungspolitisch argumentiert. Auch das gegen den Frontalunterricht gewendete Argument, Innere Differenzierung könne die selbst in vermeintlich homogenen Lerngruppen immer noch bestehenden unterschiedlichen Schülervoraussetzungen besser berücksichtigen, wird regelmäßig genannt (vgl. z.B. PRENGEL 2004). Mit dem Verweis auf gesellschaftliche Individualisierungs- und Pluralisierungsprozesse werden zur Stützung jedoch stärker als noch in den 1970er Jahren sozialisationstheoretische Argumente bemüht (z. B. TANNER/WEHRLE 2006, S. 9ff.; PREUSS-LAUSITZ 2004): Kinder und Jugendliche brächten, so die durchaus plausible These[2], immer heterogenere und auch widersprüchlichere Vorerfahrungen mit, denen ein gleichschrittiger Frontalunterricht keinesfalls mehr gerecht werden könne. Die gesellschaftlichen Veränderungen dienen aber noch in anderer Weise als Argument: Es wird davon ausgegangen, dass differenzierender Unterricht und die damit verbundenen selbstständigkeitsorientierten Lernformen eine bessere Vorbereitung auf diese neuen gesellschaftlichen Anforderungen gewährleisten: „Entsprechend müssen die Heranwachsenden darauf vorbereitet werden, in einer solchen, zunehmend individualisierten Welt zurechtzukommen. Dies bedeutet auf der einen Seite, die selbstständige Handlungs- und Entscheidungsfähigkeit von Jugendlichen zu schulen, auf der anderen Seite Vereinzelung zu verhindern und kooperatives und solidarisches Verhalten zu fördern" (BRÄU 2005, S. 132).

Für die damit angesprochenen Zielkriterien, Selbstständigkeit und Solidarität, wird Innere Differenzierung als richtige Maßnahme betrachtet. Im Vergleich zu den 1970er Jahren besteht ein neues Argument in dem Verweis auf konstruktivistische bzw. neurobiologischbasierte Lerntheorien (z. B. ACHERMANN 2005; BRÄU/SCHWERDT 2005). Während die Prämissen dieser Theorien – die Betonung der Eigenaktivität des Lerners, die Relevanz der individuellen Vorerfahrungen etc. – damals zwar durchaus genannt wurden, kann heute expliziter auf entsprechend ausformulierte Theorien rekurriert werden. Die pädagogischen Konzepte gelten nun gewissermaßen als lernpsychologisch abgesichert. Für die Begründung der Inneren Differenzierung entfalten diese Theorieofferten gleich in zweifacher Hinsicht Argumentationspotenzial. Erstens lässt sich die starke Betonung des Selbststeuerungsaspekts als Einwand gegen den auf Instruktion gerichteten Frontalunterricht wenden. Zweitens kann argumentiert werden, warum Lernen im Gleichschritt den Bedürfnissen der Lerner nicht gerecht werden kann: Wenn Wissen immer subjektiv konstruiert und Lernen immer individuell sei, dann seien die Lernprozesse der Kinder einer Lerngruppe zwangsläufig so verschieden, dass Lernarrangements an den individuellen Lernvoraussetzungen anzusetzen haben (vgl. BRÄU 2005, S. 133).

Die Vorschläge zur Umsetzung differenzierenden Unterrichts decken insgesamt ein kaum noch überschaubares Spektrum von Maßnahmen auf unterschiedlichsten Ebenen ab: Sie reichen von Verweisen auf ‚Individualisierung' und ‚Differenzierung' als durchgängigem Prinzip bis hin zu konkreten Methoden und Verfahren, die oft katalogartig aufgelistet werden (vgl. BRÄU 2005; GRAUMANN 2002). Anders als in den 1970er Jahren spielen allerdings technologische Programme fast keine Rolle mehr, dafür gewinnen reformpädagogische Methodenformate an Stellenwert. Häufig kommt der Hinweis, prinzipiell sei keine neue Didaktik notwendig, vielmehr könne auf (altbekannte) reformpädagogische Konzepte, so z. B. Formen des offenen Unterrichts, Projekte, Tages- und Wochenpläne sowie Freiarbeit, zurückgegriffen werden (vgl. z. B. PRENGEL 2004; RATZKI 2005). Zur näheren Konkretisierung der konzeptionellen Überlegungen finden sich in vielen Publikationen (z. B. BOSSE u. a. 2003; BECKER u. a. 2004; BIERMANN u. a. 2008) dann auch Beispiele für solche Verfahren, die sich aber vorwiegend auf den Unterricht in der Grundschule beziehen. Betrachtet man die Beispiele im Einzelnen, so zeigt sich, dass in der Regel *erstens* didaktische Aktivitäten beschrieben werden, die sich auf ausgewählte Stunden, Methoden oder Materialien beschränken. *Zweitens* ist auffällig, dass vor allem besonders gut gelungene Beispiele vorgestellt werden, d. h. es werden eher Erfolge einzelner Verfahren, deutlich seltener hingegen mögliche

Misserfolge oder Schwierigkeiten berichtet. Welche Grenzen und Probleme bezüglich der Inneren Differenzierung trotzdem gesehen werden, ist Gegenstand des folgenden Abschnitts.

## 2.2　Grenzen und Probleme des Konzepts

Als eine zentrale Grenze des Konzepts wird immer wieder die falsche Einstellung der Lehrkräfte benannt. Solange in den Köpfen der Lehrenden eine Sehnsucht nach der homogenen Lerngruppe vorherrsche (TILLMANN 2004, S. 9) und sich Lehrkräfte nach wie vor als „Regisseur, Meisterdirigent oder Dompteur" verstünden (vgl. BECKER 2004), werde sich auch im Unterricht nur wenig ändern: „Schule entsteht in den Köpfen derer, die sie machen," – mit dieser Feststellung versucht VON DER GROEBEN (2003, S. 7) entsprechend bei Lehrkräften für einen Einstellungswandel zu werben – „und nur dort kann sie auch nachhaltig verändert werden". Eingeräumt wird jedoch auch, dass die meisten Lehrkräfte nicht ausreichend gelernt hätten, mit Heterogenität produktiv umzugehen (vgl. z. B. GRAUMANN 2002, 29), was dann nicht nur deren Ausbildung oder Bereitschaft angelastet wird, sondern auch dem auf Selektion ausgerichteten System. Bei RATZKI (2005, S. 39) heißt es dazu: „Unterrichtsmethoden und Methoden des sozialen Lernens, die individuell fördern, ermutigen, Verschiedenheit anerkennen und wertschätzen, sind auch in Deutschland längst bekannt (…). Trotzdem werden sie nur punktuell angewandt. Methoden, die solidarisches Lernen, die aktivierendes und selbständiges Lernen fördern, stehen im Widerspruch zu einem System, das die Vielfalt der Kinder und Jugendlichen nicht akzeptiert, sondern auf Vielfalt mit Ausgrenzung reagiert".

Mit Blick auf diese und andere grundsätzlich ungünstige Rahmenbedingungen werden deshalb – ähnlich wie in den 1970er Jahren – weitere Reformen von Schule und Unterricht empfohlen oder gar als selbstverständlich vorausgesetzt. Die Komplexität des Konzepts einschließlich der damit verbundenen hohen Anforderungen an das Lehrerhandeln wird demgegenüber nur wenig reflektiert. Zwar wird von einigen Autorinnen und Autoren die Befürchtung von Lehrkräften aufgegriffen, Innere Differenzierung führe zu einem deutlich höheren Vorbereitungsaufwand. Dem entgegengestellt werden aber die zu erwartenden Vorteile, die darin gesehen werden, dass Lehrkräfte stärker auf den Motivationsgehalt von Inhalten vertrauen und den Schülern einen Teil ihrer Verantwortung für ihr Lernen abgeben könnten: „Eine veränderte Didaktik in einer heterogenen Lerngruppe" – so die optimistische These von GRAUMANN (2002, S. 30) – müsse „nicht noch *mehr* Belastung erzeugen, sondern kann *Entlastung* durch eine neue und der heutigen Kindheit und Jugend angemessenere unterrichtliche Vorgehensweise bedeuten." (Hervorh. i. O.).

Eine zweite Strategie der Autoren, den Befürchtungen von Lehrkräften zu begegnen, besteht in normativen Appellen, mit deren Hilfe die unabweisbare Notwendigkeit der geforderten didaktischen Innovationen herausgestellt wird (vgl. z. B. das bereits weiter vorn genannte Zitat von BECKER u. a., 2004, S. 1).

Bemerkenswert ist, dass auf die internen Probleme des Konzeptes insgesamt kaum Bezug genommen wird, obwohl diese doch schon in der didaktischen Debatte der 1970er Jahre angelegt waren und in der Lehr-Lernforschung auch empirisch herausgearbeitet worden sind. Entsprechend ließen sich hier – wie z. B. in dem ausführlichen Forschungsreport von RAUIN (1987) zum differenzierenden Unterricht – also eigentlich vielfältige Anlässe für eine kritische Problemreflexion finden. Dazu zählt nicht nur der Hinweis, dass die Implementationserwartungen und Wirkungshoffnungen durchaus zu relativieren wären, sondern diskutiert werden hier auch eine Reihe von grundsätzlichen Widersprüchen, die sich bei Innerer Differenzierung einstellen.

# 3    Ungelöste Probleme des Differenzierungsdiskurses

Obwohl man sich heute kaum explizit auf die Debatte der 1970er Jahre bezieht, ist als erstes Ergebnis unseres Vergleichs eine hohe Übereinstimmung der beiden schulpädagogischen Debatten um Innere Differenzierung festzustellen: *Ausgangspunkt* der Überlegungen ist in beiden Fällen eine als defizitär wahrgenommene Praxis, wobei man sich analytisch betrachtet gleich an *zwei* für Schule und Unterricht konstitutiven und zugleich dilemmatischen Spannungsfeldern abarbeitet (vgl. WISCHER 2008):

Das *eine Spannungsfeld* besteht zwischen der Simultaneisierung und der Individualisierung des Lernens: Anders als im Hauslehrermodell findet Unterricht in der Regel in größeren Gruppen statt, was die Frage aufwirft, wie *ein* Lehrer bzw. *eine* Lehrerin unter diesen Bedingungen allen Schülern gleichermaßen und zeitgleich gerecht werden kann. Das *zweite Spannungsfeld* zeichnet sich zwischen dem Wunsch nach optimaler Förderung jedes Einzelnen und der Selektionsfunktion von Schule ab: Es betrifft den Umgang mit Differenz, die im Unterricht immer wieder verringert, zugleich aber auch stets neu erzeugt und verstärkt werden muss.

Diese Spannungsfelder und die mit ihnen verknüpften Dilemmata werden allerdings kaum als solche benannt; vielmehr setzt man in beiden Debatten eher einseitig bei den Nachteilen der aktuell realisierten Problemlösungen an; Grundwidersprüche schulischer Förderung werden dadurch verdeckt, dass die gleichzeitige Verfolgung konfligierender Zielsetzungen als Aufgabe für Lehrende aus dem Blick gerät. Mit Innerer Differenzierung wird in einem *zweiten* Schritt dann jeweils ein Lösungskonzept präsentiert, das die beschriebenen Nachteile aufzuheben verspricht. Innere Differenzierung fungiert so also nach wie vor als ein *Gegenkonzept*: Auf der Organisationsebene richtet es sich *gegen* eine äußere Differenzierung und als didaktisches Prinzip wird es *gegen* frontal organisierte Instruktionsprozesse gewendet. Zusätzlich wird – damals wie heute – die Norm der optimalen individuellen Förderung eingeführt, um eine alternative pädagogische Praxis als notwendig zu legitimieren, die dann mit dem Anspruch auf eine bessere Zukunft auftritt (vgl. auch SANDFUCHS 1997). Anders als in den 1970er Jahren, in denen empirische Daten noch kaum einbezogen werden *konnten*, wird in der aktuellen Debatte durchaus auch empirisch argumentiert; allerdings gilt dies in erster Linie für die Problembeschreibung, nicht aber im Hinblick auf die vorgeschlagene Lösungsstrategie: Die Realisierungschancen und die vermuteten Erfolge von Innerer Differenzierung werden vorrangig durch Fallbeschreibungen besonders gut gelungener Aktivitäten illustriert.

Betrachtet man diese Übereinstimmungen in ihrer Summe, dann lässt sich als Ergebnis unserer Analyse konkretisieren, dass die Ähnlichkeit beider Debatten in einem *Reflexionsmodus* besteht, der sich als *Grundmuster* reformerischer Rhetorik rekonstruieren lässt (vgl. LUHMANN/ SCHORR 1988, OELKERS 2004). Ein solches Grundmuster, wie es in didaktischen und schulpädagogischen Diskursen weit verbreitet ist (vgl. z. B. SANDFUCHS 2001), zeichnet sich unter anderem dadurch aus, dass das ‚geforderte Neue‘ gegen das ‚bestehende Alte‘ ausgespielt und dass dabei das Neue idealisiert wird. Reformreflexionen gehen – so formulieren dies LUHMANN und SCHORR (1988, S. 106) – „von einer Kenntnis der Verhältnisse aus und erstreben das Auswechseln von Zuständen mit bekannten Nachteilen gegen Zustände mit unbekannten Nachteilen. Sie nutzen also die Zeitdifferenz zwischen bekannten und unbekannten Zuständen als Handlungsimpuls".

In welcher Weise sich das Konzept der Inneren Differenzierung heute wie damals offenbar für diesen Reflexionsstil als besonders anschlussfähig (kritisch ließe sich auch formulieren: anfällig) erweist und welche Probleme sich damit einstellen, versuchen wir abschließend aufzuzeigen.

Die hohe Anschlussfähigkeit liegt aus unserer Sicht darin, dass Innere Differenzierung in der Begriffsbestimmung zunächst einmal eine Ziel-, aber auch eine Maßnahmenebene einschließt:

– Auf der Zielebene bringt der Begriff ein pädagogisch überaus wünschbares Anliegen, wenn nicht gar *das* pädagogisch originäre Anliegen, auf eine griffige Formel, die folglich ungeteilte Zustimmung verspricht. Wer könnte schon widersprechen, wenn als Zielsetzung die bestmögliche Förderung jedes Einzelnen angegeben wird? Ein Gegenziel ist kaum denkbar.

– Aber auch auf der operativen Ebene werden hoch plausible Optionen eröffnet: Auf unterschiedliche Kinder nicht mit Gleichschritt und Vereinheitlichung zu reagieren, sondern das Lernangebot je nach Bedürfnislage differenziert zu gestalten, leuchtet unmittelbar ein und ist auch theoretisch sehr überzeugend.

Ihre Überzeugungskraft entfaltet die Idee jedoch vor allem dadurch, dass damit noch nicht konkret durchdacht werden muss, auf welche Weise dies dann im Einzelnen zu realisieren ist: Wenn als Ziel die jeweils bestmögliche Passung zwischen Lernvoraussetzungen und Lernangebot ausgegeben wird und wenn dabei zugleich in vielerlei Hinsicht beschreibbare Lernvoraussetzungen zu berücksichtigen sind, auf die mit einem immensen Variationspotenzial im Lernangebot jeweils passend reagiert werden soll, dann können konkretere Vorgaben nicht von außen gesetzt werden, weil nur die einzelne Lehrkraft über das jeweils notwendige Kontextwissen verfügt.

In die Begriffsbestimmung ist so also gewissermaßen eingebaut, dass man sich auf der programmatischen Ebene im Hinblick auf Detailfragen der praktischen Implementation bedeckt halten kann. Weil die konkret anstehenden Entscheidungen auf die Ebene des Unterrichtsgeschehens verlagert werden müssen bzw. besser: verlagert werden *können*, lässt sich so z. B. die Komplexität im Unterricht durch die Auflistung vielfältiger Differenzierungsoptionen steigern, ohne dass eine Reflexion über die Grenzen der Machbarkeit notwendig wird. Für die geforderten praktischen Innovationen wird dadurch zwar nur wenig Anschlusswert erzeugt, da sich spätestens hier dann zahlreiche Begrenzungen einstellen. Entscheidend ist jedoch, dass die Programmatik davon nicht nur unberührt bleiben kann, sondern sogar neuen Antrieb erhält: Da die Umsetzung in die Verantwortung der Lehrkräfte gestellt werden kann, wird zugleich gewährleistet, dass auftretende Probleme oder ausbleibende Erfolge nicht der Programmatik, wohl aber der Praxis angelastet werden können. Lehrkräfte – so lässt sich dann eben wieder beklagen – setzten entweder gar nicht oder nicht konsequent genug um, was auf der Ebene der Programmatik alles erreichbar erscheint. Es ist also weniger die Praxis, sondern die Reformreflexion selbst, für die auf diese Weise ein Anschlusswert bereitgestellt wird; sie kann – wie es LUHMANN und SCHORR (1988, S. 20) formulieren – so unentwegt in „sich selbst kreisen".

## Schlussbemerkung: Perspektiven für die Allgemeine Didaktik

Was bedeuten diese Überlegungen für die Allgemeine Didaktik? Auf den ersten Blick ließe sich zunächst die auch schon an anderen Stellen formulierte Kritik wiederholen, dass die Allgemeine Didaktik angesichts ihrer normativen Orientierung zu wenig Bezug auf die empirische Wirklichkeit des Unterrichts nimmt (vgl. z. B. TERHART 2002) und dabei Gefahr läuft – wie wir eingangs mit BOHL (2004, S. 418) festgestellt haben – immer wieder euphorische Hoffnungen in bestimmte Reformthemen zu setzen. Zugleich gibt es jedoch zahlreiche gute Gründe, sich weiterhin für das anspruchsvolle Konzept der Inneren Differenzierung einzusetzen. Da zu vielen wichtigen Fragen, wie auch ALTRICHTER/HAUSER (2007, S. 8) konstatieren, derzeit noch „mehr Dogmen denn Wissensbestände" vorliegen, eröffnet sich – so möchten wir unsere Argumentation konstruktiv wenden – ein notwendiges und weites Arbeitsfeld gerade auch für die Allgemeine Didaktik:

– Welche Sozialform, welche Lehrmethode ist für welche Lernvoraussetzung unter welchen kontextspezifischen Bedingungen und im Hinblick auf welche pädagogischen Zielsetzungen zu praktizieren?

– Welche Wirkungen lassen sich im Einzelnen erzielen, aber vor allem auch: mit welchen Risiken und Nebenwirkungen ist zu rechnen?
– Und nicht zuletzt: Auf welche Weise können Lehrkräfte für das Konzept gewonnen werden? Und in welchem Maße können sie Differenzierung betreiben, ohne sich selbst heillos zu überfordern?

Zur Bearbeitung dieser hier nur exemplarisch genannten Fragen soll keineswegs nur einer empirischen Vorgehensweise das Wort geredet werden; auch theoretisch besteht – so haben wir nur andeuten können – ein hoher Reflexionsbedarf. Nicht euphorische Wirkungserwartungen, Idealbeschreibungen und Legitimationsrhetorik, sondern Realisierungsvoraussetzungen, Widersprüche und Risiken von Innerer Differenzierung wären hierbei dann ins Zentrum der Aufmerksamkeit zu stellen. Und dazu gehört neben der Zurkenntnisnahme der Arbeiten aus der empirischen Lehr-Lern-Forschung durch die Vertreter der Allgemeinen Didaktik aus unserer Sicht nicht zuletzt auch eine intensivere Auseinandersetzung mit den in den 1970er Jahren formulierten (und dann enttäuschten) Wirkungserwartungen, aber auch mit den dort schon angelegten Problemreflexionen.

## Anmerkungen

1 Innere Differenzierung wurde allerdings nicht in den 1970er Jahren erfunden; historisch lassen sich auch in anderen Zeiträumen Reflexionen und praktische Versuche nachweisen, die zugrunde liegende Problematik der Beschulung von Gruppen zu bearbeiten.
2 Bei aller Plausibilität, die für die Argumentation einer Heterogenitätssteigerung beansprucht werden kann, wird Heterogenität in der aktuellen Debatte aber auch differenzierter gedacht, als dies zum Teil noch in den 1970er Jahren der Fall war. Während damals eher die Leistung im Vordergrund stand, werden heute mit den sozialen, kulturellen und sprachlichen Vorerfahrungen, dem Geschlecht oder der körperlichen und geistigen Gesundheit vielfältige Kriterien zur Beschreibung von Lerngruppen als bedeutsam eingeschätzt. Insofern ist für das Argument wachsender Unterschiede neben einer tatsächlichen Verschärfung der Lage zu berücksichtigen, dass dafür zugleich erhöhte Aufmerksamkeit geltend gemacht wird (vgl. BRÜGELMANN 2002).

## Literatur

ACHERMANN, E. (2005): Unterricht gemeinsam machen. Ein Modell für den Umgang mit Heterogenität. – Bern .
ALTRICHTER, H./HAUSER, B. (2007): Umgang mit Heterogenität lernen. In: Journal für LehrerInnenbildung, 7. Jg., H. 1, S. 4-11.
BAUMERT, J. (2002): Umgang mit Heterogenität. Ein Gespräch mit Professor Jürgen Baumert. In: Forum Schule. Heft 1. Magazin für Lehrerinnen und Lehrer. http://archiv.forum-schule.de/archiv/07/fs07/magang.html (16.05.2007).
BECKER, G. (2004): Regisseur, Meisterdirigent, Dompteur. Die Sehnsucht nach gleichen Lernvoraussetzungen hat Gründe. In: Friedrich Jahresheft 2004, 22, S. 10-12.
BECKER. u.a. 2004 = BECKER, G./LENZEN, K. D./STÄUDEL, L./TILLMANN, K.-J./WERNING, R./WINTER, F. (Hrsg.) (2004): Heterogenität. Unterschiede nutzen – Gemeinsamkeiten stärken. – Friedrich Jahresheft 2004, 22.
BIERMANN. u.a. 2008 = BIERMANN, C./ FINK, M./ / HÄNZE, M./ HECKT, D.-H./MEYER, M. A.,/ STÄUDEL, L. (Hrsg.) (2008): Individuelles Lernen und kooperatives Arbeiten. – Seelze.
BLOOM, B. S. (1968): Learning of mastery. In: Evaluation comment, 1(2), pp. 1-12.

BOHL, T. (2004): Empirische Unterrichtsforschung und Allgemeine Didaktik. Ein prekäres Spannungsverhältnis und Konsequenzen im Kontext der PISA-Studie. In: Die Deutsche Schule, 96. Jg., H. 4, S. 414-425.

BÖNSCH, M. (1969): Differenzierung im Unterricht. In: Welt der Schule, 22.Jg., H. 2, S. 55-64.

BÖNSCH, M. (1970): Methodische Aspekte der Differenzierung im Unterricht. – 3. erw. Auflage 1976 u.d.T. Differenzierung des Unterrichts: methodische Aspekte). – München.

BÖNSCH, M. (1995): Differenzierung in Schule und Unterricht. Ansprüche, Formen, Strategien. – München.

BOSSE u.a. 2003 = BOSSE, D./EIKENBUSCH, G./LANGE, H./PARADIES, L. (Hrsg.) (2003): Heterogenität und Differenzierung. – Pädagogik, 55. Jg., H. 9.

BRÄU, K./SCHWERDT, U. (Hrsg; 2005): Heterogenität als Chance. Vom produktiven Umgang mit Gleichheit und Differenz in der Schule. Paderborn.

BRÄU, K. (2005): Individualisierung des Lernens – Zum Lehrerhandeln bei der Bewältigung eines Balanceproblems. In: BRÄU, K./SCHWERDT, U. (Hrsg.): Heterogenität als Chance. Vom produktiven Umgang mit Gleichheit und Differenz in der Schule. Paderborn, S. 129-150.

BRÜGELMANN, H. (2002): Heterogenität, Integration, Differenzierung: Empirische Befunde – pädagogische Perspektiven. In: HEINZEL, F./PRENGEL, A. (Hrsg.): Heterogenität, Integration und Differenzierung in der Primarstufe. – Opladen. S. 31-43.

BUCK, S. (1976): Formen der Differenzierung in der Grundschule. In: PREUSS, E. (Hrsg.): Zum Problem der Inneren Differenzierung. – Bad Heilbrunn., S. 9-27.

EDELHOFF, C. (1975): Differenzierung im Englischunterricht der Sekundarstufe I: Ziele, Verfahren, Modelle und Erfahrungen. In: Die deutsche Schule, 67. Jg., H. IX, S. 620-636.

GEPPERT, K./PREUSS, E. (1978): Differenzierender Unterricht konkret. Analyse, Planung und Gestaltung. Ein Modell zur Reform des Primarbereichs. – Bad Heilbrunn.

GLOGAUER, W. (Hrsg.) (1976): Neue Konzeptionen für individualisierendes Lehren und Lernen. – Bad Heilbrunn.

GRAUMANN, O. (2002): Gemeinsamer Unterricht in heterogenen Gruppen. Von lernbehindert bis hochbegabt. – Bad Heilbrunn

GRUEHN, S. (2000): Unterricht und schulisches Lernen. Schüler als Quellen der Unterrichtsbeschreibung. – Münster.

HALLER, H.-D. (1971): Differenzierung als Problem und Aufgabe der Unterrichtsorganisation. In: MESSNER, R. (Hrsg..): Didaktische Impulse. – Wien, S. 175-195.

HERBER, H.-J. (1983): Innere Differenzierung im Unterricht. – Stuttgart.

HOPF, D. (1974): Differenzierung in der Schule. – Stuttgart.

KLAFKI, W./STÖCKER, H. (1976): Innere Differenzierung des Unterrichts. In: Zeitschrift für Pädagogik, 22. Jg., H. 4, S. 497-523.

KLINK, J.-G./UBBELOHDE, R. (1968): Wege zur inneren Differenzierung und ihre Problematik. In: Lebendige Schule, 23. Jg., H. 10, S. 357-363.

KORGER, L./WEHLER, H.-G. (1988): Individualisierungsunterricht konkret: dargestellt am Beispiel ausgewählter Lerneinheiten des Mathematikunterrichts der 5. Jahrgangsstufe. – Frankfurt am Main.

LANGE, H. (2003): Wie heterogen sind deutsche Schulen und was folgt daraus? Befunde und Konsequenzen aus PISA und IGLU. In: Pädagogik, 55. Jg., H. 9, S. 32-37.

LÜDERS, M./RAUIN, U. (2004): Unterrichts- und Lehr-Lernforschung. In: HELSPER, W./BÖHME, J. (Hrsg.): Handbuch der Schulforschung. – Wiesbaden, S. 691-720.

LUHMANN, N./SCHORR, K.-E. (1988): Reflexionsprobleme im Erziehungssystem. – Frankfurt am Main.

MÖLLER, G. (2006): Wie heterogen sind deutsche Schulen im internationalen Vergleich? Sehnsucht nach Leistungshomogenität im deutschen Schulsystem. In: KOCH, W./MÖLLER, G. (Hrsg): Heterogenität als Chance sehen und nutzen. – Schulverwaltung spezial – Sonderausgabe Nr. 1, S. 11-12.

OELKERS, J. (2004): Konstruktion und Genesis pädagogischen Wissens. Das Beispiel der reformpädagogischen Rhetorik. In: SCHIERZ, M./FREI, P. (Hrsg.): Sportpädagogisches Wissen. – Hamburg, S. 9-27.

PRENGEL, A. (2004): Spannungsfelder, nicht Wahrheiten. Heterogenität in pädagogisch-didaktischer Perspektive. In: Friedrich Jahresheft 2004, 22, S. 44-46.PREUSS, E. (1976): Unterrichtsmethodisches Instrumentarium für eine differenzierende Unterrichtsplanung. In: ders. (Hrsg.): Zum Problem der inneren Differenzierung. – Bad Heilbrunn, S. 129-169.

PREUSS-LAUSITZ, U. (2004): Die offene Gesellschaft und ihre Schule. Zur Zukunftsfähigkeit des Lernens unter Bedingungen von Vielfalt. In: Friedrich Jahresheft 2004, 22, S. 14-17.

RATZKI, A. (2005): Pädagogik der Vielfalt im Licht internationaler Schulerfahrungen. In: BRÄU, K./ SCHWERDT, U. (Hrsg.): Heterogenität als Chance. Vom produktiven Umgang mit Gleichheit und Differenz in der Schule. – Paderborn, S. 37-52.

RAUIN, U. (1987): Differenzierender Unterricht – Empirische Studien in der Bilanz. In: STEFFENS, U./BAR-GEL, T. (Hrsg.): Untersuchungen zur Qualität des Unterrichts. – Wiesbaden, S. 111-137.

ROEDER, P. M. (1974): Modelle der Differenzierung in Abhängigkeit von Leistungsdimensionen einzelner Fächer, in: ROEDER, P. M./TREUMANN, K.: Dimensionen der Schulleistung. – Stuttgart, S. 13-142.

SANDFUCHS, U. (1997): Fördern – Postulat oder Praxis? Ein Beispiel für die Unwirksamkeit pädagogischer Ethik. In: Köhler, J./ Nolte, J. (Hg.): Vernunft und Bildung. Für eine fortgesetzte Aufklärung. – Köln/ Weimar/Wien: Böhlau Verlag 1997, S. 101-112.

SANDFUCHS, U. (2001): Was Schule leistet. Reflexionen und Anmerkungen zu Funktionen und Aufgaben der Schule. In: MELZER, W./SANDFUCHS, U. (Hrsg.): Was Schule leistet. Funktionen und Aufgaben von Schule. – Weinheim, S. 11-36.

SCHITTKO, K. (1984): Differenzierung in Schule und Unterricht. Ziele-Konzepte-Beispiele. – München.

SCHLÖMERKEMPER, J. (1981): Schulische Differenzierung im gesellschaftlichen Kontext. In: HAUSSER, K. (Hrsg.): Modelle schulischer Differenzierung. – München, S. 185-201.

TANNER, A./WEHRLE, M. (2006): Einleitung. In: TANNER, A./BADERTSCHER, H./HOLZER, R./SCHINDLER, A./ STRECKEISEN, U. (Hrsg.): Heterogenität und Integration. Umgang mit Ungleichheit und Differenz in Schule und Kindergarten. – Zürich, S. 9-14.

TERHART, E. (2002): Fremde Schwestern. Zum Verhältnis von Allgemeiner Didaktik und empirischer Lehr-Lern-Forschung. In: Zeitschrift für Pädagogische Psychologie, 16, H. 2, S. 77-86.

TESCHNER, W.-P. (Hrsg.) (1971): Differenzierung und Individualisierung des Unterrichts. – Göttingen.

TILLMANN, K.-J. (2004): System jagt Fiktion. Die homogene Lerngruppe. In: Friedrich Jahresheft 2004, 22, S. 6-9.

VIERLINGER, R. (1974): Vom Frontalunterricht zur Binnendifferenzierung. In: VIERLINGER, R./FEINER, W. (Hrsg.): Innere Differenzierung: Theorie und Praxis der Individualisierung. – Linz, S. 7-30.

VON DER GROEBEN, A. (2003): Lernen in heterogenen Gruppen. Chance und Herausforderung. In: BOSSE, D./EIKENBUSCH, G./LANGE, H./PARADIES, L. (Hrsg.) (2003): Heterogenität und Differenzierung. Pädagogik, 55. Jg., H. 9, S. 6-9.

WEINERT, F. E. (1997): Notwendige Methodenvielfalt. Unterschiedliche Lernfähigkeiten erfordern variable Unterrichtsmethoden. In: MEYER, M./RAMPILLON, U./OTTO, G./TERHART, E. (Hrsg.): Lernmethoden – Lehrmethoden. Wege zur Selbstständigkeit. Friedrich Jahresheft 1997, S. 50-53.

WINKELER, R. (1979): Innere Differenzierung: Begriff, Formen und Probleme. – Ravensburg.

WISCHER, B. (2007): Wie sollen LehrerInnen mit Heterogenität umgehen? Über ‚programmatische Fallen‘ im aktuellen Reformdiskurs. In: Die Deutsche Schule, 99. Jg., 4, S. 422-433.

Wischer, B. (2008): Reformengagement als Reflexionsproblem. Kritische Anmerkungen zum aktuellen Heterogenitätsdiskurs. In: TriOS – Forum für schulnahe Forschung, Schulentwicklung und Evaluation, 3. Jahrgang, H. 1, S. 5-20.

*Anschriften des Verfassers und der Verfasserin:*
Dr. Matthias Trautmann, Wissenschaftlicher Mitarbeiter an der Fakultät für Erziehungswissenschaft der Universität Bielefeld. Universitätsstraße 25, 33615 Bielefeld, E-Mail: matthias. trautmann@uni-bielefeld.de; Dr. Beate Wischer, Wissenschaftliche Mitarbeiterin an der Fakultät für Erzehngswissenschaft der Universität Bielefeld.Universitätsstraße 25, 33615 Bielefeld, E-Mail: beate.wischer@uni-bielefeld.de

Martin Rothland, Münster

# Allgemeine Didaktik – disziplinäre Bestimmungen zwischen Willkür und Pragmatismus, Theorie und Praxis[1]

**Zusammenfassung:**

Die Allgemeine Didaktik als Element der Schulpädagogik weist im Gegensatz zu anderen Bereichen der Erziehungswissenschaft bereits eine längere Lehrbuchtradition auf. In diesem Beitrag wird der Frage nachgegangen, wie die Allgemeine Didaktik in etablierten und neueren Lehr- und Studienbüchern, die man zu den Standardwerken für die erziehungswissenschaftliche Lehre zählen kann, disziplinär bestimmt wird und welches Wissenschaftsverständnis den Bestimmungsversuchen zugrunde liegt. Als Ergebnis zeigt sich, dass die disziplinären Charakterisierungen in den Studien- und Lehrbüchern in ihrer Vielfalt, vor allem aber in ihrer willkürlich erscheinenden Zuordnung von Begriffen wie Theorie, Wissenschaft, eigenständige wissenschaftliche Disziplin und Teildisziplin sowie in ihrer Widersprüchlichkeit nicht der realen disziplinären Gestalt und Struktur der Erziehungswissenschaft entsprechen. Zudem wird kritisiert, dass die Allgemeine Didaktik in den Lehrbüchern in der Tradition der geisteswissenschaftlichen Pädagogik als Wissenschaft bzw. alternativ als Theorie von der Praxis für die Praxis markiert wird.

*Schlüsselwörter:* Allgemeine Didaktik, Schulpädagogik, Lehrbücher, wissenschaftliche Disziplinen

**Summary:**

General didactics as an element of school pedagogy already possesses a long textbook tradition, unlike other areas of education science. This essay will pursue the question as to how general didactics is defined by the discipline and the understanding of science on which such attempted definitions are based, in both established and more recent textbooks generally regarded as the standard works of teacher training. The result demonstrates that the disciplinary characterisations in the books for studying and teaching do not correspond to the real disciplinary shape and structure of education science, neither in their diversity nor – and more importantly – in their apparently random ordering of such concepts as theory, science, independent academic disciplines and sub-disciplines as well as in their contradictory nature. Furthermore, the essay criticises the fact that general didactics is marked in textbooks as a science or, alternatively, as a theory of practice for practitioners, quite in the tradition of education science within the arts and humanities.

*Keywords:* general didactics, school pedagogy, textbooks, scientific disciplines

## Zur Einführung in die Problemstellung

Fragt man nach den disziplinären Bestimmungen der Allgemeinen Didaktik, so finden sich in den einschlägigen schulpädagogischen Studien- und Lehrbüchern sehr unterschiedliche, häufig auch erkennbar widersprüchliche Deutungen und Definitionen. Ein Beispiel aus einer „Einführung in die Erziehungswissenschaft und Schulpädagogik" soll dies einleitend illustrieren und den Ausgangspunkt der folgenden Betrachtungen bilden. Die Textpassage stammt aus dem Beitrag von Doris LEMMERMÖHLE mit dem Titel „Didaktik! Wozu? Einführung in didaktisches Denken", der in dem Band „Perspektiven für pädagogisches Handeln" von Elke NYSSEN und Bärbel SCHÖN (2005) erschienen ist. Das Zitat lautet wie folgt:

„Die spezifische Fragestellung *Wer soll warum, wozu, was und wie lernen und lehren?*" weist die Didaktik als eigenständige Wissenschaft bzw. als eigenständige Teildisziplin der Pädagogik aus. Ihre Gegenstände – das institutionalisierte Lehren und Lernen – sowie die hermeneutischen, ideologiekritischen und empirischen Methoden dagegen teilt die Didaktik mit anderen Wissenschaften, vor allem mit der Psychologie, der Soziologie und den Erziehungswissenschaften" (LEMMERMÖHLE 2005, S. 261).

Im Anschluss an diese Passage könnte u.a. über Sinn oder Unsinn einer *eigenständigen Teildisziplin* diskutiert werden. Worum es stattdessen jedoch im Folgenden geht, ist die disziplinäre Bestimmung, man könnte auch sagen, die disziplinäre Verortung der Allgemeinen Didaktik, wie sie sich in diesem einführenden Text findet. Handelt es sich bei der Didaktik als pragmatischer Theorie des institutionalisierten Lehrens und Lernens (vgl. VON OLBERG 2004, S. 119), als so genannter „Berufswissenschaft" der Lehrerinnen und Lehrer (PETERßEN 2001b) dem Zitat folgend etwa um eine wissenschaftliche Disziplin, die neben anderen incl. der Erziehungswissenschaft existiert, oder ist sie eine „Teildisziplin der Pädagogik"? Die Autorin selbst scheint sich in dieser Frage nicht ganz schlüssig zu sein, da sie beide Optionen in ihre Charakterisierung aufnimmt. Das Ergebnis ist verwirrend und regt zur Ratlosigkeit an, denkt man sich die Didaktik als „eigenständige Teildisziplin der Pädagogik", die ihre Gegenstände mit anderen Wissenschaften wie etwa den Erziehungswissenschaften teilt.

Im Anschluss an die beliebig erscheinende Begriffsverwendung und disziplinäre Zuordnung der Allgemeinen Didaktik in dem ersten Beispieltext stellt sich die Frage, wie die gängigen Studien- und Lehrbücher zur Allgemeinen Didaktik die disziplinäre Verortung ihres Gegenstandes vornehmen und welches Bild sie von der Allgemeinen Didaktik, der Schulpädagogik und schließlich vermittelt von der Erziehungswissenschaft zeichnen.

Zunächst ist jedoch auf eine Besonderheit der Kompendien zur Allgemeinen Didaktik hinzuweisen. Denn noch Anfang der 1990er-Jahre wurde der Erziehungswissenschaft das Fehlen einer „*Lehrbuchkultur*" attestiert. Sie verfüge, so eine Begründung, in der Lehre über keine Standardwerke, die das Grundlagenwissen der Disziplin zusammenfassen. Angesichts der Vielzahl der unterschiedlichen theoretischen Ansätze und Strömungen, die unter dem gemeinsamen Dach der Erziehungswissenschaft nebeneinander existieren, sei für diese Disziplin vielmehr eine *Reader-Kultur* charakteristisch, die letztlich auch den wenig homogenen Zustand der Disziplin widerspiegele (vgl. ENGLER 1993, S. 57).

Indes: Ganz abgesehen von dem Boom der Einführungen, Grundkurse, Studien- und Lehrbücher, der in den letzten Jahren in der Erziehungswissenschaft zu beobachten ist (vgl. ROTHLAND 2007a), war das diagnostizierte Fehlen von solchen Werken, die sich überdies auch zu *Standardwerken für die erziehungswissenschaftliche Lehre* entwickelt haben und als solche ausgewiesen werden können, schon Anfang der 1990er-Jahre nicht mehr ganz zutreffend. Denn zumindest in der Schulpädagogik bzw. genauer im Bereich der Allgemeinen Didaktik gab es zuvor bereits *Standardwerke für die erziehungswissenschaftliche Lehre* (vgl. das „Lehrbuch Allgemeine Didaktik" von Wilhelm PETERßEN 1983/2001a oder noch eindrücklicher die „Theorien und Modelle der Didaktik" von Herwig BLANKERTZ 1969/2000). Von OLBERG ist gar der Meinung, dass „die Geschichte der didaktischen Literatur in Deutschland [...] seit mindestens 40 Jahren [...] von der Lehrbuchtradition" dominiert wird (VON OLBERG 2004, S. 122; vgl. u. a. BOROWSKI/HIELSCHER/SCHWAB 1974/1978) und auch TERHART spricht von einer solchen „Lehrbuchtradition" (TERHART 2005a).

Neben der Arbeit von Wilhelm PETERßEN sind es noch zwei weitere Kompendien der Allgemeinen Didaktik, die man zu den „neuen" Klassikern und Standardwerken wird zählen müssen: zum einen die „Didaktischen Modelle" von Werner JANK und Hilbert MEYER (1999/2005) und zum anderen das „Grundwissen Didaktik" von Friedrich W. KRON (1993/2004) – wobei sich Status und Verbreitungsgrad auch dieser beiden Bücher unschwer an den beachtlichen Auflagenhöhen ablesen lassen.

Und: Der Markt scheint noch nicht gesättigt, die Nachfrage nach allgemeindidaktischer Lehrbuchliteratur ist – dem unaufhaltsam erscheinenden Siegeszug der empirischen Unterrichtsforschung zum Trotz – noch immer groß, denn immer neue Werke kommen auf den Markt, die jedoch bislang dem besonderen Status der drei oben genannten „Standardwerke" noch nichts anhaben konnten (vgl. bspw. BÖNSCH 1996, 2006; GASSER 2003; KIPER/MISCHKE 2004; VON MARTIAL 2002; RIEDL 2004; SCHRÖDER 1996; TULODZIECKI/HERZIG/BLÖMEKE 2004).

Anzumerken ist, dass die einzelnen, hier berücksichtigten Veröffentlichungen nicht einheitlich unter der Kennzeichnung Lehrbücher firmieren. Vielmehr sind sie – bei häufig vergleichbarem Inhalt und wechselseitigen Bezügen – unter unterschiedlichen „Gattungsbezeichnungen" erschienen: eben als Lehrbücher, als Studienbücher, Handbücher, Einführungen, Grundkurse – was den Verdacht der beliebigen Vergabe dieser Bezeichnungen nährt. Es handelt sich alles in allem jedenfalls um Werke, die angehenden Lehrerinnen und Lehrern Einblick und Orientierung in didaktische Theorien und Modelle bieten und ihren je unterschiedlichen Bezeichnungen folgend die universitäre Lehre begleiten und unterstützen sollen.

Wenn es zusammenfassend in einem Teilbereich der Erziehungswissenschaft eine Tradition von *Standardwerken für die erziehungswissenschaftliche Lehre* gibt, dann sicherlich im Bereich der Allgemeinen Didaktik, wo ein kleiner Kanon von etablierten Lehrbüchern das allgemeindidaktische Grund-, Lehr- und das Prüfungswissen bereits seit vielen Jahren strukturiert und festschreibt. Die Verbreitung dieser Lehrbücher geht dabei über die Grenzen der Universität und der erziehungswissenschaftlichen Disziplin hinaus. Denn sowohl in den Fach- und Studienseminaren der Zweiten Phase der Lehrerbildung als auch in den Fachdidaktiken werden diese Lehrbücher als Grundlage genutzt, wobei die Zweite Phase Ansätze einer eigenen Lehrbuchtradition aufweist (vgl. BOVET/ HUWENDIEK 2006).

Im Folgenden werden nun die etablierten und neueren Lehrbücher der Allgemeinen Didaktik nicht unter Nutzung inhaltlicher und methodischer Qualitätskriterien überprüft.[2] Vielmehr wird danach gefragt, welche disziplinäre Verortung der Allgemeinen Didaktik innerhalb der Erziehungswissenschaft in den Einführungen, Studien- und Lehrbüchern gleichsam Generationen von Studierenden und angehenden Lehrerinnen und Lehrern „gelehrt" wird. Dabei soll auch eine disziplinäre Verhältnisbestimmung in die Analyse eingehen, also die Frage danach, wie die Allgemeine Didaktik in ihrem Verhältnis zu den Nachbar- und Referenzdisziplinen bestimmt wird.

Der zweite Schwerpunkt liegt auf der Frage nach dem Wissenschaftsverständnis und dem Bild von der Erziehungswissenschaft, das in den Kompendien zur Allgemeinen Didaktik transportiert wird.

Die übergeordnete Fragestellung lautet also, ob und in welcher Weise Einführungen, Studien-, Lehr- oder Handbücher der Allgemeinen Didaktik als Spiegel der Disziplin anzusehen sind. Welche disziplinären Bestimmungen werden getroffen und welches Bild der Allgemeinen Didaktik als „Wissenschaft", aber auch der Schulpädagogik als Teil- *und* der Erziehungswissenschaft als Gesamtdisziplin wird damit vermittelt? Stimmen diese disziplinären Bestimmungen mit der Gestalt und Binnenstruktur der Erziehungswissenschaft, also mit der Disziplin selbst überein?

# 1    Allgemeine Didaktik als eigenständige wissenschaftliche Disziplin (?)

Wie wird nun die Allgemeine Didaktik in den Studien- und Lehrbüchern verortet? Wilhelm
PETERßEN selbst widmet sich gleich zu Anfang seines Lehrbuchs der Frage, wie diese zu bestimmen sei. Dabei konfrontiert er seine Leserschaft zunächst mit einer Auswahl zuweilen höchst unterschiedlicher Definitionsversuche, wie sie in der Diskussion zu finden sind. In der Zusammen-
schau zeige sich, so PETERßEN, dass die Didaktik am häufigsten als „eine besonders auf den Unterricht bezogene Disziplin ausgewiesen wird" (PETERßEN 2001a, S. 12). Zudem werde die
Allgemeine Didaktik häufig als „*wissenschaftliche Disziplin* oder als *Teildisziplin der Pädagogik*"
charakterisiert (ebd., S. 12). An anderer Stelle spricht er von der „Teildisziplin der Erziehungswissenschaft" (ebd., S. 19).

Allgemeine Didaktik wird zudem betont und wiederholt als „Wissenschaft" charakterisiert, die
durch „systematisch gelenkte Erfahrung nach wissenschaftlichen Standards und mit Hilfe wissenschaftlich erprobter Verfahren ihre Theorien" entwickelt (ebd., S. 20). Zusammenfassend präsentiert PETERßEN die folgende Definition:

„Allgemeine Didaktik bezeichnet jene wissenschaftliche Disziplin, deren Gegenstandsfeld das
Lehren und Lernen schlechthin ist, die aber als integrierende Teildisziplin der Erziehungswissenschaft das umfassendere gesamte Erziehungsgeschehen perspektivisch im Blick behält. Als Berufswissenschaft vor allem von Lehrern erforscht sie ihr Feld mit wissenschaftlichen Mitteln und
entwickelt Theorien des Handelns für die Lösung alltäglicher Lehr- und Lernprobleme [...]"
(PETERßEN 2001a, S. 22).

Auch Werner JANK und Hilbert MEYER sprechen von der Didaktik als der Wissenschaft vom Lehren und Lernen (vgl. JANK/MEYER 2005, S. 12) oder von der Didaktik und der ihr zugeordneten
– man müsste fragen: gleichlautenden? – Wissenschaftsdisziplin (ebd., S. 13). „Sie [die Didaktik]
hat sich – europaweit – an nahezu allen Universitäten, Pädagogischen Hochschulen und Lehrer-
bildungsseminaren als Wissenschaftsdisziplin etabliert; [...] sie hat ihre eigene empirische Forschungspraxis" (ebd., S. 28). Sie ist aber „immer noch keine „normal science" mit einem klar definierten Aufgabenfeld und ebenso klar etablierten Forschungs- und Denktraditionen" (JANK/
MEYER 2005, S. 28). JANK und MEYER sprechen zum einen zwar von einer eigenständigen
wissenschaftlichen Disziplin, verweisen aber zugleich darauf, dass die „Didaktik eine *Teildisziplin
der Erziehungswissenschaft* ist" (ebd., S. 29), wobei die Autoren noch einen Schritt weiter gehen,
indem sie der Didaktik selbst eigene Teildisziplinen zuordnen, also Teildisziplinen einer Teildisziplin einer Disziplin. Zu diesen Teildisziplinen zählen nach JANK und MEYER die Allgemeine
Didaktik und die Fachdidaktiken sowie empirische Ausleger (die Unterrichtsforschung und die
empirische Lehr-Lernforschung).[3]

Ein anders differenziertes Bild findet sich bei Friedrich W. KRON: Hier wird die „Didaktik als
Teildisziplin von Pädagogik und Schulpädagogik" bezeichnet (KRON 2004, S. 27), so dass der
Eindruck entsteht, neben einer Disziplin Pädagogik existiere eine weitere, die Schulpädagogik,
und die Didaktik gehöre als Teil beiden an. Der Autor spricht aber auch von den *gemeinsamen*
„Gegenstands- und Forschungsfeldern von Pädagogik und Didaktik, die sich (1.) auf der Praxis-
ebene und (2.) auf der Forschungsebene der beiden Disziplinen zeigen" (ebd., S. 27). Pädagogik
und Didaktik sind also zwei voneinander zu unterscheidende wissenschaftliche Disziplinen: „Während die Pädagogik primär an Sozialisations- und Lernprozessen interessiert ist, hat die Didaktik
eher Interesse an Lehr- und Lernprozessen sowie an Momenten, die diese Prozesse bedingen"
(ebd., S. 27).

KRON spricht explizit mit Blick auf Pädagogik und Didaktik von zwei Disziplinen (ebd., S. 28)
oder sogar von zwei Wissenschaften (ebd., S. 29). Je nach Fall könne aber auch die „Didaktik als
Sonderfall oder Teildisziplin von Pädagogik" oder „die Pädagogik als Sonderfall und Teildisziplin

der Didaktik bezeichnet werden" (ebd., S. 28). In jedem Falle gebe es Überschneidungsfelder hinsichtlich der Themen und Fragestellungen.

Schon in den „Grundsätze[n] der Erziehung und des Unterrichts" von August Hermann NIE-MEYER aus dem Jahre 1796 – dies sei an dieser Stelle angemerkt – gliedert sich zwar die Erziehungswissenschaft in die beiden Teilgebiete Pädagogik und Didaktik (NIEMEYER 1810, S. 380f.; vgl. TOISCHER 1912), und auch in einführenden Texten der 1950er Jahre findet sich eine Nebenordnung von Pädagogik und Didaktik, die äquivalent zur Unterscheidung von Erziehen und Unterrichten gebraucht wurde (vgl. CRAMER 1950). Doch gegenwärtig wird man kaum von zwei nebeneinander existierenden wissenschaftlichen Disziplinen sprechen können. Im Übrigen bleibt bei KRON offen, ob die Allgemeine Didaktik nun eine Teildisziplin der Pädagogik oder der Schulpädagogik ist. Oder ist sie eine eigenständige Disziplin neben der Pädagogik?

Nicht minder verwirrende Bestimmungen des disziplinären ‚Ortes der Allgemeinen Didaktik' finden sich in der „Einführung in didaktische Modelle" von Ingbert VON MARTIAL (2002). Er geht davon aus, dass neben der Allgemeinen Didaktik bzw. der „didaktischen Wissenschaft" eine selbständige, der Schultheorie verpflichtete Schulpädagogik anzusiedeln ist. Ein weiter gefasster Didaktikbegriff könne aber auch die „mit dem Terminus Schulpädagogik bezeichneten Theorien" einschließen (ebd., S. 114). VON MARTIAL kennzeichnet die Didaktik als „eine Disziplin der Erziehungswissenschaft oder Pädagogik", die sich mit allen Vorgängen „des absichtsvoll herbeigeführten Lehrens und Lernens [befasst], die langfristig und im Rahmen eines Plans angelegt sind" (ebd., S. 9). Irritierenderweise charakterisiert er zugleich das Verhältnis der Didaktik zu ihren *pädagogischen Nachbardisziplinen*, in denen didaktische Fragen von Bedeutung sind (bspw. die Erwachsenenbildung, die Vorschulpädagogik etc.), sodass man den Eindruck gewinnen könnte, es handele sich um eine eigenständige wissenschaftliche Disziplin mit der Pädagogik/Erziehungswissenschaft als Nachbardisziplin (vgl. VON MARTIAL 2002, S. 15).

Die dargestellten Positionen können wie folgt zusammengefasst werden:

– Didaktik ist eine eigenständige Teildisziplin der Pädagogik, die ihre Gegenstände mit anderen Wissenschaften wie etwa den Erziehungswissenschaften teilt (LEMMERMÖHLE).
– Didaktik ist als Wissenschaft, als forschende Berufswissenschaft von Lehrern und als Theorie eine wissenschaftliche Disziplin oder eine Teildisziplin der Pädagogik/Erziehungswissenschaft (PETERSSEN).
– Didaktik ist eine Wissenschaft und Theorie, eine etablierte wissenschaftliche Disziplin mit eigener empirischer Forschungspraxis; zugleich ist sie eine Teildisziplin der Erziehungswissenschaft, gliedert sich ihrerseits in Teildisziplinen, zu denen die Unterrichtsforschung und die empirische Lehr-Lernforschung zählen (JANK/MEYER).
– Didaktik ist als Wissenschaft und Theorie eine Teildisziplin der Pädagogik *und* der Schulpädagogik; zugleich sind Pädagogik und Didaktik zwei voneinander zu unterscheidende Disziplinen, zwei Wissenschaften, zwischen denen es aber Überscheidungen gibt (KRON).
– Didaktik ist als Wissenschaft und Theorie eine Disziplin der Pädagogik/Erziehungswissenschaft und hat zugleich pädagogische Nachbardisziplinen, wie etwa die Schulpädagogik, die neben der „didaktischen Wissenschaft" existiert (VON MARTIAL).

Zumindest in der Zuordnung der Allgemeinen Didaktik als Teildisziplin der Erziehungswissenschaft scheint in den Einführungen, Studien- und Lehrbüchern Übereinstimmung zu herrschen (vgl. auch BOROWSKI/HIELSCHER/SCHWAB 1978; BÖNSCH 2006), wenngleich diese Zuordnung in den weiteren Bestimmungen, wie gezeigt, wieder revidiert wird.

Ebenso scheint bei der Bestimmung des Verhältnisses von Allgemeiner Didaktik und Fachdidaktiken auf den ersten Blick Einigkeit zu herrschen:

- „Gemeinhin zählt man die Allgemeine Didaktik, um die es hier geht, zusammen mit den Fachdidaktiken [...] zur Pädagogik oder Erziehungswissenschaft" (GASSER 2003, S. 13).
- Die Fachdidaktik ist eine „didaktische und somit auch eine erziehungswissenschaftliche Diszi-
  plin ist" (PETERßEN 2001a, S. 29). „Allgemeine Didaktik und Fachdidaktik gelten uns beide
  als integrierende Teile ein- und derselben Didaktik als Teildisziplin(en) der Erziehungswissen-
  schaft" (ebd., S. 31).
- „Fachdidaktiken sind im Kern erziehungswissenschaftliche Disziplinen" (JANK/MEYER 2005,
  S. 33).
- „Die Fachdidaktik ist eine erziehungswissenschaftliche Disziplin" (VON MARTIAL 2002,
  S. 18).

Aber die Eindeutigkeit hat auch hier ihre Grenzen, wenn VON MARTIAL etwa darauf verweist, dass
die „Fachdidaktiken [...] prinzipiell weder als Anhängsel der Allgemeinen Didaktik noch der
Fachwissenschaft zu verstehen [sind]. Sie haben als Disziplin ihr eigenes Gewicht" (VON MARTIAL
2002, S. 18).

Eigenständige wissenschaftliche Disziplinen überall – so könnte man den Eindruck gewinnen!
Dabei muss das Verhältnis zwischen Fachdidaktik und Allgemeiner Didaktik grundsätzlich bislang als ungeklärt, zumindest als schwierig gelten (vgl. u. a. MEYER/PLÖGER 1994; TERHART
2005a; HERICKS/KUNZE 2004; MEYER/MEYER 2007, S. 155f.) – die insgesamt Eindeutigkeit
suggerierenden Verhältnisbestimmungen, wie sie sich in den Lehrbüchern der Allgemeinen Didaktik finden, vermitteln insofern ein falsches Bild. Gleichwohl kann m. E. festgehalten werden,
dass die Fachdidaktiken weder als selbstständige wissenschaftliche Disziplinen zu charakterisieren
noch der Erziehungswissenschaft unterzuordnen, sondern mit Ausnahmen institutionell und insbesondere dem Selbstverständnis ihrer Vertreter folgend den Fachwissenschaften zuzuordnen sind.
Eine Distanzierung von der Allgemeinen Didaktik und der Erziehungswissenschaft nimmt gegenwärtig im Übrigen dort weiter zu, wo sich eine forschungsorientierte, vor allem naturwissenschaftliche Fachdidaktik mit der psychologischen Lehr-Lernforschung verbindet.

Auch die Allgemeine Didaktik wird man – entgegen den referierten Bestimmungen – nicht als
eigenständige wissenschaftliche Disziplin bezeichnen können. Blickt man allein etwa auf die
Struktur der Deutschen Gesellschaft für Erziehungswissenschaft, findet sich unter den 13 Sektio-
nen die Schulpädagogik, die sich in die „Kommission Schulforschung und Didaktik", die „Kommission Professionsforschung und Lehrerbildung" und die „Kommission Grundschulforschung
und Pädagogik der Primarstufe" untergliedert. Es finden sich dagegen weder eine Deutsche Gesellschaft für Didaktik noch eine Zeitschrift für Didaktik als *äußere* Hinweise auf eine entsprechende wissenschaftliche Disziplin, wohl aber Professuren oder auch Institute, die für Allgemeine
Didaktik ausgewiesen sind – dies jedoch institutionell immer unter dem Dach der Erziehungswissenschaft bzw. dem der Schulpädagogik.[4]

Die Allgemeine Didaktik *ist* ein Element, ein Teilbereich der Schulpädagogik. Die Schulpädagogik ihrerseits ist eine der größten Subdisziplinen der Erziehungswissenschaft, die sich auf der
Ebene der disziplinären Institutionalisierung durch eigenständige Studiengänge (z. B. absehbar
historisch der Schwerpunkt Schulpädagogik im Diplomstudiengang) und durch eigenständige
Institute und Organisationsformen in wissenschaftlichen Fachgesellschaften auszeichnet. Grundsätzlich befasst sich die Allgemeine Didaktik „mit Fragen des Lehrens und Lernens auf allen Stufen des Bildungssystems und in allen inhaltlichen Lernbereichen" (TERHART 2005b, S. 97), *de
facto* beschränkt sie sich häufig auf den Schulunterricht.

Unter Maßgabe dieser Konzentration auf Schule und Unterricht ist die Allgemeine Didaktik in
der Ersten und Zweiten Phase der Lehrerbildung sowie in schul- und unterrichtsbezogenen
Schwerpunkten im Rahmen weiterer Studiengänge im Kontext der Schulpädagogik verankert. Sie
behält gleichwohl einen „allgemeinen" Anspruch, in dem sie sich unabhängig von einzelnen

Fächern und konkreten Inhalten den allgemeinen Elementen des Unterrichts und Unterrichtens unter Berücksichtigung aller relevanten Einflussfaktoren, Handlungsmöglichkeiten und Handlungsnotwendigkeiten widmet.

Im Gegensatz zu dieser letztlich trivial anmutenden Bestimmung entsprechen die Verortungen und disziplinären Charakterisierungen in den Studien- und Lehrbüchern in ihrer Vielfalt, vor allem aber in ihrer zuweilen willkürlichen Zusammenstellung und in ihrer Widersprüchlichkeit *nicht* der disziplinären Gestalt und Struktur der Erziehungswissenschaft. Sie können daher auch nicht als Spiegel der Disziplin fungieren. Vielmehr muss die willkürliche Zuordnung von Begriffen wie Theorie, Wissenschaft, eigenständige wissenschaftliche Disziplin und Teildisziplin den Leser verwirren und verunsichern. Vor allem infolge der Darstellung, Pädagogik, Schulpädagogik, Allgemeine Didaktik und Erziehungswissenschaft seien irgendwie nebeneinander eigenständige, dabei jedoch auch miteinander verbundene Disziplinen, bleibt der Eindruck der Beliebigkeit, was Gestalt und Struktur der Erziehungswissenschaft anbelangt. Wird dann noch versucht, in dieses Bild bspw. Forschungsbereiche der Pädagogischen Psychologie als Teildisziplinen der Didaktik einzubinden, bleibt im Ergebnis das Bild einer diffusen, chaotischen und nicht recht charakterisierbaren Zunft.

## 2      Allgemeine Didaktik als Wissenschaft von der Praxis für die Praxis

Mit der Allgemeinen Didaktik wird in der Mehrzahl der Studien- und Lehrbücher der Anspruch verbunden, nicht allein *Wissenschaft* oder alternativ *Theorie* vom Lehren und Lernen allgemein oder Theorie des Unterrichts zu sein. Vielmehr soll sie auch eine Handlungswissenschaft sein, sich unmittelbar auf Probleme der Praxis beziehen, unmittelbar praxisrelevant sein. „Didaktik ist immer darauf aus, zur Bewältigung von Problemen alltäglicher Praxis des Lehrens und Lernens" beizutragen, so PETERßEN (2001a, S. 22).

Auch JANK und MEYER verweisen darauf, dass es die Aufgabe der Didaktik als Handlungswissenschaft ist, „den Lehrerinnen und Lehrern praktisch folgenreiche Handlungsorientierungen zu geben" (JANK/MEYER 2005, S. 16). Die Ergebnisse theoriegeleiteter wissenschaftlicher Analysen und Reflexionen sind indes Erkenntnisse, nicht Handlungen. Den Anforderungen der Praxis können sie also nicht unmittelbar genügen (vgl. HERZOG 1999). Diesem Einwand halten JANK und MEYER die Verquickung von Theorie und Praxis im Rahmen der Didaktik als „Wissenschaft" entgegen, wie sie von ihnen konstruiert wird:

„Die Didaktik ist die Theorie und Praxis des Lernens und Lehrens" (JANK/MEYER 2005, S. 14). „Die didaktische Theorie schließt Praxis ein, so wie die Praxis von Theorie durchdrungen ist" (ebd., S. 15). An anderer Stelle wird Didaktik auch als „Inszenierung von Praxis" bezeichnet (ebd., S. 111).

JANK und MEYER kommentieren ihre Position selbst, indem sie darauf hinweisen, dass ihre Definition, Didaktik sei Theorie und Praxis zugleich, von der Mehrzahl ihrer Kollegen und Kolleginnen nicht geteilt werde (ebd. S. 15). Tatsächlich findet sich aber in den meisten Lehr- und Studienbüchern zur Allgemeinen Didaktik just dieses Verständnis einer unmittelbaren Verknüpfung von Theorie und Praxis.

Der dritte hier berücksichtigte Autor, Friedrich KRON, schließt mit seinem Wissenschaftsverständnis an die vorhergehenden Bestimmungen nahtlos und in aller Deutlichkeit an: Didaktik wird bei ihm als lebendige Wissenschaft definiert, die „von der Praxis ausgeht, diese erforscht und reflektiert, um Theorien, Modelle und Konzepte zu entwickeln, mit deren Hilfe die Praxis verbessert werden kann" (KRON 2004, S. 30). Didaktik wird als „Wissenschaft von der Praxis für die Praxis" konzipiert (ebd., S. 31).

Und zuletzt verweist auch VON MARTIAL darauf, dass „die Bedeutung didaktischer Theorien [...] daran zu messen [ist], in welcher Weise sie den Lehrern bei ihrem täglichen Geschäft zu helfen vermag" (VON MARTIAL 2002, S. 20).

Wer glaubt, dass wissenschaftstheoretische Positionen, die seit dem postulierten Ende der geisteswissenschaftlichen Pädagogik als überholt gelten, tatsächlich nicht mehr – und nicht mehr auf breiter Basis – anzutreffen seien, wird unter Berücksichtigung der hier ausgewählten Studien- und Lehrbücher der Allgemeinen Didaktik eines Besseren belehrt. Die „dubiose Idee" einer unmittelbar praktischen Wissenschaft, wie Walter HERZOG (1999, S. 143) in seiner kritischen Auseinandersetzung mit dem Wissenschaftscharakter der Schulpädagogik geschrieben hat, wird weiterhin aufrechterhalten. Denn das in den didaktischen Kompendien dargestellte Theorie-Praxis-Verhältnis und das damit verbundene Wissenschaftsverständnis schließt in den auflagenstärksten Studien- und Lehrbüchern in der Tat direkt und explizit an die Tradition geisteswissenschaftlicher Pädagogik an. So sind es nicht die theoretischen und empirischen Fragestellungen einer wissenschaftlichen Disziplin, die hier als maßgeblich für die Schulpädagogik als Subdisziplin der Erziehungswissenschaft und mit ihr der Allgemeinen Didaktik ausgewiesen werden, sondern die praktischen! Es geht, wie HERZOG allgemein kritisch mit Blick auf die Schulpädagogik diagnostiziert hat, weniger um Wissenschaft als vielmehr um Ausbildung im Sinne der Vermittlung praxisorientierten Könnens (vgl. HERZOG 1999, 2002). Weniger empirisch gesicherte Erkenntnisse als vielmehr praxisanleitende Vorgaben stehen im Vordergrund.

Die funktionale Trennung von *Handeln* und *Erkenntnis* als Errungenschaft der Moderne scheint in der Allgemeinen Didaktik aufgehoben werden zu können. Indes lässt sich auch hier die Differenzierung von Theorie und Praxis, Disziplin und Profession nicht auflösen (vgl. STICHWEH 1987; TENORTH 1990, 2004). Denn die Wissensbestände der beiden Bereiche, der Disziplin und der Profession, lassen sich nicht umstandslos miteinander verknüpfen. Professionswissen und das Forschungswissen lassen sich nicht aufeinander reduzieren – und Allgemeine Didaktik, unterschiedlich deklariert als Disziplin, Wissenschaft oder Theorie, ist nicht Unterrichtspraxis.

Die Profession kann nur aus ihrer professionellen Praxis praktisches Handeln lernen, nicht aber aus didaktischen Kompendien und auch nicht in universitären Didaktik-Seminaren. Schließlich ist praktisches Wissen und Können (*knowledge in action*) als Teilmenge professionellen Lehrerwissens erfahrungsbasiert, an spezifische Kontexte gebunden, bezieht sich auf konkrete Problemstellungen und die Entwicklung professioneller Handlungskompetenz im Lehrerberuf ist „von systematischer und reflektierter Praxis über einen langen Zeitraum hinweg abhängig" (BAUMERT/KUNTER 2006, S. 506).

Dessen ungeachtet wird die Illusion einer unmittelbaren Praxisrelevanz aufrechterhalten, mit der Konsequenz für die Schulpädagogik und die Erziehungswissenschaft, dass in der Lehre – vermittelt über die Kompendien der Allgemeinen Didaktik – der Eindruck und die Hoffnung geschürt werden, hier könne eine wissenschaftliche Disziplin bzw. eine ihrer Teildisziplinen als Wissenschaft zugleich auch unmittelbar praktisch werden. Als Konsequenzen ergeben sich vorprogrammierte Enttäuschungen und ein weiteres Absinken des Ansehens des erziehungswissenschaftlichen Begleitstudiums unter den Lehramtsstudierenden (vgl. ULICH 1996; BLÖMEKE 1999), die unentwegt nach Praxis verlangen und denen von den Autoren unmittelbare Praxisrelevanz versprochen wird, die sie aber im Studium nicht erfahren (können).[5] Die Programmatik einer unmittelbar praktischen Wissenschaft eignet sich damit „bestenfalls zur Illusionierung der Praktiker [...], aber nicht zur Grundlegung einer wissenschaftlichen Disziplin" (HERZOG 1999, S. 143)!

Die Verknüpfung von Theorie und Praxis und die explizite, programmatische Ausrichtung auf das praktische (Unterrichts-)Handeln in den Lehrbüchern zur Allgemeinen Didaktik lässt schließlich all das akzeptabel und dienlich erscheinen, was dem praktischen Handeln nützt – alles andere gerät unter den Verdacht bloße, graue und letztlich nutzlose Theorie zu sein. Damit wird eine bei

Lehramtsstudierenden häufig anzutreffende Einstellung und Erwartungshaltung bedient und ein Wissenschaftsverständnis erzeugt bzw. konserviert, das m.E. dem Wesen der Erziehungswissenschaft als wissenschaftlicher Disziplin, so sie denn eine sein will, widerspricht.

Im Übrigen stellen traditionsreiche wie auch aktuelle didaktische Modelle nicht die Modelle der Praktiker dar, es handelt sich auch nicht um Theorien, die allgemeingültig *erklären*, wie unterrichtet, gelehrt und gelernt wird (im Sinne einer Wissenschaft vom Lehren und Lernen). Vielmehr zeigen die Modelle i.d.R., wie man unter Berücksichtigung wesentlicher Dimensionen und nach genauer Planung unterrichten kann. In diesem Sinne versteht Andreas GRUSCHKA die allgemeindidaktischen Theorien und Modelle als „Theorien und Modelle *für* Didaktik" (vgl. GRUSCHKA 2002, S. 15). Der Ort, an dem praktisches Unterrichten gelernt und Unterrichtspraxis gewonnen wird, ist das Referendariat. Diejenigen, die das Referendariat abgeschlossen haben, befassen sich nicht mehr mit komplexen schriftlichen Unterrichtsentwürfen in Anlehnung an didaktische Theorien, sondern sie *unterrichten* (ebd.).

Die Charakterisierung der Allgemeinen Didaktik als Berufswissenschaft der Lehrerinnen und Lehrer mit unmittelbar praktischem Bezug ist schließlich auch deshalb anzuzweifeln, da die allgemeindidaktischen Theorien und Modelle von den Lehrkräften über die Zwänge des Referendariats hinaus den Befunden der Forschung zu den Lehrerkognitionen zufolge kaum rezipiert und nachhaltig genutzt werden (vgl. u. a. HAAS 1998; zu einer frühen kritischen Einschätzung LÜTGERT 1981).

Während die Einübung von Berufsroutinen zu den Aufgaben der Zweiten Phase der Lehrerbildung gezählt werden kann, kommt es im Studium in der Ersten Phase u.a. darauf an, nicht die in der Praxis vorzufindenden Handlungsmuster zu übernehmen, sondern sie einer kritischen, reflexiv-forschenden Prüfung zugänglich zu machen. Aufgabe der erziehungswissenschaftlichen Studiengänge bzw. Studienanteile ist es, ein auf den Lehrerberuf ausgerichtetes Kontextwissen bereitzustellen, die Reflexionsfähigkeit bezogen auf den angestrebten Beruf aufzubauen und eine differenzierte Urteilsbildung hinsichtlich pädagogisch-praktischer Probleme anzubahnen (TERHART 2001, S. 204). Die Auseinandersetzung mit Unterrichtstheorien und allgemeindidaktischen Modellen im Rahmen der universitären Phase der Lehrerbildung kann und soll somit eine schul- und unterrichtsbezogene Reflexions- und Beurteilungskompetenz, nicht jedoch eine unmittelbare Handlungskompetenz im Sinne des „Unterrichten-Könnens" vermitteln.

Die Allgemeine Didaktik kann als Struktur-, Deutungs- und Orientierungshilfe den Studierenden ermöglichen, die Unterrichtspraxis anhand verschiedener Unterrichtstheorien und didaktischer Modelle, die jeweils unterschiedliche Teilbereiche des unterrichtlichen Lehr-Lerngeschehens beleuchten, zu reflektieren, zu analysieren und zu beurteilen sowie Bedeutungszusammenhänge aufzuzeigen und konzeptionelles didaktisches Wissen bereitzustellen. *Didaktisches Wissen* kann dabei als der Wissensbereich bezeichnet werden, der sich fachunabhängig auf die Gestaltung von Unterricht und die Anregung von Lernprozessen bezieht – also die Strukturierung von Unterricht, das Klassenmanagement, die Stoffentwicklung, allgemeine Lehrmethoden, Medieneinsatz, Sozialformen des Unterrichts etc. (vgl. BROMME 1992, 1997; RHEINBERG/BROMME 2001; BROMME/HAAG 2004).

# 3   Fazit

Der geradezu inflationäre Gebrauch des Disziplin-, Wissenschafts- und Theoriebegriffs in den allgemeindidaktischen Kompendien – mit Einschränkungen auch des Forschungsbegriffs – kann weder über die Defizite und Widersprüche der disziplinären Bestimmungen noch über das fragwürdige, zumindest als überholt geltende Wissenschaftsverständnis der Autoren hinwegtäuschen.

Die Erziehungswissenschaft erscheint in den hier berücksichtigten Studien- und Lehrbüchern im Bereich der Allgemeinen Didaktik als Wissenschaft von der Praxis für die Praxis – häufig allerdings ohne ausgewiesene *Forschungspraxis,* was ihre Wirksamkeit, Qualität und Nutzung der Modellvorstellungen anbelangt und zudem häufig ohne Bezug zur empirischen Unterrichtspraxis und ihrer Erforschung.

Die Folge für die Außenwahrnehmung der Allgemeinen Didaktik kann schließlich die eines Praxisfeldes oder eines Ausbildungsganges, nicht aber die einer Wissenschaft sein. Zudem wird in der Außenwahrnehmung der Professions- und nicht etwa der Forschungsbezug zementiert. Nicht zuletzt im Interesse einer wissenschaftlichen Fundierung allgemein-didaktischer Anteile an der Ersten Phase und im Interesse der Wirksamkeit der Lehrerbildung stellen Untersuchungen, die die Vermittlung, Aneignung und Nutzung allgemein-didaktischen Wissens empirisch erfassen, eine der zentralen Herausforderungen an die etablierte Allgemeine Didaktik dar (vgl. STAUB 2006). Ihr guter Ruf „auf der theoretischen und programmatischen Ebene" (KLAFKI 2002, S. 4) wird ihren Status und ihre disziplinäre Verankerung auf Dauer genauso wenig sichern, wie die Verteidigung einer selbstbewusst-substanziellen didaktischen Theoretisierung gegen eine vermeintliche empirische Zurichtung (vgl. MESSNER 2007, S. 43)

Abschließend ist zur Verteidigung von Doris LEMMERMÖHLE, deren Zitat zur disziplinären Verortung der Didaktik als erstes Beispiel und als Ausgangspunkt der Darstellung angeführt wurde, zu sagen, dass sie in ihrem einführenden Text der Erwartung einer unmittelbaren Praxisrelevanz didaktischer Modelle und Theorien deutlich widerspricht:

„Vom Studium der Didaktik werden all diejenigen enttäuscht sein, die davon ein Rezept oder konkrete Handlungsanweisungen für den guten, den richtigen, den erfolgreichen Unterricht erwarten" (LEMMERMÖHLE 2005, S. 288).

Die Einführungen, Studien- und Lehrbücher unterstützen dagegen gerade diese Erwartungshaltung – und es ist zu vermuten, dass die absehbaren Enttäuschungen in die fortwährende Kritik an den erziehungswissenschaftlichen Anteilen im Rahmen der Lehramtsstudiengänge und in den nicht verhallenden Ruf nach mehr Praxis in der Ersten Phase münden.

Nun sollte die Wirkung der allgemeindidaktischen Kompendien für die Außenwahrnehmung der Erziehungswissenschaft insgesamt nicht überbewertet werden, aber angesichts des hohen Verbreitungsgrades dieser Einführungen, Studien- und Lehrbücher erscheint das Bild eines Teils der Disziplin, das hier gezeichnet wird, bedenklich.

## Anmerkungen

1  Der Text geht auf einen Vortrag im Rahmen der Tagung der Kommission Wissenschaftsforschung (DGfE): „Lehrbücher der Erziehungswissenschaft als Spiegel der Disziplin? Exploration eines vernachlässigten Themas", zurück, gehalten am 05.10.2007 an der Universität Dortmund.

2  Berücksichtigt werden im Folgenden nicht die ebenfalls auflagenstarken Studienbücher, die sich im engeren Sinne unterschiedlichen Unterrichtsmethoden widmen, da die disziplinäre Bestimmung der Allgemeinen Didaktik und ein damit verbundenes spezifisches Wissenschaftsverständnis in diesen Werken – wenn überhaupt – nur eine nachgeordnete Rolle spielt (vgl. MEYER 2006, 2007; PETERßEN 2000).

3  Nebenbei bemerkt: Sicherlich wäre es reizvoll, die Reaktion eines Vertreters der empirischen Lehr-Lernforschung als Forschungsbereich (!) der Pädagogischen Psychologie mitzuerleben, dem man sagt, er gehöre zu einer Teildisziplin der Didaktik, die wiederum eine Teildisziplin der Erziehungswissenschaft sei. Zu denken wäre etwa an Andreas HELMKE, der sich in seiner

Monografie zur „Unterrichtsqualität" deutlich von der Allgemeinen Didaktik abgrenzt (vgl. HELMKE 2005, S. 28f.; zum Verhältnis von Allgemeiner Didaktik und empirischer Lehr-Lern-Forschung vgl. BOHL 2004; TERHART 2005b; STAUB 2006; MESSNER 2007).

4    Anzumerken ist, dass es von 1967/68 bis 1970 vier Jahrgänge lang eine Zeitschrift „Didactica" mit dem Untertitel „Vierteljahresschrift für Studium und Weiterbildung der Lehrer aller Schulformen" gab. Zur Bedeutung äußerer, struktureller Kennzeichen bzw. der sozialen Gestalt wissenschaftlicher Disziplinen, die sich u.a. in institutionalisierter Form vor allem im universitären Kontext und daneben in den Fachgesellschaften ablesen lassen (vgl. ROTHLAND 2005, 2007b, 2008).

5    Schulpraktische Studien im Rahmen der Ersten Phase der universitären Lehreausbildung vermögen an diesem Tatbestand m.E. nur bedingt etwas zu ändern, bieten sie doch „nicht die Praxis des beruflichen Alltags, sondern die Praxis des seltenen Besuchs" (HEDTKE 2000, Abschnitt 1.3).

## Literatur

BAUMERT, J./KUNTER, M. (2006): Professionelle Kompetenz von Lehrkräften. In: Zeitschrift für Erziehungswissenschaft 9, S. 469-520.

BLANKERTZ, H. (1969): Theorien und Modelle der Didaktik. – Weinheim.

BLANKERTZ, H. (2000): Theorien und Modelle der Didaktik. – 14. Aufl. – Weinheim.

BLÖMEKE, S. (1999): Lehrerausbildung und PLAZ im Urteil von Studierenden. In: RINKENS, H.-D./TU-LODZIECKI, G./BLÖMEKE, S. (Hrsg.): Zentren für Lehrerbildung – Fünf Jahre Unterstützung und Weiterentwicklung der Lehrerbildung. Ergebnisse des Modellversuchs PLAZ. – Münster, S. 245-277.

BÖNSCH, M. (1996): Didaktisches Minimum. Prüfungsanforderungen für LehramtsstudentInnen.

BÖNSCH, M. (2006): Allgemeine Didaktik. Ein Handbuch für Wissenschaft und Unterricht. Stuttgart.

BOHL, T. (2004): Empirische Unterrichtsforschung und Allgemeine Didaktik. Ein prekäres Spannungsverhältnis und Konsequenzen im Kontext der PISA-Studie. In: Die Deutsche Schule 96, S. 414-425.

BOROWSKI, G./HIELSCHER, H./SCHWAB, M. (1974): Einführung in die allgemeine Didaktik. – Heidelberg.

BOROWSKI, G./HIELSCHER, H./SCHWAB, M. (1978): Einführung in die allgemeine Didaktik. – 3. Aufl. – Heidelberg.

BOVET, G./HUWENDIECK, V. (Hrsg.) (2006): Leitfaden Schulpraxis. Pädagogik und Psychologie für den Lehrerberuf. – 4. Aufl. – Berlin.

BROMME, R. (1992): Der Lehrer als Experte. Zur Psychologie professionellen Wissens. – Göttingen.

BROMME, R. (1997): Kompetenzen, Funktionen und unterrichtliches Handeln des Lehrers. In: WEINERT, F.E. (Hrsg.): Psychologie des Unterrichts und der Schule (Enzyklopädie der Psychologie Themenbereich D, I, Bd. 3) – Göttingen, S. 177-212.

BROMME, R./HAAG, L. (2004): Forschung zur Lehrerpersönlichkeit. In: HELSPER, W./BÖHME, J. (Hrsg.): Handbuch der Schulforschung. ) – Wiesbaden, S. 777-793.

CRAMER, H. (1950): Pädagogik und Allgemeine Didaktik. – Bamberg.

ENGLER, S. (1993): Fachkultur, Geschlecht und soziale Reproduktion: eine Untersuchung über Studentinnen und Studenten der Erziehungswissenschaft, Rechtswissenschaft, Elektrotechnik und des Maschinenbaus. – Weinheim.

GASSER, P. (2003): Lehrbuch Didaktik. – 2. Aufl. – Bern.

GRUSCHKA, A. (2002): Didaktik – Das Kreuz mit der Vermittlung. Elf Einsprüche gegen den didaktischen Betrieb. – Wetzlar.

HAAS, A. (1998): Unterrichtsplanung im Alltag. Eine empirische Untersuchung zum Planungshandeln von Hauptschul-, Realschul- und Gymnasiallehrern. – Regensburg.

HEDTKE, R. (2000): Das unstillbare Verlangen nach Praxisbezug – Zum Theorie-Praxis-Problem der Lehrerbildung am Exempel Schulpraktischer Studien. – URL: sowi-onlinejournal.de/lehrerbildung/hedtke.htm – Download vom 19.01.2008.

HELMKE, A. (2005): Unterrichtsqualität. Erfassen – Bewerten – Verbessern. – 4. Aufl. – Seelze.

HERICKS, U./KUNZE, I. unter Mitarbeit von M.A. MEYER (2004): Forschung zu Didaktik und Curriculum. In: HELSPER, W./BÖHME, J. (Hrsg.): Handbuch der Schulforschung. – Wiesbaden, S. 721-752.

HERZOG, W. (1999): Die vorschnelle Disziplin: Schulpädagogik zwischen Praxisanleitung und Wissenschaft. In: BADERTSCHER, H./GRUNDER, H.-U./HOLLENSTEIN, A. (Hrsg.): Brennpunkt Schulpädagogik. Die Zukunft der Schulpädagogik in der Schweiz. Schule – Lehrerbildung – Forschung. – Bern, S. 119-148.

HERZOG, W. (2002): Die Pädagogik als Wissenschaft und als Profession: Von der Identität zur Partnerschaft. In: HOFSTETTER, R./SCHNEUWLY, B. (Hrsg.): Science(s) de l'éducation 19e-20e siècles. Entre champs professionels et champs disciplinaires. Erziehungswissenschaft(en) 19.-20. Jahrhundert. Zwischen Profession und Disziplin. – Bern, S. 267-281.

JANK, W./MEYER, H. (1999): Didaktische Modelle. – Berlin.

JANK, W./MEYER, H. (2005): Didaktische Modelle. – 7. Aufl. – Berlin.

KIPER, H./MISCHKE, W. (2004): Einführung in die Allgemeine Didaktik. – Weinheim.

KLAFKI, W. (2002): PISA – Wege aus der Krise? „Wir können das schaffen". Wolfgang Klafki im Gespräch mit Botho Priebe. In: Lernende Schule 5, H. 19, S. 6-10.

KRON, F.W. (1993): Grundwissen Didaktik. – München.

KRON, F.W. (2004): Grundwissen Didaktik. – 4. Aufl. neubearb. – München.

LEMMERMÖHLE, B. (2005): Didaktik! Wozu? Einführung in didaktisches Denken. In: NYSSEN, E./SCHÖN, B. (Hrsg.): Perspektiven für pädagogisches Handeln. Eine Einführung in Erziehungswissenschaft und Schulpädagogik. – 3. Aufl. – Weinheim, S. 259-289.

LÜTGERT, W. (1981): Was leisten die Modelle der allgemeinen Didaktik? Sechs polemische Thesen und ein Vorschlag. In: Neue Sammlung 21, S. 578-594.

MARTIAL, I. v. (2002): Einführung in didaktische Modelle. – 2. Aufl. – Baltmannsweiler.

MEYER, H. (2006): UnterrichtsMethoden. Band 1: Theorieband. – 11. Aufl. – Berlin.

MEYER, H. (2007): Leitfaden Unterrichtsvorbereitung (Neuausgabe). – Berlin.

MEYER, M.A./MEYER, H. (2007): Wolfgang Klafki. Eine Didaktik für das 21. Jahrhundert? – Weinheim.

MEYER, M.A./PLÖGER, W. (Hrsg.) (1994): Allgemeine Didaktik, Fachdidaktik und Fachunterricht. – Weinheim.

MESSNER, R. (2007): Allgemeine Didaktik und Lehr-Lernforschung. Über die Ambivalenz ihrer Beziehung am Beispiel der Erforschung selbstständigen Lernens. In: KOCH-PRIEWE, B./STÜBIG, F./ARNOLD, K.-H. (Hrsg.): Das Potenzial der Allgemeinen Didaktik. Stellungnahmen aus der Perspektive der Bildungstheorie von Wolfgang KLAFKI. – Weinheim, S. 43-59.

NIEMEYER, A.H. (1810): Grundsätze der Erziehung und des Unterrichts für Eltern, Hauslehrer und Schulmänner. Bd. 1-3. – 6. Aufl. – Halle.

OLBERG, H.-J. v. (2004): Didaktik auf dem Wege zur Vermittlungswissenschaft? Eine Sammelbesprechung neuerer Veröffentlichungen. In: Zeitschrift für Pädagogik 50, S. 119-131.

PETERSSEN, W.H. (1983): Lehrbuch Allgemeine Didaktik. – München.

PETERSSEN, W.H. (2000): Handbuch Unterrichtsplanung. Grundfragen, Modelle, Stufen, Dimensionen. – 9. Aufl. – München.

PETERSSEN, W.H. (2001a): Lehrbuch Allgemeine Didaktik. – 6. Aufl. – München.

PETERSSEN, W.H. (2001b): Didaktik und Curriculum/Lehrplan. In: ROTH, L. (Hrsg.): Pädagogik. Handbuch für Studium und Praxis. – 2. Aufl. – München, S. 743-760.

RHEINBERG, F./BROMME, R. (2001): Lehrende in Schulen. In: KRAPP, A./WEIDENMANN (Hrsg.): Pädagogische Psychologie. Ein Lehrbuch. – 4. Aufl. – Weinheim, S. 295-332.

RIEDL, A. (2004): Grundlagen der Didaktik. – Stuttgart.

ROTHLAND, M. (2005): Fachgesellschaft und Disziplin. Die kurze Geschichte der Deutschen Gesellschaft für Erziehungswissenschaft und ihre Historiographie. In: Zeitschrift für pädagogische Historiographie 11, H. 2, S. 87-91.

ROTHLAND, M. (2007a): Was von der Erziehungswissenschaft übrig bleibt. Eine Sammelbesprechung neuerer Veröffentlichungen. In: Zeitschrift für Pädagogik 53, S. 113-126.

ROTHLAND, M. (2007b): Disziplingeschichte „vor Ort". Vom Sinn und Nutzen einer mikrohistorischen Rekonstruktion universitärer Erziehungswissenschaft. – URL: www.bildungsforschung.org, Jahrgang 4, Ausgabe 1. – Download vom 19.01.2008.

ROTHLAND, M. (2008): Disziplingeschichte im Kontext. Erziehungswissenschaft an der Universität Münster nach 1945 (Beiträge zur Theorie und Geschichte der Erziehungswissenschaft Band 29). – Bad Heilbrunn/Obb.

SCHRÖDER, H. (1996): Studienbuch Allgemeine Didaktik. Grund- und Aufbauwissen zu Lernen und Lehren im Unterricht. – 2. Aufl. – München.

STAUB, F.C. (2006): Allgemeine Didaktik und Lernpsychologie: Zur Dynamisierung eines schwierigen Verhältnisses. In: BAER, M./FUCHS, M./FÜGLISTER, P./REUSSER, K./WYSS, H. (Hrsg.): Didaktik auf psychologischer Grundlage. Von Hans Aeblis kognitionspsychologischer Didaktik zur modernen Lehr-Lernforschung. – Bern, S. 169-179.

STICHWEH, R. (1987): Professionen und Disziplinen – Formen der Differenzierung zweier Systeme beruflichen Handelns in modernen Gesellschaften. In: HARNEY, K./JÜTTING, D. H./KORING, B. (Hrsg.): Professionalisierung der Erwachsenenbildung. – Frankfurt a.M., S. 210-275.

TENORTH, H.-E. (1990): Profession und Disziplin. Bemerkungen über die krisenhafte Beziehung zwischen pädagogischer Arbeit und Erziehungswissenschaft. In: DRERUP, H./TERHART, E. (Hrsg.): Erkenntnis und Gestaltung. Vom Nutzen erziehungswissenschaftlicher Forschung in praktischen Verwendungskontexten. – Weinheim, S. 81-97.

TENORTH, H.-E. (2004): Erziehungswissenschaft. In: BENNER, D./OELKERS, J. (Hrsg): Historisches Wörterbuch der Pädagogik. – Weinheim, S. 341-382.

TERHART, E. (2001): Lehrerberuf und Lehrerbildung. Forschungsbefunde, Problemanalysen, Reformkonzepte. – Weinheim.

TERHART, E. (2005a): Über Traditionen und Innovationen oder: Wie geht es weiter mit der Allgemeinen Didaktik. In: Zeitschrift für Pädagogik 51, S. 1-13.

TERHART, E. (2005b): Fremde Schwestern – Zum Verhältnis von Allgemeiner Didaktik und empirischer Lehr-Lern-Forschung. In: STADTFELD, P./DIECKMANN, B. (Hrsg.): Allgemeine Didaktik im Wandel. – Bad Heilbrunn, S. 96-114.

TOISCHER, W. (1912): Theoretische Pädagogik und allgemeine Didaktik. Handbuch der Erziehungs- und Unterrichtslehre für höhere Schulen. Bd. 2, 1. Abteilung, 1. Hälfte. – 2. Aufl. – München.

TULODZIECKI, G./HERZIG, B./BLÖMEKE, S. (2004): Gestaltung von Unterricht. Eine Einführung in die Didaktik. – Bad Heilbrunn.

ULICH, K. (1996): Lehrer/innen-Ausbildung im Urteil der Betroffenen. Ergebnisse und Folgerungen. In: Die Deutsche Schule 88, S. 81-97.

*Anschrift des Verfassers:*
Dr. Martin Rothland, Akademischer Rat a. Z., Westfälische Wilhelms-Universität Münster, Institut für Erziehungswissenschaft, Abteilung Schulpädagogik/Schul- und Unterrichtsforschung, Bispinghof 5/6, 48143 Münster. E-Mail: Martin.Rothland@uni-muenster.de

Lydia Murmann, Hamburg

# Phänomenographie und Didaktik

**Zusammenfassung:**

Die Phänomenographie ist ein Forschungsansatz zur Erfassung von Lernerperspektiven und wurde im Kontext didaktischer Fragestellungen in den 1970er Jahren in Schweden entwickelt. Ihr liegt die Überzeugung zugrunde, dass die Qualität von Aufgabenverständnissen und Inhaltsverständnissen Lernender zentral für deren weiteren Lernerfolg ist. Die Beispiele betreffen a) frühe Forschungsarbeiten, die sich mit Studierendenperspektiven auf die Aufgabentypen „Essay schreiben" bzw. „Lernen durch Textlektüre" befassten, und b) zwei Lerninhalte des Sachunterrichts: „Warum schwimmt ein Containerschiff?" und „Was ist ein Schatten?" Ergebnisse phänomenographischer Untersuchungen werden als Kategoriensätze formuliert. Jede Kategorie beschreibt die Konstitution eines Aufgabenverständnisses oder eines Lerninhaltes aus Lernersicht. Der Kategoriensatz reflektiert das Spektrum sämtlicher empirisch festgestellter Verständnisse und konturiert diese hinsichtlich didaktisch relevanter Unterschiede – als Prädiktor für andere Lerngruppen. Phänomenographische Kategorien dienen der Entwicklung didaktischer Strukturierungen und als diagnostisches Hilfsmittel zur Einschätzung von Lernvoraussetzungen und Lernerfolgen.

*Schlüsselwörter:* Sachunterricht, Physikdidaktik, Phänomenographie, Methodologie, Lernen, Grundschule, Beschreibungskategorien

**Summary:**

Phenomenography is a research approach developed in Sweden during the 1970s to tackle content-related educational questions. Its research results reflect learners' perspectives, since the Göteborg team held the conviction "that students' ways of experiencing the learning task and the learning situation – their approaches to learning – were seen as the most fundamental aspect of differences in learning." (MARTON 2000, p. 103) Examples are concerned with early research focussing on reading tasks and essay-writing, and with two examples from elementary science classes, i.e. "why do heavy ships float?" and "what is a shadow?". Results from phenomenographic research are given as "categories of description". Each descriptive category represents the constitution of a certain type of learners' perspectives on a task or a specific content, respectively. Each set of phenomenographic categories reflects the "outcome space" of all understandings that were empirically accessible. Differences between categories focus on "educationally critical" differences. Phenomenographic categories may be used to support the development of learning material and the structure of teaching sequences; at the same time, they serve diagnostic objectives in terms of assessing the success of content-related learning.

*Keywords:* elementary science, research in science education, phenomenography, methodology, learning, elementary school, categories of description

## 1    Einführung

Ihre Ursprünge hat die Phänomenographie in empirischen Arbeiten an der Universität Göteborg in den 1970er Jahren. Mittlerweile hat sie internationale Verbreitung gefunden. Als die Gesellschaft für Didaktik des Sachunterrichts (GDSU) 2005 einen Methodenworkshop zur Phänomenographie durchführen wollte, bekamen wir Angebote aus Hongkong, Schweden, Dänemark, Polen und Kanada. In Deutschland ist phänomenographische Forschung allerdings nicht verbreitet. Dieser Beitrag geht der Frage nach, inwiefern typische Schwierigkeiten verstehensorientierter Lernprozesse, sowohl bezogen auf Aufgabenverständnisse als auch auf konzeptuelles Lernen, identifiziert und didaktisch gewendet werden können. Die Phänomenographie ist ein originär didaktischer Forschungsansatz, der ein effizientes Mittel darstellt, diesen Ansprüchen subjektorientiert, zugleich aber auf einer überindividuellen Ebene gerecht zu werden. Beispiele phänomenographischer Arbeiten werden im Folgenden hinsichtlich ihrer Forschungsfragen, der Ergebnisformate und ihrer erkenntnistheoretischen Grundlagen erläutert. Dabei wird unter anderem der Frage nachgegangen, wodurch sich der phänomenographische Ansatz von konstruktivistisch orientierter Präkonzeptforschung unterscheidet.

Den Ausgangspunkt der phänomenographischen Forschungsmethodik bildeten erziehungswissenschaftliche und allgemeindidaktische Forschungsfragen. So untersuchten die ersten Studien Zusammenhänge zwischen Aufgabenverständnissen und der Qualität von Aufgabenbearbeitungen. Die Probandinnen und Probanden waren schwedische Studentinnen der Erziehungswissenschaft (vgl. SÄLJÖ 1975; MARTON 2000, S. 103). Beforscht wurde ihr Umgang mit Lernen durch Textlektüre bzw. durch das Verfassen von Essays (vgl. SÄLJÖ 1975; HOUNSELL 1984), durch zwei Lernaufgaben also, die fächerübergreifend häufig eingesetzt werden. Beide Studien fokussierten darauf, was die Studierenden als ihre Aufgabe begriffen und mit welchem Erfolg sie sie bearbeiteten. Das Forschungsvorhaben sollte Aussagen darüber ermöglichen, ob und wie die Wahrnehmung der Lerngelegenheit und die Differenziertheit und Fokussiertheit der Bearbeitung zusammenhängen. Das Forschungsergebnis resultierte in Beschreibungskategorien der durch Interviews erhobenen Aufgabenverständnisse und Beschreibungskategorien für verschiedene Bearbeitungsqualitäten. Diese wurden aufeinander bezogen und sowohl hinsichtlich ihrer logischen Beziehung zum Gegenstand als auch hinsichtlich ihrer qualitativen Unterschiede analysiert.

Die Wahrnehmung der Studierenden davon, was jeweils zu tun sei, worin ihre Lernaufgabe also bestehe, ließ sich für die Aufgabe „Textlektüre" zunächst in zwei deutlich unterscheidbaren Verständnissen konturieren:

– Konzentration auf den Text selbst, verbunden mit dem Versuch möglichst viel zu behalten.
– Suche nach einer Botschaft/Aussage des Textes und die Suche nach bzw. Wahrnehmung von Argumentationslinien, verbunden mit dem Versuch, diese zu verstehen (vgl. MARTON/BOOTH 1997, S. 22).

Die von den Studierenden formulierten Kernaussagen des gelesenen Textes, eines Auszugs aus der schwedischen Übersetzung von P. H. COOMBS: „The World Educational Crisis: A System Analysis" (1968/1971), der die Effekte von Bildungssystemen auf die Gesamtgesellschaft beleuchtete, wurden in folgende vier phänomenographische Kategorien unterschieden:

A. Es gehe um Effekte auf die Gesellschaft, indem durch institutionelle Bildung Wissen und Verhaltensweisen Lernender verändert bzw. hervorgebracht werden, die in die Gesellschaft hineinwirken;
B. Es gehe um Effekte auf Individuen, die das Bildungssystem mit oder ohne Abschluss verlassen;
C. Es gehe um Effekte auf die erfolgreichen Absolventen von Bildungssystemen;
D. Es gehe um Ergebnisse und Produkte von Bildung (die die Studierenden im Interview nicht näher spezifizierten).

Es wurden also mehr oder weniger differenzierte, und mehr oder weniger partielle Wahrnehmungen des Textes durch die Studierenden festgestellt. Der Zusammenhang der unterschiedlichen Aussagenverständnisse mit der Herangehensweise an die Textlektüre, d.h. dem Aufgabenverständnis, war offensichtlich und eindeutig; Studierende, die sich auf den Text selbst konzentrierten und möglichst viel behalten wollten (Aufgabenverständnis 1) zeigten ein Textverständnis der Kategorien C und D, mit einer Ausnahme (Kategorie B). Die Studierenden, die ihre Aufgabe darin sahen, Sinnzusammenhänge zu erschließen und eine Botschaft des Textes zu verstehen, zeigten ohne Ausnahme Textverständnisse der Kategorien A und B. Ähnliche Ergebnisse brachte die Untersuchung zur Essay-Aufgabe (vgl. HOUNSELL 1984; MARTON UND BOOTH 1997, S. 27).

Die Stichproben waren klein, die Ergebnisse sind nicht sonderlich überraschend. Beachtung verdienen jedoch die Forschungsfragen und der forschungsmethodisch eingeschlagene Weg. Anders als in lernpsychologischen Studien üblich, fokussierten die Mitglieder der Arbeitsgruppe nicht auf Zusammenhänge zwischen Lernerfolg und Faktoren wie Interesse, Intelligenz, Motivation, Selbstkonzepten oder inhaltlichen Vorkenntnissen, sondern auf den Zusammenhang zwischen dem *Begriff* und dem *Erfolg* der Bearbeitung selbst. Die Arbeitsgruppe gelangte im Laufe der Zeit zu der Auffassung, dass der Zugang Lernender zum Lernen und ihr Begriff davon, worin eine gegebene Anforderung bestehe, ein fundamentaler Faktor zur Erklärung unterschiedlicher Lernerfolge sei (vgl. MARTON 2000, S. 103). Ein wesentlicher Schritt der Arbeitsgruppe war dabei das konkrete *Phänomen* „Aufgabe", nämlich „Essay schreiben" bzw. „Text erarbeiten", in seiner Variation aus Lernersicht *nachzuzeichnen*.[1] Das skizzierte forschungsmethodische Vorgehen kennzeichnet bis heute die phänomenographische Forschung: Es werden Beschreibungskategorien entwickelt, die konstitutive Unterschiede in einem Spektrum von Verständnissen konturieren. Die Kategorien werden auf ihre inhaltlich konstitutiven Elemente reduziert und ihre logische Beziehung zueinander und zum Gegenstand wird systematisch analysiert. Der Fokus auf *didaktisch* relevante Differenzen zwischen Erlebensweisen, die als unterscheidbare Varianten des jeweiligen intentionalen Gegenstandes der Lernenden dargestellt werden, erwies sich als produktiv. Wohl nicht zuletzt deshalb, weil die Darstellungsform didaktisch relevante Unterschiede zwischen verschiedenen Verständnisebenen herausarbeitet, dabei die Verstehensvarianten selbst thematisiert und didaktische Konsequenzen im Sinne relevanter Thematisierungen nahe legt, ohne zugleich präskriptiv zu sein.

Ference MARTON beschreibt auf der Basis der Erkenntnisse seiner Arbeitsgruppe drei Linien phänomenographischer Forschung (vgl. MARTON 1988, S. 190f.):

— Zunächst leistet sie die empirische Bearbeitung *allgemeindidaktischer* Fragestellungen mit Bezug auf konkrete Inhalte; sie erfasst die Zusammenhänge zwischen qualitativ verschiedenen Lernergebnissen und -produkten (*outcomes of study*) und qualitativ unterscheidbaren Zugängen zum Lernen bzw. zu verschiedenen Aspekten von Aufgaben (*approaches adopted by learners*).
— Sie ermöglicht zweitens *fachdidaktisch* orientierte phänomenographische Forschung.
— Und sie erlaubt drittens Studien, die sich nicht auf didaktische Fragen im Kontext institutionalisierter Lehr-Lernsituationen beziehen, sondern z.B. soziologisch, kulturwissenschaftlich oder organisationstheoretisch motiviert sind und deren Probanden nicht primär als Lernende begriffen werden.

## 2    Phänomenologische Wurzeln der Phänomenographie

Ference MARTON schreibt: „Phenomenography is a research method adapted for mapping the qualitatively different ways in which people experience, conceptualise, perceive, and understand various aspects of, and phenomena in, the world around them" (MARTON 1986, S. 31). BOWDEN (2000, S. 2) bezeichnet diese Charakterisierung als die meist zitierte Aussage über die Phänomenographie. Sie trifft den Kern, verrät allerdings noch nichts über lerntheoretische Implikationen, über die erkenntnistheoretische Verankerung der Phänomenographie in der Phänomenologie und über die spezifische Eignung der Phänomenographie für didaktische Fragestellungen. Der Phänomenographie liegen jedoch dezidiert lerntheoretische Vorstellungen zugrunde, die MARTON und

Booth ausführlich in ihrem 1997 publizierten Buch, „Learning and Awareness", entlang einer Vielzahl von Studien entfalten und durch die die Forschungsmethodik und das Ergebnisformat phänomenographischer Untersuchungen konzeptionell begründet werden.

Phänomenographische Studien sind im phänomenologischen Konzept der *Intentionalität* verankert, d. h. sie greifen auf die von Edmund Husserl theoretisch ausdifferenzierte Überzeugung zurück, dass menschliche Bewusstseinsinhalte (die denkend, träumend, vorstellend gegeben sind) stets *auf etwas gerichtet* sind, auf eine thematische *Figur*, ein *thematisches Feld*, und dass sie *horizonthaft* immer einen *unthematischen Hintergrund* einschließen. „Intentionalität", „Horizont", „Verweisungsbezüge" und weitere phänomenologische Konzepte liegen der phänomenographischen Beschreibung von Phänomen- und Situationsverständnissen zugrunde.

Während Ference Marton, der Begründer der Phänomenographie, sich selten dezidiert auf Edmund Husserl bezieht, betont Amedeo Giorgi die Nähe der Phänomenographie zur Husserlschen Phänomenologie explizit und warnt eindringlich vor einer theoretischen Entkopplung (vgl. Giorgi 1999). Ich stimme Giorgi zu, denn dass nicht nur Schülerperspektiven, sondern auch Fachverständnisse hinsichtlich ihrer Figur-Hintergrund-Konstitutionen, d. h. hinsichtlich ihrer Wahrnehmungsstrukturen analysiert und plausibilisiert werden, ist nicht zuletzt phänomenologisch begründet. Phänomenologisch geprägt sind auch die didaktischen Konsequenzen, die aus phänomenographischen Forschungsergebnissen gezogen werden: Gezielte Aufmerksamkeitssteuerung und Wahrnehmungsdifferenzierung prägen das phänomenographische Lehrverständnis. Dies ist insofern phänomenologisch begründet, als *Erleben* als Einheit aus Wahrnehmung und Erkenntnis verstanden und diese Einsicht lerntheoretisch und didaktisch gewendet wird (vgl. Murmann 2006, S. 111-125). Der Phänomenographie geht es dabei selten um die Wahrnehmung objektartiger Gegenstände, sondern vielmehr um die Struktur von Phänomen- und Situationsverständnissen bzw. von Begriffen. Die phänomenographischen Konzepte verweisen auf die Grundstruktur allen Verständnisses und jeglicher Wahrnehmung als eines *Figur-Hintergrund-Verhältnisses*, das sich hinsichtlich der Konstitution von Figur und Hintergrund nachvollziehen und strukturell analysieren, sowie mit weiteren empirisch nachvollziehbaren Varianten der Wahrnehmung bzw. des Verständnisses eines jeweiligen Gegenstandes vergleichen lässt.


## 3   Zwei Beispiele

Im Folgenden werde ich anhand zweier Beispiele aus der sachunterrichtsdidaktischen Literatur versuchen, (fach-)didaktisches Potenzial phänomenographischer Forschung aufzuzeigen. Sachunterricht beansprucht, Erfahrungswissen von Kindern zu natürlichen, technischen und sozialen Phänomenen aufzugreifen, zu vertiefen, gezielt zu erweitern, zu ordnen und der Reflektion zugänglich zu machen. Fachliche Konzepte bieten dabei Orientierung, stehen aber nicht im Zentrum der Vermittlungsabsichten. Die beiden Phänomene, die ich nun vorstelle, sind für Kinder lebensweltlich zugänglich, bei entsprechender Thematisierung durchaus fragwürdig, gleichzeitig sind sie physikalischer Deutung zugänglich und sie haben das Potenzial physikalisch grundlegende Begriffsbildung gezielt zu unterstützen. Die physikalischen Deutungen der Phänomene sind dabei keineswegs trivial. Dies nicht zuletzt, weil unsere Wahrnehmungsmöglichkeiten Verweisungsbezüge und Alltagsdeutungen nahe legen, die mit den physikalischen Aussagen wenig gemeinsam haben bzw. für diese kaum anschlussfähig sind. Die beiden Phänomene physikalisch zu erschließen, erfordert gegenüber den Verweisungsbezügen, die die Wahrnehmung uns anbietet, andere Fokussierungen und ein radikales Umdenken. Im Folgenden werden zunächst die physikalischen Zusammenhänge alltagssprachlich erläutert und die Deutungen von Grundschülerinnen und Grundschülern thematisiert.

Das erste Phänomen, nämlich „Schwimmen" und die Frage, wie Kinder dieses Phänomen begreifen, wurde von der Münsteraner Arbeitsgruppe um Kornelia MÖLLER eingehend unter physikdidaktischen und kognitionspsychologischen Gesichtspunkten auf der Basis konstruktivistischer Annahmen erforscht. Ihre zentrale Frage für die Schülerinnen und Schüler lautet: „Warum schwimmt ein schweres Containerschiff?" (vgl. JONEN/MÖLLER/ENGELEN 2002). Das zweite Phänomen, „Schatten", habe ich selbst im Rahmen meiner Dissertation, ebenfalls unter physikdidaktischen Gesichtspunkten, untersucht. Die zentrale, phänomenographisch bearbeitete Frage hierzu lautet „Was *ist* ein Schatten?" (vgl. MURMANN 2004).

### Erstes Beispiel:

> **Warum schwimmt ein schweres Containerschiff?**
> *Ein Containerschiff taucht so weit in das Wasser ein, dass das Gewicht des verdrängten Wassers dem Gesamtgewicht des Containerschiffes entspricht. Belädt man das Schiff zusätzlich, so taucht es weiter ein, bis wiederum das verdrängte Wasservolumen soviel wiegt wie Schiff plus Ladung. Das Schiff ist so konstruiert, dass auch dann noch kein Wasser über die Reling in den Rumpf läuft, wenn es beladen ist.*
> *Anders gesagt: Ein Körper schwimmt, wenn er mehr Raum „beansprucht" als das Wasser, das er durch sein Gewicht verdrängen kann. Wenn der Körper schwerer ist als das von ihm verdrängte Wasser (z. B. Münzen oder die meisten Steine), geht er unter. Die Wassermenge, die gleich viel wiegen würde wie der Körper, würde mehr Raum beanspruchen als der untergehende Körper.*
> *Körper, die im Wasser schweben (z. B. Fische), verdrängen ein Wasservolumen, dessen Gewicht ihrem eigenen Gewicht entspricht. Außerdem entspricht das Volumen des verdrängten Wassers natürlich dem Volumen des schwebenden Körpers, denn durch ihn wird es verdrängt. (Wer über den relativ komplexen Begriff der „Dichte" verfügt, kann diese Zusammenhänge um einiges eleganter ausdrücken, aber der Lernweg dorthin ist nicht eben kurz. Er kann weiter über das physikalische Kraftkonzept zu einem physikalischen Verständnis des „Auftriebs" führen.)*

Sämtliche dieser Aussagen zum Schwimmen rekurrieren implizit auf einen Erfahrungsbegriff von Schwerkraft, indem sie Alltagsbegriffe von „Raum", „Schwere" und „Gewicht" voraussetzen. Die meisten Kinder im Grundschulalter verfügen über diese Erfahrungsbegriffe und differenzieren sie im Zusammenhang mit handlungsintensiven Lerngelegenheiten weiter aus. Auch die physikalische Erklärung stellt Eigenschaften des Schwimmkörpers ins Zentrum, gleichwertig daneben allerdings die des Wassers, nämlich mit Bezug auf das jeweilige Verhältnis von Masse und Volumen. Ich werde nun einige Phänomenerklärungen von Kindern zum „Schwimmen" vorstellen, die die Münsteraner Arbeitsgruppe erhoben hat.[2] Es handelt sich um Drittklässler:

„Alles was schwer ist, geht unter, alles was leicht ist schwimmt", „Alles, was Löcher hat, geht unter, alles, was flach ist, schwimmt", „Alle Sachen in denen Luft ist schwimmen, weil Wasser und Luft sich nicht vertragen", „Weil Luft immer nach oben will und die Sachen dann mit hoch zieht", „Sachen in denen Luft ist, schwimmen, weil Luft ganz leicht ist und leichte Sachen schwimmen." (Vgl. JONEN/MÖLLER/HARDY 2003, S. 97f.)

In sämtlichen Erklärungen der Kinder für Schwimmen oder Untergehen, die Bezug auf das Gewicht, den Luftinhalt, die Größe, die Form oder auch den Zweck des schwimmenden bzw. untergehenden Körpers nehmen, kommt einzig den Eigenschaften des Schwimmkörpers Relevanz für die Erklärung des Phänomens „Schwimmen" zu. Dabei nehmen die Kinder je nach Kontext und Art des Schwimmkörpers auf unterschiedliche Eigenschaften Bezug. Eine Münze geht beispielsweise unter, weil sie aus Metall ist, während ein Schiff schwimmt, weil es Luft einschließt; ein Styroporstück schwimmt, weil es leicht ist usw. – bis hin zu der Aussage, dass ein Schiff schwimme, weil ein Kapitän an Bord sei. Für die physikalische Erklärung hingegen sind Eigenschaften des Schwimmkörpers gleichwertig mit Eigenschaften des Wassers konstitutiv. Jonen, Möller und Hardy stellen deshalb fest:

„Das Wasser wird in den wenigsten Erklärungen der Kinder vor dem Unterricht berücksichtigt. Die Rolle des Wassers muss also ganz neu erkannt und ggf. in vorhandene Vorstellungen integriert werden" (vgl. Jonen/Möller/Hardy 2003, S. 97 f.).

Aus der Perspektive der Phänomenographie lässt sich dies wie folgt formulieren:

„We have to raise to figural, that which in the natural attitude remains in the ground." (Marton/ Booth 1997, S. 148)

Angelehnt an Edmund Husserls phänomenologisches Programm identifizieren Marton und Booth hiermit als didaktische Herausforderung, dass es gelte, die *Figur-Hintergrund-Konstitution* von Lernerverständnissen didaktisch zu adressieren. Der unterrichtlich angestrebte Lernprozess besteht deshalb hier, bei der Erklärung des Schwimmens, und bei vielen anderen fachbezogenen Lernprozessen in einer Veränderung der Relevanzstruktur wahrgenommener bzw. (mit-)gegenwärtiger Aspekte des Lerngegenstandes. Das umgebende Wasser ist als Aspekt des Phänomens Schwimmen für die physikalische Deutung *konstitutiv*. Ohne Bezug auf bestimmte Eigenschaften des Wassers (bzw. allgemein gesprochen, Eigenschaften von Flüssigkeiten oder Gasen, in denen Objekte durch Auftrieb an der Oberfläche gehalten werden) ist die physikalische Deutung nicht möglich. Wenn nun wahrnehmungsnahe Deutungen wie die der Kinder das Wasser als unthematisch, d. h. nicht als Teil der *Figur* (des Phänomens „Schwimmen"), sondern als Teil des *Phänomenhintergrundes* behandeln, besteht hierin eine deutliche, didaktisch relevante Differenz zwischen der Konstitution des intentionalen Gegenstandes „Schwimmen" in der Physik und dem intentionalen Gegenstand der Kinder.

Die darin liegende *didaktische Herausforderung* darf nicht unterschätzt werden. Es geht darum, etwas thematisch werden zu lassen, was den Lernenden nicht bedeutsam erscheint; etwas, das sichtbar ist, aber irrelevant bleibt. Die „Wahrnehmung" des Wassers stellt für die Schülerinnen und Schüler keine Herausforderung dar, weil es längst wahrgenommen worden ist, aber schlicht keine Aufmerksamkeit auf sich zieht. Vielen Kindern scheint demgegenüber der luftgefüllte Hohlraum des Schiffes besonders relevant. Im Zusammenhang mit Schwimmkörpern ohne Hohlräume beziehen sie sich allerdings auf andere Eigenschaften des Schwimmkörpers, um zu begründen, warum dieser nicht untergeht. Es ist deshalb keine didaktische Kleinigkeit, sondern eine echte Herausforderung, die Relevanz des Wassers für das Schwimmen des Schiffes bewusst zu machen, auch wenn in gewissem Sinne, jedoch nicht im physikalischen Sinne, den Kindern bewusst ist, dass dem umgebenden Wasser Bedeutung zukommt: Das Schiff würde natürlich ohne Wasser nicht schwimmen, daran hätte kein Kind Zweifel. Es würde nicht fliegen, sondern auf dem Grunde liegen bleiben, wenn man im Meer oder im Fluss das Wasser ablassen könnte. Wasser ist für die Kinder ein stabiler Hintergrundaspekt des Phänomens Schwimmen, spielt aber für dessen Erklärung keine Rolle.

Die Münsteraner Arbeitsgruppe hat nicht nur Deutungen von Grundschülern vor Unterricht erhoben, sondern auch in mehreren Studien Unterrichtsmaterialen zum „Schwimmen und Sinken" erprobt und weiterentwickelt. Einige Erklärungen von Drittklässlerinnen und Drittklässlern, die nach dem Unterricht erhoben wurden, lauten:

*„Das Wasser will den Platz zurück haben und drückt das Schiff nach oben", „Das ligt Nicht an der luft das ligt auch Nicht an das gleichgewicht es ligt an das Wasser", „Das Schiff ist leichter als das Wasser als (sic!) es verdrängt !!!!!!!!!!!!", „Die Erdanziehungskraft zieht das Bott nach untern. Das Wasser drückt es nach oben, aber das Wasser gewint" (Jonen/Möller/Hardy 2003, S. 99).*

Ganz offenkundig lässt sich der erteilte Unterricht für die Lernprozesse dieser Kinder als überaus erfolgreich bezeichnen. Die Arbeitsgruppe um Kornelia MÖLLER konzeptualisiert die Lernprozesse der Kinder allerdings – wie oben schon angedeutet – *nicht phänomenographisch*, sondern als *Konzeptwechsel*, und deutet die vorunterrichtlichen Erklärungen der Kinder mit Verweis auf „Präkonzepte" (ein „Luftkonzept", ein „Gewichtskonzept", ein „Formkonzept" u. a.; vgl. JONEN/MÖLLER/HARDY 2003, S. 97 f.). Sie formuliert in Bezug auf das so genannte „Luftkonzept" beispielsweise: „Hingegen muss das sehr stabile Luftkonzept verworfen werden, soweit damit eine aktive Rolle der Luft gemeint ist. Hier ist ein Konzeptwechsel von der Vorstellung ‚Luft steigt immer nach oben' und ‚Luft saugt' notwendig hin zu der Vorstellung ‚Luft hat Gewicht'" (JONEN/MÖLLER/HARDY 2003, S. 98).

Diese Forderung produziert, wie ich meine, nun aber didaktische Probleme. Meines Erachtens lassen sich die Äußerungen der Kinder über die Rolle des Luftinhalts für das Schwimmen der Schiffe als wohlbegründete Ideen *wertschätzen*, auch wenn sie physikalisch nur bedingt zutreffend sind, denn wenn man z. B. an Luftblasen denkt, die in Wasser aufsteigen, oder an das Trinken mit einem Strohhalm, bei dem vermeintlich die Luft das Getränk „hoch saugt", sind die Phänomen-Konzepte der Kinder von beachtlicher Kohärenz und Plausibilität. Da die Thematisierung des Luftinhalts von Schiffen bzw. von anderen Eigenschaften schwimmender Körper für die Phänomenerklärung jedoch nicht ergiebig ist, ließe sich phänomenographisch nicht begründen, warum sie explizit thematisiert werden sollte. Ich formuliere *ein erstes Fazit:*

Der fachdidaktisch intendierte, physikorientierte Lernprozess erfordert, was PIAGET als Akkommodation, was Konstruktivisten bzw. Konstruktivistinnen als Konzeptwandel und was Phänomenographen bzw. Phänomenographinnen als Veränderung der Relevanzstruktur eines Phänomens bezeichnen. Er ist durch Wissenszuwachs allein nicht angemessen zu beschreiben. Vielmehr kommt es darauf an, dass man etwas Bekanntes „mit neuen Augen" sieht.

## *Zweites Beispiel:*

Auch die physikalische Deutung von „Schatten" unterscheidet sich erheblich von alltagsnahen Deutungen und von dem, was Kinder wahrnehmen.

> *Was ist ein Schatten?*
> *Die Physik begreift das Phänomen „Schatten" als die räumlich begrenzte Abwesenheit von Licht. Anders gesagt: ein Schatten ist der Raum, den das Licht einer bestimmten Lichtquelle nicht auf direktem geradlinigem Wege erreichen kann, weil ein Hindernis diesen Lichtweg blockiert. Die Umgebung des Schattens jedoch wird vom Licht der entsprechenden Lichtquelle erreicht, wodurch der Schatten (räumlich) begrenzt ist. Falls mehrere Lichtquellen vorhanden sind, gibt es in der Nähe von Gegenständen sowohl Bereiche, die von keiner, als auch Bereiche die von nur einer und solche, die von mehreren Lichtquellen beleuchtet werden. Dies führt dazu, dass in der Nähe ein und desselben Gegenstandes mehrere figürliche Schatten sichtbar sein können und nur der Bereich, der von keiner Lichtquelle direkt beleuchtet wird, besonders dunkel ist.*
> *Im Alltag ist offensichtlich, was von physikalisch denkenden Personen häufig nicht mehr als (didaktisch) relevant bemerkt wird. In der Regel, ohne Staub in der Luft, ohne Nebel, kann man die Grenzflächen zwischen dem verschatteten Raum und dem ihn umgebenden Lichtraum in der Luft nicht sehen, sondern nimmt nur einen figürlichen Schatten als flächenhafte Erscheinung wahr.*

Es liegen in großem Umfang Veröffentlichungen zu typischen Verständnissen von Licht und Schatten von Kindern und hinsichtlich ihrer Unterschiede zu physikalischen Deutungen vor (vgl. MURMANN 2002, S. 4-37). Als charakteristisch für Schatten thematisieren Kinder seine Ähnlichkeit mit und Zugehörigkeit zu Gegenständen oder Personen, sein Auftauchen und Verschwinden, seine Größe, Form, Verzerrtheit, seine Mitbewegung mit den entsprechenden Gegenständen und Personen (Begleiter) und gegebenenfalls das Licht bzw. Lichtquellen als Verursacher und Beeinflusser von Schatten. Einige Zitate von Viertklässlern und einem Zweitklässler mögen dies illustrieren:

*„Das Licht macht, dass der Schatten immer größer ist"* (gemeint ist: *„größer"* als der Gegenstand, den er abbildet). *„Wenn die Sonne untergeht, wird es dunkler und dann wird der Schatten kleiner, bis er nicht mehr zu sehen ist", „Das Licht scheint auf den Apfel und dann kann's nicht weiter und dann kommt da der Schatten", „Schatten sind so eine Art dunkliges Licht"* (Zweitklässler), *„dann wird es dahinter dunkel".* (MURMANN 2002, S. 243)

Ich habe in mehreren Interviews mit Grundschülerinnen und Grundschülern mit Explorationsaufgaben gleichzeitig eine grüne und eine rote Lichtquelle eingesetzt, sodass farbige Halbschatten und ein dunkler Kernschatten sichtbar waren. Auch hierzu äußerten sich die Kinder:

*„Dann sind ja hier zwei, also das hier ist das untere und das hier ist das obere, also der übere Schatten", „hier (...) weil sich das überschneidet, dann gibt das so dunkle Farbe und dann ist dunkel dazu", „und dann kommt das hier noch schwarz, braun, oder was weiß ich was, ne Farbe", „und wenn ich das [eine Apfelsine] so hochhalte, überschneidet sich das nicht mehr", „oh Manno! Wir wissen nicht, wie das da rein kommt"* (zeigt auf den Kernschatten). (MURMANN 2002, S. 186f.)

Auf der Basis der Interviews habe ich das Phänomen Schatten phänomenographisch beschrieben. Für die Entwicklung der Beschreibungskategorien wurden sämtliche Äußerungen der Kinder über Schatten berücksichtigt. Ich habe dabei keine Äußerung gefunden, die vor dem Hintergrund eines der folgenden drei phänomenographisch-kategorial formulierten Schattenverständnisse nicht plausibel wäre:

A  Schatten sind Abbilder und gehören zu Gegenständen oder Personen. (*Abbildverständnis*).

B  Schatten werden von einer Lichtquelle verursacht, die auf einen Gegenstand scheint (*Effektverständnis*). Dazu gibt es zwei Varianten: B1: Zu einem Schatten gehören ein Gegenstand (oder eine Person) und eine Lichtquelle; und B2: Der Gegenstand ist ein Hindernis im Lichtweg und dahinter „entsteht" ein Schatten).

C  Schatten sind wie eine Lücke im Licht. Wo der Schatten zu sehen ist, kann das Licht nicht hin, aber es scheint direkt daneben. (*physikalisches Verständnis – Lichtlücke*)

Die qualitativen, didaktisch relevanten Unterschiede zwischen diesen drei Schattenverständnissen betreffen die jeweils konstitutiven Aspekte des Phänomens:

– Für das *erste Schattenverständnis* sind allein die Ähnlichkeit und der Zusammenhang zwischen dem Schatten und dem Objekt, das er abbildet, konstitutiv. Die Lichtquelle wird nicht als relevant wahrgenommen, höchstens als Helligkeitsquelle, um überhaupt etwas und somit auch den Schatten sehen zu können.

– Für das *zweite Schattenverständnis* sind Lichtquellen Schattenverursacherinnen. Der Schatten wird dabei als Effekt begriffen. Er wird jedoch nicht als „fehlendes Licht" erlebt, sondern als figürliche Erscheinung, die „bewirkt wird". FEHER & RICE (1988) bezeichnen dieses Erklärungsmuster als „trigger model". Es drückt die Wahrnehmung eines kausalen Zusammenhanges aus, der darin besteht, dass eine Ursache (Lichtquelle) einen Effekt (Schatten) auslöst, indem sie ein Objekt beleuchtet.

– Für das *dritte Schattenverständnis* ist zusätzlich zu Lichtquelle und Gegenstand auch die beleuchtete Umgebung des Schattens Teil des Phänomens. Der Schatten wird also als Kontrastphänomen wahrgenommen. Er ist durch seine Umgebung ausgezeichnet, die seine Kontur bestimmt und die direkt beleuchtet wird.

Die dargestellten phänomenographischen Beschreibungen des Phänomens Schatten erlauben Schlussfolgerungen. Zum einen wird deutlich, dass ein kausaler Zusammenhang zwischen Schatten und Licht nicht selbstverständlich ist. Schatten haben zunächst mit Körpern, die ihnen ähneln, zu tun. Lichtquellen werden erst dann als konstitutiv für das Phänomen Schatten erlebt, sie werden erst dann Teil der „Figur" im Sinne Ference MARTONS, wenn ihr Einfluss auf den Schatten erfahren wird, z. B. die Mitbewegung von Schatten mit der Bewegung einer Taschenlampe.

Ich war erstaunt darüber, dass keineswegs alle Grundschüler, mit denen ich Interviews durchgeführt habe, schon vorher Erfahrungen mit selbstbewegten Lichtquellen gemacht hatten, sodass Einzelnen unter ihnen die Vorhersage von Schatten vor dem Unterricht zum Thema schwerfiel. Eine Viertklässlerin vermutete beispielsweise zunächst, dass ein Schatten zwischen der Lampe und dem Gegenstand auftreten kann, wenn sie die Lampe einschaltet. Sie begründete es damit, dass es immer dann Schatten gebe, wenn die Sonne hell scheint.[3] Im Rahmen der Untersuchung wurde auch deutlich, dass viele Kinder, die mit Lichtwegen zwischen Lichtquellen und Gegenständen argumentierten, um das Auftreten von Schatten zu erklären, sich nicht für Lichtwege interessierten, die an den Schatten werfenden Hindernissen vorbei führten. Sie beharrten auf einer Kausalkette, die die Relevanz der Lichtwege zum Gegenstand als Auslöser für das „Entstehen" eines Schattens auf dessen Rückseite ausdrückte („trigger model"). Bei entsprechender Erfahrung können die Kinder auf dieser Basis für einfache Anordnungen recht genaue Schatten vorhersagen und es entstehen für sie keine ungelösten Fragen.

Diagnostisch ist es möglich, geeignete Anordnungen zu konstruieren, die zwischen dem zweiten und dritten Schattenverständnis differenzieren können (vgl. MURMANN 2002, S. 199 f. & S. 215f.). Gegenstände wie Fliesen, die sich durch eine große Fläche und geringe Tiefe auszeichnen, stellen Schattenvorhersagen der Kinder bei (fast) paralleler Beleuchtung vor erhebliche Probleme, wenn sie Lichtwege *am Gegenstand vorbei* (vgl. drittes Schattenverständnis) nicht berücksichtigen.

Den Schatten als „positiven" Effekt wahrzunehmen widerspricht zwar der physikalischen Erklärung, die ihn als „negativ" (Lichtmangel im Vergleich zur Umgebung) konzeptualisiert. Die „positive" Deutung ist jedoch höchst plausibel, weil die Figürlichkeit des Schattens „schwarz auf weiß" in keiner Weise darauf verweist, dass der Effekt der Lichtquelle in der Beleuchtung der Schattenumgebung besteht und die unbeleuchtete Schattenfläche (nur) eine Lücke im Lichtstrom markiert. Ich formuliere *ein zweites Fazit:*

Phänomenographische Kategorien können verschiedene Gegenstandsverständnisse im Hinblick auf didaktisch relevante Unterschiede konturieren. Als didaktische Konsequenzen für die Förderung eines physikalischen Schattenverständnisses lassen sich mindestens die folgenden beiden Aufgabenstellungen benennen:

- Die Thematisierung von Schatten sollte der Thematisierung von Licht und Lichtwegen nachfolgen. Im Unterricht sollten zunächst Lichtbegriffe entwickelt werden, die sich dafür eignen, Lichtquellen, Raumhelligkeit und Beleuchtungseffekte zu unterscheiden. Denn diese werden im Alltag allesamt mit „Licht" bezeichnet, sind aber vom Lichtbegriff der Physik, der eine unsichtbare strömende Entität bezeichnet, verschieden. Lichtwege zwischen Lichtquellen und *Beleuchtungseffekten* sollten in diesem Unterricht zum Zwecke der physikalischen Phänomenerschließung ausgiebig thematisiert werden.
- Zugleich bietet sich die Thematisierung und Untersuchung von Schatten*räumen* an, indem Lichtgrenzen *in der Luft* visualisiert werden, was den wahrnehmbaren zweidimensionalen *Schatten* in einen wahrnehmbaren dreidimensionalen *Schattenraum* verwandelt. Arbeitsmaterialien für den Sachunterricht zum Thema Licht und Schatten sind allerdings üblicherweise anders aufgebaut. In ihnen dominieren Vorschläge zum Erstellen von Schattenrissen, erklärende

Skizzen und verbale Erklärungen, die den kausalen Zusammenhang betonen, der durch das zweite Schattenverständnis beschrieben und für die meisten Kinder durch spielerische Erfahrungen auch ohne Unterricht gut erreichbar ist.

## 4    Zur didaktischen Relevanz phänomenographischer Forschung

Ich habe nun schon mehrfach auf die didaktischen Schwierigkeiten hingewiesen, die sich bei der Beschreibung physikalischer Phänomene ergeben. Die didaktische „Gretchenfrage" zwischen konstruktivistischen und phänomenographischen Analysen von Lernerverständnissen lautet:

*Fokussiere ich forschungsmethodisch und adressiere ich didaktisch (Prä-)Konzepte, die als kontextabhängige, aber relativ phänomenunabhängige Bestandteile von Phänomenverständnissen in der Köpfen Lernender verortet werden, oder fokussiere ich stattdessen Wahrnehmungsstrukturen, die als gegenstands- bzw. phänomengebundene Strukturierungen Ausdruck und Bezugspunkt eines konkreten sachbezogenen Lernprozesses sind?*

Dass Wahrnehmungen strukturiert sind und Strukturierungen ermöglichen, scheint mir und anderen PhänomenographInnen evident. Dass weitgehend bezifferbare und analytisch isolierbare Konzepte die Bausteine des Phänomenverständnisses der Grundschüler sind, halte ich hingegen für eine nicht hinreichend belegbare theoretische Annahme. Damit ergibt sich aber als Fragestellung, warum der Münsteraner Unterricht, der sich eindeutig konstruktivistisch verortet, so erfolgreich ist. Meines Erachtens ist der Erfolg nicht darin begründet, dass die kognitivistisch-konstruktivistische Rahmung des Konzepts trägt, sondern darin, dass das Konzept in hohem Maße auf der Basis intensiver, empathischer und erfahrungsgesättigter Auseinandersetzungen mit den Lernprozessen von Grundschulkindern entwickelt wurde und dass die von der Arbeitsgruppe erprobten Unterrichtsmodelle gezielte Thematisierungen und handlungsintensive Lerngelegenheiten ermöglichen. Für die forschungsbasierte, wohlbegründete Antizipation der gegenstandsbezogenen Lernprozesse der Kinder spielt der Theorierückgriff auf den Konstruktivismus also, wie ich meine, nur eine marginale Rolle.

Die empathische Flexibilität bezüglich der Wahrnehmung der Lerngegenstände, die die Arbeiten der Münsteraner Arbeitsgruppe auszeichnet, findet in der Phänomenographie hingegen ein systematisierendes forschungsmethodisches Pendant, denn die Phänomenographie ermöglicht die Gegenstandsbeschreibung aus einer Perspektive zweiter Ordnung: Wie sieht das Phänomen für die Lernenden aus? Sie basiert nicht auf „Vorstellungen", die als phänomenunabhängig existent und zugleich als fachlich-physikalisch unangemessen „angewendet" verstanden werden.

Beide Phänomene, das „Schwimmen" wie der „Schatten", stellen im Hinblick auf physikalisch grundlegende Begriffsbildungen anspruchsvolle Lerngelegenheiten dar. Sie erfordern sorgfältig entwickelte didaktische Konzeptionen, um die kognitiv aufwändigen und zugleich widerständigen Lernvorgänge der Kinder zu unterstützen. Die kognitive Widerständigkeit, die durch phänomenographische Forschung aufgeklärt werden kann, äußert sich insbesondere in folgender Weise:

- *Als unverstandene Beobachtung (kognitive Irritation):* Wenn eine Beobachtung nicht den eigenen Erwartungen entspricht, überrascht sie. Eine überraschende Beobachtung oder Erfahrung, die den Versuch herausfordert sie zu erklären bzw. zu deuten, löst kognitive Aktivitäten aus.
- *Als unverstandene Erklärung:* Unterrichtliche (fachliche) Erklärungen seitens der Lehrperson stoßen auf Widerstand bei Lernenden, wenn diese sie als widersprüchlich zu ihrem eigenen Erfahrungswissen erleben, weil z. B. die Erklärung Voraussetzungen enthält, die den Lernenden nicht zugänglich sind, oder weil sich die Fragehaltung, die der Erklärung vorausging, mit ihrer nicht deckt, sodass die Erklärung kein Sinnerleben auslöst.

– *Als Widerstand anderer gegen eigene Deutungen:* Schüler stoßen mit ihren gegenstandsbezogenen Beiträgen zum Unterricht auf den Widerstand von Lehrkräften. Ihre Beiträge werden z. B. nicht wahrgenommen oder übergangen, als falsch deklariert; sie spielen keine Rolle für den Unterrichtsgang, den Schülern bleibt kein Raum, ihre Ideen oder Deutungen im Unterricht weiterzuverfolgen.

– *Als unbemerkte Fehlkommunikation:* Unterschiede zwischen Denkfiguren von Lernenden und ihren fachlichen Deutungen werden von Schüler- und Lehrerseite nicht wahrgenommen. So genannte „Hybridvorstellungen" oder „induzierte Fehlvorstellungen" werden möglicherweise unbeabsichtigt bestätigt und unterstützt.

## 5   Schlussbemerkung

Im Fokus der von mir vorgestellten Untersuchungen zu „Schwimmen" und „Schatten" standen kognitive Herausforderungen, die Anlass geben, didaktisch gezielt bearbeitet zu werden. Welches konkrete Erfahrungswissen im Hinblick auf verstehende Lernprozesse ergiebig ist und welche Erfahrungen dazu wenig beitragen, kann nicht kategorisch, sondern nur inhaltsspezifisch, d. h. bezogen auf einen begrenzten Lerngegenstand beantwortet werden. Die diagnostische Kompetenz, die dafür erforderlich ist, kann von den vorgestellten Forschungsergebnissen profitieren, denn diese bieten Einsichten in *typische* kognitive Herausforderungen und legen zugleich fach- bzw. sachdidaktische Konsequenzen nahe.

Die Erforschung und Beschreibung von „Schülervorstellungen" war lange Zeit ein Schwerpunkt physikdidaktischer Forschung (vgl. Tagungsbände der GDCP-Jahrestagungen insbesondere in den 1990er Jahren). Aus diesen Untersuchungen ist bekannt, dass die Ideen, Überzeugungen und fachlich unzutreffenden „Selbstverständlichkeiten", die Schüler äußern, teilweise keineswegs flüchtig, instabil oder leicht in fachliche Deutungen zu überführen sind. In vielfältiger Weise wurde beschrieben, „[...] daß Schüler unbeirrt an Vorstellungen festhalten, obgleich diese durch Äußerungen des Lehrers oder physikalische Experimente schon mehrfach widerlegt zu sein schienen" (von AUFSCHNAITER/FISCHER/SCHWEDES 1992, S. 385). Die fachbezogene Widerständigkeit der Lerner ist also in der Physikdidaktik seit langem bekannt. Es wurden aber fast ausschließlich solche Verständnisse als Schülervorstellungen beschrieben, die mit fachlichen Deutungen nicht im Einklang stehen. Nicht selten wurde vorgeschlagen, Differenzen zu fachlichen Deutungen und gegebenenfalls auch Ähnlichkeiten mit historisch überholten wissenschaftlichen Deutungen ins Zentrum didaktischer Bemühungen zu stellen, um „kognitive Konflikte" der Schülerinnen und Schüler didaktisch zu provozieren. Es blieb jedoch bei der theoretischen Rekonstruktion der Verständnisse als „Schülervorstellungen" im konstruktivistischen Paradigma. Das zur empirischen Rekonstruktion von fachdidaktisch relevanten Lernerperspektiven eingesetzte forschungsmethodische Repertoire war und ist dabei relativ heterogen. In der Regel handelt es sich um sozialwissenschaftliche, hermeneutische Forschungszugriffe, die für didaktische Zwecke adaptiert wurden und denen ein didaktischer Forschungsfokus nur bedingt eingeschrieben werden kann. In meinen Augen ist demgegenüber die Phänomenographie dadurch ausgezeichnet, dass ihre lerntheoretische wie erkenntnistheoretische Fundierung und ihre didaktischen Motive forschungsmethodisch und hinsichtlich ihres Ergebnisformates durchgreifen (vgl. DALL'ALBA 2000 S. 98). Phänomenographische Forschungsergebnisse können das Bewusstsein (*awareness*) davon steigern, dass Lernende, Forschende und Lehrende Aspekte ihrer Welt in qualitativ unterschiedlicher Weise wahrnehmen. Die Phänomenographie hat also das Potenzial, Lehren und Unterrichtsentwicklung fokussierter und effektiver zu gestalten, weil sie Kenntnisse über didaktische Ausgangslagen und angestrebte Zustände hervorbringt und nicht zuletzt Orientierung für diagnostische Fragestellungen von Lehrenden bietet. Die diagnostische Kompetenz, die für die Unterrichtsgestaltung erforderlich ist, kann also von den vorgestellten und von anderen phänomenographischen Forschungsergebnissen profitieren. Die Forschungsmethodik und die Darstellungsformen der Ergebnisse der Phänomenographie laden zu Perspektivwechseln ein und erinnern sowohl Wissenschaftler als auch Lehrkräfte daran, dass erfolgreiches Lernen häufig einen Wandel bisheriger Verständnisse im konstitutiven Sinne erfordert. Kognitive Konflikte bleiben dabei nicht aus, didaktisch gezielt angestrebt werden jedoch Wahrnehmungsleistungen und Begriffsentwicklungen, die die Mittel zur Bewältigung kognitiver Konflikte verfügbar machen.

Ein Umlernen, das darin besteht, ein Phänomen, das dann nicht mehr dasselbe ist, neu zu sehen, erfordert die Wahrnehmung neuer relevanter Verweisungsbezüge. Es geht darum ein anderes Phänomen zu erleben, indem dasselbe (!) sich in der Wahrnehmung wandelt. Eine (fach-) didaktische Herausforderung in Bezug auf divergierende Phänomendeutungen liegt deshalb nicht selten in der Thematisierung von – aus Lernersicht – scheinbar Nebensächlichem bzw. Selbstverständlichem. Die Verfügbarkeit gezielt entwickelter Begriffe bildet die Basis dafür, etwas Vertrautes mit anderen Augen sehen zu können bzw. – wie MARTON und BOOTH es ausdrücken –, das *Unfigürliche figürlich werden* zu *lassen*. Dies im Unterrichtsalltag angemessen in Lerngelegenheiten zu verwandeln, ist didaktisch anspruchsvoll. Erfahrungsgemäß reagieren Lernende dabei nämlich so, als habe das Thema gewechselt, als ginge es nun um etwas anderes. Es bedarf also solcher Situierungen, in denen das *Unfigürliche* (das Wasser beim „Schwimmen", die Beleuchtungseffekte beim „Schatten" etc.) im Vordergrund steht und Erfahrungen mit ihm gemacht werden können.

Ich hoffe gezeigt zu haben, dass die Phänomenographie nicht nur die Identifizierung didaktisch relevanter Lernherausforderungen leistet, dass sie vielmehr spezifische und lerntheoretisch fundierte Perspektiven für die Unterrichtsgestaltung aufzeigen kann.

## Anmerkungen

1  Daher die Bezeichnung Phänomenographie.
2  Eine Unterscheidung oder Beziehung zwischen dem passiven „Schwimmen" und „Untergehen" von beliebigen Körpern und dem aktiven „selbst Schwimmen können" findet hier keine Berücksichtigung, im Vordergrund der Untersuchung von Kornelia Möller und ihren MitarbeiterInnen standen kognitive Leistungen im Hinblick auf physikalische Konzepte.
3  Ähnliche Äußerungen sind auch von anderen Autorinnen und Autoren dokumentiert (vgl. z. B. Blumör 1993, S. 75; Galili/Hazan 2000, S. 76), sie sind jedoch im vierten Schuljahr selten.

## Literatur

AUFSCHNAITER, S. v. /FISCHER, H. E. /SCHWEDES, H. (1992): Kinder konstruieren Welten. In: SCHMIDT, S. J. (Hrsg.): Kognition und Gesellschaft. – Frankfurt am Main, S. 380-424.
BLUMÖR, R. (1993): Schülerverständnisse und Lernprozesse in der elementaren Optik. – Magdeburg/Essen.
BOWDEN, J. A. (2000): The nature of phenomenographic research. In: Bowden, J. A./Walsh, E. (eds.): Phenomenography. – Melbourne.
COOMBS, P. H. 1971: Utbildningens världskrisis [The world educational crisis: A system analysis]. – Stockholm.
DALL'ALBA, G. (2000): Reflections on some faces of phenomenography. In: BOWDEN, J.A./WALSH, E. (eds.): Phenomenography. – Melbourne, pp. 83-101.

FEHER, E. /RICE, K. (1988): Shadows and Anti-Images: Children's Conceptions of Light and Vision II. In: Science Education, 72(5), pp. 637-649.

GALILI, I. /HAZAN, A. (2000): Learners' Knowledge in Optics: Interpretation, Structure and Analysis. In: International Journal of Science Education, 22 (1), pp. 57-88.

GIORGI, A. (1999): A phenomenological perspective on some phenomenographic results on learning. In: Journal of Phenomenological Psychology, 30 (2), pp. 68-93.

HOUNSELL, D. (1984): Learning and essay-writing. In: MARTON, F./HOUNSELL, D./ENTWISTLE, N. (eds.): The experience of learning. – Edinburgh, pp. 103-123.

JONEN, A./MÖLLER, K./ENGELEN, A. (2002): „Wie kommt es, dass ein eisernes Schiff nicht untergeht?" – Eine Untersuchung zum Lernen von Grundschülern im Vorfeld der Naturwissenschaften. In: PETILLON, H. (Hrsg.): Individuelles und soziales Lernen in der Grundschule – Kinderperspektive und pädagogische Konzepte, Bd. 5. – Opladen, S. 59-69.

JONEN, A./MÖLLER, K./HARDY, I. (2003): Lernen als Veränderung von Konzepten – am Beispiel einer Untersuchung zum naturwissenschaftlichen Lernen in der Grundschule. In: CECH, D./SCHWIER, H. J. (Hrsg.): Lernwege und Aneignungsformen im Sachunterricht. – Bad Heilbrunn, S. 93-108.

MARTON, F. (1986): Phenomenography – a research approach to investigating different understandings of reality. In: Journal of Thought, Vol. 21, No. 3, pp. 28-49.

MARTON, F. (1988): Phenomenography: Exploring different conceptions of reality. In: FETTERMAN, P. M. (ed.): Qualitative approaches to evaluating education: A silent revolution. – New York,S. 176-298.

MARTON, F./BOOTH, S. (1997): Learning and Awareness. – Mahwah, N. J.

MARTON, F. (2000): The structure of awareness. In: BOWDEN, J.A./WALSH, E. (Eds.): Phenomenography. – Melbourne.

MURMANN, L. (2002): Physiklernen zu Licht, Schatten und Sehen. Eine phänomenographische Untersuchung in der Primarstufe. – Berlin.

MURMANN, L. (2004): Phänomene erschließen kann Physiklernen bedeuten. In: RAUTERBERG, M. (Hrsg.): widerstreit-sachunterricht, – Frankfurt am Main 2004. http://web.uni-frankfurt.de/fb04/su/ebeneI/didaktiker/murmann/schatten.htm – Download vom 3.3.2008.

MURMANN, L. (2006) Phänomenologische Erkenntnistheorie und Fachdidaktik. Eine Verortung. In: Johannes Grebe-Ellis / Florian Theilmann (Hrsg.): Open Eyes 2005. Ansätze und Perspektiven der phänomenologischen Optik. – Berlin: Logos S. 111-125.

SÄLJÖ, R. (1975): Qualitative differences in learning as a function of the learner's conception of the task. – Göteborg.

*Anschrift der Verfasserin:*
Juniorprofessorin Dr. Lydia Murmann, Fakultät für Erziehungswissenschaft, Psychologie und Bewegungswissenschaft der Universität Hamburg, Sektion 5, Arbeitsbereich Didaktik des Sachunterrichts in der Grundschule. Von-Melle-Park 8, 20146 Hamburg, E-Mail: murmann@erzwiss.uni-hamburg.de

Georg Breidenstein, Halle (Saale)

# Allgemeine Didaktik und praxeologische Unterrichtsforschung

**Zusammenfassung:**
Um bei der empirischen Fundierung didaktischen Denkens der Komplexität des reflexiv zu durchdringenden Unterrichtsalltages entsprechen zu können, bedarf es eines ethnographischen, „praxeologischen" Typus von Unterrichtsforschung, der sich auf die Analyse sozialer Praktiken richtet. Zunächst werden einige Probleme der didaktischen Tradition aus Sicht der Unterrichtsforschung skizziert. Dann werden verschiedene Ansätze ethnographischer Unterrichtsforschung vorgestellt, um für eine Fundierung der Unterrichtsbeobachtung in einer „Theorie sozialer Praktiken" zu plädieren. Die ethnographische Unterrichtsforschung ist demnach als „praxeologische Forschung" zu konturieren, die die spezifischen sozialen Praktiken identifiziert und in ihrer Eigenlogik analysiert, die das alltägliche Unterrichtsgeschehen konstituieren. Die praxeologische Unterrichtsforschung orientiert sich weder am „Input" des Unterrichts, den Einstellungen, Absichten und Zielen von Lehrpersonen, noch am „Output", den Schülerleistungen im Sinne der pädagogisch-psychologischen Schulleistungsmessung, sondern an der „Performanz" des Lehrens und Lernens, an dem praktischen Vollzug von Unterricht. Der Beitrag präsentiert zur Veranschaulichung zwei empirische Beispiele und diskutiert abschließend das Verhältnis von praxeologischer Unterrichtsforschung und Allgemeiner Didaktik, das als ein doppeltes Spannungsverhältnis zwischen Präskription und Deskription und zwischen rationalen Akteuren und selbstläufigen Praktiken konzipiert werden muss.

*Schlüsselwörter:* Ethnographische Unterrichtsforschung; Theorie sozialer Praktiken; Schülerperspektive

**Summary:**
Living up to the complexity of everyday life in the classroom when giving empirical evidence for didactic concepts, demands an ethnographical, "praxeological" type of instructional research, orientated towards the analysis of social practices. First of all, the essay sketches some problems of the didactic tradition from the perspective of classroom teaching research. Then it presents various approaches of ethnographical classroom research in order to suggest anchoring classroom observation in a "theory of social practices". Ethnographical instructional research is thus to be regarded as "praxeological research" that identifies and analyses the relevant specific social practices constituting everyday life in the classroom. Praxeological classroom instructional research is orientated neither towards the "input" to the lessons like the attitudes, intentions or goals of the teachers, nor towards the "output" like the pupils' performance in the sense of an educational and psychological measurement of performance. Rather, it is focused on the "performance" of teaching and learning and on the practical achievements of classroom instruction. The essay presents two empirical examples as illustration and discusses the relationship between praxeological classroom instructional research and general didactics, which must be conceived as a double tension between prescribing and describing and between rational operatives and autonomous practices.

*Keywords:* ethnography of instruction; theory of social practices; students' perspective

## Vorbemerkung

Die Forderung, dass die Allgemeine Didaktik Anschluss an die empirische Unterrichtsforschung finden muss, ist ebenso alt wie unerfüllt. Sie begleitet die didaktische Diskussion spätestens seit den 1980er Jahren und ist als Forderung kaum umstritten (vgl. HOLTAPPELS/HORSTKEMPER 1999). Mir geht es in dem vorliegenden Beitrag darum, genauer zu bestimmen, *welche Art* von Unterrichtsforschung für die empirische Fundierung der Allgemeinen Didaktik sinnvoll wäre. In aktuellen Beiträgen von Ewald TERHART (2002) und Thorsten BOHL (2004), die das Verhältnis von Allgemeiner Didaktik und Unterrichtsforschung diskutieren, wird „Empirische Unterrichtsforschung" umstandslos, und bei Bohl auch unbemerkt, mit pädagogisch-psychologischer Lehr-Lern-Forschung identifiziert. Beide Autoren, die in unterschiedlicher Weise nach Formen und Möglichkeiten der „Integration" (BOHL) bzw. „Zusammenarbeit" (TERHART) von Allgemeiner Didaktik und Lehr-Lern-Forschung fragen, kommen zu dem Befund nach wie vor herrschender „Fremdheit" (TERHART) bzw. „getrennter Welten" (BOHL), wobei insbesondere auf der Allgemeinen Didaktik ein erheblicher Anpassungsdruck laste. Meine These ist nun, dass die standardisierende Lehr-Lern-Forschung für die angestrebte empirische Fundierung didaktischen Denkens gar nicht sonderlich geeignet ist, dass es dafür vielmehr eines beobachtenden, qualitativen, „praxeologischen" Typus von Unterrichtsforschung bedarf, der sich auf die Analyse sozialer Praktiken richtet.

Zur Begründung: Selbstverständlich sollte die Allgemeine Didaktik die Ergebnisse der Lehr-Lern-Forschung zur Kenntnis nehmen und berücksichtigen, aber für eine empirisch begründete Reflexion des *alltäglichen Unterrichtshandelns* – und darum muss es ja gehen – eignet diese sich weniger; vor allem, weil sie der Komplexität des Unterrichtsalltages nicht entsprechen kann. Eine standardisierende, messende und großräumig vergleichende Unterrichtsforschung muss Komplexität reduzieren – und dies drastisch. Das Ziel der empirischen Lehr-Lern-Forschung besteht ja darin, einzelne „Faktoren" aus der Vielfalt und Vielschichtigkeit des Unterrichtsgeschehens zu isolieren, in den Blick zu rücken und nach Möglichkeit mit bestimmten Effekten des Unterrichts in Zusammenhang zu bringen. Diese Art von „Prozess-Produkt-Forschung" ist sehr aufwändig und heikel und hat es nach eigenem Bekunden schwer, tatsächlich konsistente Zusammenhänge nachzuweisen (vgl. DITTON 2002, LÜDERS/RAUIN 2004). Lehr-Lern-Forschung nach dem Prozess-Produkt-Paradigma kann durchaus sinnvoll sein, wenn es darum geht spezifische Lehrmethoden in ihrer Wirksamkeit einzuschätzen. Ihre Ergebnisse sind aber insgesamt nicht differenziert genug, als dass sie das didaktische Denken als solches anleiten könnten.

Die andere Form standardisierender Unterrichtsforschung, die im großen Maßstab vergleichende Schulleistungsmessung (*large scale assessment*), vermag selten Aussagen über den Zusammenhang zwischen den gemessenen Schülerkompetenzen und Qualitäten des Unterrichts zu machen, insofern sie in der Regel nicht als Längsschnitt organisiert ist und Merkmale des Unterrichts auch nicht differenziert erfasst werden. Damit ist wiederum nicht gesagt, dass vergleichende Schulleistungsmessung nicht sinnvoll wäre – wir brauchen sie für Zwecke des Bildungsmonitoring. Aber für das didaktische Denken ist die reine „Output-Orientierung" von begrenztem Nutzen, weil es darauf ankommt, etwas über die konkrete Qualität der Unterrichtsprozesse zu erfahren. Im Rahmen didaktischer Reflexion kann die Alternative zur so genannten Input-Orientierung nicht in der Output-Orientierung liegen, sondern muss in einer *Prozess- und Praxisorientierung* gesucht werden.

Der Forschungsansatz, der dies leistet, ist die ethnographische, auf die Rekonstruktion sozialer Praktiken gerichtete, „praxeologische" Unterrichtsforschung, wobei gleich hier darauf hingewiesen sei, dass die Passung für die Probleme der Didaktik keineswegs einfach gegeben, sondern als solche genauer zu bestimmen ist. Ich gehe in fünf Schritten vor: Zunächst möchte ich einige Probleme der didaktischen Tradition aus Sicht der Unterrichtsforschung skizzieren, zweitens werde ich in aller Kürze verschiedene Ansätze der ethnographischen Unterrichtsforschung vorstellen, um dann für eine Fundierung der ethnographischen Unterrichtsforschung in einer „Theorie sozialer Praktiken" zu plädieren. Ich präsentiere zur Veranschaulichung zwei empirische Beispiele und komme dann abschließend auf das Verhältnis von ethnographischer Unterrichtsforschung und Allgemeiner Didaktik zu sprechen, das als ein doppeltes Spannungsverhältnis konzipiert werden muss.

# 1   Welche Didaktik?

Mit den „Theorien und Modellen der Didaktik" (BLANKERTZ 1969/2000) war und ist die Hoffnung verbunden, so Jürgen DIEDERICH (1988, S. 105), „dass besser zu unterrichten vermag, wer sich vor, bei und nach dem Unterrichten etwas denkt, und dass man dieses Denken beim Sprechen über Unterricht lernt". Wir brauchen, mit anderen Worten, in der Lehrerbildung Formate, die die Beobachtung, Analyse und Reflexion von Unterricht anleiten. Die Didaktik muss vor allem die reflexive Durchdringung des Unterrichts*alltages* leisten. Sie muss Mittel bereitstellen, mithilfe derer konkrete, alltägliche Vollzüge schulischen Unterrichts, und das heißt sowohl das Lehrerhandeln als auch das konkrete, praktische Tun von Schülerinnen und Schülern, beobachtbar und diskutierbar werden. Diese Anforderung ist in einigen Punkten konkreter auszuführen, denn es geht um die Frage: Welche *Art* von Didaktik brauchen wir?

Ich entwerfe dafür eine ‚Aufgabenbeschreibung' didaktischer Reflexion, die als solche keineswegs vollständig ist und etwa die Probleme der Inhaltsauswahl noch kaum berücksichtigt, sondern lediglich dazu dienen soll, etwas genauer zu markieren, an welchen Stellen und in welcher Hinsicht sich das didaktische Denken der empirischen Unterrichtsforschung öffnen sollte.[1] Es geht durchaus auch um die kritische Auseinandersetzung mit jener Tradition der Allgemeinen Didaktik, die in die Form der „Theorien und Modelle der Didaktik" geronnen ist – eine Auseinandersetzung, die hier jedoch nur angedeutet werden kann und insofern sicher viel zu pauschal und holzschnittartig gerät. Die folgenden Punkte erscheinen möglicherweise banal – nach meiner Beobachtung dessen, was man mit Andreas GRUSCHKA (2002) den „didaktischen Betrieb" nennen kann, des alltäglichen in den verschiedenen Institutionen der Lehrerbildung beobachtbaren Umgangs mit didaktischen Problemen, verdienen sie aber wohl doch Beachtung:

–  Didaktisches Denken sollte zu *unvoreingenommener, ergebnisoffener Analyse* in der Lage sein. Das Verständnis von „Analyse" ist in der didaktischen Tradition immer schon mit der Begründung des Unterrichts verknüpft bzw. auf diese gerichtet. Zu befürchten ist, dass die Verknüpfung von Legitimation und Beobachtung des Unterrichts die Klarheit und den Realismus des analytischen Blicks einschränkt.

–  Didaktisches Denken sollte sich nicht nur auf die Vorbereitung und Planung von Unterricht beziehen, sondern auch auf die *Beobachtung und Steuerung des laufenden Unterrichts*. Die „Modelle" der Didaktik verleiten zum Primat der Unterrichtsplanung im Vorfeld und zur Vernachlässigung von situativen *adhoc*-Entscheidungen, die auf die beobachtbaren Merkmale des laufenden Unterrichtsgeschehens eingehen. Insbesondere „offenere" Unterrichtsformen, in denen eigene Entscheidungen der Schülerinnen und Schüler eine größere Rolle spielen, erfordern die reflektierende Beobachtung durch die Lehrkraft in der Situation.

–  Didaktisches Denken sollte um die *Grenzen der Plan- und Steuerbarkeit von Unterricht* wissen. Didaktische Theorien und Modelle überschätzen vermutlich systematisch die Planbarkeit, Intentionalität und Steuerbarkeit von Unterricht und unterschätzen die Routiniertheit und Selbstläufigkeit schulischen Unterrichts.

–  Didaktisches Denken sollte von der *Beobachtung und Analyse von Lernprozessen und Schülertätigkeiten* seinen Ausgang nehmen. Das meint weniger die oft postulierte Einbeziehung der Lernenden in die Planung von Unterricht – entscheidender ist, dass die didaktische Analyse in hohem Maß mit der Routine und ‚Professionalität' von Schülern rechnet. Ich komme darauf weiter unten zurück.

–  Didaktisches Denken sollte schließlich *die Schulklasse und die Peer Kultur der Kinder oder Jugendlichen als sozialen Kontext schulischen Unterrichts* im Blick haben. Jede oder fast jede Schüleräußerung findet im schulischen Kontext vor doppeltem Publikum statt: der Lehrperson einerseits und den Mitschülern andererseits (vgl. BREIDENSTEIN/KELLE 2002; BREIDENSTEIN

2006). Diese Grundstruktur schulischen Unterrichts ist in der didaktischen Tradition stark vernachlässigt.

Vor dem Hintergrund dieser Aufgabenbeschreibung soll plausibel werden, dass vor allem von jener Form der Unterrichtsforschung die empirische Fundierung didaktischen Denkens zu erwarten ist, die in der teilnehmenden, langfristigen und detaillierten Beobachtung des alltäglichen Unterrichtsgeschehens die zentrale Forschungsstrategie sieht.

## 2    Ethnographische Unterrichtsforschung

Es kann jetzt nicht darum gehen, den Stand der qualitativen Unterrichtsforschung zu referieren (vgl. dazu BREIDENSTEIN 2002); es soll aber an die Tradition qualitativer, ethnographischer Unterrichtsforschung erinnert werden, weil sie derzeit – trotz der Konjunktur der empirischen Unterrichtsforschung – zumindest in der deutschen Diskussion noch nicht die angemessene Beachtung findet.[2] Ich konzentriere mich in der Darstellung auf jene Linien ethnographischer Schul- und Unterrichtsforschung, die sich mit dem alltäglichen Unterrichtshandeln im engeren Sinne beschäftigen, denn vor allem diese sind für das didaktische Denken unmittelbar relevant. Als „ethnographisch" verstehe ich Untersuchungen des Unterrichtsalltages, die auf längerfristigen, offenen und teilnehmenden Beobachtungen in der Unterrichtssituation beruhen. Die ursprüngliche Fremdheitsannahme gegenüber dem Untersuchungsfeld in der kulturanthropologischen Ethnographie wird dabei im Falle der Unterrichtsforschung in die systematische „Befremdung der eigenen Kultur" überführt (AMANN/HIRSCHAUER 1997; vgl. BREIDENSTEIN 2008b).

Es gibt insbesondere in England eine Linie der „classroom ethnography", die in der Tradition des Symbolischen Interaktionismus steht und vor allem Fragen schulischer Sozialisation und Identitätsbildung in den Blick nimmt.[3] Nachdem es zunächst vordringlich um die Analyse der Schülerperspektive auf Unterricht gegangen war (vgl. WOODS 1980, WOODS 1990), fokussierte die Ethnographie des Unterrichts in Großbritannien in den 1990er Jahren dann stärker auf Probleme des Lehrerhandelns (vgl. HAMMERSLEY 1999). Die meisten dieser Untersuchungen wurden als mehrjährige Fallstudien an einzelnen Schulen durchgeführt. Ungewöhnlich langfristige Beobachtungen konnten Pollard und sein Mitarbeiter realisieren, die eine Gruppe von Schülern über zwölf Jahre hinweg verfolgten (vgl. POLLARD/FILER 1996; POLLARD 2007). Methodisch stützt sich diese Linie ethnographischer Schulforschung neben der teilnehmenden Beobachtung zu großen Teilen auf Interviews mit den Beteiligten.[4]

Eine ganz andere Tradition ethnographischer Unterrichtsforschung findet sich in den USA. Diese Forschungsrichtung ist geprägt von ethnomethodologischen Ansätzen und verzichtet – anders als die britische Tradition – auf die kritische Diskussion von Bildungspolitik, um sich stattdessen auf die Unterrichtssituation und die mikroskopische Analyse von Interaktionen zu konzentrieren. Wegweisend ist bis heute eine Studie von MEHAN (1979), in der jene Interaktionskompetenzen der Teilnehmer herausgearbeitet wurden, die einen geordneten Ablauf von Unterricht überhaupt ermöglichen. Das Forschungsinteresse dieser Linie der Unterrichtsforschung speist sich wesentlich aus der Konversationsanalyse und richtet sich auf das Funktionieren des Unterrichtsgespräches als spezifischem Format institutionalisierten Sprechens (vgl. EDWARDS/WESTGATE 1994). Pionierarbeiten beschäftigen sich mit den Regeln des Sprecherwechsels im Unterricht und etwa den Formen der Korrektur „falscher" Schüleräußerungen (vgl. McHOUL 1978; McHOUL 1990). In dieser Tradition finden sich einzelne Studien, die das Auflösungsvermögen der Beobachtung mithilfe von Videosequenzen so weit erhöhen, dass zum Beispiel die Schaffung sozialer Räume mittels Kopfbewegungen analysierbar wird (vgl. LEANDER 2002), zugleich werden durchaus auch übergreifende Probleme des „classroom management" diskutiert (DOYLE 1986; CAZDEN 1986).

Diese Forschungslinie, die mikrosoziologische Untersuchung von Unterrichtskommunikation, entwirft, zusammenfassend betrachtet, mit der Anknüpfung an die ethnomethodologische Konversationsanalyse (vgl. BERGMANN 1981) eine in sich konsistente und methodisch versierte Perspektive auf den Unterrichtsalltag. Allerdings handelt es sich dabei um einen sehr formalen Blick auf Unterricht, der diesen letztlich als Gesprächsmaschinerie entwirft und dabei gegenüber inhaltlichen Aspekten weitgehend abstinent bleibt. Zudem ist festzustellen, dass dieser in den 1980er Jahren sehr produktive Forschungsstrang etwas abgerissen ist. Eine Ausnahme stellen lediglich eine Studie von KALTHOFF (1997) und die partielle Anknüpfung an diese Tradition in den mathematikdidaktischen Arbeiten von KRUMMHEUER (1992, 1997) dar. Für die didaktische Reflexion erscheint diese Linie dennoch relevant, insofern sie grundlegende Probleme alltäglicher Unterrichtsinteraktion in den Blick rückt – Probleme, die gewissermaßen unterhalb der Ebene methodisch-didaktischer Entscheidungen liegen, die dennoch praktisch, implizit und routiniert von den Beteiligten bearbeitet werden – ich komme darauf zurück.

In Deutschland fand das frühe Aufgreifen der Arbeiten zum „heimlichen Lehrplan" von JACKSON (1968) durch ZINNECKER (1975, 1978) und HEINZE (1976, 1980) zunächst keine Fortsetzung. Es findet sich stattdessen in der deutschsprachigen Diskussion eine Linie qualitativer Unterrichtsforschung, die sich mit den Mitteln der „objektiven Hermeneutik", mit den Strukturen pädagogischen Handelns in der Lehrer-Schüler-Interaktion auseinandersetzt (vgl. KORING 1989; COMBE/ HELPSER 1994; WERNET 2003; HELSPER/HUMMRICH 2008). Die ethnographische Forschung in der Unterrichtssituation fokussierte in den 1990er Jahren weniger auf Probleme des Unterrichtshandelns im engeren Sinn, sondern auf die Gleichaltrigenkultur in der Schulklasse und auf die soziale Konstruktion von Geschlechterunterschieden und Geschlechtsidentitäten oder auf die Konstruktion ethnischer Differenzen (vgl. BREIDENSTEIN 2004).

Seit wenigen Jahren erscheinen Studien, die deutlicher einzelne Aspekte des Unterrichtsgeschehens fokussieren. Vor allem die reformorientierte Praxis des Grundschulunterrichts zieht die ethnographische Neugier auf sich (vgl. WIESEMANN 2000; NAUJOK 2000; FRIEDRICHS 2004; HUF 2006; DE BOER 2006). In theoretischer Hinsicht werden ritualtheoretische Bestimmungen für die Analyse von Unterrichtsbeobachtungen vorgeschlagen (vgl. WULF u. a. 2004); die GOFFMANSCHE Metapher der Vorder- und Hinterbühne wird erneut aufgegriffen, um den Übergang von der Pausen- zur Unterrichtsordnung zu analysieren (vgl. WAGNER-WILLI 2005). In meinen eigenen Arbeiten werden die Anforderungen analysiert, die die Unterrichtssituation an das Schülerhandeln stellt; der Umgang mit diesen Anforderungen wird als pragmatische Ausübung des „Schülerjobs" beschrieben (vgl. BREIDENSTEIN 2006).[5] Schließlich geraten auch „Fachkulturen" in den Blick ethnographischer Forschung (vgl. WILLEMS 2007; FETZER 2007; WULF u. a. 2007).

Es ist also durchaus eine gewisse Konjunktur ethnographischer Unterrichtsforschung zu konstatieren. Die angesprochenen Studien erscheinen bislang jedoch eher als singuläre Unternehmungen, nicht als eine vernetzte und systematische Analyse der Grundlagen schulischen Unterrichts – und vor allem werden sie so nicht rezipiert. Vor diesem Hintergrund bedarf es einerseits einer deutlicheren wechselseitigen Bezugnahme und Bündelung der laufenden Bemühungen um eine ethnographische Analyse schulischen Unterrichts, zugleich muss der Beitrag der ethnographischen Forschungstradition zur Analyse des Unterrichtshandelns systematischer ausgewiesen werden. Die ethnographische Unterrichtsforschung sollte sich nicht mit der Beschreibung einzelner, womöglich exotischer Szenerien bescheiden, sondern ihren systematischen Beitrag zur Unterrichtsforschung auch *gegenstandstheoretisch* bestimmen und letztlich auf eine empirisch fundierte *Theorie schulischen Unterrichts* zielen. Eine derartige Konturierung des Gegenstandes ethnographischer Unterrichtsforschung ist m.E. in den gegenwärtigen Bemühungen um eine „Theorie sozialer Praktiken" zu suchen und zu präzisieren (vgl. BREIDENSTEIN 2006, 2008a).

# 3    Orientierung an einer „Theorie sozialer Praktiken"

Mit dem Stichwort der „Theorie sozialer Praktiken" soll die Heuristik erläutert und gewissermaßen die Brille beschrieben werden, die aufzusetzen ich vorschlage, um einen *spezifischen* Blick auf
das Unterrichtsgeschehen zu gewinnen. Dieser Blick steht in einem deutlichen Spannungsverhältnis zum pädagogisch-didaktischen Blick (was weiter unten noch auszuführen sein wird), aber er
erschließt der Reflexion eine bislang vernachlässigte Ebene der Unterrichtswirklichkeit, nämlich
jene der sozialen Praxis.

Für die Arbeit an einer „Theorie sozialer Praktiken" steht in Deutschland derzeit v. a. Andreas
Reckwitz (2000, 2003, vgl. auch Hörning/Reuter 2004); international ist auf einen Band von
Schatzki u. a. (2001) zu verweisen, der einen „practice turn in contemporary theory" proklamiert.
Diese Idee einer „praxeologischen Wende" soll nun knapp skizziert werden; dabei geht es mir vor
allem um die Perspektiven für die Unterrichtsforschung, die sich meiner Ansicht nach hier eröffnen.

Es geht in den angesprochenen Bemühungen um die Konturierung und Profilierung einer dezidiert „praxeologischen" Perspektive um ein neues und gegenüber Handlungstheorien modifi-
ziertes Verständnis des Sozialen. Das Soziale wird in praxeologischen Ansätzen nicht mehr, wie in
klassischen Handlungstheorien, in normativen Orientierungen oder, wie in „rational choice"-An-
sätzen, in Entscheidungen der Handelnden angenommen, sondern in den alltäglichen sozialen
Praktiken selbst verortet, die durch praktisches Wissen und praktisches Können bestimmt sind.
Eine *Praktik* ist also die kleinste Einheit des Sozialen; sie ist als routinisierter „nexus of doings and
sayings" (Schatzki 1996, S. 89) zu bestimmen, welcher durch implizites praktisches Verstehen,
„practical understanding", zusammengehalten wird.

Mit der Akzentuierung von Praktiken löst sich der Blick von den „Akteuren". Es geht nicht um
die Frage, wer welche Praktiken ausführt, sondern umgekehrt darum, wer oder was in die spezifische Praktik *involviert* ist. Menschliche Körper, aber auch Artefakte werden als „Partizipanden"
von Praktiken thematisiert (vgl. Hirschauer 2004). Die praxeologische Perspektive insistiert also
auf der *Materialität* des Geschehens: „Eine Praktik *besteht* aus bestimmten routinisierten Bewegungen und Aktivitäten des Körpers" (Reckwitz 2003, S. 290).

Ebenso sind aber auch Artefakte wie Kleidungsstücke, Möbel oder Gebrauchsgegenstände als Bestandteile von Praktiken zu begreifen; Stühle und Tische können ebenso einbezogen sein in eine
bestimmte Praktik wie etwa ein Kugelschreiber oder der PC. In der materialen „Verankerung in
den mit inkorporiertem Wissen ausgestatteten Körpern (...) und in den Artefakten" (ebd., S. 291).
gewinnen die Praktiken zugleich ihre Reproduzierbarkeit in Zeit und Raum.

Praktiken sind weder norm- noch interessengeleitet (wie das „Handeln"), sondern *wissensba-
siert*: „Jede Praktik und jeder Komplex von Praktiken – vom Zähneputzen bis zur Führung eines
Unternehmens (...) – bringt sehr spezifische Formen eines praktischen Wissens zum Ausdruck und
setzt dieses bei den Trägern der Praktik voraus" (Reckwitz 2003, S. 292).

Das den Praktiken inhärente Wissen ist ein *implizites* Wissen, das in der Regel im Handlungsfeld
nicht oder nur zu geringen Teilen explizierbar ist. Es ist kein Aussagewissen („knowing that"),
sondern ein Durchführungswissen („knowing how") (Ryle 1969). Die Analyse gilt jedoch nicht
überdauernden, universalen Wissensstrukturen, sondern vielmehr *lokalen* Wissensformen. Dem
liegt die Annahme zugrunde, „dass in der sozialen Welt nicht einzelne diskrete ‚soziale Praktiken'
isoliert vorkommen, vielmehr bildet die soziale Welt *lose gekoppelte Komplexe* von Praktiken (...)"
(Reckwitz 2003, S. 295), die ihrerseits die Spezifik des konkreten Feldes ausmachen.

Wie aber sind soziale Praktiken zu erforschen? Soziale Praktiken befinden sich nicht „hinter"
oder „unter" den Phänomenen, sondern sie liegen an der Oberfläche, sie sind als solche öffentlich
und beobachtbar. Die Praxisanalyse richtet sich weniger auf die hermeneutische Entschlüsselung

von Sinn und Bedeutung, als auf die beobachtende *Entdeckung* der Praktiken. Praktiken sind in der Vielgestaltigkeit des alltäglichen Geschehens zuallererst als solche zu identifizieren, um sie der Analyse zu erschließen.

Der praxeologische Ansatz hat eine zentrale methodologische Konsequenz: Die interessierenden Praktiken lassen sich nur sehr begrenzt mit dem Mittel der Befragung, des Interviews, untersuchen. Sie ruhen zu tief in der selbstverständlichen Gegebenheit der Alltagswirklichkeit, als dass sie der Reflexion der Beteiligten zugänglich wären. Insofern die praktische Organisation ihres Alltagshandelns für die Teilnehmer ein „unproblematisches Problem" (BERGMANN 1981, S. 22) bleibt, sind sie darüber wenig auskunftsfähig.

Die Ethnomethodologie macht darauf aufmerksam, dass die Alltagspraxis gar nicht viel darüber wissen *darf*, wie sie es macht. Ein Zuviel an explizitem Wissen über die Praxis *stört* deren Funktionieren. Im Rahmen des Alltagshandelns muss das praktische Wissen darum, ‚wie es geht‘, weitgehend implizit bleiben, sonst gerät das Handeln ‚ins Stolpern‘.[6] Die zentrale Forschungsstrategie besteht deshalb in der Beobachtung und Aufzeichnung der alltäglichen Praktiken selbst. Auf der Grundlage ihrer Aufzeichnung geht es dann um die sorgfältige Rekonstruktion der immanenten Regeln und Logiken jener Praktiken, wie sie nicht zuletzt auch den Unterrichtsalltag konstituieren.

Welche Bedeutung können derart abstrakte sozialtheoretische Überlegungen für die Unterrichtsforschung und Didaktik haben? Der praxeologische Blick erschließt der Analyse eine eigene Ebene unterrichtlichen Handelns, indem er den schulischen Alltag als ein Bündel aufeinander bezogener, ineinander verschränkter sozialer Praktiken betrachtet, die es in ihrer Eigendynamik und in ihrem immanenten Funktionieren zu erkunden gilt. Diese Ebene der Praktiken liegt jenseits der Absichten, Deutungen und Entscheidungen der Akteure und auch jenseits individueller Verhaltensweisen.[7]

Die heuristische Fruchtbarkeit der skizzierten theoretischen Perspektive für die *Unterrichts*forschung ergibt sich vor allem aus der Anschauung des Gegenstandsbereiches selbst: Die am schulischen Geschehen Beteiligten sind in der Regel in jahrelangen gemeinsamen Interaktionsgeschichten aufeinander bezogen, sei es im Verband der Schulklasse oder im Lehrerkollegium oder in der Lehrer-Schüler-Interaktion. Der schulische Alltag ist durchzogen von Routinen und Ritualen, von aufeinander abgestimmten Verhaltensmustern, die als solche noch kaum analysiert sind. Es gibt einige wenige Bereiche des Unterrichtsgeschehens, zu denen Untersuchungen aus praxeologischer Perspektive vorliegen, vor allem, wie erwähnt, das fragend-entwickelnde Unterrichtsgespräch, das aus konversationsanalytischer Perspektive in seinem gesprächsstrukturellen Funktionieren untersucht worden ist. Andere, augenfällige und weniger augenfällige, diskrete Praktiken, wie sie sich etwa an schulische Leistungsbewertung, unterschiedliche Unterrichtsformate und Sozialformen, an unterrichtliche Handlungsmuster und Methoden knüpfen, harren noch weitgehend ihrer praxeologischen Analyse.[8]

Die *praxeologische* Unterrichtsforschung orientiert sich also weder am „Input" des Unterrichts, den Einstellungen, Absichten und Zielen von Lehrpersonen, noch am „Output", den Schülerleistungen im Sinne der pädagogisch-psychologischen Schulleistungsmessung, sondern an der *Performanz* des Lehrens und Lernens, an dem praktischen Vollzug von Unterricht. Sie untersucht die Kompetenzen, die in die Handhabung der Unterrichtssituation und in die Ausführung der unterrichtlichen Aktivitäten eingehen. Sie fragt nach den Implikationen spezifischer Praktiken und nach deren Verknüpfung mit anderen Praktiken.

Jutta WIESEMANN und Klaus AMANN (2002) entwickeln in dieser Linie das Programm einer „situationistischen Unterrichtsforschung", die „Lernen" als eine situierte, soziale Praxis erkennbar macht. Sie fragen: „Was macht die Dynamik und Systematik schulischer Lernsituationen jenseits didaktischer Modelle und individueller Kompetenzen der Lernenden aus?" (WIESEMANN/AMANN 2002, S. 147).[9] Um die Theorie sozialer Praktiken mit der Frage nach Lernprozessen zu verbinden, erscheint es viel versprechend, an den kultursoziologischen Ansatz des „situated learning" von Jean Lave und Etienne Wenger (1991) anzuknüpfen. Diese lokalisieren Lernen in verschiedenen Formen der Partizipation in „communities of practice". Ihr viel beachtetes Konzept des „situated learning" ist allerdings bislang noch kaum auf schulische Lernsituationen bezogen worden.

Ich möchte nun zwei kleine Beispiele, zwei kurze Szenen aus unseren Beobachtungen präsentieren, um zu veranschaulichen, wie die Beobachtung und Analyse im Rahmen des praxeologischen Ansatzes auf konkrete Unterrichtspraktiken fokussieren und dabei durchaus auf Probleme stoßen kann, die für die didaktische Reflexion im engeren Sinne relevant sind.[10]

## 4    Empirische Beobachtungen: Die Routinen des „Schülerjobs"

In dem folgenden Beispiel geht es um eine kurze, beiläufige Thematisierung des didaktischen Sinns eines konkreten Lehr-Lern-Arrangements. Es handelt sich um einen Ausschnitt aus dem Gespräch zweier Freundinnen einer siebten Klasse, die im Erdkundeunterricht parallel an einem Arbeitsblatt arbeiten.[11] Thematisch geht es um landeskundliche Aspekte Indiens.

*Beatrice: „Wie alt isn das Kastensystem?" – Nele: „Muss hier noch irgendwo drinne sein." – „Irgendwo."
– „Irgendwo ist gut. (..) Warum gibt se uns nicht gleich die Lösungen?" – „Na, bleibt halt noch ne Aufgabe." – „Wär einfacher." – „Welche Seite haben die gesagt?" – „82" – „82? Hm."*

Vergewissern wir uns zunächst kurz über den Ablauf dieser kleinen Szene: Die eine Schülerin, Beatrice, zitiert eine Frage des Arbeitsblattes, zu der sie die Antwort nicht weiß, vermutlich um zu sehen, ob ihre Nachbarin und Freundin Nele ihr helfen kann. Diese verweist jedoch nur auf das Lehrbuch, das die Lösung „irgendwo" enthalten müsse. Die skeptisch-zweifelnde Wiederholung des vagen „Irgendwo" veranlasst Nele dann zu jener Frage, auf die es mir hier ankommt: *„Warum gibt sie uns nicht gleich die Lösungen?"* Mit dieser zunächst harmlos klingenden Frage ist der Sinn ihres Tuns fundamental in Zweifel gezogen: Die Arbeit einer ganzen Stunde beruht nur darauf, dass die Lehrerin, die die Lösungen ja kennen muss, diese ,versteckt' und ,verrätselt' hat![12] Die Schülerinnen stellen die didaktische Frage nach Sinn und Ziel der konkreten Aufgabe bzw. des Unterrichts. Ihr Tun reduziert sich für sie darauf, die richtigen Stellen im Lehrbuch zu suchen, die sie in die Lage versetzen, die Lücken im Arbeitsblatt auszufüllen. Ein inhaltliches Interesse an Indien und am Kastensystem ist nicht erkennbar.

Schon im nächsten Redezug allerdings wird die aufgebrochene Sinn-Krise wieder repariert. *„Bleibt halt noch ne Aufgabe".* Schulischer Unterricht besteht eben darin Aufgaben zu lösen, daran sind die Schülerinnen gewöhnt und darin sind sie auch geübt. Unmittelbar und routiniert gehen die beiden daran, die Lösung zu suchen. Von irgendwoher haben sie offenbar eine Information zu der Seitenzahl des Lehrbuchs aufgeschnappt, wo das Alter des Kastensystems vermerkt sein könnte. Die beiden Schülerinnen lösen also den berechtigten didaktischen Zweifel am Sinn ihres Tuns sehr schnell wieder auf – allerdings um den Preis eines ausgesprochen instrumentellen und pragmatischen Verständnisses von Unterricht.

Man kann die Szene auch mit Andreas Gruschka (2002, S. 328) interpretieren, der die „Verselbständigung der Vermittlung gegenüber dem zu Vermittelnden" anprangert. Oder anders, und mit Blick auf die Schülerinnen: Je deutlicher der Unterricht ,didaktisiert' wird, desto stärker ist damit zu rechnen, dass Schülerinnen und Schüler im Rahmen von eingeübten didaktisch-methodischen Routinen mit den Inhalten umgehen.

Zweifel der didaktischen Reflexion richten sich hier zunächst auf die Qualität der Aufgabe: Die Frage nach dem Alter des indischen Kastensystems stellt eine Aufgabe jenes Typs dar, der einfache Lösungen im Sinne von „richtig" oder „falsch" in Form von fragmentierten und isolierten Wissenspartikeln verlangt, Lösungen, die man nachschauen und überprüfen kann. Aufgaben diesen Typs werden durch das Medium des *Arbeitsblattes* aber vermutlich nahegelegt, denn Arbeitsblätter, die das „selbständige" Arbeiten von Schülern ermöglichen sollen, sind in der Regel so angelegt, dass sie ausgefüllt und dann korrigiert werden können. Dieser Vermutung wäre in weiteren Beobachtungen nachzugehen: Man müsste auf den Umgang von Schülerinnen und Schülern mit dem verbreiteten und bei Lehrpersonen beliebten Lehrmittel des Arbeitsblattes fokussieren und man müsste so genau wie möglich beobachten, wie Schüler vorgehen, wenn sie ein Arbeitsblatt ausfüllen. Man müsste aufzeichnen, wovon dabei die Rede ist, und fragen, wie die Inhaltlichkeit des Unterrichts in dem Tun der Schüler vorkommt.

Es ist davon auszugehen, dass sich im Laufe der Jahre durch die Vielzahl der zu bearbeitenden Arbeitsblätter spezifische Praktiken des Arbeitsblatt-Ausfüllens ausbilden. Praktiken, die ein Wissen um Tricks und Kniffe, um Abkürzungsstrategien und Wahrscheinlichkeiten einschließen und die eigenen Regeln der Effizienz und Pragmatik folgen. Diese Praktiken sind vermutlich zu spezifizieren, sie dürften sich nach verschiedenen Typen von Arbeitsblättern unterscheiden, sie verweisen aber jedenfalls auf die besondere Bedeutung der Materialität im Kontext so verstandener sozialer Praktiken. Das Arbeitsblatt als Artefakt ist an der Strukturierung der spezifischen beobachtbaren Praxis beteiligt – und zwar keineswegs nur in dem von der Lehrperson intendierten, didaktisch geplanten Sinn, sondern auch im Rahmen des ‚Eigensinns' oder der Eigenlogik sozialer Praxis.

Ein anderes Beispiel stammt aus der Phase der „Ergebnissicherung" nach einer Gruppenarbeit und deren Präsentation im Geschichtsunterricht der achten Klasse eines Gymnasiums. Auch in dieser Szene zeigt sich, wie die Routinen des Schülerjobs jenseits der didaktischen Intentionalität des Unterrichts greifen und diese sogar konterkarieren können.

*Abschließend projiziert der Lehrer eine Folie an die Wand, auf der die vier Aspekte aufgeklärter Regierungspraxis, denen die Gruppenarbeit gewidmet gewesen war, in Form eines Schaubildes dargestellt sind: „Ein aufgeklärter Fürst" in der Mitte, die vier Aspekte in vier Feldern darum herum angeordnet.*

*Alle holen automatisch ihre Hefter raus. Wer sich keine Aufzeichnungen über die anderen Gruppen gemacht habe, könne jetzt ergänzen, meint der Lehrer. Um mich herum schreiben jedoch alle exakt das Schaubild ab. Der Lehrer weist noch einmal darauf hin: „Ihr müsst euch nicht alles abschreiben, nur eure Aufzeichnungen ergänzen. Ihr habt doch in euren Materialien alles da."*

*Es klingelt, der Lehrer macht den Tageslichtprojektor aus und verabschiedet sich. Meine Nachbarin Kathrin ist mit dem Abmalen des Schaubildes fertig.*

Das Abschreiben von Tafelbildern oder Folien ist in der achten Klasse eines Gymnasiums eine nahezu automatisierte Praktik, die dafür sorgt, dass die „Ergebnisse" des Unterrichts in den Heften der Schülerinnen und Schüler ihren Niederschlag finden. Abgeschrieben wird alles, was an der Tafel steht oder an die Wand projiziert wird. In diesem Fall war das vom Lehrer gar nicht gewollt. Aus didaktischer Sicht sind Zweifel an dem Vorgehen des Lehrers anzubringen, der die „Ergebnisse" der Gruppenarbeit als fertige Folie zusammengefasst vorbereitet hat, was den Prozess der „selbständigen Erarbeitung" durch die Schüler deutlich entwertet. Der Lehrer ist offenbar selbst von didaktischen Skrupeln bezüglich seiner Maßnahme befallen. Er möchte nicht, dass seine Folie „*abgeschrieben*" wird, sondern dass nur die „*Aufzeichnungen ergänzt*" werden. Dieses Verfahren würde den eigenen Aufzeichnungen der Schüler noch eine gewisse Relevanz belassen und einen eigenständigen Wert zusprechen. Die Routinen des Schülerjobs jedoch sprechen gegen diese Option. Das schlichte Abschreiben ist bequemer und effizienter als das Ergänzen – insofern man die Inhalte nicht differenzieren muss, in solche, die in den eigenen Aufzeichnungen schon enthalten sind, und solche, die zu ergänzen wären. Die Schülerinnen und Schüler zeichnen routinemäßig das

Schaubild des Lehrers ab, von dem sie wissen, dass es die „gültigen" Ergebnisse dieser Arbeitsphase repräsentiert. Die Entwertung ihrer eigenen Produkte, die dieses Tun impliziert, kümmert sie (vermutlich) nicht. Mit dem Klingeln und dem Verschwinden der Projektion des Schaubildes ist Kathrin fertig: *Just-in-time*-Produktion! Gerade die Schülerinnen wissen die Zeit für Tätigkeiten dieser Art exakt zu kalkulieren.

In beiden Beispielen sind es die Eigenlogiken der Praktiken, des Ausfüllens von Arbeitsblättern und des Abschreibens von Tafelbildern, die sich gegen didaktische Zweifel behaupten. Das heißt nicht, dass schulischer Unterricht jenseits solcherart Praktiken zu konzipieren wäre, aber die didaktische Reflexion muss die Selbstläufigkeit und Funktionalität von Unterrichts-Praktiken in Rechnung stellen, die den Prinzipien der Effizienz und Ökonomie folgen.

## 5   Praxeologische Forschung und Allgemeine Didaktik

Ich will abschließend das Verhältnis von ethnographischer, oder praxeologischer, Unterrichtsforschung und didaktischer Reflexion noch einmal auf konzeptioneller Ebene diskutieren. Dadurch soll deutlich werden, dass man sich das Verhältnis von praxeologischer Unterrichtsforschung und Allgemeiner Didaktik auch nicht zu einfach vorstellen darf. Es ist als ein *doppeltes Spannungsverhältnis* zu konzipieren und zu handhaben.

### (1) Präskription vs. Deskription:

Ein *erstes* Spannungsverhältnis besteht zwischen einer Tradition der Didaktik, die auf die Begründung und Legitimation unterrichtlichen Handelns gerichtet ist, und einer Forschungshaltung, die zunächst nur beschreiben und analysieren will, was sie vorfindet. Methodologisch ist für die praxeologische Forschung jene Haltung der „ethnomethodologischen Indifferenz" konstitutiv, die es nicht besser weiß als die Teilnehmer und die auch zunächst nicht zwischen „gutem" und „schlechtem" Unterricht unterscheidet. Das *Einklammern* der eigenen Überzeugungen etwa von dem, was guter Unterricht sei, ist nun aber eine der schwierigsten Aufgaben zur Entwicklung jenes neuen und „fremden" Blicks auf die Phänomene, um den es der Ethnographie geht und der erst Entdeckungen ermöglicht.

### (2) Rationale Akteure vs. selbstläufige Praktiken:

Ein *zweites* Spannungsverhältnis zwischen Ethnographie und Didaktik betrifft die Auffassung vom Gegenstandsbereich selbst, die Vorstellung von dem, worum es sich bei „Unterricht" handelt. Man kann es geradezu als das genuine Anliegen der Didaktik als wissenschaftlicher Disziplin begreifen, Routinen, Traditionen und Gewohnheiten der Unterrichtspraxis in bewusste Entscheidungen der Lehrenden zu überführen, die als solche reflektiert werden können. Das ist auch die Zumutung der Didaktik an die Praxis: Die Didaktik besteht auf der Intentionalität des Lehrens, sie versucht die *Entscheidungshaltigkeit* und damit die *Begründbarkeit* pädagogischen Handelns zu erhöhen. Demgegenüber verzichtet eine praxeologisch orientierte Forschung – das habe ich ausgeführt – auf den überlegen und rational handelnden Akteur und fragt stattdessen nach den inkorporierten Routinen und dem *impliziten praktischen Wissen* der Teilnehmer, das die Praktiken konstituiert. In dem Beispiel oben haben sich die Schüler keineswegs entschieden, das ganze Schaubild abzuschreiben, sondern sie führten schlicht eine im Unterricht sehr gebräuchliche Praktik aus.

Es kann nun nicht darum gehen, diese beiden Spannungsverhältnisse – Präskription vs. Deskription und rationale Akteure vs. selbstläufige Praktiken – aufzulösen, es geht wohl eher darum, diese Spannungsverhältnisse zu reflektieren und fruchtbar zu machen. Darin sehe ich letztlich die

Herausforderung: Die Ethnographie des Unterrichts, informiert durch die Tradition didaktischer Theoriebildung, zu fokussieren auf die Kernprobleme des Unterrichtens und andererseits das didaktische Nachdenken über Unterricht an dem ethnographischen Blick auf die Phänomene zu erneuern.

Abschließend seien einige – allerdings noch sehr vorläufige – Aufgabenstellungen einer didaktisch interessierten ethnographischen Unterrichtsforschung genannt:

– Die praxeologische Unterrichtsforschung kann auf Probleme der *Unterrichtsqualität* fokussieren: Wie und woran werden Qualitäten des Unterrichts beobachtbar? – Wohl gemerkt: nicht messbar, sondern beobachtbar? Es ist wohl nicht so, dass man die Qualität oder Intensität des Unterrichtsprozesses schlicht mit der vorliegenden Sozialform des Unterrichts oder etwa mit der gewählten Methode in Verbindung bringen kann. Es scheint, dass die Merkmale „guten Unterrichts", die es hier zu explorieren gilt, ‚unterhalb' der Ebene der Entscheidungen für bestimmte Unterrichtsformen und Methoden oder quer dazu liegen. Diese Merkmale sind in der Unterrichtsinteraktion selbst zu identifizieren.[13]
– Die Unterrichtsbeobachtung sollte des Weiteren gezielt darauf achten, wie die *Inhaltlichkeit* des Unterrichts (etwa das indische Kastensystem beim Ausfüllen des Arbeitsblattes im ersten Beispiel) in der Schülertätigkeit vorkommt. Welcher Art ist die Beschäftigung der Schülerinnen und Schüler mit dem Unterrichtsgegenstand? Welche spezifische Rolle spielen unterschiedliche Medien und Lehrmaterialien in den beobachtbaren sozialen Praktiken? Es ist in neuer Weise auf die Bedeutung der Materialität in der unterrichtsalltäglichen Praxis zu reflektieren.
– Die „didaktischen" Anteile am Unterrichtsgeschehen schließlich wären aus dieser Perspektive nicht vorauszusetzen, sondern als empirische Frage zu behandeln: In welchen Situationen, bei welchen Beteiligten und in welchen Formen werden didaktische Reflexionen relevant? In der zweiten oben präsentierten Szene setzte bei dem Lehrer angesichts des unterschiedslosen Abschreibens der Zusammenfassung durch die Schüler offenbar durchaus didaktischer Zweifel an dieser Form der „Ergebnissicherung" ein – ein Zweifel allerdings, der den ‚Lauf der Dinge' in dieser Situation nicht mehr aufhalten konnte. Der Ort und die *Funktionen der didaktischen Reflexion* im Unterrichtsalltag wären zu bestimmen. Erst auf dieser empirischen Grundlage wäre Allgemeine Didaktik als wissenschaftliche Reflexion alltäglicher didaktischer Reflexion (vgl. DIEDERICH 1988) zu betreiben.

Die vorstehende Aufgabenbeschreibung einer praxeologisch ausgerichteten Unterrichtsforschung ist zunächst programmatischer Art und soll die Perspektive umreißen, in der die empirische Fundierung didaktischen Denkens konzipiert werden kann. Der tatsächliche Gewinn dieser Perspektive muss sich in konkreter Forschung erweisen.[14]


## Anmerkungen

1   Hier wird der Begriff des „Didaktischen Denkens", wie ihn DIEDERICH (1988) geprägt hat, gegenüber dem der didaktischen „Theorien" bevorzugt, weil er stärker auf die reflexive *Bearbeitung* (nicht unbedingt Lösung) von Problemen verweist.
2   Das aktuelle „Handbuch Unterricht" (ARNOLD/SANDFUCHS/WIECHMANN 2006) z. B. ignoriert diese Tradition der Unterrichtsforschung fast vollständig.
3   Dabei kann in der englischsprachigen Literatur ein weiter Begriff von Ethnographie fast als Synonym für qualitative Forschung schlechthin gelten – vgl. z. B. das Handbook of Qualitative Research in Education (LE COMPTE, /MILLROY/PREISSLE. 1992).

4  Die aktuelle, vor allem britische Ethnographie der Schule und des Unterrichts ist in der neuen Zeitschrift „Ethnography and Education" (seit 2006 bei Routledge) gut dokumentiert.

5  Hinzuweisen ist auch auf den neu entwickelten Ansatz „kamera-ethnographischer Studien", der mit der Videokamera beobachtete Szenen im Sinne „dichten Zeigens" (MOHN./AMANN 2006) fokussiert und als DVD präsentiert und sich aufgrund der hohen Anschaulichkeit in besonderer Weise für den Einsatz in der Lehrerbildung anbietet (vgl. MOHN/AMANN 2006, MOHN/WIESEMANN 2007).

6  Das zeigen z.B. die berühmten „Krisenexperimente" der Ethnomethodologie. Als Einführung in die Ethnomethodologie kann immer noch WEINGARTEN u. a. (1976) genannt werden.

7  Das implizite „Praxiswissen" spielt auch in neueren Überlegungen zur Lehrerprofessionalität eine zunehmende Rolle (vgl. COMBE/KOLBE 2004).

8  Für erste Untersuchungen zum Alltag schulischer Leistungsbewertung siehe BREIDENSTEIN/ MEIER/ZABOROWSKI (2007).

9  Auch IDEL und RABENSTEIN (2007), die an dem Begriff der „Lernkultur" arbeiten, suchen nach einer Vorgehensweise, die die „empirische Untersuchung ‚didaktischer Praktiken' ohne Reduzierung auf die didaktische Perspektive ermöglicht" (S. 10).

10  Für weitere Beobachtungen, die in eine ähnliche Richtung deuten, verweise ich auf BREIDEN-STEIN (2006, S. 214 ff).

11  Das Protokoll beruht auf der Audioaufzeichnung des Gespräches mittels eines unmittelbar auf dem Tisch der beiden Schülerinnen liegenden Mikrofons.

12  Jochen REHBEIN (1985) zeigt in detaillierten Interaktionsanalysen wie sich alltägliche Handlungsformen wie etwa das „Problemlösen" im Rahmen von Unterrichtskommunikation zum „Aufgabenlösen" verändern.

13  Götz KRUMMHEUER (2002) hat auf der Basis einer detaillierten Analyse von Unterrichtstranskripten auf die „Interpunktion" der Unterrichtskommunikation aufmerksam gemacht: Der unterrichtliche „Gleichfluss" wird von Phasen der „Verdichtung" unterbrochen, wo sich die Beschäftigung mit dem Gegenstand intensiviert. Dies ist an der Interaktionsstruktur erkennbar.

14  Ich danke Sandra RADEMACHER, Meinert MEYER und Werner HELSPER für Kritik und wertvolle Hinweise.

## Literatur

AMANN, K./HIRSCHAUER, S. (1997): Die Befremdung der eigenen Kultur. Ein Programm. In: HIRSCHAUER, S./AMANN, K. (Hrsg.): Die Befremdung der eigenen Kultur. Zur ethnographischen Herausforderung soziologischer Empirie. – Frankfurt a. Main, S. 7-52.

ARNOLD, K.-H./SANDFUCHS, U./WIECHMANN, J. (Hrsg.) (2006): Handbuch Unterricht – Bad Heilbrunn.

BERGMANN, J. (1981): Ethnomethodologische Konversationsanalyse. In: SCHRÖDER, P./STEGER, H. (Hrsg.): Dialogforschung. – Düsseldorf, S. 9-52.

BLANKERTZ, H. (1969/2000): Theorien und Modelle der Didaktik. – München.

DE BOER, H. (2006): Klassenrat als interaktive Praxis. – Wiesbaden.

BOHL, T. (2004): Empirische Unterrichtsforschung und Allgemeine Didaktik. Ein prekäres Spannungsverhältnis und Konsequenzen im Kontext der PISA-Studie. In: Die Deutsche Schule 96, H. 4, S. 414-425.

BREIDENSTEIN, G. (2002): Interpretative Unterrichtsforschung – eine Zwischenbilanz und einige Zwischenfragen. In: BREIDENSTEIN, G./COMBE, A./HELSPER, W./STELMASCYK, B. (Hrsg.): Forum Qualitative Schulforschung 2. – Opladen, S. 11-28.

BREIDENSTEIN, G. (2004): Peer Interaktion und Peer Kultur. In: HELSPER, W./BÖHME, J. (Hrsg.): Handbuch der Schulforschung. – Wiesbaden, S. 921-940.

BREIDENSTEIN, G. (2006): Teilnahme am Unterricht. Ethnographische Studien zum Schülerjob. – Wiesbaden.

BREIDENSTEIN, G. (2008a): Schulunterricht als Gegenstand ethnographischer Forschung. In: HUENDORF, B./ FATKE, R. u.a. (Hrsg): Ethnographie und Pädagogik. – Weinheim (im Erscheinen).

BREIDENSTEIN, G. (2008b): Einen neuen Blick auf Unterricht entwickeln. Strategien der Befremdung, In: THOLE, W./HEINZEL, F./CLOOS, P./KÖNGETER, S. (Hrsg.): Auf unsicherem Terrain. Ethnographische Forschung im Kontext des Bildungs- und Sozialwesens. – Wiesbaden (im Druck).

BREIDENSTEIN, G./KELLE, H. (2002): Die Schulklasse als Publikum. Zum Verhältnis von Peer Culture und Unterricht. In : Die Deutsche Schule, 94, H. 3, S. 318-329.

BREIDENSTEIN, G./MEIER, M./ZABOROWSKI, K. U. (2007): Die Zeugnisausgabe zwischen Selektion und Vergemeinschaftung. Beobachtungen in einer Gymnasial- und einer Sekundarschulklasse. In: Zeitschrift für Pädagogik, 53, H. 4, S. 522-534.

CAZDEN, C. B. (1986): Classroom Discourse. In: WITTROCK, M. C. (ed.): Handbook of Research on Teaching. – New York, pp. 432-463.

COMBE, A./HELSPER, W. (1994): Was geschieht im Klassenzimmer? – Weinheim.

COMBE, A./KOLBE, F.-U. (2004): Lehrerprofessionalität: Wissen, Können, Handeln. In: HELSPER, W./ BÖHME, J. (Hrsg.): Handbuch der Schulforschung. – Wiesbaden, S. 833-852.

DIEDERICH, J. (1988): Didaktisches Denken. Eine Einführung in Anspruch, Möglichkeiten und Grenzen der Allgemeinen Didaktik. – Weinheim.

DITTON, H. (2002): Unterrichtsqualität – Konzeptionen, methodische Überlegungen und Perspektiven. In: Unterrichtswissenschaft, 30, S. 197-210.

DOYLE, W. (1986): Classroom Organization and Management. In: Handbook of Research on Teaching. – 3rd ed. – New York, pp. 392-431.

EDWARDS, A.D./WESTGATE, D. (eds.) (1994): Investigating classroom talk. – London.

FETZER, M. (2007): Interaktion am Werk. Eine Interaktionstheorie fachlichen Lernens, entwickelt am Beispiel von Schreibanlässen im Mathematikunterricht der Grundschule. – Bad Heilbrunn.

FRIEDRICHS, B. (2004): Kinder lösen Konflikte. Klassenrat als pädagogisches Ritual. – Hohengehren.

GRUSCHKA, A. (2002): Didaktik. Das Kreuz mit der Vermittlung. – Wetzlar.

HAMMERSLEY, M. (Ed.) (1999): Researching School Experience. Ethnographic Studies of Teaching and Learning. – London.

HEINZE, T. (1976): Unterricht als soziale Situation. Zur Interaktion von Schülern und Lehrern. – München.

HEINZE, T. (1980): Schülertaktiken. – München.

HELSPER, W./HUMMRICH, M. (im Druck): Arbeitsbündnis, Schulkultur und Milieu – Reflexionen zu Grundlagen schulischer Bildungsprozesse. In: BREIDENSTEIN, G./SCHÜTZE, F. (Hrsg.) (im Druck): Paradoxien in der Reform der Schule. – Wiesbaden.

HIRSCHAUER, S. (2004): Praktiken und ihre Körper. Über materielle Partizipanden des Tuns. In: HÖRNING, K. H./REUTER, J. (Hrsg.): Doing Culture. Neue Positionen zum Verhältnis von Kultur und sozialer Praxis. – Bielefeld.

HÖRNING, K./REUTER, J. (Hrsg.) (2004): Doing Culture. Zum Begriff der Praxis in der gegenwärtigen soziologischen Theorie. – Bielefeld.

HOLTAPPELS, G./HORSTKEMPER, M. (Hrsg.) (1999): Neue Wege der Didaktik? Analysen und Konzepte zur Entwicklung des Lehrens und Lernens. – 5. Beiheft der Deutschen Schule. – Weinheim.

HUF, C. (2006): Didaktische Arrangements aus der Perspektive von SchulanfängerInnen. – Bad Heilbrunn.

IDEL, S./RABENSTEIN, K. (2007): Vom Unterricht zur Lernkultur: Methodologische Überlegungen zur Vermittlung von Institutionsanalyse und Unterrichtsforschung im Rahmen rekonstruktiver Schulforschung. Vortragsmanuskript, www.lernkultur-ganztagsschule.de. – Download vom 10. Oktober 2007.

JACKSON, P. W. (1968): Life in Classrooms. – New York.

KALTHOFF, H. (1997): Wohlerzogenheit. Eine Ethnographie deutscher Internatsschulen. – Frankfurt a.M.

KORING, B. (1989): Eine Theorie pädagogischen Handelns. – Weinheim.

KRUMMHEUER, G. (1992): Lernen mit „Format". Elemente einer interaktionistischen Lerntheorie. Diskutiert an Beispielen mathematischen Unterrichts. – Weinheim.

KRUMMHEUER, G. (1997): Narrativität und Lernen. Mikrosoziologische Studien zur sozialen Konstitution des Lernens. – Weinheim.

KRUMMHEUER, G. (2002): Eine interaktionistische Modellierung des Unterrichtsalltages – entwickelt in interpretativen Studien zum mathematischen Grundschulunterricht. In: BREIDENSTEIN, G./COMBE, A./ HELSPER,W./STELMASCYK, B. (Hrsg.): Forum Qualitative Schulforschung 2. – Opladen, S. 41-60.

LAVE, J./WENGER, E. (1991): Situated Learning. Legitimate Peripheral Participation. – Cambridge.

LEANDER, Kevin M. (2002): Silencing in Classroom Interaction: Producing and Relating Social Spaces. In: Discourse Processes 34, H. 2, pp. 193-235.

LE COMPTE, M. D./MILLROY, W. L./PREISSLE, J. (Eds.) (1992): The Handbook of Qualitative Research in Education. – San Diego.

LÜDERS, M./RAUIN, U. (2004): Unterrichts- und Lehr-Lernforschung. In: HELSPER, W./BÖHME, J. (Hrsg.): Handbuch der Schulforschung. – Wiesbaden, S. 691-720.

McHOUL, A. W. (1978): The Organization of Turns in Formal Talk in the Classroom. In: Language in Society, 7, pp. 182-213.

McHOUL, A. W. (1990): The Organization of Repair in Classroom Talk. In: Language in Society, 19, pp. 349-377.

MEHAN, H. (1979): Learning lessons: social organisation in the classroom. – Cambridge.

MOHN, E. B./AMANN, K. (2006): Lernkörper. Kamera-ethnographische Studien zum Schülerjob (DVD). – Göttingen.

MOHN, E. B./WIESEMANN, J. (2007): Das Handwerk des Lernens (DVD). – Göttingen.

NAUJOK, N. (2000): Schülerkooperation im Rahmen von Wochenplanunterricht – Analyse von Unterrichtsausschnitten aus der Grundschule. – Weinheim.

POLLARD, A. (2007): The Identity and Learning Programme. In: Ethnography and Education, Vol. 2, No. 1, pp. 1-19.

POLLARD, A./FILER, A. (1996): The Social World of Childrens' Learning. – London.

RECKWITZ, A. (2003): Grundelemente einer Theorie sozialer Praktiken. Eine sozialtheoretische Perspektive. In: Zeitschrift für Soziologie, 32, H. 4, S. 282-301.

RECKWITZ, A. (2000/2006): Die Transformation der Kulturtheorien. Zur Entwicklung eines Theorieprogramms. – Weilerswist.

REHBEIN, J. (1985): Institutionelle Veränderungen, in: KOKEMOHR, R./MAROTZKI, W. (Hrsg.): Interaktionsanalysen in pädagogischer Absicht. – Frankfurt a. M., S. 11-45.

RYLE, G. (1969): Der Begriff des Geistes. – Stuttgart.

SCHATZKI, T. R. (1996): Social Practices. A Wittgensteinian Approach to Human Activity and the Social. – Cambridge.

SCHATZKI, T. R./KNORR-CETINA, K./SAVIGNY, E. v. (Eds.) (2001): The practice turn in contemporary theory. – London.

TERHART, E. (2002): Fremde Schwestern. Zum Verhältnis von Allgemeiner Didaktik und empirischer Lehr-Lern-Forschung. In: Zeitschrift für Pädagogische Psychologie, 16, S. 77-86.

WAGNER-WILLI, M. (2005): Kinder-Rituale zwischen Vorder- und Hinterbühne. Der Übergang von der Pause zum Unterricht. – Wiesbaden.

WEINGARTEN, E./SACK, F./SCHENKEIN, J. (Hrsg.) (1976): Ethnomethodologie. Beiträge zu einer Soziologie des Alltagshandelns. – Frankfurt a.M.

WERNET, A. (2003): Pädagogische Permissivität. Schulische Sozialisation und pädagogisches Handeln jenseits der Professionalisierungsfrage. – Opladen.

WIESEMANN, J. (2000): Lernen als Alltagspraxis. Lernformen von Kindern an einer Freien Schule. – Bad Heilbrunn.

WIESEMANN, J./AMANN, K. (2002): Situationistische Unterrichtsforschung. In: BREIDENSTEIN, G./COMBE, A./HELSPER, W./STELMASCYK, B. (Hrsg.): Forum Qualitative Schulforschung 2. – Opladen, S. 133-156.

WILLEMS, K. (2007): Schulische Fachkulturen und Geschlecht. Physik und Deutsch – natürliche Gegenpole? – Bielefeld.

WULF u.a. 2004 = WULF, C./ALTHANS, B./AUDEHM, K./BAUSCH, C./JÖRISSEN, B./GÖHLICH, M./MATTIG, R./TERVOOREN, A./WAGNER-WILLI, M./ZIRFAS, J. (2004): Bildung im Ritual. – Wiesbaden.

WULF u.a. 2007 = WULF, C./ALTHANS, B./BLASCHKE, G./FERRIN, N./GÖHLICH, ,M./JORISSEN, B,/MATTIG, R./NENTWIG-GESEMANN, I./SCHINKEL, S./TERVOOREN, A./WAGNER-WILLI, M./ZIRFAS. J.(2007): Lernkulturen im Umbruch. – Wiesbaden.

WOODS, P. (Ed.) (1980): Pupil Strategies: Explorations in the sociology of the school. – London.

WOODS, P. (1990): The Happiest Days? How Pupils Cope with School. – Basingstoke.

ZINNECKER, J. (Hrsg.) (1975): Der heimliche Lehrplan – Untersuchungen zum Schulunterricht. – Weinheim.

ZINNECKER, J. (1978): Die Schule als Hinterbühne oder Nachrichten aus dem Unterleben der Schüler. In: REINERT, G.-B./ZINNECKER, J. (Hrsg.): Schüler im Schulbetrieb. – Reinbek, S. 29-116.

*Anschrift des Verfassers:*

Dr. Georg Breidenstein, Professor für Grundschulpädagogik an der Phil. Fakultät III (Erziehungswissenschaft) der Martin-Luther-Universtität Halle-Wittenberg. Franckeplatz 1, Haus 31, 06099 Halle (Saale), E-Mail: georg.breidenstein@paedagogik.uni-halle.de

TEIL III:
FREMDE SCHWESTERN? – DIE ALLGEMEINE DIDAKTIK, DIE LEHR-
LERNFORSCHUNG UND DIE FACHDIDAKTIKEN

Kurt Reusser, Zürich

# Empirisch fundierte Didaktik – didaktisch fundierte Unterrichtsforschung

## Eine Perspektive zur Neuorientierung der Allgemeinen Didaktik

**Zusammenfassung:**

Die Didaktik als Berufswissenschaft professionell agierender Lehrpersonen bedarf zu ihrer Erneuerung der Integration mit der pädagogisch-psychologischen und fachdidaktischen Lehr-Lernforschung. Gleichzeitig tut die empirisch-sozialwissenschaftliche Bildungsforschung gut daran, sich proaktiv mit den genuinen Fragen der Didaktik als Theorie des professionellen Handelns von Lehrpersonen auseinanderzusetzen. Während es der traditionellen Allgemeinen Didaktik an der empirischen Fundierung durch die kognitionswissenschaftliche Forschung mangelt, fehlt der empirischen Bildungsforschung ein durch Bildungstheorie und Didaktik informierter Referenzrahmen zur Bestimmung der pädagogisch-fachlichen Handlungs- und Gestaltungsaufgaben professionell Lehrender. Wie ein solcher Rahmen gewonnen und praxisnah konzipiert werden kann, wird mit Blick auf eine Neuorientierung der Allgemeinen Didaktik dargelegt.

*Schlüsselwörter:* Allgemeine Didaktik, Unterrichtsqualität, Lehr-Lernforschung, Lehr-Lernkultur, didaktische Professionalität, Lehrerbildung

**Summary:**

To bring about a renewal of didactics as a vocational science of professionally active teachers, it needs to be integrated with pedagogical-psychological and subject-didactical teaching and learning research. At the same time, empirical-social scientific educational research would be well advised to take a proactive look at didactics as a theory of professional action of teachers. While in traditional general didactics, an empirical foundation through research from cognitive science is missing, empirical educational research lacks a frame of reference informed by educational theory and didactics for determining the pedagogical-subject-based action and design tasks of professional teachers. How such a framework can be acquired and conceived in a practical manner will be expounded in view of the re-orientation of general didactics.

*Keywords:* general didactics, instructional quality, teaching and learning research, teaching and learning culture, didactic professionalism, teacher education

## 1 Einführung

Von der Allgemeinen Didaktik als einer stufen- und fachübergreifenden Theorie des Lehrens werden seit jeher sowohl bildungstheoretische Reflexion als auch begründete Praxisanleitung kompetenten Handelns in Bezug auf die Vorbereitung von Lehrpersonen auf ihren pädagogischen Beruf als ‚Intellektuelle' und als ‚Handwerker' erwartet. Die beiden Fragen, die dabei im Vordergrund stehen, beziehen sich einerseits auf das „Was" und „Warum", andererseits auf das „Wie" und „Womit" der mit dem Begriff von *Unterricht als dem Kerngeschäft* des Berufs verbundenen Analyse- und Gestaltungsaufgaben.

In der geisteswissenschaftlichen Tradition der Erziehungswissenschaft wurde (vor allem seit KLAFKI) dem Verständnis von Didaktik als normativ geprägter Reflexion von Bildungsinhalten und Lehrplanentscheidungen Priorität eingeräumt gegenüber einem Verständnis, das sich auf die Analyse von Methoden, Formen, Lehr-Lern- und Steuerungsprozessen des Unterrichts bezieht. Vor allem drei in der (deutschen) Lehrerbildung über lange Zeit eine Monopolstellung einnehmende Modelle (vgl. GUDJONS/WINKEL 1997; JANK/MEYER 2002), welche je stellvertretend für eine ganze „Theoriefamilie" stehen (BLANKERTZ 1969; TERHART 2005 und in diesem Band), repräsentieren unterschiedliche Perspektiven auf das Unterrichtsgeschehen: Wird im „bildungstheoretischen Modell" (KLAFKI 1963) Unterricht als Begegnung mit didaktisch analysierten Bildungsinhalten und im „lehrtheoretischen Modell" (HEIMANN/OTTO/SCHULZ 1965) als Ergebnis zielbezogen geplanten Lehrerhandelns gefasst, so setzt der „kommunikative Ansatz" (WINKEL 1997) den Akzent auf die soziale Interaktion und Kommunikation als produktive Kategorien des Lehrer-Schüler-Handelns.

Auch wenn die genannten Modelle bis heute auf ihre institutionelle Absicherung als Prüfungsinhalte zählen können, ist ihre *Innovationskraft erlahmt*, und es ist von Stagnation und Theoriestillstand die Rede (TERHART 2002, 2005). Im Zuge der Entwicklung in den Human- und Sozialwissenschaften, spätestens jedoch seit der Alarmierung der Bildungsöffentlichkeit durch die Ergebnisse national vergleichender Schulleistungsstudien (TIMSS, PISA etc.) und einer dadurch ausgelösten Debatte um die Wirksamkeit unserer Bildungssysteme, ist der Allgemeinen Didaktik als programmatischer Leitdisziplin der schulpädagogischen Reflexion zudem Konkurrenz erwachsen.

Derzeit ist v.a. die international ausgerichtete, vorab in der Psychologie verankerte *empirische Lehr-Lern- und Bildungsforschung*, welche sich unabhängig von der deutschen Didaktik entwickelt hat, auf dem besten Weg, nicht nur die Allgemeine Didaktik als Referenzrahmen für die Diskussion von schulpädagogischen Fragen zu verdrängen, sondern auch die Meinungsführung in Bezug auf die Diskussion von Qualitätsfragen im Bildungswesen zu übernehmen. Seit die psychologische Lernforschung sich im Zuge der „kognitiv-konstruktivistischen Wende" vom engen Korsett des Behaviorismus zu lösen begonnen hat und zu einem breit fundierten, um die Kognitions-, Motivations- und Entwicklungspsychologie gruppierten Forschungsfeld geworden ist, ist sie auch für die Lehrerbildung zu einem wichtigen Element des Curriculums geworden.

Die psychologische Lern- und Entwicklungstheorie ist für die Erziehungswissenschaft vor allem deshalb attraktiv geworden, weil ihre Sicht des Lernens als eines aktiven, selbst regulierten, individuellen und sozialen (Ko-)Konstruktionsprozesses anschlussfähig an Erziehungswerte ist, welche auch von der Pädagogik und der Didaktik geteilt werden (REUSSER 2006). Dazu kommt, dass sich reformpädagogische Positionen, wie die Diskussion um eine „Öffnung" des Unterrichts, als empirisch bearbeitbare Fragen in der modernen Lehr-Lernforschung ebenfalls aufgehoben fühlen können.

Auch wenn es im Prinzip dieselben Grundfragen nach Lehren und Lernen sind, welche die in der Lehrerbildung verankerte Allgemeine Didaktik und die an Psychologie und Empirie orientierte Lehr-Lernforschung bearbeiten, sehen sich die beiden Bereiche – deren Entwicklung „in der deutschen Nachkriegszeit ... fast völlig getrennt verlaufen" ist (BOHL 2004) – immer noch eher als „fremde Schwestern" (TERHART 2002) denn als Verbündete. Dies hängt damit zusammen, dass es die durch normatives Denken und Strukturmodelle geprägte Allgemeine Didaktik über Jahrzehnte versäumt hat, sich der Bedingungs- und Wirkungsanalyse ihrer Modelle sowie den Prozessen des bildenden Lernens und seiner Anleitung als Kernaufgabe des Unterrichts zu stellen. Vor allem die *geisteswissenschaftlich-bildungstheoretischen Traditionen* verpflichtete Didaktik verweigerte sich lange Zeit dem Anspruch, sich auf *psychologischer* Grundlage empirisch-analytisch mit den Mikroprozessen des Lehr-Lernhandelns auseinanderzusetzen und dabei Methodenfragen als gleichwertig mit Bildungsinhalts-, Lehrplan- und Strukturfragen zu betrachten. Mit einer inhärenten Tendenz zum „Stratosphärendenken" (HEIMANN 1962) wurden in akademischen Modellen der Allgemeinen Didaktik Methoden- und Lehr-Lernprozessfragen entweder normativ behandelt, ignoriert oder – in begrifflich-theoretischer Abwertung – der praxis- und beispielorientierten

Prinzipien- und „Hintertreppenliteratur" überlassen. Zwar entwickelte sich auch innerhalb des geisteswissenschaftlichen Ansatzes, und damit fern der empirischen Bildungsforschung, ein Theorie-Praxis-Verständnis, das von SCHLEIERMACHER über Erich WENIGER bis in die Gegenwart reicht, und das *nicht* einfach *empiriefeindlich* war, sondern Empirie anders – qualitativ, erfahrungsorientiert, praxisbezogen – fasste. Dieses Verständnis, zu dem es bis heute viele Entwicklungen und Varianten gibt, die sich unter dem Begriff der qualitativen und interpretativen Bildungs- und Unterrichtsforschung zusammenfassen lassen, ist mit der quantitativ orientierten, bedingungs- und wirkungsanalytisch arbeitenden Bildungsforschung bis heute ebenfalls schlecht integriert. Fremdheitserfahrungen zwischen empirischer Bildungsforschung und Didaktik gibt es deshalb nicht nur unter dem Aspekt der ihnen zugrunde liegenden Theoriepositionen und Begriffswelten, sondern auch zwischen den zu diesen affinen Forschungsmethoden. So gibt es immer noch Vertreter einer interpretativen Unterrichtsforschung, die wenig Verständnis für quantitative Forschungsansätze aufbringen – und umgekehrt. Ein Dialog zwischen empirischer Bildungsforschung und Didaktik wird sich demnach nicht nur auf den Austausch zwischen Theorien und Begrifflichkeiten in Bezug auf Struktur- und Prozessvorstellungen von Unterricht beziehen müssen, sondern auch auf jenen zwischen komplementären forschungsmethodischen Paradigmen.

Vor diesem Hintergrund wurden nicht nur die Pioniere einer erfahrungswissenschaftlichen Pädagogik und Unterrichtsforschung (wie z. B. MEUMANN, LAY, PETERSEN, DEWEY, CLAPARÈDE; vgl. DEPAEPE 1993) von der Erziehungswissenschaft kaum zur Kenntnis genommen, sondern auch die im Zuge der (u.a. von PIAGET, CHOMSKY, NEISSER inspirierten) so genannten ‚kognitiven Wende' sich herausbildende internationale Lern- und Entwicklungsforschung wurde ignoriert. Auch wenn der in seiner Göttinger Antrittsvorlesung erfolgte Aufruf von Heinrich ROTH zu einer „realistischen Wendung" der Pädagogik (ROTH 1962; vgl. auch 1957) – und damit zum Anschluss an die empirische Methodik der Pädagogischen Psychologie und der Soziologie – nicht ungehört blieb und zur Schaffung erfahrungswissenschaftlich orientierter Pädagogik-Professuren sowie zu einer verstärkten Rezeption anglo-amerikanischer Forschung führte (BOHL 2004), berührte dies das Selbstverständnis der geisteswissenschaftlich verankerten Didaktik wenig. Ein wichtiger Grund dafür liegt darin, dass in der durch die Aufklärung geprägten deutschsprachigen Tradition die Didaktik seit jeher eine Teildisziplin der Erziehungswissenschaft darstellt, während sie im anglo-amerikanischen Raum als zur Pädagogischen Psychologie gehörig betrachtet wird. Eine Folge davon ist, dass im deutschen Sprachraum der Bildungsbegriff, im englisch-amerikanischen Raum dagegen der Lernbegriff und der Entwicklungsbegriff die Referenzgrössen zur Zielbestimmung der schulischen Aufgaben darstellen. Dies zeigt sich auch darin, dass es die Kinderpsychologie und die pädagogische Psychologie im deutschsprachigen Raum lange Zeit schwer hatten, sich an der Universität als Fach zu etablieren und zu entwickeln (vgl. DEPAEPE 1993, S. 73)

Ebenfalls wurde die aus der konstruktivistischen Erkenntnis- und Entwicklungspsychologie Jean PIAGETS hervorgegangene, am Lernen und an der geistigen Entwicklung des Kindes orientierte *Psychologische Didaktik* Hans AEBLIS (französisch: 1951, deutsch: 1963; Grundformen des Lehrens; 1961; 1983) von der deutschen Didaktik als eigenständiger Ansatz jahrzehntelang ignoriert, missverstanden oder abgewertet (vgl. KIPER 2006; MESSNER/REUSSER 2006). Dies ist einigermaßen erstaunlich, da es sich bei der auf dem Lehrbuchmarkt sehr erfolgreichen Didaktik AEBLIS um einen in der Tradition HERBARTS stehenden Ansatz handelte, der sich in seiner Tiefenschicht zudem an einem der Grossen der Entwicklungspsychologie orientierte, und der – als *lernerzentrierter* Ansatz – weniger die Methoden und Prinzipien des Lehrerhandelns als die *Lernprozesse der Schülerinnen und Schüler* in den Blick nahm.[1] Die grundlegende Bedeutung, die AEBLI dem psychologischen Wissen für das Lehrerhandeln und das Schülerlernen beimaß, kommt im folgenden Zitat aus dem Jahr 1951 zum Ausdruck: „Die wissenschaftliche Didaktik stellt sich die Aufgabe, aus der psychologischen Kenntnis der Vorgänge geistiger Formung diejenigen methodischen Maßnahmen abzuleiten, welche für die Entwicklung der Prozesse am besten geeignet sind. Eine solche Beziehung zwischen Didaktik und Psychologie wird nur selten bewusst und unmittelbar hergestellt." (S. 15)

Eine zweite Entwicklung, welche die Allgemeine Didaktik in den vergangenen Jahren in die Defensive gebracht hat, besteht darin, dass die *Fachdidaktiken* mit ihren disziplinären Ansprüchen auf Autonomie und Generierung fachspezifischer Referenzrahmen für Lehren, Lernen und (Grund-)Bildung ihr zunehmend den Rang ablaufen. Vor allem jene Fachdidaktiken, die sich (analog zur Lehr-Lernforschung) in den vergangenen Jahren international weiterentwickelt haben (wie die Mathematik- und die Naturwissenschaftsdidaktik), orientieren sich immer weniger an traditionellen Didaktikmodellen, sondern suchen den Anschluss an die empirische Bildungs- und Lernforschung. Aber auch jene Fachdidaktiken, die der Unterrichtsforschung distanzierter gegenüber stehen, sind in ihrem Selbstverständnis erstarkt, bemühen sich um fachliche Ausdifferenzierung und orientieren sich, falls sie das überhaupt je taten, immer weniger an der einstigen Leitdisziplin. Die Befürchtung, die aus diesen Entwicklungen resultiert, ist die, dass die Allgemeine Didaktik und die ihr zugrunde liegende Bildungstradition, welche vor allem in den deutschsprachigen und zum Teil in den skandinavischen Ländern (vgl. die Beiträge von Kirsti KLETTE und Brian HUDSON in diesem Band) ihren Rückhalt haben, verschwinden bzw. in einer sich fachlich und fachdidaktisch spezialisierenden empirischen Lehr-Lernforschung aufgehen könnten.

Dass eine solche Entwicklung nicht nur positiv zu sehen ist, zeigt sich etwa an einer immer noch *fehlenden gemeinsamen Fachsprache* unter den verschiedenen Fachdidaktiken.[2] Dabei handelt es sich um eine Hypothek, welche in der Lehrerausbildung vor allem zu Lasten der Studierenden geht, welche sich im babylonischen Wirrwarr von Konzepten, die im Prinzip dasselbe meinen, oft nicht mehr orientieren können. Wenn es eine allgemein didaktische Betrachtung von Lehr-Lernphänomenen auch künftig braucht, dann u.a. deshalb, weil die mit Lehren und Lernen assoziierten Bedingungs- und Wirkungszusammenhänge in ihrer Gesamtheit nicht einfach nur fachdidaktisch different sind, sondern ebenfalls viele Gemeinsamkeiten aufweisen. Unterrichtsqualität und damit die Qualität didaktischen Handelns sind immer sowohl fachdidaktisch als auch allgemein didaktisch zu bestimmen.

Was die Verlustbefürchtungen und Distanzierungen (von Seiten einer in die Defensive geratenen Allgemeinen Didaktik) gerne übersehen ist, dass auch eine breit abgestützte *Lehr-Lern- und Bildungsforschung*, sollte sie sich als „Erbin" der Allgemeinen Didaktik etablieren, aus sich heraus nur begrenzt zur Erhellung und zur operativen Gestaltung der schulpädagogischen Aufgaben des Lehrerhandelns beitragen kann. Zwar stellt die kognitionswissenschaftliche Grundlagenforschung ein reiches, von der traditionellen Allgemeinen Didaktik und Fachdidaktik bis heute unterschätztes Wissen zur Verfügung. Aus einem noch so großen „Steinbruch" von kumulativem, eher fragmentarisch geordnetem wissenschaftlichen *Erklärungswissen ÜBER* Gelingens- und Wirkungskonstellationen von Lehr-Lernprozessen entsteht jedoch von selbst noch kein kohärenter Orientierungsrahmen und auch keine pädagogisch intelligible, an Begriffen von Kompetenz und selbst bestimmtem Lernen orientierte *Reflexions- und Handlungstheorie FÜR Lehrende und Lernende* (MESSNER/REUSSER 2000). Um wissenschaftliches Wissen für professionelles Handeln zu nutzen, braucht es in der Regel mannigfaltige Transformations- und Transferleistungen. Weder ist das Erklärungswissen der Wissenschaft mit der Wissensqualität handelnder Subjekte, d.h. mit ihrem Professionswissen identisch, noch lässt sich die eine Wissensform mühelos in die andere übersetzen.[3] Deshalb ist es auch nur von begrenztem Nutzen, angehenden Lehrpersonen große Mengen von Forschungswissen einfach akademisch zu vermitteln. Dieses Wissen dürfte so wirkungslos für das Handeln bleiben, wie es auch manche Wissensbestände der traditionellen Lehrerbildung immer schon waren. Mit andern Worten: Auch wissenschaftliches Wissen von hoher Qualität verwandelt sich im Zuge seiner kognitiven Aneignung nicht von selbst in Professionswissen. Handlungswirksames Berufswissen nährt sich sehr selten direkt, vielmehr (wenn überhaupt) fast immer nur *mittelbar* – über viele, meist kleine Transferschritte und (mehr oder weniger schmerzliche; vgl. OSER/SPYCHIGER 2005) Erfahrungs-Rückkopplungen – aus kognitiven Prozessen des Erwerbs von Forschungswissen. Umgekehrt ist Professionswissen als eine Wissensform sui generis auch nicht einfach „in Erziehungswissenschaft oder pädagogischer Psychologie oder Fachdidaktik oder Neuropsychologie hinein auflösbar" (TENORTH 2007, S. 31).

Um der Beliebigkeit (und wohl auch der Unwirksamkeit) beim Aufbau einer beruflichen Wissens- und Handlungsbasis zu entgehen, braucht es jedoch noch ein Weiteres. Die Lehrerbildung bedarf auch künftig eines *normativ verankerten, fachübergreifenden schulpädagogischen und didaktischen Referenzrahmens* zur Reflexion und Deutung der pädagogischen Handlungsaufgaben und des strukturellen Rahmens von Bildung sowie der Ziele und der inhalts- und prozessbezogenen Gütekriterien von Wissen und Können. Einen solchen Rahmen, welcher der empirischen Bildungsforschung weitgehend fehlt, hat die Allgemeine Didaktik in Form von kategorialen Analysen, Fragerastern und Leitideen bisher zumindest teilweise bereitgestellt: durch Struktur- und Bedingungsanalysen der schulpädagogischen Grundsituation, durch Reflexion eines Bildungskanons auf dem Hintergrund von Menschenbildannahmen und gesellschaftlichen Bildungsaufgaben, sodann durch Reflexion gelungener Bildungsverläufe und im Unterricht zu bearbeitender Problemlagen und schließlich durch Reflexion der gesellschaftlichen Rahmung des Schul- und Bildungswesens sowie der angestrebten Qualität gelingender Unterrichts- und Lernprozesse. Als Reflexionshorizont lässt sich ein solcher Rahmen in substanzieller Weise durch empirische Bildungs- und Unterrichtsforschung anreichern, das heißt, es fällt nicht schwer, mannigfaltige Forschungsergebnisse zu seiner empirischen Fundierung heranzuziehen. Auch für eine sich an der modernen Lehr-Lernforschung orientierende Didaktik bleibt ein über Stufen und Fächer generalisierender Reflexionsrahmen weiterhin zentral. Einerseits vermag ein solcher Rahmen aufzuzeigen, an welchen gesellschaftlich geteilten inhalts- und prozessbezogenen Vorstellungen von Bildung, Interaktion und Lernen sich Schule orientieren soll, und andererseits, an welchen Kategorien, Konzepten und Fragehorizonten sich eine ertragreiche, jenseits bloß staatlicher Auftrags- und Evaluationsforschung operierende Bildungsforschung orientieren könnte, und welches die pädagogisch-gesellschaftlichen Sinnhorizonte sind, an denen sich ihre Antworten sollten messen lassen.

Will die Allgemeine Didaktik im Austausch mit den sich etablierenden Fachdidaktiken in der Lehrerbildung ihre orientierende Funktion als fachübergreifende Leitdisziplin der Theoretisierung und Reflexion des didaktischen Handelns beibehalten, so muss sie sich *subjektwissenschaftlicher,* insbesondere kognitions- und entwicklungspsychologischer, darüber hinaus auch soziologischer Forschung öffnen und deren Ergebnisse zur Kenntnis nehmen. Um erneut zu einer innovativen Kraft in Schulpädagogik und Lehrerbildung zu werden, muss sie in offensiver Weise den Anschluss an die interdisziplinäre Bildungs- und Unterrichtsforschung suchen und auf deren Grundlage bzw. in enger Zusammenarbeit mit dieser ihre Handlungsaufgaben bestimmen. Das heißt, es braucht eine Allgemeine Didaktik, die sich in ihren handlungsbezogenen Aussagen auf die Kognitions- und Lernforschung abstützt. Dies sollte ihr deshalb nicht allzu schwer fallen, weil das kognitiv-konstruktivistische Lern- und Subjektverständnis, in dessen Rahmen sich die heutige humanwissenschaftliche Forschung bewegt, mit zentralen und allgemein akzeptierten Bildungswerten und Prozessvorstellungen des pädagogischen Denkens und Handelns kompatibel ist.

Den Dialog aufzunehmen sind aber nicht nur die Vertreter der Allgemeinen Didaktik und der Fachdidaktiken aufgerufen, sondern ebenso *die meist von der Psychologie her kommenden Vertreter der Lehr-Lern- und Bildungsforschung.* Wenn der Allgemeinen Didaktik bisher die empirische Fundierung fehlte, so fehlt der Bildungsforschung bislang weitgehend eine (fach)didaktische Fundierung (vgl. auch KLIEME/RAKOCZY 2008). Die empirische Bildungsforschung täte gut daran, sich in der Ausbildung kommender Forschergenerationen nebst der

Vermittlung von Forschungs- und Methodenwissen proaktiv mit der Phänomenologie schulisch-unterrichtlichen Handelns sowie den daraus hervorgegangenen genuinen Themen und Theorietraditionen (fach)didaktischer Problemwahrnehmung vertraut zu machen. Bildungstheorie, Allgemeine und Fach-Didaktik stehen dabei für ein historisch gewachsenes Kulturgut und ein handlungstheoretisch verdichtetes Professionswissen, das den deutschsprachigen erziehungswissenschaftlichen Diskurs immer noch in positiver Weise international – z. B. gegenüber einem US-amerikanischen Diskurs (vgl. Dennis SHIRLEY in diesem Heft) – auszeichnet.


## 2    Die Denkfigur des „didaktischen Dreiecks"

Damit von Tradition und Herkunft her ungleiche Partner zusammenfinden, braucht es eine „Geschäftsgrundlage". Als Verständigungsbasis für eine solche sei mit Blick auf das Ziel einer Wiederbelebung der Allgemeinen Didaktik eine bei vielen zu Unrecht in Misskredit geratene Denkfigur in Erinnerung gerufen, welche geeignet ist, die strukturelle Grundsituation didaktischen Handelns und damit die Kernaufgabe institutionell gerahmten Lernens aus der Perspektive der zentralen Elemente und Akteure zu bestimmen: das *„didaktische Dreieck".* Die *epistemisch* zu verstehende, deskriptive Denkfigur steht zum einen für die in den Kontext von Schule und Gesellschaft eingebetteten Interdependenzen zwischen den Polen „Bildungsgegenstand" (Kulturinhalte), „Lernende" (als Individuen und als Gruppe) und „Lehrende" und damit für die Struktur des didaktischen Fragezusammenhangs. Zum anderen steht sie für die kognitive, soziale und motivational-emotionale Dynamik einer über die Zeit sich erstreckenden, Entscheidungen auf allen Ebenen beinhaltenden interaktiven Tätigkeit, die wir „Lehren" bzw. „Unterricht" oder „Instruktion" nennen, und deren indirekte und direkte Steuerung Lehrpersonen als Kernverantwortung obliegt. Lehren meint dabei nicht einfach das, was Lehrpersonen allein entscheiden und tun, sondern was sie in Interaktion mit Schülern und mit einem Stoff, abhängig von individuellen und kollektiven, personalen und materialen Voraussetzungen, Werkzeugen, Bedingungen, Einflüssen und Kontexten reflektieren, tun und sagen. Obwohl oftmals missbraucht und in zahlreichen Primitiv-Varianten kursierend (und deshalb oft kritisiert), halte ich die Denkfigur für einen geeigneten Ausgangspunkt zur Deutung der *Dynamik der zentralen operativen Aufgaben von Lehrpersonen.*

Der zweifache *heuristische* Wert des didaktischen Dreiecks besteht darin, dass es einerseits erlaubt, die drei *Teilkulturen des Lehrens und Lernens,* die sich als Grunddimensionen in den Modellen der Allgemeinen Didaktik mit ihren je verschiedenen Frageperspektiven und Theoriehorizonten spiegeln, ins Blickfeld zu rücken, und dass es andererseits ermöglicht, zentrale Themen und Befunde, wie sie aus der Entwicklungs- und Lehr-Lernforschung sowie aus der empirischen Bildungs- und Unterrichtsforschung vorliegen, einzuordnen und diesen ein didaktisches, auch normativ orientierendes Fundament zu geben. Bei den drei fachübergreifenden und daher *allgemein didaktisch* zu nennenden Kulturen, die in Interdependenz untereinander und mit den übergeordneten Schulsystemebenen die Struktur des didaktischen Entscheidungs- und Handlungsfeldes und die daraus erwachsenden pädagogisch-didaktischen Aufgaben definieren, handelt es sich um die *Stoff-, Ziel- und Aufgabenkultur,* die *Lehr-Lern- und Verstehenskultur* sowie die *Kommunikations- und Lernunterstützungskultur* (Abbildung 1).

Wenn im Folgenden von „Lehr-Lern-Kultur" die Rede ist, so wird darunter die Gesamtheit der sich über ein fachbezogenes oder fachübergreifendes Lehr-Lernsetting erstreckenden Denk-, Handlungs-, Kooperations- und Kommunikationsprozesse einschließlich der darauf bezogenen Inhalte und damit verbundenen, gesellschaftlich geprägten institutionellen Strukturen und pädagogisch-psychologischen Orientierungen verstanden. Ist von didaktischen Teilkulturen die Rede, so beziehen sich die genannten Prozesse und Interaktionen auf je eine der Seiten des Dreiecks, d. h. auf die bildungsinhaltliche (WAS soll WARUM und WOZU gelehrt werden?), die lehr-lern-prozessbezogene (WIE und in welcher Prozessqualität soll gelernt und gelehrt werden?) oder die kommunikativ-unterstützende Seite (WOMIT und WODURCH kann – durch Lehrpersonen, Mitschüler, Werkzeuge und Materialien – Lernen unterstützt, begleitet und ermutigt werden?). Zu betonen ist, dass es sich dabei um eine interdependente Dynamik handelt, in welche Lehrpersonen und Lernende in Beziehung auf einen Gegenstand und abhängig von externen Einflüssen in wechselseitiger Einstellung und ko-konstruktiver Verantwortung eingebettet sind.[4] Im Folgenden soll auf die drei Teilkulturen eingegangen und mittels exemplarischer Hinweise auf Forschung gezeigt werden, wie sich diese empirisch-psychologisch fundieren lassen.

*Abbildung 1:* Grundmodell der unterrichtlichen Dynamik: Die drei Kulturen des Lehrens und Lernens

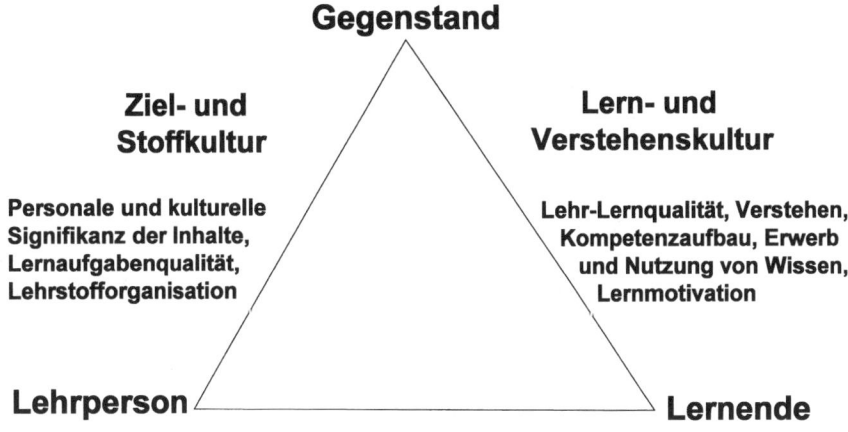

## 2.1 Stoff-, Ziel- und Aufgabenkultur

Mit der Auswahl und Reflexion der Bildungsinhalte und Ziele hat sich vor allem die geisteswissenschaftlich-bildungstheoretische Didaktik im Rückgriff auf historische Positionen (z. B. PESTALOZZI, HUMBOLDT) systematisch auseinandergesetzt (vgl. WENIGER 1952). Wolfgang KLAFKI (1958, 1980) verstand es in seiner „didaktischen Analyse" mittels eines Kriteriensatzes von Fragen die Kanon-Problematik in die Unterrichtsvorbereitung von Lehrpersonen einfließen zu lassen. Lehrplanfragen, d. h. Fragen der Organisation (Selektion, thematische Gliederung, Sequenzierung) der Lerninhalte sind im bildungstheoretischen Didaktikansatz dabei ebenso von Bedeutung wie solche nach dem Bildungssinn und nach der Bestimmung von fachlichen und überfachlichen Lern- und Bildungszielen. Auch wenn Fragen nach der Struktur und Rechtfertigung von Bildungsinhalten und -zielen einer empirischen Klärung nur begrenzt zugänglich sind, ist empirisch-analytische Forschung dazu dennoch hilfreich. Einen zentralen Beitrag leisten vor allen die Entwicklungspsychologie und die Sozialisationsforschung durch die Bestimmung der individuell und gesellschaftlich konstruierten Entwicklungsaufgaben, die von Heranwachsenden, u. a. durch die

Nutzung schulischer Lernangebote, zu lösen sind. Sodann beschäftigt sich seit den 1970er Jahren die Kognitions- und Wissenspsychologie (unter Einschluss der Expertiseforschung) mit dem Aufbau, der Struktur, den Formen und der Qualität beweglichen, „intelligenten" *Wissens* und seiner Nutzung (vgl. REUSSER 2001). Wissen wird in der Kognitionspsychologie längst nicht mehr einfach als Ergebnis, sondern vor allem als *Prozess* von Bildung und Lernen betrachtet (BRUNER 1974). Eine konstruktivistische Sicht auf das Erkennen hat den Blick dafür geschärft, dass Wissen keine Abbildung einer „objektiven" Wirklichkeit darstellt, und dass mit der Vermittlung von deklarativem („materialem") Wissen immer auch Prozesse (personnahe, „formale" Bildungsziele) mitgeschult werden (REUSSER 2001). Für die Schule und ihre Lehrpläne heißt dies, dass jeder „Bildungsinhalt" ein kulturell und wissenschaftlich fabrizierter, in der Zurüstung auf seine Auffassung durch Lernende modellierter und pointierter – oftmals reduzierter – „Stoff" ist, sowie dass jeder „Stoff" immer aus einem material-inhaltlichen und einem über diesen hinausweisenden formal-prozesshaften Aspekt besteht. Darin liegt der tiefere Sinn einer Aussage von WEINERT (1998), wonach in der Schule stets mehr gelernt als gelehrt werde. In jüngerer Zeit ist zum konstruktivistisch aufgeladenen Wissensbegriff zudem eine weitläufige Forschung zum Begriff fachlicher und überfachlicher *Kompetenzen* und ihrer Diagnose und Modellierung (KLIEME/HARTIG 2007) dazu gekommen. Auch die Frage nach der Struktur des Professionswissens von Lehrkräften, den Dimensionen ihrer fachlich-fachdidaktischen und pädagogischen Diagnose- und Handlungskompetenz ist in den vergangenen Jahren zu einem Forschungsbereich geworden, an dessen Theoretisierungen und Befunden keine didaktische Handlungstheorie vorbeisehen kann (für eine neuere Problemsicht vgl. BAUMERT/KUNTER 2006).

Themen, die sich auf die Ziel- und Inhaltsseite der Bildung und damit auf die WAS-Frage der Didaktik beziehen, werden in der Bildungsforschung, insbesondere seit PISA, weiter unter Stichworten wie der Forderung nach einer „neuen Aufgabenkultur" (z. B. BLUM et al. 2006) in Verbindung mit einem „konstruktivistischen Stoffverständnis" (REUSSER 2006) und im Zusammenhang mit der „Einführung von Bildungsstandards" (OELKERS/REUSSER 2008) bearbeitet und diskutiert. Das prominenteste, von mehreren Fachdidaktiken aufgegriffene Thema ist dabei jenes einer „kognitiv aktivierenden Aufgabenkultur": Gemeint ist, dass im Unterricht mehr verstehens- und anwendungsbezogene („authentische", mehrere Lösungswege nahe legende) Aufgaben gestellt und bearbeitet werden sollten, die bezüglich der durch sie angeregten Lernprozesse weiter zielen als auf den bloßen Abruf von Wissen sowie die Automatisierung von Fertigkeiten. Dass eine kognitiv aktivierende Aufgabenkultur auch in so genannten „best practice"-Ländern im Unterricht nur sehr begrenzt realisiert wird, hat jüngst die TIMSS Mathematik-Videostudie auf irritierende Weise deutlich gemacht (HIEBERT et al. 2003; REUSSER/PAULI 2003)[5]. Weitere ziel- und lehrstofftheoretische Themen, die für die Schulpädagogik und die Lehrerbildung von zentraler Bedeutung sind, betreffen das Problem der Wechselwirkung bzw. der gleichzeitigen Erreichung von fachlichen und überfachlichen Zielen, von Leistungs- und Persönlichkeitszielen (multikriteriale Zielerreichung), die Ausdifferenzierung von „Fachkulturen" des Wissens und Lernens (LÜDERS 2007) sowie weitere fachspezifische Kanon-, Kompetenz- und Zielfragen, wie sie innerhalb der sich immer mehr ausdifferenzierenden Fachdidaktiken bearbeitet werden.


## 2.2  Lehr-Lern- und Verstehenskultur

Mit konkreten Methoden, Inszenierungs-, Aktions- und Sozialformen des instruktionalen Handelns und den dadurch initiierten Bildungs- und Lernprozessen hat sich seit jeher eine vielfältige *Methodenliteratur*, in allgemeiner Weise zum Teil auch die *lehrtheoretische („Berliner",* später: *„Hamburger") Didaktik* um HEIMANN, OTTO und SCHULZ (HEIMANN et al. 1965; SCHULZ 1980) beschäftigt. HEIMANN plädierte dafür, den empirisch schwer zugänglichen Bildungsbegriff durch die Kategorie des *Lernens* zu ersetzen. Die Didaktik sollte sich nach ihm primär am besser beobachtbaren Lernvorgang orientieren. Allerdings besteht der Mangel dieses Ansatzes (neben dem für die Didaktik allgemein geltenden Empirie-Defizit) ebenfalls darin, dass unter dem Gesichtspunkt einer systemtheoretischen Planungslehre vor allem formale Strukturmomente des Lehrens, jedoch kaum die Prozessqualität des Unterrichts und auch nicht des Schülerlernens thematisiert wurden. Als didaktischer Ansatz, der das *Lernen* des Stoffs durch die Schüler bzw. den *problemlösenden und verstehensbezogen Wissens- und Operationsaufbau bei den Lernenden* zur Kernstruktur erhob, sind hier nochmals die *Psychologische Didaktik* von AEBLI (1951) und die daraus hervorgegangenen, in über zwanzig Auflagen (mit mehreren Überarbeitungen) erschienenen „Grundformen des Lehrens" (1983) zu erwähnen. AEBLI entwickelte darin eine Lehr-Lerntheorie auf psychologischer Grundlage, die sich neben der kognitionspsychologischen Fundierung von rund einem Dutzend Lehrformen durch eine daraus gewonnene Handlungslehre auszeichnet. Auch wenn AEBLI kein unmittelbares Deduktionsverhältnis postuliert, so geht er mit PIAGET und der Kognitionspsychologie davon aus, dass die Schemata des Wissens und des Handelns (des Denkens und Tuns; AEBLI 1980, 1981) in durchaus intelligiblen Zusammenhängen stehen bzw. in solche gebracht werden können (STAUB 2006). Im Unterschied zu gängigen Didaktikmodellen wird Unterricht von AEBLI systematisch aus der Perspektive der bei den Schülerinnen und Schülern auszulösenden *Lernprozesse* interpretiert. Alle unterrichtsbezogenen Lernprozesse sollen dabei „vier Stufen durchlaufen: problemlösendes Aufbauen, Durcharbeiten, Üben und zur Anwendung anleiten" (1983, S. 275). Ziel des didaktischen Handelns von Lehrpersonen ist es, Schülerinnen und Schülern bei der Auseinandersetzung mit der dinglichen und sozialen Welt und im Umgang mit kulturellen Werkzeugen und Symbolsystemen Gelegenheit zu einem handlungs- und problemorientierten, verständnisvollen und dialogischen Lernen zu geben (MESSNER/ REUSSER 2006; PAULI 2006).

Es bedarf hier keiner ausführlichen Hinweise, um zu belegen, dass unter der Perspektive des *Lernens* von Schülerinnen und Schülern die pädagogisch-psychologische Lehr-Lern- und Unterrichtsforschung (vgl. für Überblicksdarstellungen: HELMKE 2003; WELLENREUTHER 2004; HASSELHORN/GOLD 2006; MANDL/FRIEDRICH 2006) in den vergangenen Jahren eine Vielzahl von Erkenntnissen zu dessen kognitiven, motivationalen, sozialen und emotionalen Bedingungen und Folgen hervorgebracht hat, welche sich unschwer unter einer didaktischen Perspektive interpretieren und nutzen lassen.[6] Weiter hat sodann auch die fachdidaktische Forschung in den vergangenen Jahren wesentlich zum tieferen Verständnis von idealtypischen Prozessqualitäten von Unterricht beigetragen (KLIEME/RAKOCZY 2008). Der Grossteil dieser Forschung, der es vor allem darum geht, optimale Bedingungen und Prozessqualitätsmerkmale in Verbindung mit bestimmten Handlungsformen, Methoden und Lernsettings in Abhängigkeit von bzw. Wechselwirkung mit Schüler- und Lehrermerkmalen zu identifizieren, wurde dabei im Rahmen eines einfachen, später um Mediationsprozesse und Moderatoren erweiterten „Produkt-Prozess-Paradigmas" durchgeführt (WINNE 1987; WANG/HAERTEL/WALBERG 1993; SCHEERENS/BOSKER 1997). Zu erwähnen sind dabei nicht nur die quantitative und (quasi-)experimentelle Forschung, sondern auch die Beiträge der qualitativ-interpretativen Forschung zu Lernkultur, zu Lehr-Lern-Interaktion und zu den Konstitutionsbedingungen des Lernens in Klassenzimmern, z. B. zum „Schülerjob" (vgl. BREIDENSTEIN 2006), von welchen ebenfalls Impulse zum Verständnis schulischer Lehr-Lernkultur ausgegangen sind. Nicht zuletzt zufolge einer inhaltlich und methodisch breit gefächerten Forschung im Rahmen eines geteilten *(sozial-)konstruktivistischen Erkenntnisverständnisses* hat sich das idealtypische Bild des schulischen Lernens und seiner Bedingungen im Unterricht in den letzten Jahren deutlich gewandelt, von

– einem primär lehrergesteuerten, allzu oft passiv nachvollziehenden schulischen Lernen zu einem vermehrt eigenständigen, graduell selbstregulierten Lernen, verstanden als Nutzung von Lerngelegenheiten durch selbstverantwortlich handelnde Schülerinnen und Schüler;

- einem reproduktiven, routinebetonten Lernen zu einem anwendungs- und verstehensbezogenen kumulativen Lernen im Dienste des Aufbaus von beweglichen, in Transfersituationen nutzbaren Wissens- und Könnensstrukturen;
- einem darstellenden (expositorischen) zu einem vermehrt problemorientierten und explorierend-entdeckenden Lernen;
- einem Bild des Solo-Lernens und des monologischen Unterrichts zu einem Konzept des dialogischen Lernens und der kooperativen Wissenskonstruktion;
- einem Lernen im direkt-instruktionalen Frontalunterricht zu einem Lernen in Settings „erweiterter Lehr- und Lernformen" bzw. des „offenen" Unterrichts;
- einem auf fachliche Leistung fixierten zu einem multikriterial normierten, sowohl Wissen und Verstehen als auch Motivation, Interesse und Lernfreude umfassenden und fördernden Lernen;
- einem Bild des Schülerlernens, für dessen (planbare) Wirksamkeit ausschliesslich die Lehrperson verantwortlich ist, zu einem Bild, in dem Lernen – progressiv in der Schulkarriere – als verantwortliche „Leistung des Subjekts" und Schule und Unterricht als Lerngelegenheiten verstanden werden.

Durch die Kognitions- und Bildungsforschung der vergangenen Jahrzehnte ist unser Bild des Lernens in mannigfaltiger Weise reicher geworden: über die bereits genannten Merkmale hinaus durch Erkenntnisse zum Zusammenspiel von individuellen und sozialen Faktoren des Lernens; zum Wechselspiel von systematischem und situiertem Lernen; zur Bedeutung adaptiver und leistungsdifferenzierender Lehr-Lernformen; zur Bedeutung herkunftsbezogener Faktoren wie (fehlendem) sozialem und kulturellem Kapital; zu Inhalt und Gestaltung einer multikriterialen pädagogischen Diagnostik und damit verbundenen Lernerfolgskontrollen; zum didaktischen Umgang mit Heterogenität; zur Bedeutung von Schulformmerkmalen, Schülerzusammensetzung, Disziplin, elterlicher Unterstützung und Hausaufgaben; zur Gestaltung von innovativen Lernumgebungen, Lernwerkzeugen und Lernmedien sowie den daraus sich insgesamt ergebenden Anforderungen an ein erweitertes Rollenverständnis von Lehrpersonen und Lernenden.

## 2.3  Kommunikations-, Lernunterstützungs- und Beziehungskultur

Der dritte Schlüsselbereich einer jeden Didaktik bezieht sich auf die Qualität der *personalen Kommunikations- und Lernhilfeaufgaben* von Lehrerinnen und Lehrern in Bezug auf eine pädagogisch förderliche Interaktion, Lernunterstützung und Beziehungsgestaltung. Damit verbindet sich die Frage, welche kognitiv, sozial und emotional unterstützenden Bedingungen, interpersonalen Beziehungsverhältnisse und Klimafaktoren produktives individuelles und soziales Lernen fördern. Auch hierzu gibt es seit den Arbeiten von Lewin, Rogers, Watzlawick und dem Ehepaar Tausch einen mittlerweile reichhaltigen, wenn auch weniger einheitlichen lehr-lernpsychologischen Literatur- und Forschungskorpus (vgl. etwa H. Meyer 2004; Perrez/Huber/Geissler 2006; Wild/Hofer/Pekrun 2006; Cornelius-White 2007). Was die interaktive Handlungsebene anlangt, sind in den vergangenen Jahren neben den eigentlichen Kommunikationsaufgaben vor allem die Unterrichtsführung von Lehrpersonen, verstanden einerseits als störungspräventive Klassenführung (*classroom management*), andererseits als Lernunterstützung und Lernberatung, zu einem breit gefächerten Forschungsfeld geworden. Mit Letzterem im Zusammenhang steht insbesondere der beobachtbare Wandel der Lehrerrolle bzw. ihre Funktionsdifferenzierung als Folge eines erweiterten, (ko-) konstruktivistischen Lern- und Interaktionsverständnisses. Die Vertreter eines wichtigen Forschungsfeldes beschäftigen sich dabei mit den Bedingungen und Prozessen einer adaptiven (individualisierenden) Lernbegleitung unter Bedingungen einer grösser gewordenen Heterogenität in Schulklassen. Gemeint sind über die direkte Instruktion im Klassenverband hinaus gehende, individuell differenzierende didaktische Lernhilfe- und Kommunikationsformen, wie sie unter den Begriffen „Scaffolding", „Lern-Coaching" und „dialogische Gesprächsführung" zunehmend empirisch untersucht werden – auf deren Ausbildung in der heutigen Lehrerbildung jedoch noch kaum kompetenzorientiert hingearbeitet wird.

Das breite Spektrum von Forschungsarbeiten, welche sich auf die unterrichtsbezogene, didaktische Kommunikation beziehen, umfasst des Weiteren Themen wie die Bedeutung motivationaler und emotionaler Lernfaktoren; die Rolle respektvoller Beziehungen im Rahmen eines als förderlich wahrgenommenen Unterrichtsklimas; die Wirksamkeit von Lehr- und Erziehungsstilen; die Ermittlung von Kriterien lernproduktiver und sinnstiftender Unterrichtsgespräche (insbesondere im problemlösenden und fragend-entwickelnden Unterricht) sowie eine konstruktive „Fehlerkultur".[7]

Unter den im Kontext der Lehrerbildung angeführten Didaktikmodellen hat sich neben anderen die *kommunikative Didaktik* (WINKEL 1997) mit dem Lehren und Lernen als einer sozialen und kommunikativen Situation beschäftigt, allerdings kaum bezogen auf die didaktische Kommunikation im Zuge des Aufbaus von Wissen und Können, und auch nicht hinsichtlich der lernprozessbezogenen Unterstützungsfunktionen von Lehrpersonen im Unterricht. Eher lag der Akzent des Ansatzes beim Ziel der Etablierung symmetrischer und herrschaftsfreier, schülerorientierter und transparenter Kommunikationsformen zur Vermeidung der Folgen, die sich aus einer dirigistischen Klassenführung ergeben. Bereits viel früher hat Herman NOHL mit seiner hermeneutischen Theorie des *Pädagogischen Bezugs* und deren Kriterium „um des jungen Menschen willen" (NOHL 1933) die Lehrerbildung und damit das Nachdenken von Lehrpersonen über eine pädagogische Beziehungs- und Unterrichtsgestaltung beeinflusst. Jedoch: Auch unter der dritten Grunddimension von Lehr-Lern-Kultur lässt sich bis heute kaum von einer wirklichen Integration zwischen didaktischem Modelldenken und pädagogisch-psychologischer Forschung über die Prozesse, Bedingungen und Formen sowie die kognitiven und affektiven Auswirkungen der Beziehungsgestaltung und des Unterstützungshandelns von Lehrpersonen sprechen.

## 2.4    Der schulpädagogische Kontext des Lehrhandelns

Das „Didaktische Dreieck" steht in diesem Beitrag als Modell für den operativen Kern der berufsbezogenen Aufgaben von Lehrpersonen, nicht jedoch für den gesamten schulpädagogischen Zusammenhang. Da jedes Lehren auch von situationalen und institutionellen Rahmenbedingungen abhängig ist, bedürfen die skizzierten Ausführungen der Verankerung in einer Theorie schulischer Bildung und damit von schulpädagogischen Bedingungs- und Wirkungszusammenhängen, welche auch ‚oberhalb' des Unterrichts angesiedelte Prozessebenen umfasst. Ein solcher Rahmen steht in Varianten eines u.a. auf FEND zurückgehenden *Angebots-Nutzungs-Modells* von Unterrichts- und Bildungsqualität zur Verfügung (vgl. FEND 2002, 2006). Unterricht wird darin als mehr oder weniger qualitätsvolles Angebot von Lerngelegenheiten (bezogen auf die drei didaktischen Teilkulturen) verstanden, das von den Lernenden in mehr oder weniger qualitätsvoller Weise verarbeitet und genutzt wird. Das heißt, die zu einem bestimmten Zeitpunkt vorhandenen Kompetenzvoraussetzungen von Schülerinnen und Schülern (z.B. ihr Vorwissen und ihre Lernstrategien) bestimmen darüber, welche Teile eines Lernangebots wie wahrgenommen und auf welche Weise (gründlich, selbstmotiviert, autonom, durch Nutzung zielführender Strategien) verarbeitet werden. Wichtig für den didaktischen Handlungszusammenhang ist, dass die von Lehrpersonen realisierte Unterrichtsqualität immer zugleich eine unabhängige und eine abhängige Variable des Bildungssystems darstellt. Unterrichtsqualität resultiert einerseits aus der Qualität des Lehrerhandelns. Andererseits ist sie immer auch das Ergebnis von Rahmenbedingungen, die sich von individuellen Lehrpersonen nur begrenzt beeinflussen lassen, – und somit stets mehr als das intentionale Handeln von einzelnen Lehrpersonen.

Bezogen auf den übergreifenden schulpädagogischen Zusammenhang repräsentieren die drei pädagogisch-didaktischen Teilkulturen somit einerseits die Basisdimensionen der gestaltbaren Berufsrealität von Lehrkräften, andererseits erlauben sie das Ordnen eines breiten Feldes von Konzepten und Ergebnissen der empirischen Lehr-Lernforschung. Es ist evident, dass alle drei Teilkulturen wichtig sind und keine verzichtbar ist. Die Grundfigur des Didaktischen Dreiecks lässt sich nicht (wie im Streit der didaktischen Modelle manchmal nahe gelegt) nach *einer* Dimension oder Perspektive, die man für prioritär hält, ‚auflösen‘. Nicht zufällig stehen auch die drei zugrunde liegenden Theoriefamilien seit jeher in einer Art ‚komplementärer Konkurrenz‘ zueinander. Die Denkfigur des didaktischen Dreiecks steht im Unterschied dazu für ein integratives Modell von Allgemeiner Didaktik, dessen Dimensionen die Dynamik der didaktischen Reflexion und des didaktischen Handelns nur gemeinsam abzubilden vermögen. Das heißt, dass es darum geht, die interdependenten Dimensionen in produktive Balancen zueinander zu bringen.

## 3   Von normativen Prinzipien zu empirisch erhärteten Kriterien lernwirksamen Unterrichts

Die bisherigen Ausführungen zu den drei Grunddimensionen des didaktischen Handlungsfeldes und zu deren Integration mit der empirischen Lehr-Lernforschung lassen sich in einer historisch-systematischen Perspektive noch auf eine andere Weise verdeutlichen: Didaktisches Professionswissen und damit assoziierte Qualitäts- und Wertvorstellungen von gutem Unterricht wurden über Jahrzehnte und sogar Jahrhunderte in Form von erfahrungsgesättigten, normativ aufgeladenen pädagogisch-didaktischen *Unterrichtsprinzipien* (vgl. WIATER 2001) tradiert. Obgleich es nie eine gültige Systematik gab, unter welche die unterschiedlichen Theorie- und Denkzusammenhängen entstammenden Grundsätze gebracht wurden, sind manche davon in didaktischen Handlungslehren bis heute lebendig. Zu den bekanntesten gehören etwa die mit COMENIUS und PESTALOZZI in Verbindung gebrachten überfachlichen Prinzipien der Elementarisierung, der Anschauung, der Ganzheit, der Selbsttätigkeit, des Übens, der Lebensnähe und des Stoffaufbaus sowie das operative Prinzip des Durcharbeitens von AEBLI (1951, 1961) oder die von WAGENSCHEIN (1968) postulierten Prinzipien des exemplarischen, des genetischen und des sokratischen Lehrens. Setzt man die überlieferten Prinzipien, welche sich als in der Zeit geronnenes didaktisches Erfahrungs- und Professionswissen verstehen lassen, zu den Theorien und Ergebnissen der gegenwärtigen Lern- und Unterrichtsforschung in Beziehung, so ergeben sich zahlreiche Parallelen und Übereinstimmungen, insbesondere zu den auf empirischer Basis postulierten Grundmerkmalen von Unterrichtsqualität (vgl. HELMKE 2003; KLIEME/RAKOCZY 2008). Tabelle 1 greift die beiden Zugänge auf und zeigt entlang der drei Grunddimensionen des didaktischen Handlungsfeldes, wie eine solche Gegenüberstellung von normativen Prinzipien der historischen Didaktik und deskriptiven, durch empirische Forschung mehr oder weniger erhärteten Unterrichtsqualitätsmerkmalen aussehen kann. Trotz der augenscheinlichen Validität („face validity") der meisten didaktischen Prinzipien ist nicht zu übersehen, dass manche sehr allgemein sind und sich zudem widersprechen können, und dass die Frage ihrer empirischen Wirksamkeit als Prozessqualitäten – die im positiven Fall eine differenzielle, durch Schüler-, Kontext- und Fachmerkmale *vermittelte* sein dürfte – zudem offen ist. KLIEME und RAKOCZY (2008, S. 228f.) äußern unter Bezugnahme auf ein gemeinsames Forschungsprojekt[8] Überlegungen dazu, wie ein empirisch verankertes System didaktischer Prinzipien auf der Grundlage dreier empirisch erhärteter „Basisdimensionen guten Unterrichts" (strukturierte Unterrichtsführung, unterstützendes Sozialklima, kognitive Aktivierung) aussehen könnte und welche Forschungsstrategien sich daraus ableiten ließen.

*Tabelle 1:* Fachübergreifende normative Prinzipien der historischen Didaktik und empirisch bewährte Unterrichtsmerkmale

| *Tradierte didaktische Prinzipien* | *Gütekriterien lernwirksamen Unterrichts* |
|---|---|
| **Ziel- und Stoffkultur** | |
| *Prinzipien*: Bildungszielorientierung, entwicklungs- und kindgemässer Lehrplan- und Lehrmittelaufbau (didaktische Reduktion, Elementarisierung, vom Nahen zum Fernen, vom Einfachen zum Schwierigen, vom Konkreten zum Abstrakten, Lebensnähe), Spiralprinzip, Exemplarische Stoffauswahl, Gegenwarts- und Zukunftsbedeutung eines Gegenstandes, Wertorientierung, Wissenschaftsbezug. | – (Sozial-)Konstruktivistisches Gegenstands- und Wissensverständnis<br>– Klare, multikriteriale Ziele und Standards, Kompetenzorientierung<br>– Entwicklungsgemässer Stoffzugang und Sequenzierung der Inhalte<br>– Sachlogisch stimmiger Lehrplan- und Stoffaufbau in Bezug auf Konzepte von fachlicher Grundbildung<br>– Lehrmittel- und Aufgabenqualität |
| **Lernprozess- und Methodenkultur** | – (Sozial-)Konstruktivistisches Lernverständnis<br>– Klassenführung, Zeitnutzung, Regelklarheit<br>– Angemessene Methodenvariation und Inszenierungsvielfalt<br>– Handelndes und problemorientiertes Lernen |
| *Prinzipien*: Anschauung, Zeigen, Aktivierung, Handlungsorientierung (Learning by doing), Selbsttätigkeit, Strukturierung, Motivierung, Verstehen, Durcharbeiten vs. Üben, Erfolgssicherung, Problembezug, genetisches Lehren, Arbeitsrückschau, Differenzierung und Individualisierung, Artikulation des Unterrichts (Lehr-Lernzyklus), erziehender Unterricht. | – Verstehensklarheit und Sinnfluss<br>– Kognitive Aktivierung im Vollzug geistiger Operationen<br>– Konsolidierung, Sicherung, intelligentes Üben<br>– Lernmotivation und Motivierung<br>– Individualisierung, Umgang mit Multi-Heterogenität<br>– Sinnstiftende Gesprächsführung, ko-konstruktiver Lerndialog<br>– Förderung von Selbstregulation und von Lernstrategie, Lernen lernen |
| **Kommunikations-, Unterstützungs- und Beziehungskultur** | – Adaptive fachliche und überfachliche Lernhilfe und Lernbegleitung (Modellierung, Scaffolding, Coaching) |
| *Prinzipien*: Pädagogischer Bezug, Autorität, Lernen am Vorbild, Lernatmosphäre, Sozial- und Lernklima, sokratische und dialogische Gesprächsführung, Vertrauen, individuelle Schülerorientierung, Erfolgsbestätigung, Zumutung, Unterstützung und Ermutigung, Ganzheitlichkeit. | – Ermutigung und Fehlerkultur<br>– Lernförderliches Unterrichts- und Sozialklima<br>– Individuumsbezogene pädagogische Diagnostik<br>– Wertschätzung, Vertrauen, Wärme |

Hervorzuheben ist, dass im Unterschied zum in der (fach)didaktischen Praxisliteratur immer wieder anzutreffenden „Methodendenken" (Erörterung von Methoden, Aktions- und Sozialformen des Lehrerhandelns) die Mehrzahl der *didaktischen Prinzipien* sich auf grundsätzliche, meist fachübergreifende Qualitätsdimensionen von Unterricht und Schülerlernen beziehen. Dasselbe trifft auch auf die von der Unterrichtsforschung begründeten empirischen Qualitätsmerkmale zu, obgleich sich hier zeigt, dass schulpädagogische und fachspezifische Konkretisierungen erforderlich sind. Sowohl die aus der Erfahrung gewonnenen Prinzipien der historischen Didaktik als auch die der Lehr-Lernforschung entstammenden Merkmale von Unterrichtsqualität gehören zur *Tiefenstruktur didaktischer Qualität*, von welcher sich immer deutlicher abzeichnet, dass sie – und nicht das möglichst variable Spiel der Methoden und Sozialformen an der *Unterrichtsoberfläche* – primär für die Qualität des Schülerlernens verantwortlich sind (MESSNER/REUSSER 2006; REUSSER 2006).

In Anlehnung an AEBLI (1961, 1983) wird hier zwischen der *Oberflächen-* und *Tiefenstruktur* des Unterrichts als den beiden Qualitätsebenen des Lehr-Lerngeschehens unterschieden (REUSSER 1999). Während die Oberflächenstruktur sich auf die Sozial- und Inszenierungsformen sowie die Methoden und Medien des Unterrichts bezieht, meint die Tiefenstruktur dessen psychologisch-didaktische Qualitätsdimensionen. Dazu gehören Prozessmerkmale wie transparenter Stoffaufbau, Verstehensklarheit, Klassenführung, kognitive Aktivierung und lernförderliches Sozialklima ebenso wie eine psychologisch-didaktische Grundvorstellung über den Zyklus vollständiger Lehr-Lernprozesse (Lehr-Lernzyklus; vgl. z.B. das PADUA-Modell von AEBLI 1983). Es wird davon ausgegangen, dass die Merkmale der methodischen Organisation des Unterrichts in komplexen und mehrdimensionalen, durch Moderatoren vermittelten Zusammenhängen zur Qualität damit verbundener Lehr-Lernprozesse stehen. Systematisierbare Zusammenhänge zwischen den Inszenierungsformen des Unterrichts und den darunter liegenden Prozessqualitäten des Lehrens und Lernens empirisch zu bestimmen, um damit der Identifikation eines Repertoires professionell-pädagogischer Kompetenzen näher zu kommen, kann als Forschungsziel einer modernen Allgemeinen Didaktik auf pädagogisch-psychologischer Grundlage gesehen werden.

Verwendet man die Denkfigur des Didaktischen Dreiecks sodann als Rahmen zur Deutung der kognitionspädagogischen Tiefenstruktur professionellen Lehrerhandelns, so zeigt sich als deren Kern die Gestaltung produktiver fachlicher Lehr-Lernumgebungen. Das heißt, dass im konkreten Fall die Lehrperson vor der Aufgabe steht, unterschiedlichste Ziele, Kriterien, Ansprüche und Erwartungen, die sich auf die drei Qualitätskulturen – Stoffqualität, Lernqualität, Interaktionsqualität – beziehen, in eine mehrdimensionale Balance zu bringen: Zum Beispiel soll ein fachkulturell signifikanter, unter Gesichtspunkten der Personwerdung des Menschen als bildend angesehener „Stoff" durch eine problemorientierte, kognitiv aktivierende und schülerpartizipative Lehr-Lernprozessgestaltung motiviertes, verständnisbezogenes und selbstreguliertes Lernen der Schülerinnen und Schüler herausfordern. Die didaktische Rolle der Lehrperson besteht dabei darin, dieses Lernen jenseits eines kleinschrittigen Dirigismus kommunikativ in Gang zu bringen, anzuleiten und adaptiv zu begleiten sowie den Schülerinnen und Schülern zu helfen, während und nach signifikanten Lernphasen ihr Arbeits- und Lernverhalten zu reflektieren. Sowohl aus der Perspektive einer Allgemeinen Didaktik als auch aus jener der modernen Lehr-Lernforschung ist dies nicht nur die zentrale Aufgabe jeden Unterrichts, sondern stellt auch den kognitionspädagogischen Kern jeglichen bildenden Lernens dar.

# 4   Schlussbemerkungen

Die These des vorliegenden Textes besagt, dass die Allgemeine Didaktik nur modernisiert werden kann, wenn sie sich, ohne die eigenen Fragestellungen aufzugeben, konsequent an die empirische Bildungs- und Unterrichtsforschung annähert und dadurch zu einem tieferen Verständnis der professionellen Gestaltungsaufgaben von Lehrpersonen und den zu kultivierenden Prozessqualitäten des Lehrens und Lernens beiträgt. Will die Allgemeine Didaktik in Verbindung mit den Fachdidaktiken ihre Orientierungsfunktion in der Lehrerbildung behalten bzw. wiedergewinnen, ist sie (wie auch die Fachdidaktiken) auf empirisch bewährte Vorstellungen von Wissen, Kompetenz, Problemlösen, Verstehen, Motivation und sozialer Interaktion angewiesen, d.h. auf Konzepte, wie man sie – bei aller Heterogenität, Theoriekonkurrenz und Unschärfe – in der empirischen Lehr-Lernforschung findet. Die Tatsache, dass es im interdisziplinären Bereich der kognitiven Wissenschaften kein allgemein akzeptiertes System von Begriffen und keine einheitliche Fachsprache gibt, und dass der Geltungsbereich von Theorien zur Klärung eines Praxisproblems sehr unterschiedlich sein kann, muss einer als hilfreich erlebten Integration nicht zum Nachteil gereichen. STAUB (2006) ist zuzustimmen, wenn er festhält: „Es gibt ... keine Gründe, weshalb eine dynamisch weiter zu entwickelnde Allgemeine Didaktik nicht ausgiebig von Lerntheorien Gebrauch machen sollte, indem sie deren Verwendung und Nutzen mit Bezug auf praktische Fragen des Unterrichts und der Lehrerbildung systematisch und empirisch untersucht. (...) Die Tatsache, dass es die allgemeine Lerntheorie nicht gibt, eröffnet der Allgemeinen Didaktik die Möglichkeit eines wirklich souveränen Umgangs mit Lerntheorien. Statt aus Angst vor einer Dominanz durch die Lernpsychologie keine psychologischen Lernbegriffe zu verwenden oder eine psychologische Didaktik allein auf der Grundlage einer bestimmten Lerntheorie zu begründen, könnte es (...) für die Allgemeine Didaktik ein lohnendes langfristiges Ziel sein, bewusst unterschiedliche Lerntheorien zur Analyse und Begründung von spezifischen praxisbezogenen Fragestellungen einzusetzen und deren Nutzen vergleichend zu untersuchen" (S. 173). Mit dem Ziel einer Integration von Didaktik und Bildungsforschung vor Augen sollte es jedoch nicht nur darum gehen, die Allgemeine Didaktik und mit ihr die Fachdidaktiken stärker empirisch zu verankern, sondern umgekehrt auch die Bildungsforschung (fach-)didaktischen Denkhorizonten zu erschließen. Was wir pflegen sollten, ist somit zweierlei: eine in der Lehr-Lernforschung fundierte Didaktik *und* eine in fachdidaktischen Fragezusammenhängen fundierte Bildungs- und Unterrichtsforschung. Nur eine (Fach-)Didaktik, die sich ohne Flucht in Metatheorien und ohne Scheuklappen der kognitionswissenschaftlichen Forschung öffnet, und nur eine Bildungsforschung, die sich einer genuin pädagogisch-bildungstheoretischen Reflexion von Prozessen und Wirkungskriterien von Bildung, Lernen, Sozialisation und Entwicklung stellt, werden in der Lage sein, zu einer Verbesserung des professionellen Handelns von Schulen und Lehrkräften beizutragen. Für die Allgemeine Didaktik als einer über Fächer und Disziplinen integrativen Theorie des Unterrichtshandelns heißt dies, dass sie sich auf valide psychologische Prozessvorstellungen über die Qualität ihrer Zieltätigkeiten stützen muss, wenn sie ihre Aufgaben für die Lehrpersonenbildung erfüllen will. Dies jedoch nicht im Selbstverständnis einer Theorie ÜBER Lehren und Lernen, sondern einer Theorie FÜR Lehrende und selbständig Lernende.

Solch wechselseitige Integrationsbemühungen setzen ebenfalls einen neuen Forschungstypus voraus. (Fach-)Didaktiker und Lehr-Lern-Forscher sollten in Zukunft stärker zusammenarbeiten und mit Blick auf die Erzeugung interdisziplinärer Denkhorizonte vermehrt gemeinsame Forschungsprojekte realisieren. Bei solchen Projekten sollte es sich weniger um disziplinäre Grundlagenforschung, auch nicht primär um politisch motivierte Auftragsforschung, sondern um designbasierte Entwicklungsforschungsprojekte handeln, bei denen fachdidaktische Lernumgebungen auf der Basis des besten verfügbaren Erfahrungs- und Forschungswissens von Lehrenden und Forschenden gemeinsam entwickelt, erprobt und evaluiert werden – und dies praxisnah und situiert in realen Kontexten. Interventionsforschung (BROWN 1992; DESIGN-BASED RESEARCH COLLECTIVE 2003), die auch experimentellen Charakter aufweisen kann und deren Hauptziel weniger die Gewinnung von Erklärungswissen als von Handlungs- und Gestaltungswissen ist, hat den Vorteil, dass das *in situ* erzeugte Wissen meist praktischer, weil näher an der Beschreibung von in der Lehrerbildung aufzubauenden Kompetenzen ist, und damit auch die Transferwege zu seiner individuellen und kollektiven Nutzung kürzer werden. Ein wichtiges Merkmal design-basierter Forschung besteht darin, dass Theorieentwicklung und das Kreieren von inhaltsbezogenen Lehr-Lernumgebungen Hand in Hand gehen und sich gegenseitig unterstützen. Davon können die Unterrichtsentwicklung und die Lehrerbildung profitieren. In der design-basierten Forschungszusammenarbeit interdisziplinärer Gruppen von Lehr-Lern-Forschern und Allgemein- und Fachdidaktikern sehe ich das größte Potenzial, den bisher nur zögerlich stattfindenden Dialog zwischen den beiden Wissenschafts- und Disziplinwelten, sowie allgemeiner zwischen Disziplin und Profession zu stärken. Diese Zusammenarbeit sollte sich in der Themenwahl nicht nur an politischen Opportunitäten orientieren (zur Zeit an der Entwicklung und Testung von Bildungsstandards, Kompetenzmodellen und entsprechenden Tests), sondern sich primär auf eine theoriegeleitete und gleichzeitig praxisnahe Erforschung der pädagogisch-psychologischen Handlungsaufgaben und Prozessqualitäten des Lehrens und Lernens in Verbindung mit der Gestaltung wirksamer Lehr-Lernumgebungen erstrecken.

## Anmerkungen

1  Vgl. KIPER (2006) sowie MESSNER/REUSSER (2006) für die wahrscheinlichen Gründe dieser offensichtlichen ‚Rezeptionsstörung' der Didaktik AEBLIS. – Immerhin gibt es eine Ausnahme: JANK/MEYER (2002) erwähnen in der 5. neu bearbeiteten Auflage ihres Buchs „Didaktische Modelle" AEBLIS „Allgemeine Didaktik auf psychologischer Grundlage" und bezeichnen sie als einen interessanten Versuch einer didaktischen Lehr-Lerntheorie. – Beizufügen ist, dass AEBLIS Lehrer am Lehrerseminar Zürich, der Schweizer Pädagoge und Seminardirektor Walter GUYER, im Jahre 1952 einen bemerkenswerten Versuch einer psychologisch fundierten Unterrichtslehre vorgelegt hat (GUYER 1952: „Wie wir lernen"), die auch von Heinrich ROTH zitiert wurde. Dieses Werk, das den Didaktiker AEBLI stark beeinflusst hat (MÜLLER 2006), wurde in Deutschland ebenfalls kaum zur Kenntnis genommen.

2  Ähnliche Probleme zeigen sich in Bezug auf die Stufendidaktiken: Die Kindergarten- und die Grundschulpädagogik artikulieren ihre didaktischen Konzepte und Fragestellungen auf andere Weise und von andern Traditionen herkommend als die Gymnasialpädagogik.

3  Wie u.a. die Transferforschung und die Forschung zu subjektiven Theorien gezeigt haben, ist es ein „weiter Weg vom Wissen zum Handeln" (WAHL 2001). In besonderem Masse gilt dies für das *Umlernen* beim Vorliegen bereits eingeschliffener Handlungsmuster als der klassischen Herausforderung in der Lehrerfortbildung.

4  LOEWENBERG BALL/FORZANI (2007) verwenden unter Rückgriff auf COHEN/RAUDENBUSH/ LOEWENBERG BALL (2003) ebenfalls den Begriff des „instructional triangle" und bezeichnen die darin ausgedrückte „instructional dynamic" (as) „interactions among teachers, students, and content, in the various environments of schools, ... to be the defining feature of education" (p. 530). – Der Begriff wird auch in der deutschen Didaktik z.T. ähnlich verwendet (vgl. z.B. M.A. MEYER 1999), ohne dass dessen ursprüngliche Herkunft lokalisierbar ist.

5  Der Unterricht in den fünf untersuchten „Best practice"-Ländern entsprach kaum den Idealvorstellungen eines guten Mathematikunterrichts. Er war charakterisiert durch das Lösen einer Vielzahl von wenig komplexen Aufgaben, die innerhalb weniger Minuten gelöst werden konnten, kaum Anwendungs- und Alltagsbezug aufwiesen und mehrheitlich die repetitive Anwendung bekannter Prozeduren erforderten.

6  Vgl. z.B. BLÖMEKE/HERZIG/TULODZIECKI (2007); BLÖMEKE/MÜLLER (in diesem Heft); sowie für eine aktuelle Metaanalyse: SEIDEL/SHAVELSON (2007).

7  Da die Literatur dazu umfangreich und vielfältig ist, wird auf eine ausgreifende Zitierung verzichtet.

8  Es handelt sich um die in Frankfurt und Zürich verankerte binationale Videostudie „Unterrichtsqualität, Lernverhalten und mathematisches Verständnis in verschiedenen Unterrichtskulturen" (Projektleitung: Eckhard KLIEME, Christine PAULI, Kurt REUSSER).

## Literatur

AEBLI, H. (1951): Didactique psychologique. Application à la didactique de la psychologie de Jean Piaget. Neuchâtel: Delachaux & Niestlé (deutsch 1963: Psychologische Didaktik. Didaktische Auswertung der Psychologie Jean Piagets. – 6. Aufl. 1976 – Stuttgart.

AEBLI, H. (1961): Grundformen des Lehrens. Ein Beitrag zur psychologischen Grundlegung der Unterrichtsmethode. – Stuttgart.

AEBLI, H. (1980/1981): Denken. Das Ordnen des Tuns. Zwei Bände. – Stuttgart.

AEBLI, H. (1983): Zwölf Grundformen des Lehrens. Eine Allgemeine Didaktik auf psychologischer Grundlage. – Stuttgart.

BAUMERT, J./KUNTER, M. (2006): Stichwort: Professionelle Kompetenz von Lehrkräften. In: Zeitschrift für Erziehungswissenschaft, 9. Jg., S. 469-520.

BLANKERTZ, H. (1969): Theorien und Modelle der Didaktik. – München.

BLOEMEKE, S./HERZIG, B./TULODZIECKI, G. (2007): Zum Stellenwert empirischer Forschung für die Allgemeine Didaktik. In: Unterrichtswissenschaft, 35. Jg., S. 355- 381.

BLUM u.a. 2006 = BLUM, W./ DRÜKE-NOE, CH./HARTUNG, R./KÖLLER, O. (2006): Bildungsstandards Mathematik: konkret. –Berlin.

BOHL, T. (2004): Empirische Unterrichtsforschung und Allgemeine Didaktik. In: Die Deutsche Schule, 96. Jg., S. 414-425.

BREIDENSTEIN, G. (2006): Teilnahme am Unterricht. Ethnographische Studien zum Schülerjob. – Wiesbaden.

BROWN, A. L. (1992): Design experiments: Theoretical and methodological challenges in creating complex interventions in classroom settings. In: Journal of the Learning Sciences, Vol. 2, pp. 141-178.

BRUNER, J. (1974): Entwurf einer Unterrichtstheorie. – Düsseldorf.

COHEN, D. K./RAUDENBUSH, S. W./LOEWENBERG BALL, D. (2003): Resources, Instruction, and Research. In: Educational Evaluation and Policy Analysis, Vol. 25, pp. 119-142.

CORNELIUS-WHITE, J. (2007): Learner-centered teacher-student relationships are effective: A meta-analysis. In: Review of Educational Research, Vol. 77, pp. 113-143.

DEPAEPE, M. (1993): Zum Wohl des Kindes? Pädologie, pädagogische Psychologie und experimentelle Pädagogik in Europa und den USA, 1890-1940. – Weinheim.

Design-Based Research Collective (2003): Design-based research: An emerging paradigm for educational inquiry. In: Educational Researcher, Vol. 32, pp. 5-8.

FEND, H. (2002): Mikro- und Makrofaktoren eines Angebot-Nutzungsmodells von Schulleistungen. Zum Stellenwert der Pädagogischen Psychologie bei der Erklärung von Schulleistungsunterschieden verschiedener Länder. In: Zeitschrift für Pädagogische Psychologie, 16. Jg., S. 141-149.

FEND, H. (2006): Neue Theorie der Schule. Einführung in das Verstehen von Bildungssystemen. – Wiesbaden.

GUDJONS, H./WINKEL, R. (Hrsg.) (1997): Didaktische Theorien. – 9. Aufl. – Hamburg.

GUYER, W. (1952): Wie wir lernen. – Stuttgart .

HASSELHORN, M./GOLD, A. (2006): Pädagogische Psychologie. Erfolgreiches Lernen und Lehren. – Stuttgart.

HEIMANN, P. (1962): Didaktik als Theorie und Lehre. In: Die Deutsche Schule, 54. Jg., S. 407-427.

HEIMANN, P./OTTO, G./SCHULZ, W. (1965): Unterricht. Analyse und Planung. – Hannover.

HELMKE, A. (2003): Unterrichtsqualität erfassen, bewerten, verbessern. – 2. Aufl. – Seelze.

HIEBERT et al. 2003 = HIEBERT, J./ GALLIMORE, R./GARNIER, H./GIVVIN, K. B./HOLLINGSWORTH, H./JACOBS, J. (2003): Teaching mathematics in seven countries. Results from the TIMSS 1999 video study. – Washington, DC.

JANK, W./MEYER, H. (2002): Didaktische Modelle – 5. überarb. Auflage. – Berlin.

KIPER, H. (2006): Rezeption und Wirkung der Psychologischen Didaktik. In: BAER, M./FUCHS, M./ FÜGLISTER, P./REUSSER, K./WYSS, H. (Hrsg.): Didaktik auf psychologischer Grundlage. Von Hans Aeblis kognitionspsychologischer Didaktik zur modernen Lehr- und Lernforschung. – Bern, S. 74–85.

KLAFKI, W. (1958): Didaktische Analyse als Kern der Unterrichtsvorbereitung. In: Die Deutsche Schule, 50. Jg., S. 450–471.

KLAFKI, W. (1963): Das Problem der Didaktik. In: Zeitschrift für Pädagogik, 3. Beiheft, S. 19-62.

KLAFKI, W. (1980): Zur Unterrichtsplanung im Sinne kritisch-konstruktiver Didaktik. In: ADL-AMINI, B./KÜNZLI, R. (Hrsg.): Didaktische Modelle und Unterrichtsplanung. – München, S. 11-48.

KLIEME, E./HARTIG, J. (2007): Kompetenzkonzepte in den Sozialwissenschaften und im erziehungswissenschaftlichen Diskurs. In: Zeitschrift für Erziehungswissenschaft, 10. Jg., Sonderheft, S. 11-29.

KLIEME, E./RAKOCZY, K. (2008): Empirische Unterrichtsforschung und Fachdidaktik. In: Zeitschrift für Pädagogik, 54. Jg., S. 222-237.

LOEWENBERG BALL, D./FORZANI, F.M. (2007): What makes Education Research „Educational"? In: Educational Researcher, Vol. 36, pp. 529-540.

LÜDERS, J. (Hrsg.) (2007): Fachkulturforschung in der Schule. – Opladen.

MANDL, H./FRIEDRICH, H. F. (Hrsg.) (2006): Handbuch Lernstrategien. – Göttingen.

MESSNER, H./REUSSER, K. (2000): Berufliches Lernen als lebenslanger Prozess. In: Beiträge zur Lehrerbildung, 18 Jg., S. 277-294.

MESSNER, R./REUSSER, K. (2006): Aeblis Didaktik auf psychologischer Grundlage im Kontext der zeitgenössischen Didaktik. In: BAER, M./FUCHS, M./FÜGLISTER, P./REUSSER, K./WYSS, H. (Hrsg.): Didaktik auf psychologischer Grundlage. Von Hans Aeblis kognitionspsychologischer Didaktik zur modernen Lehr- und Lernforschung. – Bern, S. 52-73.

MEYER, H. (2004): Was ist guter Unterricht? – Frankfurt.

MEYER, M.A. (1999): Bildungsgangdidaktik. Auf der Suche nach dem Kern der Allgemeinen Didaktik. In: Holtappels, H.G./Horstkemper, M. (Hrsg.): Neue Wege in der Didaktik? Analysen und Konzepte des Lehrens und Lernens. 5. Beiheft der Zeitschrift Die Deutsche Schule. S. 123-140.

MÜLLER, W. (2006): Die Wurzeln von Hans Aeblis lernpsychologischer Didaktik: Der Einfluss von Walter Guyer. In: BAER, M./FUCHS, M./FÜGLISTER, P./REUSSER, K./WYSS, H. (Hrsg.): Didaktik auf psychologischer Grundlage. Von Hans Aeblis kognitionspsychologischer Didaktik zur modernen Lehr- und Lernforschung. – Bern, S. 25-37.

NOHL, H. (1933): Die pädagogische Bewegung in Deutschland und ihre Theorie. – 7. Aufl. 1970 – Frankfurt.

OELKERS, J./REUSSER, K. (2008): Qualität entwickeln – Standards sichern – mit Differenz umgehen. Eine Expertise. – Berlin (Bundesministerium für Bildung und Forschung, BMBF). http://www.bmbf.de/publicationen/index.php

OSER, F./SPYCHIGER, M. (2005): Lernen ist schmerzhaft. Zur Theorie des negativen Wissens und zur Praxis der Fehlerkultur. – Weinheim.

PAULI, C. (2006): "Fragend-entwickelnder Unterricht" aus der Sicht der sozio-kulturalistisch orientierten Unterrichtsforschung. In: BAER, M./FUCHS, M./FÜGLISTER, P./REUSSER, K./WYSS, H. (Hrsg.): Didaktik auf psychologischer Grundlage. Von Hans Aeblis kognitionspsychologischer Didaktik zur modernen Lehr- und Lernforschung. – Bern, S. 192-206.

PERREZ, M./HUBER, G.L./GEISSLER, K.A. (2006): Psychologie der pädagogischen Interaktion. In: KRAPP, A./WEIDENMANN, B. (Hrsg.): Pädagogische Psychologie. – Weinheim, S. 357-422.

REUSSER, K. (1999): KAFKA und SAMBA als Grundfiguren der Artikulation des Lehr-Lerngeschehens. Aus: Skript zur Vorlesung „Allgemeine Didaktik". – Universität Zürich.

REUSSER, K. (2001): Unterricht zwischen Wissensvermittlung und Lernen lernen. Alte Sackgassen und neue Wege in der Bearbeitung eines pädagogischen Jahrhundertproblems. In: FINKBEINER, C.V./SCHNAITMANN, G.W. (Hrsg.): Lehren und Lernen im Kontext empirischer Forschung und Fachdidaktik. – Donauwörth, S. 106-140.

REUSSER, K. (2006): Konstruktivismus – vom epistemologischen Leitbegriff zur Erneuerung der didaktischen Kultur. In: BAER, M./FUCHS, M./FÜGLISTER, P./REUSSER, K./WYSS, H. (Hrsg.): Didaktik auf psychologischer Grundlage. Von Hans Aeblis kognitionspsychologischer Didaktik zur modernen Lehr- und Lernforschung. – Bern, S. 151-168.

REUSSER, K./PAULI, C. (Hrsg.) (2003): Mathematikunterricht in der Schweiz und in weiteren sechs Ländern. Bericht über die Ergebnisse einer internationalen und schweizerischen Video-Unterrichtsstudie. Doppel-CD-ROM (Schlussbericht mit Videodokumentation). – Universität Zürich.

ROTH, H. (1957): Pädagogische Psychologie des Lehrens und Lernens. – 1. Aufl. Berlin: Hermann Schroedel Verlag.

ROTH, H. (1962): Die realistische Wendung der Pädagogischen Forschung. In: Neue Sammlung, 2. Jg., S. 481-490.

SCHEERENS, J./BOSKER, R. (1997): The Foundations of Educational Effectiveness. – New York.

SCHULZ, W. (1980): Ein Hamburger Modell der Unterrichtsplanung. Seine Funktionen in der Alltagspraxis. In: ADL-AMINI, B./KÜNZLI, R. (Hrsg.): Didaktische Modelle und Unterrichtsplanung. – München, S. 49-87.

SEIDEL, T./SHAVELSON, R. J. (2007): Teaching effectiveness research in the last decade: Role of theory and research design in disentangling meta-analysis results. In: Review of Educational Research, Vol. 77, pp. 454-499.

STAUB, F.C. (2006): Allgemeine Didaktik und Lernpsychologie: Zur Dynamisierung eines schwierigen Verhältnisses. In: BAER, M./FUCHS, M./FÜGLISTER, P./REUSSER, K./WYSS, H. (Hrsg.): Didaktik auf psychologischer Grundlage. Von Hans Aeblis kognitionspsychologischer Didaktik zur modernen Lehr- und Lernforschung. – Bern, S. 151-168.

TENORTH, H.-E. (2007): Lehrerbildung, Lehrerberuf und Lehrerarbeit – unmöglich und nicht reformierbar? In: Pädagogik 9/07, S. 28-31.

TERHART, E. (2002): Fremde Schwestern. Zum Verhältnis von Allgemeiner Didaktik und empirischer Lehr-Lern-Forschung. In: Zeitschrift für pädagogische Psychologie, 16. Jg., S. 77-86.

TERHART, E. (2005): Über Traditionen und Innovationen oder: Wie geht es weiter mit der Allgemeinen Didaktik? In: Zeitschrift für Pädagogik, 51. Jg., S. 1-13.

WAGENSCHEIN, M. (1968): Verstehen lehren – genetisch – sokratisch – exemplarisch. – Weinheim.

WAHL, D. (2001): Nachhaltige Wege vom Wissen zum Handeln. In: Beiträge zur Lehrerbildung, 19. Jg., S. 157-174.

WANG, M.C./HAERTEL, G.D./WALBERG, H.-J. (1993): Towards a knowledge base for school learning. In: Review of Educational Research, Vol. 63, pp. 249-294.

WEINERT, F.E. (1998): Guter Unterricht ist ein Unterricht, in dem mehr gelernt als gelehrt wird. In FREUND, J./GRUBER, H./WEIDINGER, W. (Hrsg.): Guter Unterricht – Was ist das? Aspekte von Unterrichtsqualität. – Wien, S. 7-18.

WELLENREUTHER, M. (2004): Lehren und Lernen – aber wie? Empirisch-experimentelle Forschungen zum Lehren und Lernen im Unterricht. – Baltmannsweiler.

WENIGER, E. (1952): Didaktik als Bildungslehre. Teil 1: Die Theorie der Bildungsinhalte und des Lehrplans. – Weinheim.

WIATER, H. (2001): Unterrichtsprinzipien. – Donauwörth.

WILD, E./HOFER, M./PEKRUN, R. (2006): Psychologie des Lerners. In: KRAPP, A./WEIDENMANN, B. (Hrsg.): Pädagogische Psychologie. – Weinheim, S. 203-268.

WINKEL, R. (1997): Die kritisch-kommunikative Didaktik. In: GUDJONS, H./WINKEL, R. (Hrsg.): Didaktische Theorien. – 9. Aufl. – Hamburg, S. 93-112.

WINNE, P.H. (1987): Why process-product research cannot explain process-product findings and a proposed remedy: The Cognitive Mediational Paradigm. In: Teaching and Teacher Education, Vol. 3, pp. 333-356.

*Anschrift des Verfassers:*

Prof. Dr. Kurt Reusser, Lehrstuhl Pädagogische Psychologie und Didaktik, Universität Zürich, Freiestrasse 36, CH – 8032 Zürich, E-Mail: reusser@paed.uzh.ch

Sigrid Blömeke und Christiane Müller

Berlin und East Lansing, Michigan

# Zum Zusammenhang von Allgemeiner Didaktik und Lehr-Lernforschung im Unterrichtsgeschehen

**Zusammenfassung:**

Die Allgemeine Didaktik und die Lehr-Lernforschung beanspruchen, bedeutsame Merkmale des Unterrichtsgeschehens zu erfassen. Sie stellen den Anknüpfungspunkt für eine Videostudie dar, in der Unterrichtsgeschehen auf Merkmale untersucht wird, die aus den Zugängen der Allgemeinen Didaktik und der Lehr-Lernforschung abgeleitet werden. Das Kategoriensystem besteht aus 22 Kategorien, mit denen sieben Unterrichtsdimensionen erfasst werden: Unterrichtszeit, Akteure, Sozialform, Aufgabenqualität, Umfang, Inhalt und Form der verbalen Interaktion. Die Stichprobe der Studie besteht aus 25 videographierten Unterrichtsstunden in den Fächern Deutsch, Informatik und Mathematik der Jahrgangsstufen 11 bzw. 12. Die Kodierung erfolgte niedrig-inferent im 5-Sekunden- bzw. 1-Minuten-Takt. Die Ergebnisse zeigen charakteristische Zusammenhänge zwischen den analysierten Kategorien, die auf unterschiedliche Unterrichtsskripte hindeuten. Allgemeine Didaktik und Lehr-Lernforschung tragen dabei jeweils eigenständig zur Analyse von Unterricht bei. Die beiden Disziplinen könnten insofern von einer stärkeren gegenseitigen Wahrnehmung profitieren, sodass die Erfassung des Unterrichtsgeschehens verbessert würde.

*Schlüsselwörter:* Videostudie, Allgemeine Didaktik, Lehr-Lernforschung, niedrig-inferente Kodierung

**Summary:**

The German tradition of „Allgemeine Didaktik" and the tradition of teaching and learning research represent two distinctive approaches to analyze lessons. The present video study uses coding rubrics which were developed based on results from both approaches. Overall, 22 codes were developed measuring seven dimensions of teaching and learning: lesson time, actors in class, work mode, task quality as well as amount, content and type of verbal interaction. The sample consists of 25 lessons in German, ICT and mathematics in grade 12 and 13. The coding was done in a low-inferent way using a 5-second or 1-minute time-code respectively. Core results are telling correlations between the single codes which indicate basic instructional scripts. "Allgemeine Didaktik" and teaching and learning research both contribute to this result to a significant extent. Analyzes of teaching and learning would therefore profit from a continuous exchange between them.

*Keywords:* video study, didactics, teaching and learning research, low-inferent coding

# Einführung

Die Allgemeine Didaktik und die Lehr-Lernforschung beanspruchen jeweils für sich, bedeutsame Merkmale des Unterrichtsgeschehens zu erfassen. *Didaktische Modelle* sind zwar erfahrungsbasiert, in der Regel aber ohne systematische Prüfung ihrer Lernwirksamkeit entstanden. Stattdessen geht es der Didaktik darum, fächerübergreifende Komponenten von Unterricht und deren Zusammenhänge vor dem Hintergrund normativer Anforderungen an schulisches Lehren und Lernen präskriptiv zu modellieren (BLÖMEKE/HERZIG/TULODZIECKI 2007). Die *pädagogisch-psychologische Lehr-Lernforschung* dagegen arbeitet ohne systematischen Rückgriff auf Unterrichtsmodelle vor allem Merkmale heraus, die Schülerleistungen in kognitiver Hinsicht beeinflussen. Auf dieser Basis werden empirisch basiert Effizienzmodelle entwickelt (CREEMERS 1994; SCHEERENS/BOSKER 1997; TEDDLIE/ REYNOLDS 2000). Allgemeine Didaktik und Lehr-Lernforschung haben dies lange Zeit getan, ohne einander wahrzunehmen (BLÖMEKE 2007), sodass sich eigene Begrifflichkeiten und deutlich unterschiedliche Schwerpunktsetzungen entwickelt haben. Die Differenz, gar Frontstellung einer didaktischen versus einer lernforschungsbezogenen Perspektive wird von ihren jeweiligen Vertretern zum Teil sogar bewusst zugespitzt. Ewald TERHART (2002) spricht deshalb von „fremden Schwestern", Thorsten BOHL (2004) sieht ein „prekäres Spannungsverhältnis" und Andreas HELMKE (2004) konstatiert schlicht, dass er sich mit allgemein didaktischen Fragen nicht auseinandersetzen will.

In der *Allgemeinen Didaktik* hat die Beschreibung von Strukturmerkmalen des Unterrichts eine lange Tradition. In den von ihr entworfenen Modellen – siehe beispielsweise die bildungstheoretische Didaktik von Wolfgang KLAFKI (1963) oder die unterrichtsanalytische Didaktik von Paul HEIMANN (1962) und Wolfgang SCHULZ (1965) – spielen neben normativen, zielbezogenen Reflexionen auf einer meta-theoretischen Ebene nicht-kognitive, verhaltensorientierte Merkmale der Unterrichtsmethodik eine sehr viel stärkere Rolle in dem Versuch, das Unterrichtsgeschehen zu erfassen, als produktbezogene Kriterien wie etwa der Lernerfolg. Prototypisch für zielbezogene Reflexionen kann die Frage nach der lebensweltlichen Relevanz schulischer Inhalte für die Schülerinnen und Schüler (Gegenwarts- und Zukunftsbedeutung in der Terminologie KLAFKIS), prototypisch für didaktisch relevante Unterrichtsmerkmale können die differenzierte Beschreibung von Lehrer- und Schüleraktivitäten oder der Einsatz schülerorientierter Sozialformen im Sinne von Einzelarbeit und Gruppenarbeit gegenüber der lehrerorientierten Arbeit im Klassenverband genommen werden (JANK/MEYER 2002).

In der *Lehr-Lernforschung* werden aufgrund ihrer Produktorientierung, d. h. vor allem der Verknüpfung von Unterrichtsbeobachtungen und Leistungstests, ohne weitere theoretische Fundierung andere – leicht quantifizierbare – Merkmale hervorgehoben, wenn es darum geht, Unterricht zu charakterisieren: Der Zusammenhang von Lernzeit und Lernerfolg beispielsweise stellt ein klassisches Beispiel hierfür dar (CARROL 1963), der auf vielen Ebenen – schulischer Unterricht (WANG/HAERTEL/WALBERG 1993; WEINERT/HELMKE 1997; GRUEHN 2000), aber auch in der Lehrerausbildung (BLÖMEKE u. a. 2008) – repliziert werden konnte. In leistungsstarken Klassen wird die komplette Unterrichtszeit für die Arbeit am Unterrichtsthema ausgenutzt. Dies bezieht sich nicht nur auf einen zügigen Unterrichtsbeginn und einen Verzicht auf ein vorzeitiges Ende, sondern auch auf das Vermeiden von Unterrichtsstörungen. In kognitionstheoretischer Tradition finden aber auch komplexere Merkmale wie zum Beispiel der Grad an kognitiver Aktivierung durch Aufgaben und Lehrerfragen Berücksichtigung (MANDL/HUBER 1978; VON EYE 1999; KLIEME u. a. 2006b). Typisch ist in jedem Fall die Fokussierung auf kognitive Lernziele.

Die jetzt gegebene Gegenüberstellung der Zugänge von Allgemeiner Didaktik und Lehr-Lernforschung bei der Erfassung des Unterrichtsgeschehens ist allerdings stark typisiert, lassen sich in neueren Didaktiken doch auch stärker kognitions- und produktorientierte Ansätze finden und

finden sich in der neueren Lehr-Lernforschung doch auch zielbezogene Reflexionen mit dem Re-
sultat einer stärkeren Aufnahme motivationaler und klimabezogener Charakteristika. Diese Entwicklung macht eine scharfe Abgrenzung der beiden Zugänge deutlich schwerer. In der Allgemeinen Didaktik ist vor allem in der Tradition von Heinrich ROTH (1963) und Hans AEBLI (1983)
eine Verknüpfung von meta-theoretischen Reflexionen und empirischen Erkenntnissen zu Schülerleistungen vorgenommen worden (TULODZIECKI/HERZIG/BLÖMEKE 2004; BAER u. a. 2006). In
der Lehr-Lernforschung ist vor allem in Studien, die auf Helmut FENDS Angebots-Nutzen-Modell
zurückgreifen, eine entsprechende Verknüpfung erfolgt (HELMKE 2004).

Diese Stränge – allgemeindidaktische Ansätze in der Tradition von ROTH und AEBLI sowie
komplexere Ansätze der Lehr-Lernforschung, die didaktische Kategorisierungen aufgreifen – stellen den Anknüpfungspunkt für die vorliegende Studie dar.

# 1   Merkmale des Unterrichtsgeschehens aus der Perspektive der Allgemeinen Didaktik und der Lehr-Lernforschung

Ein zentraler Fokus der Lehr-Lernforschung liegt auf der Erfassung der *Aufgabenqualität*. Aufgaben haben die Funktion, Lernprozesse bei Schülerinnen und Schülern anzustoßen, indem durch
Fragestellungen und andere Anforderungen Schülerinnen und Schüler zu der Auseinandersetzung
mit einem bestimmten Unterrichtsinhalt angeregt werden (BROMME/SEEGER/STEINBRING 1990;
KLIEME u. a. 2006b). Ein hoher Grad an kognitiver Aktivierung durch die Aufgaben und eine
binnendifferenzierte Aufgabengestaltung sind dabei für hohe Schülerleistungen besonders wichtig
(BROPHY 2000; HELMKE/JÄGER 2002). Damit ist gemeint, dass von Schülerinnen und Schülern zu
lösende Aufgaben auf den Erwerb von Verständnis und Anwendungsfähigkeit bei komplexen Problemen im Alltag zielen und nicht auf die Routinisierung von Fertigkeiten (STIGLER u. a. 1999;
HIEBERT u. a. 2003). Der Schwierigkeitsgrad dieser Aufgaben ist so zu wählen, dass sie nicht unmittelbar zu bewältigen sind, gleichzeitig aber auch keine unüberwindbare Hürde darstellen (BER-
LYNE 1974; HECKHAUSEN 1974). Mit der Gestaltung binnendifferenzierter Aufgaben ist das Interesse verbunden, kognitive, affektiv-motivationale und soziale Differenzen zwischen den Schülerinnen und Schülern zu berücksichtigen, um diese in der Breite adäquat zu fördern.

Aus allgemeindidaktischer Perspektive gehörte eine systematische Analyse der Qualität von
Aufgaben lange zu den eher vernachlässigten Forschungsbereichen. Zwar gehören Überlegungen
zur Auswahl von Zielen und Inhalten von Unterricht seit jeher zu Kernfragen didaktischer Modelle (vgl. z. B. KLAFKI 1963; HEIMANN/OTTO/SCHULZ 1965), in welcher Form sich diese jedoch
materialisieren und welche Qualitätskriterien für Aufgaben daraus resultieren, wird selten modelliert. Dabei zeigen didaktisch ausgerichtete Studien, dass die Wahl der Aufgaben Aussagen über
die subjektiven Vorstellungen von Lehrerinnen und Lehrern von „gutem Unterricht" und Aussagen über die Ansprüche zulässt, die sie an die Vermittlung eines Themas haben (KOCH-PRIEWE
1997, 2000; BLÖMEKE u. a. 2006). Die an AEBLI anknüpfende Didaktik von TULODZIECKI, HER-
ZIG und BLÖMEKE (2004) spricht der Aufgabenqualität dann einen zentralen Stellenwert in der
Unterrichtsgestaltung zu. Es wird deutlich, dass Lernprozesse nur unter bestimmten Bedingungen
durch Aufgaben angeregt werden können. Nur wenn diese Bedürfnisse, Lebenssituation, Kennt-
nis- und Erfahrungsstand, intellektuelles Niveau und sozial-moralische Orientierung der Schülerinnen und Schüler beachten, könne die Leitidee eines sachgerechten, selbstbestimmten und kreativen Handelns in sozialer Verantwortung verwirklicht werden.

Aus fachdidaktischer Perspektive stellt die Analyse von Aufgaben neuerdings ebenfalls ein zentrales Thema dar (vgl. z. B. TIMM 1998, S. 221ff., 366ff.; BLEICHROTH u. a. 1999, S. 245ff., 266ff.;
WESKAMP 2003, S. 109ff.). Dies gilt insbesondere für den Mathematikunterricht, für den Aufga-

ben eine konstitutive Bedeutung haben (LENNÉ 1969, S. 34f., 50ff.; WITTMANN 1981; FÜHRER 1997). Sie nehmen auf allen Ebenen des Lernens von Mathematik einen zentralen Platz ein (CHRISTIANSEN/WALTHER 1986, S. 244). BROMME, SEEGER und STEINBRING (1990, S. 1) charakterisieren Aufgaben gar als die „schulgemäßen Formen für mathematische Probleme".

Ein zweiter Merkmalskomplex, dem sowohl die Allgemeine Didaktik als auch die Lehr-Lernforschung Aufmerksamkeit widmen, sind die unterrichtlichen *Sozialformen*. Allerdings geschieht dies vor dem Hintergrund sehr unterschiedlicher Annahmen. Während die verschiedenen Sozialformen in der Allgemeinen Didaktik mit positiven bzw. negativen Effekten verknüpft werden, nicht unbedingt leistungsbezogen, dienen sie in der Lehr-Lernforschung überwiegend nur zur Beschreibung der Sichtstruktur von Unterricht, der kein unmittelbarer Einfluss auf Schülerleistungen zugesprochen wird (HUGENER/PAULI/REUSSER 2007).

In der Allgemeinen Didaktik weisen Sozialformen nach JANK und MEYER (2002) eine innere und äußere Differenzierung auf. Die äußere Seite beschreibt die räumlich-soziale Ordnung der Lehrer-Schüler-Interaktion und ist am einfachsten an der Sitzordnung der Schülerinnen und Schüler zu erkennen. Die innere Seite beschreibt dagegen die Beziehungsarbeit, die aufgrund der gewählten Sozialform ermöglicht wird. Die Leistung der Lehrperson liegt in der Wahl einer geeigneten Sozialform, die es ermöglicht, Unterricht in Gang zu setzen, aufrechtzuerhalten und zu einem „gewinnbringenden" Abschluss zu führen. Unter der sozialkonstruktivistischen Annahme, dass Wissen durch soziale Konstruktionsprozesse entsteht (GERGEN 1995; REICH 2002) werden in der Didaktik vor allem kooperative Arbeitsformen favorisiert, die eine symmetrische Kommunikation ermöglichen sollen (Partner- und Gruppenarbeit, Diskussionen). Demgegenüber agiere die Lehrperson im Klassenunterricht als zentrale Person, welche das gesamte Unterrichtsgeschehen steuere und reguliere. Die Schülerinnen und Schüler hätten aufgrund der „sozialen Architektur" mit ihrer asymmetrischen Kommunikation (JANK/MEYER 2002) nur eingeschränkt die Möglichkeit, Wissen aktiv zu konstruieren.

In der Lehr-Lernforschung werden Sozialformen unter der Perspektive thematisiert, kognitive und/oder motivationale Unterrichtsziele zu fördern. Voraussetzung ist, dass Sichtstrukturen entsprechende Tiefenstrukturen anregen. Lern- und motivationsförderlich ist danach eine Schülerorientierung in Form eines hohen Maßes an innerer Leistungsdifferenzierung (COHEN 1994; DANN/DIEGRITZ/ROSENBUSCH 1999; BROPHY 2000). Diese beginnt mit einer Diagnose individueller Stärken und Schwächen, führt zur Zuteilung unterschiedlicher Aufgaben nach Leistungsvermögen und mündet in besondere Unterstützung von schwächeren Schülerinnen und Schülern (HELMKE 1988; GUTIÉRREZ/SLAVIN 1992; SCHRADER 2001; HELMKE/HOSENFELD/SCHRADER 2004). Eng damit zusammen hängt die besondere Leistungsfähigkeit von Klassen mit viel Kleingruppenarbeit (HELMKE/JÄGER 2002). Dabei sollte die Gruppenarbeit vor allem traditionelle Stillarbeitsphasen ersetzen (SLAVIN 1996). Einführungen und erste Lösungsversuche komplexer Aufgaben sollten besser im Plenum geschehen, um die Schülerinnen und Schüler nicht zu überfordern (MASON/GOOD 1993; TUOVINEN/SWELLER 1999). Hier lässt sich eine deutliche Überschneidung der beiden Perspektiven feststellen – wenn auch unterschiedlich motiviert.

Konzeptionell mit der Frage der gewählten Sozialformen korrespondierend, wird der Frage Aufmerksamkeit gewidmet, wer die vorrangig handelnden *Akteure* in einer Unterrichtssequenz sind. Ein stark instruktional geprägtes Unterrichtsgeschehen, das mit einer Steuerung des Lehr-Lernprozesses durch die Lehrperson einhergeht, schreibt dieser die dominierende Position zu. Diese Form der Strukturierung von Unterricht findet sich in den frühen Allgemeinen Didaktiken des 19. Jahrhunderts. Spätestens mit Aufkommen konstruktivistisch orientierter Didaktiken (siehe z. B. REICH 2002), die aber gut zu reformpädagogischen Ansätzen des frühen 20. Jahrhunderts passen, wird dagegen stärker selbstbestimmtes Lernen favorisiert sowie den Schülerinnen und Schülern eine aktive Rolle zugeschrieben. BRUNER (1974, 1996) setzt solche Überlegungen in seiner Unterrichtstheorie um, indem er die Bedeutung von selbsttätigem Entdecken, Feedback und Kollaboration hervorhebt. Teile seiner Unterrichtstheorie wurden empirisch geprüft und zeigten signifikant höhere Verstehensleistungen (BROWN 1997; BROWN/COLE 2000; DIHOFF u. a. 2004). WYGOTSKI (1978) betont ebenfalls die Bedeutung der sozialen Interaktion für Lernen und entwickelt PIAGETS intrapsychisch fokussierten Ansatz weiter, indem er davon ausgeht, dass Wissen erst interpsychisch, in einem sozialen Prozess, als gemeinsam geteilte Bedeutung gebildet wird. Die Veränderung des Rollenverständnisses in Bezug auf Lehrpersonen wird häufig als eine Abkehr von der Rolle als Wissensvermittlerin und der Hinwendung zur Rolle der Lernberaterin beschrieben (STRAKA/MACKE 2003). Neuere Didaktiken versuchen in der Regel, die beiden Zugänge zu integrieren (REUSSER 1999; TULODZIECKI/HERZIG/BLÖMEKE 2004).

In der Lehr-Lernforschung steht anstelle der Klassifizierung von Akteuren bereits seit langem die Form der *verbalen Interaktion* im Vordergrund (GALLAGHER/ASCHNER 1963; AMIDON/HOUGH 1967; FLANDERS 1970; HANKE/MANDL/PRELL 1973; SPANHEL 1980; BROPHY/GOOD 1986), indem beispielsweise auf kognitiv komplexe Fragen Wert gelegt wird. Während Routinefragen lediglich die Reproduktion gespeicherten Wissens triggern, können durch divergente oder evaluative Fragen produktive und kreative Denkprozesse angeregt werden.

Verbale Interaktion entsteht nach WATZLAWICK/BEAVIN/JACKSON (1969), sobald zwei Kommunikationspartner anwesend sind. Im Kommunikationsverständnis WATZLAWICKS kann der Mensch nicht nicht kommunizieren. Somit stellt die verbale Interaktion zwischen Lehrpersonen und Schülerinnen und Schülern die Basis jeden Unterrichts dar. TAUSCH und TAUSCH (1980) konnten in ihren Untersuchungen zeigen, dass Lehrpersonen pro Unterrichtsstunde etwa 45 bis 60 Befehle und Aufforderungen ausgeben. Dabei kommt es häufig vor, dass die von der Lehrperson begonnenen Sätze durch die Schülerinnen und Schüler beendet werden. Diese Dirigierung und Lenkung im Sprachverhalten des Lehrers wirkt sich negativ auf kognitive, soziale, emotionale und motivationale Vorgänge der Schüler aus. Selbst- und eigenständiges, kreatives Denken wird nicht gefördert. Die Möglichkeit, durch solche eng geführten Fragen von den Schülerinnen und Schülern selbstständig Informationen zu spezifischen Problemen zu erhalten, ist gering. Die TIMS-Videostudie hat deutlich gemacht, dass durch diese Dirigierung und Lenkung auch die festgestellte Reduzierung der Aufgabenkomplexität bewirkt wird. In einer durchschnittlichen deutschen Mathematikstunde wird durchaus mit einer vergleichsweise komplexen Aufgabe begonnen. Anschließend wird diese im fragend-entwickelnden Unterrichtsgespräch jedoch häufig durch die Lehrperson in ihrer Komplexität reduziert und in Teilaufgaben zerlegt (BAUMERT/LEHMANN u. a. 1997).

Zunehmend wird von Seiten der Lehr-Lernforschung neben der Form auch die Aufbereitung des Inhalts der verbalen Interaktion einbezogen. Dabei zeigt sich, dass Formen der Metakommunikation bzw. Reflexionen des Lernprozesses für hohe Schülerleistungen wichtig sind (z. B. als „advance organizer"; AUSUBEL 1974; MAYER 1983). Besonders effektiv sind Lehrpersonen, denen eine durchschaubare Strukturierung der Unterrichtsstunden gelingt, indem sie zu Beginn eine ausführliche Vorschau geben, an Übergängen für Verknüpfungen sorgen, zwischendurch immer wieder bedeutsame Punkte hervorheben und mit Zusammenfassungen des neu Gelernten schließen (BROPHY/GOOD 1986; GRUEHN 2000). Diese Metastrukturierung stellt auch eine wichtige Bedingung für den Erfolg von kooperativem Lernen dar (HUBER 1995; RENKL/MANDL 1995). Gleichzeitig scheint wichtig zu sein, dass es der Lehrperson gelingt durchzusetzen, dass 45 Minuten lang konzentriert am Unterrichtsthema gearbeitet wird. Störungen sind stark mit geringeren Schülerleistungen korreliert (WANG/HAERTEL/WALBERG 1993; WEINERT/HELMKE 1997; GRUEHN 2000).

Für die Allgemeine Didaktik stellt der Unterrichtsinhalt ebenfalls eine zentrale Frage dar. Allerdings ist diese auf die Auswahl und Legitimierung der Inhalte fokussiert und nicht auf deren Aufbereitung. Dies ist eher Gegenstand der Fachdidaktiken.

## 2    Videobasierte Unterrichtsbeobachtungen zur Erfassung der Merkmale

Die in Abschnitt 1 angesprochenen Merkmalskomplexe, mit denen die Allgemeine Didaktik bzw. die Lehr-Lernforschung das Unterrichtsgeschehen erfassen, sind in den letzten Jahren vor allem im Rahmen verschiedener Videostudien untersucht worden. Seit den TIMS-Videostudien (STIGLER u. a. 1999; HIEBERT u. a. 2003) kann eine Renaissance des Versuchs festgestellt werden, Unterricht mit Hilfe von Videobeobachtungen empirisch zu erfassen. Dies kann als eine angemessene Balance zwischen Laborstudien, die die unterrichtliche Komplexität stark reduzieren, und der Detailfülle des konkreten Lehr-Lerngeschehens angesehen werden. Gegenüber dem früheren Ansatz der 1970er Jahre, Unterricht durch Personen beobachten zu lassen, die das Geschehen kategorisiert protokollieren, weisen die technischen Neuerungen vor allem unter Reliabilitätsgesichtspunkten viele Vorteile auf.

Für Deutschland war in der ersten TIMS-Videostudie, die Mathematikunterricht in drei Ländern untersuchte (Deutschland, Japan und USA), festgestellt worden, dass der Unterricht überwiegend in Form eines eng geführten fragend-entwickelnden Gesprächs stattfindet (BAUMERT/LEHMANN u. a. 1997). Mathematiklehrkräfte steigen in die einzelnen Unterrichtseinheiten zwar mit relativ komplexen Aufgaben ein – vor allem im Vergleich zu ihren amerikanischen Kolleginnen und Kollegen –, doch unterteilen sie diese durch ihr anschließendes Frageverhalten in weitaus weniger komplexe Teilaufgaben. Kooperatives Lernen war in der Studie eher selten zu sehen. Wenn es zu Schülerarbeitsphasen kam, handelte es sich um Einzelarbeit. Letztlich fördert dieses Vorgehen offensichtlich vor allem technische Rechenfertigkeiten, während kognitiv komplexere Ansprüche wie Problemlösen vernachlässigt werden.

Weitere Videostudien wurden im Rahmen deutsch-schweizerischer Kooperationsprojekte durchgeführt (KLIEME u. a. 2006b; SEIDEL u. a. 2006). Auch in diesen wurden die oben angesprochenen Unterrichtsmerkmale erfasst. Aus theoretischer Perspektive ist bedeutsam, dass zwischen der Sichtstruktur des Unterrichts, der sichtbaren Organisation bzw. Orchestrierung des Unterrichts, wozu von den oben genannten Merkmalen vor allem die Sozialformen gehören, und Tiefenstrukturen unterschieden wird, womit in erster Linie eine bestimmte Abfolge von Lernprozessen bezeichnet ist (OSER/PATRY 1990). Da sich Lernprozesse nicht unmittelbar beobachten lassen, werden Merkmale wie die Aufgabenqualität oder die verbale Interaktion als Indikator genutzt, um zumindest das Potenzial für bestimmte Lernprozesse einschätzen zu können.

Eine dieser Videostudien war die zweite TIMS-Videostudie, eine internationale Vergleichsstudie, an der sieben Länder (Australien, Hongkong, Japan, Niederlande, Tschechien, Schweiz und die USA) beteiligt waren. In dieser konnte kein direkter Zusammenhang zwischen Sichtstrukturen des Unterrichts und seiner Lernwirksamkeit gefunden werden (REUSSER/PAULI 2003; siehe auch HUGENER/PAULI/REUSSER 2007). Allerdings zeigte sich, dass die erfolgreichen Länder in der Regel mindestens einige der oben angesprochenen Unterrichtsmerkmale aufwiesen: komplexe und anspruchsvolle Aufgaben (Japan), selbstständige Schülerarbeit (Niederlande), offene Lehr-Lernformen (Schweiz), hohe kognitive Aktivierung (alle außer den USA, die allerdings auch nicht zur Gruppe der erfolgreichen Länder gehören). Darüber hinaus wurde deutlich, wie wichtig die Betrachtung eines weiten Spektrums an Lehr-Lernzielen ist. In der Schweiz sind die affektiv-motivationalen Werte bei Schülern, die an offenem Unterricht teilgenommen haben – hier definiert über innere Differenzierung, einen hohen Umfang an Schüleraktivitäten, selbstgesteuertes und kooperatives Lernen – deutlich besser als die der übrigen Schülerinnen und Schüler.

In einer weiteren Videostudie wurden jeweils 20 Mathematikstunden der Sekundarstufe I in Deutschland und der Schweiz videographiert. Der genaue Unterrichtsinhalt war festgelegt. Es wurde deutlich, dass in den schweizerischen Stunden mehr Lernzeit auf den Fachinhalt konzentriert und dass Störungen von geringerem Ausmaß waren. Auch fanden sich in der Schweiz häufiger kooperative Lernformen (CLAUSEN/REUSSER/KLIEME 2003). Auf die Lernleistungen wirken sich die Unterschiede insofern aus, als deutsche und schweizerische Schülerinnen und Schüler ein ähnlich hohes Faktenwissen aufweisen, Letztere aber deutlich stärker im Problemlösen sind.

Am Leibniz-Institut für die Pädagogik der Naturwissenschaften (IPN) in Kiel sind zwei Videostudien durchgeführt worden (SEIDEL u. a. 2006; WIDODO/DUIT 2004). In einer ersten wurden jeweils 6 Physikstunden in 13 Klassen an Realschulen und Gymnasien der Sekundarstufe I, in einer zweiten Studie wurden jeweils zwei Physikstunden in 50 Klassen ebenfalls an Realschulen und Gymnasien der Sekundarstufe I beobachtet. Die genauen Inhalte waren jeweils festgelegt. Als zentrale Ergebnisse mit Bezug auf die oben angesprochenen Merkmale lässt sich festhalten, dass der beobachtete Unterricht in der Regel in Form von Klassenunterricht stattfindet (SEIDEL/PRENZEL 2006). Vor allem Elemente, die sich aus der konstruktivistischen Didaktik ableiten lassen, lassen sich im alltäglichen Unterricht offensichtlich nur selten beobachten (WIDODO/DUIT 2005). Die verbale Interaktion wird stark von der Lehrperson gesteuert und ist sehr eng geführt (SEIDEL 2003), sodass es kaum zu divergenten Denkprozessen kommt. Metastrukturierungen der Unterrichtskommunikation, vor allem in Form so genannter *advance organizer*, kommen im Prinzip nicht vor. Gleichzeitig ist festzuhalten, dass die wenigen schülerorientierten Ausnahmestunden nicht mit höherem Lernerfolg verbunden waren.

OSERS Theorie der Basismodelle des Lehrens und Lernens bildet das theoretische Fundament für Videostudien in der physikdidaktisch ausgerichteten Arbeitsgruppe um Hans E. FISCHER. In diesen Basismodellen werden prozessorientiert Unterrichtsschritte für fundamentale Lehr-Lernziele beschrieben (TRENDEL/WACKERMANN/FISCHER 2007). REYERS Analysen von Physikunterricht in der Sekundarstufe I machen deutlich, dass sich ein stark lehrergesteuerter Unterricht von einem mehr schülerorientierten unterscheiden lässt (REYER 2004). In ersterem ist die verbale Interaktion durch kurze Schülerantworten auf wenig komplexe Lehrerfragen bestimmt.

In unseren eigenen Untersuchungen konnten die Befunde hinsichtlich der Aktivitäts- und Sozialstruktur des Unterrichts von SEIDEL/PRENZEL (2006) sowie REYER (2004) für die gymnasiale Oberstufe weitestgehend repliziert werden. Im Unterschied zu den zuvor angesprochenen Studien, die mathematisch-naturwissenschaftlichen Unterricht untersuchen, bezieht unsere Stichprobe neben Informatikunterricht erstmals auch Deutschunterricht ein (allerdings nur in Form weniger Unterrichtsstunden; siehe Abschnitt 3). Die Lehrperson steuert und lenkt in der überwiegenden Zeit des Unterrichts – der in der Regel als Klassenunterricht durchgeführt wird – die Lernprozesse der Schülerinnen und Schüler (BLÖMEKE/MÜLLER 2007). Es ließen sich sowohl ein lehrerzentriertes, in das fragend-entwickelnde Unterrichtsgespräch eingebettetes Skript als auch ein schüleraktivierendes Skript zur Unterstützung problemzentrierten Unterrichts sowie ein Unterrichtsskript, das zwischen diesen beiden angesiedelt ist, identifizieren. Dieses Mischskript wurde bei nahezu der Hälfte der untersuchten Lehrpersonen festgestellt (MÜLLER/BLÖMEKE/EICHLER 2006).

Die jüngste Videostudie fand im Rahmen der Studie „Deutsch-Englisch-Schülerleistungen-International (DESI)" statt. Sie untersucht erstmals systematisch anhand einer größeren Stichprobe Unterricht im Fach Englisch und bestätigt eine Reihe bekannter Ergebnisse aus anderen Studien (KLIEME u. a. 2006a): die Bedeutsamkeit von intensiver Zeitnutzung, wenig Unterrichtsstörungen und Schülerorientierung. Darüber hinaus wurde der verbalen Interaktion besondere Aufmerksamkeit gewidmet. Als sehr lernförderlich können danach ein hoher Umfang an Schüleräußerungen, mehrschrittige Lehrer-Schüler-Dialoge mit wenigen „Ein-Wort-Sätzen" sowie die Nutzung von Fehlern als Lerngelegenheiten angesehen werden. Die Komplexität der Lehrerfragen hatte dagegen keinen positiven Effekt.

Auf einer deskriptiven Ebene stellt sich vor dem Hintergrund dieses Forschungsstandes zum einen die Frage, welche Ausprägungen die angesprochenen Merkmale in der von uns beobachteten Gruppe von Lehrkräften haben. Zum anderen stellt sich die Frage, wie die Merkmalskomplexe zusammenhängen: Lassen sich übergreifende Unterrichtsskripts erkennen? Und lassen sich alle genannten Merkmale empirisch unterscheiden oder korrelieren einige so hoch, dass es sich um einheitliche Konstrukte handelt?

# 3    Methode

Die Stichprobe der vorliegenden Videostudie besteht aus 25 Unterrichtsstunden in der Jahrgangsstufe 11 bzw. 12, die nach standardisierten Richtlinien aufgenommen wurden. Es handelt sich um 15 Mathematik-, sechs Informatik- und vier Deutschstunden. Die Lehrkräfte wurden vor allem über Aufrufe in Verbandszeitschriften gewonnen. Sie wussten nicht, was untersucht werden sollte, sondern bekamen die Anweisung, eine für ihr Unterrichtshandeln möglichst typische Stunde zu zeigen, in der sie neue Medien einsetzen.[1]

Die technische Umsetzung der Datenerhebung erfolgte für die Aufnahme der Unterrichtsfilme in Anlehnung an die Regeln für Videoaufnahmen der TIMS-Videostudie und des IPN, indem eine Videokamera mit zwei Mikrofonen verwendet wurde, die aus der Schülerperspektive auf die Lehrperson gerichtet ist – mit Ausnahme von Situationen, in denen Schüler Lehrfunktionen übernehmen (STIGLER u. a. 1999; SEIDEL/DALEHEFTE/MEYER 2001).

Die Kodierung der Videoaufzeichnungen erfolgte mit Hilfe der Auswertungssoftware Videograph (RIMMELE 2002). Die Durchführung beruhte auf einem Zeitstichprobenplan mit zwei verschiedenen Analyseeinheiten (1-Minuten-Takt für die strukturellen Kategorien und 5-Sekunden-Takt für die verbale Interaktion). Im Anschluss an eine Beobachterschulung erfolgte die Überprüfung der Übereinstimmung dreier unabhängiger Beobachter hinsichtlich ihrer Ratings für vier Unterrichtsstunden. Die erzielten Übereinstimmungsmaße für die einzelnen Kategorien sind als befriedigend bis sehr gut einzuschätzen ($.66 < \kappa < .95$). Für die nun folgenden Analysen werden die auf Klassenebene aggregierten Werte verwendet, d.h. dass die 25 Unterrichtsstunden die Untersuchungseinheiten darstellen.

Die Datenanalyse erfolgte anhand von niedrig-inferent gewonnenen Beobachtungsdaten, die aufgrund ihrer Objektivität in der Unterrichtsforschung eine besonders anerkannte Datenquelle darstellen (CLAUSEN 2002). Da die Beobachtung spezifischer, klar umgrenzter Verhaltensweisen im Vordergrund stand, benötigten Beobachter so gut wie keine schlussfolgernden Kognitionen. Dies minimiert Fehler und erhöht die Reliabilität.

Die Beobachtungskategorien wurden im Wechselspiel von Deduktion und Induktion entwickelt. Einer theoriegeleiteten Kategorisierung auf der Basis der oben angesprochenen Zugänge der Allgemeinen Didaktik und der Lehr-Lernforschung folgte eine empiriegeleitete Ausdifferenzierung, die erneut theoriegeleitet vervollständigt wurde (MAYRING 2000).

Eine theoretische Validierung des Kategoriensystems erfolgte in Zusammenarbeit mit den Arbeitsgruppen Allgemeine Didaktik, Fachdidaktik der beobachteten Unterrichtsfächer, Mediendidaktik und empirische Unterrichtsforschung zweier deutscher Universitäten. In einem ersten Schritt wurde das Kategoriensystem durch die Expertinnen und Experten im Hinblick auf die Fragestellungen der Videostudie analysiert, diskutiert und bewertet. Daraus resultierende Anregungen wurden in das Kategoriensystem aufgenommen. In einem zweiten Schritt wurden den Experten Unterrichtsstunden mit dem Auftrag vorgelegt, Merkmale zu benennen, an denen sie die Fragestellungen beantworten würden. Dieser Schritt diente der Validierung des Kategoriensystems aus einer induktiven Perspektive, indem die nunmehr als wichtig benannten Kategorien mit den zuvor entwickelten verglichen und gegebenenfalls Ergänzungen vorgenommen wurden.

Das in unserer Studie verwendete, auf allgemeindidaktische Merkmale bzw. Merkmale der Lehr-Lernforschung ausgerichtete Kategoriensystem besteht aus insgesamt 22 Kategorien (jeweils kursiv gesetzt), mit denen sieben Unterrichtsdimensionen erfasst werden.[2] Alle Kategorien werden im Sinne eines *coverage code* (vgl. TIMSS-R Video Math Coding Manual: Lesson Lab, 2003) kodiert. Dabei stellt der Umfang des Auftretens der einzelnen Kategorien den Indikator der interessierenden Dimension dar:

1. Unterrichtszeit: In dieser Dimension wird zum einen die zeitliche *Dauer* des tatsächlich durchgeführten Unterrichts innerhalb einer Unterrichtsstunde erhoben (PRENZEL u. a. 2001; Lesson Lab 2003). Zum anderen werden *Unterrichtsstörungen* im Verlauf des Unterrichtsprozesses erfasst. Die beiden Variablen sind nicht disjunkt.
2. Akteure: Als handelnde Personen werden die Lehrperson sowie die Schülerinnen und Schüler erfasst. Es handelt sich um eine nicht-kognitive, verhaltensorientierte Kodierung des Begriffs in dem Sinne, dass alle sichtbaren Handlungen der Lehrperson bzw. mindestens eines Schülers (Arbeit mit einem Medium, Textlesen etc.) als Aktionen kodiert werden, auch wenn sie nicht verbal begleitet werden. Da *Lehreraktivitäten* und *Schüleraktivitäten* parallel stattfinden können, handelt es sich um nicht disjunkte Variablen.
3. Sozialform: In Anlehnung an TIMSS-R Video und TULODZIECKI/HERZIG/BLÖMEKE (2004) werden in Form disjunkter Kategorien die Arbeit im Klassenverband – differenziert nach *Lehrervortrag, fragend-entwickelndem Unterrichtsgespräch* und *Diskussion* – sowie Schülerarbeitsphasen – differenziert nach *Partner- bzw. Gruppenarbeit* und *Einzelarbeit* (i. S. von Stillarbeit; PRENZEL u. a. 2001) – erfasst.
4. Aufgabenqualität: Diese Dimension umfasst zwei nicht disjunkte Variablen. Zum einen wird erfasst, inwieweit nach kognitiven, affektiv-motivationalen oder sozialen Kriterien *differenzierte Aufgaben* vergeben werden. Zum anderen wird das *kognitive Anspruchsniveau* der Aufgaben eingeschätzt. Dabei wird auf das von TULODZIECKI/HERZIG/BLÖMEKE (2004) entworfene Klassifikationsschema zurückgegriffen.
5. Umfang der verbalen Interaktion: Mit Hilfe der beiden disjunkten Kategorien *Lehrperson* sowie *Schülerinnen und Schüler* werden die jeweiligen Sprecher im Verlaufe des Unterrichtsgeschehens erfasst.
6. Inhalt der verbalen Interaktion: In dieser Dimension wird das „Was" der Kommunikation zwischen Lehrperson sowie Schülerinnen und Schülern kodiert. Für die Analysen des vorliegenden Beitrags erfolgt eine Beschränkung auf die drei thematisch relevanten Codes *Fach, Stundenstruktur* und *Schülervorstellungen*.
7. Form der verbalen Interaktion: Für die Erfassung der Form der verbalen Interaktion wird in Bezug auf die Lehrperson, auf die die vorliegenden Analysen beschränkt sind, zwischen Fragen, Ausführungen und Reaktionen der Lehrperson unterschieden. Diese werden in Form disjunkter Kategorien kodiert. Bei den Fragen wird in Anlehnung an GALLAGHER und ASCHNER (1963) sowie SPANHEL (1980) zwischen *Routinefragen* und *komplexen Fragen* unterschieden. Ausführungen werden in Anlehnung an FLANDERS (1970) nach *Darlegungen* und *Anweisungen* ausdifferenziert. In Bezug auf Reaktionen erfolgt nach AMIDON und HUNTER (1967) eine Unterscheidung zwischen aufgreifenden bzw. weiterleitenden *Reaktionen* und *Bewertungen*.

## 4   Ergebnisse

### Beschreibung der Unterrichtsstunden

Der in unserer Studie videographierte Unterricht wurde sowohl in Form von Einzel- als auch in Form von Doppelstunden durchgeführt. Die *Lernzeit*, in der tatsächlich Unterricht stattgefunden hat, liegt im Mittel bei gut 90 Prozent der vorgesehenen 45 bzw. 90 Minuten (M = 0.92; vgl. Tabelle 1).[3] In einigen Klassen liegt der Wert allerdings deutlich niedriger, indem bis zu einer Viertelstunde der zur Verfügung stehenden Zeit nicht auf Unterricht verwendet wird. Der Umfang an Unterrichtsstörungen ist dagegen eher gering (M = 0.04).

Die *Aktivitätsstruktur* des Unterrichts ist durch die Lehrperson dominiert. Diese handelt fast 90 Prozent der Zeit (M = 0.89), wenn sich auch einzelne Stunden finden lassen, in denen der Anteil unter 50 Prozent beträgt. Die Schülerinnen und Schüler handeln dagegen – bei einer Spannweite, die fast die komplette Unterrichtszeit umfasst, und einer Reihe von Stunden, in denen keine sichtbaren Aktivitäten auf Schülerseite beobachtet werden können – nur knapp ein Drittel der Zeit (M = 0.32).

Differenziert man die *Sozialformen* nach den fünf Formen Einzelarbeit, Gruppen- bzw. Partnerarbeit, Diskussion, fragend-entwickelndes Unterrichtsgespräch und Lehrervortrag aus, stellt das Unterrichtsgespräch in den beobachteten Unterrichtsstunden die mit Abstand wichtigste Sozialform dar (M = 0.47). Die Spannweite umfasst allerdings die komplette Unterrichtszeit, d. h. dass einige Lehrpersonen ganz auf ein fragend-entwickelndes Vorgehen verzichten, während andere ihren Unterricht vollständig in dieser Sozialform durchführen. Lehrervorträge oder Diskussionen als Elemente der Arbeit im Klassenverband kommen selten vor (M = 0.10 bzw. 0.05). Gruppen- und Partnerarbeit machen – bei einer ähnlich großen Spannweite wie im Falle des fragend-entwickelnden Unterrichtsgesprächs mit Lehrpersonen, die darauf vollständig verzichten und anderen, die fast die gesamte Unterrichtsstunde in dieser Sozialform durchführen – im Durchschnitt knapp ein Viertel der Unterrichtszeit aus (M = 0.22). Einzelarbeit wird im Vergleich dazu etwas seltener eingesetzt (M = 0.16).

Aufgaben haben die Funktion, Lernprozesse bei Schülerinnen und Schülern anzustoßen. Als Indikatoren für die Aufgabenqualität wird kodiert, in welchem Umfang Aufgaben eingesetzt werden, die einen hohen Grad an kognitiver Anregung aufweisen und die binnendifferenziert gestaltet sind. Von den beobachteten 25 Lehrpersonen werden im Mittel fast in der Hälfte der Zeit Aufgaben mit hohem kognitiven Anregungsgrad eingesetzt (M = 0.49). Die große Spannweite deutet allerdings erneut an, dass sich auch Unterrichtsstunden finden lassen, in denen ausschließlich Aufgaben auf Routineniveau eingesetzt werden. Aufgabendifferenzierung findet im Mittel nur selten statt (M = 0.11).


Die Erfassung der verbalen Interaktion erfolgte im 5-Sekunden-Takt. In Bezug auf den *Umfang* ist festzuhalten, dass die Lehrpersonen im Mittel mehr als die Hälfte der Zeit selbst sprechen (M = .53). In keiner Stunde nehmen sie weniger als ein Viertel der verbalen Interaktion wahr. Schülerinnen und Schüler kommen dagegen im Mittel nur in einem Drittel der Zeit zu Wort, wobei sich Stunden finden lassen, in denen sie kaum zur verbalen Interaktion beitragen (M = 0.33).

Das Unterrichtsfach stellt den bedeutsamsten *Inhalt* der verbalen Interaktion dar, indem es – bei einer relativ geringen Standardabweichung – mehr als die Hälfte der Zeit im Mittelpunkt steht (M = 0.52). Es gibt allerdings keine Unterrichtsstunde, in der mehr als drei Viertel der Zeit auf fachliche Inhalte verwendet wird. Besonders lernförderliche Kategorien wie das Aufgreifen von Schülervorstellungen bzw. Fehlern tauchen nur sehr selten auf (M = 0.01). Relativ wenig Zeit wird auch darauf verwendet, die Struktur des Lehr-Lernprozesses durchschaubar zu machen, indem vorausschauende oder rückblickende Informationen gegeben werden (M = 0.08). In jeder Stunde wird die Stundenstruktur allerdings mindestens kurz angerissen und es lassen sich auch Stunden finden, in denen dies bis zu 20 Prozent der Unterrichtszeit ausmacht.

Aufschluss über die Qualität der verbalen Interaktion zwischen Lehrperson sowie Schülerinnen und Schülern gibt auch deren Form, und zwar insbesondere die *Form der Lehreräußerungen*. Als zeitlich mit Abstand bedeutsamste Form zeichnen sich Darlegungen der Lehrperson ab, die fast ein Drittel der Unterrichtszeit ausmachen (M = 0.32). In einigen Stunden geht diese Interaktions-

*Tabelle 1:* Anteil der Kategorien an der Unterrichtszeit (in %)

| Dimension | Kategorie | *n* | min-max | M | SD |
|---|---|---|---|---|---|
| Unterrichtszeit | Lernzeit | 25 | 0.64-1.11 | 0.92 | 0.10 |
| | Unterrichtsstörung | | 0.00-0.14 | 0.04 | 0.03 |
| Akteur | Lehrperson | 25 | 0.43-1.00 | 0.89 | 0.15 |
| | Schüler/innen | 25 | 0.00-0.96 | 0.32 | 0.35 |
| Sozialform | Lehrervortrag | 25 | 0.00-0.61 | 0.10 | 0.14 |
| | Unterrichtsgespräch | | 0.00-1.00 | 0.47 | 0.32 |
| | Diskussion | | 0.00-0.68 | 0.05 | 0.14 |
| | Partner-/Gruppenarbeit | | 0.00-0.98 | 0.22 | 0.28 |
| | Einzelarbeit | | 0.00-0.83 | 0.16 | 0.25 |
| Aufgabenqualität | Hohe kognitive Aktivierung | 25 | 0.00-1.00 | 0.49 | 0.42 |
| | Differenzierung | 25 | 0.00-1.00 | 0.11 | 0.28 |
| Verbale Interaktion: Umfang | Lehrperson | 25 | 0.27-0.85 | 0.53 | 0.17 |
| | Schüler/innen | | 0.04-0.72 | 0.33 | 0.20 |
| Verbale Interaktion: Inhalt | Fach | 25 | 0.18-0.75 | 0.52 | 0.16 |
| | Stundenstruktur | | 0.03-0.19 | 0.08 | 0.04 |
| | Schülervorstellungen | | 0.00-0.04 | 0.01 | 0.01 |
| Verbale Interaktion: Form | Komplexe Frage | 25 | 0.00-0.07 | 0.02 | 0.02 |
| | Routinefrage | | 0.00-0.18 | 0.08 | 0.04 |
| | Anweisung | | 0.01-0.26 | 0.09 | 0.05 |
| | Darlegung | | 0.11-0.58 | 0.32 | 0.14 |
| | Reaktion | | 0.01-0.19 | 0.06 | 0.04 |
| | Bewertung | | 0.00-0.09 | 0.03 | 0.02 |

form über die Hälfte der Unterrichtszeit hinaus. Von einer gewissen Bedeutung sind darüber hinaus noch Anweisungen (M = 0.09), die in einigen Stunden ein Viertel der Unterrichtszeit ausmachen. Die auf Fragen entfallende Zeit wird zu 80 Prozent für Routinefragen verwendet, komplexe Fragen werden eher selten gestellt (M = 0.08 bzw. 0.02). In Bezug auf beide Interaktionsformen lassen sich Lehrpersonen finden, die sie in den beobachteten Unterrichtsstunden überhaupt nicht verwenden. Wenn auf Schülerinnen und Schüler reagiert wird, geschieht dies zu zwei Dritteln der

Zeit in aufgreifender bzw. weiterleitender Form, nur selten ist dies mit Bewertungen verbunden (M = 0.06 bzw. 0.03).

## Zusammenhänge der Unterrichtsmerkmale

Im nächsten Schritt wird untersucht, wie die oben in ihrer Auftretenshäufigkeit beschriebenen Merkmale miteinander zusammenhängen. Angesichts der geringen Stichprobengröße werden im Folgenden auch nicht-signifikante Korrelationen dargestellt. Da die Korrelationen als Effektstärken interpretiert werden können, liegt jeweils ein leicht einschätzbares Maß für die praktische Bedeutsamkeit der Zusammenhänge unabhängig von ihrer Signifikanz vor. Korrelationen um r = 0.10 werden definitionsgemäß als kleiner Effekt, Korrelationen um r = 0.30 als mittlerer und Korrelationen um r = 0.50 als starker Effekt interpretiert. Bei der Einschätzung der Zusammenhangsstärke ist zu berücksichtigen, dass signifikante Zusammenhänge eher bei disjunkten als bei nicht-disjunkten Kategorien zu erwarten sind.

Der Umfang an Lernzeit und Unterrichtsstörungen korreliert wie erwartet negativ ($r_{Zeit,Stö}$ = -0.17, ns). Das heißt, dass sich mit zunehmendem Ausmaß an Störungen die real mit Unterricht verbrachte Zeit verringert.

Wie erwartet korrelieren auch der Umfang an Aktivitäten seitens der Lehrperson sowie der Schülerinnen und Schüler negativ ($r_{L\_aktiv,S\_aktiv}$ = -0.16, ns).

Von den im Klassenverband genutzten Sozialformen korrelieren der Lehrervortrag und Diskussionen statistisch signifikant positiv ($r_{Vor,Disk}$ = 0.55, $p$ < 0.01). Das heißt, dass jene Lehrpersonen, die Sachverhalte gern geschlossen selbst darlegen, Schülerinnen und Schüler häufig diskutieren lassen. Die Sozialform des fragend-entwickelnden Unterrichtsgesprächs hängt dagegen wie erwartet sowohl mit dem Lehrervortrag als auch mit Diskussionen signifikant negativ zusammen ($r_{feUG,Vor}$ = -0.48 bzw. $r_{feUG,Disk}$ = -0.41, $p$ < 0.05). Ebenso erwartungsgemäß korrelieren Einzelarbeit und Gruppen- bzw. Partnerarbeit statistisch signifikant negativ ($r_{EA,GA}$ =-0.44, $p$ = 0.05). Entweder wird von einer Lehrperson offensichtlich die eine oder die andere Sozialform verwendet, selten aber beide. Was den Zusammenhang der Sozialformen für die Arbeit im Klassenverband und in Schülerarbeitsphasen angeht, wird wie erwartet eine signifikant negative Korrelation zwischen fragend-entwickelndem Unterrichtsgespräch und Gruppen- bzw. Partnerarbeit sichtbar ($r_{feUG,GA}$ = -0.46, $p$ < 0.05). Alle übrigen Zusammenhänge fallen ebenfalls negativ aus ($r_{feUG,EA}$ = -0.26, $r_{Disk,EA}$ = -0.20, $r_{Disk,GA}$ = -0.09, $r_{Vor,EA}$ = -0.12, $r_{Vor,GA}$ = -0.09, alle ns), was auf eine Tendenz hindeutet, dass mit zunehmendem Umfang an Arbeit im Klassenverband Schülerarbeitsphasen seltener eingesetzt werden.

In Bezug auf die Aufgabenqualität hängen der kognitive Anspruch und eine differenzierte Anlage der Aufgaben erwartungsgemäß positiv zusammen ($r_{A\_komp,A\_diff}$ = 0.28, ns). Die Korrelation lässt die Tendenz erkennen, dass dem Einsatz anspruchsvoller und differenzierter Aufgaben eine hohe didaktische Qualifikation zugrunde liegt, die um den Wert beider Merkmale weiß. Allerdings lassen sich diese nicht immer realisieren.

Wie erwartet weisen auch der Umfang an Lehrer- und an Schüleräußerungen einen sehr engen negativen Zusammenhang auf ($r_{L\_Äuß,S\_Äuß}$ = -0.85, $p$ < 0.001).

In Bezug auf den Inhalt der verbalen Interaktion korrelieren eine Fokussierung auf fachliche Unterrichtsinhalte und das Eingehen auf Schülervorstellungen positiv ($r_{Fach,S\_Vor}$ = 0.37, p = 0.07). Die Signifikanzgrenze wird in diesem Fall nur knapp verpasst. Auf die Stundenstruktur wird dagegen umso seltener eingegangen, je mehr der Fachinhalt oder je mehr Schülervorstellungen thematisiert werden ($r_{Struk,Fach}$ = -0.31, $r_{Struk,S\_Vor}$ = -0.40, p = 0.05). Auch im letzteren Fall wird die Signifikanzgrenze nur knapp verpasst.

Betrachtet man die Form der verbalen Interaktion, fallen die Zusammenhänge zwischen dem Frageniveau und den übrigen Merkmalen sowie die so gut wie nicht vorhandenen Zusammenhänge zwischen Bewertungen und den übrigen Merkmalen auf. Wenig anspruchsvolle Routinefragen korrelieren erwartungsgemäß negativ mit komplexen Fragen ($r_{Fr\_Rou,Fr\_komp}$ = -0.28, ns) und aufgreifenden bzw. weiterleitenden Reaktionen ($r_{Fr\_Rou,Reak}$ = -0.24, ns). Darüber hinaus hängen Routinefragen statistisch signifikant positiv mit dem Umfang an Anweisungen der Lehrkraft an die Schülerinnen und Schüler zusammen ($r_{Fr\_Rou,Anwei}$ = 0.49, $p$ < 0.05). Das umgekehrte Profil zeigen die Zusammenhänge zu komplexen Fragen. Neben der bereits angesprochenen negativen Korrelation zu Routinefragen hängt ihr Umfang tendenziell negativ mit dem Umfang an Anweisungen und Darlegungen zusammen ($r_{Fr\_kom,Anwei}$ = -0.23, $r_{Fr\_kom,Darl}$ = -0.16, ns). Darüber hinaus korrelieren komplexe Fragen positiv mit aufgreifenden bzw. weiterleitenden Reaktionen ($r_{Fr\_komp,Reak}$ = 0.35, $p$ = 0.08). Das Signifikanzniveau wird in diesem Falle nur knapp verpasst.

# 5   Diskussion

Im vorliegenden Beitrag wurden zwei Perspektiven kombiniert, um das Handeln von Lehrpersonen im Unterricht zu analysieren: eine allgemeindidaktische Perspektive und die Perspektive der pädagogisch-psychologischen Lehr-Lernforschung. Auf der Basis der jeweiligen Diskussionen des Unterrichtsgeschehens wurden Merkmale entwickelt, die sich beobachten lassen. Für eine Stichprobe von 25 Unterrichtsstunden in Mathematik, Informatik und Deutsch der Sekundarstufe II wurde zunächst die Auftretenshäufigkeit dieser Merkmale beschrieben, bevor auf deren Zusammenhänge eingegangen wurde.

Bevor die zentralen Ergebnisse zusammengefasst und diskutiert werden, muss darauf hingewiesen werden, dass die Studie eine vergleichsweise geringe Stichprobengröße aufweist, sodass in Bezug auf weiter reichende Aussagen Vorsicht geboten ist. Die Untersuchung war auf drei Unterrichtsfächer und die Sekundarstufe II konzentriert. Die beobachteten Lehrpersonen haben sich freiwillig gemeldet. Eine erste Konsequenz sollte daher sein, eine Replikation der Ergebnisse an einer größeren Stichprobe zu versuchen. Darüber hinaus ist zu bedenken, dass die Unterrichtsstunden im Rahmen eines Forschungsprojektes zum Einsatz neuer Medien gewonnen wurden. Offenbleiben muss trotz der im Folgenden deutlich werdenden Passung der Ergebnisse zu zahlreichen Erkenntnissen aus anderen Studien, inwieweit sie sich auf Unterricht ohne neue Medien übertragen lassen.

In Bezug auf das methodische Vorgehen, ausschließlich niedrig-inferent gewonnene Beobachtungsdaten zu verwenden, kann gesagt werden, dass es sich hierbei zwar um eine besonders anerkannte Datenquelle handelt, da klar umgrenzte Verhaltensweisen im Vordergrund stehen. Gleichzeitig stellt dies aber vor allem in Bezug auf den Grad an kognitiver Aktivierung durch Aufgaben ein Problem dar. Die individuell korrekte Einschätzung benötigt Schlussfolgerungen im Hinblick auf das Vorwissen der Schülerinnen und Schüler. Insofern wird in der vorliegenden Studie in erster Linie die objektive Aufgabenqualität eingeschätzt (siehe die Unterscheidung von objektiver, intendierter und subjektiver Aufgabenqualität in BLÖMEKE u. a. 2006).

Blickt man nun zunächst auf die Auftretenshäufigkeit der analysierten Merkmale, dann zeigt sich, dass die zur Verfügung stehende Unterrichtszeit nur selten vollständig ausgenutzt wird. Dies spiegelt bekannte Charakteristika, wie sie sich in anderen Videostudien des BIQUA-Schwerpunktprogramms gezeigt haben (siehe z. B. SEIDEL u. a. 2002). Der zentrale Akteur ist die Lehrperson, was für eine hohe Lehrerzentrierung spricht (siehe in diesem Sinne auch REYER 2004; REYER/TRENDEL/FISCHER 2004). Der Lehrerzentrierung entsprechend ist die dominierende Sozialform ein Unterricht im Klassenverband (so auch PRENZEL u. a. 2002; SEIDEL 2003).

Verglichen mit anderen Unterrichtsbeobachtungen initiiert die von uns untersuchte Gruppe an Lehrpersonen allerdings ein relativ hohes Maß an Gruppen- und Einzelarbeit. Dies gilt insbesondere für Vergleiche mit zufällig gezogenen Klassen (siehe z. B. BAUMERT/LEHMANN u. a. 1997; STIGLER u. a. 1999; SEIDEL/PRENZEL 2004). Hier schlagen sich zum einen vermutlich Selbstselektionsprozesse nieder. Zum anderen wird in der vorliegenden Studie erstmals Oberstufenunterricht untersucht. Es ist durchaus plausibel, dass Lehrpersonen angesichts des höheren Alters der Schülerinnen und Schüler und der damit üblicherweise einhergehenden höheren Selbstorganisationsfähigkeit eher bereit sind, Schülerarbeitsphasen anstelle des eher kontrollorientierten Klassenunterrichts einzusetzen. Gegebenenfalls ist an dieser Stelle auch die Besonderheit der Stichprobe zu berücksichtigen, die im Zuge eines Projekts zum Einsatz neuer Medien im Unterricht gewonnen wurde. In mehreren Studien konnte gezeigt werden, dass es mit der Einführung von Computern und Laptops zu einer Abnahme des Klassenunterrichts kommt (SCHAUMBURG 2003; Schaumburg u. a. 2007).

Die interaktionsbezogenen Merkmale bestätigen die generelle Lehrerzentrierung des beobachteten Unterrichts. Allerdings ist der Anteil an Lehreräußerungen gegenüber anderen Studien deutlich geringer (vgl. z. B. BAUMERT/LEHMANN u. a. 1997), wobei in diesem Zusammenhang noch einmal auf die Besonderheit der Stichprobe hingewiesen werden soll. Dass Oberstufen-Schülerinnen und -Schülern auch in der verbalen Interaktion mehr Raum gegeben wird, ist durchaus vorstellbar. In Unterricht, der mit Hilfe von Computern und Laptops gestaltet wird, kommunizieren Schülerinnen und Schüler zudem offensichtlich häufiger untereinander als mit der Lehrperson (SCHAUMBURG 2003, S. 187).

Blickt man auf Merkmale, die Hinweise auf die Unterrichtsqualität geben, werden einige kritische Punkte deutlich. So nehmen wichtige Aspekte wie die Stundenstruktur – z. B. in Form des Klärens der Ziele und des Vorgehens, des Zusammenfassens und der Reflexion des Lernprozesses – nur einen geringen Anteil an der Unterrichtszeit in Anspruch. Der Anteil an Strukturierungshilfen, die interne Prozesse zum Aufbau geordneten Wissens durch Strukturierungen und Verknüpfungen unterstützen (AUSUBEL 1974), an der unterrichtlichen Interaktion ist sehr gering, wobei dieses Ergebnis Befunden entspricht, wie sie auch für den Physikunterricht gefunden wurden (SEIDEL u. a. 2002). Dies ist insofern problematisch, als diejenigen Lehrpersonen besonders effektiv sind, denen eine durchschaubare Strukturierung der Unterrichtsstunden gelingt (BROPHY/GOOD 1986; MAYER 1983; GRUEHN 2000). Dieses Merkmal geht signifikant mit höheren Verstehensleistungen einher (BROWN 1997; CTGV 2000; WENGER/MCDERMOTT/SNYDER 2002). Ebenso bedeutsam für den Lernerfolg ist das Thematisieren von Schülervorstellungen. Dabei lässt sich die Bedeutsamkeit eines Anknüpfens an Schülervorstellungen und eines offensiven Umgangs mit Fehlern empirisch gut belegen (KLIEME/SCHÜMER/KNOLL 2001; OSER/SPYCHIGER 2005).

Ein besonders wichtiger Punkt hoher Unterrichtsqualität ist eine kognitiv aktivierende Aufgabenkultur (BROPHY 2000; HELMKE/JÄGER 2002). Hier lässt sich für unsere Stichprobe im Vergleich zu anderen Videostudien ein relativ großer Umfang entsprechender Aufgaben festhalten, was sich erneut sowohl mit Oberstufenunterricht als auch mit dem Medieneinsatz in Einklang bringen lässt. Die hohe Standardabweichung deutet allerdings auf große Unterschiede zwischen den Lehrpersonen hin. Der oben angesprochene vergleichsweise hohe Umfang an Einzel- und Gruppenarbeit ist dann besonders lernförderlich, wenn damit eine Zuteilung unterschiedlicher Aufgaben nach Leistungsvermögen einhergeht (HELMKE 1988; SCHRADER 2001). Binnendifferenzierende Aufgaben werden allerdings nur selten eingesetzt.

Die Untersuchung der dimensionsinternen Zusammenhänge zwischen den beobachteten Merkmalen fiel überwiegend erwartungsgemäß aus. Auch wenn diese nicht immer statistisch signifikant wurden, weisen die Korrelationen auf praktisch bedeutsame Effektstärken hin.

Zudem zeichnen sich konsistente Profile ab. Sowohl aus der Aktivitätsstruktur als auch aus der verbalen Interaktion wird deutlich, dass mit zunehmenden Lehreranteilen in Form von Aktivitäten, Umfang an Äußerungen und Klassenunterricht die Schüleranteile in Form von Aktivitäten,

Äußerungen und Schülerarbeitsphasen jeweils zurückgehen. In der begrenzten Unterrichtszeit lässt sich nicht beides realisieren.

Innerhalb dieser Dimensionen zeichnen sich weitere interessante Ergebnisse ab. So kann zum einen der Schluss gezogen, dass im Rahmen des Klassenunterrichts Lehrervortrag und fragend-entwickelndes Unterrichtsgespräch als Alternativen gesehen werden, die sich gegenseitig ersetzen. Im Rahmen der Schülerarbeitsphasen gilt selbiges für Einzel- und Gruppenarbeit, die von den Lehrern offensichtlich als Alternative angesehen werden. Das gegenseitige Ausschließen dieser Sozialformen deutet auf unterschiedliche Muster unterrichtlichen Handelns hin, die REYER (2004) auch für den Physikunterricht herausgearbeitet hat. Mit Blick auf Schülerleistungen ist in diesem Zusammenhang festzuhalten, dass es günstiger ist, wenn in Schülerarbeitsphasen Gruppenarbeit anstelle von Einzelarbeit eingesetzt wird (SLAVIN 1996). Mit Blick auf den Lehrervortrag ist hervorzuheben, dass mit ihm signifikant häufiger Diskussionen einhergehen, während das fragend-entwickelnde Unterrichtsgespräch mit Diskussionen signifikant negativ zusammenhängt. Zieht man hier noch das Ergebnis heran, dass Gruppenarbeit deutlich seltener im Zusammenhang mit fragend-entwickelnden Unterrichtsgesprächen eingesetzt wird, während der entsprechende Zusammenhang zum Lehrervortrag nur sehr schwach negativ ausfällt, deuten sich zwei unterschiedliche Formen lehrerorientierter Handlungsmuster an. Dabei kann auf der Basis der DESI-Videostudie darauf hingewiesen werden, dass die mehrschrittige diskussionsorientierte Unterrichtsführung mit Gruppenarbeitsphasen vermutlich lernförderlicher als das aus vielen Ein-Wort-Sätzen und einem hohen Umfang an Lehreräußerungen bestehende fragend-entwickelnde Unterrichtsgespräch ist.

Was Merkmale angeht, die sich in der Lehr-Lernforschung als relevant für hohe Schülerleistungen erwiesen haben, können die Ergebnisse knapp wie folgt zusammengefasst werden: Je seltener Unterricht gestört wird, umso mehr Lernzeit steht zur Verfügung. Je stärker diese auf fachliche Inhalte fokussiert wird, umso häufiger werden auch Schülervorstellungen berücksichtigt. Lehrpersonen, die Aufgaben mit hohem kognitiven Anregungsgrad vergeben, tun dies häufiger auch in einer binnendifferenzierten Form. Diese Zusammenhänge wurden jeweils innerhalb der Dimensionen geprüft. Zusammengenommen deuten sie auf unterschiedlich stark ausgeprägte didaktische Qualifikationen hin.

In Bezug auf die Form der verbalen Interaktion lassen sich durch die Zusammenhangsanalysen zwei Profile erkennen: Auf der einen Seite finden sich Lehrpersonen, die häufiger Routinefragen und seltener komplexe Fragen verwenden, die häufiger Anweisungen geben und seltener Schüleräußerungen weiterleiten bzw. aktiv aufgreifen. Auf der anderen Seite finden sich Lehrpersonen mit jeweils umgekehrter Merkmalsausprägung.

Diese Ergebnisse machen deutlich, dass sich Merkmale der Allgemeinen Didaktik und der Lehr-Lernforschung möglicherweise gut zu übergreifenden Strukturen des Unterrichtsgeschehens zusammenfassen lassen. Insofern muss man zwar noch immer feststellen, dass sich die beiden Perspektiven wissenschaftshistorisch gesehen getrennt voneinander, als Bestandteil unterschiedlicher Disziplinen (Psychologie bzw. Erziehungswissenschaft) zum Teil sogar unter starker gegenseitiger Abgrenzung entwickelt haben. Sie tragen aber beide bedeutsam zur Aufklärung des Unterrichtsgeschehens bei.

Für die Allgemeine Didaktik lässt sich aus den Ergebnissen der Schluss ziehen, dass der verbalen Interaktion mehr Aufmerksamkeit gewidmet werden sollte. In der Lehr-Lernforschung wird auf deren tiefere Bedeutung schon lange hingewiesen. Während mit strukturbezogenen Unterrichtsmerkmalen „der Lerngegenstand zunächst in kontextabhängiger und noch unscharfer Weise vorgegeben (wird; d. Verf.), ... so dienen die Fragen mit ihren Verfeinerungen der weiteren Erschließung und Präzisierung dieses Problemgegenstandes" (STEINBRING 1990, S. 11).

Die Lehr-Lernforschung steht demgegenüber angesichts der Ergebnisse vor der Herausforderung, strukturellen Merkmalen des Unterrichts vielleicht doch mehr Aufmerksamkeit zu schenken, als dies üblicherweise der Fall ist. Es ist möglicherweise nicht beliebig, welche Sozialform gewählt wird. Relevanter als die Frontstellung von Klassenunterricht und Schülerarbeitsphasen scheint die Differenzierung innerhalb dieser zu sein.

In jedem Fall deuten die Ergebnisse unserer Studie darauf hin, dass die beiden Perspektiven von einer stärkeren gegenseitigen Wahrnehmung profitieren könnten. Auf diese Weise würde vermutlich die Erfassung des Unterrichtsgeschehens verbessert, indem der Austausch zu einer breiteren Wahrnehmung der Bedeutung von Merkmalen und ihrer Rolle im Unterricht führen könnte. Diese schließt dann hoffentlich auch die Berücksichtigung der unterschiedlichen Intentionen von Allgemeiner Didaktik und Lehr-Lernforschung ein, die beide ihre Berechtigung für die Entwicklung der Schülerinnen und Schüler haben.

## Anmerkungen

1  Die Videos sind Teil der Studie „Handlungsmuster von Lehrerinnen und Lehrern beim Einsatz von Informations- und Kommunikationstechnologien im Unterricht der Fächer Deutsch, Informatik und Mathematik" (H-A-M-L-E-$_{IK}$T), die durch die Deutsche Forschungsgemeinschaft (DFG) im Rahmen des Schwerpunktprogramms 1082 „Die Bildungsqualität von Schule: Fachliches und fächerübergreifendes Lernen im mathematisch-naturwissenschaftlichen Unterricht in Abhängigkeit von schulischen und außerschulischen Kontexten" (BIQUA) gefördert wurde, Projektnummer BL 548/2-1.
2  Für spezifische Fragestellungen, z. B. fachlicher Art oder auf den Medieneinsatz bezogen, wurden weitere Kategoriensysteme entwickelt.
3  Die Mittelwerte stellen prozentuale Anteile an der formal vorgesehenen Unterrichtszeit dar (1.00 = 100%).

## Literatur

AEBLI, H. (1983): Zwölf Grundformen des Lehrens. Eine Allgemeine Didaktik auf psychologischer Grundlage. – Stuttgart.

AMIDON, E. J./HOUGH, J. B. (1967): Interaction Analysis. Theory, Research and Application. – Reading, Massachusetts.

AMIDON, E. & HUNTER, E. (1967): Verbal interaction in the classroom: The verbal interaction category system. In: AMIDON, E./HOUGH, J. (eds.): Interaction Analysis: Theory, Research and Application. – Reading, Massachusetts.

AUSUBEL, D. P. (1974): Psychologie des Unterrichts. – Bd. 1 & 2 – Weinheim.

BAER u.a. 2006 = BAER, M./FUCHS, M./FÜGLISTER, P./REUSSER, K./WYSS, H. (2006): Didaktik auf psychologischer Grundlage: Von Hans Aeblis kognitionspsychologischer Didaktik zur modernen Lehr- und Lernforschung. – Bern.

BAUMERT u.a. 1997 = BAUMERT, J./LEHMANN, R./LEHRKE, M./SCHMITZ, B./CLAUSEN, M./HOSENFELD, I./KÖLLER, O., NEUBRAND, J. (1997): TIMSS – Mathematisch-naturwissenschaftlicher Unterricht im internationalen Vergleich. Deskriptive Befunde. – Opladen.

BERLYNE, D. E. (1974): Konflikt, Erregung, Neugier. Zur Psychologie der kognitiven Motivation. – Stuttgart.

BLEICHROTH u.a. 1999 = BLEICHROTH, W./DAHNKE, H./JUNG, W./KUHN, W./MERZYN, ./WELTNER, K. (1999): Fachdidaktik Physik. 2. Aufl. – Köln.

BLÖMEKE, S./MÜLLER, C. (2007): On the Relationship of Didactical Characteristics and the Use of ICT. In: HUG, T. (ed.), Didactics of Microlearning. Concepts, Discourses and Examples. – Münster, S. 355-364.

BLÖMEKE, S./HERZIG, B./TULODZIECKI, G. (2007): Zum Stellenwert empirischer Forschung für die Allgemeine Didaktik. In: Unterrichtswissenschaft 35 (4), 355-381.

BLÖMEKE u.a. 2006 = BLÖMEKE, S./RISSE, J./MÜLLER, C./EICHLER, D./SCHULZ, W. (2006): Analyse der Qualität von Aufgaben aus didaktischer und fachlicher Sicht. Ein allgemeines Modell und seine exemplarische Umsetzung im Unterrichtsfach Mathematik. In: Unterrichtswissenschaft, 34 (4), S. 330-357.

BLÖMEKE u.a. 2008 = BLÖMEKE, S./LEHMANN, R./SEEBER, S./SCHWARZ, B./KAISER, G./FELBRICH, A./MÜLLER, C.. (2008): Niveau- und institutionenbezogene Modellierungen des fachbezogenen Wissens. In: BLÖMEKE, S./ KAISER, G./LEHMANN, R. (Hrsg.) (2008): Professionelle Kompetenz angehender Lehrerinnen und Lehrer. Wissen, Überzeugungen und Lerngelegenheiten deutscher Mathematikstudierender und -referendare – Erste Ergebnisse zur Wirksamkeit der Lehrerausbildung. – Münster.

BOHL, T. (2004): Empirische Unterrichtsforschung und Allgemeine Didaktik. Ein prekäres Spannungsverhältnis und Folgerungen aus der PISA-Studie. In: Die Deutsche Schule 96 (4), S. 414-425.

BROMME, R./SEEGER, F. /STEINBRING, H. (1990): Aufgaben als Anforderungen an Lehrer und Schüler. – Köln.

BROPHY, J. E. (2000): Teaching. Brussels: IBE (= Educational Practices Series; 1).

BROPHY, J. E./GOOD, T. L. (1986): Teacher Behavior and Student Achievement. In: WITTROCK, M. C. (ed.), Handbook of Research on Teaching. – 3. Aufl. – London, pp. 328-375.

BROWN, A. L. (1997): Transforming Schools into Communities of Thinking and Learning about Serious Matters. American Psychologist, 52, pp. 399-413.

BROWN, K./COLE, M. (2000): Socially Shared Cognition. System Design and the Organization of Collaborative Research. In: JONASSON, D. H./LAND, S. M. (eds.): Theoretical Foundations of Learning Environments. – Mahwah, NJ, pp. 197-214.

BRUNER, J. S. (1974): Entwurf einer Unterrichtstheorie. – Berlin.

BRUNER, J. S. (1996): The Culture of Education. – Cambridge, MA.

CARROLL, J.B. (1963): A model of school learning. Teachers College record, 64, pp. 723-733.

CHRISTIANSEN, B./WALTHER, G. (1986): Task and activity. In: CHRISTIANSEN, A.B., HOWSON, G. OTTE, M. (eds.), Perspectives on mathematics education. – Dordrecht, pp. 243–307.

CLAUSEN, M. (2002): Qualität von Unterricht – Eine Frage der Perspektive? – Münster.

CLAUSEN, M./REUSSER, K./KLIEME E. (2003): Unterrichtsqualität auf der Basis hoch-inferenter Unterrichtsbeurteilungen: Ein instruktionspsychologischer Vergleich zwischen Deutschland und der deutschsprachigen Schweiz. In: Unterrichtswissenschaft, 31 (2), S. 122-141.

Cognition and Technology Group at Vanderbilt (CTGV, 2000): Adventures in Anchored Instruction. Lessons From Beyond the Ivory Tower. In: GLASER, R. (ed.): Advances in Instructional Psychology. Educational Design and Cognitive Science – Vol. 5. – Mahwah, NJ, pp. 35-99.

COHEN, E. G. (1994): Restructuring the Classroom. Conditions for Productive Small Groups. Review of Educational Research, 64 (1), pp. 1-35.

CREEMERS, B. P. M. (1994): The effective classroom. – London.

DANN, H.-D./DIEGRITZ, T./ROSENBUSCH, H. S. (1999): Gruppenunterricht im Schulalltag. Realität und Chancen. (= Erlanger Forschungen: Reihe A; 90). – Erlangen.

DIHOFF u.a. 2004 = DIHOFF, R. E./BROSVIC, G. M./EPSTEIN, M. L./COOK, M. J. (2004): Provision of Feedback during Preparation for Academic Testing. Learning is Enhanced by Immediate but Not Delayed Feedback. In: Psychological Record, 54 (2), pp. 207-231.

EYE, A. von (1999): Kognitive Komplexität. Messung und Validität. In: Zeitschrift für Differentielle und Diagnostische Psychologie, 2, S. 81-96.

FLANDERS, N. A. (1970): Analyzing Teaching Behavior. – Reading, Massachusetts.

FÜHRER, L. (1997): Pädagogik des Mathematikunterrichts. Eine Einführung in die Fachdidaktik für Sekundarstufen. – Braunschweig.

GALLAGHER, J./ASCHNER, M. (1963): A preliminary report on analyses of classroom interaction. In: Merrill-Palmer Quarterly, 9, pp. 183-194.

GERGEN, K.J. (1995): Social construction and the educational process. In: Steffe, L.P./Gale, J. (eds.), Constructivism in education. – Hillsdale, NJ, pp. 17-39.

GRUEHN, S. (2000). Unterricht und schulisches Lernen. – Münster.

HANKE, B./MANDL, H./PRELL, S. (1973): Soziale Interaktion im Unterricht. – München.

HECKHAUSEN, H. (1974): Motive und ihre Entstehung. In: WEINERT, F. E./GRAUMANN, C. F./H/HECK-HAUSEN, H., HOFER, M. et al. (Hrsg.): Funkkolleg: Pädagogische Psychologie. – Band 1 – Frankfurt/M., S. 133-171.

HEIMANN, P. (1962): Didaktik als Theorie und Lehre. In: Die deutsche Schule. 54 (1962) 9, S. 407-427.

HEIMANN, P./OTTO, G./SCHULZ, W. (1965): Unterricht – Analyse und Planung. – Hannover.

HELMKE, A. (1988): Leistungssteigerung und Ausgleich von Leistungsunterschieden in Schulklassen. Unvereinbare Ziele? In: Zeitschrift für Entwicklungspsychologie und Pädagogische Psychologie 10, S. 45-76.

HELMKE, A. (2004): Unterrichtsqualität erfassen, bewerten, verbessern. – 2. Aufl. – Seelze.

HELMKE, R./JÄGER, R. S. (2002): Das Projekt MARKUS: Mathematik-Gesamterhebung: Kompetenzen, Unterrichtsmerkmale, Schulkontext. – Landau.

HELMKE, A./HOSENFELD, I./SCHRADER, F.-W. (2004): Vergleichsarbeiten als Instrument zur Verbesserung der Diagnosekompetenz von Lehrkräften. In: ARNOLD, R./GRIESE, C. (Hrsg.), Schulleitung und Schulentwicklung. Voraussetzungen, Bedingungen, Erfahrungen. – Hohengehren, S. 119-143.

HIEBERT u.a. 2003 = HIEBERT, J./GALLIMORE, R./GARNIER, H./GIVVIN, K. B./HOLLINGSWORTH, H./JACOBS, J./CHIU, A. M.-Y./ WEARNE, D./ SMITH, M./KERSTING, N./MANASTER, A./TSENG, E./ETTERBEEK, W./MANASTER, C./GONZALES, P./STIGLER, J. (2003): Teaching Mathematics in Seven Countries. Results from the TIMSS 1999 Video Study. – Washington D. C.: US-Department of Education/National Center for Education Statistics.

HUBER, G. L. (1995): Lernprozesse in Kleingruppen. Wie kooperieren die Lerner? In: Unterrichtswissenschaft, 23 (4), S. 316-331.

HUGENER, I./PAULI, C./REUSSER, K. (2007): Inszenierungsmuster, kognitive Aktivierung und Leistung im Mathematikunterricht. In: LEMMERMÖHLE, D./ROTHGANGEL, M./BÖGEHOLZ,S./HASSELHORN, M./ WATERMANN, R. (Hrsg.): Professionell Lehren. Erfolgreich Lernen. – Münster, S. 109-122.

JANK, W./MEYER, H. (2002): Didaktische Modelle. – Frankfurt/M.

KLAFKI, W. (1963): Studien zur Bildungstheorie und Didaktik. – Weinheim.

KLIEME, E./SCHÜMER, G./KNOLL, S. (2001): Mathematikunterricht in der Sekundarstufe I. „Aufgabenkultur" und Unterrichtsgestaltung. In: Bundesministerium für Bildung und Forschung (Hrsg.), TIMSS – Impulse für Schule und Unterricht. – Bonn, S. 43-57.

KLIEME u.a. 2006a = KLIEME, E./EICHLER, W./HELMKE, A./LEHMANN, R. H./NOLD, G./ROLFF, H.-G./ SCHRÖDER, K./THOMÉ, G./ WILLENBERG, H. (2006a): Unterricht und Kompetenzerwerb in Deutsch und Englisch. Zentrale Befunde der Studie Deutsch-Englisch-Schülerleistungen-International (DESI). – Frankfurt/M.

KLIEME u.a. 2006b = KLIEME, E./LIPOWSKY, F., RAKOCZY, K./RATZKA; N., (2006b): Qualitätsdimensionen und Wirksamkeit von Mathematikunterricht. Theoretische Grundlagen und ausgewählte Ergebnisse des Projekts „Pythagoras". In: Prenzel, M./Allolio-Naecke, L. (Hrsg.), Untersuchungen zur Bildungsqualität von Schule. Abschlussbericht des DFG-Schwerpunktprogramms. – Münster, S. 127-146.

KOCH-PRIEWE, B. (1997): Grundlegung einer Didaktik der Lehrerbildung. Der Beitrag der wissenspsychologischen Professionsforschung und der humanistischen Pädagogik. In: Bayer, M./Carle, U./Wildt, J. (Hrsg.) Brennpunkt: Lehrerbildung. Strukturwandel und Innovationen im europäischen Kontext. – Opladen., S. 139-163.

KOCH-PRIEWE, B. (2000): Zur Aktualität und Relevanz der Allgemeinen Didaktik in der Lehrerinnenausbildung. In: BAYER, M./BOHNSACK, F./KOCH-PRIEWE, B./WILDT, H. (Hrsg.): Lehrerin und Lehrer werden ohne Kompetenz? Professionalisierung durch eine andere Lehrerbildung. – Bad Heilbrunn: S. 149-169.

LENNÉ, H. (1969): Analyse der Mathematikdidaktik in Deutschland. – Stuttgart.

LESSON LAB (2003): TIMSS-R Video Math Coding Manual. – Santa Monica, CA.

MANDL, H./HUBER, G. L. (Hrsg.) (1978): Kognitive Komplexität. Bedeutung, Weiterentwicklung, Anwendung. – Göttingen.

MASON, D. A./GOOD, T. L. (1993): Effects of Two-Groups and Whole-Class Teaching on Regrouped Elementary Students Mathematics Achievement. In: American Educational Research Journal, 30 (2), pp. 328-360.

MAYER, R. E. (1983): Can You Repeat That? Qualitative Effects of Repetition and Advance Organizers on Learning from Science Prose. In: Journal of Educational Psychology, 75 (1), pp. 40-49.

MAYRING, PH. (2000): Qualitative Inhaltsanalyse. Grundlagen und Techniken. – 7. Aufl. – Weinheim.

MÜLLER, C./BLÖMEKE, S./EICHLER, D. (2006): Unterricht mit digitalen Medien – zwischen Innovation und Tradition? Eine empirische Studie zum Lehrerhandeln im Medienzusammenhang. In: Zeitschrift für Erziehungswissenschaft 9 (4), S. 632-650.

MÜLLER, C./FELBRICH, A./BLÖMEKE, S. (2008): Überzeugungen zum Lehren und Lernen von Mathematik. In: BLÖMEKE, S./KAISER, G./LEHMANN, R. (Hrsg.): Professionelle Kompetenz angehender Lehrerinnen und Lehrer. Wissen, Überzeugungen und Lerngelegenheiten deutscher Mathematikstudierender und -referendare – Erste Ergebnisse zur Wirksamkeit der Lehrerausbildung. – Münster.

OSER, F./PATRY, J.-L. (1990): Choreographien unterrichtlichen Lernens. Basismodelle des Unterrichts. – Freiburg: Pädagogisches Institut (Berichte zur Erziehungswissenschaft Nr. 89).

OSER, F./SPYCHIGER, M. (2005): Lernen ist schmerzhaft. Zur Theorie des Negativen Wissens und zur Praxis der Fehlerkultur. – Weinheim.

PAULI, C./REUSSER, K. (2003): Unterrichtsskripts im schweizerischen und im deutschen Mathematikunterricht, Unterrichtswissenschaft, 31 (3), S. 238-272.

PRENZEL u.a. 2001 = PRENZEL, M./DUIT, R./EULER, M./LEHRKE, M./SEIDEL, T. (2001): Erhebungs- und Auswertungsverfahren des DFG-Projekts „Lehr-Lern-Prozesse im Physikunterricht – eine Videostudie. – Kiel.

PRENZEL u. a. 2002 = PRENZEL, M./SEIDEL, T./LEHRKE, M./RIMMELE, R./DUIT, R/ EULER, M./GEISER, H./HOFFMANN, L./ MÜLLER, C./WIDODO, A. (2002): Lehr-Lern-Prozesse im Physikunterricht – eine Videostudie. In: Zeitschrift für Pädagogik. 45. Beiheft, S. 139-156.

REICH, K. (2002): Systemisch-konstruktivistische Pädagogik. – Neuwied.

RENKL, A./MANDL, H. (1995): Kooperatives Lernen. Die Frage nach dem Notwendigen und dem Ersetzbaren. In: Unterrichtswissenschaft, 23 (4), S. 292-300.

REUSSER, K. (1999): KAFKA und SAMBA als Grundfiguren der Artikulation des Lehr-Lerngeschehens. Aus: Skript zur Vorlesung „Allgemeine Didaktik". – Universität Zürich.

REUSSER, K./PAULI, C. (2003): Mathematikunterricht in der Schweiz und in weiteren sechs Ländern. Bericht über die Ergebnisse einer internationalen und schweizerischen Video-Unterrichtsstudie. – Zürich.

REYER, T. (2004): Oberflächenmerkmale und Tiefenstrukturen im Unterricht – exemplarische Analysen im Physikunterricht der gymnasialen Sekundarstufe I. – Berlin. (– Studien zum Physiklernen; 32).

REYER, T./TRENDEL, G./FISCHER, H. E. (2004): Was kommt beim Schüler an? Lehrerintentionen und Schülerlernen im Physikunterricht. In: DOLL, J./PRENZEL, M. (Hrsg.): Bildungsqualität von Schule. Lehrprofessionalisierung, Unterrichtsentwicklung und Schülerförderung als Strategien der Qualitätsverbesserung. – Münster, S. 195-211.

RIMMELE, R. (2002): Videograph – Multimedia-Player zur Kodierung von Videos. – Kiel.

ROTH, H. (1963): Pädagogische Psychologie des Lehrens und Lernens. – 7. Aufl. – Hannover.

SCHAUMBURG, H. (2003): Konstruktivistischer Unterricht mit Laptops? Eine Fallstudie zum Einfluss mobiler Computer auf die Methodik des Unterrichts. Dissertation – Berlin. Online-Publikation: http:// darwin.inf.fu-berlin.de/2003/63/.

SCHAUMBURG, H. u. a. 2007 = SCHAUMBURG, H./PRASSE, D./TSCHACKERT, K./BLÖMEKE, S. (2007): Lernen in Notebook-Klassen. Endbericht zur Evaluation des Projekts „1000mal1000: Notebooks im Schulranzen". Bonn: Schulen ans Netz.

SCHEERENS, J./BOSKER, R. J. (1997): The Foundations of Educational Effectiveness. – Oxford.

SCHRADER, F.-W. (2001): Diagnostische Kompetenz von Eltern und Lehrern. In: ROST, D. H. (Hrsg.), Handwörterbuch Pädagogische Psychologie (S. 68-71). – 2. Aufl. – Weinheim.

SCHULZ, W. (1965): Unterricht – Analyse und Planung. In: HEIMANN, P./ OTTO, G. /SCHULZ, W. (Hrsg.): Unterricht – Analyse und Planung. – Hannover, S. 13-47.

SEIDEL, T. (2003): Lehr-Lernskripts im Unterricht. – Münster.

SEIDEL, T./PRENZEL, M. (2004): Muster unterrichtlicher Aktivitäten im Physikunterricht. In DOLL, J./ PRENZEL, M. (Hrsg.): Bildungsqualität von Schule: Lehrerprofessionalisierung, Unterrichtsentwicklung und Schülerförderung als Strategien der Qualitätsverbesserung. – Münster, S. 177-194.

SEIDEL, T./PRENZEL, M. (2006): Stability of teaching patterns in physics instruction: Findings from a video study. Learning and Instruction, 16(3), S. 228-240.

SEIDEL, T./DALEHEFTE, I. M./MEYER, L. (2001): Richtlinien für die Videoaufzeichnung. In: PRENZEL, M./DUIT, R./EULER, M./LEHRKE, M./SEIDEL, T. (Hrsg.): Erhebungs- und Auswertungsverfahren des DFG-Projekts „Lehr-Lern-Prozesse im Physikunterricht – eine Videostudie". – Kiel, S. 5-26.

SEIDEL u.a. 2006 = SEIDEL, T./PRENZEL, M./RIMMELE, R./DALEHEFTE, I. M./HERWEG, C./KOBARG, M./
SCHWINDT, K. (2006): Blicke auf den Physikunterricht. Ergebnisse der IPN Videostudie. In: Zeitschrift
für Pädagogik, 52(6), S. 798-821.
SEIDEL u.a. 2002 = SEIDEL, T/PRENZEL, M./DUIT, R./EULER, M/ GEISER, H/HOFFMANN, L./LEHRKE, M./
MÜLLER, C./RIMMELE, R. (2002): „Jetzt bitte alle nach vorne schauen!" Lehr-Lernskripts im Physikun-
terricht und damit verbundene Bedingungen für individuelle Lernprozesse. In: Unterrichtswissenschaft
30 (1), S. 52-77.
SLAVIN, R. E. (1996): Education for All. – Lisse.
SPANHEL, D. (1980): Die Sprache des Lehrers. Grundformen des didaktischen Sprechens. – Düsseldorf.
STEINBRING, H. (1990): Probleme der Entwicklung mathematischen Wissens im Unterricht – an einer
Analysis-Stunde betrachtet. In: Der Mathematikunterricht, 36 (3), S. 4-28.
STIGLER, J. W. et al. (1999): The TIMSS videotape classroom study. Methods and findings from an explor-
atory research project on eighth-grade mathematics instruction in Germany, Japan, and the United
States. – Washington, DC: U.S. Government Printing Office.URL: http://nces.ed.gov/timss – Down-
load vom 10.11.2003.
STRAKA, G.A./MACKE, G. (2003): Lern-Lehr-Theoretische Didaktik. – New York.
TAUSCH, R./TAUSCH, A.-M. (1980): Dirigierung-Lenkung im Sprachverhalten des Lehrers. In: BROECK-
MANN, K. (Hrsg.): Analyse von Unterricht in Beispielen. – Stuttgart.
TEDDLIE, C./REYNOLDS, D. (2000): The International Handbook of School Effectiveness. – London.
TERHART, E. (2002): Fremde Schwestern. Zum Verhältnis von Allgemeiner Didaktik und empirischer
Lehr-Lern-Forschung. In: Zeitschrift für Pädagogische Psychologie 16, S. 77-86.
TIMM, J.-P. (Hrsg.) (1998): Englisch lernen und lehren. Didaktik des Englischunterrichts. – Berlin.
TRENDEL, G./ WACKERMANN, R./FISCHER, H. E. (2007): Lernprozessorientierte Lehrerfortbildung in Phy-
sik. In: Zeitschrift für Didaktik der Naturwissenschaften 13, S. 9-31.
TULODZIECKI, G./HERZIG, B. /BLÖMEKE, S. (2004): Gestaltung von Unterricht. Eine Einführung in die
Didaktik. – Bad Heilbrunn.
TUOVINEN, J. E/SWELLER, J. (1999): A Comparison of Cognitive Load Associated with Discovery Learning
and Worked Examples. In: Journal of Educational Psychology 91 (2), pp. 334-341.
WANG, M. C./HAERTEL, G. D./WALBERG, H. J. (1993): Toward a Knowledge Base for School Learning. In:
Review of Educational Research 63, pp. 249-294.
WATZLAWIK, P./BEAVIN, J./JACKSON, D. (1969): Menschliche Kommunikation. – Bern.
WEINERT, F. E. /HELMKE, A. (1997): Entwicklung im Grundschulalter. – Weinheim.
WENGER, E./MCDERMOTT, R./ SNYDER, W. M. (2002): Cultivating Communities of Practice. – Boston
WESKAMP, R. (2003): Fremdsprachenunterricht entwickeln. Grundschule – Sekundarstufe I – Gymnasiale
Oberstufe. – Hannover.
WIDODO, A./DUIT, R. (2004): Konstruktivistische Sichtweisen vom Lehren und Lernen und die Praxis des
Physikunterrichts. In: Zeitschrift für Didaktik der Naturwissenschaften, 10, S. 232-254.
WIDODO, A./DUIT, R. (2005): Konstruktivistische Lehr-Lern-Sequenzen und die Praxis des Physikunter-
richts. Zeitschrift für Didaktik der Naturwissenschaften, 11, S. 131-146.
WITTMANN, E. C.. (1981): Grundfragen des Mathematikunterrichts. – 6. Aufl. – Braunschweig.
WYGOTSKI, L. S. (1978): Mind in Society. The Development of Higher Psychological Processes. – Cam-
bridge, MA.

*Anschriften der Verfasserinnen:*
Prof. Dr. Sigrid Blömeke, Professorin für Systematische Didaktik und Unterrichtsforschung an der
Humboldt-Universität zu Berlin; z.Zt. Forschungsprofessur für Kompetenzmessung an der Michi-
gan State University (USA). Division of Mathematics and Science Education, 240 Erickson Hall,
East Lansing MI 48824. E-Mail: bloemeke@msu.edu.; Dipl.-Psych. Christiane Müller, Wissen-
schaftliche Mitarbeiterin am Lehrstuhl für Systematische Didaktik und Unterrichtsforschung der
Humboldt-Universität zu Berlin, Institut für Erziehungswissenschaften. Unter den Linden 6,
10099 Berlin, E-Mail: christiane.mueller@staff.hu-berlin.de

Tina Seidel, Katharina Schwindt, Rolf Rimmele
und Manfred Prenzel, Jena und Kiel

# Konstruktivistische Überzeugungen von Lehrpersonen: Was bedeuten sie für den Unterricht?

**Zusammenfassung:**

Der Beitrag geht der Frage nach der Bedeutung von konstruktivistischen Überzeugungen von Lehrpersonen für ihr unterrichtliches Handeln und für das Lernen der Schülerinnen und Schüler nach. Hierzu werden Daten der IPN-Videostudie genutzt, die Auskunft über Überzeugungen der Lehrpersonen (Wissenschaftsverständnis; Lernen von Schülerinnen und Schülern: Fragebogen), ihre Unterrichtspraxis (aus Sicht der Lehrpersonen selbst: Fragebogen; aus Sicht von außenstehenden Beobachtern: Videoanalysen) und Informationen über Lernprozesse von Schülerinnen und Schülern (Wissen: Wissenstest und Interesse: Fragebogen) liefern. In die Analysen (Regressionen; HLM) wurden 50 deutsche Physiklehrpersonen mit 1249 Schülerinnen und Schülern einbezogen. Die Ergebnisse bestätigen nicht alle Annahmen, indem sie zwar auf einen Zusammenhang zwischen dem Verständnis von Wissenschaft und der Sichtweise auf das Lernen von Schülerinnen und Schülern hinweisen, jedoch keinen Beleg dafür liefern, dass ein konstruktivistisches Lernverständnis vermehrt zu lernunterstützenden Unterrichtsformen und positiveren Lerngewinnen auf Seiten der Schülerinnen und Schüler führt.

*Schlüsselwörter:* Überzeugungen; Lehrpersonen; Unterrichtspraxis

**Summary:**

This essay investigates the role of constructivist beliefs of teachers for teaching practices and the learning processes of students. The data of a national video study (IPN video study) are analyzed using information on teachers' beliefs (about the nature of science, student learning: teacher questionnaire), teaching practices (from the perspective of teachers: teacher questionnaire; independent observers: video analysis) and student learning (knowledge: test; interest: student questionnaire). Multi-level analyses include 50 German physics teachers and their 1249 students. The results show diverse findings that do not support all assumed conjectures. They demonstrate a systematic relationship between teacher beliefs about the nature of science and the nature of student learning. However, it has not been possible to show that a constructivist understanding of student learning is related to student-oriented teaching practices and a positive knowledge and interest development of the students.

*Keywords:* beliefs; teachers; teacher practices

# 1    Einleitung

Der vorliegende Beitrag untersucht, inwieweit sich konstruktivistische Überzeugungen von Lehrpersonen erstens auf ihr unterrichtliches Handeln auswirken und zweitens – darüber vermittelt – die Lernergebnisse von Schülerinnen und Schülern beeinflussen. Es stellt sich insbesondere die Frage, ob Lehrpersonen, die eine konstruktivistische Sicht auf die Wissenschaft und das Lernen einnehmen, bei ihren Schülerinnen und Schülern bessere Lernergebnisse erreichen. Diese Vermutung wird gelegentlich vertreten, obschon die Befundlage dazu widersprüchlich ist.

# 2    Der Blick in die Forschung

Die neuere Lehr-Lern-Forschung versteht Lernen als selbstregulierten und konstruktiven Prozess (vgl. BRANSFORD/BROWN/COOKING 2000). Letztlich muss jeder Lernende sein Wissensnetzwerk selbst aufbauen. Allerdings ist es Aufgabe der Lehrenden, gezielt Lerngelegenheiten, die diese Wissenskonstruktion der Schülerinnen und Schüler anregen und unterstützen, zu schaffen. Beim Gestalten von Lernumgebungen nutzen Lehrpersonen ihr professionelles Wissen, das neben Fachwissen und pädagogischem Wissen auch Überzeugungen und motivationale Orientierungen umfasst (vgl. BAUMERT/KUNTER 2006). Die Überzeugungen der Lehrenden, so wird angenommen, wirken sich auf die Art und Weise aus, wie die Lernumgebung gestaltet wird. Über das Unterrichtshandeln beeinflussen diese Überzeugungen der Lehrenden wiederum die Lernprozesse der Schülerinnen und Schüler.

Entsprechende Annahmen sind in verschiedenen Studien empirisch geprüft worden. Zum einen gibt es Untersuchungen, die Zusammenhänge zwischen dem Wissenschaftsverständnis der Lehrpersonen (epistemologische Überzeugungen) einerseits und den Überzeugungen von Lehrpersonen über Lernen andererseits untersuchen. Andere Studien beziehen sich auf Zusammenhänge zwischen den Überzeugungen der Lehrpersonen über Lernen und ihrem unterrichtlichen Handeln.

Im Folgenden stellen wir die wichtigsten Befunde kurz dar. Die Möglichkeiten und Grenzen der Daten, die diesen Untersuchungen zugrunde liegen, sollen dabei kritisch diskutiert werden.

## 2.1    Zusammenhänge zwischen epistemologischen Überzeugungen und dem Verständnis von Lernen

Überzeugungen, welche Vorstellungen über das Wissen und den Wissenserwerb in einer Domäne betreffen, werden in der pädagogisch-psychologischen Forschung als epistemologische Überzeugungen bezeichnet. Hierunter werden Überzeugungen über die Sicherheit, die Quelle, die Rechtfertigung, die Entstehung und die Struktur wissenschaftlichen Wissens verstanden (vgl. DUELL/SCHOMMER-AIKINS 2001). Epistemologische Überzeugungen werden meist anhand von zwei Orientierungen kontrastiert: ein konstruktivistisches versus ein empiristisches Wissenschaftsverständnis (vgl. MCCOMAS/OLSON 1998). Bei einem konstruktivistischen Wissenschaftsverständnis wird die Vorläufigkeit von Wissen, die theoretisch begründete Qualität der wissenschaftlichen Exploration und die Rolle des Konzeptwechsels in der fortschreitenden Entwicklung wissenschaftlichen Verständnisses betont (TSAI 2006). Kennzeichnend ist zudem die Annahme, dass Wissenschaft auf sozialen Aushandlungsprozessen und Vereinbarungen beruht, die zum Beispiel Paradigmen und akzeptierte Beweisführungen betreffen. Charakteristisch für empiristische Überzeugungen ist demgegenüber das Verständnis, dass Wissenschaft eine objektive Realität aufdeckt, die unabhängig von individuellen Sichtweisen existiert. Es wird weiterhin davon ausgegangen, dass Ergebnisse, die zum Beispiel über Experimente gewissenhaft erlangt wurden, zu unfehlbarem Wissen führen (TSAI 2006).

Untersuchungen, die sich mit dem Zusammenhang zwischen epistemologischen Überzeugungen und den Überzeugungen von Lehrpersonen über Lernen beschäftigen, beruhen auf der folgenden Annahme: Epistemologische Überzeugungen von Lehrpersonen sind eng verbunden mit deren Sicht auf das Lernen der Schülerinnen und Schüler (DUSCHL 1990; LEDERMAN 1992). Personen, die Wissen als Ansammlung absoluter Wahrheiten verstehen (empiristische Orientierung), sehen das Ziel von Lernprozessen darin, die entsprechenden Fakten zu beherrschen (vgl. MILLAR 1989). Für die Lehrpersonen wiederum heißt das, dass sie die erforderlichen Wissensgrundlagen vermitteln müssen. Die Rolle der Lehrpersonen wird bei einer konstruktivistischen Sichtweise hingegen anders definiert. Wenn Wissen als ein Netzwerk von Theorien verstanden wird, das sich ständig mit neuen Erkenntnissen verändert, dann müssen Lernumgebungen geschaffen werden, die Lernende in den Prozess des Wissensaufbaus und der Generierung von Wissen einbinden. Diese Vorstellung entspricht einer konstruktivistischen Überzeugung über das Lernen von Schülerinnen und Schülern.

In zwei häufig zitierten Studien wurde ein enger Zusammenhang zwischen epistemologischen Überzeugungen und den Überzeugungen über das Lernen berichtet (vgl. FENNEMA/LOEF FRANKE 1992; STAUB/STERN 2002).

## 2.2 Zusammenhang zwischen Überzeugungen über Lernen und Unterrichtspraxis

Wichtiger als die bloßen Zusammenhänge zwischen inhaltlich verschieden akzentuierten Überzeugungen sind die Auswirkungen auf das Handeln – in diesem Fall der Lehrpersonen. Wie beeinflussen Überzeugungen das unterrichtliche Handeln und insbesondere das Lernen von Schülerinnen und Schülern?

In Ansätzen zur Professionalisierung von Lehrpersonen wird oft angenommen, dass die Überzeugungen von Lehrpersonen ihr Handeln beeinflussen. Über eine Veränderung von Überzeugungen kann entsprechend Handeln verändert werden (vgl. CALDERHEAD 1996; PAJARES 1992). So kann beispielsweise eine (rezeptive) Überzeugung über Lernen als Wissensaufnahme dazu führen, dass die Lehrkraft im Unterricht vermehrt Lehrformen einsetzt, die auf eine direkte Vermittlung von Wissensinhalten abzielen. Im Gegensatz dazu sollte eine eher konstruktivistische Überzeugung über Lernen bewirken, dass im Unterricht häufiger Herangehensweisen auftreten, die einen selbstgesteuerten Aufbau von Wissensstrukturen auf Seiten der Schülerinnen und Schüler unterstützen. Hierunter fallen beispielsweise Aspekte des Feedbacks im Sinne einer unterstützenden Rückmeldung oder andere lernunterstützende Verhaltensweisen, wie das „laute Denken".

PETERSON et al. (1989) berichten solche Unterschiede im Unterrichtshandeln zwischen Lehrpersonen, die konstruktivistische versus rezeptive Überzeugungen über Lernen erkennen lassen. So gaben zum Beispiel Lehrpersonen mit einer konstruktivistischen Überzeugung über Lernen an, mehr Zeit für Textaufgaben und Rechenstrategien zu verwenden und dabei weniger Zeit für die Vermittlung von Faktenwissen aufzuwenden. Ähnlich stellten STAUB und STERN (2002) fest, dass Lehrpersonen mit einer konstruktivistischen Überzeugung in ihrem Unterricht mehr Aufgaben einsetzten, die ein konzeptuelles Verständnis erfordern. STIPEK et al. (2001) fanden einen negativen Zusammenhang zwischen rezeptiven Überzeugungen über Lernen und dem Bereitstellen einer Lernumgebung, in der die Autonomie der Schülerinnen und Schüler gefördert wird und in der ein Klima des Verständnisses und der Unterstützung vorherrscht.

Entsprechende Zusammenhänge zwischen den Überzeugungen über Lernen und der Unterrichtspraxis der Lehrenden konnten jedoch nicht in allen Studien gefunden werden (vgl. CALDER-

HEAD 1996). GALTON/SIMON/CROLL (1980) konnten zum Beispiel keinen positiven Zusammenhang zwischen konstruktivistischen Überzeugungen über Lernen und einem Unterrichtshandeln bestätigen, das selbstgesteuertes Lernen unterstützt. Insgesamt ist die Befundlage aufgrund der wenigen Studien noch schwach und widersprüchlich, zumal die Studien bisher häufig auf kleinen Fallzahlen beruhen.

Der Zusammenhang zwischen den Überzeugungen der Lehrpersonen über Lernen und ihrer Unterrichtspraxis ist weniger gut belegt als das Zusammenspiel zwischen dem Wissenschaftsverständnis und den Überzeugungen über Lernen. Ein Aspekt, den wir als besonders kritisch in Bezug auf die bisher vorliegenden Untersuchungen ansehen, ist die Tatsache, dass in den meisten vorliegenden Studien Selbstberichte der Lehrpersonen verwendet wurden, um die Unterrichtspraxis zu erfassen.

Vor diesem Hintergrund möchten wir für die Beantwortung unserer Fragestellungen Daten nutzen, welche die Unterrichtspraxis sowohl durch Eigenberichte der Lehrpersonen als auch durch objektive Analysen von Unterrichtsaufzeichnungen abbilden. Entsprechende Daten wurden im Rahmen der IPN-Videostudie erhoben (vgl. SEIDEL et al. 2006a, b). Diese Studie war Teil des DFG-Schwerpunktprogramms „Bildungsqualität von Schule" (PRENZEL 2007) und wurde am Leibniz-Institut für die Pädagogik der Naturwissenschaften (IPN) an der Universität Kiel durchgeführt. Die Untersuchung zielte in erster Linie darauf ab, Lehr-Lern-Prozesse im Physikunterricht zu beschreiben und Lernzuwächse zu erklären. In dieser Studie wurden jedoch auch Daten erhoben, die es ermöglichen, Überzeugungen von Lehrpersonen auf ihr unterrichtliches Handeln und auf die Lernergebnisse der Schülerinnen und Schüler zu beziehen. Es liegen Daten aus Fragebögen vor, in denen Lehrpersonen Angaben zu ihrem Wissenschaftsverständnis, zu Überzeugungen über das Lernen von Schülerinnen und Schülern machen, sowie ihre gängige Unterrichtspraxis beschreiben. Diese Daten werden durch Videoaufzeichnungen ergänzt, die jeweils zwei Physikunterrichtsstunden der Lehrpersonen dokumentieren. Auf Seiten der Lernenden wurden ebenfalls mit einem Fragebogen Angaben zu den individuellen Lernprozessen erhoben. Diese Datengrundlage nutzen wir im Rahmen dieses Beitrages dazu, Zusammenhänge zwischen den Überzeugungen über Lernen und dem unterrichtlichen Handeln der Lehrpersonen und den Lernprozessen von Schülerinnen und Schülern zu untersuchen.

## 3    Fragestellungen

Auf der Grundlage von Daten aus der IPN-Videostudie werden in diesem Beitrag der Zusammenhang zwischen Überzeugungen von Lehrpersonen (Wissenschaftsverständnis, Überzeugungen über Lernen von Schülerinnen und Schülern) und dem unterrichtlichen Handeln untersucht sowie Zusammenhänge mit den Lernergebnissen der Schülerinnen und Schüler überprüft. Dabei wird folgenden Fragen nachgegangen:

(1) Gibt es einen positiven Zusammenhang zwischen einem konstruktivistischen Wissenschaftsverständnis und konstruktivistischen Überzeugungen über Lernen? Hängt ein empiristisches Wissenschaftsverständnis positiv zusammen mit rezeptiven Überzeugungen über Lernen?

(2) Berichten Lehrpersonen (der Sekundarstufe I) mit konstruktivistischen Überzeugungen über Lernen häufiger darüber, konstruktivistische Lehrformen in ihrem Unterricht einzusetzen? Lassen sich bei diesen Lehrpersonen auch in einer videografierten Stunde diese Lehrformen häufiger beobachten?

(3) Erreichen Lehrpersonen (der Sekundarstufe I), die konstruktivistische Überzeugungen über Lernen vertreten, auf Seiten der Schülerinnen und Schüler einen höheren Zuwachs im inhalt-

lichen Wissen, im konzeptuellen Verständnis und im Interesse im Vergleich zu Lehrpersonen mit rezeptiven Überzeugungen über Lernen?

# 4    Methode

## 4.1   Stichprobe

Die genannten Fragestellungen werden anhand der Daten der IPN-Videostudie bearbeitet. Diese Studie wurde zwischen 2000 und 2006 am Leibniz-Institut für die Pädagogik der Naturwissenschaften an der Universität Kiel (IPN) unter der Leitung von Manfred Prenzel und Tina Seidel durchgeführt (Seidel et al., 2006b). Das Projekt zielte darauf ab, Lehr-Lern-Prozesse im Physikunterricht in der neunten Jahrgangsstufe zu analysieren. Dabei wurden insgesamt 50 Gymnasien und Realschulen in vier deutschen Bundesländern (Brandenburg, Bayern, Baden-Württemberg und Schleswig-Holstein) untersucht, die durch das IEA Data Processing Center in Hamburg zufällig gezogen wurden. Die Teilnahmequote der angeschriebenen Schulen lag bei 38 Prozent. Dies kann vor dem Hintergrund einer so umfassend angelegten Studie (und im Vergleich zu anderen Videostudien) als zufriedenstellend betrachtet werden.

Um zu überprüfen, wie repräsentativ die Auswahl dieser Schulen ist, haben wir die Stichprobe mit einer weiteren Zufallsstichprobe verglichen, in der deutsche Physiklehrpersonen den gleichen Lehrerfragebogen ausgefüllt haben (vgl. Seidel et al. 2006a). Hinsichtlich des Alters, des Geschlechts, der Lehrerfahrung, der Teilnahme an Weiterbildungsveranstaltungen, den schulischen Arbeitsbedingungen, den Überzeugungen der Lehrpersonen und der berichteten Unterrichtspraxis zeigten sich keine systematischen Unterschiede zwischen den beiden Stichproben. Vor diesem Hintergrund gehen wir von einer hohen Vergleichbarkeit der gezogenen Stichprobe mit der Population deutscher Physiklehrpersonen aus.

Nach dem beschriebenen Vorgehen zur Stichprobenauswahl besteht die Stichprobe aus 50 Klassen der neunten Jahrgangsstufe, die sich dazu bereit erklärt haben, an der Studie teilzunehmen.

## 4.2   Design der Studie

Die Analysen, die in diesem Artikel vorgestellt werden, basieren auf Daten der Videostudie, die im Schuljahr 2002/2003 erhoben wurden. Zu Beginn und am Ende des Schuljahres wurde bei 1249 Schülerinnen und Schüler der 50 Klassen zu zwei Themenstellungen (Kraft; Optik) das inhaltliche Wissen getestet und das Interesse erfragt. Im Verlauf des Schuljahres wurden Videoaufzeichnungen einer zweistündigen Unterrichtseinheit zu einer der beiden Themenstellungen durchgeführt. Das Kamerateam wurde in der Umsetzung standardisierter Richtlinien (vgl. Seidel/Prenzel/Kobarg 2005) geschult und geprüft, so dass übereinstimmende Standards bezüglich der Aufnahmen erreicht wurden. Um den Unterricht und die Lehrpersonen in den verschiedenen Klassen vergleichen zu können, konzentrierten wir uns auf Einführungsstunden in die Themenbereiche. Es wurde davon ausgegangen, dass mit tiefer gehenden Analyseverfahren Elemente konstruktivistischen Unterrichts beobachtet und rekonstruiert werden können, wie beispielsweise lernunterstützende Rückmeldungen in den Unterrichtsstunden. Hierbei konzentrieren wir uns auf den Umgang von Lehrpersonen mit den Schülerinnen und Schülern.

Nachdem die Unterrichtsstunden videografiert wurden, schätzten die Lehrpersonen mittels eines kurzen Fragebogens den Verlauf der gezeigten Unterrichtsstunden und deren Repräsentativität für ihren eigenen Unterricht ein. Die Angaben der Lehrpersonen weisen auf eine hohe Repräsentativität der aufgezeichneten Unterrichtsstunden hin (vgl. SEIDEL/PRENZEL/KOBARG 2005). Zwei bis vier Wochen nach den Aufzeichnungen füllten die 50 Lehrpersonen zudem einen Fragebogen aus, in dem sie um Angaben zu ihren Unterrichtspraktiken, ihren Einstellungen zu Lehr-Lernprozessen in Physik und zu ihren Arbeitsbedingungen in der Schule gebeten wurden. Die Rücklaufquote der Fragebögen betrug 100 Prozent.

## 4.3  Lehrpersonen

Die 50 Lehrpersonen, von denen 38 Personen an Gymnasien und 12 Personen an Realschulen unterrichteten, nahmen freiwillig an der Studie teil. Die meisten Lehrpersonen unterrichteten die Fächer Mathematik und Physik (62 %), weitere 17 Prozent unterrichten eine andere Kombination naturwissenschaftlicher Fächer. Die Geschlechterverteilung innerhalb der Stichprobe mit 18 Prozent weiblichen Lehrerinnen und 82 Prozent männlichen Lehrern entspricht der Verteilung innerhalb der Gesamtpopulation der Physiklehrpersonen in Deutschland. 52 Prozent der Lehrpersonen waren zwischen 30 und 45 Jahren, 48 Prozent waren zwischen 45 und 65 Jahren alt. Die Lehrerfahrung insgesamt und im Fach Physik beträgt zwischen 1 und 35 Jahren.

## 4.4  Schülerinnen und Schüler

Die Stichprobe der Lernenden umfasst insgesamt 1249 Schülerinnen und Schüler, davon 49 Prozent Mädchen und 51 Prozent Jungen. Im Durchschnitt waren die Schülerinnen und Schüler 15 Jahre alt, die Spanne reichte von 13 bis 16 Jahren.

## 4.5  Untersuchungsinstrumente Lehrerfragebogen

### 4.5.1  Wissenschaftsverständnis der Lehrpersonen

Um das Wissenschaftsverständnis (Physik) von Lehrkräften zu erfassen, wurde ein Fragebogen von KÖLLER, BAUMERT und NEUBRAND (2000) eingesetzt (vgl. SEIDEL/MEYER/SCHWINDT 2005). Die einzelnen Items der Skalen konnten jeweils auf einer vierstufigen Likert-Skala beantwortet werden (1 = stimmt nicht; 4 = stimmt).

*Empiristisches Wissenschaftsverständnis:* Diese Skala setzt sich aus 10 Items zusammen. Ein Item lautet zum Beispiel: „Physikalische Gesetze verkörpern ewige Wahrheiten". Skalencharakteristika: $\alpha$ = .79, M = 2.33, SD = 0.51.

*Konstruktivistisches Wissenschaftsverständnis:* Die Skala besteht aus 5 Items. Beispielitem: „Physik können die Schülerinnen und Schüler bei vielen Aufgaben im Alltag gebrauchen". Skalencharakteristika: $\alpha$ = .72, M = 3.29, SD = 0.45.

## 4.5.2 Vorstellungen über das Lernen von Schülerinnen und Schülern

Wie in der Studie von STAUB und STERN (2002) wurde aus dem Fragebogen von FENNEMA und LOEF FRANKE (1992) eine Auswahl von 18 Items verwendet. Die Auswahl der Items bezog sich auf eine Teilmenge, die sich auf andere Unterrichtsfächer übertragen ließ. Diese Items wurden im Original übernommen, lediglich das Wort „Mathematik" wurde durch „Physik" ersetzt. Die von den Autoren ermittelten Faktoren konnten in unserer Studie reproduziert werden (vgl. SEIDEL/ MEYER/SCHWINDT 2005).

*Rezeptive Überzeugungen über Lernen*: Die Skala besteht aus 10 Items. Beispielitem: „Effektive Lehrpersonen führen die richtige Art und Weise vor, in der ein Problem zu lösen ist". Skalencharakteristika: $\alpha$ = .79, M = 2.30, SD = 0.40.

*Konstruktivistische Überzeugungen über Lernen*: Die Skala besteht aus 8 Items. Beispielitem: „Physik sollte in der Schule so gelehrt werden, dass die Schülerinnen und Schüler Zusammenhänge selbst entdecken können". Skalencharakteristika: $\alpha$ = .72, M = 3.30, SD = 0.38.

## 4.5.3 Berichtete Unterrichtspraxis

Der Fragebogen von LIPOWSKY et al. (2002) wurde für den Physikunterricht in der Sekundarstufe I angepasst (vgl. SEIDEL/MEYER/SCHWINDT 2005). Die Lehrpersonen wurden bezüglich der Unterrichtpraxis, die sie über das gesamte Schuljahr hinweg praktizieren, befragt. Hier wurden die Items auf einer fünfstufigen Likert-Skala beantwortet (1 = nie; 5 = in fast jeder Stunde).

*Traditionelle Verfahren:* Die Skala besteht aus 7 Items. Beispielitem: „Im Physikunterricht ... rede ich und stelle Fragen und einzelne Schülerinnen und Schüler antworten". Skalencharakteristika: $\alpha$ = .72, M = 3.55, SD = 0.49.

*Kooperative Verfahren:* Die Skala besteht aus 12 Items. Beispielitem: „Im Physikunterricht arbeiten die Schülerinnen und Schüler in festen Lernpartnerschaften oder Tandems". Skalencharakteristika: $\alpha$ = .71, M = 2.20, SD = 0.44.

*Offener Unterricht:* Die Skala besteht aus 9 Items. Beispielitem: „Im Physikunterricht können die Lernenden Themen und Produkte selber wählen". Skalencharakteristika: $\alpha$ = .63, M = 1.77, SD = 0.36.

## 4.6 Videoanalysen der aufgezeichneten Unterrichtsstunden

Die Analyse der videografierten Unterrichtsstunden erfolgt durch ein Set von Kodierungen, die detailliert im technischen Report der Videostudie festgehalten sind (vgl. SEIDEL/PRENZEL/KOBARG 2005). In Bezug auf konstruktivistische Herangehensweisen im Unterricht wurde analysiert, wie die Lehrenden ihr unterrichtliches Handeln an die individuellen Lernprozesse der Schülerinnen und Schüler anpassen (Lernbegleitung). Im Speziellen wurde ausgewertet, inwieweit die Lehrpersonen den Lernenden ein unterstützendes Feedback geben, wie sie mit den Lernenden umgehen, wenn sie Fragen oder Aufgaben stellen, und wie die Lehrpersonen die Lernprozesse innerhalb der Unterrichtsstunden unterstützen (lautes Denken, transparent Machen von Problemlöseprozessen, Ermutigung von Lernenden, Lösungen zu finden statt ihnen rezeptartige Anleitungen zu geben). Um Zusammenhänge zwischen den Überzeugungen der Lehrpersonen und der beobachteten Unterrichtspraxis zu analysieren, beziehen wir uns jeweils auf Daten, die auf Klassenebene aggregiert sind.

### 4.6.1    Vorgehen

Die Analysen der Unterrichtsvideos wurden mithilfe der Software Videograph (RIMMELE, 2004) durchgeführt. Unabhängige Beobachterinnen kodierten die Videos auf Grundlage von Unterrichtstranskripten und detaillierten Kodieranleitungen (vgl. KOBARG/SEIDEL 2005). Alle Videobeobachterinnen wurden trainiert; die Interraterreliabilität der Kodierungen wurde überprüft. Grundlage für die Kodierungen stellten Lehrer- und Schüleräußerungen dar. Für das unterstützende Verhalten der Lehrpersonen wurden Klassenarbeitsphasen und Schülerarbeitsphasen als Kodiereinheiten zugrunde gelegt.

### 4.6.2    Videokodierungen

Für die Analyse konstruktivistischer Elemente im Unterricht konzentrierten wir uns auf drei Bereiche: Unterstützende Lehrerfragen, Feedback und unterstützende Rückmeldung sowie prozessorientierte Lernbegleitung von Seiten der Lehrpersonen (vgl. KOBARG/SEIDEL 2005). Die Interraterreliabilitäten erreichten für alle Kodierdurchgänge zufriedenstellende bis sehr gute Ergebnisse (Cohen's Kappa = .61 bis .98; Prozentuale Übereinstimmung = 79 % bis 99 %).

*Unterstützende Lehrerfragen:* Die Videokodierungen basierten auf einem Ereignisstichprobenplan mit den Ereignissen Lehrer- bzw. Schüleräußerung. Der aggregierte Wert für die unterstützenden Lehrerfragen beruhte auf drei Kodierschemata: Art der gestellten Fragen (z. B. offene bzw. geschlossene Fragen), kognitives Niveau der Fragen (z. B. Reproduktionsfragen bzw. deep-reasoning Fragen), und Intention der Frage (z. B. inhaltliche Fragen bzw. Fragen zur Lernkontrolle). Jede Kodierung wurde dahingehend unterschieden, inwieweit sie ein unterstützendes oder weniger unterstützendes Element im Hinblick auf die Lernbegleitung durch die Lehrperson anzeigt. Schließlich ging in die Analyse der prozentuale Anteil an Ereignissen aller Interaktionen im Unterricht ein, die im Sinne der Lernbegleitung unterstützende Elemente anzeigten.

*Feedback und unterstützende Rückmeldung:* Das Kodierschema zu Feedback und unterstützender Rückmeldung unterscheidet zwischen verschiedenen Formen. Die Kodierungen basieren auf einem Ereignisstichprobenplan mit den Ereignissen Lehrer- bzw. Schüleräußerung. Auch hier wurden prozentuale Anteile von positivem Feedback und unterstützenden Ereignissen aller Interaktionen im Unterricht angegeben.

*Prozessorientierte Lernbegleitung:* Die prozessorientierte Lernbegleitung wurde anhand von 28 hoch-inferenten Ratingitems eingeschätzt. Die Items lauteten beispielsweise: „Die Lehrperson „denkt laut" und macht dadurch Problemlöseprozesse transparent" oder „Die Lehrperson gibt den Schülerinnen und Schülern Denkanstöße". Jedes Klassengespräch und jede Schülerarbeitsphase innerhalb der Unterrichtsstunde wurde auf einer vierstufigen Likert-Skala eingeschätzt (0 = trifft nicht zu; 3 = trifft zu). Wenn eine Lehrperson beispielsweise während der Arbeit mit der Klasse alle Schritte innerhalb eines Problemlösevorganges verbalisiert und sie für die Schülerinnen und Schüler transparent und verständlich macht, wird diese Phase des Klassengesprächs mit „3" kodiert (das Item trifft auf diese Phase also voll zu). Wenn eine Lehrperson hingegen keinen ihrer Problemlöseschritte verbalisiert, wird diese Phase mit „0" kodiert (das Item trifft auf diese Phase nicht zu). Die Beobachterinnen trafen ihre Entscheidungen jeweils auf Grundlage detaillierter Kodieranleitungen (vgl. KOBARG/SEIDEL 2005). In den hier berichteten Analysen beziehen wir uns auf den Mittelwert über alle 28 Ratingitems und interpretieren diesen als einen Index für das lernunterstützende Verhalten der Lehrpersonen.

## 4.7  Schülertest und Schülerfragebogen

*Inhaltliches Wissen der Schülerinnen und Schüler:* Der Test setzt sich aus 28 Items zusammen, die sich auf die beiden Themen der videografierten Unterrichtsstunden (Einführung in Kraftbegriff, Optik) beziehen (vgl. RIMMELE et al. 2005). Die Schülerinnen und Schüler bearbeiteten diese Items sowohl zu Beginn als auch am Ende des Schuljahres. Die Items wurden mithilfe der Item-Response-Theorie skaliert. Die Estimates wurden dabei so transformiert, dass sich ein Mittelwert von 0 ergibt. Skalencharakteristika: Vortest: $\alpha$ = .67, M = -0.87, SD = 0.85; Nachtest: $\alpha$ = .77, M = -.29, SD = 1.01.

*Begriffliches Verständnis der Schülerinnen und Schüler:* Der Subtest zum begrifflichen Verständnis wird mit 16 Items abgedeckt (vgl. RIMMELE et al. 2005). Die Items wurden mithilfe der Item-Response-Theorie skaliert. Die Estimates wurden dabei so transformiert, dass sich ein Mittelwert von 0 ergibt. Skalencharakteristika: Vortest: $\alpha$ = .48, M = -0.85, SD = 0.83; Nachtest: $\alpha$ = .66, M = -0.33, SD = 1.04. Der Subtest weist niedrige Reliabilitäten auf, dies gilt insbesondere für den Vortest. Dennoch beziehen wir ihn für die präsentierten Analysen mit ein, um mögliche Unterschiede zwischen dem Leistungswert aus dem Gesamttest und dem Subtest zum begrifflichen Verständnis aufzudecken. Bei der Interpretation der Ergebnisse muss dies jedoch berücksichtigt werden.

*Fachinteresse der Schülerinnen und Schüler:* Die Skala besteht aus 10 Items, die auf einer fünfstufigen Likert-Skala eingeschätzt wurden (vgl. HOFFMANN/HÄUSSLER/LEHRKE 1998). Beispielitem: „Ich möchte mehr Einblick erhalten, wie Mikroskope oder verschiedene Spiegel in einer Arztpraxis Verwendung finden". Die Fragebogenitems wurden mithilfe der Item-Response-Theorie skaliert (vgl. RIMMELE et al. 2005). Skalencharakteristika: Vortest: $\alpha$ = .77, M = 0.02, SD = 0.77; Nachtest: $\alpha$ = .80, M = -0.12, SD = 0.83.

# 5  Ergebnisse

## 5.1  Wissenschaftsverständnis der Lehrpersonen und ihre Überzeugungen über das Lernen der Schülerinnen und Schülern

Die erste Forschungsfrage bezieht sich auf den Zusammenhang zwischen dem Wissenschaftsverständnis der Lehrpersonen und ihren Überzeugungen über Lernen. Angenommen wird, dass Lehrkräfte mit einem konstruktivistischen Wissenschaftsverständnis (epistemologische Überzeugung) auch zu einer konstruktivistischen Überzeugung über (fachbezogenes) Lernen ihrer Schülerinnen und Schüler neigen. Entsprechend wird davon ausgegangen, dass ein empiristisches Wissenschaftsverständnis positiv mit einer Vorstellung von Lernen als rezeptiven Prozess korreliert.

Die Ergebnisse unterstützen diese Annahmen: Ein konstruktivistisches Wissenschaftsverständnis hängt positiv mit konstruktivistischen Überzeugungen über Lernen der Schülerinnen und

Schüler zusammen (r = .41, p = .003, N = 50). Ein empiristisches Wissenschaftsverständnis ist wiederum positiv mit rezeptiven Überzeugungen über Lernen korreliert (r = .28, p = .046, N = 50). Hingegen zeigen unsere Analysen keine systematischen Zusammenhänge zwischen Charakteristika der Lehrpersonen (Alter, Lehrerfahrung und Fächerkombination) und ihrem Wissenschaftsverständnis sowie ihren Überzeugungen über das Lernen.

## 5.2 Überzeugungen über das Lernen der Schülerinnen und Schüler und Unterrichtspraxis

Die zweite Frage bezieht sich darauf, ob Lehrpersonen mit konstruktivistischen Überzeugungen über das Lernen häufiger eine Unterrichtspraxis berichten und erkennen lassen, die konstruktivistische Herangehensweisen enthält.

*Überzeugungen der Lehrpersonen über das Lernen und berichtete Unterrichtspraxis:* In einem ersten Schritt wurde der Zusammenhang zwischen den Überzeugungen der Lehrpersonen über das Lernen und der Unterrichtspraxis untersucht, die die Lehrpersonen selbst im Lehrerfragebogen berichteten. Der Fragebogen bezog sich auf das generelle Unterrichtsverhalten (im Physikunterricht der videografierten Klasse) über das ganze Schuljahr hinweg. Im Fragebogen wurden die Lehrpersonen gebeten, das Ausmaß einzuschätzen, mit dem sie bestimmte Unterrichtspraktiken in ihrem Physikunterricht verwendeten (1 = nie; 5 = in (fast) jeder Stunde). Es wird vermutet, dass Lehrpersonen mit konstruktivistischen Überzeugungen über das Lernen häufiger Formen kooperativen Lernens oder offene Unterrichtsformen verwenden. Entsprechend wird angenommen, dass Lehrkräfte mit rezeptiven Überzeugungen über das Lernen häufiger Formen traditionellen Unterrichts nutzen. Für die Analyse dieser Zusammenhänge wurden bivariate Regressionen der berichteten Unterrichtspraxis auf die Überzeugungen über das Lernen berechnet (Tabelle 1).

*Tabelle 1:* Bivariate Regressionskoeffizienten: Überzeugungen über Lernen und berichtete Unterrichtspraxis (N = 50)

| | Rezeptive Überzeugungen (RÜL) | | | Konstruktivistische Überzeugungen (KÜL) | | |
|---|---|---|---|---|---|---|
| | r | p | $r^2$ | r | p | $r^2$ |
| Traditionelle Verfahren | .235 | .101 | .055 | .094 | .516 | .009 |
| Kooperative Verfahren | -.215 | .133 | .046 | .199 | .166 | .040 |
| Offener Unterricht | -.298 | .036 | .089 | .058 | .680 | .003 |

Entgegen unseren Annahmen zeigte sich lediglich ein systematischer Zusammenhang zwischen den Überzeugungen der Lehrpersonen über das Lernen und ihrem berichteten Unterrichtsverhalten: Eine rezeptive Überzeugung über das Lernen der Schülerinnen und Schülern war negativ und signifikant mit dem Einsatz offener Unterrichtsformen assoziiert (r = -.30). Die anderen Zusammenhänge tendieren zwar in die vermutete Richtung, lassen sich aber statistisch nicht absichern.

Die rezeptiven Überzeugungen über das Lernen hängen negativ mit kooperativen Unterrichtsformen und positiv mit traditionellen Unterrichtspraktiken zusammen. Konstruktivistische Überzeugungen über das Lernen sind nicht systematisch mit einem der drei Bereiche der berichteten Unterrichtspraxis korreliert. Lehrpersonen, die angeben, konstruktivistische Überzeugungen über das Lernen von Schülerinnen und Schülern zu vertreten, lassen in den Einschätzungen ihrer Unterrichtspraxis keine Bevorzugung bestimmter Unterrichtsformen erkennen.

## 5.3 Überzeugungen der Lehrpersonen über Lernen und beobachtete Unterrichtspraxis

In einem zweiten Schritt wurde der Zusammenhang zwischen den Überzeugungen der Lehrpersonen über Lernen und der beobachteten Unterrichtspraxis in den videografierten Physikunterrichtsstunden untersucht. Angemerkt sei, dass den Kodiererinnen keine Informationen über die Überzeugungen der Lehrpersonen oder über die von den Lehrpersonen im Fragebogen berichtete Unterrichtspraxis vorlagen. Hinter den Auswertungen steht die Vermutung, dass sich die Lehrpersonen darin unterscheiden, wie sie (beobachtbar) mit den Schülerinnen und Schülern interagieren und wie sie Lernprozesse unterstützen, auch wenn ihre eigenen Beschreibungen ihrer Unterrichtspraxis während des gesamten Schuljahres keine Unterschiede nahelegen. Lehrpersonen mit konstruktivistischen Überzeugungen über Lernen sollten aus theoretischer Sicht die Denkprozesse der Lernenden durch die besondere Art der Fragen, durch das Feedback und die unterstützenden Rückmeldungen sowie durch lernbegleitendes Verhalten fördern.

*Tabelle 2:* Bivariate Regressionskoeffizienten: Beobachtete Unterrichtspraxis und Überzeugungen über Lernen (N = 50)

| | Rezeptive Überzeugungen (RÜL) | | | Konstruktivistische Überzeugungen (KÜL) | | |
|---|---|---|---|---|---|---|
| | r | p | $r^2$ | r | p | $r^2$ |
| Unterstützende Rückmeldungen | -.121 | .401 | .015 | .191 | .497 | .036 |
| Unterstützende Lehrerfragen | -.001 | .994 | .000 | .098 | .184 | .010 |
| Prozessorientierte Lernbegleitung | -.213 | .138 | .045 | .276 | .052 | .076 |

In Tabelle 2 werden bivariate Regressionen vom beobachteten Unterrichtsverhalten auf die Überzeugungen der Lehrpersonen über Lernen berichtet. Auch wenn die Befunde in die erwartete Richtung weisen, lässt sich keiner der Zusammenhänge auf einem Signifikanzniveau von 5 Prozent absichern; die Effektgrößen sind unbedeutend. Die Analysen auf der Basis der Unterrichtsbeobachtungen lassen somit keine systematischen Zusammenhänge zwischen den Überzeugungen der Lehrpersonen über Lernen und der Art, wie sie ihre Klasse unterrichten und mit den Schülerinnen und Schülern interagieren, empirisch belegen.

## 5.4  Die Überzeugungen der Lehrpersonen über Lernen und die Lernergebnisse der Schülerinnen und Schüler

Die dritte Forschungsfrage thematisiert Effekte der Überzeugungen der Lehrpersonen über Lernen auf den Lernzuwachs der Schülerinnen und Schüler im inhaltlichen Wissen wie im begrifflichen Verständnis und im Interesse.

Vor dem Hintergrund von Befunden zum Mathematikunterricht (vgl. FENNEMA/LOEF FRANKE 1992; STAUB/STERN 2002) wurde angenommen, dass Lehrpersonen mit konstruktivistischen Überzeugungen über Lernen einen höheren Wissenszuwachs und eine positivere Interessenentwicklung bei den Schülerinnen und Schülern erreichen, als Lehrpersonen mit rezeptiven Überzeugungen. Desweiteren fanden PETERSON et al. (1989) und STAUB und STERN (2002) spezielle Effekte von konstruktivistischen Überzeugungen über Lernen auf das prozedurale Wissen von elementaren mathematischen Inhalten, jedoch nicht in Bezug auf allgemeine mathematische Leistungsergebnisse. Daher wurden zusätzlich die Effekte der Überzeugungen der Lehrpersonen über Lernen auf den Erwerb des begrifflichen Verständnisses in Bezug auf Konzepte im Bereich der Kraft und der Optik (Subtest des inhaltlichen Wissenstests) untersucht. Da die Skala des Subtests niedrige Reliabilitäten aufweist, müssen die Analysen zu diesem speziellen Aspekt vorsichtig interpretiert werden.

Für die Analysen wurden Zwei-Ebenen-HLM-Modelle berechnet (vgl. RAUDENBUSH et al. 2001). Als abhängige Variablen gingen jeweils das inhaltliche Wissen der Schülerinnen und Schüler, das begriffliche Verständnis und das Interesse am Ende des Schuljahres ein. Zudem bezogen wir das inhaltliche Wissen, das begriffliche Verständnis und das Interesse zu Beginn des Schuljahres als Kontrollvariablen mit ein (Ebene 1). Die rezeptiven und konstruktivistischen Überzeugungen der Lehrpersonen über Lernen dienten als unabhängige Variablen auf der Klassenebene (Ebene 2). Hierfür wurden die Lehrpersonen über Mediansplit in zwei Gruppen eingeteilt: Lehrpersonen mit einer starken vs. einer schwachen Zustimmung zu rezeptiven Überzeugungen über Lernen (RÜL), und Lehrpersonen mit einer starken vs. einer schwachen Zustimmung zu konstruktivistischen Überzeugungen über Lernen (KÜL). Die Berechnung der HLM-Modelle wurde ebenfalls auf Basis der zwei Skalen (RÜL, KÜL) durchgeführt; es ergaben sich allerdings die gleichen Befunde wie bei den Analysen auf Grundlage des Mediansplits. Deshalb wurde entschieden, die Analysen mit Hilfe des Mediansplit zu berichten, da sie am ehesten Effekte zwischen den Überzeugungen der Lehrpersonen über Lernen und den Lernprozessen der Schülerinnen und Schüler aufdecken können. Formal orientiert sich die folgende Ergebnisdarstellung an den Vorschlägen von BRYK und RAUDENBUSH (1992).

In einem ersten Schritt wurde untersucht, inwieweit substanzielle Varianzunterschiede zwischen den Klassen in Bezug auf die abhängigen Variablen vorliegen (siehe linke Seite der Tabelle 3 und 4). Hierfür wurden Mittelwertunterschiede zwischen den Klassen in Bezug auf das inhaltliche Wissen, das begriffliche Verständnis und das Interesse untersucht. Es wurde eine unkonditionale Zwei-Ebenen-HLM-Analyse durchgeführt, um die Varianz in Anteile aufzusplitten, die sich zwischen den Klassen ergeben, und in Anteile, die innerhalb der Klassen bestehen. Dieses Vorgehen entspricht einer einfaktoriellen Kovarianzanalyse (one-way ANCOVA) mit Zufalls-Effekten. Das unkonditionale Modell zeigte signifikante Unterschiede zwischen den Klassen für die abhängigen Variablen. So ergaben sich bedeutsame Effekte zwischen den Klassen für den Wissenszuwachs der Schülerinnen und Schüler in Bezug auf den jeweiligen Inhalt (23%) sowie für den Zuwachs in Bezug auf das begriffliche Verständnis (45%). Im Gegensatz hierzu ist die Varianz zwischen den Klassen in Bezug auf den Interessenzuwachs gering (5%).

Im zweiten Schritt wurde analysiert, in welchem Ausmaß die Unterschiede zwischen den Klassen in Hinblick auf die Lernprozesse der Schülerinnen und Schüler durch die Überzeugungen der Lehrpersonen über Lernen (rezeptiv vs. konstruktivistisch) erklärt werden können. Die Ergebnisse zum Einfluss der rezeptiven Überzeugungen der Lehrpersonen (RÜL) sind auf der rechten Seite der Tabelle 3 dargestellt, der Einfluss der konstruktivistischen Überzeugungen über Lernen (KÜL) auf der rechten Seite in Tabelle 4. In beiden Tabellen sind die Effekte der Überzeugungen der Lehrpersonen über Lernen auf den Erwerb des inhaltlichen Wissens und des begrifflichen Verständnisses und auf den Interessenzuwachs in der Spalte $\gamma_{01}$ (regression slope) angegeben. Die Ergebnisse unserer HLM-Analyse zeigen weder auf Seiten der rezeptiven Überzeugungen (RÜL), noch auf Seiten der konstruktivistischen Überzeugungen (KÜL) der Lehrpersonen signifikante Effekte auf das inhaltliche Wissen, das prozedurale Wissen und das Interesse der Schülerinnen und Schüler (bzw. die Zuwächse).

*Tabelle 3:* HLM-Analyse: Rezeptive Überzeugungen (RÜL) über Lernen und Entwicklungen auf Seiten der Schülerinnen und Schüler

| | Unkonditionales Modell (ANOVA) | | 'Means-as-Outcome' Regressionsmodell: Vorhergesagte Klassenmittelwerte in Abhängigkeit von Vortest-Score und rezeptiven Überzeugungen (hoch/niedrig) | | | | | |
|---|---|---|---|---|---|---|---|---|
| | Klassenspez. Varianz | Intra class | Effekt des Vortests | | Klassenmw. bei geringen RÜL | Effekt von hohem RÜL | | |
| | | | $\gamma_{10}$ | p | $\gamma_{00}$ | $\gamma_{01}$ | p | $\tau$ |
| Inhaltliches Wissen | 0.23*** | 0.38 | 0.49 | .000 | 0.006 | 0.02 | .86 | 0.23 |
| Begriffliches Verständnis | 0.45*** | 0.37 | 0.45 | .000 | 0.71 | -0.29 | .15 | 0.44 |
| Fachinteresse | 0.05*** | 0.06 | 0.59 | .000 | -0.22 | 0.06 | .46 | 0.05 |

*** p < .0001

Im Folgenden wird detaillierterer auf die einzelnen Ergebnisse eingegangen. Schülerinnen und Schüler von Lehrpersonen, die ausgeprägte rezeptive Überzeugungen über Lernen erkennen lassen, erreichen einen erwarteten Zuwachs von 0.026 ($\gamma_{00} + \gamma_{01}$: 0.006 + 0.02) im inhaltlichen Wissen und 0.42 (0.71 – 0.29) im begrifflichen Verständnis (Tabelle 3). Demgegenüber erreichen Schülerinnen und Schüler, deren Lehrkräfte kaum rezeptiven Überzeugungen über Lernen zustimmen, einen geschätzten Zuwachs von 0.006 im inhaltlichen Wissen und 0.71 im begrifflichen Verständnis (zur Erinnerung: die Skalen wurden Rasch-transformiert). Im Hinblick auf die Interessenentwicklung zeigt sich, dass Schülerinnen und Schüler von Lehrpersonen, die eine schwache Zustimmung zu rezeptiven Überzeugungen angeben, 0.22 Punkte im Interesse verlieren. Dagegen fällt die Interessenabnahme bei Schülerinnen und Schüler von Lehrpersonen mit hoher Akzeptanz von rezeptiven Überzeugungen über Lernen etwas geringer aus (-0.16: -0.22 + 0.06). Tendenziell findet man also bei Lehrpersonen mit ausgeprägten rezeptiven Überzeugungen über Lernen auf Seiten der Schülerinnen und Schüler einen etwas höheren Wissenszuwachs (inhaltliches Wissen) und einen etwas geringeren Interessenverlust. Der Zuwachs im begrifflichen Verständnis fällt jedoch gering aus. Allerdings lässt sich keiner dieser Effekte als statistisch signifikant (p) absichern;

die Effektgrößen für alle drei abhängigen Variablen sind sehr gering. Der Vergleich zwischen der aufgeklärten Varianz ($\tau$) und der übrigen Varianz zwischen den Klassen zeigt, dass 0 % der Varianz zwischen den Schülerinnen und Schülern jeweils im inhaltlichen Lerngewinn und 1 % im begrifflichen Verständnis durch rezeptive Überzeugungen über Lernen erklärt werden kann, 0 % im Interessenzuwachs. Zusammenfassend zeigten sich also keine systematischen Effekte von stark versus schwach ausgeprägten rezeptiven Überzeugungen der Lehrpersonen auf das Lernen ihrer Schülerinnen und Schüler.

*Tabelle 4:* HLM-Analyse: Konstruktivistische Überzeugungen (KÜL) über Lernen und Entwicklungen auf Seiten der Schülerinnen und Schüler

| | Unkonditionales Modell (ANOVA) | | 'Means-as-Outcome' Regressionsmodell: Vorhergesagte Klassenmittelwerte in Abhängigkeit von Vortest-Score und konstruktivistischen Überzeugungen (hoch/niedrig) | | | | |
| --- | --- | --- | --- | --- | --- | --- | --- |
| | Klassen-spez. Varianz | Intra class | Effekt des Vortests | | Klassen-mw. bei geringem KÜL | Effekt von hohem KÜL | |
| | | | $\gamma_{10}$ | p | $\gamma_{00}$ | $\gamma_{01}$ | p | $\tau$ |
| Inhaltliches Wissen | 0.23*** | 0.38 | 0.49 | .000 | 0.09 | -0.16 | .23 | 0.22 |
| Begriffliches Verständnis | 0.45*** | 0.37 | 0.45 | .000 | 0.58 | -0.01 | .95 | 0.45 |
| Fachinteresse | 0.05*** | 0.06 | 0.59 | .000 | -0.16 | -0.06 | .43 | 0.05 |

*** $p < .0001$

Tabelle 4 stellt Effekte von Überzeugungen über Lernen dar, die durch eine starke versus schwache konstruktivistische Auffassung geprägt sind (KÜL). Schülerinnen und Schüler, deren Lehrpersonen konstruktivistischen Überzeugungen stark zustimmen, weisen eine Abnahme von -0.07 ($\gamma_{00} + \gamma_{01}$: 0.09 – 0.16) im inhaltlichen Wissen und einen Zuwachs von 0.57 (0.58 – 0.01) im begrifflichen Verständnis auf. Im Unterschied dazu erreichen Schülerinnen und Schüler, deren Lehrpersonen konstruktivistischen Überzeugungen über Lernen kaum zustimmen, praktisch keinen Zuwachs (0.09) im inhaltlichen Wissen und einen Zuwachs von 0.58 im begrifflichen Verständnis. Im Hinblick auf den Interessenzuwachs ergibt sich für Lernende, deren Lehrpersonen konstruktivistischen Überzeugungen über Lernen schwach zustimmen, einen erwarteten Interessenverlust von 0.16, im Vergleich zu einem Verlust von -0.22 für Schülerinnen und Schüler von Lehrpersonen mit hoher Zustimmung zu konstruktivistischen Überzeugungen über Lernen (-0.16 – 0.06).

Diese Befunde weisen darauf hin, dass die Lernzuwächse der Schülerinnen und Schüler im inhaltlichen wie im begrifflichen Verständnis in etwa gleich groß ausfallen, gleichgültig, ob sie bei einer Lehrkraft mit stark oder schwach ausgeprägten konstruktivistischen Überzeugungen über Lernen Unterricht erhalten. Die Interessenabnahmen fallen bei Lehrkräften mit ausgeprägten konstruktivistischen Überzeugungen über Lernen etwas höher aus. Allerdings sind auch hier die

Ergebnisse nicht signifikant (p) und die Effektgrößen sind für alle abhängigen Variablen niedrig. Der Vergleich der aufgeklärten Varianz mit der übrigen Varianz zwischen den Klassen zeigt, dass in allen Bereichen kein Anteil der Varianz durch eine hohe Zustimmung zu konstruktivistischen Überzeugungen über Lernen erklärt werden kann. Somit konnte für eine hohe Zustimmung zu konstruktivistischen Überzeugungen von Lehrpersonen über Lernen im Gegensatz zu einer niedrigen Zustimmung keine Effekte auf die Lernprozesse der Schülerinnen und Schüler beobachtet werden. Die Vermutung, ausgeprägte konstruktivistische Überzeugungen der Lehrkräfte wären mit einem höheren Wissens- und Interessenszuwachs verbunden, wird durch die vorliegenden Befunde nicht unterstützt.

## 6    Zusammenfassung und Diskussion

Ziel der Studie war es, die Rolle von Überzeugungen von Lehrpersonen für das unterrichtliche Handeln und das Lernen der Schülerinnen und Schüler zu untersuchen. Für die Erfassung der Überzeugungen der Lehrpersonen wurde ein Instrument eingesetzt und für den Physikunterricht adaptiert, mit dem bisher im Mathematikunterricht gearbeitet wurde (vgl. FENNEMA/LOEF FRANKE 1992).

Für unsere Analysen am Datensatz der IPN-Videostudie Physik gingen wir davon aus, dass einerseits ein konstruktivistisches Wissenschaftsverständnis positiv mit konstruktivistischen Überzeugungen über Lernen zusammenhängt, und andererseits ein empiristisches Wissenschaftsverständnis positiv mit rezeptiven Überzeugungen über Lernen assoziiert ist. Die Ergebnisse unterstützen die Vermutungen, da sie einen positiven Zusammenhang zwischen einem konstruktivistischen Wissenschaftsverständnis und konstruktivistischen Überzeugungen über das Lernen von Schülerinnen und Schülern anzeigen. Gleichzeitig ging die empiristische Wissenschaftsorientierung häufiger mit rezeptiven Überzeugungen einher.

Die zweite Frage betraf Zusammenhänge zwischen den Überzeugungen der Lehrpersonen über Lernen und ihrem unterrichtlichen Handeln. Hierfür wurden zwei Informationsquellen herangezogen: In einem Lehrerfragebogen gaben die Lehrpersonen Auskunft über ihre Unterrichtspraxis während des gesamten Schuljahres. Hierbei wurde zwischen traditionellen Unterrichtsformen (Frage-Antwort-Spiel; Lehrervortrag; Demonstrationen etc.), kooperativen Formen (Schülerexperimente etc.) und offenen Unterrichtsformen (Lernzirkel etc.) unterschieden. Die Annahme war, dass kooperative und offene Unterrichtsformen konstruktivistische Ideen im Unterricht umsetzen. Des Weiteren wurden videografierte Unterrichtsstunden im Hinblick auf konstruktivistische Elemente wie unterstützende Lehrerfragen, Feedback und unterstützende Rückmeldung oder prozessorientierte Lernbegleitung analysiert. Die Analysen zeigten keine systematischen Zusammenhänge zwischen konstruktivistischen Überzeugungen über das Lernen von Schülerinnen und Schülern und konstruktivistischen Elementen im Unterricht. Dies gilt sowohl in Bezug auf die berichtete Unterrichtspraxis der Lehrpersonen als auch für die vertiefenden Videoanalysen der Lehrer-Schüler-Interaktionen. Es zeigten sich ebenfalls keine systematischen Zusammenhänge zwischen Lehrpersonen, die rezeptive Überzeugungen über Lernen vertreten, und ihrem unterrichtlichen Handeln. Konstruktivistische Elemente im unterrichtlichen Handeln scheinen unabhängig von den Überzeugungen der Lehrpersonen über Lernen zu sein.

Das dritte Ziel war darauf gerichtet, direkte Effekte von konstruktivistischen Überzeugungen über Lernen auf den Lernzuwachs auf Seiten der Schülerinnen und Schüler während eines Schuljahres zu untersuchen. Hierbei fokussierten wir insbesondere auf die Bereiche des inhaltlichen Wissens, des begrifflichen Verständnisses und des Sachinteresses auf Seiten der Schülerinnen und Schüler. Mit Hilfe von HLM-Analysen ließen sich keine Effekte der Überzeugungen der Lehrpersonen auf die Lernergebnisse der Schülerinnen und Schüler im inhaltlichen Wissen, im begrifflichen Verständnis und im Interesse an Physik feststellen.

Zusammenfassend muss herausgestellt werden, dass die Ergebnisse den Großteil der Hypothesen nicht unterstützen, die vor dem Hintergrund einer Debatte über Lehrerüberzeugungen formuliert wurden, die zwar rege war, sich aber nur auf eine schwache Befundlage stützen konnte. Konsequenterweise stellt sich daher in der Diskussion die Frage, wie diese Ergebnisse zu interpretieren sind.

Da die Befunde der Studie von STAUB und STERN (2002), die solche Zusammenhänge berichtet, im Mathematikunterricht erhoben wurden, könnte der Fachzusammenhang eine Rolle spielen. Das würde zugleich bedeuten, dass Effekte von Lehrerüberzeugungen in unterschiedlichen Fächern unterschiedlich wirksam sein könnten. Aus der vorliegenden Studie wäre zu schließen, dass die Überzeugungen der Lehrpersonen über das Lernen der Schülerinnen und Schüler keinen Effekt darauf haben, wie sie Physik unterrichten und wie erfolgreich die Schülerinnen und Schüler lernen. In Anbetracht der Verwandtschaft der Fächer dürften solche Diskrepanzen in den Befunden allerdings kaum zu erwarten sein.

Nachdem in der vorliegenden Untersuchung ähnliche Instrumente, wie in den Studien von PETERSON (1989) oder von STAUB und STERN (2002) eingesetzt wurden, könnte sich eine zweite Erklärung auf die Zusammensetzung der Stichprobe beziehen. Die Daten, auf die sich die Publikationen von PETERSON (1989) oder STAUB und STERN (2002) beziehen, wurden in den 80er Jahren erhoben. Es ist denkbar, dass zu dieser Zeit konstruktivistische Theorien vom Lehren und Lernen weniger weit verbreitet waren, als zum heutigen Zeitpunkt (vgl. BRANSFORD et al. 2000). In der vorliegenden Untersuchung – die Daten stammen aus dem Jahr 2002 – gaben die Lehrpersonen insgesamt eine relativ hohe Zustimmung zu konstruktivistischen Überzeugungen über Lernen an. Im Vergleich zum Mittelwert der Gesamtstichprobe bei STAUB und STERN (2002) stellt sich also die Frage, ob es im Jahre 2002 eher selbstverständlich war, konstruktivistischen Überzeugungen zuzustimmen als in den 80er Jahren. Das könnte heißen, dass die Konstruktivisten zu dieser früheren Zeit besonders fortschrittliche und qualifizierte Lehrkräfte waren. Wenn PETERSON (1989) und STERN und STAUB (2002) also gewissermaßen zu einem besonderen historischen Zeitpunkt einen Zusammenhang zwischen konstruktivistischen Auffassungen und Lehrerfolg beobachten konnten, heißt es nicht, dass dieser heute weiter besteht. Allerdings würde diese Interpretation nicht weitere Anstrengungen unterstützen, Lehrkräften ein konstruktivistisches Lernverständnis nahezulegen.

Dies führt uns zu einer letzten Überlegung. Sie betrifft die Reliabilität und die Validität der Daten zu den Überzeugungen der Lehrpersonen über Lernen. Im Hinblick auf die Reliabilität muss berücksichtigt werden, dass aufgrund der hohen Fehlervarianz möglicherweise keine Effekte gefunden werden konnten. Dies gilt jedoch für viele Studien, die sich mit Überzeugungen von Lehrpersonen beschäftigen (vgl. KÖLLER/BAUMERT/NEUBRAND 2000; PETERSON et al. 1989; STAUB/STERN 2002). In Bezug auf die Validität sollte das Format von Lehrerfragebögen in den Blick genommen werden. Die verwendeten Items für die Erfassung der Überzeugungen der Lehrpersonen bezogen sich allgemein darauf, wie Lehrpersonen denken, dass Schülerinnen und Schüler Naturwissenschaften lernen. Hier stellt sich die Frage, inwieweit dieses Vorgehen dem kontextualisierten und situativen Charakter von Lehr-Lernsituationen im Unterricht Rechnung trägt (BORKO 2004). Die Validität der Messverfahren könnte daher ein Ansatzpunkt sein, die Forschung im Bereich der Überzeugungen von Lehrpersonen voranzubringen. In diese Richtung weisen aktuelle Anstrengungen, stärker situierte und eng unterrichtsbezogene Erhebungsinstrumente für Lehrervorstellungen zu entwickeln und anzuwenden (KUNTER et al. 2007; SEIDEL/PRENZEL, 2007). Die Befunde und Erfahrungen aus diesen neuen Zugängen weisen darauf hin, dass in Zukunft Untersuchungen von Lehrkräften nicht nur auf der Basis von Fragebögen durchgeführt werden sollten.

## Anmerkung

Wir möchten den Lehrpersonen und den Schülerinnen und Schülern, die an der IPN-Videostudie teilgenommen haben, danken. Des Weiteren bedanken wir uns bei unseren Kolleginnen und Kollegen Inger Marie Dalehefte, Reinders Duit, Constanze Herweg, Mareike Kobarg, Manfred Lehrke, Maike Tesch, Gun-Brit Thoma und Ari Widodo für ihre Abreit an der IPN-Videostudie.

## Literatur

BAUMERT, J./KUNTER, M. (2006): Stichwort: Professionelle Kompetenz von Lehrkräften. In: Zeitschrift für Erziehungswissenschaft, 9. Jg., H.4, S. 469-520.

BORKO, H. (2004): Professional Development and Teacher Learning: Mapping the Terrain. In: Educational Researcher, 33Jg., H.8, S. 3-15.

BRANSFORD, J. D./BROWN, A. L./COOKING, R. R. (2000): How people learn: Brain, mind, experience, and school. Expanded version. Washington, DC: National Academy Press.

CALDERHEAD, J. (1996): Teachers: beliefs and knowledge. In: Berliner, D.C./Calfee, R.C. (Hrsg.): Handbook of educational psychology. New York: Macmillan. S. 709-725.

DUELL, O. K./SCHOMMER-AIKINS, M. (2001): Measures if People's Beliefs About Knowledge and Learning. In: Educational Psychology Review, 13. Jg., H.4, S. 419-449.

DUSCHL, R. A. (1990): Restructuring science education. New York: Teachers College Press.

FENNEMA, E./LOEF FRANKE, M. (1992): Teachers' knowledge and its impact. In Grows, D.A. (Hrsg.): Handbook of Research on Mathematics Teaching and Learning. New York: Macmillan. S. 147-164.

GALTON, M./SIMON, B./CROLL, P. (1980): Inside the primary classroom. London: Routledge & Kegan Paul.

HOFFMANN, L./HÄUSSLER, P./LEHRKE, M. (1998): Die IPN-Interessenstudie Physik. Kiel: IPN.

KOBARG, M./SEIDEL, T. (2005): Coding manual – Process-oriented teaching. In SEIDEL, T./PRENZEL, M./ KOBARG, M. (ed.): How to run a video study. Technical report of the IPN Video Study. Münster: Waxmann. S. 108-144.

KÖLLER, O./BAUMERT, J./NEUBRAND, J. (2000): Epistemologische Überzeugungen und Fachverständnis im Mathematik- und Physikunterricht. In Baumert, J./Bos W./Lehmann R. (Hrsg.): TIMSS/III. Dritte Internationale Mathematik- und Naturwissenschaftsstudie. Mathematische und Naturwissenschaftliche Grundbildung am Ende der Schullaufbahn. Band 2: Mathematische und physikalische Kompetenzen am Ende der gymnasialen Oberstufe. Opladen: Leske + Budrich.

KUNTER et al. 2007 = Kunter, M./Klusmann, U./Dubberke, Th./Baumert,J./Blum,W./ Brunner, M./Jordan, A./Krauss, S./Löwen, K./Neubrand, M./Tsai, Y.-M. (2007). Linking aspects of teacher competence to their instruction. Results from the COAKTIV-Project. In: M. Prenzel (Hrsg.). Studies on the educational quality of schools. The final report on the DFG Priority Programme. Münster: Waxmann, S.39-59.

LEDERMAN, N. G. (1992): Students' and teachers' conceptions of the nature of science: A review of the research. In: Journal of Research in Science Teaching, H. 29, S. 331-359.

LIPOWSKY, F./PAULI, C./KLIEME, E./REUSSER, K. (2002): Lehrerfragebogen zur Erfassung unterrichtsselbst- und schulumweltbezogener Kognitionen.Unpublished manuscript, Frankfurt am Main / Zürich: Deutsches Institut für Internationale Pädagogische Forschung (DIPF)/Universität Zürich.

McCOMAS, W. F./OLSON, J. K. (1998): The nature of science in international science education standards documents. In McComas,W.F. (ed.): The nature of science in science education: Rationales and strategies The Netherlands: Kluwer Academic Publisher. S. 41-52.

MILLAR, R. (1989): Bending the evidence: The relationship between theory and experiment in science education. In Millar, R. (ed.): Doing science: Images of science in science education. New York: The Falmer Press. S. 38-61.

PAJARES, M. F. (1992): Teacher Beliefs And Educational-Research – Cleaning Up A Messy Construct. In: Review of Educational Research, 62. Jg., H.3, S. 307-332.

PETERSON, P./FENNEMA, E./CARPENTER, T. P./LOEF, M. (1989): Teachers'pedagogicak content belief in mathematics. In: Cognition and Instruction, 6.Jg., S. 1-40.

PRENZEL, M. (ed.) (2007): Studies on the educational quality of schools. The final report on the DFG Priority Programme. Münster: Waxmann.

RAUDENBUSH, S. W./BRYK, A. S./CHEONG, Y. F./CONGDON, R. T. (2001): HLM 5. Hierachical Linear and Nonlinear Modeling (Version 5). Lincolnwood: Scientific Software International.

RIMMELE, R. (2004): Videograph. Kiel: IPN.

RIMMELE, R./SEIDEL, T./KNIERIM, B./KOBARG, M./DALEHEFTE, I. M./SCHWINDT, K./MEYER, L. (2005): Scale documentation – Student questionnaire. In: SEIDEL, T./PRENZEL, M./KOBARG, M. (eds.): How to run a video study. Technical report of the IPN Video Study. Münster: Waxmann. S. 224-281.

SEIDEL, T./MEYER, L./SCHWINDT, K. (2005): Scale documentation – Teacher questionnaire. In: Seidel, T./Prenzel, M./Kobarg, M. (eds.): How to run a video study – Technical report of the IPN Video Study. Münster: Waxmann. S. 172-193.

SEIDEL, T. / PRENZEL, M. (2007). Wie Lehrpersonen Unterricht wahrnehmen und einschätzen – Erfassung pädagogisch-psychologischer Kompetenzen mit Videosequenzen. Zeitschrift für Erziehungswissenschaft, Sonderheft 8, 201-216.

SEIDEL, T./PRENZEL, M./KOBARG, M. (2005): How to run a video study: Technical report of the IPN Video Study. Münster: Waxmann.

SEIDEL, T./PRENZEL, M./RIMMELE, R./MEYER, L./DALEHEFTE, I. M. (2004): Lernprogramm LUV – Lernen aus Unterrichtsvideos für Physiklehrkräfte. Kiel: IPN.

SEIDEL et al. (2006a) = SEIDEL, T., PRENZEL, M., RIMMELE, R., DALEHEFTE, I. M., HERWEG, C., KOBARG, M. & SCHWINDT, K. (2006a). Blicke auf den Physikunterricht. Ergebnisse der IPN Videostudie. *Zeitschrift für Pädagogik, 52, 798-821.*

SEIDEL et al. (2006b) = SEIDEL, T./PRENZEL, M./RIMMELE, R./SCHWINDT, K./KOBARG, M./HERWEG, C./ DALEHEFTE, I.M. (2006): Unterrichtsmuster und ihre Wirkungen. Eine Videostudie im Physikunterricht. In: PRENZEL, M./ALLOLIO-NÄCKE, L. (Hrsg.): Untersuchungen zur Bildungsqualität von Schule. Abschlussbericht des DFG-Schwerpunktprogramms. Münster: Waxmann. S. 99-123.

STAUB, F. C./STERN, E. (2002): The Nature of Teaches' Pedagogical Content Beliefs Matters for Students' Achievement Gains: Quasi-Experimental Evidence From Elementary Mathematics. In: Journal of Educational Psychology, 94 Jg., H.2, S. 344-355.

STIPEK, D. J./GIVVIN, K. B./SALMON, J. M./MACGYVERS, V. L. (2001): Teachers' beliefs and practices related to mathematics instruction. In: Teaching And Teacher Education, 17 Jg, H.2, S. 213-226.

TSAI, C. C. (2006): Reinterpreting and reconstructing science: Teachers' view changes toward the nature of science by courses of science education. In: Teaching And Teacher Education, 22. Jg., H.3, S. 363-375.

*Anschriften der Verfasser und der Verfasserin:*

Prof. Dr. Tina Seidel, Professorin für Pädagogische Psychologie am Institut für Erziehungswissenschaft an der Fakultät für Sozial- und Verhaltenswissenschaften der Universität Jena, Am Planetarium 4, 07737 Jena, E-Mail: tina.seidel@uni-jena.de; Dr. Katharina Schwindt, wissenschaftliche Mitarbeiterin am Lehrstuhl für Pädagogische Psychologie am Institut für Erziehungswissenschaft an der Fakultät für Sozial- und Verhaltenswissenschaften der Universität Jena, Am Planetarium 4, 07737 Jena, E-Mail: katharina.schwindt@uni-jena.de; Rolf Rimmele, wissenschaftlicher Mitarbeiter am Leibniz-Institut für die Pädagogik der Naturwissenschaften (IPN) an der Universität Kiel, Olshausenstraße 62, 24098 Kiel, E-Mail: rimmele@ipn-uni-kiel.de; Prof. Dr. Manfred Prenzel, Geschäftsführender Direktor am Leibniz-Institut für die Pädagogik der Naturwissenschaften (IPN) und Professor für Pädagogik an der Universität Kiel, Olshausenstraße 62, 24098 Kiel, E-Mail: prenzel@ipn-uni-kiel.de

Edith Braun und Bettina Hannover, Freie Universität Berlin

# Zum Zusammenhang zwischen Lehr-Orientierung und Lehr-Gestaltung von Hochschuldozierenden und subjektivem Kompetenzzuwachs bei Studierenden

**Zusammenfassung:**

Verschiedene Studien sprechen dafür, dass Lehrende, die Wissenserwerb als Ergebnis eines aktiven Konstruktionsprozesses verstehen (studierendenfokussierte Lehr-Orientierung), Lernprozesse wirkungsvoller unterstützen können als Lehrende, die Wissenserwerb als Ergebnis des Transports von Wissen vom Lehrenden zum Lernenden verstehen (lehrendenfokussierte Lehr-Orientierung). In der vorliegenden Studie wird in einer Stichprobe von 68 Lehrveranstaltungen (68 Lehrende, 451 Studierende) a) eine deutschsprachige Version des im angelsächsischen Raum am häufigsten verwendeten Messinstruments zur Erfassung der Lehr-Orientierung von Hochschuldozierenden (Approaches to Teaching Inventory) geprüft; es wird gezeigt, dass b) Dozierende in Abhängigkeit ihrer Lehr-Orientierung ihre Hochschullehre unterschiedlich gestalten; und es wird c) in einem mehrebenenanalytischen Design nachgewiesen, dass sich die Lehr-Orientierung des Dozierenden im subjektiven Kompetenzgewinn der Studierenden niederschlägt.

*Schlüsselwörter:* Lehr-Orientierungen, Lehrgestaltung, Hochschulforschung, BEvaKomp (Berliner Evaluationsinstrument für selbsteingeschätzte Kompetenzen)

**Summary:**

Various studies have supported the claim that tutors who understand knowledge gain as part of an active process of construction (student-orientated instruction) are able to more effectively support learning processes than tutors who regard it as part of knowledge transmission from the tutor to the learner (teacher-orientated instruction). This study, using a random sample of 68 lectures or seminars (68 tutors, 451 students), will firstly test a German language version of the most frequently used measuring instrument in the Anglo-American context to analyse orientation in the instruction of university tutors (Approaches to Teaching Inventory). The study will then show that tutors design their teaching differently depending on their teaching orientation. Finally, the study will demonstrate in a multilateral analysis that tutors' teaching orientation is reflected in the subjective competence gain on the part of the students.

*Keywords:* approaches to teaching, design of teaching, higher education research, Berlin evaluation instrument for subjective gain in competences

## 1 Fragestellung

### Zielsetzung

Erklärtes Ziel der derzeitigen Hochschulpolitik ist die Förderung der fachlichen und überfachlichen Kompetenzen der Studierenden. Studiengänge sollen *berufsqualifizierend* sein (KMK, 2005). Dies beinhaltet die Benennung von Kompetenzen, die durch den Besuch einzelner Lehrveranstaltungen erworben werden sollen. Die Mitgliedsstaaten des sogenannten Bologna-Prozesses haben einen *framework of qualifications* (*Qualifikationsrahmen*) erarbeitet, in dem fachübergreifende Kompetenzen benannt werden, zu deren Vermittlung sich die einzelnen Hochschulen verpflichten müssen. Neben die traditionellen Ziele der Hochschullehre, nämlich die *Vermittlung von Wissen* und die *Förderung von Verstehen*, tritt das Ziel der Förderung von *Können*, genauer von *instrumentaler, systematischer und kommunikativer Kompetenz* (vgl. ausführlich Braun/Soellner/Hannover 2006).

Dass Hochschullehre explizit auch überfachliche Handlungskompetenzen vermitteln soll, korrespondiert mit einer Veränderung des wissenschaftlichen Verständnisses von Lernen und der Rolle, die Lehrenden und Lernenden dabei zukommt. Während die Gestaltung von Hochschullehre in der Vergangenheit dem Primat der Instruktion folgte, nämlich der Vorstellung, dass Dozierende als Fachexpertinnen und -experten ihr objektives Wissen auf die Studierenden „übertragen", dominiert inzwischen ein konstruktivistisches Verständnis von Lernen, nach dem der Lernende – unter Nutzung seines Vorwissens und seiner Erfahrung – sein Wissen aktiv selbst konstruiert. Wissenserwerb ist in dieser Sichtweise das Ergebnis konstruktiver Eigentätigkeit des Lernenden, die mit dem Erwerb von Kompetenzen, wie Problemlösefähigkeiten, kognitiven Strategien und der Fähigkeit zu selbstorganisiertem Lernen, einhergeht (vgl. z. B. De Corte 2000).

Mit einem konstruktivistischen Verständnis von Lernen verändern sich auch die Anforderungen, die an Lehrende gestellt werden: Ihnen fällt nicht mehr vor allem die Aufgabe der Wissensvermittlung und der Kontrolle von Kontingenzen (z. B. die Verabreichung von Belohnungen und Bestrafungen) zu. Vielmehr sollen sie inhaltsspezifische konstruktive kognitive Prozesse und damit den Kompetenzerwerb beim individuellen Lernenden initiieren und unterstützen. Wie Lehrkräfte mit diesen neuen Anforderungen umgehen, scheint wesentlich von ihren *Lehr-Orientierungen* bestimmt zu sein, d. h. von den Vorstellungen, die sie selbst über Wissenserwerb und Wissensvermittlung mitbringen.

Mit dem vorliegenden Beitrag werden drei Ziele verfolgt:

a) Es soll eine deutschsprachige Version eines Messinstrumentes zur Erfassung von Lehr-Orientierungen bei Hochschuldozierenden eingeführt werden.

b) Es soll geprüft werden, ob Hochschuldozierende die Lehre in Abhängigkeit ihrer Lehr-Orientierung unterschiedlich gestalten.

c) Es soll geprüft werden, ob sich die Lehr-Orientierung des Dozierenden im subjektiven Kompetenzzuwachs der Studierenden niederschlägt. Dabei sollen Mehrebenenanalysen zur Anwendung kommen.

## Ein deutschsprachiges Inventar zur Erfassung von Lehr-Orientierungen bei Hochschuldozierenden

Ein Ziel unserer Studie ist die Entwicklung eines deutschsprachigen Inventars zur Erfassung von Lehr-Orientierungen bei Hochschuldozierenden. Von verschiedenen Autoren sind leicht variierende Konzepte zur Beschreibung interindividueller Unterschiede in der Lehr-Orientierung entwickelt worden. Michael Prosser und Keith Trigwell (2006) sprechen von „approaches to teaching", Fritz Staub und Elsbeth Stern (2002) von „pedagogical content beliefs", Lin Norton, John Richardson, James Hartley, Stephen Newstead und Jenny Mayes (2005) von „teachers' beliefs", Norbert Groeben und Kollegen (Groeben/Wahl/Schlee & Scheele 1988) von „subjektive Theorien" und Rainer Bromme (1997) sowie Jürgen Baumert und Mareike Kunter (2006) vom „pädagogischen Wissen" der Lehrkräfte.

Wir wollen uns an der von Michael Prosser und Keith Trigwell (2006) vorgeschlagenen Unterscheidung zwischen *studierenden- versus lehrendenfokussierten Orientierungen* (student-focused versus teacher-focused approaches to teaching) ausrichten, weil diese ausdrücklich auf die Hochschullehre bezogen ist – im Unterschied zu den anderen Ansätzen, die die Lehr-Orientierungen von Schullehrerinnen und -lehrern in den Blick nehmen.

Eine *lehrendenfokussierte Orientierung* bedeutet, dass die Lehrperson ihre Aufgabe vor allem in der Übermittlung von Wissensbeständen sieht. Dabei wird dem Vorwissen oder der Eigenaktivität des Studierenden keine Bedeutung beigemessen. Wesentlich für den Lernerfolg wird eine angemessene Vermittlung fachlich relevanten Wissens erachtet. Eine *studierendenfokussierte Orientierung* bedeutet, dass die Lehrperson ihre Aufgabe vornehmlich darin sieht, die Eigenaktivität der Studierenden anzuregen und auf diese Weise die Konstruktion von Wissen sowie den Erwerb von Kompetenzen zu initiieren und zu unterstützen.

Keith TRIGWELL und Michael PROSSER (2004) haben mit dem „Approaches to Teaching Inventory" (ATI) ein Messinstrument vorgelegt, das diese beiden Aspekte der Lehr-Orientierung erfasst und in der internationalen Hochschulforschung intensiv genutzt wird (z. B. GIBBS/COFFEY, 2004; GIJBELS/VAN DE WATERING/DOCHY/VAN DEN BOSSCHE, 2005). Während Keith TRIGWELL und Michael PROSSER zunächst von einem bipolaren Konzept einer lehrendenfokussierten versus studierendenfokussierten Orientierung ausgingen, sprechen insbesondere neuere empirische Ergebnisse stärker für eine Unabhängigkeit der beiden Faktoren: In verschiedenen Untersuchungen erwiesen sie sich als nur schwach korreliert (LÜBECK, 2007; NIJHUIS/SEGERS, 2007), so dass folglich eine Lehrperson eine hohe oder niedrige studierendenfokussierte Orientierung aufweisen kann, völlig unabhängig davon, ob sie über eine hohe oder niedrige lehrendenfokussierte Orientierung verfügt.

Der ATI enthält insgesamt 16 Items, acht zur studierendenfokussierten Orientierung (z. B. „I encourage students to restructure their existing knowledge in terms of the new way of thinking about the subject that they will develop") und acht zur lehrendenfokussierten Orientierung (z. B. „I feel it is important to present a lot of facts to students so that they know what they have to learn for this subject"). Für unsere Studie haben wir eine deutschsprachige Übersetzung angefertigt und in unserer Untersuchungsstichprobe von Hochschuldozierenden auf Testgütekriterien hin geprüft.

## Lehr-Orientierungen und Gestaltung der Lehre

Ein weiteres Ziel unserer Studie ist es zu prüfen, ob sich die Lehr-Orientierung von Hochschuldozierenden darin niederschlägt, welche Lehrmethoden sie vorzugsweise verwenden. Wir vermuten, dass eine studierendenfokussierte Orientierung mit einer stärker aktivierenden Gestaltung der Lehre einhergeht als eine lehrendenfokussierte Orientierung.

Untersuchungen der Frage, wie sich die Lehr-Orientierung der Lehrkraft auf die Gestaltung ihrer Lehre auswirkt, liegen unseres Wissens bisher weder für den Bereich der Schule noch für den der Hochschule vor. Hinweise auf einen systematischen Zusammenhang können aus den Studien von Martin COFFEY und Graham GIBBS (2002) sowie von David KEMBER (1997) entnommen werden. COFFEY und GIBBS baten Hochschuldozierende, sämtliche Variationen aufzuschreiben, die sie – abweichend von einem Standardformat einer Vorlesung oder eines Seminars – praktizierten (z. B. "starting the lecture with a short test on last week's lecture"). Die Ergebnisse zeigen, dass mit zunehmender Stärke der studierendenfokussierten Orientierung (gemessen mit dem ATI) die Anzahl der praktizierten Variationen stieg, hingegen mit der Stärke der lehrendenfokussierten Orientierung sank. Coffey und Gibbs deuten dies als Hinweis darauf, dass studierendenfokussierte Dozierende ihre Lehre abwechslungsreicher gestalten als lehrendenfokussierte.

David KEMBER (1997) systematisierte die Ergebnisse von insgesamt 13 qualitativen Studien, in denen Hochschuldozierende zu ihren Lehr-Orientierungen interviewt worden waren. Das Ergebnis seiner Analyse sind fünf Kategorien, die auf einem Kontinuum zwischen den Polen „wenig konstruktivistisches Verständnis der eigenen Lehraufgabe" (imparting information) und „stark konstruktivistisches Verständnis" (conceptual change) liegen. Die Ergebnisse zeigen weiter, dass die Zuordnung zu einer der Kategorien mit den Angaben einhergingen, die die Dozierenden über das Ausmaß der Interaktion mit ihren Studierenden machten: Vom wenig konstruktivistischen Verständnis hin zum stark konstruktivistischen nahm die Interaktion zwischen Lehrenden und Studierenden sowie zwischen den Studierenden untereinander zu. Während die Dozierenden der Kategorie „imparting information" alle Studierenden als eine Gruppe auffassten, wurde der Wissensvermittlungsprozess von Dozierenden der Kategorie „conceptual change" als stark individualisiert für die einzelnen Studierenden verstanden.

Die Ergebnisse der Studien von Martin Coffey und Graham Gibbs (2002) sowie von David Kember (1997) zeigen, dass Dozierende die Methodenvielfalt ihrer Lehrveranstaltungen und ihren Umgang mit Studierenden in Abhängigkeit davon unterschiedlich beschreiben, wie sie ihre eigene Lehr-Orientierung sehen. Allerdings beleuchten die genannten Studien nicht die Frage, wie häufig bestimmte Arten von Lehrmethoden, z. B. Studierendenvortrag versus Lehrendenvortrag, in Abhängigkeit von der Lehr-Orientierung des Dozierenden verwendet werden. Um diese Frage zu beantworten, wurden die Lehrenden unserer Untersuchungsstichprobe gebeten, neben ihrer Lehr-Orientierung auch die Gestaltung ihrer Lehre in Form von Häufigkeiten zu beschreiben, mit der sie bestimmte vorgegebene Methoden einsetzen.

## Auswirkungen der Lehr-Orientierung von Hochschuldozierenden auf den subjektiven Kompetenzgewinn von Studierenden

Ein weiteres Ziel unserer Studie ist es zu prüfen, welche Auswirkung die Lehr-Orientierung auf das Lernergebnis hat: Berichten Studierende tatsächlich einen stärkeren Erwerb fachlicher und überfachlicher Kompetenzen in Lehrveranstaltungen, die von einem Dozierenden mit hoher studierendenfokussierter Orientierung abgehalten wird?

Hinweise darauf, dass sich die Lehr-Orientierung der Lehrperson auf das Lernergebnis auswirkt, stammen bisher insbesondere aus dem Bereich der Schulforschung. So fanden beispielsweise Fritz Staub und Elsbeth Stern (2002) in einer Längsschnittstudie bei Lehrkräften mit einer kognitiv-konstruktivistischen Orientierung höhere Lernzuwächse der Schülerinnen und Schüler beim Lösen mathematischer Textaufgaben, das ein Zusammenwirken mehrerer Basiskompetenzen (Lesen und Mathematik) erfordert, als bei Lehrkräften, die ihre Aufgabe vornehmlich in der direkten Wissensübermittlung sahen. Keinen Unterschied in Abhängigkeit der Lehr-Orientierung der Lehrkraft fanden die Autoren hinsichtlich des Erwerbs reiner Rechenfertigkeiten.

Fritz Staub und Elsbeth Stern (2002) erklären sich diese Ergebnisse damit, dass die Lehrkräfte mit einer konstruktivistischen Orientierung eher Übungsaufgaben auswählten, die Anwendungswissen (structure-oriented) erforderten und somit Lernerfahrungen vermittelten, die dem Erwerb komplexer Kompetenzen zuträglich waren. Die Bedeutsamkeit sinnhafter, schülergelenkter Beschäftigung mit anspruchsvollen und authentischen Aufgaben für den Kompetenzerwerb konnte insbesondere auch in der TIMS-Videostudie (z. B. Klieme/Bos, 2000) eindrucksvoll belegt werden. Beim Vergleich von deutschen und japanischen Unterrichtsstunden zeigte sich, dass der Unterricht in Japan weniger auf Wissensvermittlung und stärker auf Eigentätigkeit der Lernenden ausgerichtet war, was sich positiv auf den Kompetenzerwerb der Kinder auswirkte.

Zusammengefasst sprechen die Befunde aus der Schulforschung dafür, dass insbesondere komplexe (fachliche) Kompetenzen bei Schülerinnen und Schülern durch Lehrkräfte gefördert werden, die Lernen als einen aktiven Konstruktionsprozess verstehen, vermittelt darüber, dass sie konstruktivistisch geprägte Lernräume schaffen.

Auswirkungen der Lehr-Orientierung von Hochschul-Dozierenden auf den Kompetenzerwerb von Studierenden sind demgegenüber im deutschsprachigen Raum bisher nicht untersucht worden. Aus Belgien liegt eine quasiexperimentelle Studie von David GIJBELS, Gerard VAN DE WATERING, Filip DOCHY und Piet VAN DEN BOSSCHE (2006) vor, in der untersucht wurde, wie die Gestaltung der Hochschullehre sich auf die Orientierungen auswirkt, die *Studierende* gegenüber Lernen und Wissenserwerb entwickeln. Im Vergleich zu Studierenden, die ein herkömmlich vermittlungsorientiertes Curriculum wahrgenommen hatten, verstanden Studierende nach dem Besuch eines konstruktivistisch (problem-based) ausgelegten Seminars Wissenserwerb stärker als einen aktiven, kumulativen und kooperativen Prozess, der sich in Abhängigkeit von eigenen Bedürfnissen unterschiedlich gestaltet und bei dem die präsentierten Informationen nicht unbedingt immer als gesichert gelten können. Ähnliche Ergebnisse stammen aus einer in Australien durchgeführten, groß angelegten Studie mit Daten aus 48 Lehrveranstaltungen (N=48 Lehrenden und N=3956 Studierende) von Keith TRIGWELL, Michael PROSSER und Fiona WATERHOUSE (1999). Sie aggregierten die Angaben der knapp 4000 Studierenden auf Lehrveranstaltungsebene (N=48) und rechneten mit einem Klassenmittelwert. In Clusteranalysen zeigten sich zwei unterschiedliche Arten von Lehrveranstaltungen. Das erste Cluster zeichnete sich durch Lehrveranstaltungen aus, in denen Studierende im Durchschnitt einen „deep approach to learning" verfolgten, d. h., sich eher selbst für ihren Lernerfolg verantwortlich sahen. Die Dozierenden dieser Lehrveranstaltungen zeigten eine deutlich stärker studierendenfokussierte und weniger lehrendenfokussierte Lehr-Orientierung als die des zweiten Clusters, das im Mittel durch Studierende charakterisiert war, die eher einen „surface approach to learning" verfolgten, d. h. den Lehrenden für ihren Lernerfolg verantwortlich machten.

In einer in den Niederlanden durchgeführten Längsschnittstudie von Sofie LOYENS, Remy RIKERS und Henk SCHMIDT (2007) konnte nun gezeigt werden, dass die Orientierung, die Studierende gegenüber Lernen und Wissenserwerb mitbringen, sich in ihrem Lernverhalten niederschlägt: Studierende mit einer eher konstruktivistischen Einstellung brachten mehr Lernzeit auf, erfuhren vermittelt darüber einen höheren Lernzuwachs und brachen weniger wahrscheinlich ihr Studium ab.

Zusammengenommen sprechen die Befunde dieser Studien dafür, dass die Lehr-Orientierung des Hochschuldozierenden beeinflusst, welches Verständnis die Studierenden von „Lernen" und „Wissenserwerb" erwerben und, vermittelt darüber, welches Lernverhalten die Studierenden zeigen. Ziel unserer Studie ist es, darüber hinausgehend zu prüfen, ob sich die Lehr-Orientierung Hochschuldozierender auch auf den *Kompetenzerwerb* Studierender auswirkt. Dazu werden die Studierenden unserer Untersuchungsstichprobe gebeten einzuschätzen, wie stark sie hinsichtlich des Erwerbs fachlicher und überfachlicher Kompetenzen vom Besuch der jeweiligen Lehrveranstaltung profitiert haben. Im Unterschied zu den bereits vorliegenden Studien werden wir bei der Datenauswertung ein mehrebenenanalytisches Design realisieren, um Angaben von Lehrenden und Studierenden gleichzeitig, unter Berücksichtigung der Varianz innerhalb von Lehrveranstaltungen, analysieren zu können.

## 2 Methode

### 2.1 Stichprobe

Die Stichprobe bestand aus 68 Lehrenden und 451 Studierenden des Fachbereichs Erziehungswissenschaft und Psychologie der Freien Universität Berlin. Die Lehrenden wurden gebeten, einen Fragebogen in Bezug auf eine bestimmte von ihnen gehaltene Lehrveranstaltung auszufüllen. Dabei wurden Vorlesungen ausgeschlossen, da das Konzept dieser Lehrveranstaltungsform wenig

Freiraum zur Lehrgestaltung und damit wenig Varianz in der Lehr-Orientierung der Dozierenden erwarten lässt. Um Abhängigkeit in den Daten zu verhindern, wurde von jeder Lehrperson nur eine Lehrveranstaltung einbezogen. Weiter wurde den Studierenden der jeweiligen Lehrveranstaltung ein Online-Fragebogen zur Verfügung gestellt, den sie gebeten wurden, außerhalb der Lehrveranstaltungszeit auszufüllen.

## 2.2 Messinstrumente

### Lehr-Orientierung:

Um die Lehr-Orientierung zu erfassen, wurde den Dozierenden eine von uns entwickelte deutsche Übersetzung des „Approaches to Teaching Inventory" (ATI) von Michael PROSSER und Keith TRIGWELL (2006) vorgelegt. Das Inventar enthält insgesamt 16 Fragen, jeweils acht zur studierendenfokussierten und zur lehrendenfokussierten Orientierung.

### Lehrmethoden:

Um prüfen zu können, ob die Dozierenden in Abhängigkeit der Lehr-Orientierung ihre Lehre unterschiedlich gestalten, wurde ihnen eine Liste von 14 Lehrmethoden (siehe Tabelle 2) vorgelegt, mit der Bitte jeweils anzugeben, ob sie während des vergangenen Semesters in der betreffenden Lehrveranstaltung auf die jeweilige Methode „immer" (5 auf einer Likertskala) oder „nie" (1 auf einer Likertskala) zurückgegriffen hätten. Manche Lehrmethoden, die nicht selbsterklärend waren, wurden mit einer kurzen Erläuterung versehen.

### Subjektiver Kompetenzzuwachs für die Studierenden:

Des Weiteren interessierte uns, ob Studierende in Abhängigkeit der Lehr-Orientierung unterschiedlich stark von einer Lehrveranstaltung profitieren. Um den subjektiven Lernzuwachs in verschiedenen Kompetenzbereichen zu messen, füllten die Studierenden das Berliner Evaluationsinstrument für selbsteingeschätzte studentische Kompetenzen aus (BEvaKomp/BRAUN/GUSY/LEIDNER/HANNOVER 2008). Das Messinstrument erfasst in sechs Subskalen mit insgesamt 27 Fragen auf fünfstufigen Antwortenskalen (1= trifft gar nicht zu; 5= trifft völlig zu) den subjektiven Lernzuwachs in *Fachkompetenz* (6 Items, z. B. „Aufgrund dieser Lehrveranstaltung sehe ich mich nun in der Lage, eine typische Fragestellung des behandelten Gegenstandsbereiches zu bearbeiten"), *Methodenkompetenz* (3 Items, z. B. „Ich kann durch diese Lehrveranstaltung effektiver nach Informationen suchen"), *Präsentationskompetenz* (3 Items, z. B. „Aufgrund meines Referates kann ich einen Vortrag besser an die Zuhörer/innen orientieren."), *Kommunikationskompetenz* (5 Items, z. B. „Durch den Besuch dieser Lehrveranstaltung gelingt es mir besser, meine Wortbeiträge auf den Punkt zu bringen."), *Kooperationskompetenz* (5 Items, z. B. „Durch die Teilnahme an der Arbeitsgruppe im Rahmen dieser Lehrveranstaltung halte ich mich nun besser an die Absprachen innerhalb einer Gruppe") und *Personalkompetenz* (5 Items, z. B. „Jetzt finde ich das Thema interessanter als zu Beginn der Lehrveranstaltung").
Es könnte eingewandt werden, dass die Einschätzungen des Kompetenzzuwachses durch die empfundene Nähe zur Lehrperson beeinflusst werden und daher mögliche Zusammenhänge über „Sympathie" moderiert werden. Um diese Möglichkeit prüfen zu können, wurde als Kontrollvariable das Lehrendenengagement mit erhoben. Dazu wurden die Studierenden gebeten, das Engage-

ment der Lehrperson auf dem Fragebogen von Rainer WESTERMANN, Kordelia SPIES, Elke HEISE und Stefan WOLLBURG-CLAAR (1998) einzuschätzen. Die Skala besteht aus drei Items (z. B. „Der/die Lehrende ist gut vorbereitet"), die auf fünfstufigen Antwortskalen (1= trifft gar nicht zu; 5= trifft völlig zu) zu beurteilen sind. Wir erwarteten, dass sich die Orientierung der Lehrperson zwar auf den subjektiven Kompetenzgewinn der Studierenden auswirken würde, nicht aber auf ihre Wahrnehmung, wie engagiert der Dozierende in der Lehre ist.

# 3   Ergebnisse

## 3.1  Lehr-Orientierung

Über die 16 Items des ATI wurde eine explorative Faktorenanalyse (Hauptachsenanalyse mit anschließender Oblimin Rotation, WIDAMAN 1993) durchgeführt. Aufgrund geringer Trennschärfe-Koeffizienten oder hoher Nebenladungen wurden fünf Items eliminiert. Die letztendliche Faktorenlösung zeigt ein klares Ladungsmuster der 11 Items auf zwei Faktoren, die wir als studierendenfokussierte Orientierung bzw. lehrendenfokussierte Orientierung bezeichnet haben. Die Itemformulierungen sowie die Kennwerte sind Tabelle 1 zu entnehmen.

Die Subskala zur studierendenfokussierten Orientierung umfasst sechs Items mit einem Cronbachs $\alpha$ von ,79. Die Skala zur lehrendenfokussierten Orientierung verfügt mit fünf Items über eine interne Konsistenz von $\alpha$= ,76. Die Reliabilitäten der Skalen sind zufriedenstellend. Die Interkorrelation der Subskalen beträgt r= .05; die zwei Orientierungen können somit als weitestgehend unabhängig voneinander betrachtet werden.

*Tabelle 1:* Faktorenlösung und deskriptive Statistik der 11 deutschen Items zur Erfassung der Lehr-Orientierung

|  | Faktoren-ladung | | | | | |
|---|---|---|---|---|---|---|
|  | SO | LO | N | MW | SD | $r_{it}$ |
| **Studierendenfokussierte Orientierung: $\alpha$ = ,79** | | | | | | |
| Ich versuche, in Gesprächen mit den Studierenden den Gegenstand der Lehrveranstaltung zu erarbeiten. | ,778 | | 68 | 3,65 | 1,12 | ,649 |
| In dieser Lehrveranstaltung wird viel Zeit darauf verwendet, die inhaltlichen Vorstellungen der Studierenden zu hinterfragen. | ,708 | ,171 | 68 | 3,03 | 1,12 | ,615 |
| In dieser Lehrveranstaltung ist Zeit dafür vorgesehen, dass Studierende Schwierigkeiten mit dem Thema untereinander besprechen können. | ,707 | -,161 | 67 | 3,66 | 1,33 | ,595 |
| Die Studierenden und ich arbeiten in dieser Lehrveranstaltung gut zusammen. | ,627 | ,125 | 68 | 4,00 | ,91 | ,584 |
| Zwischen den Inhalten der Lehrveranstaltung und der zukünftigen Berufswelt der Studierenden stelle ich gezielt Bezüge her. | ,492 | | 68 | 4,00 | 1,18 | ,443 |
| Diese Lehrveranstaltung hat ausschließlich das Ziel, den Studierenden Anregungen zum Überdenken ihrer Vorstellungen zu geben. | ,460 | | 67 | 2,60 | 1,17 | ,384 |

*Tabelle 1* (Fortsetzung)

| | Faktoren-ladung | | | | | |
| --- | --- | --- | --- | --- | --- | --- |
| | SO | LO | N | MW | SD | $r_{it}$ |
| **Lehrendenfokussierte Orientierung: α = ,76** | | | | | | |
| Ich denke, dass es wichtig ist, den Studierenden sehr viele Inhalte zu präsentieren, damit sie wissen, was sie für dieses Fach lernen müssen. | | ,746 | 68 | 2,78 | 1,27 | ,680 |
| Ich sollte möglichst die Antwort auf alle Fragen wissen, die die Studierenden zu diesem Fach stellen könnten. | -,126 | ,684 | 67 | 2,78 | 1,37 | ,544 |
| In dieser Veranstaltung behandele ich hauptsächlich Inhalte, die in einem Standardwerk stehen sollten. | -,229 | ,614 | 67 | 3,25 | 1,37 | ,552 |
| Es gibt bestimmte Fachinhalte dieser Lehrveranstaltung, die die Grundlage des gesamten Studiums bilden. | ,178 | ,519 | 68 | 3,21 | 1,27 | ,459 |
| Ich denke, es gibt bestimmte Inhalte dieser Lehrveranstaltung, die die Studierenden verstanden haben müssen. | | ,513 | 68 | 4,34 | ,87 | ,453 |

Anmerkung: SO = studierendenfokussierte Orientierung, LO = lehrendenfokussierte Orientierung, N = Anzahl der Lehrenden, MW = Mittelwert, SD = Standardabweichung, $r_{it}$ = Itemtrennschärfe

## 3.2  Lehrmethoden

Tabelle 2 zeigt die Ergebnisse zur Frage nach der Verwendung bestimmter Lehrmethoden. Den Angaben der Dozierenden zufolge kommen vom Lehrenden geleitete Diskussionen am häufigsten vor, gefolgt von kritischem Prüfen (d. h., Dozent/Dozentin setzt sich kritisch mit dem vermittelten Stoff auseinander, z. B. durch Darstellung von Vor- und Nachteilen), Lehrendenvortrag und studentischer Gruppenarbeit. Auffällig ist, dass bei den ersten drei Nennungen die Leitung durch den Lehrenden explizit genannt ist. Nur noch „gelegentlich" werden Exkursionen durchgeführt, Klausuren geschrieben und Experten eingeladen. Die Ergebnisse erscheinen plausibel, da es nicht vorstellbar ist, dass in jeder Stunde Wissenstests durchgeführt werden oder Gäste zu Besuch sind.

### Zusammenhänge zwischen Lehr-Orientierung und verwendeten Lehrmethoden:

Wir haben vermutet, dass sich die Lehr-Orientierung des Dozierenden darin niederschlägt, wie er oder sie die Lehre gestaltet. Um diese Annahme zu prüfen, wurden Zusammenhänge zwischen verwendeten Lehrmethoden und der Lehr-Orientierung betrachtet. Wie Tabelle 3 veranschaulicht, ergaben sich deutlich mehr Zusammenhänge mit der studierendenfokussierten als mit der lehrendenfokussierten Orientierung.

Im Einzelnen zeigte sich, dass je stärker die studierendenfokussierte Orientierung des Dozierenden war, er bzw. sie umso seltener selbst vortrug (r = -46), umso mehr Diskussionen anleitete (r = ,32), umso häufiger auf Videovorführungen zurückgriff (r = ,36) und umso häufiger Rollenspiele anbot, in denen Studierende sich als Handlungs- und Entscheidungsträger in simulierten Umwelten übten (r = ,34). Weiterhin gaben Lehrende mit zunehmend starker studierendenfokussierter Orientierung ihren Studierenden öfter praktische Beispiele, deren Bearbeitung die Synthese einer großen Anzahl von Informationen erfordert (Fallbeispiele, r = ,33), sie forderten Studierende vermehrt auf, sich in Gruppen zusammen zu schließen, um ein Thema eigenständig zu erarbeiten (Gruppenarbeit, r = ,48), sie erhoben öfters das Vorwissen sowie die Interessen ihrer

Studierenden (Interessenabfrage, r = ,58) und sie setzten sich häufiger kritisch mit dem vermittelten Stoff auseinander, z. B. durch Darstellung von Vor- und Nachteilen (kritisches Prüfen, r = ,44). Es zeigen sich somit insgesamt sieben positive Zusammenhänge – und ein negativer – zwischen Lehrmethoden und Stärke der studierendenfokussierten Orientierung.

Einzig für die Häufigkeit des „Lehrendenvortrags" ergab sich ein positiver Zusammenhang zur Stärke der lehrendenfokussierten Orientierung (r = ,39). Wie bereits erwähnt, nahm die Häufigkeit des Lehrendenvortrags gleichzeitig mit der Stärke der studierendenfokussierten Orientierung des Dozierenden ab (r = -,46).

*Tabelle 2:* Deskriptive Statistik zu 14 Lehrmethoden

|  | **N** | **MW** | **SD** |
|---|---|---|---|
| Lehrendenvortrag | 68 | 3,31 | 1,08 |
| Studierendenreferat | 67 | 2,96 | 1,24 |
| Einladung von Experten | 67 | 1,42 | 0,84 |
| Diskussion (Leitung durch Dozent/ Dozentin) | 68 | 3,66 | 1,06 |
| Diskussion (Leitung durch Studierende) | 68 | 2,72 | 1,18 |
| Videovorführung | 68 | 1,78 | 1,08 |
| Planspiel/ Rollenspiel (Studierende übernehmen Rollen von Handlungs- und Entscheidungsträgern in simulierten Umwelten) | 67 | 1,70 | 0,97 |
| Fallbeispiel (die Lernenden erhalten zur Bearbeitung ein praktisches Beispiel, dessen Bearbeitung die Synthese einer großen Anzahl von Informationen erfordert) | 68 | 2,74 | 1,21 |
| Gruppenarbeit (Lernende schließen sich in Gruppen zusammen, die sich eigenständig ein Thema erarbeiten) | 68 | 3,01 | 1,10 |
| Stille Einzelarbeit (Studierende werden gebeten, für sich alleine einen Text zu bearbeiten oder eine Aufgabe zu lösen) | 67 | 2,15 | 1,12 |
| Exkursion (Studierende werden mit einem relevanten Erfahrungsbereich außerhalb der Universität konfrontiert) | 68 | 1,46 | 0,97 |
| Interessensabfrage (Dozent/Dozentin erhebt Vorwissen und Interessen der Studierenden) | 67 | 2,64 | 1,26 |
| Kritisches Prüfen (Dozent/Dozentin setzt sich kritisch mit dem vermittelten Stoff auseinander, z.B. durch Darstellung von Vor- und Nachteilen) | 65 | 3,32 | 1,15 |
| Wissenstests/ Klausur (z.B. Multiple Choice Test) | 68 | 1,43 | 0,94 |

Anmerkung: N = Anzahl der Lehrenden, MW = Mittelwert, SD = Standardabweichung

Nur für fünf der 14 erfragten Lehrmethoden (Studierendenreferate, Einladung von Experten, Stille Einzelarbeit, Exkursion, Wissenstests/ Klausur) ergab sich weder zur studierendenfokussierten noch zur lehrendenfokussierten Orientierung ein systematischer Zusammenhang. Wie aus Tabelle 2 hervorgeht, können für die nicht vorhandenen Zusammenhänge nicht unbedingt mangelnde Varianzen in der Verwendung der jeweiligen Lehrmethode verantwortlich gemacht werden. Zwar kamen diese Methoden besonders selten zum Einsatz, aber beispielsweise wurde auch die „Videovorführung" sehr selten genannt, die einen bedeutsamen Zusammenhang zur studierendenfokussierten Orientierung zeigte.

Zusammenfassend kann festgehalten werden, dass die Stärke der studierendenfokussierten Orientierung des Dozierenden mit der Gestaltung der Lehre systematisch zusammenhing, wohinge-

*Tabelle 3:* Pearson Korrelationen zwischen Lehr-Orientierung und Angaben zu verwendeten Lehrmethoden

| | Lehrendenfokussierte Orientierung | | | Studierendenfokussierte Orientierung | | |
|---|---|---|---|---|---|---|
| | *r* | *p* | *N* | *r* | *p* | *N* |
| Lehrendenvortrag | ,39 | ,001 | 68 | -,46 | ,001 | 68 |
| Studierendenreferat | -,21 | ,084 | 67 | ,30 | ,014 | 67 |
| Einladung von Experten | -,10 | ,425 | 67 | ,19 | ,132 | 67 |
| Diskussion durch Lehrende | -,01 | ,922 | 68 | ,32 | ,003 | 68 |
| Diskussion durch Studierende | ,02 | ,872 | 68 | ,29 | ,015 | 68 |
| Videovorführung | ,15 | ,232 | 68 | ,36 | ,002 | 68 |
| Planspiel/ Rollenspiel | ,06 | ,646 | 67 | ,34 | ,003 | 67 |
| Fallbeispiel | ,10 | ,404 | 68 | ,33 | ,003 | 68 |
| Gruppenarbeit | -,05 | ,704 | 68 | ,48 | ,001 | 68 |
| Stille Einzelarbeit | ,22 | ,072 | 67 | -,01 | ,947 | 67 |
| Exkursion | -,06 | ,648 | 68 | ,19 | ,111 | 68 |
| Interessensabfrage | -,05 | ,706 | 67 | ,58 | ,001 | 67 |
| Kritisches Prüfen | ,15 | ,248 | 65 | ,44 | ,001 | 65 |
| Wissenstests/ Klausur | ,12 | ,342 | 68 | -,07 | ,558 | 68 |

Anmerkung: r = Pearson Korrelationskoeffizient, p = Signifikanzniveau, N = Anzahl der Lehrenden
grau = signifikante Korrelation nach Bonferoni Korrektur ($\alpha$ = ,003)

gen die Stärke der lehrendenfokussierten Orientierung die Verwendung von Lehrmethoden kaum zu beeinflussen schien.

### 3.3    Subjektiver Lerngewinn der Studierenden

Die Reliabilitäten zu den sechs Kompetenzbereichen des BEvaKomp erwiesen sich durchgehend als sehr gut: *Fachkompetenz* (Cronbachs $\alpha$ = ,92), *Präsentationskompetenz* (Cronbachs $\alpha$ = ,93), *Methodenkompetenz* (Cronbachs $\alpha$ = ,90), *Kommunikationskompetenz* (Cronbachs $\alpha$ = ,94), *Kooperationskompetenz* (Cronbachs $\alpha$ = ,90) und *Personalkompetenz* (Cronbachs $\alpha$ = ,91).

Wie Tabelle 4 zeigt, wurde auf die Fragen zur Kooperationskompetenz von nur 142 Studierenden und auf die zur Präsentationskompetenz von nur 219 reagiert – da sie nur zu beantworten waren, wenn sich die Person selbst in der jeweiligen Lehrveranstaltung mit Wortbeiträgen beteiligt oder ein Referat gehalten hatte. Im Mittel erlebten die Studierenden den höchsten Kompetenzzuwachs im Bereich der Fachkompetenz (*MW* = 3,63; *SD* = ,82), den niedrigsten dagegen im Bereich der Kommunikationskompetenz (*MW* = 2,31; *SD* = ,83).

Die Skala zur Beurteilung des Lehrendenengagements von Rainer Westermann und anderen (1998) erwies sich ebenfalls als reliabel ($\alpha$ = ,90). Wie Tabelle 4 zeigt, wurde das Engagement der Lehrenden über alle Lehrveranstaltungen hinweg als sehr hoch eingeschätzt (*MW* = 4,64; *SD* = ,61).

*Tabelle 4:* Deskriptive Statistik sowie Reliabilitäten der Studierendenskalen

|  | N | MW | SD | Cronbachs α |
|---|---|---|---|---|
| Engagement der Lehrenden | 451 | 4,64 | ,61 | ,90 |
| Fachkompetenz | 448 | 3,63 | ,82 | ,92 |
| Methodenkompetenz | 442 | 2,92 | 1,17 | ,93 |
| Kommunikationskompetenz | 442 | 2,31 | ,83 | ,90 |
| Präsentationskompetenz | 219 | 3,28 | 1,07 | ,94 |
| Kooperationskompetenz | 142 | 3,15 | ,96 | ,90 |
| Personalkompetenz | 441 | 3,28 | 1,03 | ,91 |

Anmerkung: N = Anzahl der Studierenden, MW = Mittelwert, SD = Standardabweichung

## Zusammenhänge zwischen dem subjektiven Lerngewinn der Studierenden und der Lehr-Orientierung des Dozierenden:

Um zu überprüfen, ob sich die Lehr-Orientierung des Dozierenden darin niederschlägt, wie viel Studierende von einer Lehrveranstaltung glauben profitiert zu haben, wurden Korrelationen zwischen dem subjektiven Kompetenzzuwachs der Studierenden und den beiden Lehr-Orientierungen des Dozierenden berechnet. Weiterhin wurde der Zusammenhang zum Lehrendenengagement kontrolliert. Um dabei die Angaben der Lehrenden und Studierenden unter Berücksichtigung der Mehrebenenstruktur zu analysieren, wurde für die Auswertung *HLM 6.04 student edition* (RAU-DENBUSH/BRYK/CONGDON 2007) verwendet. Da HLM unstandardisierte Werte berechnet, wurden alle Variablen zunächst z-standardisiert. Es wurden insgesamt 14 HLM-Modelle (7 Studierendenskalen * 2 Lehr-Orientierungen) berechnet. Um einen Hinweis auf die aufgeklärte Varianz zu erhalten, wurde die beobachtete Varianz im Nullmodell (nur die Lehr-Orientierung) ins Verhältnis zur beobachteten Varianz nach Hinzunahme des subjektiven Kompetenzgewinns als unabhängige Variable gesetzt (HOX 2002). Alle Ergebnisse sind in Tabelle 5 zusammengefasst.

Generell zeigten sich systematische Zusammenhänge nur mit der studierendenfokussierten Orientierung: Die Studierenden berichteten über einen um so größeren Kompetenzzuwachs in allen sechs erfragten fachlichen und überfachlichen Bereichen, je stärker die studierendenfokussierte Orientierung des jeweiligen Dozierenden war. Jedoch ergaben sich keinerlei systematische Zusammenhänge zwischen subjektivem Lerngewinn der Studierenden und der Stärke der lehrendenfokussierten Orientierung des Dozierenden.

Zur Einschätzung des Lehrendenengagements durch die Studierenden zeigten sich keine systematischen Zusammenhänge, weder zur lehrenden- noch zur studierendenfokussierten Orientierung des Dozierenden. Dies bedeutet, die Studierenden nahmen das Lehrendenengagement unabhängig von der Orientierung der Lehrperson wahr. Die Kompetenzgewinne wurden stark von einer studierendenfokussierten Lehr-Orientierung beeinflusst.

## 4    Diskussion

Ein zentrales Ziel der vorliegenden Studie war es, ein deutschsprachiges Messinstrument zur Erfassung der Lehr-Orientierung von Hochschuldozierenden zu entwickeln. Dazu wurde eine Übersetzung des „Approaches to Teaching Inventory" von Michael PROSSER und Keith TRIGWELL (2006) in einer Gruppe von 68 Lehrenden zum Einsatz gebracht. Die Ergebnisse zeigen, dass sich

*Tabelle 5:* Mehrebenen-Zusammenhänge zwischen Lehr-Orientierung des Dozierenden und subjektivem Kompetenzgewinn der Studierenden

| Studierendenskalen | N | Lehrenden-fokussierte Orientierung | | Studierendenfokussierte Orientierung | | |
|---|---|---|---|---|---|---|
| | | $\gamma 1$ | p | $\gamma 1$ | p | Reduzierte Prozent* |
| Lehrendenengagement | N level-1 = 451 N level-2 = 62 | 0.07 | 0.377 | 0.07 | 0.304 | 1,58 |
| Fachkompetenz | N level-1 = 448 N level-2 = 61 | 0.08 | 0.308 | 0.20 | 0.002 | 14,83 |
| Methodenkompetenz | N level-1 = 442 N level-2 = 61 | 0.07 | 0.359 | 0.16 | 0.035 | 1,14 |
| Präsentationskompetenz | N level-1 = 219 N level-2 = 43 | 0.18 | 0.066 | 0.29 | 0.002 | 36,85 |
| Kommunikationskompetenz | N level-1 = 442 N level-2 = 62 | 0.04 | 0.493 | 0.20 | 0.001 | 57,22 |
| Kooperationskompetenz | N level-1 = 142 N level-2 = 30 | 0.11 | 0.431 | 0.33 | 0.020 | 29,04 |
| Personalkompetenz | N level-1 = 441 N level-2 = 61 | 0.09 | 0.226 | 0.25 | <0.001 | 27,34 |

Anmerkung: $\gamma_I$ = Zusammenhangsmaß der Mehrebenenanalyse, p = Signifikanzniveau, N level-1 = Anzahl der Studierenden, N level-2 = Anzahl der Lehrenden, * Prozent, um die sich die beobachtete Varianz reduziert bei Hinzunahme der studierendenfokussierten Lehr-Orientierung

nur elf der 16 englischsprachigen Items bewährten; für die anderen Items ergaben sich entweder Doppelladungen in einer Faktorenanalyse oder zu geringe Trennschärfen. Die beiden resultierenden Subskalen zur studierenden- bzw. lehrendenfokussierten Orientierung sind deshalb mit sechs bzw. fünf Items kürzer als im Original. Nichtsdestotrotz erwies sich die Reliabilität unseres deutschsprachigen Fragebogens als sogar tendenziell höher als die des ATI. Unser Inventar hat somit eine vergleichbar gute Zuverlässigkeit bei einem ökonomischeren Umfang für die Testpersonen. Da wir eine eigene Übersetzung des Fragebogens vorgenommen haben, war das methodische Vorgehen explorativ geprägt. In zukünftigen Untersuchungen muss sich das Instrument weiterhin bewähren, und es sollten sich insbesondere konfirmatorische Faktorenanalysen anschließen.

Während die Subskalen studierenden- und lehrendenfokussierter Orientierung bei Michael Prosser und Keith Trigwell (2006) mit r = -,34 negativ korreliert waren, erwiesen sie sich in unserer Studie in Replikation der Befunde von Dietrun Lübeck (2007) und Jan Nijhuis (2007) als unabhängig voneinander. Lehrende können unseren Befunden zufolge eine hohe oder niedrige lehrendenfokussierte Lehrorientierung aufweisen, gleichgültig, ob sie eine hohe oder niedrige studierendenfokussierte Lehrorientierung haben. Eine mögliche Erklärung für die widersprüchlichen Befunde liegt darin, dass die ATI-Entwickler ihr Inventar zunächst nur in naturwissenschaftlichen Studiengängen eingesetzt hatten, während in unserer Studie Dozierende des Fachbereichs Erziehungswissenschaften und Psychologie befragt worden waren. Auch Sari Lindblom-Ylänne und Kolleginnen (2006) fanden systematische Unterschiede in der Ausprägung der studierenden- bzw. lehrendenfokussierten Lehr-Orientierung in Abhängigkeit von der Fachdisziplin der Dozierenden.

Die weitestgehende Unkorreliertheit der Faktoren zur studierenden- bzw. lehrendenfokussierten Orientierung in unserer Studie spricht dafür, dass die Lehrorientierung unabhängig von äußeren Merkmalen einer Lehrveranstaltung ist. So hätte es beispielsweise sein können, dass Dozierende in Lehrveranstaltungen mit sehr vielen Studierenden eher eine lehrendenfokussierte Lehr-Orientierung angeben, da hier Interaktionen mit den Studierenden und die Gestaltung eines konstruktivistisch geprägten Lernraumes kaum möglich wären. Die Unabhängigkeit der Skalen spricht nun aber dafür, dass die beiden Orientierungen nicht von der Lehrveranstaltung als Drittvariablen beeinflusst waren.

Wir hatten vermutet, dass sich die Lehr-Orientierung in der Verwendung von unterschiedlichen Lehrmethoden niederschlägt. Es zeigte sich erwartungsgemäß, dass Lehrende mit zunehmend starker studierendenfokussierter Orientierung mehr aktivierende und sozial-interaktive Lehrmethoden verwendeten. Überraschenderweise ergab sich im Unterschied dazu zur lehrendenfokussierten Orientierung nur ein einziger Zusammenhang: Je stärker Dozierende lehrendenfokussiert waren, desto häufiger trugen sie selbst vor – zugleich trugen Lehrende mit zunehmend starker studierendenfokussierten Orientierung weniger häufig selbst vor. Der „Lehrvortrag" war damit die einzige Methode, auf deren Einsatzhäufigkeit sich Studierenden- und Lehrendenfokussierung entgegengesetzt auswirkten.

Darüber hinaus hatten wir erwartet, dass Studierende vom Besuch einer Lehrveranstaltung unterschiedlich stark profitieren, in Abhängigkeit der Lehr-Orientierung des Dozierenden. Erwartungsgemäß berichteten Studierende um so höhere Kompetenzgewinne in fachlichen und überfachlichen Bereichen, je stärker die studierendenfokussierte Orientierung des Dozierenden war; ein Zusammenhang zur lehrendenfokussierten Orientierung zeigte sich wiederum nicht. Möglicherweise würden sich aber Zusammenhänge zeigen, untersuchte man Lehrveranstaltungen in anderen Fachdisziplinen. Darüber hinaus zeigte sich die studentische Einschätzung des Engagements des Dozierenden als unabhängig von der Lehr-Orientierung. Die differenziellen Ergebnisse für den subjektiven Kompetenzerwerb auf der einen Seite und das Lehrendenengagement auf der anderen Seite untermauern, dass die Korrelationen nicht über empfundene Nähe zum Lehrenden moderiert werden, denn empfundene Nähe hätte sich auf beide Variablen in gleicher Weise auswirken sollen. Zudem liefern unsere Befunde einen Hinweis auf die Validität der Messung subjektiver Kompetenzzuwächse, da diese mit einem externen Kriterium (nämlich der studierendenfokussierten Lehr-Orientierung des Dozierenden) erwartungskonform kovariierten.

Bezieht man die Ergebnisse unserer Studie auf den aktuellen Diskurs zu der Frage, auf welche Weise Hochschullehre optimiert werden kann, um den Kompetenzerwerb bei Studierenden zu fördern, so verweisen sie auf die Lehr-Orientierung von Hochschuldozierenden als einer relevanten Stellgröße. Die von uns befragten Studierenden erlebten einen umso größeren Kompetenzzuwachs, je stärker konstruktivistisch das Verständnis von Lehren und Wissensvermittlung beim jeweiligen Dozierenden war. Eine Lehr-Orientierung hingegen, die vornehmlich auf die strukturierte Vermittlung von Fachwissen setzt, schien sich weder auf die Lehrgestaltung noch auf den studentischen Kompetenzgewinn auszuwirken. Damit sprechen unsere Befunde dafür, dass die Qualität der Hochschullehre durch eine Verstärkung der studierendenfokussierten Orientierung von Dozierenden verbessert und vermittelt darüber der Kompetenzerwerb bei Studierenden gefördert werden könnte (vgl. auch BERENDT, 2006). Hochschuldidaktische Fortbildungsangebote sollten entsprechend daran ansetzen, Dozierenden ein konstruktivistisches Verständnis von Lernen und Wissenserwerb zu vermitteln und bei der Gestaltung von Lernräumen zu unterstützen, die konstruktive kognitive Eigenaktivitäten der Studierenden anregen.

## Literatur

Baumert, J./Kunter, M. (2006): Stichwort: Professionelle Kompetenz von Lehrkräften. In: Zeitschrift für Erziehungswissenschaft, 9. Jg., H. 4, S. 469-520.

Berendt, B. (2006): Teilnehmerzentrierte Struktur- und Verlaufsplanung von Lehrveranstaltungen". In: Berendt, B./Voss, H.-P./Wildt, J. (Hrsg): Neues Handbuch Hochschullehre. – Berlin, S. 1-39.

Braun, E./Soellner, R./Hannover, B. (2006): Ergebnisorientierte Lehrveranstaltungsevaluation. In: Hochschulrektorenkonferenz (HRK): Qualitätsentwicklung an Hochschulen – Erfahrungen und Lehren aus 10 Jahren Evaluation – Bonn, S. 60-67.

Braun, E./Gusy, B./Leidner, B./Hannover, B. (2008): Kompetenzorientierte Lehrevaluation – Das Berliner Evaluationsinstrument für selbsteingeschätzte, studentische Kompetenzen (BEvaKomp). In: Diagnostica, 54. Jg., H. 1, S. 30-42.

Bromme, R. (1997): Kompetenzen, Funktionen und unterrichtliches Handeln des Lehrers. In Weinert, F. E. (Hrsg.): Psychologie des Unterrichts und der Schule. – Bd. 3 – Göttingen, S. 177-212.

Coffey, M./Gibbs, G. (2002): Measuring teachers' repertoire of teaching methods. In: Assessment & Evaluation in Higher Education, Vol. 27 (4), pp. 383-390.

De Corte, E. (2000): Marrying theory building and the improvement of school practice. In: Learning and Instruction, 10, pp. 249-266.

Gibbs, G./Coffey, M. (2004): The impact of training of university teachers on their teaching skills, their approach to teaching and the approach to learning of their students. In: Active Learning in Higher Education, 5, pp. 87-100.

Gijbels, D./Van de Watering, G./Dochy, F./Van den Bossche, P. (2005): The relationship between students' approaches to learning and the assessment of learning outcomes. In: European Journal of Psychology of Education, 20, pp. 327-341.

Gijbels, D./van de Watering, G./Dochy, F./Van den Bossche, P. (2006): New learning environments and constructivism: The students' perspective. In: Instructional Science, 34 (3), pp. 213-226.

Groeben, N./Wahl, D./Schlee, J./Scheele, B. (1988) (Hrsg.): Forschungsprogramm Subjektive Theorien. Eine Einführung in die Psychologie des reflexiven Subjekts. – Tübingen.

Hox, J. (2002): Multilevel analysis techniques and application. – Mahwah, NJ.

Kember, D. (1997): A reconceptualisation of the research into university academics' conceptions of teaching. In: Learning and Instruction, 7, pp. 255-27.

Klieme, E./Bos, W. (2000): Mathematikleistung und mathematischer Unterricht in Deutschland und Japan: Triangulation quantitativer und qualitativer Forschungsansätze im Rahmen der TIMS-Studie. In: Zeitschrift für Erziehungswissenschaft, 3 (3), pp. 359-379.

Kultusministerkonferenz, Hochschulrektorenkonferenz, und Bundesministerium für Bildung und Forschung (2005): Qualifikationsrahmen für Deutsche Hochschulabschlüsse. Verfügbar unter http://www.kmk.org/doc/beschl/BS_050421_Qualifikationsrahmen_AS_Ka.pdf

Lindblom-Ylänne, S./Trigwell, K./Nevgi, A./Ashwin, P. (2006): How Approaches to Teaching are Affected by discipline and teaching context. In: Studies in Higher Education, 31, pp. 285-298.

Loyens, S. M.M./Rikers, R. MJP./Schmidt, H. (2007): The impact of students' conceptions of constructivist assumptions on academic achievement and dropout. In: *Studies in Higher Education, 32*, pp. 581-602.

Lübeck, D. (2007): Die deutschsprachige Version des „Approaches To Teaching Inventory" (ATI-R) und deren Einsatzmöglichkeiten im Rahmen von Qualitätssicherungsprozessen bezogen auf die Hochschullehre. Vortrag auf der 11. Tagung der Fachgruppe Pädagogische Psychologie, 17.-19.09.07. – Berlin.

Nijhuis, J./Segers, M. (2007): The interplay of attitude to the course, perceptions of the learning environment and learning strategies: A study amongst International Business students. Presentation at the 12. Biennial Conference for Research on Learning and Instruction, Special Interest Group Higher Education Invited Symposium: Understanding the influence of individual variables and teaching approaches – Budapest, Hungary, 28.08.–01.09.2007.

Norton, L./Richardson, J. T. E./Hartley, J./Newstead, S./Mayes, J. (2005): Teachers' beliefs and intentions concerning teaching in higher education. In: Higher Education, 50, pp. 537–571.

PROSSER, M./TRIGWELL, K. (2006). Confirmatory factor analysis of the approaches to teaching inventory. In: British Journal of Educational Psychology, 76, pp. 405-419.

RAUDENBUSH, S. W./BRYK, A. S./CONGDON, R. T. (2007): HLM 6.04 student edition – Chicago: Scientific Software International.

STAUB, F./STERN, E. (2002): The nature of teachers' pedagogical content beliefs matters for students' achievement gains: Quasi-experimental evidence from elementary mathematics. In: Journal of Educational Psychology, 94, pp. 344-355.

TRIGWELL, K./PROSSER, M.. (2004): Development and use of the approaches to teaching inventory. In: Educational Psychology Review, 16, pp. 409-425.

TRIGWELL, K./PROSSER, M./WATERHOUSE, F. (1999): Relations between teachers' approaches to teaching and students' approaches to learning. In: Higher Education, 37, pp. 57-70.

WESTERMANN, R./SPIES, K./HEISE, E./WOLLBURG-CLAAR, S. (1998): Bewertung von Lehrveranstaltungen und Studienbedingungen durch Studierende: Theorieorientierte Entwicklung von Fragebögen. In: Empirische Pädagogik, 12, S. 133-166.

WIDAMAN, K. F. (1993): Common factor analysis versus principal component analysis: Differential bias in representing model parameters? In: Multivariate Behavioral Research, 28, pp. 263-311.

*Anschriften der Verfasserinnen:*

Prof. Dr. Bettina Hannover, Fachbereich Erziehungswissenschaft und Psychologie der Freien Universität zu Berlin, Habelschwerdter Allee 45, D – 14195 Berlin. E-Mail: Bettina.Hannover@fu-berlin.de; Dr. Edith Braun, Fachbereich Erziehungswissenschaft und Psychologie der Freien Universität zu Berlin, Habelschwerdter Allee 45, D – 14195 Berlin. E-Mail: edith.braun@fu-berlin.de

Andreas Körber und Bodo von Borries, Hamburg

# Historisches Denken – Zur Bestimmung allgemeiner und domänenspezifischer Kompetenzen und Standards

**Zusammenfassung:**
Das Verhältnis von Fachdidaktik und Allgemeiner Didaktik ist immer wieder Gegenstand kontroverser Diskussionen um Eigenständigkeit und Abgrenzung bzw. Vereinnahmung der fachlichen Perspektive gewesen. Gerade die Geschichtsdidaktik definiert sich seit längerem fast ausschließlich von einer Theorie des Faches her, vernachlässigt damit aber die Perspektive des Lernens. Insbesondere die Ausbildung einer belastbaren Vorstellung von Lernprogression ist ihr kaum gelungen. Die Autoren vertreten in dieser Situation die These, dass mit Hilfe eines fachspezifischen Kompetenzmodells und unter Bezug auf die bildungsgangtheoretische Konzeption der Entwicklungsaufgabe die Verbindung einer vom Fach her erfolgenden Bestimmung des Lerngegenstandes mit Überlegungen zu Niveaustufen und Lernabfolgen sowie eine fachlich valide Diagnostik von Lernständen möglich ist. Sie skizzieren dies an einzelnen Beispielen aus eigenen Forschungsarbeiten.

*Schlüsselwörter:* Geschichtsdidaktik, Fachdidaktik, Allgemeine Didaktik, Kompetenzorientierung, Historisches Denken, Bildungsgangforschung, Bildungsstandards

**Summary:**
The relationship between domain specific didactics and general didactics as disciplines is a traditionally controversial issue. The didactics of history in particular has defined its own domain from the perspective of academic historiography, and neglected the perspective of learning. Most of all, it has not succeeded in creating a resilient concept of learning progression. The authors suggest that a combination of a domainbased definition of learning subjects with concepts of niveau and sequence would be rendered possible by means of a domainspecific competence model and with reference to a concept of the function of historical learning based on the idea of developmental tasks.

*Keywords:* history didactics, domain specific didactics, general didactics, orientation on competencies, historical thinking, research on learner development and educational experience, education standards

## 1 Allgemeine Didaktik und Fachdidaktik, fachliche Kompetenzen und Bildungsstandards

Die deutsche Geschichtsdidaktik hat ihre Entwicklung von einer „bloßen" schulbezogenen „Methodenkunde der historischen Wissensvermittlung" (SABROW 2005, S. 268) zu einer akademischen Disziplin mit eigenem Forschungsgegenstand (Geschichtsbewusstsein und historisches Lernen; vgl. u. a. JEISMANN 1977) vor allem durch eine Hinwendung zur Historik[1] erworben. Sie hat – kurz gesagt – ihre Funktion als Reflexionsinstanz der Fachwissenschaft und der außerwissenschaftlichen Vollzüge domänenspezifischen Denkens stark gemacht (vgl. pronociert Pandel 1997).

So richtig die Betonung der fachwissenschaftlichen Perspektive ist – historische Ereignisse und Strukturen dürfen nicht ohne Zwang zu rein gegenwartspädagogischen Zwecken aus ihrem Sach- und Erkenntniszusammenhang gelöst werden –, so falsch wäre die Unterstellung, die „reine" Erkenntnis der Individualität einer historischen Realität, wie sie die Geschichtswissenschaft in der Entwicklung von der Aufklärung zum Historismus entwickelt hat, dürfe auch das alleinige Erkenntnisinteresse von Schülern in der Schule und das einzige Lehrinteresse einer Gesellschaft ihnen gegenüber sein. Die erkenntnistheoretischen Einsichten der Fachhistoriker in die Natur ihres Gegenstandes setzen dem pädagogischen Handeln einen nicht zu überschreitenden Rahmen, determinieren ihrerseits aber noch keine pädagogische Zielsetzung. Die Orientierung an der Logik von Gegenstand und Fach (vgl. auch Bernheim 1899) darf – so wichtig sie ist – aus fachdidaktischer Perspektive nicht absolut gestellt werden. Nicht jeder Lernende hat das Interesse des in Einsamkeit und Freiheit Erkenntnis suchenden Historikers!

Wenn es nun der Geschichtsdidaktik in Theorie, Empirie und Pragmatik um die *Entwicklung von „Geschichtsbewusstsein"* geht, dann kann dies nicht heißen, dessen Erwerb nur vom Endpunkt einer vordefinierten, elaborierten fachwissenschaftlichen Ausprägung her zu denken. Gerade wenn die Disziplin historisches Denken als Orientierungsleistung *allen* Menschen zubilligt und an ihre Erkenntnisinteressen gebunden versteht, braucht sie neben einer Fachtheorie auch eine Theorie des fachspezifischen Lernprozesses. Wir wollen deshalb vor diesem Problemhorizont zeigen, wie mit Hilfe einer Kompetenzmodellierung die Kluft zwischen Geschichts- und Allgemeiner Didaktik ohne Abkopplung von der Fachwissenschaft „überbrückt" werden kann. Wir nehmen unseren Ausgang also nicht bei der klassischen Perspektive der Reflexion des Fachs, sondern gehen vom gegenwärtigen bildungswissenschaftlichen und -politischen Trend zu „Bildungsstandards" aus.

Dieser Trend knüpft an die Bestrebungen zur empirischen Erfassung von Lernergebnissen der 1970er Jahre an, tut dies aber mit deutlich verändertem Fokus, was unter anderem darin begründet ist, dass die heute vorliegenden statistischen Konzepte und Verfahren der quantitativen empirischen Bildungsforschung (insbesondere der probabilistischen Testtheorie) stärker transferable *Fähigkeiten* und *Fertigkeiten* erfassen und messen können, als es unter Anwendung der klassischen Testtheorie denkbar war. Die durchschnittlich unbefriedigenden Testergebnisse deutscher Schüler in diesen Untersuchungen im internationalen Vergleich sowie der innerdeutsche Vergleichsdruck führten denn auch nicht im bislang üblichen Maße zu einer Revision und Aufblähung der Bildungs*inhalte*, sondern zu einem (auch durch die verstärkte Wahrnehmung und Reflexion gesellschaftlicher Heterogenität geförderten) Umdenken auch in den Bildungsverwaltungen, das die explizite Förderung *transferabler Fähigkeiten* in den Mittelpunkt der Schul- und Unterrichtsqualitätsdebatte rückte. Theoretisch gebündelt wurde die neue Denkweise im Konzept der „Kompetenzen" als Grundlage für das neue Steuerungsinstrument der „Bildungsstandards" (wegweisend: die sogenannte KLIEME-Expertise von 2003). Für die Geschichtsdidaktik ist bedeutend, dass in dieser Expertise nicht (wie etwa in der Berufs- und Wirtschaftspädagogik) ein allgemeines Kompetenzmodell postuliert wurde, sondern dass explizit für die einzelnen Fächer bzw. die ihnen zu Grunde liegenden „Domänen" *eigene Kompetenzdefinitionen* und deren *Modellierung* gefordert wurden (KLIEME u. a. 2003, S. 10, 22). Schließlich bewirkte die mit der Umsteuerung des Bildungssystems einhergehende neue Konkurrenz der Fächer untereinander, dass neben der Bildungsforschung nicht nur die in PISA und anderen Studien im Blickfeld stehenden, sondern auch zunächst „unbetroffene" Fächer und ihre Didaktiken daran interessiert sind, die neuen Instrumentarien und Konzepte für sich nutzbar zu machen.

Ergebnis dieser Entwicklungen ist, dass sowohl auf allgemeiner erziehungswissenschaftlicher und didaktischer Ebene als auch in vielen Fachdidaktiken über „Kompetenzen" und „Bildungsstandards" diskutiert und dazu gearbeitet wird. Die Grundkonzepte dieser Debatte sind jedoch weiterhin unklar oder strittig und werden unterschiedlich verwendet. Das gilt etwa für die Konzeption dessen, was unter „Standards" und „Kompetenzen" eigentlich verstanden werden kann, soll und darf, und ebenso für die Frage, ob und wie „Bildungsstandards" zu definieren und zu formulieren, empirisch zu operationalisieren, zu normieren und zu messen sind. Salopp kann formuliert werden, dass nicht überall, wo Standards oder Kompetenzen „draufsteht", auch Standards oder Kompetenzen „drin" sind (vgl. dazu etwa unsere Kritik an den „Bildungsstandards" des Geschichtslehrerverbandes, KÖRBER 2007c, 2008; Verband der Geschichtslehrer Deutschlands 2006).

Unseres Erachtens gilt, dass die berechtigte und notwendige (von uns weithin geteilte) Kritik an den skizzierten Standardisierungs-Bestrebungen und ihren Folgen nicht bzw. nicht in gleichem Maße auf die Orientierung auf Kompetenzen zutrifft. Im Folgenden soll vielmehr argumentiert werden, dass die Orientierung auf Kompetenzen in Didaktik und Unterricht in der Lage ist, die Konfrontation von Allgemeiner Didaktik und Fachdidaktik aufzulösen, neue Gemeinsamkeiten, aber auch neue Konturierungen zu begründen und so die Diskussion wieder fruchtbar werden zu lassen.

## 2 Historisches Denken und historisches Lernen

### 2.1 Was heißt „historisches Denken"?

Ziel von Geschichtslernen und Geschichtsunterricht ist „reflektiertes und (selbst-)reflexives Geschichtsbewusstsein" (Schreiber u. a. 2006), auch „elaborierter Umgang mit Vergangenheit und Geschichte", „Teilhabe an der Geschichtskultur", Entwicklung „historischer Identität" (Bergmann 1975) oder „Kompetenz zum historischen Denken" (Schreiber u. a. 2006; Körber 2007; 2007d).

Bisher gibt es allerdings keine flächendeckende Umsetzung dieser Konzepte in der Praxis, weder in der massenmedialen Geschichtskultur, noch im schulischen Geschichtsunterricht. Aus empirischen Studien (vgl. VON BORRIES u. a. 2005; vgl. auch 1988) wissen wir zum Beispiel, dass selbst elementare methodische Voraussetzungen des Faches auch Abiturienten nur höchst unscharf bewusst sind. Zur Verdeutlichung seien Fragen zum „Quellenbegriff" und zur „Darstellungsfunktion" gewählt (nach VON BORRIES u. a. 2005, S. 72). Noch Zwölftklässler entschließen sich nur mühsam, „kritische Prüfung von Quellen" zu fordern oder deren „Objektivität und Vollständigkeit" anzuzweifeln. Es mangelt also ganz offensichtlich an „Methodenkompetenz". Dieses Ergebnis steht nicht allein. Auch bei einer Frage nach dem „idealen Schulbuch" stimmen noch Zwölftklässler – nicht aber mehr Lehramtsstudierende mit dem Unterrichtsfach Geschichte – theoretisch problematischen Sätzen wie dem folgenden zu: Das Geschichtsschulbuch solle *zeigen, wie es eigentlich gewesen ist*", es solle *nur eine Auswertung erlauben (‚Eindeutigkeit')*" und es solle die Dinge aus *der richtigen Perspektive*" betrachten (vgl. VON BORRIES u. a. 2005, S. 62).

Aber warum überhaupt die Forderung nach „Fähigkeit zum historischem Denken" als Ziel des Geschichtsunterrichts? Sie markiert den Übergang von einer *materialen* Definition historischer Bildung zu einer *formalen* (präziser: einer *kategorialen*) Definition. Rein materiale Bildung wäre eine Anhäufung von „Wissen über Vergangenes"; formale Bildung bedeutete eine Ansammlung von Fertigkeiten, mit denen materiales Wissen und solches über seine Zusammenhänge in ‚narrativen Strukturen' erarbeitet werden kann. Kategoriale Bildung erschließt die Inhalte des Fachs Geschichte und vermittelt zugleich die Fähigkeit des historischen Denkens. Anders gesagt: Geschichte ist nicht Personen- und Ereignisgeschichte (*Kolumbus, Luther und Ignatius von Loyola*"), auch nicht Gesellschafts- und Strukturgeschichte (*Kolonialplünderung, Frühkapitalismus und Bauernkrieg*"), sondern die Erklärung gegenwärtiger Zustände und Krisen aus Prozessen und Wandlungen der Vergangenheit mit bleibenden Folgen für Gegenwart und Zukunft, und zwar solchen, über die noch nachgedacht und verhandelt werden muss. Geschichte – auch die ältere – ist nicht ein für alle Mal feststellbar, sondern in jeder Generation neu zu erforschen, neu zu diskutieren und zu schreiben. Dabei sind in der Regel nicht irgendwelche Quellenfunde entscheidend, obwohl sie gelegentlich vorkommen, sondern neue Erfahrungen, Krisenwahrnehmungen und Orientierungsfragen der neuen Generation.

Epistemologische Grundbedingungen von Geschichte („Historie") sind daher: „Retrospektivität" (Rückblick), „Selektivität" (auswählende und ausschließende Fokussierung), „Perspektivität" (Standpunktbezogenheit), „Narrativität" (Charakter als erzählte Geschichte mit Erzählplan, Anfang, Höhepunkt, Ende und Absicht), „Konstruktcharakter" (Synthese- und Kausalitätshypothesen) etc. Auch hierzu mag ein Beispiel hilfreich sein. Es zeigt, wie eine Geschichte aus elementaren lebensweltlichen Orientierungsfragen entstehen kann: *„Papa, warum sind die Österreicher eigentlich keine Deutschen, obwohl sie doch deutsch sprechen?"* So könnte die Frage eines Schülers lauten, der mit seinen Eltern in Österreich Urlaub macht. Die Antwort könnte hier – wie auch in vielen anderen Fällen – formal betrachtet lauten: *„Das kann man nur historisch erklären!"* (LÜBBE 1973). Man müsste eine triftige Geschichte über Zeitverlauf und Kausalitätszuschreibungen erzählen. Dabei liegt zunächst eine *ereignis- und personengeschichtliche Variante* der Erzählung nahe, in der *„Altes Reich", Napoleon, 1806, Deutscher Bund, 1848/49 [„großdeutsch" versus „kleindeutsch"], Bismarck, Pariser Vorortverträge, Hitler, Staatsvertrag 1955, vielleicht auch EU 1995* vorkommen können, wenn „Papa" über das entsprechende historische Wissen verfügt. Die *struktur- und mentalitätsgeschichtliche Variante* der Erzählung lautete allerdings ganz anders: *„Früher – bis 1806 und 1866 – waren die Österreicher Deutsche. Aber das galt im vor-nationalen – und vor-nationalistischen – Sinne. Die Gleichsetzung einer Sprachgemeinschaft mit einem National-Staat ist nicht nur ganz neu (19. Jahrhundert), sondern oft (Schweiz, Belgien, Spanien, Großbritannien u.a.) auch falsch. Das ‚nation building' im 19. und 20. Jahrhundert hat das deutschsprachige Österreich außerhalb Deutschlands zu einer eigenen Staatsnation werden lassen. Heute sind die Österreicher für uns Europäer in einem Nachbarstaat deutscher Zunge."* Es sollte einleuchten, dass man nicht nur eine Reihe weiterer, abweichender Geschichten zur Beantwortung der gestellten Frage erzählen könnte; man kann auch ganz andere Fragen zu Deutschland und Österreich, zu *„Staatsnation"* und *„Universalismus"* etc. stellen. Geschichtslernen muss dies erkennbar machen und zu eigenem derartigen Denken befähigen.

Was heißt es nun, solches „historisches Denken" selbst zu vollziehen? Ein schulisches – deshalb nicht sehr lebensnahes – Beispiel könnte lauten: *„Schreiben Sie – nach dem Schulbuchkapitel, nach einer Ihnen vorgelegten Materialsammlung oder nach Ihrer eigenen Recherche – eine kurze Geschichte der ‚großen Hexenverfolgung' 1490-1660!"* Dabei gibt es zwar verschiedene Grade der Selbständigkeit der Recherche, aber es geht dabei stets um das gleiche Problem: Drei interdependente (nur analytisch, nicht pragmatisch voneinander zu trennende) Schritte wären zu vollziehen: die Identifizierung verlässlicher Nachrichten, die Herstellung überzeugender räumlich-zeitlich-kausaler Zusammenhänge und die Erzählung einer für die Gegenwart interessanten und orientierungsleistenden Geschichte. Während der Arbeit wird man mehrfach *„rauf- und runterturnen"* müssen. Dabei muss die Triftigkeit der *Rekonstruktion*, d.h. der eigenen Produktion einer zu erzählenden und Wahrheit beanspruchenden Geschichte, in allen drei Schritten (Partikel feststellen, Synthese zu Verlauf und Gründen konstruieren, Folgerungen für Zukunft zuweisen) heute – unter den Bedingungen des Anspruches auf Wissenschaftlichkeit und der gesellschaftlichen Tatsache von Heterogenität – explizit ausgewiesen und reflektiert werden. Genau das aber wird, wie Versuche gezeigt haben (vgl. VON BORRIES 2006) selbst von Studierenden nicht eingelöst. Gleichsam „vergessen" wird dabei nämlich meist der Umgang mit Theorien. Für akzeptabel gehaltene, durch Tradition konventionelle Theorien (Deutungen, hypothetische Kausalitätszuweisungen) werden meist schlicht als Tatsachen behandelt.

Außerhalb von Schule und Unterricht sieht der Umgang mit Geschichte allerdings ganz anders aus als eben skizziert. Er folgt nicht einem elementarisierten Modell der Tätigkeit forschender Professoren. Vielmehr liegen dort immer schon fertige und miteinander konkurrierende Geschichts-Erzählungen vor, zu denen sich die Bürger(innen) und Konsument(inn)en verhalten müssen – möglichst kompetent und verantwortlich. Diese Aufgabe historischen Denkens lässt sich an einem realistischen, aktuellen Beispiel erklären: *„Bilden Sie sich eine eigene Meinung über den Wiederaufbau des Berliner Stadtschlosses der Hohenzollern!"* Dazu gibt es in der Gesellschaft mehrere, konfligierende Überzeugungen, die abweichende Vergangenheitspartikel behaupt, aus verschiedenen Erzählungen über Vergangenes bestehen und auf gegensätzliche Handlungskonsequenzen in der Gegenwart hinauslaufen. Vorgeschlagene Lösungen verwenden Begriffe wie die folgenden: *„Rekonstruktion", „Fassadenvorhänge", „Baulücke", „DDR-Erinnerungsstätte"* oder *„städtebauliches Filetstück".* Sie alle setzen historische Einsichten voraus, ruhen auf Geschichtsgeschichten auf. Eben diese Geschichten von Preußens Größe („Gloria"), von Pflichterfüllung, Militarismus und Volksunterdrückung („Junkertum"), von Nationalsozialismus und SED, sind nun immer schon fertig gestaltet und werden als Argumente eingebracht.

Gegenüber diesen vor-gedachten und vor-geprägten Geschichten reicht die zuvor vorgestellte Operation des selbstständigen Erstellens von Geschichte(n) – also die Re-Konstruktion – nicht aus, denn historische Bildung besteht nicht darin, vielfältig vorhandene sub-optimale Geschichten durch eigenes Denken zu einer einzigen besseren Geschichte zu vereinheitlichen, sondern gerade auch darin, die Orientierungsbedeutung der vorhandenen Geschichten für ihre jeweiligen Autoren wie für andere einschätzen zu können. Wer diese Aufgabe eines eigenen Urteils zu Sachfragen einlösen will, muss die Geschichten hören, prüfen, analysieren und vergleichen (das wird *„De-Konstruieren"* genannt), muss dann über Abwandlungen und Übernahmen entscheiden und schließlich Stellung nehmen und sich einbringen können.

## 2.2  Historisches Denken und Historisches Lernen – ein Prozessmodell

Historisches Denken ist eine strukturell allen Menschen zur Verfügung stehende mentale Operation, die ihnen zur Handlungsorientierung angesichts der Erkenntnis zeitlicher Kontingenz dient. Kontingenz ist ein Zustand zwischen vollständiger Determiniertheit und völliger Unbestimmtheit (unter-notwendig, aber über-zufällig). Zeitliche Kontingenz (und ihre Wahrnehmung) ist sowohl *Bedingung* als auch *Hemmschuh* menschlichen Handelns: Wenn wir die Zukunft kennen würden, wären wir unfähig zu handeln, denn Handeln setzt *eigenes Planen* voraus. Völlige Determination der Zukunft machte so eigene Handlungsfähigkeit zunichte. Die Erfahrung, dass eigenes Planen in die ungewisse Zukunft hinein *immer wieder* zu einer *Nichtübereinstimmung* dieser Gegenwart gewordenen Zukunft mit der Planung führt, kann andererseits Planung paralysieren (vgl. „Intentionalitätsüberschuss" und Divergenz zwischen „Naturzeit" und „humaner Zeit"; RÜSEN 1983, S. 48ff). Daraus folgt: Der Mensch benötigt eine *Vorstellung* davon, *dass* und *wie* die Zeit-Ebenen miteinander zusammenhängen. Er muss Kontingenz möglichst bewusst verarbeiten. Dies *in einer viablen Form zu tun, ist Aufgabe historischen Denkens.* Historisches Denken ist die denkende Konstruktion einer *Kontinuitätsvorstellung*, also eines zeitlichen Zusammenhangsbewusstseins angesichts von Kontingenzerfahrungen durch Retrospektion. Es ist somit ein Denkakt, der auf Gegenwart und Zukunft und die Herstellung von Handlungsfähigkeit darin zielt, dabei aber auf die Vergangenheit gerichtet ist. Es nimmt seinen Ausgang von gegenwärtigen Erfahrungen zeitlicher Kontingenz und konstruiert durch die Aufarbeitung von Erfahrung mit früheren Veränderungen eine zeitliche Orientierung (RÜSEN 1983, S. 29; HASBERG/KÖRBER 2003; vgl. Abb. 1).

*Abbildung 1:* Prozessmodell des historischen Denkens. Nach Hasberg/Körber 2003, S. 189

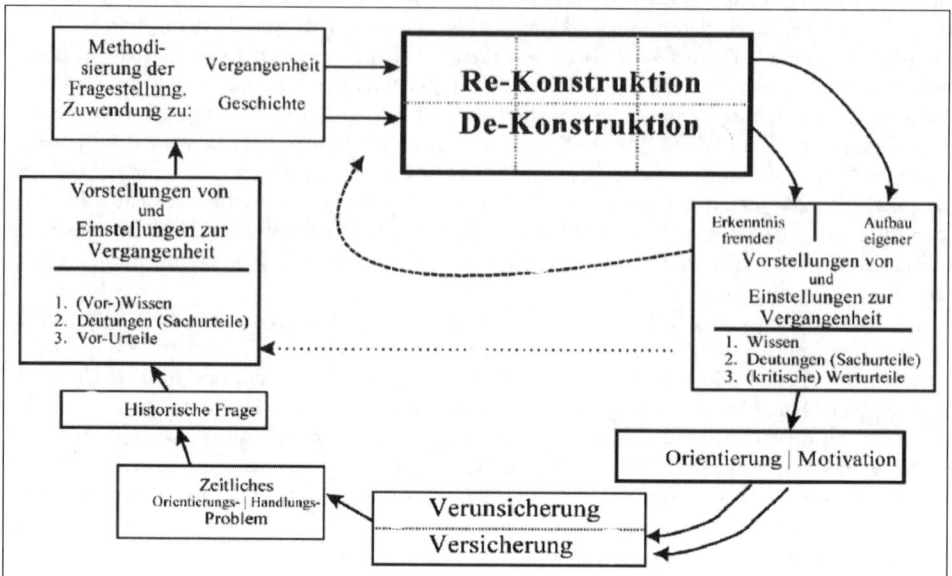

Historisches Denken unterscheidet sich von anderen Disziplinen oder Domänen menschlicher Problemlösung und Erfahrungsverarbeitung nicht dadurch, dass es andere Lebensbereiche thematisiert. Es kann sich auf ganz unterschiedliche Gegenstände richten, die alle auch von anderen Domänen thematisiert werden. Andererseits ersetzt historisches Denken die Denkformen dieser anderen Domänen nicht. Die Spezifität des historischen Denkens besteht nicht in einer Exklusivität seiner Gegenstände, sondern in der Thematisierung und Reflexion ihrer *zeitlichen* Dimension (u.a. auch von Veränderungen). Historisches Denken integriert sich auch in andere domänenspezifische Denk- und Orientierungsweisen immer dort, wo zeitliche Kontingenzen zu verarbeiten sind. Zugleich ist es immer wieder auf die spezifischen Denkweisen anderer Domänen angewiesen.

Solange z. B. naturwissenschaftliches Denken gemachte Erfahrungen so aktiviert und zur Lösung gegenwärtig anstehender Probleme heranzieht, dass die zeitliche Position dieser Erfahrungen ihre Geltung nicht in Frage stellt, benötigt dieses Denken keine spezifisch historische Komponente. Wenn dort etwa zeitliche Prozesse im Sinne von Kreisläufen oder prozesshaften Gesetzen benutzt werden, wird zwar auf zeitlich zurückliegende Erfahrungen Bezug genommen, sie werden aber (zu Recht) umstandslos in die Gegenwart übertragen. Naturwissenschaftliche Experimente z. B. aus der Antike und aus heutiger Zeit sowie ihre Ergebnisse (Erkenntnisse) können derart innerhalb eines gemeinsamen Bezugssystems miteinander verglichen, gegeneinander gehalten und aneinander überprüft werden. Erst wenn dies nicht mehr ohne weiteres gelingt, obwohl keine andere erklärende Einflussvariable gefunden werden kann, wird deutlich, dass es unter Umständen *nicht* gleichgültig ist, *wann* ein Experiment durchgeführt worden ist, sondern dass das vorherrschende Denkmuster der Naturwissenschaft selbst ein historisches Deutungsmuster anwendet, nämlich das der zeitlichen Invarianz, der Konstanz: also traditionale und exemplarische Deutungsmuster. Aber auch in den *experimentellen Naturwissenschaften* gibt es andere Denkmuster, die eine grundsätzliche, gerichtete Veränderung der Gegebenheiten unterstellen – etwa in der Biologie das Konzept der Evolution. Im human- und sozialwissenschaftlichen Bereich und in der Philosophie ist demgegenüber die Varianz der Zeitverlaufskonzepte und Deutungsmuster deutlich größer. Historisches Denken wird in diesen Bereichen immer dann relevant, wenn gängige Erklärungen zeitlicher Konstanz oder Varianz nicht ausreichen.

## 2.3 Inwiefern kann historisches Denken als eine Entwicklungsaufgabe begriffen werden?

Historisches Denken kommt unter bildungsgangtheoretischer und -didaktischer Perspektive (vgl. SCHENK 2005) in zweifacher Funktion in den Blick (vgl. zum Folgenden auch KÖRBER 2004):

*Erstens* als eine Entwicklungs*hilfe,* insofern die Fähigkeit zum historischen Denken genutzt werden kann und auch genutzt wird, wenn es für die Bewältigung von Entwicklungsaufgaben darum geht, die Menge der ‚kollektiv erwirtschafteten Lösungsmöglichkeiten' (vgl. DEWE/RADT-KE 1991, S. 154) zu erschließen und für die eigene Entwicklung in Wert zu setzen. Die jeweilige Entwicklungsaufgabe stellt dann das Orientierungsbedürfnis dar, von dem aus frühere Erfahrungen historisch denkend erschlossen und auf die eigene Gegenwart zurückbezogen werden. Insbesondere wenn Lösungen und Erfahrungen erschlossen werden sollen, die Menschen unter ganz anderen zeitlichen Bedingungen gemacht haben, ist ihre Nutzung für die eigene Entwicklung nicht ohne historisches Denken möglich. Das gilt insbesondere dann, wenn diese Lösungsmöglichkeiten aus ganz anderen Zeiten stammen. Wer sich z. B. als Rollenvorbild für die Aufgabe der Distanzierung vom Elternhaus und der eigenen Karriere die Figur des jungen Matrosen nimmt, der von zu Hause fortläuft und als Moses auf einem Schiff anheuert, um die weite Welt kennen zu lernen und sich zum Kapitän hochzudienen, wird in einer Gesellschaft, die durch hochgradig institutionalisierte Ausbildungssysteme und formale Qualifikationen bestimmt ist, kaum mehr zu Rande kommen. Aber auch näher liegende Rollenvorbilder, etwa der Lebensentwurf des Kommunarden, können aufgrund der *Veränderungen in der Zeit* nicht einfach übernommen werden, sind also gleichfalls auf ihre Brauchbarkeit hin zu hinterfragen. Historisches Denken ersetzt und hegemonialisiert *nicht* andere Formen des Denkens bei der Bewältigung von Entwicklungsaufgaben, sondern gibt ihnen eine *zeitliche Perspektive.* Dabei geht es nicht um die Vorgabe von Rollenvorbildern und die Stiftung von Identität, sondern um die Befähigung zu ihrer Reflexion (vgl. BERGMANN 1975, 2000). Der *Geschichtsunterricht* bedarf unter dieser Perspektive einer forcierten Lebenswelt- und Schülerorientierung in sozial- und alltagsgeschichtlicher Ausrichtung. Inwiefern dies bedeutet, *input*-orientierte Rahmen- und Lehrpläne zugunsten einer Ermächtigung dezentraler Institutionen bis hin zum einzelnen Lehrer und zur einzelnen Klasse aufzugeben, bleibt angesichts der Notwendigkeit einer Auseinandersetzung mit den inhaltlichen Kategorien und Ausprägungen, die in unserer Gesellschaft im Umlauf sind, noch zu diskutieren. Nicht strittig kann aber sein, dass es einer *unterrichtlichen Befähigung zu historischem Denken* bedarf, weil zur Bewältigung von Entwicklungsaufgaben nicht nur privateste Probleme und Orientierungsbedürfnisse bearbeitet werden müssen, sondern weil die Gesellschaft dem Einzelnen solche Aufgaben stellt, teils einfach durch ihre Strukturen, teils auch explizit und bewusst. Diese Anforderungen werden aber erst dadurch zu „Entwicklungs-Aufgaben", dass sie von den Lernenden als solche wahr- und angenommen werden. Sie müssen also in und mit der Gesellschaft und z. T. auch gegen sie bearbeitet und gelöst werden. Hier kann historisches Denken helfen durch die Erschließung und Reflexion der Bandbreite realisierter und möglicher Lösungen, sowie durch die Einsicht, dass Menschen in vergangenen Zeiten eigene kreative, jeweils neuartige Lösungen gefunden haben.

*Zweitens* ist der Erwerb der Fähigkeit zu historischem Denken selbst eine *Entwicklungsaufgabe,* insofern auch für die Aufgabe des historischen Denkens selbst gesellschaftlich und kulturell geprägte Vorerfahrungen und kollektiv erwirtschaftete Lösungen vorliegen, auf die der Einzelne zurückgreifen muss. Historisches Denken ist nämlich zugleich ein soziales Phänomen. Es findet auch in seinen Einzeloperationen nicht isoliert im einzelnen Gehirn statt, sondern ist durch soziale Erfahrungen und Prägungen strukturiert (vgl. die Debatte um das kollektive Gedächtnis und die Geschichtskultur; zuletzt z. B. ERLL 2005, DEMANTOWSKY 2005, HASBERG 2006, ERDMANN 2007). Es zielt auf ein Handeln *in der Gesellschaft*, d. h. auf ein Handeln unter Bedingungen, die von anderen, ebenfalls historisch denkenden Menschen maßgeblich mitgeprägt werden, und das auf Kooperationsfähigkeit mit diesen angewiesen ist. Es bedarf daher der gesellschaftlichen Anschlussfähigkeit. Historisches Denken lässt sich somit als ein Vollzug mentaler Operationen denken, die in ihrer Grundfigur anthropologisch notwendig sind, deren konkrete Ausprägung jedoch gesellschaftlich und durch „externe" historische Umstände bedingt ist. Die „Qualität" historischen Denkens bemisst sich denn auch zu einem guten Teil daran, wie und auf welche Weise das jeweils eigenständige Orientierungsbedürfnis an die gesellschaftlich zu findenden Formen anschlussfähig gehalten, d. h. mit diesen – auch im Oppositions- oder Konfliktfall – kompatibel (nicht: identisch) werden kann. Historisches Denken muss man daher, obwohl man es in rudimentären Formen unvermeidlich anwendet, lernen!

Unter dieser Prämisse muss der „Gegenstand" historischen Lernens anders definiert werden als bislang üblich: Nicht mehr Ereignisse, Strukturen und Personen in ihrer (vermeintlichen) historischen Tatsächlichkeit, als vorgegebene Entitäten, machen diesen Gegenstand aus, sondern *die denkende Erschließung* vergangener Ge- und Begebenheiten aus der Perspektive der Gegenwart. So rücken die Strukturen, Prinzipien und Methoden historischen Denkens ebenfalls in den Horizont der Reflexion. Erst ein historisches Lernen, das vergangene Zustände *als aus der Gegenwart erschlossene bzw. zu erschließende*, also als *Konstruktionen* thematisiert, die dabei verwendeten Begriffe als *Konzepte* einführt und das Verfahren nicht nur beibringt, sondern reflektiert, ist *kompetenzorientiert*. Es darf in ihm nicht nur über Vergangenheit gelernt und gesprochen werden, sondern auch über unser aller mentales Rüstzeug, mit dem wir die Vergangenheit erschließen und deuten.

Dabei muss auch die Person des Schülers und ihre Rolle in solchen Denk- und Orientierungsprozessen thematisiert und reflektiert werden. In Prozessen historischen *Lernens* müssen Schüler in die Lage versetzt werden, bewusst *Konventionen* zu benutzen, und sie müssen ermutigt und befähigt werden, diese selbst kritisch zu reflektieren. Welches diese Konventionen sind, über welche Begriffe und Konzepte, Periodisierungen, Deutungsmuster, Sach- und Werturteile die Schüler für ihre Nutzung, für ihre Bezugnahmen und Diskussionen verfügen sollten und welche demnach im Unterricht zu thematisieren (nicht notwendig: zu „vermitteln") sind, ergibt sich *nicht allein* aus der Lektüre bzw. Analyse des aktuellen Forschungsstandes der Fachdisziplin „Geschichtswissenschaft", sondern *schon eher* aus der Analyse der Forschungsdiskussionen, der Fragestellungen, Konzepte und Kriterien, welche in verschiedenen Positionen genutzt werden – mindestens ebenso aber auch aus der Analyse der öffentlichen geschichts- bzw. erinnerungskulturellen Präsentationen der Vergangenheit, z. B. der Auseinandersetzungen in den Medien, und der dort verwendeten Argumente, Konzepte etc.[2]

Historisches Denken als soziales und kommunikativ strukturiertes Phänomen erfüllt seine Orientierungsfunktion demnach nur dann, wenn es sozial anschlussfähig ist, so dass der Einzelne die Fragen, Konzepte, Begriffe, Verfahren und Lösungen der anderen Mitglieder seiner Gesellschaft verstehen kann und in der Lage ist, sich auf sie zu beziehen, zum anderen dadurch, dass auch diese an das historische Denken des Einzelnen anschließen können. Es gehört also zur Entwicklung des Individuums hinzu, nicht nur überhaupt historisch denken zu lernen, sondern dies in einer Art und Weise zu tun, die *gesellschaftlich anschlussfähig* ist, ohne nur reproduktiv zu werden. Nicht Konformität, sondern kompatible Individualität ist hier zu entwickeln:[3] Der Einzelne muss im Laufe seiner Entwicklung lernen, sein zunächst sehr individuelles historisches Denken zunehmend auf dasjenige seiner Umgebung (= „Gesellschaft") zu beziehen; er muss lernen, sein eigenes historisches Denken mit oder in Auseinandersetzung mit Kategorien und Konzepten zu vollziehen, die

in der Gesellschaft bekannt sind; er muss lernen, die Fragen, die andere Mitglieder der Gesellschaft an die Vergangenheit stellen, mit seinen eigenen abzugleichen, oder aber in ihnen relevante
Fragen auch für sich selbst zu erkennen; er muss lernen, die Orientierungsangebote, die ihm in der
Gesellschaft gemacht werden, so zu analysieren, dass er sie auf seine eigenen Orientierungsfragen
beziehen kann; und er muss schließlich lernen, sich mit anderen über seine eigenen Orientierungs-
probleme und seine daraus entspringenden historischen Fragen, die Wege ihrer Lösung und die
Ergebnisse so auszutauschen, dass gemeinsames Handeln möglich wird. Es geht also darum, dass
der einzelne die Aufgabe zu bewältigen hat, sich mit seiner eigenen Orientierung einerseits auf die
anderen Mitglieder der Gesellschaft *einzulassen*, andererseits aber dabei auch seine eigene *Identität*
zu konturieren. Eigenständiges, kritisches Denken muss möglich bleiben, aber auch kommunizier-
bar werden.

Historisches Lernen ist also nicht etwa eine Entwicklungsaufgabe im Sinne einer einzelnen
Stufe im Bildungsgang (vgl. KOSSEN 2004), die nach anderen und vor weiteren zu absolvieren
wäre. Vielmehr ist sie ein *Aufgabenbereich*, in dem eine Gesamtentwicklung zu vollziehen ist (vgl.
die Argumentation bei MEYER-HAMME 2005).

## 2.4  Wie lässt sich Lernprogression im Fach Geschichte denken?

Wir haben zu klären, wie eine Lernprogression im historischen Lernen kategorial so gefasst werden
kann, dass Entwicklungsschritte sichtbar werden. Die Geschichtsdidaktik besitzt zur Zeit kein
allgemein anerkanntes Progressionsmodell.

Üblich ist in Lehrplänen und Schulbüchern noch immer die Orientierung an einem chronologischen Durchgang (trotz zunehmender Ergänzung durch thematische Längsschnitte und Metho-
denseiten), d. h. an der Aneinanderreihung der „Stoffe" entlang der Chronologie derart, dass eine
vermeintlich bereits in sich sinnhafte Abfolge entsteht.

Dieses Konzept gerät in den letzten Jahren durch die Geschichtsdidaktik zunehmend unter
Beschuss (vgl. BERGMANN 2001; SCHNEIDER 2002; VON BORRIES 2001, VON BORRIES 2004a; VON
BORRIES 2004b; KÖRBER 2004). Es basiert auf zwei fragwürdigen zentralen Prämissen, nämlich
*erstens*, dass es beim historischen Lernen um ein Verständnis objektiver Gegebenheiten in ihrer
zeitlichen Abfolge gehe, und *zweitens*, dass dabei ein Verständnis des Früheren zwingende Voraussetzung für das des Späteren sei. Eine konsequente Durchführung dieses Prinzips müsste zu dem
Versuch führen, das jeweils Vorhergehende *lückenlos* und in seiner ganzen Komplexität aufzuzeigen, und somit jegliche Setzung eines pragmatischen Anfangs für ein Thema unmöglich machen
(man kommt zu einer *reductio ad infinitum,* und daher *ad absurdum*).

Letztlich liegen jeder chronologischen Sortierung der Themen des Geschichtsunterrichts ein
abbilddidaktisches Konzept und eine perspektivische Verengung auf die kulturell dominante Interpretation der Geschichte zu Grunde. Derart erzählte Geschichte erhält implizit einen retrospek-
tiven Determinismus, der ihre Orientierungsfähigkeit stark einschränkt (genauer: vordergründig
verstärkt, hintergründig aber aushebelt). Eine solche Anordnung der Stoffe negiert die von der
jeweiligen Gegenwart her formulierten Orientierungsbedürfnisse, auf die historisches Denken
antwortet. Diese Art der „Objektivierung" der Geschichte ist somit der kategorialen Entwicklung
des historischen Denkens abträglich. Zu fragen ist deshalb, welche alternativen Modelle sich anbieten.

– *Vorstellungen*, dass jedes *Lebensalter einen ihm eigenen Bezug* zur Vergangenheit habe, den der
Geschichtsunterricht aufgreifen müsse, mögen der bildungsgangdidaktischen Perspektive recht
nahe kommen. Derartig strukturierte Ansätze haben in der Vergangenheit jedoch vornehmlich
auf entwicklungspsychologischen Stufenmodellen basiert, welche von der je spezifischen „Bild-

samkeit" der verschiedenen Altersstufen ausgingen. Lernenden unterschiedlichen Alters wurden dementsprechend nicht so sehr unterschiedliche *Fragen* an die Geschichte, sondern vielmehr unterschiedliche *Ansprechbarkeit* und *Motivierbarkeit* für Geschichte zugesprochen. Der Unterschied mag zunächst nicht so bedeutsam erscheinen, ist es aber: Nicht vom Schüler und von seinen Bedürfnissen her, die Vergangenheit zu erkunden, wurde hier gedacht, sondern von der Gesellschaft her, die Schüler verschiedenen Alters auf Grund ihrer unterschiedlichen kognitiven Fähigkeiten und motivationalen Strukturen mit verschiedenartigen Stoffen für „die Geschichte" gewinnen wollte.

– Die nunmehr drei Jahrzehnte anhaltende Diskussion um das *Geschichtsbewusstsein* als zentrale Ziel- und Gegenstandskategorie der Geschichtsdidaktik und des Geschichtsunterrichts (vgl. SCHÖRKEN 1972; JEISMANN 1977; 1980; kritisch ROHLFES 1986; nur teilweise strukturierend PANDEL 1987) hat zunächst nur unzureichend geklärt, ob unter dem weithin akzeptierten Terminus eher normativ bestimmte *Geschichtsbilder* oder eher formale und kategoriale *Fähigkeiten* des historischen Denkens verstanden werden sollen. Zwar tendiert wohl die Mehrheit der geschichtsdidaktischen Zunft – nicht zuletzt angestoßen durch die in dieser Zeit stattfindende Pluralisierung der Gesellschaft – eher zur formal und kategorial argumentierenden Seite, aber von einem echten Konsens kann keine Rede sein. Die Debatte um Kompetenzen und Bildungsstandards hat die Diskussion neu belebt und zum Teil noch schärfer auf die Opposition zwischen Vorstellungen einer eher inhaltlichen und eher formalen und kategorialen historischen Bildung fokussiert.

– Für unseren Zusammenhang ist nun von Interesse, dass nur auf der Basis eines theoretisch ausgearbeiteten *Kompetenzmodells* kategorial neu darüber nachgedacht werden kann, welche grundlegende Entwicklung von einem Individuum verlangt werden kann, das sich als gleichberechtigtes Mitglied einer Gesellschaft mit einem bereits ausgeprägten Verhältnis zu Vergangenheit und Geschichte – mit einer *Geschichtskultur* – entwickeln will.[4]

Bei der Unterscheidung der Niveaus in den Kompetenzbereichen sprechen wir nicht von „Stufen", sondern von „Graduierung". Den Eindruck, dass es sich beim Kompetenzerwerb um stufenartige Übergänge zwischen geschlossenen Plateaus handele, wollen wir vermeiden. Wir gehen eher davon aus, dass die Ausweisung von Kompetenzniveaus ihrerseits eine pragmatische Zusammenfassung von eher feinen Skalierungen darstellt (vgl. KÖRBER 2007b). Es geht noch nicht um den Entwurf eines *Entwicklungs*modells, sondern zunächst um die theoretische Konzeption der Unterscheidung verschiedener Niveaus – gewissermaßen um die Konzeption der „Y-Achse" für spätere empirische Überprüfungen und Entwicklungen normativer/strategischer Entwicklungsmodelle. Erst bei Vorliegen einer theoretisch stimmigen Unterscheidung von Niveaustufen können Entwicklungsmodelle entworfen und erst auf ihrer Basis verantwortlich Bildungsstandards formuliert werden.

Der für die Unterscheidung der Niveaustufen aller Kompetenzbereiche und Teilkompetenzen in unserem Modell herangezogene Parameter ist die Art der Verfügung über *konventionelle* Ausprägungen der Kompetenzen bzw. ihrer Elemente. Wir unterscheiden pragmatisch drei verschiedene Niveaus: „basal", „intermediär" und „elaboriert" mit jeweils mindestens zwei Zwischenniveaus:

*Erstens:* Auf einem basalen Niveau findet historisches Lernen in *„spontanen"* Formen statt. Sowohl die Orientierungsbedürfnisse als auch die Kategorien, Konzepte und Operationen, mit denen eine zeitliche Orientierungsleistung mental vollzogen wird, sind einer hochgradig individuellen Perspektive und der jeweiligen Situation verhaftet. Sie finden immer schon kommunikativ statt, ohne dass dem historisch Denkenden schon in der Gesellschaft übliche Kategorien zur Verfügung stehen würden.

*Zweitens:* Den Übergang zu einem ersten intermediären Niveau – in etwa: *„konventionstastend"* – bildet die Wahrnehmung und Kenntnis von Fällen und Beispielen (auch: Fragen, Methoden, Konzepten, Kategorien), die nicht der eigenen Perspektive und der eigenen Orientierungshaltung entsprechen, sondern als abständig wahrgenommen werden. Es existiert nicht mehr eine umstandslos als absolut gesetzte eigene Perspektive und Fragehaltung. Die Fähigkeit, gesellschaftliche, auch: kulturelle, soziale Alterität wahrzunehmen, findet sich erst auf diesem Niveau.

*Drittens:* Ein intermediäres Niveau ist gegeben, wenn die verschiedenen jeweils individuellen und partikularen Formen und Varianten des historischen Denkens in eine *gesellschaftlich konventionelle Form* integriert sind.[5] Die *Fähigkeit,* die eigenen partikularen Fragestellungen und Ideen in gesellschaftlich akzeptierten Kategorien zu denken und mit gesellschaftlich akzeptierten Termini auszudrücken, das eigene historisch denkende Tun (sei es beim Re- oder auch beim De-Konstruieren) mit Hilfe anerkannter Verfahren zu vollziehen, und die Bereitschaft, dies zu tun, sind *notwendiger* Ausweis der intermediären Kompetenz, *nicht aber* die Auslöschung der partikularen Formen. Eigenständiges, individuelles Fragen und Denken Anderer wird auf diesem Niveau nicht als eine grundsätzliche Infragestellung der Konvention, sondern nur als different wahrgenommen.

*Viertens:* Der Übergang zu einem elaborierten Kompetenzniveau – in etwa: *„konventionsbefragend"* – ist erfolgt, wenn dem Lernenden bewusst wird, dass die konventionellen Formen nicht in dem Sinne „objektiv" sind, dass sie (etwa bei Kategorien und Konzepten) die „Wahrheit" abbilden, oder dass sie (etwa bei Methoden) die unfraglich besten Verfahren darstellen, sondern in der Einsicht in ihren Kontingenzcharakter, ihren begrenzten epistemologischen Wert für die jeweils eigenen Probleme.

*Fünftens:* Das Niveau elaborierter Kompetenz zu historischem Denken ist gegeben, wenn die denkende Person in der Lage ist, ihre Verfügung über die Konventionen der Gesellschaft und über eigene und wahrgenommene fremde, nicht zur Konvention passende Fälle, Perspektiven etc. derart zu integrieren, dass die Konventionen, die Begriffe und Konzepte selbst in den **Horizont** eines *prüfenden* und *verändernden Denkens* geraten, also deren methodische Verwerfung, Akzeptanz, Änderung usw. möglich werden („trans konventionell")

Dieses *Grundmodell* einer *Graduierung des Kompetenzerwerbs* eröffnet unseres Erachtens Perspektiven für die Erforschung historischer Bildungsgänge, weil es erlaubt, Situationen im Prozess des Kompetenzerwerbs zu fokussieren und zu thematisieren, in denen Lernende ihr Kategorien- und Methodenschema mit dem gesellschaftlich üblichen und von der Gesellschaft geforderten abgleichen müssen – und zwar in beiden Richtungen; gewissermaßen in Assimilation und Akkomodation, in Anverwandlung und Schärfung des eigenen Fragens und Denkens an die üblichen Formen, um kommunikativ zu werden und zu bleiben, wie auch in Abgrenzung und Herausstellung des Eigenen, in Verselbstständigung und (Re-)Individualisierung, aber schließlich auch mit Blick auf das Wirken in die Gesellschaft hinein.

Vereinfacht gesagt sind alle diejenigen Prozesse als historische *Entwicklungsaufgaben* anzusehen, in denen sich Lernende (seien es nun Schülerinnen und Schüler oder auch nur Angehörige einer fremden Kultur) die in der Zielgesellschaft geltenden Konventionen (etwa hinsichtlich vereinbarter Epocheneinteilungen, der Wissensorganisation, aber auch der üblicherweise geltenden Deutungsmuster und Erklärungsformen) als für sich zumindest partiell gültige, für die Kommunikation mit anderen Mitgliedern der Gesellschaft nötige und gegebenenfalls auch zur Schärfung des eigenen Denkens geeignete Konventionen aneignen. Ebenso sind aber auch die vielen und vielleicht für viele Menschen schwierigen Prozesse der partiellen Loslösung von Konventionen, der Infragestellung üblicher Begriffe und Konzepte, der Gewinnung von Eigenständigkeit und Kritikfähigkeit nicht *gegen*, aber *über die Konventionen hinaus* ihrerseits Entwicklungsaufgaben, die allesamt in den Zusammenhang eines allgemeinen Bereichs der Entwicklung historischen Denkens gehören.

## 2.5   Lassen sich Kompetenzniveaus diagnostizieren?

Die seit Jahrzehnten geforderte, aber praktisch noch immer nicht umgesetzte Umsteuerung des Faches Geschichte von *„Stoffdominanz"* zu *„Kompetenzentwicklung"* fordert eine grundlegende Umstellung auch der Messverfahren. Wir veranschaulichen das mit einem Beispiel, das u. E. besonders die der Geschichtsdidaktik durch eine Orientierung an Kompetenzen und deren Diagnostik gestellten Entwicklungsaufgaben verdeutlicht. Es handelt sich um einen Auszug aus einem Interview mit einem 13-jährigen Gymnasiasten („Nr. 9", aus: VON BORRIES 2007, S. 82-85). Der Interviewer fragt den Schüler B., was ihn interessiert:

[...]

B.: Naja, z. B. so, so wie, solche Bücher wie ,Die letzten Geheimnisse unserer Welt', das hab' ich da stehen, und das les' ich immer sehr gern.

I.: Und warum gefallen sie dir so gut?

B.: Ja, weil..., das ist irgendwie so etwas Unheimliches, was noch nicht aufgeklärt ist in unserer Geschichte. Und das möcht' ich, muß..., ist in den letzten..., Geheimnisse, die unsere Erde noch hat. Und da würd' ich gerne die auch noch entlocken, also. Da möcht' ich dann viel drüber lesen, vielleicht auch mal später so was machen wie Archäologie...

[...]

I.: Hast du historische Filme gesehen? ...Die im weitesten Sinne mit Geschichte zusammenhängen.

B.: (Lachen) Da muß ich mal nachdenken... Hm, ich weiß es jetzt gar nicht mehr... Über die Römer hab' ich bestimmt mal was gesehen... So irgendwie das Wagenrennen... Na, übers Dritte Reich hab' ich also viele Filme gesehen, Wochenschauen haben wir gesehen. Und dann hab' ich auch so andere Filme gesehen. Ich kann mich aber jetzt gar nicht an die genauen Umstände erinnern... Naja, und über die Römer hab' ich eben auch Filme gesehen, solche Monumentalfilme, solche, die das aus ganz dicken Büchern, so Schinken... Hm, ja.

I.: Kannst du dich noch an einen Film erinnern, der dir besonders gut gefallen hat oder gar nicht gefallen hat?

B.: Gut gefallen hat? Ne, ach so, ja, ja, mir hat gut gefallen, ähm, mir... ,Vom Winde verweht' hat mir gut gefallen. So, auch wenn das so lang war, den fand ich ganz gut, den Film; er hat ja ,n bißchen mit Geschichte zu tun, ist zwar 'ne Liebesgeschichte, aber und...

I.: Weißt du noch, warum? Was dich daran fasziniert hat?

B.: Ja, daß... Mich hat fasziniert diese Bilder da, wie das..., ich fand das toll gemacht alles. Und dann ,Doktor Schiwago', das, naja, das hat auch nichts mit Geschichte zu tun.

I.: Doch, sicher.

B.: Na, das hat mir auch gefallen. Nicht gut gefallen? Doch, ja, nicht gut gefallen, so im einzelnen, haben mir die Wochenschauen. Das sind keine richtigen Filme, aber diese Propaganda zum..., das hat mir, das fand ich schlimm. Die haben sie ja, sind ja öfter wiederholt worden. Ja, und dann hab' ich auch noch ,Das Boot'..., nee, auch 'n bißchen, hat auch mit Geschichte zu tun. Das hat mir auch ganz gut gefallen, der Film, den gab's ja im Fernsehen, hab ich auch gesehen...

I.: Weißt du noch, warum?

B.: Naja, ich fand, das war..., ich kann's nicht beurteilen, aber ich fand, wenn es..., ich, ich müßte bestimmt..., hätte, hab', hat bestimmt so ähnlich ausgesehen, weil..., man merkt das irgendwie. Ich fand, das war realistisch gemacht, also aus meinen Augen... und spannend vor allem und so...

[...]

I.: Interessiert ihr euch für alte und moderne Waffen?

B.: Ja, vor allem für Schwerter und sowas, find' ich immer ganz toll. In Museen gibt's ja so tolle alte Schwerter, die sie in Ausgrabungen gefunden haben. Das sehe ich mir gerne an, und Keulen und sowas. Das ist ganz toll, diese Verzierungen und so..., unheimlich eindrucksvoll. Wenn man auch sieht, mit was für Riesen-Schwertern die früher gekämpft haben (Lachen), da läuft einem schon das kalte..., der kalte Schauer über den Rücken...

I.: Und für moderne Waffen?

B.: Moderne Waffen? Ach so, ja, Pistolen und so, ja, und Kanonen vor allem auch; das sehen wir natürlich auch immer gern, wenn in Museen, wenn (sie) da stehen, sind so Waffen, na Gewehre und so, ausgestellt. Das gucken wir dann auch immer gerne an... Auch interessant (Lachen), weil so was ja auch 'ne Faszination für mich hat, so, wenn ich so was sehe, obwohl es natürlich andererseits 'n Werkzeug zum Töten ist; aber andererseits ist es irgendwie faszinierend: vor allem so 'n Gewehr, so 'ne Kugel, wie man damit so weit schießen kann und so...

[...]

I.: Hast du jemals Indianer, Räuber oder Ritter gespielt?

B.: (Lachen) Ja, früher also, na bis, vielleicht bis zum..., bis, daß ich zehn Jahre alt war, vielleicht das letzte Mal; also daß wir immer Cowboy gespielt haben oder auch, meinetwegen, Ritter oder Indianer... Das war auch mit Pistolen oder so, aber dann, danach mocht' ich eigentlich nicht mehr so, solche Spiele. Das war dann nichts mehr für mich. Vor allem mein Vater hat auch gesagt, Kriegsspielzeug, (da) sollt ich lieber nicht so viel mit spielen. Und dann hab' ich mich eben anderen Sachen zugewandt. Und das ist auch, glaub ich, hört so nach dem zehnten Lebensjahr oder so..., hört das auf, bei vielen, bei den meisten Jungen, würd' ich sagen, auf. Das ist nur so im, in der (Zeit), wo man noch kleiner ist, als, so in seiner Fantasiewelt (Lachen). Es gibt wohl kaum, kaum mehr Vierzehnjährige oder so, die noch so jetzt Indianer oder Cowboy spielen..., so. Naja, das Böllern zu Sylvester, das ist wohl noch 'n bißchen ähnlich. Aber sonst: sowas (geschieht) eigentlich nicht mehr, aber früher ja: viel

[...]

Zunächst ist für die Analyse dieses Interviews zu fragen, welche Kompetenzen hier überhaupt gefordert sind. Die Aufgabe war, über den eigenen Umgang mit Geschichte zu berichten, die eigenen Interessen etc. darzulegen. Es ging nicht um die Erklärung, wie es zu diesen Lektürevorlieben oder auch nur -praktiken *gekommen* ist, und welche Folgen sie hatten, nicht darum, einen gegenwärtigen Zustand unter Rückgriff auf einen vergangenen Zeitablauf verständlich und nachvollziehbar zu machen, also nicht um historische Re-Konstruktion. Worum es vielmehr geht, ist ein Verständigen über Geschichte und ihre Bedeutung. Die Entschlüsselung von Geheimnissen ist offenkundig für B. das Zentrum und Ziel historischen Denkens. Geschichte ist für ihn ein Wissensbereich, in dem es eine eindeutige und erkennbare Wahrheit gibt, die man entschlüsseln kann. Zuständig dafür ist die Wissenschaft, vornehmlich die zu Recht als geschichtswissenschaftliche Disziplin begriffene Archäologie.

Auf den (hier nicht zitierten) Impuls kann der Schüler nur antworten, wenn ihm bestimmte Konzepte und Begriffe über Geschichte bekannt und verfügbar sind. In der Tat rekurriert B. bei der Beantwortung der Frage nach seinem Lektüreinteresse in mehrfacher Hinsicht auf gesellschaftlich vorgegebene Konzepte und Kategorien. Das betrifft zunächst die Vorstellung, dass „Wissenschaft" in Disziplinen mit je spezifischen Gegenstands- und Aufgabenfeldern eingeteilt ist. B. ist in der Lage, das Konzept der Archäologie zur Verdeutlichung seines eigenen Interesses in einer Art und Weise anzuwenden, die mit seinen sonstigen Formulierungen in keinem nennenswerten Spannungsverhältnis steht und die beim Interviewer auf Anschlussfähigkeit hoffen kann. Die Archäologie ist für B. offenkundig eine Disziplin, die in besonderer, tätiger Weise neues Wissen zu Tage fördert und so Geheimnisse lüften kann. Aber nicht nur über die disziplinäre Unterteilung der Wissenschaften verfügt B. bereits – er besitzt auch eine *spezifische* Vorstellung davon, was die Aufgabe von Wissenschaft ist, eben die Produktion von Wissen, die hier als „Aufklärung von Geheimnissen" figuriert. Damit rekurriert B. ganz offenkundig auf einen verbreiteten und populären Wissenschaftsbegriff und seine Implikationen und Prämissen.

Hervorzuheben ist die erkennbare Überzeugung, ein Zustand sei denkbar, aber „noch nicht" erreicht, in welchem solche Geheimnisse nicht mehr existieren. Er ist erstrebenswert und hat den Charakter eines gewissen Endes in Bezug auf die jeweilige Frage. Zwar schließt B. nicht aus, dass Erkenntnisse neue Fragen ergeben, aber das Ideal scheint vollkommenes Wissen zu sein, wenn keine Fragen mehr offen sind. Dies wird deutlich positiv als Klarheit konnotiert („aufgeklärt"). Die Arbeit von Wissenschaft wird damit als Bearbeitung eines Defizits und als ein Dienst an der als Gesamtheit vorausgesetzten Menschheit begriffen. Stärker differenzierende Vorstellungen, etwa dass Wissenschaften (zumindest einige von ihnen) es nicht mit objektiv gegebenen Gegenständen und mit der Aufklärung von Nichtwissen, sondern auch mit der Konstitution von Fragestellungen und Gegenständen zu tun haben, werden nicht eingebracht. Dass wissenschaftliche Fragen nicht nur deshalb entstehen, weil die Menschheit (oder auch nur die eigene Gesellschaft) „noch nicht" im Zustande der Erleuchtung angekommen ist, sondern dass auch Fortschritte und andere Veränderungen neue Fragen mit sich bringen können, scheint in B.s Horizont noch nicht verankert zu sein. Das ist keineswegs ein Mangel. Von einem 13-Jährigen eine solche Differenzierung und Relativierung zu erwarten, wäre eine Überforderung. Es geht auch nicht darum, ob der Schüler „noch nicht" (Defizitmodell) oder „schon" (Leistungsmodell) über eine Kompetenz verfügt, sondern darum, ob diejenigen Fähigkeiten, die er im Interview zeigt, als Ausweis eines Kompetenzniveaus bestimmt werden können. Das Interview zeigt, dass der Schüler nicht nur situativ und spontan sein Leseinteresse bekundet, etwa dass er alles über die Ritter toll finde. Vielmehr rekurriert er auf Konzepte und Kategorien bezüglich der Frage, was eigentlich der Zweck von Geschichte ist, wie sie arbeitet (hier: archäologisch) und wozu sie dient. Auch die Art der Benennung der filmisch bekannten historischen Themen geht über ein basales, a-konventionelles Niveau deutlich hinaus. B. verweist nicht unbestimmt auf „die Menschen früher" oder auf eine konkrete, ihn interessierende Figur, die ihm in einem der Filme begegnet ist (sagen wir: Judah Ben Hur), sondern er subsumiert den konkreten Gegenstand einer konventionellen Kategorie.

Dass hier das konventionelle Niveau diagnostiziert werden kann, wird in einem anderen Zusammenhang besonders deutlich, nämlich dort, wo B. die Einordnung eines historischen Filmes als unsicher erscheint: „Vom Winde verweht" hat für ihn „ein bißchen" mit Geschichte zu tun, für „Doktor Schiwago" ist es ihm fraglich. Wir interpretieren diese Unsicherheit nicht dahingehend, dass das konventionelle Niveau hier nicht erreicht sei – im Gegenteil. Nicht die Tatsache, dass der Schüler bei der konkreten Zuweisung der Filme unsicher ist, ist ausschlaggebend, sondern dass er offenkundig bereits über einen recht festen Begriff von Geschichte verfügt, dem sich diese Filme nur teilweise fügen. Wir können vermuten, dass es der fiktionale Handlungskern ist, der ihn hier zweifeln lässt: Es geht um *Liebesgeschichten*. Diese gehören für ihn nicht zur Geschichte. Auch hier scheint also ein auf Wahrheit und Nicht-Fiktionalität basierendes Geschichtskonzept zu Grunde zu liegen. Der Terminus „Geschichte" bezeichnet für B. offenkundig die Darstellung eines vergangenen Zusammenhangs mit Anspruch auf Wahrheit. Auch die Qualifikation „hat bestimmt so ähnlich ausgesehen" mit Blick auf den Film „Das Boot" deutet darauf hin. Auch dieses Konzept erworben zu haben, ist Ausdruck eines nicht mehr nur basalen Kompetenzniveaus.

Ein konventionelles Kompetenzniveau scheint übrigens auch beim Filmbegriff von B. durchzuschlagen. Zunächst werden Spielfilme und Wochenschauen in einem Zusammenhang genannt, dann aber den Wochenschauen ob ihres propagandistischen Charakters (auch hier wieder die korrekte Verwendung einer gesellschaftlich vorgegebenen Kategorie!) der Status als „richtige Filme" abgesprochen. Das ist interessant, weil es sich kaum um eine Verkennung des technischen Mediencharakters handeln kann, denn die übliche Differenzierung in fiktionale Spielfilme und Dokumentarfilme wird hier gerade *nicht* angeführt: Die Wochenschauen werden ob ihres erkannten oder gelernten Propaganda-Charakters von „richtigen" Spielfilmen abgegrenzt. Ihr scheinbar dokumentarischer Charakter wird nicht als das entscheidende Kriterium verwendet. Demgegenüber werden die offen fiktionalen Spielfilme – als zwar erfundene, aber realistische Darstellungen – deutlich weniger kritisiert.

Interessant ist dies, weil es zeigt, dass sich hier das Geschichtskonzept offenkundig vor das Medienkonzept legt. Es ist – vor allem angesichts der Qualifikation der Filme als „Liebesfilme" – eher unwahrscheinlich, dass der 13-Jährige nicht zwischen fiktionaler Handlung und Dokumentaraufnahmen unterscheiden kann. Im Rahmen des Interviews, in dem nach Geschichte gefragt wurde, lagert sich jedoch offensichtlich der konventionelle Geschichtsbegriff über die Unterscheidung verschiedener Filmgattungen. Ein Zusammendenken beider Kategorien derart, dass differenziert würde, inwiefern die verschiedenen Filmsorten „Geschichte" darstellen, findet sich hier aber nicht.

Dass ein Schüler von 13, fast 14 Jahren in der Lage ist, seine eigenen historischen Interessen und sein Denken unter Rückgriff auf Konzepte und Kategorien zu kommunizieren, die gesellschaftlich anschlussfähig sind, passt in unser fachdidaktisches Kompetenzniveau-Konzept: Das Denken unseres Probanden ist derart strukturiert, dass er für seine Argumentation gesellschaftlich vorgeprägte Kategorien *voraussetzt* und *verwendet*, und das weitgehend ohne erkennbares „Tasten", ohne erkennbare Unsicherheit; dass er sie aber selbst nicht in Frage stellt, kritisiert, ihre Gültigkeit oder Adäquanz thematisiert. Worüber er nachdenkt – und das gilt für die Filme ebenso wie für die Geschichte – ist die passende Ein- und Zuordnung, nicht aber die Sinnhaftigkeit der Konzepte selbst.

## 3    Fazit

Abschließend können wir feststellen, dass eine geschichtsdidaktische Theorie ohne fachwissenschaftliche Kategorien und Konzepte Gefahr liefe, das fachliche Denken auszublenden und es zum austauschbaren Substrat allgemeiner Vermittlungsprozesse zu machen. Wenn etwa die zu erwerbende und zu evaluierende Fähigkeit der Schüler im sinnentnehmenden Lesen oder in einer Technik der Erschließung eines sprachlich schwierigen Textes besteht, ohne dass konstitutiv reflektiert, unterschieden und dementsprechend thematisiert würde, ob es sich bei dem Material um einen Brief aus vergangenen Zeiten, einen gegenwärtigen Text, eine empirisch abgesicherte oder eine fiktionalisierende Darstellung oder noch etwas anderes handelt, dann ist mit dem so nur allgemeindidaktisch begründeten Ziel die Gefahr verbunden, dass die Lernenden zu Rezipienten der fachlichen Aussagen reduziert werden, was sie gegenüber dem Material kritiklos macht und Lernerfolg letztlich an erfolgreicher Indoktrination festmacht. Andererseits gilt aber auch, dass ohne eine Vorstellung darüber, wie Abstufungen und Vorformen der fachwissenschaftlichen Einsichten aus fachübergreifender Perspektive aussehen können, Geschichtsdidaktik blind wird für konkrete Lernprozesse. Fachdidaktik und fachliches Lernen können also unserer Auffassung nach weder von der Bezugswissenschaft noch von der Allgemeinen Didaktik her hinreichend bestimmt werden. Fachdidaktische Theorie muss daher eine Theorie des Faches (besser: der „Domäne") und eine Theorie des Lernens – gerade auch in biographischer Bildungsgangperspektive – umfassen und beide konstitutiv aufeinander beziehen. Dies kann in befriedigender und orientierender Weise nur gelingen, wenn beide Theorien die individuelle wie die gesellschaftliche *Funktion* des domänenspezifischen Denkens ins Zentrum stellen. Dies wiederum bedeutet, dass der fachwissenschaftliche Bezugspunkt der Fachdidaktik nicht (allein oder vorrangig) durch die tatsächliche Praxis der Fachwissenschaft und ihre Ergebnisse konstituiert wird, sondern durch die ihr zu Grunde liegende Erkenntnistheorie und die gesellschaftliche Funktion des fachlichen Wissens. Zum anderen folgt daraus, dass das Ziel des fachlichen Lernens nicht die Beherrschung eines mehr oder weniger umfangreichen und definierten Bestandes an fachlichem Einzelwissen („case knowledge") ist, sondern die grundsätzliche Fähigkeit, fachliche Erkenntnisprozesse nachzuvollziehen, ihre Ergebnisse zu beurteilen und sie in begrenzter (elementarisierter) Form selbst zu vollziehen.

Fachdidaktisches Denken muss daher unseres Erachtens auf einer deutlich ausgearbeiteten Theorie der Domäne und des domänenspezifischen Denkens beruhen *und* Perspektiven für Lernverläufe entfalten, in denen einzelne Entwicklungsstände nicht nur als „Noch-Nicht"-Formen im Vergleich zum wissenschaftsförmigen Endprodukt gefasst, sondern auch in ihrem eigenen Recht (als „schon auf dem Wege") betrachtet werden können. Aufgabe der Fachdidaktik ist es deshalb, ein Spannungsfeld zwischen mehreren Polen kategorial zu begreifen, zu beurteilen und zu beeinflussen:

- Die *lebensweltlichen Orientierungsbedürfnisse, Fragen und Denkweisen,* samt den lebensweltlich bedeutsamen Begriffen und Verfahren zu ihrer Bearbeitung,
- die *domänenspezifische Wissenschaftstheorie,* welche in der Lage sein muss, nicht nur die elaborierten und methodisch ausgefeilten, sondern auch die lebensweltlichen (konventionellen) Denkformen „auf den Begriff" zu bringen, sie zueinander in Beziehung zu setzen, die Unterschiede benennen und die Entwicklungsmöglichkeiten sowie die dazu nötigen Herausforderungen und Hilfsmittel zu benennen (vgl. auch VON BORRIES 2004c),
- die *individuelle Persönlichkeitsstruktur* des Einzelnen, seine je individuellen Interessen und triebdynamischen Prägungen,
- *soziale und kulturelle Prägungen* sowohl des Einzelnen als auch der gesellschaftlichen Vorstellungen über die Definition, Bedeutung und Natur der Domäne sowie des domänenspezifischen Lernens.

Bei sinnvoller Ausgestaltung des Instruments kann es mit Hilfe der *Kompetenzorientierung* gelingen, sowohl der Spezifik der Domäne und dem Eigenrecht domänenspezifischer Gesichtspunkte als auch den lebensweltlichen Interessen und Denkformen und schließlich den Erfordernissen der Entwicklung hin zur Befähigung zu selbstständigem Denken und Handeln in diesem Spannungsfeld, also der Gestaltung und Reflexion von Bildungsgängen, gerecht zu werden. Wir sind deshalb davon überzeugt, dass mit Hilfe der Orientierung fachlichen Lernens und fachdidaktischer Reflexion auf die Entwicklung von Kompetenzen der Lernenden eine „Vermittlung", und das heißt, ein gegenseitiger Bezug spezifisch fachdidaktischer, allgemeindidaktischer und lernpsychologischer Fragestellungen zum historischen Denken und Lernen möglich ist.


## Anmerkungen

1 D. h. zur Theorie der Voraussetzungen, Funktionen, Möglichkeiten und Formen fachlichen Denkens und Erkennens.
2 Bezugswissenschaften der Geschichtsdidaktik sind somit neben der Geschichtswissenschaft (als deren Reflexionsinstanz sie sich auch begreift), Sozial- und Politikwissenschaft – erstere u. a. wegen der lebensweltlichen und somit von sozialen Lagen, Chancen und Bedingungen geprägten Perspektiven; letztere auch wegen der politischen Bedeutung historischer Deutungen, die in letzter Zeit unter dem Stichwort „Geschichtspolitik" und „Vergangenheits" sowie „Erinnerungspolitik" stärker erforscht und diskutiert werden; vgl. WOLFRUM 1999; WOLFRUM 2002; KÖNIG/KOHLSTRUCK/WÖLL 1998; KOHLSTRUCK 2004; didaktisch LANGE 2004; dazu KÖRBER 2006), die Jugendforschung sowie die Entwicklungspsychologie und die psychologische Lehr-/ Lernforschung.

3  Kompatibilität ist derjenige Zustand, in dem Menschen miteinander kommunizieren können, weil sie einen kategorialen „common ground" besitzen (BROMME/JUCKS 2001, S. 86; nach CLARK), der es ihnen ermöglicht, sich produktiv aufeinander zu beziehen, sich zu verstehen, ohne dabei identisch zu sein (vgl. KÖRBER 1999 S. 32 sowie HASBERG/KÖRBER 2003, S. 183ff.).

4  Wir haben im Rahmen unseren Projekts „FUER Geschichtsbewusstsein" ein solches Kompetenzmodell und dabei auch Vorstellungen dazu entwickelt, wie die Kompetenzen in verschiedene *Niveaus* untergliedert werden können, vgl. SCHREIBER/KÖRBER u.a. 2006; KÖRBER u. a. 2007.

5  „Gesellschaftlich" meint hier nicht notwendig gesamtgesellschaftlich, sondern die jeweils relevante soziale Gruppe. Da jeder Lernende verschiedenen derartigen Gruppen und Subkulturen angehört, können für unterschiedliche Lernanlässe ganz verschiedene soziale Konventionen bedeutsam werden.

## Literatur

BERGMANN, K. (1975): Geschichtsunterricht und Identität. In: Aus Politik und Zeitgeschichte; H. B. 39/1975, S. 19-25.

BERGMANN, K. (2000): Geschichtsdidaktik : Beiträge zu einer Theorie historischen Lernens. Klaus Bergmann zum 60. Geburtstag. – Schwalbach.

BERGMANN, K. (2001): Versuch über die Fragwürdigkeit des chronologischen Geschichtsunterrichts. In: PANDEL, H.-J. SCHNEIDER, G. (Hrsg.): Wie weiter? Zur Zukunft des Geschichtsunterrichts. – Schwalbach, S. 33-55.

BERNHEIM, E. (1899): Geschichtsunterricht und Geschichtswissenschaft im Verhältnis zur kultur- und sozialgeschichtlichen Bewegung unserer Jahrhunderts. Sonderdruck. – Wiesbaden.

BORRIES, B. VON (1988): Geschichtslernen und Geschichtsbewußtsein. Empirische Erkundungen zu Erwerb und Gebrauch von Historie. – Stuttgart.

BORRIES, B. VON (2001): Überlegungen zu einem doppelten – und fragmentarischen – Durchgang im Geschichtsunterricht der Sekundarstufe I. In: Geschichte in Wissenschaft und Unterricht, Bd. 52, S. 76-90.

BORRIES, B. V. (2004a): Das Fach Geschichte im Spannungsfeld von Stoffkanon und Kompetenzentwicklung. In: BORRIES, BODO VON (Hrsg.): Lebendiges Geschichtslernen: Bausteine zu Theorie und Pragmatik, Empirie und Normfrage. – Schwalbach, S. 138-168.

BORRIES, B. VON (2004b): Warum ist Geschichtslernen so schwierig? Neue Problemfelder der Geschichtsdidaktik. In: BEHRENS, HEIDI/WAGNER, ANDREAS (Hrsg.): Deutsche Teilung, Repression und Alltagsleben. Erinnerungsorte der DDR-Geschichte. – Leipzig, S. 69-96 u. S. 284-288.

BORRIES, B. VON (2006): „Fremdverstehen" – „Empathieleistung" – „Abenteuerfaszination"? Zu Chancen und Grenzen interkulturellen Geschichtslernens. In: BOATČA, M./NEUDECKER, C./RINKE, S. (Hrsg.): Des Fremden Freund, des Fremden Feind. Fremdverstehen in interkultureller Perspektive. – Münster, S. 65-84.

BORRIES, B. VON (2007): Fiktion und Fantasie im Prozess historischen Lernens. Befunde aus qualitativen und quantitativen Studien. In: MARTIN, J./HAMANN, C. (Hrsg.): Geschichte – Friedensgeschichte – Lebensgeschichte. Festschrift für Peter Schulz-Hageleit. – Herbolzheim, S. 79-100.

BROMME, R./JUCKS, R. (2001): Wissensdivergenz und Kommunikation. Lernen zwischen Experten und Laien im Netz. In: HESSE, F. W./FRIEDRICH, H. F. (Hrsg.): Partizipation und Interaktion im virtuellen Seminar. – Münster, S. 81-103.

BORRIES, B. VON/FISCHER, C./MEYER-HAMME, J. (Hrsg.) (2005): Schulbuchverständnis, Richtlinienbenutzung und Reflexionsprozesse im Geschichtsunterricht. Eine qualitativ-quantitative Schüler- und Lehrerbefragung im deutschsprachigen Bildungswesen 2002. – Neuried.

DEMANTOWSKY, M. (2005): Geschichtskultur und Erinnerungskultur – zwei Konzeptionen des einen Gegenstandes. Historischer Hintergrund und exemplarischer Vergleich. In: Geschichte, Politik und ihre Didaktik, Bd. 33, S. 11-20.

DEWE, B./RADTKE, F. O. (1991): Was wissen Pädagogen über ihr Können? Professionstheoretische Überlegungen zum Theorie-Praxis-Problem in der Pädagogik. In: OELKERS, J./TENORTH, H.-E. (Hrsg.):
Pädagogisches Wissen. 27. Beiheft der Zeitschrift für Pädagogik. – Weinheim, S.143-162.

ERDMANN, E. (2007): Geschichtsbewußtsein – Geschichtskultur. Ein ungeklärtes Verhältnis. In: Geschichte, Politik und ihre Didaktik, Bd. 35, S. 186-195.

ERLL, A. (2005): Kollektives Gedächtnis und Erinnerungskulturen. – Stuttgart.

HASBERG, W. (2006): Erinnerungs- oder Geschichtskultur? Überlegungen zu zwei (un-)vereinbaren Konzeptionen zum Umgang mit Gedächtnis und Geschichte. In: HARTUNG, O. (Hrsg.): Museum und Geschichtskultur. Ästhetik – Politik – Wissenschaft. – 1. Aufl. – Bielefeld, S. 32-59.

HASBERG, W./KÖRBER, A. (2003): Geschichtsbewusstsein dynamisch. In: KÖRBER, A. (Hrsg.): Geschichte
– Leben – Lernen. Bodo von Borries zum 60. Geburtstag. – Schwalbach/Ts., S. 179-203.

JEISMANN, K.-E. (1977): Didaktik der Geschichte. Die Wissenschaft von Zustand, Funktion und Veränderung geschichtlicher Vorstellungen im Selbstverständnis der Gegenwart. In: KOSTHORST, E. (Hrsg.):
Geschichtswissenschaft. Didaktik – Forschung – Theorie. – Göttingen, S. 9-33.

JEISMANN, K.-E. (1980): „Geschichtsbewußtsein". Überlegungen zur zentralen Kategorie eines neuen Ansatzes der Geschichtsdidaktik. In: SÜSSMUTH, H. (Hrsg.): Geschichtsdidaktische Positionen. Bestandsaufnahme und Neuorientierung. – Paderborn, S. 179-222.

KLIEME u.a. 2003 = Klieme, E./AVENARIUS, H./BLUM, W./DÖBRICH, P./GRUBER, H./PRENZEL, M./REISS,
K./RIQUARTS, K./ROST, J./TENORTH, H.-E./VOLLMER, H. J. (2003): Zur Entwicklung nationaler Bildungsstandards. Eine Expertise. – Bonn.

KÖNIG, H./KOHLSTRUCK, M./WÖLL, A. (Hrsg.) (1998): Vergangenheitsbewältigung am Ende des zwan-
zigsten Jahrhunderts. – 1. Aufl. – Opladen.

KÖRBER, A. (1999): Gustav Stresemann als Europäer, Patriot, Wegbereiter und potentieller Verhinderer
Hitlers. Historisch-politische Sinnbildungen in der öffentlichen Erinnerung. – Hamburg.

KÖRBER, A. (2004): Historisches Denken als Entwicklungs-Hilfe und Entwicklungs-Aufgabe. Überlegungen zum Geschichtslernen im Bildungsgang. In: TRAUTMANN, M. (Hrsg.): Entwicklungsaufgaben
im Bildungsgang. . – 1. Aufl. – Wiesbaden, S. 241-269.

KÖRBER, A. (2006): ‚Politikgeschichtliches Lernen'. Zur Frage der Zusammenarbeit von Geschichts- und
Politikunterricht. Eine weiterführende Auseinandersetzung mit dem Konzept von Dirk Lange – mit
Beispielen aus dem Themenbereich ‚Westfälischer Frieden'. In: ARAND, T./BORRIES, B. VON/KÖRBER,
A./SCHREIBER, W./WENZL, A./ZIEGLER, B. (Hrsg.): Geschichtsunterricht im Dialog: Fächerübergreifen-
de Zusammenarbeit. – Münster, S. 132-162.

KÖRBER, A. (2007a): Die Dimensionen des Kompetenzmodells „Historisches Denken". In: KÖRBER, A./
SCHREIBER, W./SCHÖNER, A. (Hrsg.): Kompetenzen Historischen Denkens. Ein Strukturmodell als Beitrag zur Kompetenzorientierung in der Geschichtsdidaktik. – 1. Aufl. – Neuried, S. 89-154.

KÖRBER, A. (2007b): Graduierung: Die Unterscheidung von Niveaus der Kompetenzen historischen Den-
kens. In: KÖRBER, A./SCHREIBER, W./SCHÖNER, A. (Hrsg.): Kompetenzen Historischen Denkens. Ein
Strukturmodell als Beitrag zur Kompetenzorientierung in der Geschichtsdidaktik. – 1. Aufl. – Neuried,
S. 415-472.

KÖRBER, A. (2007c): Eine Kompetenz zum ‚Durcharbeiten' der Geschichte? Eine Anfrage an Peter Schulz-
Hageleit. In: MARTIN, J./HAMANN, C. (Hrsg.): Geschichte – Friedensgeschichte – Lebensgeschichte.
Festschrift für Peter Schulz-Hageleit. – Herbolzheim, S. 9-30.

KÖRBER, A. (2008): Kompetenzen zeitgeschichtlichen Denkens. In: BARRICELLI, M./HORNIG, J. (Hrsg.):
Aufklärung, Bildung, „Histotainment"? – Zeitgeschichte in Unterricht und Gesellschaft heute. – Bern.

KÖRBER, A./SCHREIBER, W./SCHÖNER, A. (Hrsg.) (2007): Kompetenzen Historischen Denkens. Ein Strukturmodell als Beitrag zur Kompetenzorientierung in der Geschichtsdidaktik. – Neuried.

KÖRBER u.a. 2007 = KÖRBER, A./ALBROSCHEIT, J./BAUER, J.-P./BORRIES, B. VON/BAUMGARTEN, S./MEYER-
HAMME, J. (2007): Sinnvolle Kompetenzorientierung durch Prüfungsvorgaben? In: KÖRBER, A./SCHREI-
BER, W./SCHÖNER, A. (Hrsg.): Kompetenzen Historischen Denkens. Ein Strukturmodell als Beitrag zur
Kompetenzorientierung in der Geschichtsdidaktik. – 1. Aufl. – Neuried, S. 712-768.

KOHLSTRUCK, M. (2004): Erinnerungspolitik: Kollektive Identität, Neue Ordnung, Diskurshegemonie. In:
SCHWELLING, B. (Hrsg.): Politikwissenschaft als Kulturwissenschaft: Theorien, Methoden, Problemstellungen. – 1. Aufl. – Wiesbaden, S. 173-194.

KOSSEN, W. (2004): Lernen in Lebenswelten – für eine Reorganisation der Bildungsgangtheorie. In: TRAUT-
   MANN, M. (Hrsg.): Entwicklungsaufgaben im Bildungsgang. – Wiesbaden, S. 152-166.

LANGE, D. (2004): Historisch-politische Didaktik – Zur Begründung historisch-politischen Lernens. –
   1. Aufl. – Schwalbach.

LÜBBE, H.: (1973): Was heißt: „Das kann man nur historisch erklären?", In: KOSELLECK, R./STEMPEL,
   W.-D. (Hrsg.): Geschichte – Ereignis und Erzählung. – München, S. 542-554.

MEYER-HAMME, J. (2005): „Exposé zum Dissertationsvorhaben: Geschichtsbewusstsein, Identität und In-
   terkulturalität. Eine rekonstruktive Studie über die individuelle Bedeutung des Geschichtsunterrichts in
   einer multiethnischen Gesellschaft." (ungedruckt).

PANDEL, H.-J. (1987): Dimensionen des Geschichtsbewußtseins. Ein Versuch, seine Struktur für Empirie
   und Pragmatik diskutierbar zu machen. In: Geschichtsdidaktik 12, S. 130-142.

PANDEL, H.-J. (1997): Vom Nutzen und Nachteil der Allgemeinen Didaktik für die Geschichtsdidaktik.
   Zum wissenschaftstheoretischen Standort der Geschichtsdidaktik. In: REINHARDT, S./WEISE, E. (Hrsg.):
   Allgemeine Didaktik und Fachdidaktik. Fachdidaktiker behandeln Probleme ihres Unterrichts. – Wein-
   heim, S. 13-36.

ROHLFES, J. (1986): Geschichtsbewußtsein: Leerformel oder Fundamentalkategorie? In: BECHER, U. A. J./
   BERGMANN, K. (Hrsg.): Geschichte – Nutzen oder Nachteil für das Leben? – Düsseldorf, S. 92-95.

RÜSEN, J. (1983): Historische Vernunft. Grundzüge einer Historik I: Die Grundlagen der Geschichtswissenschaft. – Göttingen.

SABROW, M. (2005): Nach dem Pyrrhussieg. Bemerkungen zur Zeitgeschichte der Geschichtsdidaktik. In:
   Zeithistorische Forschungen. Bd. 2, S. 268-273.

SCHENK, B. (Hrsg.) (2005): Bausteine einer Bildungsgangtheorie. – Wiesbaden.

SCHNEIDER, G. (2002): Neue Inhalte für ein altes Unterrichtsfach. Überlegungen zu einem alternativen
   Curriculum Geschichte in der Sekundarstufe I. In: DEMANTOWSKY, M./SCHÖNEMANN, B. (Hrsg.): Neuere geschichtsdidaktische Positionen. – Bochum; S. 119-142.

SCHÖRKEN, R (1972): Geschichtsdidaktik und Geschichtsbewußtsein. In: Geschichte in Wissenschaft und
   Unterricht 46, S. 81ff;

SCHREIBER, W./KÖRBER, A./BORRIES, B. VON/KRAMMER, R./LEUTNER-RAMME, S./MEBUS, S./SCHÖNER,
   A./ZIEGLER, B. (2006): Historisches Denken. Ein Kompetenz-Strukturmodell. – Neuried.

Verband der Geschichtslehrer Deutschlands (2006): Bildungsstandards Geschichte. Rahmenmodell Gym-
   nasium 5.-10. Jahrgang. – Schwalbach.

WOLFRUM, E. (1999): Geschichtspolitik in der Bundesrepublik Deutschland. Der Weg zur bundesrepubli-
   kanischen Erinnerung 1948-1990. – Darmstadt.

WOLFRUM, E. (2002): Geschichte als Waffe: vom Kaiserreich bis zur Wiedervereinigung. – 2. Aufl. – Göttingen.

*Anschriften der Verfasser:*

Dr. Bodo von Borries, Professor (i. R.) für Erziehungswissenschaft unter besonderer Berücksichtigung der Didaktik der Geschichte, Fakultät für Erziehungswissenschaft, Psychologie und Bewegungswissenschaft der Universität Hamburg, Von-Melle-Park 8, 20146 Hamburg. E-Mail:
borries@erzwiss.uni-hamburg.de; Dr. Andreas Körber, Professor für Erziehungswissenschaft unter besonderer Berücksichtigung der Didaktik der Geschichte und der Politik, Fakultät für
Erziehungswissenschaft, Psychologie und Bewegungswissenschaft der Universität Hamburg,
Von-Melle-Park 8, 20146 Hamburg. E-Mail: koerber@erzwiss.uni-hamburg.de

Kaspar H. Spinner, Augsburg

# Bildungsstandards und Literaturunterricht

**Zusammenfassung:**
In diesem Beitrag werden die Schwierigkeiten erörtert, die sich bei der Formulierung und Überprüfung von Bildungsstandards zum literarischen Verstehen ergeben. Es werden die Grenzen bisheriger Kompetenzmodelle (PISA, IGLU, DESI u.a.) gezeigt, die der Vieldeutigkeit literarischer Texte, der Vorstellungsbildung beim Lesen und der subjektiven Involviertheit des Textrezipienten nicht gerecht werden. Hingewiesen wird auch auf die fachüberschreitenden Kompetenzen wie das psychologische Verstehen, die Vorstellungsfähigkeit und die ästhetische Sensibilität, zu denen Literaturunterricht beiträgt, die jedoch in den Bildungsstandards kaum berücksichtigt sind.

*Schlüsselwörter:* Bildungsstandards, Literaturunterricht, Kompetenzmodelle

**Summary:**
This essay will discuss the difficulties inherent in formulating and monitoring education standards for literary comprehension. It will reveal the boundaries of previous competency models (e.g. PISA, IGLU, DESI), which do not do justice to the ambiguity of literary texts, the work of the imagination whilst reading, and the subjective involvement of the reader. The essay will further point out the interdisciplinary competencies encouraged by learning about literature, such as psychological comprehension, imagination and aesthetic sensitivity, competencies which are, however, barely taken into consideration by education standards.

*Keywords:* educational standards, literature instruction, competency models

Die Formulierung von Bildungsstandards, die Erarbeitung von Kompetenzmodellen und die Entwicklung von Testaufgaben sind im Fach Deutsch besonders schwierig. Das zeigt sich in den von der deutschen Kultusministerkonferenz (KMK) erlassenen Bildungsstandards in aller Deutlichkeit. Sie sind eine sorgfältig erarbeitete Zusammenstellung von Lernzielen, wie man sie in Lehrplänen findet; innovativ im Sinne der für Bildungsstandards geforderten Kompetenzorientierung sind sie nicht. Bei den Aufgabenbeispielen hat die KMK darauf verzichtet, Kompetenzstufen auszuweisen, weil dafür noch keine empirisch abgesicherten Modelle existierten (vgl. Kultusministerkonferenz 2005a, S. 17).

In gesteigerter Form zeigen sich die Probleme, wenn es um literarische Texte geht. Gewiss lassen sich auch an ihnen elementare Strategien wie die Ermittlung von Informationen oder die Benennung sprachlich-stilistischer Merkmale überprüfen. Aber schon bei Interpretationsfragen tun sich Testentwickler schwer, und wenn es um die literarästhetischen Erfahrungsqualitäten des Umgangs mit Literatur geht, stößt man an die Grenzen dessen, was sich mit Tests überprüfen lässt.

Mit den folgenden Hinweisen soll gezeigt werden, worin die wesentlichen Schwierigkeiten bei den literaturbezogenen Kompetenzen liegen.

## Grenzen bisheriger Kompetenzmodelle für das Lesen

Die Kompetenzmodelle, die bisher für die Lesetests eingesetzt worden sind, unterscheiden nicht zwischen literarischen und nichtliterarischen Texten. In der PISA-Studie 2000 wird das Kompetenzmodell als Beschreibung dessen formuliert, was Aufgaben der entsprechenden Kompetenzstufe vom Leser erfordern. Die Lesekompetenz wird in die Subskalen „Informationen ermitteln", „Textbezogenes Interpretieren" und „Reflektieren und Bewerten" unterteilt; jede Subskala wird wiederum in fünf Kompetenzstufen untergliedert. Man findet in den Beschreibungen vieles, was man ohne weiteres mit den Anforderungen von Literaturunterricht in Verbindung bringen kann, z. B. wenn hinsichtlich Stufe IV des „Textbezogenen Interpretierens" die Rede ist vom „Auslegen der Bedeutung von Sprachnuancen in Teilen des Textes, die unter Berücksichtigung des Textes als Ganzes interpretiert werden müssen. Andere Aufgaben erfordern das Verstehen und Anwenden von Kategorien in einem unbekannten Kontext." (BAUMERT u. a. 2001, S. 89). Aber besonders gut operationalisierbar ist eine solche Beschreibung nicht – es gibt in literarischen Texten auffällige und weniger auffällige (also leichter und weniger leicht erkennbare) Sprachnuancen, so dass Aufgaben, die der Beschreibung der Kompetenzstufe entsprechen, durchaus unterschiedliche Schwierigkeitsgrade aufweisen können. Erst recht ist man verunsichert, wenn man die zitierte Formulierung mit der Beschreibung der darüberliegenden Kompetenzstufe vergleicht: Aufgaben dieser Kompetenzstufe „erfordern vom Leser ein vollständiges und detailliertes Verstehen eines Textes, dessen Format und Thema unbekannt sind" (BAUMERT u. a. 2001, S. 89). Merkwürdigerweise ist hier von Sprachnuancen nicht mehr die Rede – spielen sie nur für Kompetenzstufe IV eine Rolle? Vor allem aber gibt es schwierigere und weniger schwierige Texte, so dass ein „vollständiges und detailliertes Verstehen eines Textes" (ebd.) durchaus unterschiedliche Leistungsansprüche stellen kann. Im Übrigen ist die Formulierung „vollständiges" Verstehen für literarische Texte unangebracht – welcher professionelle Leser kann z. B. von sich behaupten, dass er Goethes „Faust" vollständig verstanden habe? In der Logik der Beschreibung der Kompetenzstufe müsste man sagen, dass Schüler, die sich mit „Faust" beschäftigen, keine Chance haben, auf die höchste Stufe zu kommen.

Bei PISA 2003 werden wegen der geringeren Itemzahl die Subskalen nicht mehr getrennt berechnet, dafür werden kontinuierliche und nicht-kontinuierliche Texte unterschieden. Der Bezug zu literarischen Texten ist bei diesem Modell schwerer als bei PISA 2000 herzustellen. Die Stufe V (kontinuierliche Texte) wird z. B. folgendermaßen beschrieben: „mit Texten umzugehen, in denen Argumentationsstrukturen nicht unmittelbar offensichtlich oder deutlich gekennzeichnet sind, mit dem Ziel, eine Verbindung zwischen einzelnen Textsegmenten und dem impliziten Textthema oder der Intention des Autors/der Autorin herzustellen" (PRENZEL u. a. 2004, S. 96). Der Begriff der „Argumentationsstrukturen" passt schlecht zu literarischen Texten; das Kompetenzstufenmodell ist zu einseitig, um den literarischen Lernprozessen gerecht werden zu können (in der PISA-Studie wird ein solcher Anspruch auch gar nicht erhoben).

Größere Berücksichtigung als bei PISA finden die literarischen Texte in der „Internationalen Grundschul-Lese-Untersuchung" (IGLU). Ausgewiesen wird ein vierstufiges Kompetenzmodell, das für literarische und nicht-literarische Texte gültig ist:

„I Gesuchte Wörter in einem Text erkennen

II Angegebene Sachverhalte aus einer Textpassage erschließen

III Implizit im Text enthaltene Sachverhalte aufgrund des Kontextes erschließen

IV Mehrere Textpassagen sinnvoll miteinander in Beziehung setzen" (Bos u.a. 2003, S. 88).

Dieses Modell ist sehr viel einfacher als dasjenige von PISA, aber auch stringenter und besser operationalisierbar. Das hängt natürlich auch damit zusammen, dass es hier um die Testung von

Viertklässlern und nicht von 15-jährigen Jugendlichen geht; die zu erwartenden Verstehensleistungen haben noch eine einfachere Struktur. Dass es bei der praktischen Umsetzung trotzdem zu Problemen kommt, zeigen Beispielaufgaben aus IGLU; zu einem Text („Der Hase kündigt ein Erdbeben an") wird zum Beispiel gefragt: „Was ist die *wichtigste* Aussage dieser Geschichte?". Vorgegeben werden vier Antworten (multiple choice), anzukreuzen ist "Überprüfe erst die Lage, bevor du in Panik gerätst" (Bos u.a. 2003, S. 91). Wenn man die Frage mit der Beschreibung der Kompetenzstufe II, der sie zugeordnet ist, vergleicht, zeigen sich Unstimmigkeiten: Weder ist einsichtig, dass sich die Lösung aus „einer Textpassage" (siehe oben Kompetenzstufe II) erschließen lässt (es geht um eine Globalinterpretation), noch ist einleuchtend, dass es hier um einen „Sachverhalt" gehen soll (erschlossen wird eine Maxime oder Lehre). Auch bei IGLU kommt es also zu Problemen, wenn das Kompetenzmodell auf literarische Texte angewendet wird.

In der DESI-Studie (Deutsch Englisch Schülerleistungen International), der jüngsten der drei großen Studien, werden vier Niveaus unterschieden:

„A: Identifizieren einfacher Lexik, d. h. die Fähigkeit, sinntragende Wörter im Text zuverlässig zu finden.
B: Lokale Lektüre, d. h. Inferenzen zwischen Sätzen bilden oder den Fokus auf schwierigere Stellen richten.
C: Verknüpfende Lektüre, d. h. die Verbindung auseinanderliegender Textstellen und die Öffnung von allgemeinem Wissen bzw. Textwissen.
D: Mentale Modelle bilden, über ein mentales Modell zu verfügen heißt hierbei, eine innere Repräsentation wesentlicher Textaspekte zu haben." (BECK/KLIEME 2007, S. 109f.)

Ein Vorteil dieses Kompetenzmodells besteht darin, dass die Kategorie des mentalen Modells einem wichtigen Aspekt des literarischen Verstehens, nämlich der „globalen Kohärenzbildung" (KÖSTER 2006, S. 60), besser entspricht als z. B. die Beschreibung der höchsten Stufe bei IGLU („mehrere Textpassagen sinnvoll miteinander in Beziehung setzen", BOS u. a. 2003, S. 88). Trotzdem ergeben sich auch hier Schwierigkeiten bei der Anwendung auf literarische Texte, und zwar bei den Niveaus B, C und D. Für literarische Texte ist kennzeichnend, dass sie mit Leerstellen (ISER 1976, S. 266 ff.) arbeiten; diese finden sich insbesondere zwischen Sätzen. Die Inferenzbildung (vgl. Niveau B) kann bei literarischen Texten je nach Leerstellenbetrag sehr unterschiedlich anspruchsvoll sein. In moderner Literatur, der man einen höheren Leerstellenbetrag zuschreibt, ist sie in der Regel schwieriger als bei älteren Texten oder mehr unterhaltender Literatur. Es ist deshalb sehr fraglich, ob man bei Inferenzbildung von einem einheitlichen Niveau sprechen kann. Ebenso kann die verknüpfende Lektüre (Niveau C) von sehr unterschiedlicher Schwierigkeit sein und das Gleiche gilt für das Textwissen (vgl. ebenfalls Niveau C). Grundschulkinder z. B. haben in der Regel ein Textwissen über Märchen, aber keines über postmoderne Erzähltechniken. Ebenso unterschiedlich in ihrer Komplexität sind die mentalen Modelle; dabei entsteht noch das besondere Problem, dass es literarische Texte gibt, die gerade darauf angelegt sind, die Bildung kohärenter mentaler Modelle zu stören (das gilt z. B. für die Werke Kafkas). Eine besonders hohe Verstehenskompetenz würde sich in solchen Fällen gerade darin zeigen, dass die Unmöglichkeit eines mentalen Modells, über das man „verfügen" könnte, erkannt wird.

Bei den Aufgabenbeispielen zu Bildungsstandards der KMK werden keine „Kompetenzstufen", sondern „Anforderungsbereiche" formuliert; mit der Bezeichnung wird zum Ausdruck gebracht, dass zuverlässige Kompetenzmodelle noch nicht existieren. Für das Lesen im 4. Schuljahr sind es drei Anforderungsbereiche:

„Wiedergeben (AB I)
In diesem Anforderungsbereich geben die Schülerinnen und Schüler bekannte Informationen wieder und wenden grundlegende Verfahren und Routinen an.
Zusammenhänge herstellen (AB II)

In diesem Anforderungsbereich bearbeiten die Schülerinnen und Schüler vertraute Sachverhalte, indem sie erworbenes Wissen und bekannte Methoden anwenden und miteinander verknüpfen.
Reflektieren und beurteilen (AB III)
In diesem Anforderungsbereich bearbeiten die Schülerinnen und Schüler für sie neue Problemstellungen, die eigenständige Beurteilungen und eigene Lösungsansätze erfordern."
(Kultusministerkonferenz 2005b, S. 17)

Diese Anforderungsbereiche gelten für alle Lernbereiche des Faches Deutsch und sind deshalb wenig aussagekräftig im Hinblick auf spezielle Kompetenzen des literarischen Lesens. Auch fragt man sich (wie beim Kompetenzmodell von DESI), ob die Anforderungsbereiche wirklich unterschiedliche Schwierigkeitsgrade beschreiben. Es gibt, gerade bei literarischen Texten, anspruchsvolle Formen des Wiedergebens (vgl. AB I) und einfache Formen des Reflektierens und Beurteilens (vgl. AB III). Ebenso können „eigene Lösungsansätze" (AB III) einfach oder raffiniert und komplex sein.

An das Modell der Anforderungsbereiche, wie es in den Bildungsstandards formuliert ist, sind die „Kompetenzniveaus" angelehnt, die für Orientierungsarbeiten z. B. in Bayern definiert sind. Hier gibt es vier Kompetenzniveaus für das Lesen in der Grundschule:

- „Kompetenzniveau 1  Erkennen und Wiedergeben explizit angegebener Informationen
- Kompetenzniveau 2  Einfache Schlussfolgerungen ziehen
- Kompetenzniveau 3  Komplexe Schlussfolgerungen ziehen und begründen, Interpretieren des Gelesenen
- Kompetenzniveau 4  Prüfen und Bewerten von Sprache, Inhalt und Textelementen." (Staatsinstitut für Schulqualität und Bildungsforschung, München 2006, S. 2)

Auch hier zeigt sich, dass Aufgaben, die einem bestimmten Kompetenzniveau zugeordnet werden, durchaus von unterschiedlicher Schwierigkeit sein können. So ist z. B. beim Test 2005/06 mit Aufgaben zu einem literarischen Text die (einzige) Aufgabe zu Kompetenzniveau 4 häufiger richtig gelöst worden als zwei der vier Aufgaben zu Kompetenzniveau 3. Und selbst zwei der drei Aufgaben von Kompetenzniveau 2 haben nur einen minimal höheren Lösungsprozentsatz erreicht, nämlich 65% richtige Lösungen im Vergleich zu 64% bei der Aufgabe zu Kompetenzniveau 4 (vgl. Staatsinstitut für Schulqualität und Bildungsforschung, München 2006, S. 4).

Solche empirischen Ergebnisse zeigen, wie weit man noch von Kompetenzmodellen entfernt ist, die tatsächlich gleich hohe Schwierigkeitsgrade messen. Es muss auch nachdenklich machen, dass das Kompetenzniveau 4 der Orientierungsarbeiten („Prüfen und Bewerten von Sprache, Inhalt und Textelementen") mehr oder weniger der dritten Subskala (nicht Kompetenzstufe!) des PISA-Lesetests entspricht; in dieser Subskala gibt es bei PISA Aufgaben zu allen Kompetenzstufen.

Derzeit wird in der Literaturdidaktik intensiv an der Konzipierung differenzierterer Kompetenzmodelle für das literarische Lernen gearbeitet. Angeknüpft wird dabei u. a. an frühere Untersuchungen zur Entwicklung des literarischen Verstehens (knappe Zusammenfassung des Forschungsstandes bei EGGERT/GARBE 1995, S. 22-26), die vor allem in den 80er Jahren des vorigen Jahrhunderts durchgeführt worden sind. In welche Richtung dieser Ansatz geht, sei an einer Teilkompetenz veranschaulicht, nämlich am Verstehen der parabolischen Bedeutung von Texten. In Anlehnung an ZABKA (2004), der die älteren Forschungen (z. B. APPLEBEE 1978) einer kritischen Revision unterzogen hat, lässt sich das folgende Entwicklungsmodell erstellen:

- Der Schüler versteht einen Text auf wörtlicher Ebene.
- Der Schüler kann durch Analogiebildung den parabolischen Sinn erfassen (d. h. er kann ein Beispiel aus seiner Erfahrungswelt nennen, das dem Sinn des Textes entspricht).

– Der Schüler kann den parabolischen Sinn des Textes begrifflich verallgemeinernd benennen.
– Der Schüler kann den parabolischen Sinn begrifflich benennen und zugleich einzelne Analogien zwischen parabolischer und wörtlicher Ebene herstellen und damit Globaldeutung und detailbezogene Analogiebildung im Sinne wechselseitiger Differenzierung miteinander in Verbindung bringen.

Derartige Entwicklungsmodelle sind bislang auf der Basis von Fallstudien und Einzelbeobachtungen erstellt worden. Eine genaue empirische Überprüfung muss noch geleistet werden. Ungeklärt ist auch die grundsätzliche Frage, ob und wie überhaupt Entwicklungs- und Kompetenzstufen aufeinander bezogen werden können (vgl. BLATT/VOSS 2005, S. 277).

Grundsätzlich herrscht bei allen Bemühungen, die derzeit unternommen werden, in der Fachdiskussion eine Skepsis hinsichtlich der Frage, ob es überhaupt gelingen kann, das literarische Verstehen zuverlässig in Kompetenzmodellen abzubilden. Wahrscheinlich wird man zum Ergebnis kommen, dass kein einheitliches Kompetenzmodell für alle literarischen Texte und alle leistungsrelevanten Aufgaben entwickelt werden kann. Die Verstehensanforderungen literarischer Texte sind so vielfältig, dass aufgabenüberschreitende Kompetenzbeschreibungen entweder so allgemein und abstrakt bleiben, dass sie kaum aussagekräftig sind, oder so speziell werden, dass sie nicht zu allen Texten passen. Deshalb werden, wie z. B. beim sehr ambitionierten standardorientierten Bildungsplan von Baden-Württemberg, Kompetenzniveaus nur jeweils für bestimmte Aufgaben formuliert. Ungeklärt bleibt dabei, ob die Leistungsfeststellung die Erfüllung eines Standards dokumentiert oder ob sie nur zutreffend für die konkrete Aufgabe ist.

Welche Charakteristika literarischer Texte es sind, die die Formulierung entsprechender Bildungsstandards und Kompetenzmodelle so erschweren, sei im Folgenden gezeigt.


## Die Ambiguität literarischer Texte

Als ein Kennzeichen literarischer Texte gilt ihre Ambiguität oder Offenheit. Deshalb verlangt das literarische Lesen zusätzlich zur elementaren Lesekompetenz „Kreationen von nicht normierten Textbedeutungen; poetische Texte geben die Rezeptionsversion nicht vor, ihre ästhetische Funktion besteht gerade in der Vielfalt von Sinnkonstitutionen" (BERTSCHI-KAUFMANN 2000, S. 27). In diesem Sinne hat Werner WINTERSTEINER vom „Literaturunterricht als Einübung in Vieldeutigkeit" gesprochen (WINTERSTEINER 2007, S. 47). Wie problematisch Testaufgaben sein können, die der Ambiguität literarischer Texte nicht Rechnung tragen, ist in der fachdidaktischen Kritik an der PISA-Aufgabe, die zur Kurzgeschichte „Das Geschenk" gestellt worden ist (OECD 2002, S. 67 ff.), nachdrücklich herausgearbeitet worden. Die Kodieranweisungen setzen eine einseitige Interpretation voraus, die von vielen Fachdidaktikern als unzutreffend betrachtet wird; sie vereindeutigt die Mehrdeutigkeit des Textes und verfehlt nach der Meinung der Kritiker den literarischen Charakter des Textes. So wird auf die Frage „Was war wohl laut Erzählung der Grund dafür, dass die Frau den Panter gefüttert hat?" als richtige Antwort verlangt, dass die Frau Mitgefühl habe. Der Text nennt jedoch keine Motivation, und es spricht viel dafür, dass die literarische Qualität der Kurzgeschichte „genau darin liegt, offen bleiben zu dürfen" (KARG 2003, S. 108). Der Literaturdidaktiker und -wissenschaftler Michael KÄMPER-VAN DEN BOOGAART vertritt sogar die Meinung, dass die PISA-Testkonstrukteure „borniert" an ihrer Interpretation festhielten und einleuchtende Antworten als „nicht gelöst", dafür aber eine „eigentlich groteske Antwortvariante" als gelöst codierten (KÄMPER-VAN DEN BOOGAART 2004, S. 73.)

Es ist bei der Rezeption von literarischen Texten zwar durchaus angebracht, Vermutungen über Handlungsmotive von Figuren anzustellen; aber nicht immer kann ein eindeutiges Ergebnis erwartet werden. Vielmehr ist es ein Kennzeichen literarischer Verstehensprozesse, dass Deutungen oft nicht als richtig oder falsch eingestuft werden können, sondern nur als möglich bzw. unwahrscheinlich. Das Formulieren von Vermutungen ist deshalb eine durchaus angemessene Reaktion auf Deutungsprobleme in literarischen Texten. In der Unterrichtsbeobachtung kann man feststellen, ob und in welchem Maße sich Schülerinnen und Schüler auf solche Deutungsprozesse einlassen, ob sie über die dafür notwendige besondere Beweglichkeit des Denkens verfügen und ob sie einfallsreich und zugleich am Text überprüfend Deutungshypothesen entwickeln. In Tests dieses abzuprüfen gelingt bis jetzt allerdings noch nicht in überzeugender Weise, was auch daran liegt, dass die Ambiguität literarischer Texte eigentlich einen nicht abschließbaren Deutungsprozess auslöst, Tests zum Leseverstehen jedoch fast ausschließlich das Ergebnis des Verstehens und nicht dessen Prozessqualität überprüfen.

## Subjektive Involviertheit und genaue Wahrnehmung

Die Offenheit literarischer Texte bedeutet für den Rezipienten, dass er sich subjektiv angesprochen fühlen kann, z. B. durch das intensive Nachempfinden von Schilderungen oder durch die Identifikation mit Figuren. Die Fähigkeit, beim Lesen subjektive Involviertheit und genaue Wahrnehmung miteinander ins Spiel zu bringen, kann als wichtige Teilkompetenz des literarischen Lernens angesehen werden. Nur sich selbst in einer Erzählung zu sehen, wird dem verfremdenden Alteritätscharakter literarischer Texte, der überhaupt erst gesteigerte ästhetische Wahrnehmung auslöst, nicht gerecht, und umgekehrt wird mit dem Ausblenden der Subjektivität im Rezeptionsprozess der literarische Text wirkungslos. Viele Methoden des Literaturunterrichts zielen darauf, die Identifikationsprozesse und Alteritätserfahrungen so aufeinander zu beziehen, dass sie sich wechselseitig steigern. Das gilt z. B. für produktive Verfahren wie das Schreiben eines inneren Monologes einer Figur, das ein genaues Figurenverständnis erfordert, also auch ein Hineindenken in fremde Denk- und Empfindungsweisen, und zugleich einen Raum für die Entfaltung von eigenen Vorstellungen eröffnet, der über die expliziten Aussagen des Ausgangstextes hinausreicht.

Die Testung der Fähigkeit, subjektive Involviertheit und genaue Textwahrnehmung beim Verstehen literarischer Texte miteinander zu verbinden, ist deshalb schwierig, weil es dabei um Prozesse geht, die die individuelle Intimsphäre der Schülerinnen und Schüler berühren. Nicht alles, was sie beim Lesen bewegt, ist für den Austausch im Unterricht geeignet. Es ist aber eine Chance von Literaturunterricht, dass in der Auseinandersetzung mit Texten über Probleme, die die Schülerinnen und Schüler beschäftigen, gesprochen werden kann, ohne dass eine eventuelle persönliche Betroffenheit explizit werden muss. Das gilt z. B. für Themen wie Minderwertigkeitsgefühle, unterdrückte Aggressionen, Erfahrungen mit dem anderen Geschlecht, Beschäftigung mit dem Tod – alles Themen, die für Heranwachsende wichtig sind und die sie in literarischen Texten und im Gespräch über sie wiederfinden. Abzuprüfen, ob die Schülerinnen und Schüler in der Lage sind, sich in dieser Weise auf literarische Texte einzulassen, dürfte wohl nur mit Tiefeninterviews und teilnehmender Beobachtung gelingen, mit Methoden also, die in der Lesesozialisationsforschung zwar durchaus eingesetzt werden, die sich aber kaum für eine breite Testung von Bildungsstandards eignen.

## Vorstellungsbildung

Als weitere Teilkompetenz, die beim Lesen und Hören literarischer Texte eine wichtige Rolle spielt, ist die Vorstellungsbildung zu nennen. In den Bildungsstandards der KMK zur vierten Jahrgangsstufe findet sich als entsprechende Standardformulierung: „lebendige Vorstellungen beim Lesen und Hören literarischer Texte entwickeln" (Kultusministerkonferenz 2005b, S. 11). Die Bedeutung der Vorstellungsbildung oder Imagination für das literarische Verstehen wird seit der Rezeptionsästhetik der 70er Jahre des 20. Jahrhunderts in Literaturwissenschaft und -didaktik betont. Im Literaturunterricht geht es darum, die Vorstellungsfähigkeit bezogen auf die Vorgaben, die ein Text macht, zu entfalten. Neuere Methoden des Literaturunterrichts, z. B. die produktiven Verfahren (Texte weiterschreiben, Tagebucheinträge von Figuren verfassen usw.) zielen u. a. auf diese Teilkompetenz. Die Produkte der Schülerinnen und Schüler können Hinweise darauf geben, in welchem Maße sie über differenzierte Vorstellungsfähigkeit beim Lesen verfügen. Allerdings ist ein von ihnen verfasster Text, eine szenische Darstellung oder eine angefertigte Illustration zu einem Text nicht ohne weiteres identisch zu setzen mit der inneren Vorstellungsfähigkeit. Es kann sein, dass ein Schüler oder eine Schülerin sehr reichhaltige textbezogene Vorstellungen beim Lesen entwickelt, aber nicht über die Fähigkeit verfügt, diese in Sprache oder visuell durch Malen zu äußern. Jede Umsetzung von Vorstellungen in Sprache oder Bild ist eine Verfestigung und Reduktion der fluktuierenden inneren Vorstellungsfähigkeit und kann dieser deshalb nie ganz gerecht werden. Entsprechend sind auch hier einer genauen Überprüfung Grenzen gesetzt.

## Literarisches Gespräch

In der Literaturdidaktik der letzten Jahre wird betont, dass das Gespräch über Literatur als ein eigenes Ziel und nicht nur als Unterrichtsmethode zu sehen ist. Man spricht einerseits von Anschlusskommunikation und meint damit die unterschiedlichen Formen des Redens über Literatur, die an das Lesen anschließen können. Andererseits wird der Begriff des „literarischen Gesprächs" verwendet, der im engeren Sinn eine spezifische, hermeneutisch begründete Form des gemeinsamen Redens über literarische Texte meint. Das literarische Gespräch ist dadurch charakterisiert, dass die Beteiligten eigene Verstehensansätze artikulieren, anderen Gesprächsbeteiligten zuhören und deren Lesarten nachzuvollziehen suchen, eine Verständigung über Leseweisen versuchen und dabei auch Erfahrungen des Nicht-Verstehens und nicht auflösbarer Fremdheit von Texten aushalten (STEINBRENNER/WIPRÄCHTIGER-GEPPERT 2006). Eine solche Gesprächsform, die als die kulturell tradierte Form der Annäherung an literarische Texte gelten kann, bedarf der Einübung vom Grundschulalter an. Einer Überprüfung entzieht sich diese Teilkompetenz des literarischen Lernens nicht, allerdings ist dafür Gesprächsanalyse notwendig, die ausgesprochen aufwendig ist. Gespräche mit ganzen Klassen sind kaum aussagekräftig, weil viele Schülerinnen und Schüler sich dabei wenig beteiligen und so nicht erfasst werden können. Man müsste also Kleingruppen bilden und deren Gespräche auswerten. Dabei entsteht das Problem, dass die Zusammensetzung der Gruppen großen Einfluss auf das Gesprächsverhalten der Teilnehmenden hat. Es müssten für jeden Schüler und jede Schülerin also mehrere Gespräche mit unterschiedlicher Gruppenzusammensetzung durchgeführt werden, womit schnell die Grenze des Machbaren erreicht ist. Weniger problematisch ist die Leistungsbeurteilung aufgrund ständiger Beobachtung durch die Lehrperson – nur genügt das nicht professionellen Qualitätsmaßstäben, wie sie für die Überprüfung der Bildungsstandards im Bildungsmonitoring und der Schulevaluation gefordert sind.

## Fachübergreifende Kompetenzen

Die einzelnen Bildungsstandards, die die KMK für das Fach Deutsch beschlossen hat, beziehen sich auf fachspezifische Kompetenzen. Nun leistet der Literaturunterricht jedoch auch einen Beitrag zu Kompetenzen, die darüber hinausgehen. Dazu gehört in erster Linie das psychologische

Verstehen. Zentrales Thema in erzählenden und dramatischen Texten ist die Darstellung von individuellen Entwicklungsprozessen und Interaktionen zwischen Menschen, wobei die äußere Handlung auf einer zweiten Ebene durch eine Entfaltung innerer Prozesse ergänzt wird. Monologe (im Drama) und innere Monologe (in erzählenden Texten), erlebte Rede und Bewusstseinsstrom sind besonders wichtige literarische Mittel, die dazu von den Autorinnen und Autoren verwendet werden. Entsprechend bezieht sich die Behandlung von Literatur im Unterricht traditionell zu Recht sehr stark auf Handlungsmotivationen der Figuren, ihre Verstrickung in moralische Dilemmata, ihren Charakter und das Verhältnis der Figuren untereinander. Der Unterricht erschließt den Schülerinnen und Schülern damit Dimensionen des psychologischen Verstehens, und zwar insbesondere im Hinblick auf menschliche Elementarerfahrungen; deshalb kann man sagen, dem Literaturunterricht gehe es um „literarische Anthropologie" (MÜLLER-MICHAELS 2004, S. 230). Darin liegt eine wesentliche Rechtfertigung für den Umgang mit Literatur in der Schule. Wenn man das Outcome von Unterricht (wie das in der gegenwärtigen Bildungspolitik gefordert wird) evaluieren will, dann müsste man nicht nur die Fähigkeit, mit literarischen Texten umzugehen, überprüfen, sondern auch die darüber hinausreichende Fähigkeit des psychologischen Verstehens, zu der der Literaturunterricht einen Beitrag leisten sollte. Allerdings, so muss einschränkend gleich gesagt werden, dürfte es kaum möglich sein herauszufinden, welche Anteile an psychologischer Verstehenskompetenz tatsächlich auf den Literaturunterricht zurückgehen, denn die außerschulischen Lernprozesse und – in eingeschränkterem Maß – der Unterricht in anderen Fächern tragen ebenfalls zu dieser Kompetenz bei. So ist es nur allzu verständlich, dass man sich bei den Bildungsstandards auf einen engeren, fachspezifischen Rahmen beschränkt. Nur muss man sich bewusst sein, dass man damit wesentliche Bildungsziele nicht erfasst. Und man kann sich derzeit des Eindrucks nicht erwehren, dass sich Lehrkräfte, denen solche grundlegenden Bildungsziele in ihrer Arbeit wichtig sind, angesichts der zunehmenden Bedeutung der Bildungsstandards entmutigt sehen, weil sie in ihnen nicht wiederfinden, was sie ihren Schülerinnen und Schülern durch den Literaturunterricht vermitteln möchten. Die Bildungsstandards stehen in der Tradition der Lernziel- und weniger der Bildungstheorie, und der kritische Anspruch, den der Begriff der Bildung gegenüber dem der Ausbildung seit der Zeit um 1800 erhebt, ist auch heute wichtig, damit standardorientierte und testbare Kompetenzentwicklung nicht zum reduktionistischen Lernprogramm wird.

Man kann das psychologische Verstehen, wie es im Literaturunterricht gefördert wird, noch ausdifferenzieren. Besonders wichtig ist das Fremdverstehen, nämlich die Fähigkeit, Gefühle und Gedanken von Figuren nachzuvollziehen, und zwar auch dann, wenn dabei nicht einfach eigene Erfahrungen wiedergefunden werden. Das setzt eine Bereitschaft zur Alteritätserfahrung voraus. Empathie als anteilnehmendes Mitfühlen, aber auch kritisches Urteilen kommen dabei ins Spiel, womit der Literaturunterricht einen Beitrag zur moralischen Bildung leistet, die über das Textverstehen hinausreicht.

Auf der anderen Seite bezieht sich das psychologische Verstehen auf die Selbstreflexion. Durch das Wechselspiel von Fremderfahrung und Identifikation, wie es für intensive Lektüreerfahrungen kennzeichnend ist, können Prozesse der Selbstbefragung und -erkenntnis ausgelöst werden. Auch wenn heute nicht mehr unbedingt von Selbstfindung in dem Sinne gesprochen werden kann, dass die Heranwachsenden zu ihrem Selbst und zu einer stabilen Identität finden können (wie das z. B. im Bildungsroman zur Darstellung kam), bleibt doch die flexible Auseinandersetzung mit der eigenen, immer wieder als multipel erfahrenen Identität ein wichtiger Aspekt der Entwicklung vom Kind zum Erwachsenen. Die damit angesprochene Selbstkompetenz lässt sich allerdings nur auf einer sehr allgemeinen Ebene als Bildungsstandard formulieren. Denn vor welche Entwicklungsaufgaben sich ein Heranwachsender gestellt sieht, lässt sich nicht allgemein sagen. Ein Kind, das unter gebrochenem Selbstbewusstsein wegen unverarbeiteter Geschwisterrivalität leidet, sieht sich vor andere Aufgaben gestellt als ein Kind, das seine Aggressionen nicht unter Kontrolle halten kann. Beide aber können in literarischen Texten je ein Angebot finden, sich mit den eigenen Problemen bewusster auseinanderzusetzen. Normierbar im Sinne outcome-orientierter Bildungsstandards ist das nicht.

Auch die oben schon genannte Vorstellungsfähigkeit ist nicht nur eine Teilkompetenz des literarischen Verstehens, sondern darüber hinaus in vielen Lebenszusammenhängen wichtig (z. B. beim Planen einer Wohnungseinrichtung, das ähnlich wie Raumbeschreibungen in Romanen ein räumliches Vorstellungsvermögen erforderlich macht). Auch hier wäre bei konsequenter Outcome-Orientierung zu überprüfen, ob der Literaturunterricht in dieser Weise eine Wirkung über das literarische Verstehen hinaus entfaltet.

Im Zusammenhang mit der Vorstellungsfähigkeit ist auch auf den Beitrag des Literaturunterrichts zu einer allgemeinen Kreativitätsförderung zu verweisen. Im Umgang mit literarischen Texten entfalten Schülerinnen und Schüler ihren Möglichkeitssinn und setzen sich irritierenden Erfahrungen aus, die nicht ihren gewohnten Vorstellungen entsprechen. Damit sind wesentliche Teilaspekte kreativen Verhaltens angesprochen. Aber auch hier ist es kaum möglich zu überprüfen, welchen Beitrag dafür tatsächlich einzelne Fächer leisten.

Schwierig ist es schließlich, ästhetische Sensibilität in Bildungsstandards zu fassen. In der gegenwärtigen Bildungsdiskussion ist unstrittig, dass ästhetische Bildung zum Auftrag der Schule gehört. Ästhetische Bildung bezieht sich auf die Künste, im Deutschunterricht vor allem auf Literatur, Theater und Film; aber sie ist darüber hinaus als ein grundlegendes Verhältnis zur Welt zu verstehen, das auch in der Alltagswahrnehmung eine Rolle spielt. Der Sinn für die Schönheit oder Erhabenheit einer Landschaft ist dafür ein sprechendes Beispiel. Hier verbindet sich die ästhetische Bildung mit der Unterstützung ökologischer Einstellungen. Unter dem Kompetenzbegriff, wie er für die Bildungsstandards leitend ist, ist ästhetische Erfahrung schwer zu fassen, weil sie ein zweckloses Genießen oder Beeindrucktsein einschließt. Der Begriff des Lernens und des Kompetenzerwerbs (nicht der der Bildung) kommt hier an seine Grenze. Stärker prozessorientierte Standards (sog. opportunity-to-learn standards), die den Blick nicht auf das Ergebnis, sondern auf das Geschehen im Unterricht richten, könnten hier eher weiterführen.

## Vermengung von methodischen Verfahren und Kompetenzen

Bei den von der KMK beschlossenen Bildungsstandards zeigt sich auch ein Problem, das schon beim lernzielorientierten Unterricht zu beobachten war und in vielen Lehrplänen zu finden ist, nämlich die Vermengung von Kompetenzbeschreibungen (oder Lernzielen) mit methodischen Vorgehensweisen im Unterricht. Im Literaturunterricht jüngerer Zeit zeigt sich dies vor allem bei den produktionsorientierten Aufgaben. Sie tauchen in den Bildungsstandards der KMK u. a. in folgender Formulierung auf: „handelnd mit Texten umgehen: z. B. illustrieren, inszenieren, umgestalten, collagieren" (Fach Deutsch, 4. Jahrgangsstufe). Die hier aufgezählten produktiven Tätigkeiten sind im handlungs- und produktionsorientierten Literaturunterricht Möglichkeiten für Lernaufgaben, die ihre Funktion für Kompetenzen haben, die über sie hinausgehen. Schülerinnen und Schüler erstellen Illustrationen im Deutschunterricht (im Kunstunterricht wäre das anders), weil dies die Auseinandersetzung mit dem Text intensiviert, ein genaueres, vorstellungsgestütztes Lesen fördert und eine Grundlage für ein Gespräch sein kann, in dem verschiedene Textrezeptionen, die in den Illustrationen zum Ausdruck kommen, miteinander verglichen werden. Wenn solche produktionsorientierten Aufgaben im Sinne der Bildungsstandards zu Kompetenzen erklärt werden, entspricht dies nicht mehr der Funktion, die ihnen in der Theorie des handlungs- und produktionsorientierten Literaturunterrichts zugeschrieben wird. Die Folge ist eine Vermischung von Lern- und Prüfungsaufgaben: Festzustellen, ob ein Schüler einen Text „illustrieren" kann, ist kein sinnvolles Verfahren, das *outcome* des Literaturunterrichts zu überprüfen.

Dass Bildungsstandards zum Literaturunterricht besonders anfällig für eine Vermengung methodischer Verfahren mit Kompetenzbeschreibungen sind, hat einen leicht nachvollziehbaren Grund: Weil vieles, worauf es im Literaturunterricht ankommt, innere Prozesse der Lernenden betrifft und sich nur schwer konkret fassen lässt, weicht man aus auf die Nennung methodischer Verfahren bzw. Arbeitsformen, mit denen die Schülerinnen und Schüler etwas erarbeiten, und verfehlt so die geforderte *outcome*-Orientierung.

## Schluss

Die Tatsache, dass eine angemessene Formulierung und Überprüfung von Bildungsstandards zum Literaturunterricht so schwierig ist, führt derzeit zur Gefahr, dass die spezifisch literarischen Erfahrungs- und Lernprozesse im Deutschunterricht marginalisiert und durch Lesetraining ersetzt werden. Jahrgangsstufentests und Orientierungsarbeiten, die immer mehr das Unterrichtshandeln der Lehrerinnen und Lehrer beeinflussen, unterstützen diese Tendenz. Es ist deshalb wichtig, das Bewusstsein für jene Bildungsaspekte, die sich der Formulierung als kompetenzorientierte Standards nicht fügen wollen, offen zu halten. Sonst gehen wichtige Aspekte von Bildung verloren.

## Literatur

APPLEBEE, A. (1978): The Child's Concept of Story. Ages Two to Seventeen. – Chicago.

BAUMERT, J./KLIEME, E./NEUBRAND, M./PRENZEL, M./SCHIEFELE, U./SCHNEIDER, W./STANAT, P./TILLMANN, K.-J./WEISS, M. (Hrsg.) (2001): PISA 2000. Basiskompetenzen von Schülerinnen und Schülern im internationalen Vergleich. – Opladen.

BECK, B./KLIEME, E.B. (2007): Sprachliche Kompetenzen. Konzepte und Messung. – Weinheim.

BERTSCHI-KAUFMANN, A. (2000): Lesen und Schreiben in einer Medienumgebung. Die literalen Aktivitäten von Primarschulkindern. – Aarau.

BLATT, I./VOSS, A. (2005): Leseverständnis und Leseprozess. Didaktische Überlegungen zu ausgewählten Befunden der IGLU- / IGLU-E-Studien. In: BOS, W./LANKES, E.-M./PRENZEL, M./SCHWIPPERT, K./ VALTIN, R./WALTHER, G. (Hrsg.): IGLU. Vertiefende Analysen zu Leseverständnis, Rahmenbedingungen und Zusatzstudien. – Münster, S. 239-281.

BOS, W./LANKES, E.-M./SCHWIPPERT, K./VALTIN, R./VOSS, A./BADEL, I./PLASSMEIER, N. (Hrsg.) (2003): Lesekompetenzen deutscher Grundschülerinnen und Grundschüler am Ende der vierten Jahrgangsstufe im internationalen Vergleich. In: BOS, W./LANKES, E.-M./PRENZEL, M./SCHWIPPERT, K./WALTHER, G./VALTIN, R. (Hrsg.): Erste Ergebnisse aus IGLU. – Münster, S. 69-142.

EGGERT, H./GARBE, C. (1995): Literarische Sozialisation. – Stuttgart.

ISER, W. (1976): Der Akt des Lesens. – München.

KÄMPER-VAN DEN BOOGAART, M. (2004): PISA und die Interpretationsrituale des Deutschunterrichts. In: KÄMPER-VAN DEN BOOGAART, M. (Hrsg.): Deutschunterricht nach der PISA-Studie. – Frankfurt, S. 59-81.

KARG, I. (2003): … the ability to read between the lines … (OECD 2002, S. 11). Einige Anmerkungen zum Leseverstehenstest der PISA-Studie. In: ABRAHAM, U./BREMERICH-VOS, A./FREDERKING, V./WIELER, P. (Hrsg.): Deutschdidaktik und Deutschunterricht nach PISA. – Freiburg, S. 106-120.

KÖSTER, J. (2006): Von der Lebenswelt zur Literatur. Zu Erich Kästners „Fauler Zauber" (4. Schuljahr). In: KAMMLER, C. (Hrsg.): Literarische Kompetenzen – Standards im Literaturunterricht. Anmerkungen zum Diskussionsstand. – Seelze, S. 50-64.

Kultusministerkonferenz (2005a): Bildungsstandards der Kultusministerkonferenz. Erläuterungen zur Konzeption und Entwicklung. – München.

Kultusministerkonferenz (2005b): Bildungsstandards im Fach Deutsch für den Primarbereich. Beschluss vom 15.10.2004. – München.

Ministerium für Kultus, Jugend und Sport Baden-Württemberg (2004): Bildung stärkt Menschen. Bildungsplan 2004. www.bildung-staerkt-menschen.de. – Download vom 19.7.2007.

MÜLLER-MICHAELS, H. (2004): Kanon und Kompetenzen – Über inhaltliche und methodische Bildung im Literaturunterricht. In: KÄMPER-VAN DEN BOOGAART, M. (Hrsg.): Deutschunterricht nach der PISA-Studie. – Frankfurt, S. 223-234.

OECD (2002): Beispielaufgaben aus der PISA 2000-Erhebung. Lesekompetenz, mathematische und naturwissenschaftliche Grundbildung. – Paris.

PRENZEL, M./BAUMERT, J./BLUM, W./LEHMANN, R./LEUTNER, D./NEUBRAND, M./PEKRUN, R./ROLFF, H.-G./ROST, J./SCHIEFELE, (Hrsg.) (2004): PISA 2003. Der Bildungsstand der Jugendlichen in Deutschland – Ergebnisse des zweiten internationalen Vergleichs. – Münster.

Staatsinstitut für Schulqualität und Bildungsforschung München (2006): Orientierungsarbeiten 2005/2006. Analyse Deutsch-Lesen – Jahrgangsstufe 3. http://www.isb.bayern.de/isb/download.asp?DownloadFileID=085694120f8b7652e86b5730c74d9926 – Download vom 4.7.2007.

STEINBRENNER, M./WIPRÄCHTIGER-GEPPERT, M. (2006): Literarisches Lernen im Gespräch. In: Praxis Deutsch H. 200, S. 14-15.

WINTERSTEINER, W. (2007): Lest die Fahrpläne! Ein Plädoyer für den Literatur-Unterricht. In: GLABONIAT, M./RASTNER, E. M./WINTERSTEINER, W. (Hrsg.): Wir sind, was wir tun. Deutschdidaktik und Deutschunterricht vor neuen Herausforderungen. – Innsbruck, S. 41-50.

ZABKA, T. (2004): Zur Entwicklung der ästhetischen Rationalität – Überlegungen anlässlich des Symbolverstehens im Literaturunterricht. In: LECKE, B. (Hrsg.): Fazit Deutsch 2000. Frankfurt a.M., S. 247-262.

*Anschrift des Verfassers:*

Dr. Kaspar H. Spinner, em. Professor für Didaktik der Deutschen Sprache und Literatur an der Universität Augsburg, Leonhardstr. 78, 86415 Mering. E-Mail: kaspar-h.spinner@phil.uni-augsburg.de